ପାକଶାସ୍ତ୍ର

ଦୀପ୍ତି ପଟ୍ଟନାୟକ • ମୀରା କାନୁନ୍‌ଗୋ

ଲିଖିତ ମୂଳ ପାକଶାସ୍ତ୍ରର ବର୍ଦ୍ଧିତ ଓ ନୂତନ ସଂସ୍କରଣ

ଲେଖିକା: ମୀରା କାନୁନ୍‌ଗୋ

Black Eagle Books

USA address:
7464 Wisdom Lane
Dublin, OH 43016

India address:
E/312, Trident Galaxy, Kalinga Nagar,
Bhubaneswar-751003, Odisha, India

E-mail: info@blackeaglebooks.org
Website: www.blackeaglebooks.org

First published in 1983

First International Edition Published by
Black Eagle Books, 2023

PAKA SHASTRA
(New Edition)
by **Meera Kanungo**

Copyright © Meera Kanungo

All rights reserved. No part of this publication may be reproduced, stored in a retrieval system, or transmitted, in any form or by any means, electronic, mechanical, photocopying, recording or otherwise without the prior permission of the publisher.

Cover & Interior Design: **Saroj**

ISBN- 978-1-64560-318-4 (Paperback)

ଅନ୍ତରର କଥା

ପାକଶାସ୍ତ୍ର ଓଡ଼ିଶାର ପାଠକ ପାଠିକାମାନଙ୍କ ପାଇଁ କିଛି ନୂଆ ନୁହେଁ। ୰ଶ୍ରୀମତୀ ଦୀପ୍ତି ପଟ୍ଟନାୟକ ଓ ଶ୍ରୀମତୀ ମୀରା କାନୁନ୍‌ଗୋଙ୍କ ଦ୍ୱାରା ଏହାର ପ୍ରଥମ ସଂସ୍କରଣ ୧୯୮୩ ମସିହାରେ ପ୍ରକାଶିତ ହୋଇଥିଲା। ଶ୍ରୀମତୀ ଦୀପ୍ତି ପଟ୍ଟନାୟକ ଆଜି ଇହ ଜଗତରେ ନାହାନ୍ତି ସତ କିନ୍ତୁ ତାଙ୍କ ନିକଟରେ ନେଇଥିବା ଶପଥକୁ ଆଜି ସାକାର କରି ପାରିଥିବାରୁ ମୁଁ ଯେଉଁ ଆତ୍ମସନ୍ତୋଷ ଲାଭ କରିଛି ତାହା ଭାଷାରେ ପ୍ରକାଶ କରିପାରୁ ନାହିଁ। ଆଜି ଆମର ମାନସ ସନ୍ତାନ 'ପାକଶାସ୍ତ୍ର' ଏକ ନୂତନ ରୂପନେଇ ପ୍ରକାଶ ପାଇଛି। ମୋର ପ୍ରିୟ ବୁଢ଼ିଆ ଅପା (ଦୀପ୍ତି ପଟ୍ଟନାୟକ), ତୁମ ନିକଟରେ ଏହି ନୂତନ ସଂସ୍କରଣକୁ ଉତ୍ସର୍ଗ କରୁଛି। ଆଶା ସାଦରେ ଗ୍ରହଣ କରିବ।

ତୁମର ସ୍ନେହାଧିନା
ମୀରା

MESSAGE

The history of a nation's table is a reflection of the civilization of that nation. To show the changes in the order and serving of meals from century to century to describe and comment on the progress of cuisine, is to paint a picture of the many stages through which a nation has evolved. Since the distance times when as a weak tribe men lived in dark caves, eating wild roots, raw fish, flesh of animals killed with the spear.

It is this history that is the subject of "Paka Shastra" in which Mrs Meera Kanungo has outlined all the improvements bought to the Culinary art.

Those who make a profession in culinary art will find in this book, what the art of good eating today .Housewives will be interested in the evolution of the regional cuisine. Professional cooks both men and women will able to draw inspiration from principles of culinary technique found on the knowledge and authority of the author.

The paucity of standard books on cooking in odia language prompted the author to write this book for the benefit of these engaged in either imparting or acquiring knowledge of cookery in educational institutes. The present book will help the housewives to understand food preparation better. Cooks working in hotels and restaurant kitchen will find it useful as it has been presented in simple local language.

The author has endeavored to incorporate all the available material into a comprehensive but brief account of cooking .The book highlights the role of various food items and cookery principles.

The book is an out come of long years of practice and research by the author. The present edition of the PAKASHASTRA is the improvement on its first edition authored by late Dipti Patanaik and Meera Kanungo. I came across both of them in late Nineteen seventies when they were doing a course in the then Food Craft Institute and I was faculty member. From those days it has been their keen interest in documenting their experience out of which the first edition of Pakasashtra was evolved and that book was out of market in no time. After the demise of Dipti Patanaik efforts have been made by Mrs Meera Kanungo to take an improved edition with much better imputed. I am sure the book will be accepted by both house wives and professionals in it's new and advanced edition.

Bishnu Prasad Tripathy
Retired Principal of 'Institute of
Hotel Management' Bhubaneswar

କୃତଜ୍ଞତା

ନିଜର ଅଭିଜ୍ଞତା ଓ ଅନୁଭୂତିକୁ ନେଇ ଲେଖିଲାବେଳେ ମୋର ମାତୃ ସ୍ଥାନୀୟା ଗୁରୁଜନମାନଙ୍କ କଥା ମନକୁ ଆସେ। ନିଜର ପରିବାର ବର୍ଗଙ୍କ ପାଇଁ ହେଉ ବା ଅତିଥି ଚର୍ଚ୍ଚା ପାଇଁ ହେଉ, ଆନ୍ତରିକତାର ସହ ପ୍ରସ୍ତୁତ କରୁଥିବା ସେହି ଖାଦ୍ୟରୁ ଏକ ନିଆର ସ୍ୱାଦ ମିଳୁଥିଲା। ସେମାନଙ୍କ ପାଇଁ ନା କପ୍, ଟେବୁଲ୍ ଚାମଚ୍, ଚା ଚାମଚ୍ ଆଦିର ପ୍ରୟୋଜନ ଥିଲା। ନା ତରାଜୁର। ଆଖି ଓ ହାତ ମାପର ସମନ୍ୱୟ ଯେ କେତେ ସଠିକ୍ ଥିଲା ତାହା ତାଙ୍କ ରନ୍ଧାଖାଦ୍ୟରୁ ପ୍ରମାଣିତ ହେଉଥିଲା। ପ୍ରତ୍ୟକ୍ଷ ଓ ପରୋକ୍ଷରେ ସେମାନଙ୍କ ପାଖରୁ ପାଇଥିବା କିଛି ଜ୍ଞାନ ହିଁ ମୋତେ ଲେଖିବା ପାଇଁ ପ୍ରେରଣା ଦେଇଛି। ସମସ୍ତ ମାତୃ ସ୍ଥାନୀୟା ଗରୁଜନମାନଙ୍କୁ ମୋର କୃତଜ୍ଞତା ଜଣାଉଛି।

ବିନା ପିଆଜ-ରସୁଣରେ ପ୍ରସ୍ତୁତ "ଆଶ୍ରମ ରାନ୍ଧଣା' ଖାଦ୍ୟଗୁଡ଼ିକ ପରୀକ୍ଷା କରିବାରେ ସାହାଯ୍ୟ କରିଥିବାରୁ ଶ୍ରୀ ପ୍ରଫୁଲ୍ଲ କୁମାର ନାୟକଙ୍କୁ ଧନ୍ୟବାଦ ଜଣାଉଛି।

ମୋର ଚୀର ନମସ୍ୟ ଶ୍ରୀଯୁକ୍ତ ଅରବିନ୍ଦ ପଟ୍ଟନାୟକ, ତାଙ୍କର ବହୁମୂଲ୍ୟ ସମୟ ଦେଇ ପାଣ୍ଡୁଲିପିକୁ ଅବଲୋକନ କରି ଉତ୍ସାହିତ କରିଥିବାରୁ ମୁଁ ତାଙ୍କ ନିକଟରେ ଚୀର ଋଣି।

ପାକଶାସ୍ତ୍ରର ଦ୍ୱିତୀୟ ସଂସ୍କରଣ ସମ୍ପୂର୍ଣ୍ଣ କରିବାରେ ପୂର୍ଣ୍ଣ ଭାବରେ ସାହାଯ୍ୟ ଓ ସହଯୋଗ କରିଥିବାରୁ; ମୋର ମାର୍ଗଦର୍ଶକ ତଥା ଗୁରୁ ଶ୍ରୀଯୁକ୍ତ ବିଷ୍ଣୁ ପ୍ରସାଦ ତ୍ରୀପାଠିଙ୍କୁ ଗଭୀର କୃତଜ୍ଞତା କଣାଉଛି।

ସର୍ବୋପରି ପୂର୍ଣ୍ଣ ରୂପରେ ସହଯୋଗ କରି ମୋର ମନୋବଳ ବଢ଼ାଇଥିବାରୁ ଶ୍ରୀ ହେମନ୍ତ କୁମାର କାନୁନ୍‌ଗୋଙ୍କୁ ଧନ୍ୟବାଦ ଜଣାଉଛି।

ମୀରା କାନୁନ୍‌ଗୋ

ଦ୍ୱିତୀୟ ସଂସ୍କରଣର ଭୂମିକା

ଏହି ପରିବର୍ତ୍ତନଶୀଳ ଦୁନିଆରେ ସଦା ସର୍ବଦା କିଛି ନା କିଛି ପରିବର୍ତ୍ତନ ଦେଖାଦିଏ। ରୁଚି, ସାମାଜିକ ଚଳଣି, ଖାଦ୍ୟ, ବସ୍ତ୍ର, ସଂସ୍କୃତି ଆଦି ସବୁ କ୍ଷେତ୍ରରେ ପରିବର୍ତ୍ତନ। ଏହା ମଣିଷ ଜୀବନରେ ଏକ ନୂତନ ସ୍ୱାଦ ଭରିଦିଏ। ଆମେ ଏବେ ଇଣ୍ଟରନେଟ୍ ଯୁଗରେ ଚଳୁଛେ। ଏହା ମଣିଷ ଜୀବନକୁ ବେଶ୍ ସହଜ କରିଦେଇଛି। ଚାହିଁଲେ ଜଣେ ସଙ୍ଗେ ସଙ୍ଗେ ଯେ କୌଣସି ତଥ୍ୟ ଏହା ମାଧ୍ୟମରେ ପାଇ ପାରୁଛି। ତଥାପି ଏଠାରେ 'ପାକଶାସ୍ତ୍ର' ମାଧ୍ୟମରେ ସହଜ ଓ ସରଳ ଭାବରେ ହାତ ପାଆନ୍ତାରେ ରୋଷେଇ ସମ୍ବନ୍ଧୀୟ କିଛି ସାଧାରଣ ଓ ନୂଆ ତଥ୍ୟ ଏକାଠି କରି ଉପସ୍ଥାପନା କରାଯାଇଛି, ଯାହାକି ରୋଷେଇ ଜଗତର ପ୍ରଥମ ପାହାଚ ହୋଇ ଉପରକୁ ଚଢ଼ିବାକୁ ବାଟ କଢ଼ାଇବ। ଦେଶ ବିଦେଶରେ ରହୁଥିବା ନୂଆ ପୀଢ଼ିର ପିଲାମାନଙ୍କ ପାଇଁ ଏହା ଏକ ସହାୟକ ପୁସ୍ତକ ହେବ ବୋଲି ଆଶା କରାଯାଏ। ସେଥିପାଇଁ କିଛି ଇଂରାଜୀ ଶବ୍ଦ ଏ ବହିରେ ବ୍ୟବହାର କରାଯାଇଛି। ରନ୍ଧନ ପ୍ରଣାଳୀ ବିଷୟରେ ସଂକ୍ଷିପ୍ତ ବିବରଣୀ ସହ, ମେଟ୍ରିକ୍ ମାପ ସହିତ ପାଉଣ୍ଡ ଆଉନ୍‌ସର ପରିବର୍ତ୍ତିତ ମାପ ଓ ଓଜନ ଏଥିରେ ଦିଆଯାଇଛି।

ବିଦେଶୀ ଖାଦ୍ୟରେ ବ୍ୟବହୃତ ହେଉଥିବା କିଛି ସାମଗ୍ରୀ ବଦଳରେ ଯାହା ସହଜ ଲଭ୍ୟ, ତାହା କିପରି ବ୍ୟବହାର କରାଯାଇ ପାରିବ ସେ ବିଷୟରେ ମଧ୍ୟ ଆଲୋଚନା କରାଯାଇଛି। ଦିନ ଥିଲା ଲେଟ୍ୟୁସ୍ (Lettuce) ବ୍ରକୋଲି (broccoli), ରେଡ୍ କ୍ୟାବେଜ୍ (red cabbage), ଆଭାକାଡ଼ୋ (avacado), ସେଲେରୀ (celery) ଲିକ୍ (leek), ପାର୍‌ସଲେ (parslay), କିୱି (kiwi), ପ୍ଲମ୍ (plum), ପର୍‌ସିମନ୍ (parsimon) ଆଦି ପରିବା ଓ ଫଳ ଆମ ଅଞ୍ଚଳରେ ଦେଖିବାକୁ ମିଳୁ ନ ଥିଲା। ଏବେ ପ୍ରାୟ ଅଧିକାଂଶ ଶୀତ ପ୍ରଧାନ ଅଞ୍ଚଳର ପନିପରିବା ଓ ଫଳ ବଡ଼ ବଡ଼ ମଲ୍ ଓ ଫଳ ଦୋକାନରେ କିଣିବାକୁ ମିଳିଲାଣି। କିଛି ବିଦେଶୀ ଖାଦ୍ୟ ଆମ ନିତି ଦିନିଆ ଖାଦ୍ୟ ତାଲିକାର ପରିସରଭୁକ୍ତ ହୋଇ ଗଲାଣି। ତା' ବୋଲି ନୁହେଁ ଯେ, ଆମେ ଆମର ପାରମ୍ପରିକ ଖାଦ୍ୟ ଗୁଡ଼ିକ ଭୁଲିଯିବା। ଭାରତର ପ୍ରତ୍ୟେକ ଅଞ୍ଚଳରେ ଖାଦ୍ୟର ଏକ ସ୍ୱତନ୍ତ୍ରତା ରହିଛି। ଆମର ପର୍ବ ପର୍ବାଣି ସହିତ ଯୋଡ଼ି ହୋଇ ରହିଛି ଆମର ପାରମ୍ପରିକ ପିଠା ପଣା, କାଞ୍ଜି, ବ୍ୟଞ୍ଜନ ଆଦି। ନୂଆ ପିଢ଼ିର ପିଲାମାନଙ୍କ ପାଇଁ ଏହା ସ୍ୱପ୍ନ ହୋଇଯାଇଛି। କର୍ମ ମୟ ଜୀବନରେ ସମୟ ଅଭାବରୁ ଏଗୁଡ଼ିକ ତାଙ୍କ ପାଇଁ କରିବା କଷ୍ଟସାଧ୍ୟ ମନେ ହେଉଛି। ଆଜିକାଲି ହୋଟେଲ୍ ଓ ରେଷ୍ଟୁରାଣ୍ଟ ଗୁଡ଼ିକରେ ଆମ ପାରମ୍ପରିକ ଖାଦ୍ୟ, ଯଥା - କାଞ୍ଜି, ପଖାଳ, ପିଠାପଣା, ଡାଲମା, ସନ୍ତୁଳା, ମହୁର, ବେସର, ଶୁଖୁଆ, ମାଛ ପୋଡ଼ା ଆଦି ପରିବେଷଣ କରାଗଲାଣି। ଏହା ଅତି ସ୍ୱାଗତଯୋଗ୍ୟ।

ଫାଷ୍ଟଫୁଡ୍ ଆମ ଦେଶରେ ସବୁଆଡ଼େ ଦେଖିବାକୁ ମିଳେ। ବିଭିନ୍ନ ଦେଶର ଖାଦ୍ୟ ଏଥିରେ ପରିବେଷଣ କରାଯାଏ। ଚାଇନିଜ୍, ଥାଇ, ଇଟାଲୀୟାନ୍, ଆରବିୟାନ୍ ଖାଦ୍ୟ ଗୁଡ଼ିକ ଆମ ଦେଶ ଲୋକଙ୍କ ମନକୁ ବେଶ୍ ପାଇଲାଣି। ଏବେ ବଡ଼ ବଡ଼ ହୋଟେଲ ତଥା ପ୍ରଦର୍ଶନୀ ମାଧ୍ୟମରେ ଅନେକ ବିଦେଶୀ ଖାଦ୍ୟ ସହିତ ଲୋକେ ପରିଚିତ ହୋଇ ପାରୁଛନ୍ତି। ରନ୍ଧନ ପ୍ରଣାଳୀକୁ ସହଜ ଓ ସୁଗମ କରିବା ପାଇଁ ଏ ବହିରେ ପ୍ରଚେଷ୍ଟା କରାଯାଇଛି। ଆଶା ପାଠକ ପାଠିକାମାନଙ୍କ ପାଇଁ ଏହା ସହାୟକ ହେବ।

ସୂଚୀ

- ଅନ୍ତରର କଥା ୦୦
- ଅଭିମତ ୦୦
- କୃତଜ୍ଞତା ୦୦
- ଦ୍ୱିତୀୟ ସଂସ୍କରଣର ଭୂମିକା ୦୦
- ରୋଷେଇ ଘରର ପରିବେଶ ଓ ସାବଧାନତା ୧୫
- ରେଫ୍ରିଜେରେଟର୍ ବିଷୟରେ ପଦେ ଅଧେ ୧୭
- ରୋଷେଇ ସରଞ୍ଜାମ ୧୯
- ମାପ ଓ ଓଜନ ୨୦
- ଖାଦ୍ୟର ଉପାଦାନ ୨୧
- ରନ୍ଧନ ସାମଗ୍ରୀ ଓ ତା'ର ମୂଲ୍ୟାୟନ ୨୪
- ପ୍ରସ୍ତୁତି ୪୨

ସୁପ୍ ୪୮

- ହ୍ୱାଇଟ୍ ସସ୍ ୪୯
- କ୍ରୁଟନ୍ ୫୦
- ଭେଜିଟେବଲ୍ ଭେଲୁତେ ୫୦
- ମସରୁମ ଭେଲୁତେ ୫୦
- ଶ୍ରିମ୍ପ୍ ବିସ୍କ୍ ୫୧
- ରୋଷ୍ଟେଡ୍ କର୍ଣ୍ଣ ଚଉଡ଼ର ୫୨
- ଭେଜିଟେବଲ୍ ଏଣ୍ଡ୍ ଚିଜ୍ ପୋଟେଜ୍ ୫୩
- କ୍ରିମ୍ ଅଫ୍ ସ୍ପିନାଚ୍ ସୁପ୍ ୫୩
- କ୍ରିମ୍ ଅଫ୍ ଭେଜିଟେବୁଲ୍ ସୁପ୍ ୫୩
- ଗାଜର ଓ ମସୁର ଡାଲି ସୁପ୍ ୫୪
- ସୁଇଟ୍ ଏଣ୍ଡ ସାୱାର ଚିକେନ୍ ସୁପ୍ ୫୪
- ସ୍ପିନାଚ୍ ଏଣ୍ଡ ଚିକେନ୍ ସୁପ୍ ୫୫
- ୱାନଟନ୍ ସୁପ୍ ୫୬
- କନସୋମେ ୫୭
- ମିଲାଗୁଥାନି ବା ମୁଲିଗେଟାୱାନି ୫୮
- ସୁଇଟ୍ କର୍ଣ୍ଣ ଚିକେନ୍ ସୁପ ୫୯

୭

ସାଲାଡ଼	୬୧
◆ ଭିନେଗ୍ରେଟେ	୬୧
◆ ମେୟୋନିଜ୍ ଡ୍ରେସିଙ୍ଗ	୬୨
◆ ଯୋଗାର୍ଟ ଡ୍ରେସିଙ୍ଗ	୬୩
◆ ପ୍ରେସ କ୍ରିମ୍ ଡ୍ରେସିଙ୍ଗ	୬୩
◆ ମେୟୋନିଜ୍ ସସ୍	୬୩
◆ ଏଗ୍‌ଲେସ ମେୟୋନିଜ୍	୬୪
◆ ସାଲାଡ଼ କ୍ରିମ୍	୬୪
◆ ହେଲଦୀ ସାଲାଡ଼	୬୪
◆ ମିକ୍ସଡ ଭେଜିଟେବଲ୍ ସାଲାଡ଼	୬୪
◆ ଅମୃତ ଭଣ୍ଡା ସାଲାଡ଼	୬୫
◆ କନ୍ଦମୂଳ ସାଲାଡ଼	୬୬
◆ ମିକ୍ସଡ ସାଲାଡ଼	୬୬
◆ ପନୀର-ଫ୍ରୁଟ୍ ସାଲାଡ଼	୬୬
◆ କ୍ରିସ୍‌ମାସ୍ ସାଲାଡ଼	୬୭
◆ ରସିଆନ୍ ସାଲାଡ଼	୬୭
◆ ଫିସ୍ ସାଲାଡ଼	୬୮
କଚୁମର ଓ ରାଇତା	୬୯
◆ କାକୁଡ଼ି ଟମାଟୋ କଚୁମର	୬୯
◆ କୋସମରି	୬୯
◆ କାକୁଡ଼ି ରାଇତା	୭୦
◆ ଟମାଟୋ ଅନିଅନ୍ ରାଇତା	୭୧
◆ ପାଳଙ୍ଗ ରାଇତା	୭୧
◆ ଫୁଲକୋବି ରାଇତା	୭୧
◆ ବୁନ୍ଦି ରାଇତା	୭୨
◆ ସପୁରୀ ରାଇତା	୭୨
◆ ମଞ୍ଜା ରାଇତା	୭୨
◆ କୋଲ୍‌ସ୍ଲ	୭୩
ଭାତ	
◆ ଖେଚୁଡ଼ି / ଖେଚେଡ଼ି	୭୪
◆ ପାଳଙ୍ଗ ଖେଚେଡ଼ି	୭୫
◆ ମିଶା ମିଶି ଡାଲି ଖେଚେଡ଼ି	୭୫
◆ ପଲାଉ	୭୬

- ମଟର ପଲାଉ — ୭୬
- ଟମାଟୋ ପଲାଉ — ୭୭
- ଭେଜିଟେବୁଲ୍ ପଲାଉ — ୭୮
- ଛେନା ପଲାଉ — ୭୮
- ନବରତ୍ନ ପଲାଉ — ୭୯
- ଟାମାରିଣ୍ଡ ରାଇସ୍ — ୮୦
- ଟମାଟୋ ରାଇସ୍ — ୮୧
- ଲାଇମ୍ ରାଇସ୍ — ୮୧
- ନଡ଼ିଆ ଭାତ — ୮୨
- ମିକ୍ସଡ୍ ଫ୍ରାଏଡ୍ ରାଇସ୍ — ୮୩
- ମୋଗୋଲାଇ ବିରିୟାନୀ — ୮୩
- ଭେଜିଟେବୁଲ୍ ବିରିୟାନୀ — ୮୫
- ପଖାଳ — ୮୬
- ପଖାଳ ରାଇ — ୮୮
- କାଞ୍ଜି — ୮୮

ଗହମ ଜାତୀୟ ଖାଦ୍ୟ — ୯୦
- ରୁଟି — ୯୦
- ପରଟା — ୯୧
- ଆଳୁ ପରଟା — ୯୨
- ଫୁଲ କୋବି ପରଟା — ୯୩
- ମେଥୁ ପରଟା — ୯୪
- ପାଳଙ୍ଗ ପରଟା — ୯୪
- ପୋଦିନା ପରଟା — ୯୪
- ମିଶି ରୋଟି — ୯୪
- ପିଆଜ ପରଟା — ୯୫
- ଢାକାଇ ପରଟା — ୯୫
- ସାହି ପରଟା — ୯୬
- ମାଲବାରୀ ପରଟା — ୯୭
- ନାନ୍ — ୯୭
- କଟେରୀ — ୯୮
- ଭଟୁରା — ୯୯
- ପୁରୀ — ୧୦୦
- ଲୁଚି — ୧୦୦

- ରାଧାବଲ୍ଲଭ ଲୁଚି ୧୦୧
- ଆକ୍ନି ରୁଟି ୧୦୧
- **ଡାଲି** ୧୦୨
- ପଞ୍ଚରତ୍ନ ଡାଲି ୧୦୪
- ଡାଲମା ୧୦୫
- ହବିଷ ଡାଲମା ୧୦୬
- ମାଛ ଡାଲମା ୧୦୬
- ରସମ ୧୦୭
- ସମ୍ବର ୧୦୮
- **ପନିପରିବା ରାନ୍ଧଣା** **୧୧୦**
- ପେଣ୍ଡି ବାଇଗଣ ଭଜା ୧୧୦
- ପୋସ୍ତ ବାଇଗଣ ଭଜା ୧୧୧
- କିମା ପୁରଦିଆ ବାଇଗଣ ଭଜା ୧୧୧
- ଗୋଟା ଭେଣ୍ଡି ଭଜା ୧୧୨
- ଫାଳ ପୋଟଳ ଭଜା ୧୧୩
- ଦେଶୀ ଆଲୁ ଭଜା ୧୧୪
- ମିଶା ମିଶି ପରିବା ଭଜା ୧୧୪
- ଅମୃତ ଭଣ୍ଡା ଭଜା ୧୧୫
- ବେସର ପୁରଦିଆ ଗୋଟା କଲରା ଭଜା ୧୧୫
- ଆଲୁ ପୁରଦିଆ କଲରା ଭଜା ୧୧୬
- ଆଚରି ପୁରଦିଆ କଲରା ଭଜା ୧୧୬
- ଖଡ଼ାପତ୍ର ଭଜା ୧୧୭
- ପୋଇପତ୍ର ଭଜା ୧୧୮
- ଚିଙ୍ଗୁଡ଼ି ପୁରଦିଆ ପତ୍ରଭଜା ୧୧୮
- **ଭର୍ତ୍ତା**
- ଆଲୁ ଭର୍ତ୍ତା ୧୨୦
- ବଘରା ଆଲୁ ଭର୍ତ୍ତା ୧୨୧
- ବାଇଗଣ ଭର୍ତ୍ତା-୧ .... ୧୨୧
- ବଇଗଣ ଭର୍ତ୍ତା-୨ .... ୧୨୨
- ଓଲୁଅ ଭର୍ତ୍ତା ୧୨୨
- **ତରକାରୀ**
- ଆଲୁଦମ୍ ୧୨୩
- ଆଲୁ ପୋଟଳ ରସା ୧୨୪

- ♦ ପଣସ ତରକାରୀ — ୧୨୫
- ♦ ନଡ଼ିଆ ବରା ତରକାରୀ — ୧୨୬
- ♦ ଭେଜିଟେବୁଲ୍ କୋପ୍ତା କରୀ — ୧୨୭
- ♦ ପାଲକ୍ ପନୀର — ୧୨୮
- ♦ ଲାଉ ପକୁଡ଼ି ତରକାରୀ — ୧୨୯
- ♦ ବେସନ ତରକାରୀ — ୧୩୦
- ♦ ଘାଣ୍ଟ ତରକାରୀ — ୧୩୧
- ♦ ସୁକ୍ତୋ — ୧୩୩
- ♦ କଦଳୀ ଭଣ୍ଡା କସା — ୧୩୩
- ♦ କଦଳୀ ଭଣ୍ଡା ତରକାରୀ — ୧୩୪

ବରା
- ♦ ପିଆଜ ଶଷ୍ୟ ବରା — ୧୩୫
- ♦ ମଞ୍ଜା ମୁଗୁରା — ୧୩୫
- ♦ କଦଳୀ ଭଣ୍ଡାବରା — ୧୩୬
- ♦ ଶାଗ ବରା — ୧୩୬

ଶାଗ
- ♦ ଶାଗ ଖରଡ଼ା — ୧୩୭
- ♦ ସଜନା ଶାଗ — ୧୩୮
- ♦ ବେସର ସଜନା ଶାଗ — ୧୩୯
- ♦ ପାଲଙ୍ଗ ଶାଗ — ୧୩୯
- ♦ ଝୁଣ୍ଡୁଡ଼ି ଶାଗ — ୧୪୦
- ♦ ଚଣା ଶାଗ — ୧୪୦
- ♦ ମିଶାମିଶି ଶାଗ — ୧୪୦
- ♦ ଶାଗ ପୋଡ଼ା — ୧୪୦
- ♦ କଖାରୁ ଶାଗ — ୧୪୧
- ♦ କଲମ ଶାଗ — ୧୪୧
- ♦ ସୋରିଷ ଶାଗ — ୧୪୨

ଛତୁ
- ♦ ଛତୁ ଭଜା — ୧୪୩
- ♦ ଛତୁ ଦୋ ପିଆଜ୍ — ୧୪୩
- ♦ ଛତୁ ମଟର — ୧୪୪
- ♦ ଛତୁ ମଲାଇ କୋପ୍ତା — ୧୪୫
- ♦ ଛତୁ ଖୋର୍ମା — ୧୪୭

♦	ପାଲ ଛତୁ ବେସର	୧୪୬
♦	ଛତୁ ଚିଙ୍ଗୁଡ଼ି	୧୪୭

ବିନା ପିଆଜ ରସୁଣରେ ଖାଦ୍ୟ ପ୍ରସ୍ତୁତି

♦	କ୍ଷୀର ଦିଆ ପୋଟଳ	୧୪୮
♦	ଗୋଟା ପୋଟଳ ତରକାରୀ	୧୪୯
♦	ଗୋଟା କଦଳୀ ପୋସ୍ତ	୧୪୯
♦	ପନୀର ମଟର	୧୫୦
♦	ମହୁର	୧୫୦
♦	ବେସର	୧୫୧

ଖଟା

♦	ପାଣି କଖାରୁ ସାକର	୧୫୨
♦	ଓଉ ଖଟା	୧୫୩
♦	ଧଳା ସୋରିଷଦିଆ ଆମ୍ବଖଟା	୧୫୪
♦	ଆମ୍ବୁଲ ରାଇ	୧୫୪

ଅଣ୍ଡା

♦	ପୋଚ୍ଡ଼ ଏଗ୍	୧୫୫
♦	ଫ୍ରାଏଡ଼୍ ଏଗ୍	୧୫୫
♦	ସ୍କ୍ରାମ୍ବଲ୍ ଏଗ୍	୧୫୫
♦	ଓମ୍‌ଲେଟ୍	୧୫୬
♦	ଛତୁ ଓମ୍‌ଲେଟ୍	୧୫୬
♦	ଏଗ୍ ଭୁଜିଆ	୧୫୬
♦	ବେକ୍‌ଡ଼ ଏଗ୍	୧୫୭
♦	ସିଝା ଅଣ୍ଡା	୧୫୭
♦	ଅଣ୍ଡା ଦୋପିଆଜ୍	୧୫୮
♦	ଅଣ୍ଡା ତରକାରୀ	୧୫୮
♦	ଅଣ୍ଡା ଭର୍ତ୍ତା	୧୫୮
♦	ଏଗ୍ କଟ୍‌ଲେଟ୍	୧୫୯

ମାଛ

♦	ଫିସ୍ ମୋଲି	୧୭୦
♦	ମାଛେର ଝାଲ	୧୭୦
♦	ଫିସ୍ ପାତିଆ	୧୭୧
♦	ମେଥି ମାଛ	୧୭୧
♦	କଳାଜୀରା ମାଛ	୧୭୧

♦	ମାଛ କାଲିଆ	୧୬୩
♦	ହାଇଦ୍ରାବାଦୀ ଫିସ୍‌କରୀ	୧୬୪
♦	ଗୋଆନା ଫିସ୍‌କରୀ	୧୬୪
♦	ଦହିମାଛ	୧୬୫
♦	ଦହି ଇଲିଶି	୧୬୫
♦	ଫିସ୍ ରୋଲ୍	୧୬୭
♦	ଫିସ୍ ଲୋଫ୍	୧୬୭
♦	ଓଡ଼ିଶାର ପାରମ୍ପରିକ ମାଛ ରାନ୍ଧଣା	୧୬୭
♦	ବେସର ଦିଆ ମାଛ ଭଜା	୧୬୮
♦	ମାଛ ବେସର	୧୬୮
♦	ମାଛ ଚୁଡ଼ଚୁଡ଼ା	୧୬୯
♦	ମାଛ ଚଟଣୀ	୧୬୯
♦	ମାଛ ପତ୍ରପୋଡ଼ା	୧୭୦
♦	ମାଛଜୀରା ପାଣି	୧୭୧
♦	ଚୁନାମାଛ ତରକାରୀ	୧୭୧
♦	ଚୁଙ୍ଗୁଡ଼ି ତରକାରୀ	୧୭୨

କୁକୁଡ଼ା ମାଂସ

♦	କାଶ୍ମୀରୀ ପୁତକ	୧୭୩
♦	ମୁର୍ଗ ଅଦ୍ରକି	୧୭୩
♦	ଗ୍ରୀଲଡ୍ ଚିକେନ୍	୧୭୪
♦	ତନ୍ଦୁରୀ ଚିକେନ୍	୧୭୪
♦	ମୋଗଲାଇ ଚିକେନ୍	୧୭୫
♦	ମୁର୍ଗ ମସାଲା	୧୭୭
♦	ଚିକେନ୍ ଚଗେଟ୍‌ସ	୧୭୭
♦	ଚିକେନ୍ ଉଇଥ ମସରୁମ ସସ୍	୧୭୭
♦	ଗ୍ରୀନ୍ ଚିକେନ୍	୧୭୮
♦	ଷ୍ଟଫଡ୍ ଚିକେନ୍ ରୋଷ୍ଟ	୧୭୯
♦	ଚିକେନ୍ ଦୋ ପିଆଜା	୧୮୦
♦	ଚିକେନ୍ ଚେଟିନାଡ୍	୧୮୧
♦	ଚିଲ୍ଲି ଚିକେନ୍	୧୮୨

ମଟନ

♦	ମାଂସ ତରକାରୀ	୧୮୩
♦	ସଫେଜ୍ ମାଂସ	୧୮୪

- ଶାଗ ମାଂସ — ୧୮୪
- ମଟନ୍ ଷ୍ଟିଭ — ୧୮୫
- ରୋଗନ୍‌ଯସ୍ — ୧୮୬
- ସିଖ କବାବ୍ — ୧୮୭
- ମଟ୍‌ନ ଟିକା କବାକ୍ — ୧୮୮
- କଟ୍‌ଲେଟ୍ — ୧୮୮
- କଲିଜା କଷା — ୧୮୯

ମିଷ୍ଟାନ୍ନ

- ଚାଉଳ କ୍ଷୀରି — ୧୯୦
- କନ୍ଦମୂଳ ପାୟସ୍ — ୧୯୧
- ଲାଉ କ୍ଷୀରି — ୧୯୧
- ଗାଜର ହାଲୁଆ — ୧୯୨
- ଶିରିଣି — ୧୯୨
- ମୁଗ ରସାବଳୀ — ୧୯୩
- ରସଗୋଲା — ୧୯୪
- ରସାବଳୀ — ୧୯୪
- ଛେନାପୋଡ଼ — ୧୯୫
- କାରାମେଲ କଷ୍ଟାର୍ଡ — ୧୯୫
- ଚକେଲେଟ୍ ମୁସ୍ — ୧୯୬
- ଆପଣ ଜାଣନ୍ତି କି ? — ୧୯୭
- କିଛି ନିଆରା ଖବର — ୧୯୯
- କାଲୋରୀ — ୨୦୦-୨୦୪

ରୋଷେଇ ଘରର ପରିବେଶ ଓ ସାବଧାନତା

ଖାଦ୍ୟ ପ୍ରସ୍ତୁତି ପାଇଁ ରୋଷେଇ ଘରେ ରୁଚିକର ପରିବେଶ ସୃଷ୍ଟି କରିବା ଓ ଦୁର୍ଘଟଣା ପ୍ରତି ସଚେତନତା ଆଣିବା ବିଷୟରେ ଏଠାରେ ଆଲୋଚନା କରାଯାଇଛି। ପରିଷ୍କାର ପରିଛନ୍ନ ଭାବରେ ଖାଦ୍ୟ ପ୍ରସ୍ତୁତି ହେଲେ ଖାଦ୍ୟ ଖାଉଥିବା ବ୍ୟକ୍ତିର ମନ ପ୍ରଫୁଲ୍ଲ ରହିବା ସଙ୍ଗେ ସଙ୍ଗେ ପରିବେଷିତ ଖାଦ୍ୟ ଦୂଷିତ ନ ହୋଇ ସହଜରେ ହଜମ ହୋଇ ଶରୀର ସୁସ୍ଥ ରହିବ। ନିମ୍ନ ଲିଖିତ ନିର୍ଦ୍ଦେଶାବଳୀ ଗୁଡ଼ିକ ଉପରୋକ୍ତ ଉଦ୍ଦେଶ୍ୟକୁ ଠିକ୍ ଭାବରେ ସାଧିତ କରିବ ବୋଲି ଆଶା କରାଯାଉଛି।

- ରୋଷେଇ ଘରଟିରେ ପର୍ଯ୍ୟାପ୍ତ ପରିମାଣର ଆଲୋକ ଓ ବାୟୁ ଚଳାଚଳ ପାଇଁ ସୁବିଧା ରହିବା ଆବଶ୍ୟକ।
- ରୋଷେଇ ଘରର କବାଟ ଓ ଝରକାରେ ମଶା ଓ ମାଛି ନ ଆସିବା ପାଇଁ ଜାଲି (fly proof net) ଲଗାଇବା ଉଚିତ୍।
- ରୋଷେଇ ଘରେ ଚିମିନୀର ବ୍ୟବସ୍ଥା କଲେ ଧୂଆଁ ନିଷ୍କାସନ ହେବା ସଙ୍ଗେ ସଙ୍ଗେ ଘରେ ତେଲ ଚିକିଟା ହେବନାହିଁ।
- ସାମାନ୍ୟ ଅସାବଧାନତା ଯୋଗୁ ଦୁର୍ଘଟଣା ଘଟିଥାଏ। ତେଣୁ ରୋଷେଇ କଲାବେଳେ ସୂତା ଲୁଗା ପିନ୍ଧିବା ଓ ଆପ୍ରୋନ୍ ପିନ୍ଧିବା ଭଲ।
- ପ୍ରତିଥର ରୋଷେଇ ପରେ ପ୍ରଥମେ ସିଲିଣ୍ଡରର ରେଗୁଲେଟର୍‌କୁ ବନ୍ଦକରି ଚୁଲିର ନବ୍‌କୁ ବନ୍ଦକରିବେ। ଇଲେକ୍ଟ୍ରି ଚୁଲି ବ୍ୟବହାର କରୁଥିଲେ ନବ୍ ଗୁଡ଼ିକ ବନ୍ଦ କରିବା ପାଇଁ ଭୁଲିବେ ନାହିଁ।
- ଚୁଲି ଉପରକୁ କିଛି ଥାକ ରଖିବେ ନାହିଁ। ଚୁଲି ଜଳୁଥିବା ସମୟରେ ଉପରକୁ ଟେକି ହୋଇ ଜିନିଷ କାଢ଼ିବା ସମୟରେ ଲୁଗାପଟାରେ ନିଆଁ ଲାଗିଯିବାର ସମ୍ଭାବନା ଥାଏ।
- ଗ୍ୟାସ୍ ଚୁଲି ଲଗାଇବା ପାଇଁ ଡିଆସିଲି ବ୍ୟବହାର କରୁଥିଲେ, ଡିଆସିଲି କାଠିକୁ ଲିଭାଇ ପାଣିରେ ବୁଡ଼ାଇ ଡଷ୍ଟବିନ୍‌ରେ ପକାଇବେ।
- ଗରମ ଡେକ୍‌ଚି ବା କଡ଼େଇ ଚୁଲିରୁ ଓହ୍ଲାଇବା ସମୟରେ ଚିମୁଟା, ନାପ୍‌କିନ୍ ବା ଗ୍ଲୋଭ୍‌ସ ବ୍ୟବହାର କରିବେ।
- ରୋଷେଇ କଲାବେଳେ ବେଳେବେଳେ ଚିଆଁ ବା ଚେଙ୍କା ଲାଗିଯାଏ। ଫୋଟକା ନ ହେବା ପାଇଁ କିଛି ଅଏଣ୍ଟମେଣ୍ଟ ସଦାବେଳେ ହାତ ପାଆନ୍ତାରେ ରଖିବେ। ଚିଆଁ ଲାଗିଥିବା ଅଂଶଟିକୁ ଯଦି ସମ୍ଭବ ହୁଏ ଥଣ୍ଡା ବରଫଖଣ୍ଡ ପକାଇଥିବା ପାଣିରେ ବୁଡ଼ାଇ ଜ୍ୱଳନ ବନ୍ଦ ହେବା ପର୍ଯ୍ୟନ୍ତ ରଖିଲେ ଫୋଟକା ହୁଏନାହିଁ। କେହି କେହି କଞ୍ଚା ଆଳୁ ବଟା ଚେଙ୍କ ଲାଗିଥିବା ସ୍ଥାନରେ ଲଗାଇ ଥାଆନ୍ତି। ଧଳା ଦାନ୍ତଘଷା ପେଷ୍ଟକୁ ବହଳକରି ମାରିଦେଲେ ଫୋଟକା ହୁଏନାହିଁ।
- କ୍ରମାଗତ ଭାବରେ ଘିଁକୁଆରି ନାଳକୁ ଚେଙ୍କ ଲାଗିଥିବା ଜାଗାରେ ଲଗାଇଲେ ଫୋଟକା ହୁଏନାହିଁ ଓ ପୋଡ଼ାଜଳା କମିଯାଏ।
- ରୋଷେଇ ଘର କାନ୍ଥରେ କଣା ବା ଫାଟଥିଲେ ଏଥିରେ ଅସରପା ଓ ଝିଟିପିଟି ରହିବାର ସୁଯୋଗ ପାଆନ୍ତି। କଣାଗୁଡ଼ିକୁ ସିମେଣ୍ଟ ବା ପ୍ଲାଷ୍ଟର ଅଫ୍ ପାରିସ୍ ଦେଇ ବନ୍ଦ କରିଦେବେ। ନଚେତ୍ ଖବର କାଗଜକୁ ସରୁ ସରୁ କାଟି ଅଳ୍ପ ପାଣିରେ କିଛି ଅଟା ପକାଇ ଫୁଟାଇ ପେଷ୍ଟ ତିଆରି କରି ଫାଟ ବା କଣା ଗୁଡ଼ିକରେ ଦେଇ ବନ୍ଦ କରିଦେବେ।

- ମଝିରେ ମଝିରେ ବୁଢ଼ିଆଣି ଜାଲ ଆଦି ଝାଡ଼ି ସଫା କରିବେ।
- ରାତିରେ ଶୋଇବା ପୂର୍ବରୁ ଥାକରୁ ଜିନିଷ କାଢ଼ି ଅସରପା ମାରିବା ପାଇଁ ଔଷଧ ସ୍ପ୍ରେ କରି ପାରିବେ। ସ୍ପ୍ରେ କରିବା ସମୟରେ ପାଖରେ ଖାଦ୍ୟ ଜିନିଷ ରଖିବେ ନାହିଁ।
- ୧ ଟେବୁଲ୍ ଚାମଚ ମଇଦାରେ ୧ ଟେବୁଲ୍ ଚାମଚ୍ ବୋରିକ୍ ଏସିଡ୍ ମିଶାଇ ଏଥିରେ ୨ ବୁନ୍ଦା ଗୁଆ ଘିଅ ଓ ସାମାନ୍ୟ କ୍ଷୀର ପକାଇ ଟାଣକରି ଦଳି ଏହାକୁ ମଟର ଆକାରର ଛୋଟ ଛୋଟ ଗୁଳାକରି ଥାକରେ ବିଛାଡ଼ି ପକାଇ ଦେଲେ ୧୫/୨୦ ଦିନ ପରେ ଛୋଟ ଛୋଟ ଅସରପା ଗୁଡ଼ିକ ମରିଯିବେ।
- ରୋଷେଇ କରିବା ପୂର୍ବରୁ ହାତକୁ ଭଲ ଭାବେ ସାବୁନ୍‌ରେ ପରିଷ୍କାର କରି ଧୋଇବେ। ହାତ ନଖ କାଟି ପରିଷ୍କାର ରଖିବେ।
- ପ୍ରତିଥର ହାତଧୋଇ ପୋଛିବା ପାଇଁ ପରିଷ୍କାର ତଉଲିଆ ବା ଟିସୁ ପେପର୍ ବ୍ୟବହାର କରିବେ।
- ରୋଷେଇ ଘର ଅଳିଆ ପକାଇବା ପାଇଁ ଢାଙ୍କୁଣୀ ଥିବା ଡଷ୍ଟବିନ୍ ବ୍ୟବହାର କରିବେ।
- ରୋଷେଇ କରିବା ସମୟରେ ଲମ୍ବା ହାଣ୍ଡଲ୍ ଥିବା ପାତ୍ର ଗୁଡ଼ିକର ହାଣ୍ଡଲ୍‌କୁ ବାହାରକୁ ନ ରଖି ଭିତରକୁ ରଖିବେ। ନଚେତ୍ ହାତ ବାଜି ଗରମ ଖାଦ୍ୟ ଦେହରେ ପଡ଼ିଯିବ।
- ରୋଷେଇ ପୂର୍ବରୁ ଦରକାରୀ ରନ୍ଧନ ସରଞ୍ଜାମ୍ ଓ ପାତ୍ର ଆଦି ସଜାଡ଼ି ରଖିବେ।
- ପ୍ରସ୍ତୁତ ଖାଦ୍ୟର ଖାଦ୍ୟଗୁଣ ଯେପରି ନଷ୍ଟ ନ ହୁଏ ସେଥିପ୍ରତି ଦୃଷ୍ଟି ଦେବେ। ମଧ୍ୟମ ଜାଳରେ ପ୍ରେସର କୁକରରେ ଖାଦ୍ୟ ରାନ୍ଧିଲେ ଖାଦ୍ୟଗୁଣ ବିଶେଷ ନଷ୍ଟ ହୁଏନାହିଁ ଓ ଅଳ୍ପ ସମୟରେ ଖାଦ୍ୟ ପ୍ରସ୍ତୁତ ହୋଇଯାଏ।
- ରନ୍ଧା ଖାଦ୍ୟକୁ ଘୋଡ଼ାଇ ରଖିବେ। ଖାଦ୍ୟ ଖାଇବା ପରେ ବଳିଥିବା ଖାଦ୍ୟକୁ ଥଣ୍ଡାକରି ସଙ୍ଗେ ସଙ୍ଗେ ରେଫ୍ରିଜେରେଟର୍‌ରେ ଢାଙ୍କୁଣି ଘୋଡ଼ାଇ ରଖିବେ।
- ରୋଷେଇ ଘରେ ଘରର ଚଟ୍‌ଟାଣ, କାଉଣ୍ଟର୍ ବା ପ୍ଲାଟଫର୍ମ ଓ ଚୁଲି ଆଦିକୁ ସାବୁନ୍ ପାଣିରେ ଧୋଇ ସଫାକରି ଶୁଖିଲା କନାରେ ପୋଛିବେ।
- କେତେଗୁଡ଼ିଏ ପରିବା କାଟିଲେ ହାତ ଦାଗ ହୋଇଯାଏ, ହାତରେ ଲେମ୍ବୁଚୋପା ଘସି ସଫା କରିବେ।
- ଆଉ କେତେକ ପରିବା କାଟି ସାରିବାପରେ ହାତ ଅଠାଳିଆ ଲାଗେ। ହାତରେ ତେଲ ମାରି ଏସବୁ ପରିବା କାଟିସାରିବାପରେ ଆଉଟିକେ ତେଲ କନା ବା ଟିସୁପେପରରେ ହାତ ପୋଛି ସାବୁନ୍‌ରେ ଧୋଇ ହାତକୁ ସଫା କଲେ ହାତରୁ ଅଠା ଅଂଶ ଛାଡ଼ିଯିବ।
- ହାତକୁ ସଫା କରି ସାରିବା ପରେ ହାତରେ କିଛି ହ୍ୟାଣ୍ଡଲୋସନ୍ ଲଗାଇବେ। ଫଳରେ ହାତ ଆଙ୍ଗୁଠି ଫାଟିବ ନାହିଁ ଓ ତ୍ୱଚା ଭଲ ରହିବ।

ରେଫ୍ରିଜେରେଟ୍‌ର ବିଷୟରେ ପଦେ ଅଧେ

ଆଜିକାଲି ରେଫ୍ରିଜେରେଟର୍ ସହ ଆମେ ଏତେ ଅଭ୍ୟସ୍ତ ଯେ, ଏହା ବିନା ଚଳିବା କଥା ଚିନ୍ତାକରି ହେଉନାହିଁ। ପ୍ରତ୍ୟେକ ଘରେ ରନ୍ଧା ଖାଦ୍ୟଠାରୁ ଆରମ୍ଭ କରି ପନିପରିବା, ଫଳ, ମାଛ, ମାଂସ, ଅଣ୍ଡା ଆଦି ବିଭିନ୍ନ ପ୍ରକାର ଖାଦ୍ୟ ଏଥିରେ ସଂରକ୍ଷଣ କରାଯାଏ। ଏହାର ଯତ୍ନ ଓ ବ୍ୟବହାର ବିଷୟରେ ନିମ୍ନରେ କିଛି ସୂଚନା ଦିଆଗଲା।

- ରେଫ୍ରିଜେରେଟର୍‌ରେ ମାତ୍ରାଧିକ ଖାଦ୍ୟ ପଦାର୍ଥ ଖୁନ୍ଦି ରଖିବେ ନାହିଁ। ଏହା ଭିତରେ ଶୀତଳ ବାୟୁ ଭଲ ଭାବରେ ଚଳାଚଳ ହୋଇ ନ ପାରିଲେ ଖାଦ୍ୟ ନଷ୍ଟ ହୋଇଯାଏ।
- ଘରେ କରେଣ୍ଟ ଚାଲିଯିବା ସମୟରେ ରେଫ୍ରିଜେରେଟ୍‌ର ଡ଼ୋରକୁ ବାରମ୍ବାର ଖୋଲିବେ ନାହିଁ। ଏପରି କରିବା ଦ୍ୱାରା ରେଫ୍ରିଜେରେଟର୍ ଭିତରେ ଥିବା ଶୀତଳ ବାୟୁ ବାହାରକୁ ବାହାରି ଆସେ ଓ ଭିତରେ ଟେମ୍ପରେଚର୍ ବଢ଼ିଥାଏ। ଫଳରେ ଖାଦ୍ୟ ପଦାର୍ଥ ନଷ୍ଟ ହୋଇଯାଏ।
- ରନ୍ଧା ଖାଦ୍ୟକୁ ଥଣ୍ଡା କରି ରେଫ୍ରିଜେରେଟର୍‌ରେ ରଖିବେ।
- ରେଫ୍ରିଜେରେଟର୍ ପାଇଁ କାଚ ବା ଷ୍ଟେନ୍‌ଲେସ୍ ଷ୍ଟିଲ୍ ଏଆରଟାଇଟ୍ ଡବା ବ୍ୟବହାର କରିବା ଉଚିତ୍। କୌଣସି ଜିନିଷ ଅଘୋଡ଼ା ରଖିବେ ନାହିଁ। କଟା ପିଆଜ ଓ ରସୁଣର କଟୁ ବାସ୍ନା ଶୀଘ୍ର ବ୍ୟାପିଥାଏ ଫଳରେ ଅନ୍ୟ ଖାଦ୍ୟ ସହିତ ଏହା ମିଶି ଅନ୍ୟ ଖାଦ୍ୟର ସ୍ୱାଦ ମହକ ନଷ୍ଟ କରିଦିଏ।
- ଫ୍ରିଜର ବା ଆଇସ୍ ଚାମ୍ବରରେ କଞ୍ଚା ମାଛ ବା ମାଂସ ରଖୁଥିଲେ, ଏହାକୁ ଜିପ୍ ଲକ୍ ବ୍ୟାଗ୍ ବା ଆଲୁମିନିୟମ୍ ଫଏଲ୍‌ରେ ନଚେତ୍ ଆଲୁମିନିୟମ ଫଏଲ୍‌ର ଇଉଜ୍ ଏଣ୍ଡ ଥ୍ରୋ (use and throw) ପ୍ୟାକ୍ ଆଦିରେ ପୁରାଇ ରଖିବେ। ଚାହିଦା ଅନୁସାରେ ଭାଗ ଭାଗ କରି ୱାକ୍ସ ପେପର ବା ବଟର ପେପରରେ ଗୁଡ଼ାଇ ଗୋଟିଏ ଡବାରେ ମଧ୍ୟ ରଖି ପାରିବେ। ରାନ୍ଧିବା ସମୟରେ ଯେତିକି ଦରକାର ସେତିକି ବ୍ୟବହାର କରି ପାରିବେ। ଏହା ଫଳରେ ସଂପୂର୍ଣ୍ଣ ମାଛ କିମ୍ବା ମାଂସକୁ 'ଥ' (thaw) କରିବା ଦରକାର ପଡ଼ିବ ନାହିଁ। 'ଥ' ହୋଇଥିବା ଖାଦ୍ୟ ପୁଣିଥରେ ଆଇସ୍ ଚାମ୍ବରରେ ରଖିଲେ ଖାଦ୍ୟର ମାନ କମିଯାଏ।
- ଫ୍ରୋଜେନ୍ (frozen) ହୋଇଥିବା ଖାଦ୍ୟକୁ ପୂର୍ବଦିନ ରାତିରେ ବା ୭/୮ ଘଣ୍ଟା ପୂର୍ବରୁ ରେଫ୍ରିଜେରେଟର୍‌ର ତଳ ଥାକରେ ରଖି 'ଥ' କରିବା ଭଲ। କଞ୍ଚା ମାଛ, ମାଂସ ଆଦିରେ ଶୀଘ୍ର ବ୍ୟାକ୍ଟେରିଆ ଜନ୍ମୁଥିବାରୁ ଏଥିପ୍ରତି ସାବଧାନ ହେବା ଉଚିତ୍।
- ବ୍ୟବହାର ପରେ ବଳି ପଡୁଥିବା କ୍ୟାନ୍ ଫୁଡ୍‌କୁ କାଚ ଏୟାର ଟାଇଟ୍ ଡବାରେ ରଖି ୨/୩ ଭିତରେ ବ୍ୟବହାର କରି ଦେବା ଉଚିତ।
- ରେଫ୍ରିଜେରେଟର୍‌ରେ ଖାଦ୍ୟ ଜିନିଷ ରହୁଥିବାରୁ ଏହାକୁ ସଫା ରଖିବା ନିହାତି ଜରୁରୀ ଅଟେ। ଏହାକୁ ସଫା କରିବା ସମୟରେ ପ୍ରଥମେ ସକେଟ୍‌ରୁ ପ୍ଲଗ୍ ଖୋଲି ଦେବେ।
- ପ୍ରତି ୩ ମାସରେ ଥରେ ରେଫ୍ରିଜେରେଟର ଡୋର୍ ସିଲ୍‌କୁ ଭାକୁମ୍ କ୍ଲିନର୍‌ରେ ସଫା କରି ଶୁଖିଲା କନାରେ ପୋଛିବେ ଓ ରେଫ୍ରିଜେରେଟର୍‌ର ପଛପଟକୁ ମଧ୍ୟ ଭାକୁମ୍ କ୍ଲିନ୍‌ରରେ ସଫା କରିବେ।
- ବେକିଙ୍ଗ୍-ସୋଡ଼ା (baking soda) ଏକ ଭଲ ସାନିଟାଇଜର୍ ଅଟେ। ଏହା ରେଫ୍ରିଜେଟେର୍ ଭିତରର ଗନ୍ଧ ଦୂର କରିବା ସଙ୍ଗେ ସଙ୍ଗେ ଚମକ ମଧ୍ୟ ଆଣିଥାଏ।

ଏକ ଟେବଲ୍ ଚାମଚ ବେକିଙ୍ଗ୍ ସୋଡ଼ାରେ ୧ କପ୍ ପାଣି ମିଶାଇ ଏହି ମିଶ୍ରଣରେ ରେଫ୍ରିଜେରେଟର୍ ଭିତର ସଫା କରି ଶୁଖିଲା କନାରେ ପୋଛି ଦେବେ।

- ରେଫ୍ରିଜେରେଟରକୁ ସମାନ୍ ଭାଗ ଭିନେଗାର୍ ଓ ପାଣି ମିଶ୍ରଣରେ ସଫାକରି ଶୁଖିଲା କନାରେ ପୋଛିଦେବେ।
- ଉଷୁମ୍ ପାଣିରେ ସାମାନ୍ୟ ଲିକ୍ୟୁଡ୍ ସୋପ୍ ପକାଇ ସଫାକରି ଶୁଖିଲା କନାରେ ପୋଛି ଦେବେ।
- ରେଫ୍ରିଜେରେଟର୍ ଭିତରେ ଖାଦ୍ୟ ଢଳିଗଲେ ଏହାକୁ ସଙ୍ଗେ ସଙ୍ଗେ ପୋଛି ସଫା କରିଦେବେ। ନଚେତ୍ ବ୍ୟାକ୍ଟେରିଆ ଜନ୍ମି ଅନ୍ୟ ଖାଦ୍ୟକୁ ନଷ୍ଟ କରିଦେବ।
- ଗୋଟା ଅଣ୍ଡା ଓ ସିଝା ଅଣ୍ଡା ଫ୍ରିଜର ବା ଆଇସ୍ ଚାମ୍ବରରେ ରଖିବେ ନାହିଁ। ଗୋଟା ଅଣ୍ଡା ଫାଟିଯାଏ ଓ ସିଝା ଅଣ୍ଡା ଚେମେଡ଼ା (rubbery) ହୋଇଯାଏ।
- ଆଇସ୍ ଚାମ୍ବର ବା ଫ୍ରିଜରରେ ଗୋଟା ଫଳ ରଖିବେ ନାହିଁ। ଫଳ ରଖିବାକୁ ଚାହିଁଲେ ସେଓ ଓ ନାସ୍‌ପାତି ଆଦିକୁ ଚୋପା ଛଡ଼ାଇ କାଟିବେ। ୨ କପ୍ ପାଣି ସହ ୩ ଟେବୁଲ୍ ଚାମଚ୍ ଲେମ୍ବୁରସର ଏକ ମିଶ୍ରଣରେ କଟା ଫଳ ଗୁଡ଼ିକ ବୁଡ଼ାଇ ଛାଣି ଭଲ ଭାବେ ପାଣି ନିଗିଡ଼ି ଗଲେ ଜିପ୍ ଲଗ୍ ବ୍ୟାଗ୍‌ରେ କିଛି ଦିନ ରଖିପାରିବେ।
- କୋରା ନଡ଼ିଆକୁ ମଧ୍ୟ ଜିପ୍ ଲଗ୍ ବ୍ୟାଗ୍ ବା ଡବାରେ ୨ ରୁ ୩ ମାସ ପର୍ଯ୍ୟନ୍ତ ରଖି ବ୍ୟବହାର କରି ପାରିବେ।

ରୋଷେଇ ସରଞ୍ଜାମ

ଦୈନନ୍ଦିନ ରୋଷେଇରେ ଅନେକ ପ୍ରକାର ସରଞ୍ଜାମ ବ୍ୟବହାର କରାଯାଏ; ଯାହାକି ଆବାହମାନ କାଳରୁ ଚଳି ଆସୁଛି। ପ୍ରଥମେ ମାଟିହାଣ୍ଡି, ପଲମ, କାଠଚଟୁ ବା ବାଉଁଶ ଚଟୁ, ସଢ଼େଇ ଡଙ୍କା ଆଦି ସାହାଯ୍ୟରେ କାଠଚୁଲିରେ ରୋଷେଇ କରାଯାଉଥିଲା। ଏ ପ୍ରକାର ରେଷେଇରେ ପ୍ରସ୍ତୁତ ହେଉଥିବା ଖାଦ୍ୟରୁ ଏକ ସ୍ୱତନ୍ତ୍ର ସ୍ୱାଦ ମିଳୁଥିଲା। ମାଟି ପାତ୍ର ଶୀଘ୍ର ଭାଙ୍ଗି ଯାଉଥିବାରୁ ପିତଳ, ତମ୍ବା, ଲୁହା, ଆଲୁମିନିୟମ୍, ଷ୍ଟେନ୍‌ଲେସ୍ ଷ୍ଟିଲ୍ ଆଦି ଧାତବ ପାତ୍ର କ୍ରମେ ଏହାର ସ୍ଥାନ ନେଲା। ଧାତବ ପାତ୍ରରେ ରୋଷେଇ କଲେ ତାପ ସମଭାବରେ ନିୟନ୍ତ୍ରିତ ହୋଇ ଭଲ ରୋଷେଇ ହୋଇଥାଏ। କିନ୍ତୁ ଅମ୍ଳ ବା ଖଟା ଜାତୀୟ ପଦାର୍ଥ ଓ ଲୁଣକୁ ଧାତବ ପାତ୍ରରେ କ୍ରମାଗତ ଅଧିକ ସମୟ ରାନ୍ଧିଲେ, କିଛି ଧାତବ ଅଂଶ ଖାଦ୍ୟରେ ମିଶି ଖାଦ୍ୟର ସ୍ୱାଦ ଓ ରଙ୍ଗରେ ପରିବର୍ତ୍ତନ ଆଣିଥାଏ। ବିଶେଷଜ୍ଞମାନଙ୍କ ମତରେ ତମ୍ବା, ପିତଳ ଓ ଲୌହ ଅଂଶ ଖାଦ୍ୟରେ ଅଧିକ ରହିଲେ ଏହା ହଜମ ପ୍ରକ୍ରିୟାରେ ବାଧା ସୃଷ୍ଟି କରାଏ। ଏବେ ଆଲୁମିନିୟମ୍ ପାତ୍ର କଥା ଚିନ୍ତା କରିବା; ଯାହାକି ଭାରତୀୟ ବଜାରରେ ବେଶ ଆଦୃତ। ଆଲୁମିନିୟମ୍ ପାତ୍ରରେ ଅମ୍ଳ ଜାତୀୟ ଖାଦ୍ୟ ରାନ୍ଧିଲେ ଖାଦ୍ୟର ରଙ୍ଗ ବା ସ୍ୱାଦରେ କିଛି ପରିବର୍ତ୍ତନ ଜଣାପଡ଼େ ନାହିଁ। କିନ୍ତୁ ଅଧିକ ଆଲୁମିନିୟମ୍ ଅଂଶ ଖାଦ୍ୟରେ ମିଶିଥାଏ। ଆଲୁମିନିୟମ୍ ଅଂଶ ରକ୍ତରେ ମିଶି ମସ୍ତିଷ୍କରେ ସଂରକ୍ଷିତ ହୋଇ ଆଲ୍‌ସାଇମର୍ (alzheimer) ଭଳି ମସ୍ତିଷ୍କ ରୋଗକୁ ତ୍ୱରାନ୍ୱିତ କରାଏ। 'Cooks Illustrated magazine' ରୁ ସଂଗୃହିତ ତଥ୍ୟ ଅନୁସାରେ ଜର୍ମାନ, ଫ୍ରାନ୍ସ, ହଙ୍ଗେରୀ, ବ୍ରିଟେନ୍ ଆଦି କେତେକ ଦେଶରେ ଆଲୁମିନିୟମ୍ ରନ୍ଧନ ପାତ୍ର ବିକ୍ରି ଉପରେ କଟକଣା ଜାରି କରାଯାଇଛି।

ଏବେ ପ୍ରଶ୍ନ ଉଠୁଛି ଅମ୍ଳ ଜାତୀୟ ଖାଦ୍ୟ କେଉଁ ପାତ୍ରରେ ରାନ୍ଧିବା ? ଖାଦ୍ୟ ବିଶେଷଜ୍ଞଙ୍କ ମତରେ ଯେଉଁ ପାତ୍ରଗୁଡ଼ିକରେ ଅମ୍ଳ ଜାତୀୟ ପଦାର୍ଥ ରାନ୍ଧିଲେ ଖାଦ୍ୟରେ କିଛି ପ୍ରତିକ୍ରିୟା ସୃଷ୍ଟି ହୁଏ ନାହିଁ, ସେହିଭଳି ପାତ୍ର ରନ୍ଧନ ଉପଯୋଗୀ ଅଟେ। ଏହି ପାତ୍ରଗୁଡ଼ିକୁ ପ୍ରତିକ୍ରିୟା ବିହିନ ପାତ୍ର (Non reactive pan) କୁହାଯାଏ। ଷ୍ଟେନ୍‌ଲେସ୍ ଷ୍ଟିଲ ଓ ନନ୍‌ଷ୍ଟିକ୍ ପାତ୍ରଗୁଡ଼ିକ ଏହି ଶ୍ରେଣୀର ଅନ୍ତର୍ଭୁକ୍ତ। ଏଗୁଡ଼ିକରେ ନିର୍ଦ୍ୱିନ୍ଦରେ ଅମ୍ଳ ପଦାର୍ଥ ରନ୍ଧା ଯାଇପାରିବ।

ଖଟା ଜିନିଷକୁ ଛାଡ଼ିଦେଲେ ଅନ୍ୟ ରୋଷେଇ ପାଇଁ ଯେ କୌଣସି ପାତ୍ର ବାଛି ପାରିବେ। ବିଶେଷକରି ଓଜନିଆ ପାତ୍ର ରାନ୍ଧିବା ପାଇଁ ବାଛିବା ଉଚିତ୍। ଏଥିରେ ଭଲ ରୋଷେଇ ହୁଏ ଓ ଖାଦ୍ୟ ପୋଡ଼ି ଯିବାର କମ୍ ସମ୍ଭାବନା ଥାଏ। ଷ୍ଟେନ୍‌ଲେସ୍ ଷ୍ଟିଲର ତଳ ଭାଗରେ ତମ୍ବାର ଆବରଣ ଥାଇ ଅନେକ ଧରଣର ପାତ୍ର କିଣିବାକୁ ମିଳିଥାଏ। ଏହା ବ୍ୟତୀତ ଆଲୁମିନମ୍ ଉପରେ ଟେଫଲନ୍, ଟାଇଟନମ୍, ସିରାମିକ୍ ଆଦି ଲେପ (Coating) ଦିଆଯାଇ ବିଭିନ୍ନ ପ୍ରକାର ରନ୍ଧନ ପାତ୍ର ବଜାରରେ ମିଳୁଛି। ଏ ପ୍ରକାର ନନ୍‌ଷ୍ଟିକ୍ ପାତ୍ରରେ ରାନ୍ଧିଲେ ଅଳ୍ପ ତେଲ ଖର୍ଚ୍ଚହୁଏ ଓ ଭଲ ରୋଷେଇ ମଧ୍ୟ ହୁଏ। ନନ୍‌ଷ୍ଟିକ୍ ପାତ୍ରଗୁଡ଼ିକରେ ଅଧିକ ଜାଳରେ ନ ରାନ୍ଧି ମଧ୍ୟମ ଜାଳରେ ରାନ୍ଧିବା ଉଚିତ୍। ଅଧିକ ଜାଳରେ ପାତ୍ରର ଉପର ଲେପ ନଷ୍ଟ ହେବାର ଆଶଙ୍କା ଥାଏ। ରୋଷେଇ ପରେ ଗରମ ପାତ୍ରକୁ ଥଣ୍ଡା ପାଣିରେ ସଙ୍ଗେ ସଙ୍ଗେ ବୁଡ଼ାଇ ଦେଲେ ପାତ୍ରର ଉପର ଲେପ ନଷ୍ଟ ହୋଇଯାଏ। ଉପର ଲେପ ଛାଡ଼ିଯାଇଥିବା ନନ୍‌ଷ୍ଟିକ୍ ପାତ୍ର ରନ୍ଧନ ଉପଯୋଗୀ ନୁହେଁ।

ରନ୍ଧନ ପାତ୍ର ବ୍ୟତୀତ ଖାଦ୍ୟ ପ୍ରସ୍ତୁତି ପାଇଁ ଅନେକ ପ୍ରକାରର ସରଞ୍ଜାମ ଲୋଡ଼ା ହୋଇଥାଏ। ଏ ବିଷୟରେ ଅଧିକ କହିବା ଅନାବଶ୍ୟକ ଅଟେ। ନିଜ ରୁଚି ଓ ସୁବିଧା ଅନୁସାରେ ସରଞ୍ଜାମ ବାଛିବେ।

ମାପ ଓ ଓଜନ

କଥାରେ ଅଛି, "ପୋଖତ ରାନ୍ଧୁଣୀ ଆଖିରେ ଓ ହାତରେ ତଉଲେ"। ଅଭିଜ୍ଞ ବ୍ୟକ୍ତିଙ୍କ ଅନୁମାନ ଏତେ ସଠିକ ହୋଇଥାଏ ଯେ ରାନ୍ଧିବା ପାଇଁ ମାପଚୁପ୍ ଦରକାର ପଡ଼େନାହିଁ। କିନ୍ତୁ ସମସ୍ତଙ୍କ ପାଇଁ ଏହା ପ୍ରଜୁଯ୍ୟ ନୁହେଁ। ମାପ ବା ଓଜନ ଠିକ୍ ରହିଲେ ରାନ୍ଧିବା କାମଟି ସୁରୁଖୁରୁରେ ହୋଇଯାଏ। ଆଗେ ତରାଜୁ ଓ ବଟକରାରେ ଓଜନ ହେଉଥିଲା। ଏବେ ବଜାରରେ ଅନେକ କିସମର ମାନୁଆଲ୍ ଓ ଡିଜିଟାଲ ଓଜନ ଯନ୍ତ୍ର (weighing machin) ମିଳୁଛି। ନିଜ ବଜେଟ୍ ଅନୁସାରେ ଓଜନ ଯନ୍ତ୍ର କିଣି ଘରେ ରଖି ପାରିଲେ ସୁବିଧା ହେବ। ନିତିଦିନିଆ ରନ୍ଧାରେ ଓଜନ କରିବା ସମ୍ଭବ ହୁଏନାହିଁ। ତେଣୁ ଏଠାରେ କପ୍, ଟେବୁଲ୍ ଚାମଚ୍ ଓ ଚା ଚାମଚ୍‌ର ଅନୁରୂପ ମାପ ଦିଆଯାଇଛି। କପ୍ ମାପ ପାଇଁ ମେଜରିଙ୍ଗ୍ ଗ୍ଲାସ୍ ବା କପ୍ ବଜାରରେ ମିଳିଥାଏ। ନଚେତ୍ ୨୫୦ ମିଲି ଲିଟର ପାଣି ଧରୁଥିବା ଏକ କପ୍‌କୁ ଉପଯୁକ୍ତ ବୋଲି ମନେକରିବେ। ସାଧାରଣ ଭାବରେ ୧ ଟେବୁଲ ଚାମଚ୍‌କୁ ୧୫ ମିଲି ଲିଟର ଧରା ଯାଇଛି। ଏ ବହିରେ ମେଟ୍ରିକ ପଦ୍ଧତି ସହ ଆମେରିକାନ ପଦ୍ଧତିର ହାରାହାରି ମାପ ଓ ଓଜନ ଦିଆ ଯାଇଛି। ସାଧାରଣ ଅନଭିଜ୍ଞ ବ୍ୟକ୍ତି ବା ନୂଆ ରାନ୍ଧୁଥିବା ବ୍ୟକ୍ତିମାନଙ୍କୁ ଏହା ସାହାଯ୍ୟ କରିବ ବୋଲି ଆଶା କରାଯାଉଛି।

କପ୍ ଓ ଚାମଚ୍

୧ ଟେବୁଲ୍ ଚାମଚ୍	୩ ଚା ଚାମଚ୍
୧ ଚା ଚାମଚ୍	୧/୩ ଟେବୁଲ୍ ଚାମଚ୍
୧ କପ୍	୧୬ ଟେବୁଲ୍ ଚାମଚ୍
୩/୪ କପ୍	୧୨ ଟେବୁଲ୍ ଚାମଚ୍
୧ କପ୍	୪୮ ଚା ଚାମଚ୍

ମେଟ୍ରିକ୍ ପଦ୍ଧତିରୁ ୟୁ. ଏସ୍ ପଦ୍ଧତିର ପରିବର୍ତ୍ତିତ ମାପ ଓ ଓଜନ।

ଶୁଖିଲା ସାମଗ୍ରୀ

୧୦୦ ଗ୍ରାମ୍	- ୩.୫ ଆଉନ୍‌ସ
୫୦୦ ଗ୍ରାମ୍	- ୧.୧୦ ପାଉଣ୍ଡ
୧ କିଲୋଗ୍ରାମ୍	- ୨.୨୦୫ ପାଉଣ୍ଡ ବା ୩୫ ଆଉନ୍‌ସ

ତରଳ ସାମଗ୍ରୀ

୧ ମିଲି ଲିଟର	- ୦.୦୩୦ ଫ୍ଲୁଇଡ୍ ଆଉନ୍‌ସ
୩୦ ମିଲି ଲିଟର	- ୧ ଫ୍ଲୁଇଡ୍ ଆଉନ୍‌ସ
୧୦୦ ମିଲି ଲିଟର	- ୩.୪ ଫ୍ଲୁଇଡ୍ ଆଉନ୍‌ସ
୫୦୦ ମିଲି ଲିଟର	- ୧୬ ଫ୍ଲୁଇଡ୍ ଆଉନ୍‌ସ
୧ ଲିଟର	- ୩୪ ଫ୍ଲୁଇଡ୍ ଆଉନ୍‌ସ ବା ୨.୧ ପିଣ୍ଟ ବା ୦.୨୬ ଗାଲନ୍

ଚାମଚ୍ ଓ କପ୍‌ର ମାପ

୧ ଚା ଚାମଚ	୫ ମିଲି ଲିଟର-୧/୬ ଫ୍ଲୁଇଡ୍ ଆଉନ୍‌ସ
୧ ଟେବୁଲ୍ ଚାମଚ	୧୫ ମିଲି ଲିଟର୍-୧/୨ ଫ୍ଲୁଇଡ୍ ଆଉନ୍‌ସ
୧ କପ୍	୨୫୦ ମିଲି ଲିଟର୍- ୮ ଫ୍ଲୁଇଡ୍ ଆଉନ୍‌ସ
୨ କପ୍	୫୦୦ ମିଲି ଲିଟର- ୧୬ ଫ୍ଲୁଇଡ୍ ଆଉନ୍‌ସ
୪ କପ୍	୧ ଲିଟର - ୩୨ ଫ୍ଲୁଇଡ୍ ଆଉନ୍‌ସ ବା ୨ ପିଣ୍ଟ
୧ଟିପେ (Pinch)	୧/୮ ଚା ଚାମଚରୁ କିଛି କମ୍
୧ ଚା ଚାମଚ୍	୬୦ ବୁନ୍ଦା

ଦୈନନ୍ଦିନ ବ୍ୟବହାରରେ ଆସୁଥିବା କେତେକ ସାମଗ୍ରୀର କପ୍ ମାପର ଓଜନ-

୧ କପ୍	ଗ୍ରାମ୍
ଚାଉଳ	୨୦୦ ଗ୍ରାମ୍
ଅଟା	୧୨୦ ଗ୍ରାମ୍
ମଇଦା	୧୨୫ ଗ୍ରାମ୍
ସୁଜି	୧୯୦ ଗ୍ରାମ୍
ଚୁଡ଼ା	୧୦୦ ଗ୍ରାମ୍
ମୁଢ଼ି	୨୦ ଗ୍ରାମ୍
ବେସନ	୧୨୦ ଗ୍ରାମ୍
ଡାଲି	୨୧୦ ଗ୍ରାମ୍
ରିଫାଇନ୍ ଗୁଡ଼	୪୦୦ ଗ୍ରାମ୍
ଚିନି	୨୮୦ ଗ୍ରାମ୍
ସଜ ଦହି	୨୮୦ ଗ୍ରାମ୍
ଚୁନ୍ ଚୁନ୍ କଟା ଧନିଆ ପତ୍ର / ପୋଦିନା ପତ୍ର ବା ଅନ୍ୟାନ୍ୟ ହର୍ବ	୯୦ ଗ୍ରାମ୍
ସଜ ପାଉଁରୁଟି ଗୁଣ୍ଡ	୮୦ ଗ୍ରାମ୍
ଶୁଖିଲା ପାଉଁରୁଟି ଗୁଣ୍ଡ (ବ୍ରେଡ୍ କ୍ରମ୍ବ)	୧୦୦ ଗ୍ରାମ୍

ଖାଦ୍ୟର ଉପାଦାନ

ବୈଜ୍ଞାନିକମାନେ ଖାଦ୍ୟରେ ଥିବା ଉପାଦାନ ଗୁଡ଼ିକ ନିର୍ଣ୍ଣୟ କରିଛନ୍ତି। ଏହି ଉପାଦାନ ଗୁଡ଼ିକ ହେଲା, ଶ୍ୱେତସାର (carbohydrate), ସ୍ନେହସାର (fat), ପୁଷ୍ଟିସାର (protein), ଖାଦ୍ୟ ସାର (vitamins) ଓ ଖଣିଜ ଲବଣ (minerals)। ଏହା ବ୍ୟତୀତ ଖାଦ୍ୟର ଆଉ ଦୁଇଟି ଦରକାରୀ ଉପାଦାନ ହେଲା ଜଳ ଓ ଖାଦ୍ୟପୋଯୋଗୀ ତନ୍ତୁ (deitary fiber)। ଏହି ସାତୋଟି ଉପାଦାନ ଆମ ଶରୀର ପାଇଁ ନିହାତି ଜରୁରୀ। ପ୍ରତ୍ୟେକ ଖାଦ୍ୟର ଉପାଦେୟତାକୁ ବିଚାର କରି ଗୋଟିଏ ପ୍ରକାର ଖାଦ୍ୟ ନ ଖାଇ ସବୁ ପ୍ରକାର ଖାଦ୍ୟକୁ ମିଶାଇ ଖାଇଲେ ଆମ ଶରୀର ଆବଶ୍ୟକ ପରିମାଣର ପୋଷକ (nutrient) ପାଇ ପାରିବ ଓ ସୁସ୍ଥ ରହିବ। ବୟସ, ଲିଙ୍ଗ ଓ ନିଜେ କରୁଥିବା କାର୍ଯ୍ୟ ଉପରେ ବ୍ୟକ୍ତି ବିଶେଷଙ୍କର ଖାଦ୍ୟର ପରିମାଣ ନିର୍ଭର କରେ।

ଶ୍ୱେତସାର (carbohydrate)

ଶ୍ୱେତସାର ଜାତୀୟ ଖାଦ୍ୟ ଆମ ଶରୀରକୁ ଶକ୍ତି ଯୋଗାଏ। ଗ୍ଲୁକୋଜ୍, ସୁଗାର୍ ଓ ଷ୍ଟାର୍ଚ୍ ଏହି ଶ୍ରେଣୀର ଅନ୍ତର୍ଭୁକ୍ତ। ଏହା ବିଶେଷ କରି ଉଦ୍ଭିଦ ଜଗତରୁ ମିଳିଥାଏ। ଚାଉଳ, ଗହମ, ବାଜ୍ରା, ଯଅ, ଆଳୁ, ସାରୁ, କନ୍ଦମୂଳ, ଚିନି, ଗୁଡ଼, ପାଚିଲା କଦଳୀ, ଆମ୍ବ, ପାଚିଲା ଅମୃତଭଣ୍ଡା ଆଦି ଏହି ଶ୍ରେଣୀର।

ସ୍ନେହସାର (Fat)

ସ୍ନେହସାର ଜାତୀୟ ଖାଦ୍ୟ ଶରୀରକୁ ଶକ୍ତି ଯୋଗାଏ। ଏକା ଓଜନର ଶ୍ୱେତସାର ଜାତୀୟ ଖାଦ୍ୟ ଅପେକ୍ଷା ଏହା ଦୁଇଗୁଣରୁ ଅଧିକ ଶକ୍ତି ଯୋଗାଇଥାଏ। ଗୋଟିଏ ସୁସ୍ଥ ମାନବ ପାଇଁ ଦୈନିକ ୨୦ ରୁ ୨୮ ଗ୍ରାମ୍ ମଧ୍ୟରେ ସ୍ନେହସାର ଜାତୀୟ ଖାଦ୍ୟ ଦରକାର। ଏଥିରୁ ଅଧିକ ଶରୀର ପାଇଁ କ୍ଷତି କାରକ ଅଟେ। ବୈଜ୍ଞାନିକମାନଙ୍କ ମତରେ ଅଧିକ ଥର କ୍ରମାଗତ ଭାବେ ସ୍ନେହସାର ଜାତୀୟ ଖାଦ୍ୟ ଖାଇଲେ, ରକ୍ତରେ

କୋଲେଷ୍ଟ୍ରଲର ଅଂଶ ବୃଦ୍ଧି ପାଏ। ଫଳରେ ଶିରାପ୍ରଶିରାର ଭିତର ଅଂଶ ମୋଟା ହୋଇ ରକ୍ତନଳୀ ସରୁ ହୋଇଯାଏ। ତେଣୁ ରକ୍ତ ସଂଚାଳନ ଠିକ୍‌ଭାବେ ହୋଇପାରେ ନାହିଁ ଓ ହୃଦରୋଗ, ଉଚ୍ଚରକ୍ତଚାପ ଆଦି ରୋଗ ହେବାର ଆଶଙ୍କା ଥାଏ। ଶରୀରର ସ୍ୱନିରାପତ୍ତା ଶକ୍ତି (immunity) ହ୍ରାସ ପାଏ। ଖାଦ୍ୟରେ ଏହାର ପରିମାଣ ବଢ଼ିଲେ ଶରୀରର ବିଭିନ୍ନ ଅଂଶରେ ଚର୍ବି ଆକାରରେ ଜମା ହୋଇ ମୋଟାପା (obesity) କୁ ସୁଯୋଗ ଦିଏ। ଉଭୟ ପ୍ରାଣୀ ଓ ଉଦ୍ଭିଦ ଜଗତରୁ ଏହା ମିଳିଥାଏ। ବଟର୍, ଘିଅ, ସର୍ଟେନିଙ୍ଗ୍, ମାର୍ଜାରିନ୍, ମାଛ, ମାଂସ, ଅଣ୍ଡା କେଶର, ତୈଳ ବୀଜ ଆଦିରୁ ଏହା ମଳିଥାଏ।

ପୁଷ୍ଟିସାର (Protein)

କେତେ ଗୁଡ଼ିଏ ଆମିନୋ ଏସିଡ୍‌କୁ ନେଇ ପୁଷ୍ଟିସାର ଗଠିତ। ପୁଷ୍ଟିସାର ଜାତୀୟ ଖାଦ୍ୟ ହଜମ ପ୍ରକ୍ରିୟାରେ ବିଭିନ୍ନ ଧରଣର ଆମିନୋ ଏସିଡ୍‌ରେ ପରିଣତ ହୁଏ। ଆମ ଶରୀର କେତେକ ଆମିନୋ ଏସିଡ୍‌କୁ ଖାଦ୍ୟରୁ ସଂଗ୍ରହ କରିଥିବା ବେଳେ ଅନ୍ୟ କେତେକ ଆମିନୋ ଏସିଡ୍ ଶରୀର ମଧ୍ୟରେ ତିଆରି ହୋଇଥାଏ। ଶରୀରର ମାଂସପେଶୀ, ନଖ, ବାଳ ଆଦି ସୃଷ୍ଟି ପାଇଁ ଭିନ୍ନ ଭିନ୍ନ ଧରଣର ଆମିନୋ ଏସିଡ୍ ଦରକାର ପଡ଼ିଥାଏ। ପୁଷ୍ଟିସାର ଆମ ଶରୀରରେ ନୂତନ କୋଷ ତିଆରି କରେ ଓ ନଷ୍ଟ ହୋଇ ଯାଇଥିବା କୋଷର ମରାମତି କରେ। ଶରୀର ଗଠନରେ ଏହାର ଭୂମିକା ଅତ୍ୟନ୍ତ ଗୁରୁତ୍ୱପୂର୍ଣ୍ଣ ଅଟେ। ବୟସ୍କମାନଙ୍କ ଅପେକ୍ଷା ପିଲାମାନଙ୍କ ବଢ଼ିବା ପାଇଁ ପୁଷ୍ଟିସାର ଜାତୀୟ ଖାଦ୍ୟ ଅଧିକ ଆବଶ୍ୟକ। କ୍ଷୀର, ମାଛ, ମାଂସ, ଅଣ୍ଡା ଆଦିରୁ ପ୍ରାଣୀଜ ପୁଷ୍ଟିସାର (animal protein) ମିଳୁଥିବା ବେଳେ ଡାଲି ଜାତୀୟ ଖାଦ୍ୟରୁ ଉଦ୍ଭିଦଜ ପୁଷ୍ଟିସାର (vegetable protein) ମିଳିଥାଏ।

ଖାଦ୍ୟ ସାର (Vitamins)

ଶରୀରକୁ ରକ୍ଷା କରିବା ପାଇଁ ଖାଦ୍ୟସାର ଆବଶ୍ୟକ। ଏହାର ଅଭାବରେ ଶରୀରରେ ଅନେକ ପ୍ରକାର ରୋଗ ଦେଖାଦିଏ। ଭିଟାମିନ୍ ଏ. ଡ଼ି. ଇ, କେ ଆଦି କେତେକ ଭିଟାମିନ୍ ଫ୍ୟାଟ୍‌ରେ ଦ୍ରବିଭୂତ ହୋଇଥାଏ। ତେଣୁ ଏଗୁଡ଼ିକୁ 'fat soluble, vitamins' ବୋଲି କୁହାଯାଏ। ଏହାକୁ ଛାଡ଼ିଦେଲେ ଅନ୍ୟ ଭିଟାମିନ୍ ଗୁଡ଼ିକ ଜଳରେ ଦ୍ରବିଭୂତ ହୋଇଯାଉଥିବାରୁ ଏହାକୁ 'water soluble vitamins' କୁହାଯାଏ।

ଭିଟାମିନ୍ - ଏ

ଏହା ଦୃଷ୍ଟିଶକ୍ତି ବଢ଼ାଇବାରେ ସାହାଯ୍ୟ କରେ, ବାଳ ଓ ଚର୍ମର ସୁରକ୍ଷା କରେ। କ୍ଷୀର, ମାଛ, ଅଣ୍ଡା, ବଟର, ଗାଜର, ସବୁଜ ପନିପରିବା, ଆମ୍ବ, ଅମୃତଭଣ୍ଡା ଆଦିରୁ ପ୍ରଚୁର ପରିମାଣର ମିଳିଥାଏ।

ଭିଟାମିନ୍ - ବି

ଏହା ହଜମ ପ୍ରକିୟାକୁ ତ୍ୱରାନ୍ୱିତ କରିବା ସଙ୍ଗେ ସଙ୍ଗେ ମାଂସପେଶୀ ତଥା ସ୍ନାୟୁର ସୁରକ୍ଷା କରେ। କ୍ଷୀର, ମାଛ, ମାଂସ, ଅଣ୍ଡା, କଲିଜା, ବିନ୍, ଅକଣ୍ଠା ଶସ୍ୟ, ବାଦାମ୍, ଶାଗ, ପନିପରିବା ଓ କେତେକ ଫଳରୁ ମିଳିଥାଏ।

ଭିଟାମିନ୍ - ସି

ଏହା ଦାନ୍ତ, ମାଢ଼ି ଓ ହାଡ଼ର ଯୋଡ଼ ଗୁଡ଼ିକୁ ରକ୍ଷା କରେ। ଏହି ଭିଟାମିନିଟି ଗୋଟିଏ ଆଣ୍ଟି ଅକ୍‌ସିଡ଼ାଣ୍ଡ (anti oxidant)। କମଳା, ଲେମ୍ବୁ, ଅଁଳା, ପିଜୁଳି, ଟମାଟୋ ଆଦି ଅମ୍ଳ ଜାତୀୟ ଫଳ ତଥା ସବୁଜ ପନି ପରିବାରୁ ଏହା ଅଧିକ ପରିମାଣରେ ମିଳିଥାଏ।

ଭିଟାମିନ୍ - ଡି

ଏହା ହାଡ଼କୁ ଶକ୍ତ କରାଏ। କାଲସିୟମ୍ ଓ ଫସ୍‌ଫରସ୍‌କୁ ଶରୀରରେ ମିଶାଇବାରେ ସାହାଯ୍ୟ କରେ। ପ୍ରାକୃତିକ ଭାବେ ସୂର୍ଯ୍ୟ କିରଣରୁ ଏହା ମିଳିଥାଏ। ଶରୀରରେ ସୂର୍ଯ୍ୟ କିରଣ ପଡ଼ିଲେ ଶରୀର ମଧ୍ୟରେ ଆପେ ଆପେ ଭିଟାମିନ୍-ଡି ପ୍ରସ୍ତୁତ ହେଇଯାଏ। ଜଣେ ବ୍ୟକ୍ତି କଅଁଳ ସୂର୍ଯ୍ୟ କିରଣ ସଂସର୍ଗରେ ୧ ଘଣ୍ଟାରୁ ଉର୍ଦ୍ଧ ସମୟ ଆସିଲେ ତାଙ୍କ ଶରୀର ପାଇଁ ଦିନକର ଭିଟାମିନ୍-ଡିର ଚାହିଦା ପୂରଣ ହୋଇଯାଏ। ଆମ ଦେଶରେ ହାଡ଼ ଶକ୍ତ ହେବାପାଇଁ ଶିଶୁମାନଙ୍କୁ ସକାଳର କଅଁଳ ଖରାରେ ଶୁଆଇ ଦିଆଯାଏ।

କ୍ଷୀର, ମାଛ, ମାଂସ, ଅଣ୍ଡା କେଶର, ବଟର, ଗାଜର ଓ ବିଟ୍ ପତ୍ର, ପତ୍ର କୋବି, ଛେନା ଆଦିରୁ ଏହା ମିଳିଥାଏ।

ଭିଟାମିନ୍ -ଇ

ଏହା ଗୋଟିଏ ଆଣ୍ଟି ଅକ୍ସିଡ଼ାଣ୍ଟ। ଶରୀର ମଧ୍ୟରେ କିଛି ରାସାୟନିକ ପଦାର୍ଥର ପ୍ରଭାବରେ କୋଷ ଗୁଡ଼ିକରେ ହେଉଥିବା କ୍ଷୟକ୍ଷତିକୁ ଏହା ରକ୍ଷାକରେ। ସେଓ, ଅଙ୍ଗୁର, ପାଚିଲା କଦଳୀ, କମଳା, ଅଣ୍ଡା, ମଟନ୍, ଚିକେନ୍, ପିଆଜ, ଗାଜର, ସେଲେରୀ, ନଡ଼ିଆ ତେଲ, କଟନ୍ ସିଡ୍ ତେଲ, ସୋୟାବିନ୍ ତେଲ, ମାର୍ଜାରିନ୍, ବଟର ଆଦିରୁ ଭିଟାମିନ୍-ଇ ମିଳିଥାଏ।

ଭିଟାମିନ୍ - କେ

ଏହା ରକ୍ତ ଜମାଟ ବାନ୍ଧିବାରେ ସାହାଯ୍ୟ କରେ। କଲିଜା, ପତ୍ରକୋବି, ଫୁଲକୋବି, ଗାଜର, ଛତୁ, ସୋୟାବିନ୍, ପାଳଙ୍ଗ, ଟମାଟୋ, ମଟର, ମକା, ଗହମ, ଓଟ୍ସ, ଷ୍ଟବେରୀ ଆଦିରୁ ଭିଟାମିନ୍ - କେ ମିଳିଥାଏ।

ଖଣିଜ ଲବଣ (Mineral)

ଏହା ଶରୀରକୁ କାର୍ଯ୍ୟକ୍ଷମ କରିବା ସହ ସ୍ୱାସ୍ଥ୍ୟର ଉନ୍ନତି କରାଏ। ମାଂସପେଶୀ, ସ୍ନାୟୁ ଓ ଥାଇରଏଡ୍ ଭଳି ଶରୀରର ଅନ୍ୟାନ୍ୟ ଅଂଶ ଗୁଡ଼ିକର ସୁରକ୍ଷା କରେ। ଏହା ଶରୀରର ରୋଗ ପ୍ରତିରୋଧକ ଶକ୍ତି ବଢ଼ାଏ। ଭିଟାମିନ୍ ଭଳି ଶରୀର ପାଇଁ ଏହାର ଆବଶ୍ୟକତା ନିହାତି ଜରୁରୀ ଅଟେ। ଏହା ବିନା ଶରୀରର ସମସ୍ତକାର୍ଯ୍ୟ ଠିକ୍ ଭାବେ ସମ୍ପନ୍ନ ହୋଇପାରେ ନାହିଁ। ଆମର ଦୈନିକ ଖାଦ୍ୟରୁ କାଲସିୟମ୍, ପୋଟାସିୟମ୍, ସଲଫେଟ, ଫସ୍ଫରସ୍, ଆଇରନ୍, ମାଙ୍ଗାନିଜ୍, ଜିଙ୍କ୍, କପର୍, ସୋଡ଼ିୟମ ଆଦି ବିଭିନ୍ନ ପ୍ରକାରର ଖଣିଜ ଲବଣ ଶରୀର ଗ୍ରହଣ କରେ।

ଜଳ

ଜଳବିନା ମଣିଷ ବଞ୍ଚିବା ଅସମ୍ଭବ। ମାନବ ଶରୀରର ଶତକଡ଼ା ୭୦ ରୁ ୭୫ ଭାଗ ହେଉଛି ଜଳ। ଜଳରୁ କିଛି ଖାଦ୍ୟ ଗୁଣ ମିଳି ନଥାଏ। ଶୁଦ୍ଧ ପାନୀୟ ଜଳ ସ୍ୱାସ୍ଥ୍ୟ ପାଇଁ ଭଲ। ତେଣୁ ଜଳକୁ ଫୁଟାଇ ବା ବିଶୋଧିତ କରି ପିଇବା ଉଚିତ୍। କେତେକ ଅଞ୍ଚଳରୁ ଜଳରେ କିଛି ପରିମାଣର ଖଣିଜ ଲବଣ ମିଳିଥାଏ। ବଜାରରେ ମିଳୁଥିବା ମିନେରାଲ୍ ୱାଟରରେ କିଛି ପରିମାଣର ଖଣିଜ ଲବଣ ଯୋଗ କରାଯାଇଥାଏ। ଦୈନିକ ୨ ରୁ ୨.୫ ଲିଟର ଜଳ ମାନବ ଶରୀର ପାଇଁ ଦରକାର। ଅନ୍ୟାନ୍ୟ ଖାଦ୍ୟ ଯଥା - ଚା, କଫି, ଜୁସ୍, କ୍ଷୀର ଓ ପାନୀୟ ପଦାର୍ଥରୁ ମଧ୍ୟ ଜଳ ମିଳିଥାଏ। ଏହା ଶରୀରକୁ କିପରି ସାହାଯ୍ୟ କରେ ନିମ୍ନରେ ଦିଆଗଲା।

- ଜଳ ରକ୍ତର ବାହକ ଅଟେ। ଖାଦ୍ୟ ହଜମ ହୋଇ ସାରିବା ପରେ ସାର ଅଂଶତକ ଶରୀରରେ ମିଶାଇବାରେ ଏହା ସାହାଯ୍ୟ କରେ।
- ବିଭିନ୍ନ ପ୍ରକାର ହରମୋନ୍‌କୁ ଶରୀରରେ ଦରକାର କରୁଥିବା ଅଂଶ ଗୁଡ଼ିକୁ ପଠାଇଥାଏ।
- ଶରୀରର ବର୍ଜ୍ୟ ବସ୍ତୁକୁ ସହଜରେ ମୂତ୍ର ଓ ଝାଳ ଆକାରରେ ନିଷ୍କାସିତ କରାଇବାରେ ସାହାଯ୍ୟ କରେ।
- ବାୟୁ ମଣ୍ଡଳରେ ଉତ୍ତାପ ବଢ଼ିଗଲେ ଶରୀରର ମଧ୍ୟ ଉତ୍ତାପ ବଢ଼ିଯାଏ। ଝାଳ ବୋହିବା ଫଳରେ ଶରୀରର ଉତ୍ତାପ ନିୟନ୍ତ୍ରିତ ହୋଇ ରହେ।

ତନ୍ତୁ (Dietary Fiber)

ଖାଦ୍ୟପୋଯୋଗୀ ତନ୍ତୁ ଶରୀରକୁ କିଛି ଖାଦ୍ୟଗୁଣ ଯୋଗାଇ ନଥାଏ। କିନ୍ତୁ ଏହା ହଜମ ପ୍ରକ୍ରିୟାରେ ସାହାଯ୍ୟ କରେ। ଖାଦ୍ୟ ହଜମ ହୋଇ ସାରିବା ପରେ ବର୍ଜ୍ୟ ବସ୍ତୁକୁ ସହଜରେ ନିଷ୍କାସିତ କାରିବାରେ ଏହା ସାହାଯ୍ୟ କରେ ଫଳରେ କୋଷ୍ଠ-କାଠିନ୍ୟ ଦୂର ହୁଏ। ଏହା ଉଦ୍ଭିଦ ଜଗତରୁ ମିଳିଥାଏ। କେତେକ ଶସ୍ୟର ଉପରିଭାଗ ତଥା ଫଳ ଓ ପନିପରିବାରୁ ଏହା ମିଳିଥାଏ। ତନ୍ତୁ ଜାତୀୟ ଖାଦ୍ୟ ସମସ୍ତଙ୍କର ଦୈନିକ ଖାଦ୍ୟ ତାଲିକାରେ ରହିବା ନିତ୍ୟାନ୍ତ ଜରୁରୀ।

ରନ୍ଧନ ସାମଗ୍ରୀ ଓ ତା'ର ମୂଲ୍ୟାୟନ

ଚାଉଳ

ସାରା ପୃଥିବୀରେ ଅଧାରୁ ଅଧିକ ଲୋକେ ଚାଉଳକୁ ପ୍ରଧାନ ଖାଦ୍ୟରୂପେ ଗ୍ରହଣ କରିଥା'ନ୍ତି। ଓଡ଼ିଶାରେ ଅତ୍ୟନ୍ତ ଦିନକୁ ଥରେ ସମସ୍ତେ ଭାତ ଖାଇଥା'ନ୍ତି। ଚାଉଳ ଦୁଇ ପ୍ରକାର। ଅରୁଆ ଚାଉଳ ଓ ଉଷୁନା ଚାଉଳ। ଅରୁଆ ଚାଉଳ ଅପେକ୍ଷା ଉଷୁନା ଚାଉଳରୁ ଅଧିକ ଖାଦ୍ୟଗୁଣ ମିଳିଥାଏ। ଚାଳଉଳକୁ ଅଧିକ କାଣ୍ଡିଦେଲେ ଚାଉଳ ଉପରେ ଥିବା ପତଳା ନାଲି ଆବରଣଟି ବାହାରିଯାଏ। ଏହି ପତଳା ଆବରଣରୁ ଖାଦ୍ୟପୋଯୋଗୀ ତନ୍ତୁ (fiber) ମିଳିଥାଏ। ଏହା ଛଡ଼ା ଚାଉଳର ଗୋଟିଏ କୋଣରେ ଥିବା ବୀଜ (germ)ଟି ଭାଙ୍ଗି ନଷ୍ଟ ହୋଇଯାଏ। ଏହି ବୀଜରେ କେତେଗୁଡ଼ିଏ ଖାଦ୍ୟସାର (vitamin) ଓ ଖଣିଜ ଲବଣ (mineral) ଥାଏ। ବିଶେଷକରି ଅଧିକ କାଣ୍ଡି ଚାଉଳକୁ ଧଳା କରିଦେଲେ ଏଥିରୁ ଭିଟାମିନ୍-ବି-୧ ମିଳି ନଥାଏ। ଭିଟାମିନ୍ -ବି-୧ର ଅଭାବରେ ବେରିବେରି ହୋଇଥାଏ।

ଧାନକୁ ସିଝାଇ ଏଥିରୁ ଉଷୁନା ଚାଳଉ କରାଯାଏ। ଧାନ ସିଝାଇବା ସମୟରେ ଏଥିରେ ଥିବା ଖାଦ୍ୟସାର ଓ ଖଣିଜଲବଣ ଚାଉଳ ଭିତରକୁ ଚାଲିଯାଏ। ତେଣୁ ଖାଦ୍ୟଗୁଣ ଦୃଷ୍ଟିରୁ ଏହା ଅରୁଆ ଚାଉଳ ଅପେକ୍ଷା ଉନ୍ନତ ମାନର। ବିଶେଷକରି ଭିଟାମିନ୍ ବି-୧ ଏଥିରୁ ମିଳିଥାଏ। ଚାଉଳରେ ଥିବା ପୁଷ୍ଟିସାରରୁ ସମସ୍ତ ପ୍ରକାରର ଦରକାରୀ ଆମିନୋ ଏସିଡ୍ ମିଳି ନଥାଏ। ଏଥି ସହିତ ଡାଲି ଜାତୀୟ ଖାଦ୍ୟ ମିଶାଇ ଖାଇଲେ ଏହା ଶରୀରକୁ ଆବଶ୍ୟକ ଆମିନୋ ଏସିଡ୍ (essential amino acid) ଯୋଗାଇଥାଏ।

୧୦୦ ଗ୍ରାମ୍ ଚାଉଳରୁ ୨୦୦ ଗ୍ରାମ ରୁ ୨୬୦ ଗ୍ରାମ ଓଜନର ଭାତ ହୋଇଥାଏ। ଏଥିରୁ ପ୍ରଚୁର ପରିମାଣର ଶ୍ୱେତସାର ଓ ଖାଦ୍ୟପୋଯୋଗୀ ତନ୍ତୁ ମିଳିଥାଏ। ଏହା ବ୍ୟତୀତ କିଛି ପରିମାଣର ସ୍ନେହସାର, ପୁଷ୍ଟିସାର, ଭିଟାମିନ୍ ବି-୧, ବି-୨, ବି-୩, ବି-୫ ତଥା କାଲସିୟମ୍, ଫସ୍‌ଫରସ୍ ଆଇରନ୍, ମାଙ୍ଗାନିଜ୍ ଆଦି ଖଣିଜ ଲବଣ ମିଳିଥାଏ। ୧୦୦ ଗ୍ରାମ ଅରୁଆ ଭାତରୁ ୧୧୭ କାଲୋରୀ ମଳିଥିବା ବେଳେ ୧୦୦ ଗ୍ରାମ୍ ଉଷୁନା ଭାତରୁ ୧୧୦ କାଲୋରୀ ମଳିଥାଏ। ଧାନରୁ ଚାଉଳ, ଚୁଡ଼ା, ମୁଢ଼ି, ହୁଡୁମ, ଖଇ ଆଦି ପ୍ରସ୍ତୁତ କରାଯାଏ।

ଗହମ

ବିଶ୍ୱରେ ଗହମ ଉତ୍ପାଦନରେ ଭାରତର ସ୍ଥାନ ଦ୍ୱିତୀୟ। ଏହା ଏକ ଶ୍ୱେତସାର ବହୁଳ ଖାଦ୍ୟ। ଆମ ଦେଶର ପଞ୍ଜାବ ଓ ହରିଆନାରେ ଅଧିକ ଗହମ ଚାଷ ହୋଇଥାଏ। ଏବେ ମଧ୍ୟପ୍ରଦେଶରେ ମଧ୍ୟ ଅଧିକ ଗହମ ଚାଷ ହେଉଛି। ମଧ୍ୟପ୍ରଦେଶରେ ଅମଳ କରାଯାଉଥିବା ଗହମରୁ ଅଧିକ ପରିମାଣର ପ୍ରୋଟିନ୍ ସହ ଅନ୍ୟାନ ଖାଦ୍ୟଗୁଣ ମିଳୁଥିବାରୁ ବିଦେଶରେ ଏହାର ଚାହିଦା ବଢ଼ିବାରେ ଲାଗିଛି। ଖାଦ୍ୟଗୁଣ ଦୃଷ୍ଟିରୁ ଏହା ଅନ୍ତର୍ଦେଶୀୟ ମାନର ସମକକ୍ଷ ହୋଇପାରିଛି। ଓଡ଼ିଶାରେ ସାଧାରଣତଃ ଦୁଇ ପକ୍ରାରର ଗହମ ମିଳିଥାଏ। ନାଲି ଗହମ ଓ ଧଳା ଗହମ। ଉଭୟ ପ୍ରକାର ଗହମରୁ ପ୍ରାୟ ସମାନ ପରିମାଣର ଖାଦ୍ୟଗୁଣ ମିଳିଥାଏ। ଗହମର ଉପର ଚୋପାକୁ bran, ଭିତର ଅଂଶକୁ endosperm ଓ ଉପରେ ଗୋଟିଏ କୋଣରେ ଥିବା ବୀଜ ଅଂଶଟିକୁ germ ବା carnel କୁହାଯାଏ। ଏ ସମସ୍ତ ଅଂଶକୁ ବା ସମ୍ପୂର୍ଣ୍ଣ ଗହମଟିକୁ ଚୂନାକରି ଅଟା ପ୍ରସ୍ତୁତ କରାଯାଏ। ଏପରି ଅଟାକୁ whole wheat flour କୁହାଯାଏ। ଖାଦ୍ୟଗୁଣ ଦୃଷ୍ଟିରୁ ଏହା ଉଚ୍ଚମାନର ଅଟେ। ଏପରି ଅଟା ହାତକୁ ସାମାନ୍ୟ ଖଦଡ଼ା ଲାଗେ। ଏହାକୁ କାଣ୍ଡି ବା ଅଧିକ ରିଫାଇନ୍ କରି ଯେଉଁ ପ୍ରଣାଳୀରେ ଅଟା ବା ମଇଦା ପ୍ରସ୍ତୁତ କରାଯାଏ ତଦ୍ୱାରା କିଛି ପରିମାଣର ପ୍ରୋଟିନ୍, ଫାଇବର୍ ଓ ଭିଟାମିନ୍ ନଷ୍ଟ ହୋଇଯାଏ। ରିଫାଇନ୍ ଅଟା ବା ମଇଦା ତରଳ ପଦାର୍ଥରେ ମିଶି ଦଳାହେବା ସମୟରେ

ଟାଣିଲେ ହାତକୁ ଇଲାଷ୍ଟିକ୍ (elastic) ଭଳି ଲାଗେ। ଗୋଟା ଗହମ (whole wheat) ରେ ଥିବା ବ୍ରାନ୍ ଏହା ଉପରେ ନିୟନ୍ତ୍ରଣ ଆଣିଥାଏ ବା ଗ୍ଲୁଟେନ୍‌ର ଇଲାଷ୍ଟି ସିଟିକୁ କମାଇଥାଏ। ଫଳରେ ରୁଟି ଚେମେଡ଼ା ଲାଗେନାହିଁ ଓ ନରମ ହୁଏ।

ଗହମରୁ ଅଟା, ମଇଦା, ଦଲିଆ ଓ ସୁଜି ତିଆରି କରାଯାଏ। ଏଥିରୁ ରୁଟି, ପରଟା, ଗଜା, ପିଠା, ମୋହନଭୋଗ, ଉପମା, ଅନେକ ପ୍ରକାର ମିଠା ତଥା କେକ୍, ବିସ୍କୁଟ୍, ବ୍ରେଡ୍, ପିଜା, ନୁଡ଼ଲ୍, ପାସ୍ତା ଭଳି ବିଭିନ୍ନ ପ୍ରକାରର ଖାଦ୍ୟ ପ୍ରସ୍ତୁତ କରାଯାଏ। ଏହି ଗହମ ଜାତ ସାମଗ୍ରୀ ଗୁଡ଼ିକୁ ଠିକ୍ ଭାବରେ ସଂରକ୍ଷଣ ନ କଲେ ଗମରା ହୋଇଯାଏ ଓ ବିଣ୍ଡାଧରି ପୋକ ଲାଗିଯାଏ। ଏଭଳି ନଷ୍ଟ ହୋଇଯାଇଥିବା ସାମଗ୍ରୀ ଖାଦ୍ୟପୋଯୋଗୀ ନୁହେଁ। ଅଟା ଅପେକ୍ଷା ମଇଦା ଶୀଘ୍ର ଖରାପ ହୋଇଯାଏ। ଏଗୁଡ଼ିକୁ ସଫା ଡ଼ବାରେ ମୁହଁ ବନ୍ଦକରି ମୁକ୍ତ ବାୟୁ ଚଳାଚଳ କରୁଥିବା ସ୍ଥାନରେ ତଥା ଅତି ବେଶୀରେ ୭୫° ରୁ ୮୦° ଫାରେନ୍‌ହିଟ୍ ଉତ୍ତାପ ଥିବା ଘରେ ରଖିଲେ ୧ ମାସରୁ ୨ ମାସ ପର୍ଯ୍ୟନ୍ତ ଭଲ ରହିଥାଏ। ବର୍ଷାଦିନେ ସୁଜି ଶୀଘ୍ର ଖରାପ ହୋଇଯାଏ।

ଅଟାରେ ଥିବା ଫାଇବର ଡାଇବିଟିସ୍ ଓ ହୃଦ୍‌ରୋଗୀଙ୍କ ପାଇଁ ବେଶ୍ ଉପାଦେୟ ଅଟେ। ଏହା କୋଷ୍ଠକାଠିନ ଦୂର କରେ। ରକ୍ତରେ ବ୍ଲଡ଼ସୁଗାରର ସ୍ତର କମାଇବା ସଙ୍ଗେ ସଙ୍ଗେ କୋଲେଷ୍ଟରଲ୍ ଅଂଶ କମାଇଥାଏ। ଏହା ଶରୀରର ଓଜନ ନ ବଢ଼ାଇବାରେ ସାହାଯ୍ୟ କରେ।

ଗହମରୁ ଶ୍ୱେତସାର ଓ ଖାଦ୍ୟପୋଯୋଗୀ ତନ୍ତୁ ଅଧିକ ପରିମାଣରେ ମିଳିଥାଏ। ଏହା ବ୍ୟତୀତ କିଛି ପରିମାଣର ଭିଟାମିନ୍ ବି-୧, ବି-୨, ବି-୩, ବି-୫ ବି-୬, ଇ ଓ କେ ସହିତ ଫସ୍‌ଫରସ୍, ମାଗ୍ନେସିୟମ୍, ଆଇରନ୍ ଆଦି ଖଣିଜ ଲବଣ ମିଳିଥାଏ।

ଡାଲି

କେତେକ ଛୁଇଁ ଜାତୀୟ ଫସଲର ପାକଳ ମଞ୍ଜିଗୁଡ଼ିକ ଡାଲି ଶ୍ରେଣୀର ଅନ୍ତର୍ଭୁକ୍ତ। ପୂର୍ବ ଏସିଆରେ ଏହାର ପ୍ରଚଳନ ଅଧିକ ହୋଇଥିବା ବେଳେ ପାଶ୍ଚାତ୍ୟ ଦେଶ ଗୁଡ଼ିକରେ ଏହାକୁ କେବଳ ସୁପ ଭାବରେ ବ୍ୟବହାର କରାଯାଏ। ବିରି, ମୁଗ, ହରଡ଼, ମସୁର, କୋଳଥ, ବୁଟ, ରାଜମା, ମଟର, ସୋୟାବିନ୍ ଆଦି ବିଭିନ୍ନ ପ୍ରକାରର ଡାଲି ଜାତୀୟ ଖାଦ୍ୟ ଆମେ ନିତିଦିନ ବ୍ୟବହାର କରିଥାଉ। ଭାରତରେ ପ୍ରାୟ ସବୁ ବର୍ଗର ଲୋକେ ପ୍ରତ୍ୟେକଦିନ ଡାଲି ଖାଇଥାନ୍ତି। ଏହା ଏକ ପୃଷ୍ଟିସାର ବହୁଳ ଖାଦ୍ୟ। ଜାନ୍ତବ ପୃଷ୍ଟିସାର (animal proein) ଅପେକ୍ଷା ଏହା କମ୍ ମୂଲ୍ୟରେ ମିଳୁଥିବାରୁ ଏହାକୁ "Poor man's meat" ବୋଲି କୁହାଯାଏ।

ଉଦ୍ଭିଦ ଜଗତରୁ ମିଳୁଥିବା ଖାଦ୍ୟମାନଙ୍କ ମଧ୍ୟରୁ ଡାଲି ଜାତୀୟ ଖାଦ୍ୟରୁ ଅଧିକ ପୃଷ୍ଟିସାର ମିଳିଥାଏ। ଏଥିରୁ ମିଳୁଥିବା ପୃଷ୍ଟିସାରକୁ ଉଦ୍ଭିଦଜ ପୃଷ୍ଟିସାର (Vegetable protein) ବୋଲି କୁହାଯାଏ। ଡାଲି ଜାତୀୟ ଖାଦ୍ୟରୁ କେତେକ ଦରକାରୀ ଆମିନୋ ମିଳି ନ ଥାଏ ଯାହାକି କେତେକ ଶ୍ୱେତସାର ଜାତୀୟ ଶସ୍ୟରୁ ମିଳିଥାଏ। ସେହିପରି ଶ୍ୱେତସାର ଜାତୀୟ ଶସ୍ୟରେ କିଛି ଦରକାରୀ ଆମିନୋ ଏସିଡ଼ର ଅଭାବ ଦେଖାଯାଏ ଯାହାକି ଡାଲି ଜାତୀୟ ଖାଦ୍ୟରେ ଅଧିକ ପରିମାଣର ଥାଏ। ଉଦାହରଣ ସ୍ୱରୂପ ଲାଇସିନ୍ (Lysine) ନାମକ ଏକ ଦରକାରୀ ଆମିନୋ ଏସିଡ୍ ଡାଲି ଜାତୀୟ ଖାଦ୍ୟରୁ ପ୍ରଚୁର ପରିମାଣର ମିଳୁଥିବା ବେଳେ ଅନ୍ୟାନ୍ୟ ଶ୍ୱେତସାର ଜାତୀୟ ଶସ୍ୟରୁ ଏହା ମିଳି ନଥାଏ। ସେହିପରି ଡାଲି ଜାତୀୟ ଖାଦ୍ୟରୁ ମେଥିଓନିନ୍ (Methionine) ନାମକ ଦରକାରୀ ଆମିନୋ ଏସିଡ଼୍‌ର ଅଭାବ ଦେଖାଯାଉଥିବା ବେଳେ ବିଭିନ୍ନ ପ୍ରକାର ଶ୍ୱେତସାର ଜାତୀୟ ଶସ୍ୟରୁ ଏହା ମିଳିଥାଏ। ତେଣୁ ଶ୍ୱେତସାର ଜାତୀୟ ଖାଦ୍ୟ ସହିତ ଡାଲି ଜାତୀୟ ଏକାଠି ମିଶାଇ ଖାଇଲେ ଗୋଟିକର ଅନ୍ୟଟି ପରିପୂରକ ହୋଇ ଶରୀର ଆବଶ୍ୟକ କରୁଥିବା ସମସ୍ତ ଆମିନୋ ଏସିଡ୍ ମିଳିପାରିବ। ବିଶେଷ କରି ଶାକାହାରୀମାନଙ୍କ ପାଇଁ ଏହା ଏକ ସନ୍ତୁଳିତ ଆହାର ଓ ପ୍ରତ୍ୟେକ ଦିନ ଖାଦ୍ୟ ତାଲିକାରେ ଡାଲି ସ୍ଥାନ ପାଇବା ଉଚିତ୍। ଶ୍ୱେତସାର ଜାତୀୟ ଖାଦ୍ୟ ସହିତ ଡାଲି ଜାତୀୟ ଖାଦ୍ୟ ଖାଇବାର ଅଭ୍ୟାସ ବହୁ କାଳରୁ ଚଳି ଆସୁଛି। ଆମଦେଶର ପୂର୍ବାଞ୍ଚଳ ଓ ଦକ୍ଷିଣାଞ୍ଚଳରେ ଭାତର ଡାଲି ଏକ

ଆନୁସଙ୍ଗିକ ଖାଦ୍ୟ। ସେହିପରି ଉତ୍ତରାଞ୍ଚଳରେ ରୁଟି ସହିତ ଡାଲି, କେତେକ ଏସିୟ ଓ ପାଶ୍ଚାତ୍ୟ ଦେଶରେ ମକାର ଟର୍ଟିଲା ସହ ବିନ୍, ସୋୟାବିନ୍ ଟୋଫୁ (tofu) ସହିତ ଭାତ, ପାଉଁରୁଟି ସହିତ ପିନଟ୍ ବଟର୍ ଆଦି ଖିଆ ଯାଇଥାଏ।

ଡାଲି ଜାତୀୟ ଖାଦ୍ୟରୁ କମ୍ ପରିମାଣର ସ୍ନେହସାର ମିଳୁଥିବା ବେଳେ ଅଧିକ ପରିମାଣର ଖାଦ୍ୟପୋଯୋଗୀ ତନ୍ତୁ ମିଳିଥାଏ। ଏହା ବ୍ୟତୀତ ଏଥିରୁ ଅଧିକ ପରିମାଣର ଭିଟାମିନ୍-ବି ସହ ଫସ୍‌ଫରସ୍, କାଲସିୟମ ଆଦି ଖଣିଜ ଲବଣ ମିଳିଥାଏ ଓ କିଛି ପରିମାଣର ଜିଙ୍କ୍, ଆଇରନ୍, ସିଲେନିୟମ୍ ଆଦି ଖଣିଜ ଲବଣ ମିଳିଥାଏ। ଏଥିରୁ ଅନେକ ଶକ୍ତିଶାଳୀ ଆଣ୍ଟି ଅକ୍‌ସିଡ଼ାଣ୍ଟ ମିଳିଥାଏ ଯାହାକି ବୃହଦାନ୍ତ୍ର (Colon)ର ସୁରକ୍ଷା କରିବା ସଙ୍ଗେ ସଙ୍ଗେ କ୍ୟାନ୍‌ସରକୁ ପ୍ରତିରୋଧ କରେ। ସୋୟାବିନ୍, ବୁଟ, କାବୁଲି ବୁଟରୁ ଫ୍ଲାଭୋନଏଡ୍ (Flavonoid) ନାମକ ଏକ ରାସାୟନିକ ପଦାର୍ଥ ମିଳେ ଯାହାକି ସ୍ତ୍ରୀ ଲୋକ ମାନଙ୍କର ଶରୀରରେ ଦରକାର ପଡୁଥିବା ହରମୋନ୍ 'ଇଷ୍ଟ୍ରୋଜେନ୍' (Estrogen) ଭଳି କାମ ଦିଏ। ଉଦ୍ଭିଦ ଜଗତରୁ ମିଳୁଥିବା ଏହି ଇଷ୍ଟ୍ରୋଜେନ୍‌କୁ 'ଫାଇଟୋ ଷ୍ଟ୍ରୋଜେନ୍' (Phytostrogen) କୁହାଯାଏ।

ଖାଦ୍ୟ ଗୁଣ ଦୃଷ୍ଟିରୁ ସୋୟାବିନ୍‌କୁ ଡାଲିମାନଙ୍କର ରାଜା ବୋଲି କୁହାଯାଏ। ଏଥିରୁ ମିଳୁଥିବା ପୁଷ୍ଟିସାର ଅନ୍ୟାନ ପ୍ରାଣୀଜ ପୁଷ୍ଟିସାର ଜାତୀୟ ଖାଦ୍ୟର ସମକକ୍ଷ ଅଟେ।

ଡାଲି ସିଝିସାରିବା ପରେ ଅଧିକ ସମୟ ସିଝାଇଲେ ଏଥିରୁ କେତେ ଗୁଡ଼ିଏ ଦରକାରୀ ଉପାଦାନ ନଷ୍ଟ ହୋଇଯାଏ ଓ ଏହାର ଖାଦ୍ୟଗୁଣ କମିଯାଏ। କେତେକ ଡାଲି ତଥା ଗୋଟା ମଞ୍ଜି ସହଜରେ ହଜମ ହୋଇ ନଥାଏ। ଏହା ଅନ୍ତ ନଳୀରେ ବାୟୁ ସୃଷ୍ଟି କରାଏ। 'ନିଉ ମେୟୋ କ୍ଲିନିକ କୁକ୍ ବୁକ୍'ରେ ଏହାର ପ୍ରତିକାର ବିଷୟରେ କିଛି ସୂଚନା ଦିଆଯାଇଛି। ସେଗୁଡ଼ିକ ହେଲା-

- ଡାଲିକୁ ଭଲ ଭାବେ ଧୋଇ ପାଣିରେ ବତୁରାଇ ପୁଣି ଥରେ ଧୋଇ, ଏହିପରି ୪/୫ ଥର କରି ରାନ୍ଧିଲେ ବାୟୁ ହୁଏ ନାହିଁ।
- ଡାଲିରେ ହେଙ୍ଗୁ ବ୍ୟବହାର କଲେ ବାୟୁ ହୁଏନାହିଁ।

ଗୋଟା ମଞ୍ଜିକୁ ଗଜା କରି ଖାଇବା ଭଲ। ମଞ୍ଜିରେ ଥିବା ଏନ୍‌ଜାଇମ୍ ଗଜା ହେବା ସମୟରେ ଅଧିକ କାର୍ଯ୍ୟକ୍ଷମ ହୋଇ ଏହାର ଖାଦ୍ୟଗୁଣ ବଢ଼ାଇଥାଏ। ଶୁଖିଲା ମଞ୍ଜି ଅପେକ୍ଷା ଏହା ଶୀଘ୍ର ହଜମ ହୋଇଯାଏ। ଗଜା ମଞ୍ଜିରୁ ଅଧିକ ପୁଷ୍ଟିସାର, ଖାଦ୍ୟସାର ଓ ଖଣିଜ ଲବଣ ମିଳିଥାଏ। ଏଥିରୁ ବିଶେଷକରି ଭିଟାମିନ୍-ସି ମିଳିଥାଏ ଯାହାକି ଶୁଖିଲା ମଞ୍ଜିରୁ ମିଳି ନଥାଏ।

ଡାଲିକୁ ଚୁନା କରି ଓ ବାଟି ଏଥିରେ ବିଭିନ୍ନ ପ୍ରକାର ଜଳଖିଆ ଓ ମିଠା ପ୍ରସ୍ତୁତ କରାଯାଏ। ବୁଟ ଓ ମୁଗ ଡାଲିକୁ ସିଝାଇ ଏଥିରେ ନଡ଼ିଆ, ଗୁଡ଼ ଓ ମସଲା-ମସଲି ଦେଇ ମଣ୍ଡା ପିଠାର ପୁର ପ୍ରସ୍ତୁତ କରାଯାଏ। ଡାଲି, ଡାଲମା, ସମ୍ବର ଆଦି ଅନେକ ପ୍ରକାର ଖାଦ୍ୟ ଏଥିରୁ ପ୍ରସ୍ତୁତ କରାଯାଏ। ସୋୟାବିନ୍ ମଞ୍ଜିରୁ କ୍ଷୀର, ଦହି ଓ ଚିଜ୍ (tofu) ମଧ୍ୟ ପ୍ରସ୍ତୁତ କରାଯାଏ। ସବୁ ଡାଲିରୁ ସମପରିମାଣର ଖାଦ୍ୟଗୁଣ ମିଳି ନଥାଏ। ଉଦାହରଣ ସ୍ୱରୂପ- ୧୦୦ ଗ୍ରାମ୍ ହରଡ଼ ଡାଲିରୁ ୨୨.୫ ଗ୍ରାମ୍ ପୁଷ୍ଟିସାର ମିଳୁଥିବା ବେଳେ ସୋୟାବିନ୍‌ରୁ ୪୩.୨ ଗ୍ରାମ୍ ପୁଷ୍ଟିସାର ମିଳିଥାଏ। ହାରା ହାରି ପ୍ରତି ୧୦୦ ଗ୍ରାମ୍ ଡାଲିରୁ ୩୨୩ ରୁ ୪୩୨ କାଲୋରୀ ମିଳିଥାଏ।

ପନି ପରିବା

ଉଦ୍ଭିଦର ଫଳ, ଫୁଲ, ପତ୍ର, କାଣ୍ଡ, ମୂଳ ଆଦି ଯେଉଁ ଅଂଶକୁ ମନୁଷ୍ୟ ଆବାହମାନ କାଳରୁ ତା'ର ଖାଦ୍ୟ ରୂପେ ଗ୍ରହଣ କରି ଆସୁଛି ସେଗୁଡ଼ିକୁ ଆମେ ପନି ପରିବା ବୋଲି କହୁଛେ। କାହାକୁ କଞ୍ଚା ତ କାହାକୁ ରାନ୍ଧି ଖାଉଛେ। ଖାଦ୍ୟଗୁଣ ଦୃଷ୍ଟିରୁ ଦେଖିଲେ ପନିପରିବାରୁ ପ୍ରାୟ କମ୍ ପରିମାଣର ପୁଷ୍ଟିସାର ଓ ସ୍ନେହସାର ମିଳିଥାଏ। କିନ୍ତୁ ଏଥିରୁ ଶ୍ୱେତସାର ଖାଦ୍ୟୋପୋଯୋଗୀ ତନ୍ତୁ, ଖାଦ୍ୟସାର ଓ ଖଣିଜ ଲବଣ ଯଥେଷ୍ଟ ପରିମାଣରେ ମିଳିଥାଏ। କେତେକ ପନିପରିବା ଆଣ୍ଟି ଅକ୍ସିଡ଼ାଣ୍ଟ ଭାବେ କାମ ଦେଇଥା'ନ୍ତି। ଅନ୍ୟ କେତେକ ପନିପରିବାରେ କିଛି ବିଷାକ୍ତ ଅଂଶ (toxin) ଓ କୁପୋଷଣ (antinutrients) ଥାଏ ଯାହାକି ରୋଷେଇ ପଦ୍ଧତିରେ ନଷ୍ଟ ହୋଇଯାଏ।

ଉଦ୍ଭିଦର ଅଂଶକୁ ନେଇ ତା'ର ବିଭାଗିକରଣ କରାଯାଇଛି ଯଥା-

ପତ୍ର ଜାତୀୟ ଓ ସାଲାଡ୍ ପରିବା- ସଜନା, ପାଳଙ୍ଗ, ଖଡ଼ା, କଳମ, ବଥୁଆ, ମେଥି, ସୁନୁସୁନିଆ, କୋଶଳା, ଲେଉଟିଆ, ପୋଇ, ଆଦି ଶାଗ ଓ ଲେଟ୍ୟୁସ୍, ପତ୍ରକୋବି ଆଦି...

ଡଙ୍କ ଜାତୀୟ- ପୋଇ, କଖାରୁ ଡଙ୍କ, ଲାଉଡ଼ଙ୍କ ଆଦି...

ଫୁଲ ଜାତୀୟ- ଫୁଲକୋବି, ବ୍ରକୋଲି, କଦଳୀ ଭଣ୍ଡା, ସଜନା ଫୁଲ, କଖାରୁ ଫୁଲ ଆଦି...

ଛୁଇଁ ଜାତୀୟ- ସଜନା ଛୁଇଁ, ଶିମ୍ବ, ବିନ୍, ମଟର, ବରଗୁଡ଼ି ଆଦି..

ଗୋଲକ ଜାତୀୟ (bulb)- ପିଆଜ, ରସୁଣ, ଲିକ୍, ସାଲଟ୍ ଆଦି...

ରୂପାନ୍ତରିତ କାଣ୍ଡ (tuber)- ଆଳୁ, ସାରୁ, ଦେଶୀଆଳୁ କନ୍ଦମୂଳ, ଅଦା, ଆମ୍ବକଷିଆ ଅଦା ଆଦି..

ଫଳ ଜାତୀୟ- ବାଇଗଣ, ଭେଣ୍ଡି, ପୋଟଳ, ଜହ୍ନି, ଲାଉ, କଖାରୁ, ବନ୍ତଳ (କଞ୍ଚା) କଦଳୀ, କଞ୍ଚା ଅମୃତଭଣ୍ଡା, କାଙ୍କଡ଼ ଆଦି..

ମୂଳ ଜାତୀୟ- ଗାଜର, ମୂଳା, କନ୍ଦମୂଳ, ବିଟ୍ ଆଦି....

ଷ୍ଟେମ୍ ସୁଟ୍ (stem shoot)- ଆସ୍ପାରାଗସ୍, ବାଉଁଶ ଗଜା ଆଦି...

ଛତୁ (Mushroom)

ଛତୁ ଆମ ରୋଷେଇ ଶାଳର ଏକ ଜଣାଶୁଣା ସାମଗ୍ରୀ। ଉଦ୍ଭିଦ ବିଜ୍ଞାନୀମାନେ ଏହାକୁ ପନିପରିବା ଶ୍ରେଣୀଭୁକ୍ତ କରିନାହାନ୍ତି। ଏହା କବକ (fungus) ଜାତୀୟ। ବର୍ଷାଋତୁରେ ବାଡ଼ି ବଗିଚା, ଖାଲି ପଡ଼ିଆ, ହୁଙ୍କା, ପାଳଗଦା, ବାଉଁଶ ମୂଳ ତଥା ବଣ ଜଙ୍ଗଲରୁ ଛତୁ ସଂଗ୍ରହ କରାଯାଏ। ପ୍ରାୟ ୧୦୦୦ରୁ ଅଧିକ ପ୍ରକାରର ଛତୁ ସାରା ବିଶ୍ୱରେ ହୋଇଥାଏ। ଏ ମଧ୍ୟରୁ କେତେକ ଛତୁରେ ଏପରି କିଛି ବିଷାକ୍ତ ଉପାଦାନ ଥାଏ, ଯାହା ଖାଇବା ଫଳରେ ସ୍ୱାସ୍ଥ୍ୟହାନୀ ହେବା ସଙ୍ଗେ ସଙ୍ଗେ ସମୟେ ସମୟେ ଜୀବନହାନୀ ମଧ୍ୟ ହୋଇଥାଏ। ତେଣୁ ଏଥିପ୍ରତି ସାବଧାନ ହେବା ଉଚିତ। ଗୋବର, ଖଣ୍ଡିଆ ଚମଡ଼ା ଜୋତା ଆଦିରେ ଫୁଟୁଥିବା ଛତୁ ବିଷାକ୍ତ ଛତୁ ମଧ୍ୟରେ ଯାଏ। ଏବେ ଆଧୁନିକ ପଦ୍ଧତିରେ ଛତୁ ଚାଷ କରାଯାଉଛି। ଫଳରେ ବର୍ଷକ ବାରମାସ ଛତୁ ଖାଇବାକୁ ମିଳୁଛି। ଛତୁରୁ କିଛି ପରିମାଣର ପୁଷ୍ଟିସାର ମିଳିଥାଏ। ଏହା ବ୍ୟତୀତ ଭିଟାମିନ୍ ଡ଼ି, ବି ଓ ପୋଟାସିୟମ, ଫସଫରସ ଆଦି ଖଣିଜ ଲବଣ ଅଧିକ ପରିମାଣରେ ମିଳିଥାଏ। ଏଥିରେ ଅଧିକ ଜଳୀୟ ଅଂଶ ଥାଏ। ପ୍ରତି ୧୦୦ ଗ୍ରାମ୍ ଛତୁରୁ ହାରାହାରି ୨୭ କାଲୋରୀ ମିଳିଥାଏ।

ଉଦ୍ଭିଦ ବିଜ୍ଞାନରେ ଟମାଟୋ, କାକୁଡ଼ି, ଆଭାକାଡ଼ୋ ଆଦିକୁ ଫଳ (fruite) କୁହାଯାଉଥିବା ବେଳେ ରନ୍ଧନ ବିଜ୍ଞାନରେ ଏହାକୁ ପନିପରିବା ବୋଲି କୁହାଯାଉଛି। ପ୍ରତ୍ୟେକ ପନି ପରିବାର ଖାଦ୍ୟଗୁଣ ସମାନ୍ ନୁହେଁ। ସାଧାରଣତଃ ଗାଢ଼ ସବୁଜ ରଙ୍ଗର ପନି ପରିବାରୁ ଅଧିକ ପରିମାଣର ଭିଟାମିନ୍-ବି ଓ ସି ତଥା କାଲସିୟମ୍, ଆଇରନ୍ ଆଦି ଖଣିଜ ଲବଣ ମିଳିଥାଏ। ହଳଦିଆ, କମଳା ଓ ଲାଲ୍ ରଙ୍ଗର ପନିପରିବାରୁ ଅଧିକ ପରିମାଣର ଭିଟାମିନ୍-ଏ ଓ ସି ମିଳିଥାଏ। ନିତିଦିନ ବ୍ୟବହାର କରୁଥିବା କେତେକ ପନିପରିବା ବିଷୟରେ ସଂକ୍ଷିପ୍ତ ସୂଚନା ନିମ୍ନରେ ଦିଆଗଲା।

ଆଳୁ

ପ୍ରାୟ ପ୍ରତ୍ୟେକ ବ୍ୟକ୍ତିଙ୍କ ଘରେ ଆଳୁ ତରକାରୀର ଏକ ମୁଖ୍ୟ ଉପାଦାନ ଭାବେ ସ୍ଥାନ ପାଇଥାଏ। ଏହା ଏକ ଶ୍ୱେତସାର ବହୁଳ ଖାଦ୍ୟ। ଆଳୁର ଠିକ୍ ଚୋପା ତଳେ ଭିଟାମିନ୍-ସି ଥାଏ। ତେଣୁ ଆଳୁର ଚୋପା ଛଡ଼ାଇଦେଲେ ଏହା ସଂପୂର୍ଣ୍ଣ ନଷ୍ଟ ହୋଇଯାଏ। ଆଳୁରୁ କିଛି ପୁଷ୍ଟିସାର ମିଳିଥାଏ ଯାହାକି ଅନ୍ୟ କୌଣସି ରୂପାନ୍ତରିତ କାଣ୍ଡ (tuber) ରୁ ମିଳି ନଥାଏ। ଏହା ବ୍ୟତୀତ ଏଥିରେ କିଛି ପରିମାଣର ଫସଫରସ୍ ମାଙ୍ଗାନିଜ୍, କାଲ୍ସିୟମ୍ ଆଦି ଥାଏ। ଚୋପା ସହ ଆଳୁ ସିଝାଇ ଖାଇଲେ ଏଥିରୁ ସମସ୍ତ ଖାଦ୍ୟ ଗୁଣ ମିଳିପାରିବ। ୧୦୦ ଗ୍ରାମ୍ ଚୋପା ଥିବା ସିଝା ଆଳୁରୁ ୮୭ କାଲୋରୀ ମିଳିଥାଏ।

ବାଇଗଣ

ବାଇଗିଣି, ସାଗୁଆ ଆଦି ବିଭିନ୍ନ ରଙ୍ଗ ଓ ଭିନ୍ନ ଭିନ୍ନ ଆକାରର ବାଇଗଣ କିଣିବାକୁ ମିଳିଥାଏ। ବଡ଼ ଓ ନରମ ବାଇଗଣ ଭର୍ତ୍ତା ପାଇଁ ଉପଯୁକ୍ତ। ଏଥିରୁ ଯଥେଷ୍ଟ ପରିମାଣର ଭିଟାମିନ୍ ଏ ଓ ସି ସହ ପୋଟାସିୟମ, ସଲ୍‌ଫର୍ ଆଦି ଖଣିଜ ଲବଣ ମିଳିଥାଏ। ଏହା ବ୍ୟତୀତ ଏଥିରେ କିଛି ପରିମାଣର ଭିଟାମିନ୍ ବି-୧, ବି-୨ ଓ କାଲସିୟମ, ଫସ୍‌ଫରସ୍, ମାଗ୍ନେସିୟମ୍ ଆଦି ଥାଏ। ପ୍ରତି ୧୦୦ ଗ୍ରାମ୍ ବାଇଗଣରୁ ୨୪ କାଲୋରୀ ମିଳିଥାଏ।

କଲରା

କଲରା ଖାଇଲେ ପିତା ଲାଗେ। ଡାଇବେଟିସ୍ ରୋଗୀଙ୍କ ପାଇଁ ଏହା ଉପାଦେୟ। ଛୋଟ କଲରା ବା ଠୁସି କଲରା ଓ ବଡ଼ କଲାରାର ଖାଦ୍ୟ ଗୁଣରେ ସାମାନ୍ୟ ପାର୍ଥକ୍ୟ ଦେଖା ଦେଇଥାଏ। ଏଥିରୁ ଭିଟାମିନ୍ ଏ, ସି ଓ ପୋଟାସିୟମ ଅଧିକ ପରିମାଣର ମିଳିଥାଏ। ଏହା ଛଡ଼ା କାଲସିୟମ୍ ମାଗ୍ନେସିୟମ, ଫସଫରସ୍ ଆଦି କିଛି ପରିମାଣର ମିଳିଥାଏ। ପ୍ରତି ୧୦୦ ଗ୍ରାମ୍ କଲରାରୁ ୨୫ କାଲୋରୀ ମିଳିଥାଏ।

ଭେଣ୍ଡି

ଭେଣ୍ଡିର ଅଗଟି ଭାଙ୍ଗିଯାଉଥିଲେ ଏହା ରାନ୍ଧଣା ଉପଯୋଗୀ ବୋଲି ଜଣାପଡ଼େ। ଭେଣ୍ଡି ପ୍ରାୟ ବର୍ଷର ସବୁ ସମୟରେ ମିଳିଥାଏ। ଏଥିରୁ ଯଥେଷ୍ଟ, ପରିମାଣର ଭିଟାମିନ୍ ସି ଓ ପୋଟାସିୟମ ତଥା କିଛି ପରିମାଣର ଭିଟାମିନ୍ -ଏ, ବି (ଥିଆମିନ୍, ନିକୋଟିନିକ୍ ଏସିଡ୍) ଫସ୍‌ଫରସ୍, ସଲ୍‌ଫର, କାଲ୍‌ସିୟମ, ମାଗ୍ନେସିୟମ୍ ଆଦି ଖଣିଜ ଲବଣ ମିଳିଥାଏ। ପ୍ରତି ୧୦୦ ଗ୍ରାମ୍ ଭେଣ୍ଡିରୁ ୩୫ କାଲୋରୀ ମିଳିଥାଏ।

ଟମାଟୋ

ଖାଦ୍ୟଗୁଣ ଦୃଷ୍ଟିରୁ ଦେଖିଲେ ଟମାଟୋ ବା ବିଲାତି ବାଇଗଣ ଏକ ଉଚ୍ଚମାନର ପରିବା। ଏହାକୁ ପ୍ରୋଟେକ୍‌ଟିଭ୍ ଫୁଡ୍ କୁହାଯାଏ। ଏହା ଶରୀରର ରୋଗ ପ୍ରତିରୋଧକ ଶକ୍ତି ବଢ଼ାଇଥାଏ। ଏଥିରୁ ଲାଇକୋପିନ୍ (Lycopine) ନାମକ ଏକ ଉପାଦାନ ମିଳିଥାଏ, ଯାହାକି ଏକ ଶକ୍ତିଶାଳୀ ଆଣ୍ଟି ଅକ୍‌ସିଡାଣ୍ଟ ଭଳି କାମ ଦିଏ। କଞ୍ଚା ଟମାଟୋ ସେବନ କଲେ ଏହା ତ୍ୱଚାକୁ ଅତି ବାଇଗିଣି ସୌର ରଶ୍ମୀ (ultra violet ray)ର କୁପ୍ରଭାବରୁ ରକ୍ଷାକରେ। ଏଥିରୁ ପ୍ରଚୁର ପରିମାଣର ଭିଟାମିନ୍ ଏ, ସି ଓ ପୋଟାସିୟମ୍ ମିଳିଥାଏ। ଏହାକୁ ଛାଡ଼ିଦେଲେ କିଛି ପରିମାଣର ଭିଟାମିନ୍ ବି-୧, ବି-୨, ନିକୋଟିନିକ୍ ଏସିଡ୍ ସହ କାଲ୍‌ସିୟମ୍, ମାଗ୍ନେସିୟମ, ଫସ୍‌ଫରସ୍ ଆଦି ଖଣିଜ ଲବଣ ମିଳିଥାଏ। ପ୍ରତି ୧୦୦ ଗ୍ରାମ୍ ଟମାଟୋରୁ ୧୮ କାଲୋରୀ ମିଳିଥାଏ।

ଶାଗ

ଆମେ ବିଭିନ୍ନ ପ୍ରକାରର ଶାଗ ଖାଇଥାଉ। କେଉଁ ସବୁ ପତ୍ରକୁ ବାଡ଼ି ବଗିଚାରୁ ଖୁଣ୍ଟି ମିଶାମିଶି ଶାଗ ଭାବରେ ତ କାହାକୁ ବାଡ଼ି ବଗିଚାରେ ଚାଷକରି ଓ ସଜନା, ଅଗସ୍ତି ଆଦି ଗଛର ପତ୍ର ତଥା କଳମ, ମଦରଙ୍ଗା ଆଦିକୁ ପୋଖରୀ ହିଡ଼ରୁ ତୋଳି ବ୍ୟବହାର କରିଥାଉ। ଆଇମା ଅମଳରୁ ବିଶ୍ୱାସ ଅଛି ଯେ, ଶାଗ ଖାଇଲେ ଦୃଷ୍ଟିଶକ୍ତି ବଢ଼େ ଓ ବାଳ ଭଲହୁଏ। ଖାଦ୍ୟସାର ଓ ଖଣିଜ ଲବଣରେ ଭରପୁର ଥିବା ଶାଗ ପ୍ରତ୍ୟେକ ବ୍ୟକ୍ତିଙ୍କ ଦୈନନ୍ଦିନ ଖାଦ୍ୟ ତାଲିକାରେ ରହିବା ଉଚିତ୍। ପ୍ରତ୍ୟେକ ଶାଗର ଖାଦ୍ୟଗୁଣ ସମାନ ନହେଲେ ମଧ୍ୟ ଏଥିରୁ ପ୍ରଚୁର ପରିମାଣର ଭିଟାମିନ୍ -ଏ, ସି ଓ ପୋଟାସିୟମ ମିଳିଥାଏ। ଏହା ବ୍ୟତୀତ ଶାଗରେ କିଛି ପରିମାଣର ଭିଟାମିନ୍ ବି-୧, ବି-୨, ବି-୩, ବି-୯ ସହିତ ମାଗ୍ନେସିୟମ୍, ଫସ୍‌ଫରସ୍, ଆଇରନ୍, ଜିଙ୍କ୍ ଆଦି ଖଣିଜ ଲବଣ ଥାଏ। ପ୍ରତି ୧୦୦ ଗ୍ରାମ୍ ଶାଗରୁ ହାରାହାରି ୨୦ ରୁ ୨୩ କାଲୋରୀ ମିଳିଥାଏ।

ଡଙ୍କ ଜାତୀୟ

ଶାଗରୁ ମିଳୁଥିବା ଖାଦ୍ୟସାର ଓ ଖଣିଜ ଲବଣକୁ ଛାଡ଼ିଦେଲେ ଏଥିରୁ କିଛି ପରିମାଣର ପୁଷ୍ଟିସାର ମିଳିଥାଏ।

ଗାଜର

ଖାଦ୍ୟଗୁଣ ଦୃଷ୍ଟିରୁ ଦେଖିଲେ ଗାଜରର ସ୍ଥାନ ବେଶ୍ ଉଚ୍ଚରେ। ସାଲାଡ୍, ସୁପ୍, ଜୁସ୍, ହାଲୁଆ, କେକ ତଥା ବିଭିନ୍ନ ଧରଣର ରୋଷେଇରେ ଏହା ବ୍ୟବହାର କରାଯାଏ।

ଏଥିରୁ ଯଥେଷ୍ଟ, ପରିମାଣର ଭିଟାମିନ୍-ଏ ସହିତ ଭିଟାମିନ୍-ବି-୬, ଭିଟାମିନ୍-ସି, ଭିଟାମିନ୍-କେ ତଥା ପୋଟାସିୟମ୍ କାଲସିୟମ୍, ସୋଡ଼ିୟମ୍ ଆଦି ଖଣିଜ ଲବଣ ମିଳିଥାଏ। ଏହା ଏକ ଶକ୍ତିଶାଳୀ ଆଣ୍ଟିଅକ୍‌ସିଡ଼ାଣ୍ଟ ଭାବେ କାମ ଦିଏ। ପ୍ରତି ୧୦୦ ଗ୍ରାମ୍ ଗାଜରରୁ ୪୮ କାଲୋରୀ ମିଳିଥାଏ।

ଲେଟ୍ୟୁସ୍ (Lettuce)

ଲେଟ୍ୟୁସ୍ ସବୁ ଜାଗାରେ ମିଳେ ନାହିଁ। ବଡ଼ ବଡ଼ ମଲ୍ ଗୁଡ଼ିକରୁ କିଣିବାକୁ ପଡ଼ିଥାଏ। ଏବେ ଶୀତଦିନେ ଓଡ଼ିଶାର କେତେକ ଅଞ୍ଚଳରେ ଏହା ଚାଷ କରାଯାଉଛି। ଶୀତ ପ୍ରଧାନ ଦେଶ ଗୁଡ଼ିକରେ ଲିଫ୍ ବା ବଞ୍ଚିଙ୍ଗ୍ ଲେଟ୍ୟୁସ, ବଟରହେଡ୍ ଲେଟ୍ୟୁସ୍, ରୋମେନ୍ ଆଦି ବିଭିନ୍ନ ପ୍ରକାରର ଲେଟ୍ୟୁସ୍ ମିଳିଥାଏ। ଏହା ସାଲାଡର ମୁଖ୍ୟ ଉପାଦାନ ଭାବେ ବ୍ୟବହାର କାରାଯାଏ। ଏଥିରେ ଶତକଡ଼ା ୯୦ ଭାଗ ଜଳୀୟ ଅଂଶ ଥାଏ। ଏଥିରୁ ପ୍ରଚୁର ପରିମାଣର ଭିଟାମିନ୍ ଏ, ସି ଓ କେ ତଥା ଆଇରନ୍, କାଲସିୟମ୍, ମାଗ୍ନେସିୟମ୍ ଓ ପୋଟାସିୟମ୍ ଆଦି ଖଣିଜ-ଲବଣ ମିଳିଥାଏ। ପ୍ରତି ୧୦୦ ଗ୍ରାମ୍ ଲେଟ୍ୟୁସ୍‌ରୁ ୧୫ କାଲୋରୀ ମିଳିଥାଏ।

ବନ୍ଧାକୋବି

ଏହା ଏକ ଶୀତଦିନିଆ ପରିବା। କିନ୍ତୁ, ଏବେ ପ୍ରାୟ ଅଦିନରେ ମଧ୍ୟ ବଜାରରେ ମିଳୁଛି। ବିଭିନ୍ନ ପ୍ରକାରର ବନ୍ଧାକୋବି ଯଥା- ଫିକା ସାଗୁଆ, ଗାଢ଼ ସାଗୁଆ ତଥା ବାଇଗିଣି ରଙ୍ଗର (red cabbage) ବନ୍ଧା କୋବି ବା ପତ୍ର କୋବି ମିଳିଥାଏ। ବାଇଗିଣି ରଙ୍ଗର ରେଡ୍ କାବେଜ୍ ପରିବା ଦୋକାନରେ ମିଳେନାହିଁ। ସମୟେ ସମୟେ ମଲ୍ ଗୁଡ଼ିକରେ କିଣିବାକୁ ମିଳିଥାଏ। ତରକାରୀ ବ୍ୟତୀତ 'କୋଲ୍ ସ୍ଲ' (cole slaw), ସାଲାଡ଼ ତଥା ବିଭିନ୍ନ ରେସିପିରେ ଏହା ବ୍ୟବହାର କାରାଯାଏ। ଏଥିରୁ ଭିଟାମିନ୍ ଏ, ସି, କେ ସହିତ ପୋଟାସିୟମ୍ ଅଧିକ ପରିମାଣର ମିଳିଥାଏ। କିଛି ଅଳ୍ପ ପରିମାଣର ଭିଟାମିନ୍ ବି ତଥା କାଲସିୟମ୍ ଫସ୍ ଫରସ୍, ମାଗ୍ନେସିୟମ ଆଦି ଏଥିରେ ଥାଏ। ପ୍ରତି ୧୦୦ ଗ୍ରାମ୍ ବନ୍ଧାକୋବିରୁ ୨୫ କାଲୋରୀ ମିଳେ।

ଫୁଲ କୋବି

ଏହା ଏକ ଶୀତ ଦିନିଆ ପରିବା, ଧଳା, ଫିକା ହଳଦିଆ ଓ ବାଇଗିଣି ରଙ୍ଗର ଫୁଲକୋବି ଥାଏ। ଆମ ଅଞ୍ଚଳରେ ଧଳା ଓ ଫିକା ହଳଦିଆ ରଙ୍ଗର ଫୁଲକୋବି ମିଳେ। ଏଥିରୁ ଭିଟାମିନ୍ କେ ଓ ସି ସହ ପୋଟାସିୟମ୍, କାଲ୍‌ସିୟମ୍ ଓ ସୋଡ଼ିୟମ୍ ଆଦି ଖଣିଜ ଲବଣ ଅଧିକ ପରିମାଣର ମିଳିଥାଏ। ଏହା ବ୍ୟତୀତ କିଛି ପରିମାଣର ବି ଭିଟାମିନ୍‌ସ ସହ ମାଗ୍ନେସିୟମ, ମାଙ୍ଗାନିଜ, କପର ଆଦି ମିଳେ। ଏଥିରୁ କିଛି ଉପାଦାନ ମିଳେ ଯାହାକି କ୍ୟାନ୍‌ସର୍ ସେଲ୍‌ର ବୃଦ୍ଧିକୁ ଅବରୋଧ କରେ। ପ୍ରତି ୧୦୦ ଗ୍ରାମ୍ ଫୁଲ କୋବିରୁ ୩୦ କାଲୋରୀ ମିଳିଥାଏ।

ବ୍ରକୋଲି

ଏହା ଫୁଲକୋବି ଜାତୀୟ, ଏହାର ରଙ୍ଗ ଗାଢ଼ ସବୁଜ। ଏବେ ଓଡ଼ିଶାରେ ଚାଷ କରାଯାଉଛି। ଶୀତଦିନେ ଭୁବନେଶ୍ୱରର କେତେକ ହାଟରେ ଗ୍ରୀନ କୋବି ଭାବରେ ବିକ୍ରି କରା ଯାଉଛି। ଏଥିରୁ ପ୍ରଚୁର ପରିମାଣର ଭିଟାମିନ୍ ଏ, ବି-୯, ସି ଓ କେ ସହ ଫସ୍‌ଫରସ୍, କାଲ୍‌ସିୟମ୍, ପୋଟାସିୟମ୍ ଆଦି ଖଣିଜ ଲବଣ ମିଳିଥାଏ। ଏହା ବ୍ୟତୀତ ଏଥିରେ କିଛି ପରିମାଣର ଅନ୍ୟାନ୍ୟ ବି ଭିଟାମିନ୍ ତଥା ମାଗ୍ନେସିୟମ୍, ଆଇରନ୍, ମାଙ୍ଗାନିଜ୍ ଆଦି ଥାଏ। ଏଥିରୁ କିଛି ପରିମାଣର ଓମେଗା-୩ ଫ୍ୟାଟିଏସିଡ୍ ମିଳିଥାଏ। ପ୍ରତି ୧୦୦ ଗ୍ରାମ୍ ବ୍ରକୋଲିରୁ ୩୦ କାଲୋରୀ ମିଳିଥାଏ।

ପିଆଜ

ପିଆଜ ଏକ ରୂପାନ୍ତରିତ କାଣ୍ଡ ଯାହାକି ମାଟି ତଳେ ବଢ଼ିଥାଏ। ଏହା ଲିଲିଆସି ପରିବାରର ଅଟେ। ଉଲି ପିଆଜ, ଦେଶୀ ପିଆଜ, ସ୍କାଲିଅନ୍, ସ୍ପ୍ରିଙ୍ଗ୍ ଅନିଅନ୍ ଆଦି ଏକା ଜାତୀୟ। ଦେଶୀ ପିଆଜ ଛୋଟ ଓ ଦୁଇ ତିନି କୋଲା ବିଶିଷ୍ଟ ହୋଇଥାଏ। ପିଆଜ ଖାଇଲେ ରାଗ ଲାଗେ ଓ ତୀବ୍ର ଗନ୍ଧଯୁକ୍ତ ହୋଇଥାଏ। ଏଥିପାଇଁ କାଟିଲା ବେଳେ ଆଖି ପୋଡ଼େ ଓ ଆଖିରୁ ପାଣି ବୁହେ। ଏଥିରେ କିଛି ରାସାୟନିକ ପଦାର୍ଥ

ଥାଏ ଯାହାକି ଶରୀରକୁ ଅତ୍ୟଧିକ ଉତ୍ତାପରୁ ରକ୍ଷାକରେ ଓ ଶରୀରକୁ ଥଣ୍ଡା ରଖେ। ଅଂଶୁଘାତରୁ ମଧ ରକ୍ଷା କରେ। ଏହା ଚର୍ମରୋଗ ପାଇଁ ଭଲ କାମ ଦିଏ। ପିଆଜ ଖାଇଲେ ପରିସ୍ରା ପରିଷ୍କାର ହେବା ସଙ୍ଗେ ସଙ୍ଗେ ବୃକକ୍ (kidney) ସୁସ୍ଥ ରହେ। ପିଆଜ ରୁଚି ବର୍ଦ୍ଧକ ଅଟେ। ଏହା ତରକାରୀର ଏକ ଅପରିହାର୍ଯ୍ୟ ସାମଗ୍ରୀ। ସାଲାଡ୍, ଚଟଣୀ, ପିକଲ, ପିଜା, ପାସ୍ତା, ନୁଡ଼ଲ, ସାଣ୍ଡଉଇଚ୍, ସୁପ୍ ଆଦି ବିଭିନ୍ନ ପ୍ରକାରର ରୋଷେଇରେ ଏହା ବ୍ୟବହାର କରାଯାଏ। ପିଆଜରୁ ଭିଟାମିନ୍ ଏ, ବି, ସି ସହିତ କାଲ୍‌ସିୟମ୍ ଓ ଫସ୍‌ପରସ୍ ଆଦି ଖଣିଜ ଲବଣ ମିଳିଥାଏ। ପ୍ରତି ୧୦୦ ଗ୍ରାମ୍ ପିଆଜରୁ ୪୦ କାଲୋରୀ ମିଳିଥାଏ।

ରସୁଣ

ପିଆଜ ଭଳି ରସୁଣ ମଧ ଲିଲିଆସି ପରିବାରର ଅନ୍ତର୍ଭୁକ୍ତ। ଏହା ମାଟିତଳୁ ଅମଳ କରାଯାଏ। ରସୁଣ ଅଧିକ ଅମଳ ହେଉଥିବା ଦେଶମାନଙ୍କ ମଧ୍ୟରେ ଚୀନ୍ ପ୍ରଥମ ଓ ଭାରତ ଦ୍ୱିତୀୟ ସ୍ଥାନ ଅଧିକାର କରିଛି। ଏହା ଗୋଲକ ଶ୍ରେଣୀୟ ଏକ ଉପସ୍କର, ଯାହାକି ଖାଦ୍ୟର ସ୍ୱାଦ-ମହକ (flavour) ବଢ଼ାଇ ଥାଏ। ଅଧିକ ସଲ୍‌ଫର ଥିବାରୁ ରସୁଣ କଟୁ ସ୍ୱାଦଯୁକ୍ତ ହୋଇଥାଏ। ଏହା ହୃଦରୋଗୀ ଓ ଉଚ୍ଚ ରକ୍ତଚାପ ରୋଗୀଙ୍କ ପାଇଁ ଉପାଦେୟ ଅଟେ। ରସୁଣ ଶରୀରରୁ LDL କୋଲେଷ୍ଟ୍ରଲର ସ୍ତର କମାଇଥାଏ। ରକ୍ତରେ ଭିଟାମିନ୍ ବି-୧କୁ ମିଶାଇବାରେ ଏହା ସାହାଯ୍ୟ କରେ। ରୋଷେଇରେ ଏହାର ବହୁଳ ପ୍ରଚଳନ ହୋଇଥାଏ। ଏଥିରେ ଶ୍ୱେତସାର, ପୁଷ୍ଟିସାର, ଭିଟାମିନ୍ ବି ଓ ସି, ଫସ୍‌ଫରସ୍, ପୋଟାସିୟମ୍, କ୍ୟାଲସିଅମ୍, ଲୌହ ଆଦି ଥାଏ। ପ୍ରତି ୧୦୦ ଗ୍ରାମ୍ ରସୁଣରୁ ୧୪୯ କାଲୋରୀ ମିଳିଥାଏ।

ଅଦା

ଅଦା 'ରୂପାନ୍ତରିତ କାଣ୍ଡ'ର ଅନ୍ତର୍ଗତ। ବୈଦିକ ଯୁଗରେ ଏହାକୁ 'ମାହାଔଷଧି ବୋଲି କୁହାଯାଉଥିଲା। ଅଦାକୁ ଶୁଖାଇ ଶୁଣ୍ଠି ପ୍ରସ୍ତୁତ କରାଯାଏ। ଏହା ପେଟ ଗୋଳମାଳ ଭାଙ୍ଗିଥାଏ। ବିଶେଷ କରି ଏହାକୁ ବାୟୁନାଶକ ଓ କ୍ଷୁଧାବର୍ଦ୍ଧକ ଭାବେ ବ୍ୟବହାର କରାଯାଏ। ଅଧ ଇଞ୍ଚ ଲମ୍ୱର ଖଣ୍ଡେ କଞ୍ଚା ଅଦା ସାଙ୍ଗରେ ଟିପେ ଲୁଣ ମିଶାଇ ଚୋବାଇ ଖାଇ ଅଧା ଗ୍ଲାସ୍ ପାଣି ପିଇଦେଲେ କିଛି ସମୟ ପରେ ପେଟରୁ ବାୟୁ ଦୂର ହୁଏ ଓ ଭୋକ ଲାଗେ। ଏକ ଚାମଚ୍ ଅଦା ରସ ସହିତ ସମପରିମାଣର ମହୁ ମିଶାଇ ଦିନକୁ ୨/୩ ଖାଇଲେ ଥଣ୍ଡା ଓ କାଶ କମିଯାଏ। ୧ କପ୍ ପାଣିରେ ଅଦା, ଗୋଲ ମରିଚ, ତେଜପତ୍ର, ମିଶ୍ରୀ ଓ ଅଳେଇଚ ପକାଇ ଫୁଟାଇ ଅଧା ପାଣି ମାରି ଦିନକୁ ୨/୩ ଥର ପିଇଲେ ଥଣ୍ଡା ଓ କାଶରୁ ଉପଷମ ମିଳେ। ରୋଷେଇରେ ଏହାର ବହୁଳ ପ୍ରଚଳନ ହୁଏ। ତରକାରୀ, ଡାଲମା, ପିଠାପଣା, ଚା, ବିସ୍କୁଟ୍, ବ୍ରେଡ୍, ଆଚାର ଆଦିରେ ଏହା ଉପ ଯୋଗ କରାଯାଏ। ଅଦାରୁ ଅଳ୍ପ ପରିମାଣର ଭିଟାମିନ୍ ବି ଓ ସି ତଥା କ୍ୟାଲ୍‌ସିୟମ୍, ଫସ୍‌ଫରସ୍, ଆଇରନ୍ ଆଦି ମିଳିଥାଏ। ପ୍ରତି ୧୦୦ ଗ୍ରାମ୍ ଅଦାରୁ ୬୭ କ୍ୟାଲୋରୀ ମିଳିଥାଏ।

ଫଳ (Fruits)

ମାନବ ସମାଜକୁ 'ଫଳ' ହେଉଛି ପ୍ରକୃତିର ଏକ ଅମୂଲ୍ୟ ଉପହାର। ବିଭିନ୍ନ ଋତୁରେ ବିଭିନ୍ନ ପ୍ରକାରର ଫଳ ମିଳିଥାଏ। ପ୍ରତ୍ୟେକ ଫଳରୁ ଭିନ୍ନ ଭିନ୍ନ ପ୍ରକାର ସ୍ୱାଦ ମିଳିଥାଏ। ଆମ୍ବ, ପିଜୁଳି, ଆତ, ସପେଟା, ଲିଚୁ, ଗୋଲାପ ଜାମୁ, ଜାମୁକୋଳି, ସେଓ, କମଳା, ନାସ୍‌ପାତି, ଅମୃତ ଭଣ୍ଡା, ପଣସ, ଅଙ୍ଗୁର, ଜାମୁକୋଳି, ବରକୋଳି, ତୁତ, ଅଁଳା, ଖଜୁରୀ ଆଦି ଅନେକ ପ୍ରକାରର ଫଳ ଓ କୋଳି ଆମ ଅଞ୍ଚଳରେ ମିଳିଥାଏ। ଏବେ ବଡ଼ ବଡ଼ ମଲ୍ ତଥା ଫଳ ଦୋକାନ ଗୁଡ଼ିକରେ କେତେ ଗୁଡ଼ିଏ ବିଦେଶୀ ଫଳ ଯଥା- ପ୍ଲମ୍, କିୱି, ପାରସିମନ୍, ପିଚ୍ ଆଦି କିଣିବାକୁ ମିଳୁଛି। ବଣ ଜଙ୍ଗଲର ଅଭାବରୁ ଭଇଁଚି କୋଳି, ଫାର୍ସା କୋଳି, କଣ୍ଟେଇ କୋଳି ଭଳି ଅନ୍ୟ କେତେକ କୋଳି ଲୋପ ପାଇବାକୁ ବସିଲାଣି। ଯେଉଁ ଅଞ୍ଚଳରେ ଯାହା ଫଳ ଓ କୋଳି ମିଳୁଛି ସେଠାକାର ଲୋକେ ସେଗୁଡ଼ିକର ପୂର୍ଣ୍ଣ ଉପଯୋଗ କରିବା ଉଚିତ୍। ସାଧାରଣତଃ ଫଳ ଓ କୋଳି ଗୁଡ଼ିକରୁ କମ୍ ପରିମାଣର ଫ୍ୟାଟ୍, ସୋଡ଼ିୟମ୍ ଓ କାଲୋରୀ ମିଳିଥାଏ। ଏଥିରୁ ଅଧିକ ପରିମାଣର ପୋଟାସିୟମ୍, ଖାଦ୍ୟପୋଯୋଗୀ ତନ୍ତୁ, ଭିଟାମିନ୍-ସି ଓ ଫୋଲିକ୍ ଏସିଡ୍ ମିଳିଥାଏ। ଫଳରୁ ଅନେକ ପ୍ରକାରର ଦରକାରୀ ଆଣ୍ଟି ଅକ୍‌ସିଡ଼ାଣ୍ଟ ମିଳଥାଏ,

ଯାହାକି ଶରୀରରେ ଉତ୍ପନ୍ନ ହେଉଥିବା ବିଷାକ୍ତ ଅଂଶକୁ ଦୂର କରି ଶରୀରର ରୋଗ ନିରାକରଣ ଶକ୍ତି ବଢ଼ାଇଥାଏ। ବିଶେଷ କରି ହଳଦିଆ ଓ କମଳା ରଙ୍ଗର ଫଳରୁ ଅଧିକ ପରିମାଣର ଭିଟାମିନ୍ -ଏ ମିଳୁଥିବା ବେଳେ, ନୀଳ, ବାଇଗଣି ଓ କଳା ରଙ୍ଗର ଫଳରୁ ଅନେକ ପ୍ରକାରର ଆଣ୍ଟି-ଅକ୍ସିଡାଣ୍ଟ ମିଳିଥାଏ। ଖାଦ୍ୟ ବିଶେଷଜ୍ଞଙ୍କ ମତରେ ଜଣେ ବ୍ୟକ୍ତି ଦିନକୁ ୨୫୦ ଗ୍ରାମ୍ ଓଜନର ଫଳ ଖାଇବା ଉଚିତ୍।

ଫଳ ଗୁଡ଼ିକ ଶୀଘ୍ର ଖରାପ ହୋଇଯାଏ ବା ପଚି ଯାଏ। ତେଣୁ ତଟକା ଫଳ ବାଛି ଖାଇବା ଉଚିତ। ଅଧିକ ଦିନ ସତେଜ ରଖିବା ପାଇଁ ଫଳ ଗୁଡ଼ିକରେ ଅନେକ ପ୍ରକାରର ରାସାୟନିକ ପଦାର୍ଥ ସିଞ୍ଚନ କରାଯାଏ। ଫଳଗୁଡ଼ିକୁ ଭଲ ଭାବରେ ଧୋଇ ଧୂଳି ଓ ମଇଳା ଛଡ଼ାଇ ବ୍ୟବହାର କରିବା ଉଚିତ। ଫଳରୁ ରାସାୟନିକ ଲେପ ଛଡ଼ାଇବାକୁ ହେଲେ, ଲୁଣ ପାଣିରେ ଫଳଗୁଡ଼ିକୁ ବୁଡ଼ାଇ କିଛି ସମୟ ରଖି ପରିଷ୍କାର ପାଣିରେ ଧୋଇ ବ୍ୟବହାର କରିବେ।

ଶୁଖାଫଳ (Dry Fruits)

ଫଳରୁ ବିଭିନ୍ନ ଉପାୟରେ ଜଳୀୟ ଅଂଶ ଶୁଖାଇ ଶୁଖିଲା ଫଳ (dry fruits) ପ୍ରସ୍ତୁତ କରାଯାଏ। ବିଭିନ୍ନ ପ୍ରକାର ଖାଦ୍ୟରେ ଏହାର ଉପଯୋଗ କରାଯାଏ।

କ୍ଷୀର

ଅତ୍ୟାବଶ୍ୟକୀୟ ଖାଦ୍ୟ ମଧ୍ୟରୁ କ୍ଷୀର ଅନ୍ୟତମ। 'ଆବାଳ ବୃଦ୍ଧ ବନିତା' ସମସ୍ତଙ୍କ ପାଇଁ ଏହା ପ୍ରୟୋଜନିୟ। ଶିଶୁଟିଏ ଜନ୍ମହେବା ସଙ୍ଗେ ସଙ୍ଗେ ମା' କ୍ଷୀରକୁ ତା'ର ପ୍ରଥମ ଖାଦ୍ୟରୂପେ ଗ୍ରହଣ କରିଥାଏ। ଏହା ଶିଶୁର ରୋଗ ପ୍ରତିରୋଧକ ଶକ୍ତି ବଢ଼ାଇବା ସଙ୍ଗେ ସଙ୍ଗେ ଶରୀରର ସମ୍ପୂର୍ଣ୍ଣ ବିକାଶ କରିଥାଏ। ଓଡ଼ିଶାରେ ସାଧାରଣତଃ ଗାଈ ଓ ମଇଁଷି କ୍ଷୀର ବ୍ୟବହାର କରାଯାଏ। ପୃଥିବୀର ଯେଉଁ ଅଞ୍ଚଳରେ ଯେଉଁ ସ୍ତନ୍ୟପାୟୀ ପ୍ରାଣୀ ଅଧିକ ଦେଖାଯା'ନ୍ତି ସେହି ପ୍ରଣୀଙ୍କ କ୍ଷୀର ସେ ଅଞ୍ଚଳରେ ବ୍ୟବହାର କରାଯାଏ। ସେଗୁଡ଼ିକ ହେଲେ, ଗାଈ, ମଇଁଷି, ଛେଳି, ମେଣ୍ଢା, ଚମରି ଗାଈ, ଓଟ, ହରିଣ (rain deer) ଇତ୍ୟାଦି।

କ୍ଷୀରରୁ ପୁଷ୍ଟିସାର, ସ୍ନେହସାର ଓ ଶ୍ୱେତସାର ମିଳିଥାଏ। ଏହା ବ୍ୟତୀତ ଭିଟାମିନ୍ ବି-୧, ବି-୨, ବି-୬, ବି-୧୨, ପାଣ୍ଟୋଥେନିକ, ଫୋଲେଟ୍, ବାୟୋଟିନ୍, ନିଆସିନ୍ ଆଦି ଖାଦ୍ୟସାର (vitamin) ଓ କ୍ୟାଲସିୟମ, ଫସ୍‌ଫରସ, ସୋଡ଼ିୟମ, ପୋଟାସିୟମ, ମାଙ୍ଗାନିଜ୍, ଫସ୍‌ଫେଟ୍, ମାଗ୍ନେସିୟମ, ଆଇରନ୍ ଆଦି ଖଣିଜ ଲବଣ (minerals) ମିଳିଥାଏ। ବିଶେଷ କରି କ୍ଷୀରରୁ ଅଧିକ ପରିମାଣର ପୁଷ୍ଟିସାର, କ୍ୟାଲସିୟମ ଓ ଭିଟାମିନ୍ ବି-୨ ମିଳିଥାଏ। ଏଥିରୁ ମିଳୁଥିବା ପୁଷ୍ଟିସାର, ଏଗାରଟି ଦରକାରୀ ଆମିନୋ ଏସିଡ୍ (essential amino acid)କୁ ନେଇ ଗଠିତ। ଏଥିରେ ଥିବା ତିନୋଟି ମୁଖ୍ୟ ଉପାଦାନ ହେଲା କେଜିନ୍ (casein), ଆଲ୍‌ବୁମିନ୍ (albumin) ଓ ଗ୍ଲୋବିଲିନ୍ (globilin)। ଏକ କପ୍ କ୍ଷୀରରୁ ୮ ଗ୍ରାମ୍ ପୁଷ୍ଟିସାର, ୧୨ରୁ ୧୩ ଗ୍ରାମ୍ ଶ୍ୱେତସାର ଓ ୨୮୫ ମିଲିଗ୍ରାମ୍ କ୍ୟାଲସିୟମ୍ ମିଳିଥାଏ। ୧ କପ୍ ଫ୍ୟାଟ୍ କଢ଼ା ହୋଇଥିବା କ୍ଷୀର (skimmed milk) ରୁ ୯୦ କ୍ୟାଲୋରୀ ମିଳୁଥିବା ବେଳେ, ଫ୍ୟାଟ୍ କଢ଼ାହୋଇ ନ ଥିବା କ୍ଷୀର (whole milk)ରୁ ୧୫୦ କ୍ୟାଲୋରୀ ମିଳିଥାଏ।

କ୍ଷୀରରୁ ଦହି, ଛେନା, ରାବିଡ଼ି, ଖୁଆ, ଲହୁଣୀ ଓ ଘିଅ ଆଦି ପ୍ରସ୍ତୁତ କରାଯାଏ।

ଦହି

କ୍ଷୀରର ଅନ୍ୟ ଏକ ରୂପାନ୍ତର ହେଲା 'ଦହି'। ଏହା କର୍ଡ଼ (curd) ଓ ୟୋଗର୍ଟ (yogurt) ନାମରେ ପରିଚିତ। କ୍ଷୀରରେ ମହି (ପୂର୍ବ ଦିନର ଦହି), ଲେମ୍ବୁରସ, ଭିନେଗାର ବା ଅନ୍ୟ ଯେ କୌଣସି ଅମ୍ଳ ପଦାର୍ଥ ଯୋଗକରି ଦହି ବସାଯାଏ। କ୍ଷୀରରେ ଥିବା ଶତକଡ଼ା ୪୦ ଭାଗ ଲାକ୍ଟୋଜ୍ (lactose) ଲାକଟିକ୍ ଏସିଡ୍ (lactic acid)କୁ ପରିବର୍ତ୍ତିତ ହୁଏ ଓ ଅମ୍ଳିଭବନ (formantation) ହୋଇ ଦହି ବସିଯାଏ।

ଦହି ବସିବା ସମୟରେ କ୍ଷୀରରୁ ମିଳୁଥିବା ପୁଷ୍ଟିସାର ଓ ସ୍ନେହସାରର ପରିମାଣରେ କିଛି ପରିବର୍ତ୍ତନ ହୁଏନାହିଁ। କ୍ୟାଲୋରୀ ଦୃଷ୍ଟିରୁ ଦେଖିଲେ ଏହା କ୍ଷୀର ସଙ୍ଗେ ସମାନ୍। କିନ୍ତୁ, କ୍ଷୀର ଅପେକ୍ଷା ଦହିରୁ କିଛି ଅଧିକ ପରିମାଣର

ଭିଟାମିନ୍ ବି-୧, ବି-୬ ଓ ବି-୧୨ ମିଳିଥାଏ। ଦହି ବସିବା ସମୟରେ କ୍ଷୀରରେ ଥିବା ଶର୍କରା, ପୁଷ୍ଟିସାର, ଚର୍ବି ଜାତୀୟ ଉପାଦାନ (fat) ସରଳିକୃତ ହୋଇଯାଏ। ଫଳରେ ଏହା ସହଜରେ ହଜମ ହୋଇଯାଏ। ତହିଁରୁ ମିଳୁଥିବା କ୍ୟାଲସିୟମ୍ ଓ ଫସ୍‌ଫରସ୍ ମଧ୍ୟ ସହଜରେ ହଜମ ହୋଇ ଶରୀରରେ ମିଶିଯାଏ। ତେଣୁ ଏହାକୁ 'predigested food' ବୋଲି କୁହାଯାଏ।

ସାରା ବିଶ୍ୱରେ ଗ୍ରୀକ୍ ୟୋଗର୍ଟ (greek yogurt), ସ୍କାୟର (skyr), କେଫିର୍ (kefir), ସୁଇସ୍ ୟୋଗର୍ଟ (swiss yogurt), ୟୋଫୁ (yofu / soy yogurt) ଆଦି ନାମରେ ଅନେକ ପ୍ରକାର ୟୋଗର୍ଟ ମିଳିଥାଏ। ବିଭିନ୍ନ ଉପାୟରେ ଇଷ୍ଟ ଓ ବାକ୍ଟେରିଆ ଯୋଗକରି ୟୋଗର୍ଟ ତିଆରି କରାଯାଏ। କ୍ଷୀର ବ୍ୟତୀତ ସୋୟାବିନ୍, ବାଦାମ୍ ଓ ନଡ଼ିଆ ରସରେ ମଧ୍ୟ ବାକ୍ଟେରିଆ ଯୋଗକରି ୟୋଗର୍ଟ ତିଆରି କରାଯାଏ। ଫ୍ୟାଟ୍ କଢ଼ା ଯାଇଥିବା କ୍ଷୀର (skimmed milk)ରୁ ପ୍ରସ୍ତୁତ ହେଉଥିବା ଦହି ସ୍ୱାସ୍ଥ୍ୟ ପାଇଁ ହିତକାରକ ଅଟେ। ଲହୁଣୀ କଢ଼ା ହୋଇସାରିବା ପରେ ଯେଉଁ ଦହି ବ୍ୟବହାର କରାଯାଏ ଏହାକୁ ଘୋଳଦହି (butter milk) କୁହାଯାଏ। ପଞ୍ଜାବରେ ଏହାକୁ ଲସି କହିଥା'ନ୍ତି। ମୁଖରୋଚକ କରିବା ପାଇଁ କେହି କେହି ଲସିରେ ବିଟଲୁଣ, ଭଜା ଜୀରା ଗୁଣ୍ଡ, ହେଙ୍ଗୁ ଆଦି ଯୋଗ କରିଥା'ନ୍ତି। ଓଡ଼ିଶାରେ ବିକ୍ରି ହେଉଥିବା ଲସି ବା ଦହି ସର୍ବତରେ ଦହି ସହିତ ଚିନି, କାଜୁ, ବାଦାମ୍, କିସ୍‌ମିସ୍, ନଡ଼ିଆ, ବର୍ନଭିଟା ଆଦି ଅନେକ ପ୍ରକାର ସାମଗ୍ରୀ ଯୋଗ କରି ଏହାକୁ ଅଧିକ ସୁସ୍ୱାଦ କରାଯାଏ। କ୍ଷୀରରେ କିଛି ମିଠା (ଚିନି ବା ଖଜୁରୀ ଗୁଡ଼) ଅଂଶ ଯୋଗକରି ମିଠା ଦହି ବା ମିଷ୍ଟି ଦଇ ପ୍ରସ୍ତୁତ କରାଯାଏ। କୋଲ୍‌କାତାର ସବୁ ଅଞ୍ଚଳରେ ଏହା ମିଳିଥାଏ। ଦକ୍ଷିଣ ଭାରତର ଲୋକେ ପ୍ରତ୍ୟେକ ଦିନ ଦହି ଖାଇଥା'ନ୍ତି। 'କର୍ଡ଼ରାଇସ' ଏ ଅଞ୍ଚଳର ଏକ ଲୋକପ୍ରିୟ ଖାଦ୍ୟ। ମହାରାଷ୍ଟ୍ରର 'ଶ୍ରୀଖଣ୍ଡ' ଦହିରୁ ପ୍ରସ୍ତୁତ ଏକ ସୁପ୍ରସିଦ୍ଧ ମିଠା। ପଶ୍ଚିମ ବଙ୍ଗର କିଛି ଅଂଶରେ ଓ ବାଙ୍ଗ୍‌ଲାଦେଶରେ ବୋର୍ହନି ନାମକ ଏକ ମସଲାଯୁକ୍ତ ଦହିର ପାନୀୟ ମିଳେ। ଏହା କଚ୍ଚି ବିରିୟାନୀ ସାଙ୍ଗରେ ପରିବେଷଣ କରାଯାଏ। ଦହିରେ ଅନେକ ପ୍ରକାର ରାଇତା, ଦହି କଡ଼ି ଓ ବିଭିନ୍ନ ପ୍ରକାର ଖାଦ୍ୟ ପ୍ରସ୍ତୁତ କରାଯାଏ।

ସୁମାତ୍ରାରେ ଦଦିଆଃ (Dadiah) ନାମକ ଦହି ପାରମ୍ପରିକ ରିତୀରେ ବାଉଁଶ ନଳୀରେ ବସାଯାଏ। ଜଗନ୍ନାଥ ଓ ବଳଭଦ୍ର ମହା ପ୍ରଭୁଙ୍କର କାଞ୍ଚି ଅଭିଯାନ ସମୟରେ ଖାଇଥିବା 'ମାଣିକ ପାଟଣା ଦହି' ବିଷୟରେ ପ୍ରତ୍ୟେକ ଓଡ଼ିଆବାସୀ ଜାଣନ୍ତି। ମଇଁଷି କ୍ଷୀରକୁ ଫୁଟାଇ ଏକ ତୃତୀୟାଂଶ ଜଳୀୟ ଅଂଶ ମାରି ବାଉଁଶିଆରେ ଏହି ଦହି ବସାଯାଏ।

ଛେନା (Cheese)

ପ୍ରସ୍ତୁତି ବିଭାଗରେ ଛେନା ତିଆରି ବିଷୟରେ ବର୍ଣ୍ଣନା କରାଯାଇଛି। ଫୁଟନ୍ତା କ୍ଷୀରରେ କିଛି ଅମ୍ଳ ପଦାର୍ଥ ଯୋଗକଲେ ଏଥିରେ ଥିବା ପ୍ରୋଟିନ୍ ବାନ୍ଧିହୋଇ ଜଳୀୟ ଅଂଶଠାରୁ ଅଲଗା ହୋଇଯାଏ। ଏହାକୁ ଆମେ କ୍ଷୀର ଫାଟିଯିବା ବା ଛେନା ଛିଡ଼ିଯିବା ବୋଲି କହିଥାଉ। ଜାନ୍ତବ ବା ପ୍ରାଣୀଜ ପୁଷ୍ଟିସାର (animal protein) ଜାତୀୟ ଏହି ଖାଦ୍ୟଟି ନିରାମିଷୀ ବ୍ୟକ୍ତିମାନଙ୍କ ପାଇଁ ଏକ ଉପାଦେୟ ଖାଦ୍ୟ। ଛେନାରୁ ପାଣି ନିଗାଡ଼ି ଚାପି ପନୀର ପ୍ରସ୍ତୁତ କରାଯାଏ। ପଶ୍ଚିମ ବଙ୍ଗର ବାଣ୍ଡେଲ୍ ଅଞ୍ଚଳରେ ଥିବା ପର୍ତ୍ତୁଗୀଜ କଲୋନୀରେ ଏକ ଗୋଲାକାର ଛେନା ମିଳେ। ଗୋଲ୍ ଟୋକେଇରେ ଛେନାକୁ ଛାଣି ଚୁଲି ଉପରେ ଧୂଆଁରେ ବସାଇ ଏହା ପ୍ରସ୍ତୁତ କରାଯାଏ। ଏହି ଛେନାର ନାମ 'ବାଣ୍ଡେଲ'। ଏହି ଧୂଆଁଳିଆ ବାସ୍ନାହିଁ ଏହାର ମୁଖ୍ୟ ଆକର୍ଷଣ। ଲହୁଣୀ କାଢ଼ିସାରିବା ପରେ ଘୋଳଦହିରୁ ପ୍ରସ୍ତୁତ ହେଉଥିବା ଛେନାକୁ ଦହିଛେନା କୁହାଯାଏ। ଓଡ଼ିଶାର ପୁରପଲ୍ଲୀରେ ଏହା ସୁପରିଚିତ।

ଆମେରିକାର କଟେଜ୍ ଚିଜ୍ ଓ ମେକ୍ସିକୋର କଟିଜା ଆମ ଭାରତୀୟ ଛେନା ଓ ପନୀର ସଦୃଶ। ଏହାକୁ ଅଧିକ ଦିନ ସଂରକ୍ଷଣ କରାଯାଇପାରିବ ନାହିଁ। ଛେନା, ପନୀର, ବାଣ୍ଡେଲ ଆଦି ଭାରତୀୟ ଛେନାର ଅନ୍ତର୍ଭୁକ୍ତ। ଏହା ବ୍ୟତୀତ ସାରା ବିଶ୍ୱରେ ୧୦୦୦ରୁ ଊର୍ଦ୍ଧ୍ୱ କିସମର ଚିଜ୍ ଭିନ୍ନ ଭିନ୍ନ ଉପାଦାନର ପ୍ରୟୋଗରେ ବିଭିନ୍ନ ପ୍ରଣାଳୀରେ ପ୍ରସ୍ତୁତ କରାଯାଏ। ଏଥିପାଇଁ ଗାଈ କ୍ଷୀରପରି ଅନ୍ୟାନ୍ୟ ଗୃହପାଳିତ

ସ୍ତନପାୟୀ ପ୍ରାଣୀଙ୍କ କ୍ଷୀରରୁ ଚିଜ୍ ପ୍ରସ୍ତୁତ କରାଯାଏ। ଏହାକୁ ପ୍ରୋସେସ୍ଡ ଚିଜ୍ (processed cheese) କୁହାଯାଏ। ଏହା ସମ୍ପୂର୍ଣ୍ଣ ଭାବେ ତିଆରି ହେବା ପାଇଁ ଏକ ମାସରୁ ଅଧିକ ତଥା କେତେକ ଚିଜ୍‌କୁ ଏକ ବର୍ଷ ସମୟ ଲାଗିଥାଏ। ଏ ଗୁଡ଼ିକ ସାଲାଡ୍, ପାସ୍ତା, ପିଜା ଓ ଅନେକ ପ୍ରକାର ଖାଦ୍ୟ ପ୍ରସ୍ତୁତିରେ ବ୍ୟବହାର କରାଯାଏ। ସ୍ନାକ୍‌ସ ଭାବରେ କାଟି ଚା ସାଙ୍ଗରେ ବା କ୍ରାକର ସହିତ ଖିଆଯାଏ। ପ୍ରତ୍ୟେକ ଚିଜ୍‌ରୁ ଭିନ୍ନ ଭିନ୍ନ ସ୍ୱାଦ-ମହକ (flavour) ମିଳିଥାଏ। ଭାରତୀୟ ଛେନା ଓ ପନୀରରୁ ବିଭିନ୍ନ ପ୍ରକାରର ମିଠା ଓ ବ୍ୟଞ୍ଜନ ପ୍ରସ୍ତୁତ କରାଯାଏ।

କିଛି ଜଣାଶୁଣା ପ୍ରୋସେସ୍‌ଡ ଚିଜ ଗୁଡ଼ିକ ହେଲା ଚେଦାର୍ (cheddar), ଚେସାୟାର (cheshire), ଫେଟା (feta), ପର୍‌ମିଜାନ୍ (permisan), କ୍ରିମ୍ ଚିଜ୍ (cream cheese), କାରାଭାନ୍ ଚିଜ (caravane cheese), ରିକୋଟା (recotta), ମୋଜ୍‌ରେଲା (mozzorella), ପେପର ଜାକ୍ (paper jack), ବ୍ଲୁ ଚିଜ୍ (blue cheese) ଇତ୍ୟାଦି। ସୋୟାବିନ୍ କ୍ଷୀର (soy milk)ରୁ ଏକ ପ୍ରକାର ଚିଜ୍ ପ୍ରସ୍ତୁତ କରାଯାଏ। ଏହାକୁ ଟୋଫୁ (toffu) କୁହାଯାଏ। ଚୀନ୍, କୋରିଆ, ଥାଇଲ୍ୟାଣ୍ଡ ଆଦି ଦେଶରେ ଏହାର ବହୁଳ ପ୍ରଚଳନ ହୋଇ ଥାଏ। ପ୍ରୋସେସ୍ଡ୍ ଚିଜ୍‌କୁ ୮° ରୁ ୧୩° ସେଣ୍ଟି ଗ୍ରେଡ୍‌ରେ ସଂରକ୍ଷିତକଲେ ଏହା ଅଧିକ ଦିନ ଭଲ ରହିପାରିବ। ୧୦୦ ଗ୍ରାମ୍ ପନୀରରୁ ୧୮.୩ ଗ୍ରାମ୍ ପୁଷ୍ଟିସାର, ୨୦.୮ ଗ୍ରାମ୍ ଫ୍ୟାଟ୍, ୧୨.୨ ଗ୍ରାମ୍ ଶ୍ୱେତସାର ଓ ୨୬୫ କାଲୋରୀ ମିଳିଥାଏ।

ମାଛ

ମାଛ ଏକ ପୁଷ୍ଟିସାର ବହୁଳ ଖାଦ୍ୟ। ଏଥିରୁ ଶରୀର ଉପଯୋଗୀ ସମସ୍ତ ଆମିନୋ ଏସିଡ୍ ମିଳିଥାଏ। ଏହା ମାନବ ଶରୀରକୁ ଭିଟାମିନ୍ ଏ, ବି ଓ ଡି ସହିତ କ୍ୟାଲସିୟମ, ଫସ୍‌ଫରସ୍, ଆଇରନ୍ ଆଦି ଖଣିଜ ଲବଣ ଯୋଗାଇଥାଏ। ଛୋଟ ମାଛ କଣ୍ଟା ସହିତ ଖିଆଯାଏ। ତେଣୁ ଏଥିରୁ ଅଧିକ ପରିମାଣର କ୍ୟାଲସିୟମ୍ ମିଳିଥାଏ। ଏହା ଶରୀର ମଧ୍ୟରେ ଥିବା ହାଡ଼କୁ ଶକ୍ତ କରାଏ। ମାଛରୁ ମିଳୁଥିବା ପୁଷ୍ଟିସାର କୁକୁଡ଼ା ମାଂସରୁ ମିଳୁଥିବା ପୁଷ୍ଟିସାର ସହ ସମକକ୍ଷ। କ୍ଷୀର ଓ ଅଣ୍ଡାରେ ଥିବା ପୁଷ୍ଟିସାର ଅପେକ୍ଷା ଏହା ଉତ୍କୃଷ୍ଟ ମାନର। ବିଶେଷଜ୍ଞମାନଙ୍କ ମତରେ ମାଛରୁ ମିଳୁଥିବା ଓମେଗା-୩ ମାଛତେଲ (omega 3 fattyacid) ମାନବ ଶରୀର ପାଇଁ ଅତ୍ୟନ୍ତ ଉପଯୋଗୀ। ଏହା ରକ୍ତରେ ଥିବା କୋଲେଷ୍ଟଲ୍ (colesterol) ଓ ଟ୍ରାଇଗ୍ଲିସରାଇଡ୍ (tryglyceride)ର ପରିମାଣକୁ ନିୟନ୍ତ୍ରଣ କରିଥାଏ। ଏହା ଦୃଷ୍ଟିଶକ୍ତି ବଢ଼ାଇବା ସହ ଶିଶୁମାନଙ୍କର ମସ୍ତିଷ୍କର ବିକାଶରେ ସାହାଯ୍ୟକରେ।

ଗୋଟିଏ ବ୍ୟକ୍ତିର ଦୈନିକ ଚାହିଦାର ଏକ ଚତୁର୍ଥାଂଶ କ୍ୟାଲୋରୀ ସହିତ ଶତକଡ଼ା ୫୦ ଭାଗ ପୁଷ୍ଟିସାର ଓ ସ୍ନେହସାର, ୩୦୦ ଗ୍ରାମ୍ ମାଛରୁ ମିଳିଥାଏ। ମାଛର କାତି, ଅନ୍ତି ଓ ପିତ୍ତକୁ ବାଦ୍ ଦେଲେ ସମୁଦାୟ ମାଛ ଓଜନର ଶତକଡ଼ା ୫୦ ରୁ ୬୦ ଭାଗ ଖାଦ୍ୟପୋଯୋଗୀ ହୋଇଥାଏ।

ମାଛକୁ ଛାଡ଼ିଦେଲେ ଅନ୍ୟାନ୍ୟ ଜଳଜୀବ ଯଥା- କଙ୍କଡ଼ା, ଚିଙ୍ଗୁଡ଼ି, ଲବ୍‌ଷ୍ଟର, ଗେଣ୍ଡା, ଶାମୁକା ଆଦିକୁ ମଧ୍ୟ ଖାଦ୍ୟରୂପେ ବ୍ୟବହାର କରାଯାଏ। ଆମେ ଦୁଇ ପ୍ରକାର ମାଛ ଯଥା - ମଧୁର ମାଛ ଓ ଲୁଣିମାଛ ବ୍ୟବହାର କରିଥାଉ। ପୋଖରୀ, ନଦୀ, ନାଳ ଓ ହ୍ରଦ ଆଦିରୁ ମିଳୁଥିବା ମାଛକୁ ମଧୁର ମାଛ ତଥା ସମୁଦ୍ର ଓ ଲୁଣି ହ୍ରଦରୁ ମିଳୁଥିବା ମାଛକୁ ଲୁଣିମାଛ କୁହାଯାଏ। ପୋଖରୀ ଓ ହ୍ରଦ ଆଦିରେ କେତେକ ମାଛ ପଙ୍କରେ ବଢ଼ିଥାନ୍ତି। କଉ, ଗଡ଼ିଶା, ମାଗୁର, ଶିଙ୍ଗି, ରଡା, ତୋଡ଼ି ଆଦି ଏହି ଶ୍ରେଣୀର। ଏ ମଧ୍ୟରୁ କଉ ମାଛରେ ଅଧିକ କଣ୍ଟା ଥାଏ। କେତେକ ମାଛରେ କାତି ନ ଥାଏ। କେତେକରେ ଛୋଟ ଛୋଟ ଓ ଅନ୍ୟ କେତେକରେ ବଡ଼ ବଡ଼ କାତି ଥାଏ। ରୋହି, ଭାକୁର, ମିରିକାଳି, ବାଳିଆ, ଚିତଳ, ଶେଉଳ, ଫଳି ଆଦି ମାଛ ଆକାରରେ ବଡ଼। ସେରେଣା କେରାଣ୍ଡି, ବାଳିଆପୋବା, ବାଲି ଗରଡ଼ା, ପୋହଳା ଆଦି ମଧ୍ୟମ ଆକାରର। ଛୋଟମାଛ ବା ଚୁନାମାଛ କହିଲେ, କେରାଣ୍ଡି, ଚାଉଳି, ଗୁଆଚୋପି, ଦଣ୍ଡିଖିରି, ମହୁରାଳି, ଜହ୍ଣା ଆଦି ମାଛକୁ ବୁଝାଏ।

ଲୁଣିମାଛରୁ ଅଧିକ ଆୟୋଡ଼ିନ୍ ମିଳିଥାଏ। ଥାଏରଏଡ଼ ଜନିତ ରୋଗପାଇଁ ଏହା ପ୍ରତିଷେଧକ ଭଳି କାମଦିଏ। ଲୁଣିମାଛ ମଧ୍ୟରେ ଇଲିଶି ମାଛ ଅଧିକ ସୁଆଦିଆ ଓ ଅଧିକ

ଦାମ୍‌ରେ ବିକ୍ରିହୁଏ। ଏହାକୁ ହିଲ୍‌ସା ମଧ୍ୟ କୁହାଯାଏ। ଏହାକୁ ଛାଡ଼ିଦେଲେ ସାଲ୍‌ମନ୍, ଟୁନା, ସାରଡିନ୍, କର୍ଡ଼, ମାକେରେଲ୍, ଟିଲାପିଆ, ପଥରମୁଣ୍ଡି, ଖଅଙ୍ଗା, ଭେକ୍‌ଟି, ପମ୍ପଫ୍ରେଟ୍ ଆଦି ଲୁଣିମାଛ ଅତି ଜଣାଶୁଣା। ଏ ମଧ୍ୟରୁ କେତେକ ମାଛକୁ ତେଲ, ଲୁଣ ଓ ଅନ୍ୟାନ୍ୟ ସଂରକ୍ଷକ (preservative) ଦେଇ ଡବାରେ ପ୍ୟାକ୍ କରି ବିକ୍ରି କରାଯାଏ। ଆଉ କେତେକ ମାଛକୁ ଅଧିକ ଲୁଣ ଦେଇ ପାଗକରି ଖରାରେ ଶୁଖାଇ ଶୁଖୁଆ କରାଯାଏ। ମାଛ ମଞ୍ଜିକୁ ମଧ୍ୟ ଏହି ପ୍ରଣାଳୀରେ ଶୁଖୁଆ କରାଯାଏ।

ସବୁ ମାଛରୁ ସମାନ ପରିମାଣର କାଲୋରୀ ମିଳି ନଥାଏ। ଉଦାହରଣ ସ୍ୱରୂପ, ପ୍ରତି ୧୦୦ ଗ୍ରାମ୍ ମାଗୁର ମାଛରୁ ୯୮ କ୍ୟାଲୋରୀ ମିଳୁଥିବା ବେଳେ ଇଲିଶି ମାଛରୁ ୨୭୩ କ୍ୟାଲୋରୀ ମିଳିଥାଏ।

କୁକୁଡ଼ା ମାଂସ (Chicken)

କୁକୁଡ଼ା ମାଂସ ଏକ ପକ୍ଷୀ ମାଂସ। କୁକୁଡ଼ା ବ୍ୟତୀତ ବତକ, ଗୁଣ୍ଡୁରୀ, ଟର୍କି ଇତ୍ୟାଦି ବିଭିନ୍ନ ଧରଣର ପକ୍ଷୀର ମାଂସ ମଧ୍ୟ ଖାଦ୍ୟରୂପେ ବ୍ୟବହାର କରାଯାଏ। ଏଠାରେ କେବଳ କୁକୁଡ଼ା ମାଂସ ବିଷୟରେ ଆଲୋଚନା କରାଯାଉଛି। ଏହା ଏକ ପ୍ରାଣୀଜ ପୁଷ୍ଟିସାର (animal protein) ଜାତୀୟ ଖାଦ୍ୟ। କୁକୁଡ଼ାରୁ ଦୁଇ ପ୍ରକାର ମାଂସ ମିଳେ। ଗୋଟିଏ ହେଲା ଲାଇଟ ବା ହ୍ୱାଇଟ ମିଟ୍ ଯାହାକି ଈଷତ୍ ଗୋଲାପି ରଙ୍ଗ ଦେଖାଯାଏ। ଏହା ହେଉଛି ବ୍ରେଷ୍ଟ ମିଟ୍ (breast meat)। ରାନ୍ଧିବା ସମୟରେ ଏହା କମ୍ ସମୟରେ ସିଝିଯାଏ। ବେଶୀ ସମୟ ସିଝାଇଲେ ଏହା ଟାଣ ହୋଇଯାଏ। ବ୍ରେଷ୍ଟ ମିଟ୍‌କୁ ଛାଡ଼ିଦେଲେ କୁକୁଡ଼ାର ଅନ୍ୟ ସମସ୍ତ ମାଂସ ଡାର୍କ ମିଟ୍‌ର ଅନ୍ତର୍ଗତ। ପକ୍ଷୀର ଯେଉଁ ଅଂଶର ମାଂସପେଶୀ ଗୁଡ଼ିକ ଅଧିକ କାର୍ଯ୍ୟକ୍ଷମ ହୋଇଥାଏ ସେହି ଅଂଶରୁ ଡାର୍କମିଟ୍ (dark meat) ମିଳିଥାଏ। କୁକୁଡ଼ା କ୍ଷେତ୍ରରେ ମଧ୍ୟ ଏହା ପ୍ରଯୁଜ୍ୟ। ହ୍ୱାଇଟ୍ ମିଟ୍ ଅପେକ୍ଷା ଡାର୍କ ମିଟ୍‌ରୁ ଅଧିକ ମାୟୋଗ୍ଲୋବିନ୍ ପୁଷ୍ଟିସାର (mayoglobin protein) ମିଳିଥାଏ। ଚର୍ମଥିବା କୁକୁଡ଼ା ମାଂସ ରୋଷ୍ଟ ଓ ଅନ୍ୟ କେତେକ ରେସିପିରେ ବ୍ୟବହାର କରାଯାଏ। ଏଥିରୁ ଅଧିକ ଫ୍ୟାଟ୍ ମିଳୁଥିବାରୁ ଏହା ଶରୀରକୁ ଅଧିକ କାଲୋରୀ ଯୋଗାଏ। ପ୍ରତି ୧୦୦ ଗ୍ରାମ୍ ଚର୍ମଥିବା କୁକୁଡ଼ା ମାଂସରୁ ଆନୁମାନିକ ୧୩ ଗ୍ରାମ୍ ୮ ମିଲିଗ୍ରାମ୍ ଫ୍ୟାଟ୍ ମିଳୁଥିବା ବେଳେ ଚର୍ମ ଓ ଚର୍ବି ନଥିବା ମାଂସରୁ ୩ ଗ୍ରାମ୍ ଫ୍ୟାଟ୍ ମିଳିଥାଏ। ତେଣୁ ବୟସ୍କ ଲୋକମାନେ ଚର୍ମ ଓ ଚର୍ବି ନଥିବା କୁକୁଡ଼ା ମାଂସ ଦିନକୁ ୧୪୫ ଗ୍ରାମ୍‌ରୁ ୧୮୫ ଗ୍ରାମ୍ ଖାଇବା ଦରକାର। ଗୋଟା କୁକୁଡ଼ା ମାଂସରୁ ଅଧିକ ପରିମାଣର ଭିଟାମିନ୍-ବି ତଥା ଫସଫରସ୍, ସିଲେନିୟମ ଆଦି ଖଣିଜ ଲବଣ ମିଳିଥାଏ। ଏହା ବ୍ୟତୀତ କିଛି ପରିମାଣର ମାଗ୍ନେସିୟମ୍, ଆଇରନ୍, ଜିଙ୍କ୍, କ୍ୟାଲ୍‌ସିୟମ୍, ପୋଟାସିୟମ ଆଦି ଖଣିଜ ଲବଣ ଏଥିରେ ଥାଏ। ଚର୍ମ କଢ଼ା ହୋଇଥିବା ୧୦୦ ଗ୍ରାମ୍ କୁକୁଡ଼ା ମାଂସରୁ ୧୧୯ କ୍ୟାଲୋରୀ ମିଳୁଥିବା ବେଳେ ସେହି ପରିମାଣର ଚର୍ମଥିବା କୁକୁଡ଼ା ମାଂସରୁ ୨୧୬ କ୍ୟାଲୋରୀ ମିଳିଥାଏ।

ମଟନ୍ (Mutton)

ମେଣ୍ଢା ଓ ଛେଳି ମାଂସକୁ ମଟନ୍ କୁହାଯାଏ। ମେଣ୍ଢା ଅପେକ୍ଷା ଛେଳି ମାଂସର ଚାହିଦା ବେଶୀ। ମିଡ଼ଲ୍‌ଇଷ୍ଟ, ଉତ୍ତର ଆମେରିକା, ଭାରତ, ପାକିସ୍ଥାନ, ଆଫ୍‌ଗାନିସ୍ଥାନ୍ ଆଦି ଦେଶରେ ମଟନ୍‌ର ପ୍ରଚଳନ ଅଧିକ। ଏହା ରେଡ଼ମିଟ୍‌ର ଶ୍ରେଣୀଭୁକ୍ତ। ତରକାରୀ ବ୍ୟତୀତ କବାବ୍, ଚପ୍ ଆଦି ବିଭିନ୍ନ ପ୍ରକାରର ଖାଦ୍ୟ ଏଥିରୁ ପ୍ରସ୍ତୁତ କରାଯାଏ। ଏହା ଏକ ପୁଷ୍ଟିସାର ବହୁଳ ଖାଦ୍ୟ। ଏଥିରୁ ଶ୍ୱେତସାର ଓ ଖାଦ୍ୟପୋଯୋଗୀ ତନ୍ତୁ ମିଳି ନଥାଏ। ପ୍ରତି ୧୦୦ଗ୍ରାମ୍ ଚର୍ବି କଢ଼ା ହୋଇଥିବା ମାଂସରୁ ପୁଷ୍ଟିସାର ୨୦.୪ ଗ୍ରାମ୍ ଓ ସ୍ନେହସାର ୪.୯ ଗ୍ରାମ୍ ମିଳିଥାଏ। ଏଥିରୁ ଅଧିକ ପରିମାଣର ପୋଟାସିୟମ୍ ଓ ସୋଡ଼ିୟମ୍ ମିଳୁଥିବା ବେଳେ କିଛି ପରିମାଣର ଭିଟାମିନ୍ ବି-୧୨ ତଥା କ୍ୟାଲ୍‌ସିୟମ୍, ମାଗ୍ନେସିୟମ୍, ଆଇରନ୍ ଆଦି ମିଳିଥାଏ। ଏଥିରେ କୋଲେଷ୍ଟ୍ରଲ ଅଧିକ ଥିବାରୁ ଉଚ୍ଚରକ୍ତ ଚାପ ଥିବା ବ୍ୟକ୍ତି ଓ ହୃଦ୍‌ରୋଗୀଙ୍କୁ କ୍ରମାଗତ ଅଧିକ ଥର ଖାଇବାକୁ ଡାକ୍ତର ବାରଣ କରିଥା'ନ୍ତି। ପ୍ରତି ୧୦୦ ଗ୍ରାମ୍ ମାଂସରୁ ୧୯୪ କ୍ୟାଲୋରୀ ମିଳିଥାଏ।

ଅଣ୍ଡା

ଅଣ୍ଡାକୁ ଏକ ସ୍ୱୟଂ ସମ୍ପୂର୍ଣ୍ଣ ଖାଦ୍ୟଭାବେ ଗଣାଯାଏ। ପୁଷ୍ଟିସାର ସହିତ ଅନେକ ଦରକାରୀ ଖାଦ୍ୟସାର ଓ ଖଣିଜ ଲବଣରେ ଭରପୁର ଥିବା ଅଣ୍ଡା ଖାଦ୍ୟ ଜଗତରେ ବେଶ୍ ଜଣାଶୁଣା। ଅଣ୍ଡା ଖୋଳଟିକୁ ଭାଙ୍ଗିଦେଲେ ଏହା ଭିତରେ ଥିବା ଲାଳ ବା ଧଳା ଅଂଶ (albumin)ର ମଧ୍ୟ ଭାଗରେ କେଶର ବା ହଳଦିଆ ଗୋଲକ (yolk) ଟିଏ ଥାଏ। ଧଳା ଅଂଶଟି ମାନବ ଶରୀରକୁ ଅଧିକ ପୁଷ୍ଟିସାର ଯୋଗାଉଥିବା ସମୟରେ ହଳଦିଆ ଅଂଶଟି ଭିଟାମିନ୍ ଏ, ବି, ଡି, ଇ ଆଦି ଯୋଗାଇଥାଏ। ଏହା ବ୍ୟତୀତ ଅଣ୍ଡାରୁ କ୍ୟାଲସିୟମ୍, ମାଙ୍ଗାନିଜ୍, ଫସଫରସ, ପୋଟାସିୟମ୍, ଜିଙ୍କ୍ ଆଦି ଖଣିଜ ଲବଣ ମଧ୍ୟ ମିଳିଥାଏ। ଗୋଟିଏ ଅଣ୍ଡା କେଶରରୁ ୬୦ କ୍ୟାଲୋରୀ ଓ ଧଳା ଅଂଶରୁ ୧୫ କ୍ୟାଲୋରୀ ମିଳିଥାଏ। ଜଣେ ବ୍ୟକ୍ତିର ଦୈନିକ ଚାହିଦାର ୨/୩ ଅଂଶ କୋଲେଷ୍ଟ୍ରଲ୍ ମଧ୍ୟ ଏହା ଯୋଗାଇଥାଏ। ଅଣ୍ଡାରେ ଥିବା ପୁଷ୍ଟିସାରର ଗୁଣାତ୍ମକ ମୂଲ୍ୟ ଅଧିକ ହୋଇଥିବାରୁ ଏହା ସହଜରେ ହଜମ ହୋଇଥାଏ। ସୂର୍ଯ୍ୟ ରଶ୍ମି ବ୍ୟତୀତ ଯେଉଁ କେତେକ ଖାଦ୍ୟରୁ ପ୍ରାକୃତିକ ଭାବେ ଭିଟାମିନ୍ ଡି ମିଳିଥାଏ ସେ ମଧ୍ୟରୁ ଅଣ୍ଡା କେଶର ଅନ୍ୟତମ।

କୁକୁଡ଼ା ଓ ବତକ ଅଣ୍ଡା ସାଧାରଣତଃ କିଣିବାକୁ ମିଳିଥାଏ। ବତକ ଅଣ୍ଡା କୁକୁଡ଼ା ଅଣ୍ଡା ଅପେକ୍ଷା ଆକାରରେ ବଡ଼। ଏହି ଦୁଇ ପକ୍ଷୀ ବ୍ୟତୀତ ଅନ୍ୟାନ ପକ୍ଷୀର ଅଣ୍ଡା ମଧ୍ୟ ଅନେକେ ବ୍ୟବହାର କରିଥା'ନ୍ତି। ଏହା ମଧ୍ୟରୁ ଗୁଣ୍ଡୁରୀ (Quail) ପକ୍ଷୀର ଅଣ୍ଡା ଅତ୍ୟନ୍ତ ସ୍ୱାଦିଷ୍ଟ। ଏହା ଆକାରରେ କୁକୁଡ଼ା ଅଣ୍ଡାର ୩ ଭାଗରୁ ଭାଗେ ହେବ। ଏହି ଅଣ୍ଡା ଅଧିକ ଦାମରେ ବିକ୍ରିହୁଏ ଓ ସବୁ ଜାଗାରେ ମିଳେନାହିଁ। ଅଣ୍ଡା କହିଲେ ସାଧାରଣ ଭାବେ କୁକୁଡ଼ା ଅଣ୍ଡାକୁ ବୁଝାଯାଏ। ତେଣୁ ଏଠାରେ କେବଳ କୁକୁଡ଼ା ଅଣ୍ଡା ବିଷୟରେ ଆଲୋଚନା କରାଯାଇଛି। ଅଣ୍ଡା ବେଶୀ ଦିନ ରହିଗଲେ ଖରାପ ହୋଇଯାଏ। ଖରାପ ଅଣ୍ଡାରେ ବ୍ୟାକ୍ଟେରିଆ (bacteria) ଓ ମୋଲ୍ଡ୍ (mold) ଜନ୍ମି ଏହାକୁ ବିଷାକ୍ତ କରି ଦିଅନ୍ତି। ତେଣୁ ଘୋଳ ହୋଇଯାଇଥିବା କାଞ୍ଜିଆ ଅଣ୍ଡା ବା ଦୁର୍ଗନ୍ଧ ଅଣ୍ଡା ବ୍ୟବହାର ଉପଯୋଗୀ ନୁହେଁ। ଏହା ଖାଦ୍ୟର ବାସ୍ନା ଓ ସ୍ୱାଦ ନଷ୍ଟ କରିବା ସଙ୍ଗେ ସଙ୍ଗେ ଖାଦ୍ୟକୁ ବିଷାକ୍ତ କରିଦିଏ। ତଟକା ଅଣ୍ଡା ବାଛିବାକୁ ହେଲେ-

♦ ଗୋଟିଏ ପାତ୍ରରେ ପାଣି ନେଇ ଅଣ୍ଡାକୁ ବୁଡ଼ାଇ ଦେଲେ ଏହା ନ ଭାସି ଯଦି ପାଣିରେ ବୁଡ଼ିଯାଏ ଓ ପାତ୍ରତଳେ ଲାଗିଯାଏ ତେବେ ଭଲ ଅଣ୍ଡା ବୋଲି ଜଣା ପଡ଼ିବ।

♦ ଅଣ୍ଡା ଭାଙ୍ଗି ପ୍ଲେଟରେ ଢାଳି ଦେଲେ ଯଦି କେଶର ଚାରିପଟେ ବହଳ ଧଳା ଅଂଶ ବା ଲାଳ ଲାଗିରହି ଏହାର ବାହାର ପାଖକୁ ତରଳ ଧଳା ଅଂଶ ଲାଗି ରହିଥାଏ ତେବେ ଅଣ୍ଡା ଭଲଅଛି ବୋଲି ଜଣାପଡ଼ିବ।

ବେକିଙ୍ଗ କରାଯାଉଥିବା ଖାଦ୍ୟ ବା ଅନ୍ୟ କେତେକ ଖାଦ୍ୟରେ ଅଣ୍ଡାକୁ ଏକ ମୁଖ୍ୟ ଉପାଦାନ ଭାବେ ବ୍ୟବହାର କରାଯାଏ। ଧଳା ଅଂଶରେ ଶତକଡ଼ା ୬୬ ଭାଗ ଜଳୀୟ ଅଂଶ ଥାଏ। ଏହା ଖାଦ୍ୟରେ ବ୍ୟବହାର କରାଯାଉଥିବା ଅନ୍ୟାନ୍ୟ ସାମଗ୍ରୀକୁ ଗୋଳାଇ ବାନ୍ଧି ରଖିବାରେ ସାହାଯ୍ୟ କରେ। ଅଣ୍ଡା କେଶରରେ ଲେସିଥିନ (lecithin) ନାମକ ଏକ ଫ୍ୟାଟ୍ ଥାଏ, ଯାହାକି କ୍ରିମ୍ କରିବାରେ ସାହାଯ୍ୟ କରେ ଓ ବେକ୍ ହୋଇଥିବା ଖାଦ୍ୟର ଆକାର ବଢ଼ାଏ। ବେକ୍ ହେଉଥିବା ଖାଦ୍ୟରେ ଅଣ୍ଡାର ତାତ୍ପର୍ଯ୍ୟ ହେଲା-

♦ ଏହା ଖାଦ୍ୟର ଖାଦ୍ୟଗୁଣ ବଢ଼ାଏ।

♦ ଖାଦ୍ୟର ସୁନ୍ଦର ରଙ୍ଗ ଆଣେ।

♦ ଫେଣ୍ଟିବା ସମୟରେ ଫେଣ ଜାତହୋଇ ଅଧିକ ବାୟୁକଣିକା ଆଣ (batter)ରେ ପ୍ରବେଶ କରାଏ। ଏହି ବାୟୁ-କଣିକା ଗୁଡ଼ିକ ଅଣ୍ଡାରେ ଥିବା ଫ୍ୟାଟକୁ ବାନ୍ଧି ରଖେ ଓ ବେକ୍ କରିବା ସମୟରେ ଉତ୍ତାପ ପାଇ ଏଗୁଡ଼ିକ ଫୁଲି ଖାଦ୍ୟକୁ ସ୍ପଞ୍ଜି (spongy) କରାଏ। ଖାଦ୍ୟରେ ଆବଶ୍ୟକୀୟ ଦାନାଗଠନରେ ସାହାଯ୍ୟ କରେ।

ଚିଙ୍ଗୁଡ଼ି

ଉଭୟ ଲୁଣି ଓ ମଧୁର ଜଳରୁ ଏହା ସଂଗ୍ରହ କରାଯାଏ। ଚିଙ୍ଗୁଡ଼ି ବିଭିନ୍ନ ଆକାରର ମିଳିଥାଏ। ଛୋଟ ଚିଙ୍ଗୁଡ଼ିକୁ 'ଭୁସି

ଚିଙ୍ଗୁଡ଼ି' କୁହାଯାଏ। ବଡ଼ ଚିଙ୍ଗୁଡ଼ିକୁ ପ୍ରନ୍ (Prawn) ଓ ଏହାଠାରୁ ସାମାନ୍ୟ ଛୋଟ ଆକାରର ଚିଙ୍ଗୁଡ଼ିକୁ ସ୍ରିମ୍ପ (shrimp) କୁହାଯାଏ। ଓଡ଼ିଶାର ଟାଇଗର ପ୍ରନ୍ ପୃଥିବୀ ବିଖ୍ୟାତ ଅଟେ। ତରକାରୀ, ଘାଣ୍ଟ, ଭଜା, କଟଲେଟ୍ ଆଦି ବିଭିନ୍ନ ଧରଣର ଖାଦ୍ୟ ଚିଙ୍ଗୁଡ଼ିରୁ ପ୍ରସ୍ତୁତ କରାଯାଏ। ଏହା ଏକ ପୁଷ୍ଟିସାର ବହୁଳ ଖାଦ୍ୟ। ଏଥିରୁ ଆୟୋଡ଼ିନ, ଫସ୍‌ଫରସ୍ ଓ ପୋଟାସିୟମ୍ ଆଦି ଯଥେଷ୍ଟ ପରିମାଣରେ ମିଳିଥାଏ ଓ କିଛି ପରିମାଣର ଭିଟାମିନ୍ ଏ ଓ ଡି ମଧ୍ୟ ମିଳିଥାଏ। ମାଛ ଅପେକ୍ଷା କିଛି କମ୍ ପରିମାଣର ଓମେଗା-୩ ଫ୍ୟାଟି ଏସିଡ୍ ମିଳିଥାଏ। ପ୍ରତି ୧୦୦ ଗ୍ରାମ୍ ଚିଙ୍ଗୁଡ଼ିରୁ ୧୨୨ ମିଲିଗ୍ରାମ୍‌ରୁ ୨୧୫ ମିଲିଗ୍ରାମ୍ ପର୍ଯ୍ୟନ୍ତ କୋଲେଷ୍ଟ୍ରଲ୍ ଓ ୭୧ କାଲୋରୀ ମିଳିଥାଏ। କେତେକ ବ୍ୟକ୍ତିଙ୍କର ଚିଙ୍ଗୁଡ଼ି ଖାଇଲେ ଆଲର୍ଜି ହୁଏ ଏଥିପ୍ରତି ସତର୍କ ହେବା ଉଚିତ୍।

ଲବ୍‌ଷ୍ଟର

ଲବଷ୍ଟର ଚିଙ୍ଗୁଡ଼ି ଜାତୀୟ ଅଟେ। ଏହା ସାଧାରଣତଃ ସମୁଦ୍ର ଜଳରୁ ମିଳିଥାଏ। ଚିଙ୍ଗୁଡ଼ି ଅପେକ୍ଷା ଏହା ଆକାରରେ ବେଶ୍ ବଡ଼। ଏପରିକି ଗୋଟିଏ ଗୋଟିଏ ଲବ୍‌ଷ୍ଟର୍ ୩୦୦ ଗ୍ରାମ୍‌ରୁ ଆରମ୍ଭକରି ୨ କିଲୋ ପର୍ଯ୍ୟନ୍ତ ହୋଇଥାଏ। ଏଥିରୁ ଯଥେଷ୍ଟ ପରିମାଣର ପୁଷ୍ଟିସାର, ଭିଟାମିନ୍ ବି-୧୨, କପର, ସିଲେନିୟମ୍ ଆଦି ମିଳିଥାଏ। ଏଥିରୁ ଚିଙ୍ଗୁଡ଼ି ଭଳି ଅଧିକ ପରିମାଣର କୋଲେଷ୍ଟ୍ରଲ୍ ମିଳିଥାଏ। ପ୍ରତି ୧୦୦ ଗ୍ରାମ୍ ଲବ୍‌ଷ୍ଟରରୁ ୯୮ କାଲେରୀ ମିଳିଥାଏ। ବିଦେଶରେ ଖାଦ୍ୟ ବିଶେଷଜ୍ଞମାନେ ଇମିଟେସନ୍ ଲବଷ୍ଟର୍ ମିଟ ପ୍ରସ୍ତୁତ କଲେଣି। ଯେଉଁଥିରୁ କି କମ୍ ପରିମାଣର କୋଲେଷ୍ଟ୍ରଲ୍ ମିଳୁଛି।

କଙ୍କଡ଼ା

ବହୁଳ ପରିମାଣରେ ଏହା ସମୁଦ୍ରରୁ ମିଳିଥାଏ। ଗାଁ ଗହଳିରେ ପାଣି ଜମିଥିବା ବିଲରୁ ମଧ୍ୟ ଛୋଟ ଛୋଟ କଙ୍କଡ଼ା ମିଳିଥାଏ। କଙ୍କଡ଼ା ଏକ ସ୍ୱାଦିଷ୍ଟ ଖାଦ୍ୟ। ଟାଣ ଖୋଳପାଟିକୁ ବାହାର କରି ଏହା ଭିତରେ ଥିବା ମାଂସଳ ଅଂଶଟିକୁ ଖାଦ୍ୟ ରୂପେ ବ୍ୟବହାର କରାଯାଏ। ଏହା ଏକ ପୁଷ୍ଟିସାର ବହୁଳ ଖାଦ୍ୟ। ପୁଷ୍ଟିସାର ବ୍ୟତୀତ ଏଥିରେ ଅନ୍‌ସାଚୁରେଟେଡ୍ ଫ୍ୟାଟ୍ ଓ ଓମେଗା-୩ ଫ୍ୟାଟି ଏସିଡ୍ ମିଳିଥାଏ। ଏଥିରୁ ଯଥେଷ୍ଟ ପରିମାଣର ଭିଟାମିନ୍-ଏ, ସି ଓ ବି-୧୨ ଓ ଜିଙ୍କ୍, କପର୍, ସିଲେନିୟ ଆଦି ମିଳିଥାଏ। ଏଥିରୁ ଅଳ୍ପ ପରିମାଣର କ୍ରୋମିୟମ୍ ମିଳିଥାଏ ଯାହାକି ଡାଇବିଟିସ୍ ରୋଗୀଙ୍କର ବ୍ଲଡ଼ ସୁଗାର ମେଟାବୋଲିଜିମ୍‌ରେ ସାହାଯ୍ୟ କରେ। ଏଥିରେ ପ୍ୟୁରିନ୍ ଅଧିକ ପରିମାଣରେ ଥାଏ। ତେଣୁ ପ୍ୟୁରିନ୍ ଯୁକ୍ତ ଖାଦ୍ୟ ବାରଣ କରାଯାଇଥିବା ବ୍ୟକ୍ତିମାନେ କଙ୍କଡ଼ା ଖାଇଲେ ଗାଉଟ୍ ହେବାର ସମ୍ଭାବନା ଥାଏ। ପ୍ରତି ୧୦୦ ଗ୍ରାମ୍ କଙ୍କଡ଼ାରୁ ୭୫ କାଲୋରୀ ମିଳିଥାଏ।

ଇମିଟେସନ୍ କ୍ରାବ୍ ମିଟ୍

ଇମିଟେସନ୍ କ୍ରାବ୍ ମିଟ୍ ପ୍ରଥମେ ଜାପାନ୍ ଦେଶରେ ତିଆରି କରାଯାଇଥିଲା। ଏବେ ଅନେକ ପାଶ୍ଚାତ ଦେଶରେ ଏହା ତିଆରି କରା ଗଲାଣି। ଲମ୍ବ ଲମ୍ବ ତିନିକୋଣିଆ ବା ବିଭିନ୍ନ ଆକୃତିର ଏହା ମିଳିଥାଏ। ଏହାକୁ 'କ୍ରାବ୍ ଷ୍ଟିକ୍' କୁହାଯାଏ। ଡବାରେ ମଧ୍ୟ ପ୍ୟାକ୍ ହୋଇ 'କ୍ରାବ୍ ମିଟ୍' ବିକ୍ରି କରାଯାଏ। ଏଥିରୁ କଙ୍କଡ଼ାର ସମ୍ପୂର୍ଣ୍ଣ ସ୍ୱାଦ ମିଳିଥାଏ। ପ୍ରକୃତ କଙ୍କଡ଼ା ଅପେକ୍ଷା ଏଥିରୁ କମ୍ ପରିମାଣର କୋଲେଷ୍ଟ୍ରଲ୍ ମିଳିଥାଏ। ସୁରମି ନାମକ ଏକ ମାଛର ମାଂସଳ ଅଂଶ ଅତ୍ୟନ୍ତ ନରମ ଓ ଧଳା ଦେଖାଯାଏ। ଏହି ମାଛ ସହିତ କିଛି ଅଳ୍ପ ପରିମାଣର କଙ୍କଡ଼ା ମାଂସ ଓ ଅଣ୍ଡାର ଧଳା ଅଂଶ ନଚେତ୍ ଏସବୁକୁ ବାନ୍ଧି ରଖିବା ପାଇଁ ଅନ୍ୟ କିଛି ସାମଗ୍ରୀ ସହିତ କଙ୍କଡ଼ାର ସ୍ୱାଦ-ମହକ (flavour) ଯୋଗ କରି ଇମିଟେସନ୍ କ୍ରାବ୍ ମିଟ୍ ତିଆରି କରାଯାଏ।

ବାଦାମ୍ ଜାତୀୟ (Nuts)

ବାଦାମ୍‌ଗୁଡ଼ିକ ମାନବ ସମାଜ ପାଇଁ ପ୍ରକୃତିର ଏକ ଅନନ୍ୟ ଉପାହାର। ଏହାର ପ୍ରୟୋଗରେ ଖାଦ୍ୟ ସ୍ୱାଦିଷ୍ଟ ହେବା ସଙ୍ଗେ ସଙ୍ଗେ ରୁଚିକର ଓ ପୁଷ୍ଟିକର ହୋଇଥାଏ। ସାଧାରଣତଃ ଏକ ଟାଣ ଖୋଳପା ଭିତରେ ଏଗୁଡ଼ିକ ଥାଏ। ବଡ଼ ବଡ଼ ଗଛର ଫଳ ପାକଳ ହୋଇଗଲେ ଗଛରୁ ଖସିପଡ଼େ। କେବଳ ଚିନା ବାଦାମ୍ ମାଟି ତଳୁ ଅମଳ କରାଯାଏ। କାଜୁ ବାଦାମ ଓ ଚିନାବାଦାମ୍ ଓଡ଼ିଶାରେ ଚାଷ କରାଯାଏ। ଅନ୍ୟାନ

ବାଦାମ୍‌ଗୁଡ଼ିକ ସାଧାରଣତଃ ଥଣ୍ଡା ଜାଗାରେ ଭଲ ହୁଏ । କାଜୁ, ପେସ୍ତା, ଆକ୍ରୋଟ, ଆଲ୍‌ମଣ୍ଡ, ପେକାନ୍, ହାଜାଲ୍, ବ୍ରାଜିଲ୍ ନଟ୍, ପାଇନ୍ ନଟ୍, ଚିନା ବାଦାମ୍ ଆଦି ବିଭିନ୍ନ ଧରଣର ବାଦାମ୍ ଖାଦ୍ୟରେ ବ୍ୟବହାର କରାଯାଏ । ଏ ଗୁଡ଼ିକରୁ ଯଥେଷ୍ଟ ପରିମାଣର ପୁଷ୍ଟିସାର ମିଳିଥାଏ । ଏହା ବ୍ୟତୀତ ଏଥିରୁ ଅନେକ ପ୍ରକାରର ଖାଦ୍ୟସାର, ଖଣିଜ ଲବଣ ମିଳିଥାଏ ଓ କେତେକରୁ ଓମେଗା-୩ ଫ୍ୟାଟି ଏସିଡ୍ ମିଳିଥାଏ । ଏଥିରେ ଥିବା କିଛି ଉପାଦାନ ଶରୀରରେ ଆଣ୍ଟିଅକ୍‌ସିଡ଼ାଣ୍ଟ ଭଳି କାମ ଦିଅନ୍ତି । ବାଦାମ୍ ଗୁଡ଼ିକରେ ସାଚୁରେଟେଡ୍ ଫ୍ୟାଟ୍ ଥାଏ । ଆଲ୍‌ମଣ୍ଡ, ହାଜାଲ୍ ନଟ୍, ଚେଷ୍ଟ ନଟ୍ ଆଦିରୁ କମ୍ ପରିମାଣର ସାଚୁରେଟେଡ୍ ଫ୍ୟାଟ୍ ମିଳୁଥିବା ବେଳେ; ୱାଲ୍‌ନଟ୍, ପେକାନ, ପେସ୍ତା ଆଦିରୁ ମଧ୍ୟମ ଧରଣର ଓ କାଜୁ, ବ୍ରାଜିଲ୍ ନଟ୍ ଆଦିରୁ ଅଧିକ ପରିମାଣର ସାଚୁରେଟେଡ୍ ଫ୍ୟାଟ୍ ମିଳିଥାଏ । ଅଳ୍ପ ଓ ମଧ୍ୟମ ପରିମାଣର ସାଚୁରେଟେଡ୍ ଫ୍ୟାଟ୍ ମିଳୁଥିବା ବାଦାମ୍ ଗୁଡ଼ିକ ସବୁଦିନ ଅଳ୍ପ ପରିମାଣର ଖାଇବା ସ୍ୱାସ୍ଥ୍ୟ ପ୍ରତି ହିତକାରକ ଅଟେ । ବିଶେଷକରି ରାତିରେ ବତୁରାଇ ସକାଳେ ଖାଇଲେ ବାଦାମରେ ଥିବା ଖାଦ୍ୟଗୁଣର ପୂର୍ଣ୍ଣ ଉପଯୋଗ ହୋଇ ପାରିବ । ଅଧିକ ସାଚୁରେଟେଡ୍ ଫ୍ୟାଟ୍ ଥିବା ବାଦାମ୍ ଗୁଡ଼ିକ କ୍ରମାଗତ ଭାବରେ ଅଧିକ ପରିମାଣର ଖାଇବା ଉଚିତ୍ ନୁହେଁ । ଆମ ଅଞ୍ଚଳରେ ମିଳୁଥିବା କେତେକ ବାଦାମ୍ ବିଷୟରେ ନିମ୍ନରେ ଦିଆଗଲା ।

ଆଲ୍‌ମଣ୍ଡ୍ (Almond)- ଏହା ସାଧାରଣଭାବେ ବାଦାମ ନାମରେ ପରିଚିତ । ଏହାର ବାଦାମୀ ରଙ୍ଗର ଚୋପାରୁ ଫ୍ଲେଭୋନଏଡ୍ ନାମକ ଏକ ଉପାଦାନ ମିଳିଥାଏ, ଯାହାକି ହୃଦ୍‌ପିଣ୍ଡର ସୁରକ୍ଷା କରେ । ପୁଷ୍ଟିସାର ବ୍ୟତୀତ ଏଥିରୁ ଯଥେଷ୍ଟ ପରିମାଣର ଭିଟାମିନ୍-ଇ ମିଳିଥାଏ, ଯାହାକି ତ୍ୱଚାକୁ ଉଜ୍ଜଳ କରାଏ ।

ଆକ୍ରୋଟ (Walnut)- ଆକ୍ରୋଟ୍‌ରୁ ଓମେଗା-୩ ଫ୍ୟାଟି ଏସିଡ୍ ମିଳିଥାଏ । ଦୈନିକ ୨୫ ଗ୍ରାମ୍ ଆକ୍ରୋଟ୍ ଖାଇଲେ, ଏହା ଶରୀର ପାଇଁ ଦରକାର ପଡୁଥିବା ଓମେଗା-୩ ଫ୍ୟାଟି ଏସିଡ୍‌ର ୯୦ ଭାଗ ଚାହିଦା ପୂରଣ କରିଥାଏ । ଗୋଟିଏ ଆକ୍ରୋଟ୍‌ରୁ ହାରାହାରି ୨୬ କାଲୋରୀ ମିଳିଥାଏ ।

ପେସ୍ତା (Pistachio)- ଅନ୍ୟାନ୍ୟ ବାଦାମ୍ ଗୁଡ଼ିକ ଭଳି ପେସ୍ତାରୁ ମଧ୍ୟ ଅଧିକ ପାରିମାଣର ପୁଷ୍ଟିସାର ମିଳିଥାଏ । ଏଥିରୁ ଭିଟାମିନ୍ ବି-୧, ବି-୨, ବି-୩, ବି-୫, ବି-୬, ବି-୯ ଓ ଭିଟାମିନ୍-ଇ ମିଳିଥାଏ । ଏହା ଆଣ୍ଟିଅକ୍‌ସିଡ଼ାଣ୍ଟ ଭଳି କାମଦିଏ । ଏଥିରୁ ଯଥେଷ୍ଟ ପରିମାଣର କପର୍ ଓ ଆଇରନ୍ ମିଳିଥାଏ ଯାହାକି ସ୍ନାୟୁର ସଙ୍କେତକୁ ପରିବହନ କରିବାରେ ଓ ଲୋହିତ ରକ୍ତ କଣିକା ତିଆରି କରିବାରେ ସାହାଯ୍ୟ କରେ ।

ଚିନାବାଦାମ୍ (Ground nut)- ବସ୍‌ଷ୍ଟାଣ୍ଡ, ରେଲୱେ ଷ୍ଟେସନଠାରୁ ଆରମ୍ଭକରି ରାସ୍ତାକଡ଼ରେ ମିଳୁଥିବା ଏହି ଲୋକପ୍ରିୟ ବାଦାମ୍‌ଟି ହେଲା ଚିନାବାଦାମ୍ । ଏହାକୁ କେହି କେହି ଭୂଇଁଚଣା ମଧ୍ୟ କହିଥା'ନ୍ତି । ଇଂରାଜୀରେ ଏହାକୁ ପିନଟ୍, ଗ୍ରାଉଣ୍ଡ ନଟ୍, ମଙ୍କି ନଟ୍ ବୋଲି କହିଥା'ନ୍ତି । ସବୁ ବାଦାମ୍ ଅପେକ୍ଷା ଏହା କମ୍ ଦାମ୍‌ରେ ମିଳିଥାଏ । ଚିନାବାଦାମ୍‌କୁ ଆମେ ଭଜା, ସିଝା, ଲଡୁ, ଚିକ୍କି କ୍ୟାଣ୍ଡି ତଥା ପି-ନଟ୍ ବଟର ଭାବେ ବ୍ୟବହାର କରିଥାଉ । ଏଥିରୁ ବାହାରୁଥିବା ତେଲ ରୋଷେଇରେ ବ୍ୟବହାର କରାଯାଏ । ଏଥିରୁ ପ୍ରଚୁର ପରିମାଣର ପୁଷ୍ଟିସାର (ଆଲ୍‌ମଣ୍ଡ ଅପେକ୍ଷା ଅଧିକ) ସ୍ନେହସାର, ଭିଟାମିନ୍-ଇ ଓ ଫସ୍‌ଫରସ୍ ମିଳିଥାଏ ।

କାଜୁ ବାଦାମ୍ (Cashew Nut)- ଲଙ୍କା ଆମ୍ବ ଫଳର ତଳକୁ ଖୋଳପା ସହ ଏହି ବାଦାମ୍‌ଟି ଲାଗିକରି ରହିଥାଏ । ଏହାକୁ ଭାଲିଆ ବୋଲି କେହି କେହି କହିଥା'ନ୍ତି । ଅଧିକ କାଜୁ ଅମଳ ହେଉଥିବା ଅଞ୍ଚଳରେ ରଡ଼ ନିଆଁରେ ପୋଡ଼ି ଛେଚି ତା' ଭିତରେ ଥିବା କାଜୁକୁ ବାହାର କରି ଖାଇଥା'ନ୍ତି । ଏହାକୁ ଛେଚିବା ସମୟରେ ସାବଧାନ ନ ହେଲେ ଏଥିରୁ ବାହାରୁ ଥିବା ତେଲରେ ହାତ ଜଳା ପୋଡ଼ା ହୁଏ ଓ ଦାଗ ହୋଇଯାଏ । ବଜାରରେ ବିକ୍ରି ହେଉଥିବା କାଜୁ ଗୁଡ଼ିକ ମେସିନ୍‌ରେ ପ୍ରୋସେସିଙ୍ଗ୍ ହୋଇ ଚୋପା ଛଡ଼ାଇ ବିକ୍ରି କରାଯାଏ । ଏଥିରୁ ଯଥେଷ୍ଟ ପରିମାଣର ପୁଷ୍ଟିସାର, ଆଇରନ୍, ଜିଙ୍କ୍ ଓ ମାଗ୍ନେସିୟମ୍ ମିଳିଥାଏ । ମାଗ୍ନେସିୟମ୍ ସ୍ମରଣ ଶକ୍ତି ବଢ଼ାଇବାରେ ସାହାଯ୍ୟ କରେ ଓ ବାର୍ଦ୍ଧକ୍ୟ ଜନୀତ ସ୍ମରଣ-ଶକ୍ତି ହ୍ରାସରୁ ରକ୍ଷାକରେ ।

ବାଦାମ୍‌କୁ ଛାଡ଼ିଦେଲେ କେତେକ ମଞ୍ଜି ଯଥା- କଖାରୁ ମଞ୍ଜି, ପାଣି କଖାରୁ ମଞ୍ଜି, ତରଭୂଜ ମଞ୍ଜି, ଡାଳିମ୍ବ ମଞ୍ଜି ଆଦି ଖାଦ୍ୟ ପ୍ରସ୍ତୁତିରେ ବ୍ୟବହାର କରାଯାଏ ।

ହର୍ବ (Herb)

କିଛି ସ୍ୱତନ୍ତ୍ର ପତ୍ରର ପ୍ରୟୋଗରେ ଖାଦ୍ୟ ରୁଚିକର ହେବା ସଙ୍ଗେ ସଙ୍ଗେ ଖାଦ୍ୟର ସ୍ୱାଦ-ମହକ ମଧ୍ୟ ବଢ଼ିଥାଏ। ପ୍ରତ୍ୟେକ ପତ୍ରର ସ୍ୱତନ୍ତ୍ର ମହକ ଥାଏ। ଏହି ପତ୍ରଗୁଡ଼ିକୁ ହର୍ବ କୁହାଯାଏ। ପୃଥିବୀର ବିଭିନ୍ନ ଅଞ୍ଚଳରେ ଭିନ୍ନ ଭିନ୍ନ ପ୍ରକାରର ହର୍ବ ମିଳିଥାଏ। ରନ୍ଧନ କଳାରେ ଏହାର ଭୂମିକା ଅତ୍ୟନ୍ତ ଗୁରୁତ୍ୱପୂର୍ଣ୍ଣ। ଶୁଖିଲା (dried herbs) ଓ ସଂରକ୍ଷିତ ହର୍ବ (preseved herb) ଅପେକ୍ଷା ତଟକା ହର୍ବ (fresh herb) ଖାଦ୍ୟର ଅଧିକ ସ୍ୱାଦ-ମହକ ବଢ଼ାଇଥାଏ। ଭାରତୀୟ ତଥା ଅନ୍ତର୍ଜାତୀୟ ଖାଦ୍ୟରେ ବ୍ୟବହାର କରାଯାଉଥିବା ତଥା ଆମ ଅଞ୍ଚଳରେ ଉପଲବ୍ଧ ହେଉଥିବା କେତେକ ହର୍ବ ବିଷୟରେ ନିମ୍ନରେ ସଂକ୍ଷେପରେ ଦିଆଗଲା।

ଧନିଆ ପତ୍ର (Coriander leaves)

ଧନିଆ ପତ୍ର ବିଷୟରେ ଅଧିକ କିଛି କହିବାର ପ୍ରୟୋଜନ ନାହିଁ। ପ୍ରତି ଘରେ ଘରେ ଏହା ବ୍ୟବହାର କରାଯାଏ। ଚଟଣୀ, ସାଲାଡ୍, ସୁପ୍, ମାଛ, ମାଂସ, ପରିବା ତରକାରୀ ଆଦି ଅନେକ ପ୍ରକାର ରୋଷେଇରେ ଏହା ବ୍ୟବହାର କରାଯାଏ। ବେଶୀ ସମୟ ସିଝାଇଲେ ଏହାର ମହକ ନଷ୍ଟ ହୋଇଯାଏ। ତେଣୁ ରାନ୍ଧି ସାରିବା ପରେ ଧନିଆ ପତ୍ର ପ୍ରୟୋଗ କଲେ ଖାଦ୍ୟରୁ ଉପଯୁକ୍ତ ମହକ ମିଳିଥାଏ। ଏଥିରୁ ଭିଟାମିନ୍ ଏ ଓ ସି ସହ ପୋଟାସିୟମ୍, କ୍ୟାଲସିୟମ୍, ମାଙ୍ଗାନିଜ୍, ମାଗ୍ନେସିୟମ୍ ଆଦି ମିଳିଥାଏ। ଯକୃତ (liver)ର କାର୍ଯ୍ୟକୁ ଏହା ତ୍ୱରାନ୍ୱିତ କରାଏ।

ଭୃଷଙ୍ଗ ପତ୍ର (Curry leaves)

ଭୃଷଙ୍ଗ ପତ୍ର ଭାରତୀୟ ରୋଷେଇର ଜଣାଶୁଣା ନା' ଟିଏ। ଉପମା, ରସମ, ଖଟା, କର୍ଡ଼ ରାଇସ୍, ଚଟଣୀ, ମାଛ, ମାଂସ ଆଦି ବିଭିନ୍ନ ପ୍ରକାର ଖାଦ୍ୟ ପ୍ରସ୍ତୁତିରେ ଏହା ବ୍ୟବହାର କରାଯାଏ। ଡାଇବିଟିସ୍ ରୋଗୀଙ୍କ ପାଇଁ ଏହା ଉପାଦେୟ ବୋଲି ବୈଜ୍ଞାନିକମାନେ ଗବେଷଣାରୁ ଜାଣି ପାରିଛନ୍ତି। ଆମ ଦେଶରେ କବିରାଜମାନେ ରକ୍ତରେ ଶର୍କରାର ଅଂଶକୁ ନିୟନ୍ତ୍ରଣ କରିବା ପାଇଁ ଦୈନିକ ଅନୁପାତରେ, ୫ଟି ଡେମ୍ଫରେ ଥିବା ପତ୍ର ସାଙ୍ଗରେ ୭ଟି ଗୋଲମରିଚ ବାଟି ଉଷୁମ ପାଣି ସାଙ୍ଗରେ ପିଇବା ପାଇଁ ପରାମର୍ଶ ଦେଇଥା'ନ୍ତି। ଏଥିରୁ ଭିଟାମିନ୍ -ଏ, ବି, ସି ତଥା ଆଇରନ୍, କ୍ୟାଲସିୟମ୍, ଫସ୍‌ଫରସ୍ ଆଦି ଖଣିଜ ଲବଣ ମିଳିଥାଏ।

ପୋଦିନା (Mint leaves)

ପୋଦିନା ଭାରତର ଏକ ସୁପରିଚିତ ହର୍ବ। ଏହା ଚଟଣୀ, କେତେକ ପାନୀୟ, ମାଂସ ତରକାରୀ ତଥା ସୁପ୍ ଆଦିରେ ବ୍ୟବହାର କରାଯାଏ। ଏହାର ଅନେକ ଔଷଧୀୟ ଗୁଣ ଅଛି। ବିଶେଷକରି ଏହା ପେଟ ଗୋଳମାଳ ଭାଙ୍ଗିଥାଏ। ଏଥିରୁ ମେନ୍‌ଥନ୍ (menthone) ଓ ମେନ୍ଥଲ୍ (menthol) ନାମକ ଦୁଇଟି ଉପାଦାନ ମିଳିଥାଏ। ଯାହାକି ପିପରମେଣ୍ଟର ସ୍ୱାଦ ଦେଇଥାଏ। ଏହା ଗୋଟିଏ ଉଚ୍ଚକୋଟୀର ଆଣ୍ଟି ଅକ୍‌ସିଡ଼ାଣ୍ଟ୍।

କସ୍ତୁରୀ ମେଥି (Dried Fenugreek Leaves)

ଶୁଖିଲା ମେଥି ଶାଗ କସ୍ତୁରୀ ମେଥି ନାମରେ ପରିଚିତ। ଏହାକୁ ପାକିସ୍ଥାନରେ କସୁରୀ ମେଥି (kasoori methi) କହିଥାନ୍ତି। କସ୍ତୁରୀ ମେଥିକୁ ସାମାନ୍ୟ ଭାଜି ଗୁଣ୍ଡକରି ତରକାରୀରେ ପ୍ରୟୋଗ କଲେ ଭଲ ବାସ୍ନା ହୁଏ। ଏହାର ପରିମାଣ ଅଧିକ ହେଲେ ଖାଦ୍ୟ ପିତା ଲାଗେ। ଡାଲି, ମାଂସ ତରକାରୀ, ପନୀର, ପରଟା ଆଦିରେ ଏହା ବ୍ୟବହାର କରାଯାଏ। ଏଥିରୁ ଭିଟାମିନ୍ ଏ ଓ ସି ମିଳିଥାଏ।

ବେସିଲ୍ (Basil)

ସାରା ପୃଥିବୀରେ ପ୍ରାୟ ୬୦ ପ୍ରକାର ବେସିଲ୍ ମିଳିଥାଏ। କେତେକ ଜଣାଶୁଣା ବେସିଲ୍ ଗୁଡ଼ିକ ହେଲା, ଲେମନ୍ ବେସିଲ୍, ଥାଇ ବେସିଲ୍, ସିନାମନ୍ ବେସିଲ୍, ଆନିସ୍ ବେସିଲ୍, କାମ୍ଫର୍ ବେସିଲ୍, ପରପଲ୍ ବେସିଲ୍ ଇତ୍ୟାଦି। ଭାରତରେ ପୂଜା ପାଉଥିବା ତୁଳସୀକୁ 'ହୋଲି ବେସିଲ୍'

କୁହାଯାଏ। ବେସିଲ୍ ଖାଦ୍ୟରେ ଏକ ହାଲକା ଓ ମଧୁର ମହକ ଆଣିଥାଏ। ଏହା ଆନ୍ତର୍ଜାତୀୟ ଖାଦ୍ୟରେ ଅଧିକ ବ୍ୟବହାର କରାଯାଏ। ଚିମିଚୁରି ଓ ପେଷ୍ଟୋ ସସ୍‌ର ଏହା ମୁଖ୍ୟ ଉପାଦାନ ଅଟେ। ବେସିଲ୍‌ର ଅନେକ ଔଷଧୀୟ ଗୁଣ ଅଛି। ଏହା ଏକ ଉଚ୍ଚକୋଟୀର ଆଣ୍ଟିଅକ୍‌ସାଡ଼ାଣ୍ଟ ଭଳି କାମଦିଏ। ଏଥିରୁ ପ୍ରଚୁର ପରିମାଣର ଭିଟାମିନ୍-କେ ମିଳିଥାଏ। ଏହା ବ୍ୟତୀତ ଭିଟାମିନ୍ ଏ, ସି ଓ ବି-୬ ଆଦି ଖାଦ୍ୟସାର ସହ ପୋଟାସିୟମ୍, ମାଙ୍ଗାନିଜ୍, କ୍ୟାଲସିୟମ୍ ଆଦି ଖଣିଜ ଲବଣ କିଛି ପରିମାଣର ମିଳିଥାଏ। ଏଥିରୁ ମିଳିଥିବା ଭୋଲାଟାଇଲ୍ ଅଏଲ୍ (volatile oil)ରୁ କିଛି ଉପାଦାନ ମିଳିଥାଏ, ଯାହାକି ଅନେକ ଗୁଡ଼ିଏ ମାରାତ୍ମକ ବ୍ୟାକ୍ଟେରିଆକୁ ଦମନ କରିଥାଏ।

ବଡ଼ ଧନିଆ ପତ୍ର (Culantro)

ଧନିଆ ପତ୍ରର ଅନୁରୂପ ମହକ ଆଣୁଥିବା ୪ ରୁ ୫ ଇଞ୍ଚ ଲମ୍ବର ଏହି ପତ୍ରଟି ଫାକ୍ ଚାଇ ଫାରାଙ୍ଗ୍ ନାମରେ କେତେକ ଏସିୟ ରାଜ୍ୟରେ ପରିଚିତ। ଏହାର ଇଂରାଜୀ ନାମ ହେଉଛି କୁଲାଣ୍ଟ୍ରୋ (culantro)। ସ୍ଥାନ ବିଶେଷରେ ଏହା ଭାନ୍ଧନିଆ (bhandania) ଓ ବଡ଼ ଧନିଆ ପତ୍ର ବା ଲଙ୍ଗ୍ କୋରିଆଣ୍ଡର (long coriander) ନାମରେ ପରିଚିତ। ଏହା ସାଲାଡ୍, ତରକାରୀ, ଚଟଣୀ ଆଦିରେ ବ୍ୟବହାର କରାଯାଏ। ଥାଇଲାଣ୍ଡ, ଭାରତ, ଭିଏତ୍‌ନାମ, ଲାଓସ୍ ଓ ଅନ୍ୟ କେତେକ ଏସିୟ ରାଜ୍ୟରେ ଏହାର ବହୁଳ ପ୍ରଚଳନ ଦେଖାଯାଏ।

ପାର୍‌ସଲେ (Parsley)

ପାରସ୍‌ଲେ ଦୁଇ ପ୍ରକାରର ମିଳିଥାଏ। ଗୋଟିକର ପତ୍ର କୁଞ୍ଚୁକୁଞ୍ଚିଆ। ଏହାକୁ curley leaf parsley କୁହାଯାଏ। ସାମାନ୍ୟ ପିତା ଲାଗେ। ଏହା ସାଧାରଣତଃ ସୁପ୍, ସାଲାଡ଼ ଓ ଅନ୍ୟାନ୍ୟ ଖାଦ୍ୟରେ ସଜାଇବା ପାଇଁ ବ୍ୟବହାର କରାଯାଏ। ଅନ୍ୟଟି ହେଲା ଇଟାଲିୟାନ୍ ପାର୍‌ସଲେ। ଏହାର ପତ୍ର ଗୁଡ଼ିକ ସିଧା ଓ ଗୋଲ ଗୋଲ। ପାର୍‌ସଲେ ଖାଦ୍ୟର ମଧୁର ବାସ୍ନା ଆଣିଥାଏ ଓ ଅଧିକ ସମୟ ପର୍ଯ୍ୟନ୍ତ ଏହି ମହକ ଖାଦ୍ୟରେ ରହିଥାଏ। ଏହାକୁ ରାନ୍ଧିବା ସମୟରେ ବ୍ୟବହାର କରାଯାଏ। ଏଥିରୁ ଯଥେଷ୍ଟ ପରିମାଣର ଭିଟାମିନ୍ ଏ ଓ କେ ମିଳିଥାଏ। ଏହା ବ୍ୟତୀତ ଭିଟାମିନ୍-ସି, କ୍ୟାଲସିୟମ୍, ପୋଟାସିୟମ୍, ମାଙ୍ଗାନିଜ୍, ଫସ୍‌ଫରସ୍ ଆଦି ମିଳିଥାଏ।

ଥାଇମ୍ (Thyme)

ପ୍ରାୟ ୬୦ ପ୍ରକାର ଥାଇମ୍ ସାରା ପୃଥିବୀରେ ମିଳିଥାଏ। ଏହା କଟୁ ସ୍ୱାଦଯୁକ୍ତ ଅଟେ। ଶୁଖିଲା ଥାଇମ୍ ମାରିନେଟ୍ ପାଇଁ ବ୍ୟବହାର କରାଯାଏ। ମାଂସ ଓ କେତେକ ତରକାରୀରେ ଏହା ବ୍ୟବହାର କରାଯାଏ। ବିଶେଷ କରି ରୋଷ୍ଟ ମିଟ୍‌ରେ ଏହା ଭଲ ସ୍ୱାଦ-ମହକ ଆଣିଥାଏ। ଏହା ଗୋଟିଏ ଭଲ ଆଣ୍ଟିସେପ୍ଟିକ୍ (antisebtic) ଭାବେ କାମଦିଏ। ଚା ସହିତ ଫୁଟାଇ ପିଇଲେ ଗଳା ଇନ୍‌ଫେକ୍‌ସନ୍ ଦୂର ହୁଏ ଓ ଶୁଖିଲା କାଶ କମିଯାଏ। ଏଥିରୁ ପ୍ରଚୁର ପରିମାଣର ଭିଟାମିନ୍ ଏ, ସି, ବି-୬ ତଥା ଆଇରନ୍, ପୋଟାସିୟମ୍, ମାଙ୍ଗାନିଜ୍ ଆଦି ମିଳିଥାଏ।

ରୋଜମେରୀ (Rosemary)

ଏହାର ପତ୍ର ଟାଣୁଆ ଓ ସରୁ ସରୁ। ଏହା ରୋଷ୍ଟ ଓ ରୋଷ୍ଟର ଷ୍ଟଫିଙ୍ଗ (stuffing) ପାଇଁ ତଥା ସୁପ୍ ଓ ସାଲାଡ୍ ଆଦିରେ ବ୍ୟବହାର କରାଯାଏ। ଶୁଖା ରୋଜମେରୀକୁ ସାମାନ୍ୟ ଗୁଣ୍ଡକରି ବ୍ୟବହାର କଲେ ଏହା ଠିକ୍ ଭାବରେ ମିଶିଥାଏ। ଏଥିରୁ ପ୍ରଚୁର ପରିମାଣର ଭିଟାମିନ୍-ସି, କ୍ୟାଲ୍‌ସିୟମ୍, ମାଗ୍ନେସିୟମ୍, ପୋଟାସିୟମ୍ ଆଦି ମିଳିଥାଏ।

ଅରେଗାନୋ (Oregano)

ଅରେଗାନୋ ଓ ମାର୍ଜୋରମ୍ ଏହି ଦୁଇଟି ହର୍ବ ପ୍ରାୟ ପାଖାପାଖି ସ୍ୱାଦ-ମହକ ଖାଦ୍ୟରେ ଆଣିଥା'ନ୍ତି। ଗୋଟିକର ଅଭାବରେ ଅନ୍ୟଟିକୁ ବ୍ୟବହାର କରାଯାଇ ପାରିବ। ଅରେଗାନୋ ପିଜାର ହର୍ବ ହିସାବରେ ସବୁଆଡ଼େ ପରିଚିତ। ଏହାର ପରିମାଣ ଖାଦ୍ୟରେ ଅଧିକ ହେଲେ ପିତା ଲାଗେ। ଇଟାଲିୟାନ୍ ଖାଦ୍ୟ ପ୍ରସ୍ତୁତିରେ ଏହାର ବହୁଳ ପ୍ରଚଳନ ହୋଇଥାଏ। ଏହା ଗୋଟିଏ ଉନ୍ନତ ମାନର ଆଣ୍ଟିଅକ୍‌ସିଡ଼ାଣ୍ଟ।

ଅରେଗାନୋରୁ ପ୍ରଚୁର ପରିମାଣର ଭିଟାମିନ୍ -କେ ମିଳିଥାଏ। ଏହା ବ୍ୟତୀତ ଏଥିରୁ ଭିଟାମିନ୍-ଇ, ଆଇରନ୍, କ୍ୟାଲସିୟମ୍, ମାଙ୍ଗାନିଜ୍ ଆଦି ମିଳିଥାଏ।

ଅନ୍ନପୂର୍ଣ୍ଣା ପତ୍ର (Annapurna)

ଅରୁଆ ଚାଉଳ ଭାତ ଓ କ୍ଷିରୀରେ ଏହା ପ୍ରୟୋଗ କରାଯାଏ। ଖାଦ୍ୟରେ ଏହା ଏକ ମଧୁର ମହକ ଦେଇଥାଏ। ଭାତ ରାନ୍ଧି ପେଜ ଗାଳି ସାରିବା ପରେ ଏହାକୁ ଗୋଟି ଗୋଟିକରି ଭାତ ଭିତରେ ପୁରାଇ ଘୋଡ଼ାଇ ରଖିଦେଲେ ଓ କ୍ଷିରୀ ହୋଇ ସାରିବା ପରେ ପତ୍ରକୁ ପକାଇ ଗୋଳାଇ କିଛି ସମୟ ରଖିଦେଲେ ଏଥିରେ ଥିବା ମଧୁର ମହକ ଭାତ ଓ କ୍ଷିରୀ ମଧ୍ୟକୁ ଆପେ ଆପେ ଚାଲିଯାଏ। କାନିକା ଓ ପଲାଉ ଆଦିରେ ମଧ୍ୟ ବ୍ୟବହାର କରାଯାଏ।

ଲେମନ୍ ଗ୍ରାସ୍ (Lemon Grass)

ଏହା ଲମ୍ବ ଲମ୍ବ ଘାସପରି ଦେଖାଯାଏ। ଏସିଆରେ ଏହାର ବହୁଳ ପ୍ରଚଳନ ହୋଇଥାଏ। ଏହାର ପତ୍ର ଟାଣ ହୋଇଥିବାରୁ ସିଝି ସାରିବାପରେ ଖାଦ୍ୟରୁ ଏହାକୁ କାଢ଼ି ଦିଆଯାଏ। ପ୍ରସ୍ତୁତ ଖାଦ୍ୟରେ ଏହା ଲେମ୍ବୁର ମହକ ସହିତ ଏକ ସ୍ୱତନ୍ତ୍ର ମହକ ଆଣିଥିବାରୁ ଏହାକୁ ଲେମନ ଗ୍ରାସ୍ କୁହାଯାଏ। ଏଥିରୁ ଭିଟାମିନ୍-ଏ ମିଳିଥାଏ।

ତେଜପତ୍ର (Bay leaves)

ତେଜପତ୍ର ବିଷୟରେ ଅଧିକ କହିବା ଅନାବଶ୍ୟକ। ଘରେ ଘରେ ଏହା ସୁପରିଚିତ। କଞ୍ଚା ପତ୍ର ଅପେକ୍ଷା ଶୁଖିଲା ପତ୍ରରୁ ଅଧିକ ସ୍ୱାଦ ମହକ ମିଳିଥାଏ। ଚା, ତରକାରୀ, ସୁପ୍, ମିଷ୍ଟାନ୍ନ ଆଦିରେ ଅନେକ ପ୍ରକାର ଖାଦ୍ୟରେ ବ୍ୟବହାର କରାଯାଏ। ଏଥିରୁ କିଛି ପରିମାଣର ଭିଟାମିନ୍-ଏ, ଭିଟାମିନ୍-ସି, ଆଇରନ୍, ପୋଟାସିୟମ, ମାଗ୍ନେସିୟମ୍, କ୍ୟାଲ୍‌ସିୟମ ଆଦି ମିଳିଥାଏ।

ମସଲା ମସଲି

କେତେକ ଗଛର ଶୁଖିଲା ଛେଲି, ଫୁଲ, ଫଳ, ପତ୍ର, ମଞ୍ଜି ତଥା ମୂଳଗୁଡ଼ିକୁ ଆମେ ମସଲା ମସଲି ଭାବେ ବ୍ୟବହାର କରିଥାଉ। କାହାକୁ ଛେଚି ବା ଗୁଣ୍ଡକରି ତ କହାକୁ ଗୋଟା ଅଥବା କାହାକୁ ବାଟି ଖାଦ୍ୟରେ ବ୍ୟବହାର କରାଯାଏ। ଏହା ଖାଦ୍ୟର ମାନଗୁଣ ଓ ସ୍ୱାଦ-ମହକ ବଢ଼ାଇବା ସଙ୍ଗେସଙ୍ଗେ ଖାଦ୍ୟକୁ ମୁଖରୋଚକ କରିଥାଏ। ମସଲାଯୁକ୍ତ ଖାଦ୍ୟ ଶିଘ୍ର ଖରାପ ହୁଏନାହିଁ। ଏହାକୁ ଅଧିକ ସମୟ ପର୍ଯ୍ୟନ୍ତ ସଂରକ୍ଷଣ କରାଯାଇ ପାରିବ। ଗୁଜୁରାତି, ଅଳେଇଚ, ଲବଙ୍ଗ, ଡାଲଚିନି, ଯାଇତ୍ରୀ, ଯାଇଫଳ, ଗୋଲମରିଚ, ଷ୍ଟାରଆନିସ୍, ଜୀରା, ଧନିଆ, ସୋରିଷ, ପାନମଧୁରୀ, ମେଥି, କଳାଜୀରା ଆଦି ଅନେକ ପ୍ରକାରର ମସଲା ଏହାର ପରିସର ଭୁକ୍ତ। ଏଗୁଡ଼ିକରୁ ଅନେକ ଔଷଧୀୟଗୁଣ ମିଳୁଥିବାରୁ ଆୟୁର୍ବେଦରେ ମଧ୍ୟ ଏହାର ବହୁଳ ପ୍ରଚଳନ ହେଉଥାଏ।

ହଳଦୀ

ହଳଦୀ ଏକ ରୂପାନ୍ତରିତ କାଣ୍ଡ। ଭାରତୀୟ ରୋଷେଇରେ ଏହାର ସ୍ଥାନ ଅତି ଗୁରୁତ୍ୱପୂର୍ଣ୍ଣ। ଏହା ଖାଦ୍ୟକୁ ସୁନ୍ଦର ରଙ୍ଗ ଦେଇଥାଏ। ହଳଦୀରେ କୁରକୁମିନ୍ (curcumin) ନାମକ ଏକ ରସାୟନ ଥାଏ, ଯାହାକି ଏକ ଶକ୍ତିଶାଳୀ ଆଣ୍ଟିଅକ୍‌ସିଡ଼ାଣ୍ଟ୍ ଭାବେ ଶରୀରରେ କାମକରେ ଓ ଶରୀରର ରୋଗପ୍ରତିରୋଧକ ଶକ୍ତି ବଢ଼ାଇଥାଏ। ହଳଦୀ କୃମି ନାଶକ ହୋଇଥିବାରୁ ଛୋଟ ପିଲାମାନଙ୍କୁ କଞ୍ଚା ହଳଦୀବଟା ଖାଇବାକୁ ଦିଆଯାଏ। ଏହା ବଦହଜମି ଓ ପେଟ ଗଣ୍ଡଗୋଳ ଭାଙ୍ଗିଥାଏ। ନିୟମିତ ହଳଦୀ ସେବନ କଲେ ଏହା ଆଣ୍ଠୁଗଣ୍ଠିବାତ ରୋଗୀମାନଙ୍କର ଗଣ୍ଠି ବା ଯୋଡ଼ର ଫୁଲା କମାଇବାରେ ସାହାଯ୍ୟ କରେ। ହଳଦୀ ବଟା ଦେହରେ ଲଗାଇଲେ ଅନେକ ପ୍ରକାର ଚର୍ମରୋଗ ଦୂର ହେବା ସଙ୍ଗେସଙ୍ଗେ ତ୍ୱଚା ଉଜ୍ଜ୍ୱଳ ହୁଏ। ଦେଶ ବିଦେଶରେ ହଳଦୀର ଉପାଦେୟତା ଉପରେ ଏବେ ମଧ୍ୟ ବୈଜ୍ଞାନିକମାନେ ଗବେଷଣା ଜାରି ରଖିଛନ୍ତି।

ଲୁଣ

"ଶାଗ ଛାର ହୋଇ ଅଲଣା, ଝିଅ ଛାର ହୋଇ ବୋଲଣା।" ଇଏ ହେଲା ଆମ ଲୋକ ଉକ୍ତି। ଯେତେ ମସଲା ମସଲି ପକାଇ, ଖଟା ମିଠା ଦେଇ ଓ ରଙ୍ଗଦେଇ ଖାଦ୍ୟଟିକୁ ପ୍ରସ୍ତୁତ କଲେ ମଧ୍ୟ ଲୁଣ ନ ପଡ଼ିଥିଲେ ସବୁ ବୃଥା ହୋଇଯାଏ।

ସମୁଦ୍ର ବା ଲୁଣି ହ୍ରଦର ପାଣିକୁ ବିଭିନ୍ନ ଉପାୟରେ ଶୁଖାଇ ଲୁଣ ପ୍ରସ୍ତୁତ କରାଯାଏ। ଏହାର ରାସାୟନିକ ନାମ ସୋଡ଼ିୟମ୍ କ୍ଲୋରାଇଡ୍। ପୂର୍ବେ ରୋଷେଇରେ ଦାନାଦାର ଲୁଣ ବ୍ୟବହାର କରାଯାଉଥିଲା କ୍ରମେ ଲୁଣକୁ ରିଫାଇନ୍ କରି ଗୁଣ୍ଡ କରାଗଲା ଓ ଏଥିରେ ଆୟୋଡ଼ିନ୍ ଯୋଗ କରାଯାଇ 'ଆୟୋଡ଼ାଇଜ୍ ସଲ୍ଟ' ପ୍ୟାକେଟ୍ ବଜାରରେ ବିକ୍ରି କରାଗଲା। ଏହି ଲୁଣ ଥାଇରଏଡ୍ ଗ୍ରନ୍ଥିକୁ ହରମୋନ୍ ତିଆରି କରିବାରେ ସାହାଯ୍ୟ କରେ। ଗୋଟିଏ ଗୁରୁତ୍ୱ-ପୂର୍ଣ୍ଣ କଥାହେଲା ଆୟୋଡ଼ାଇଜ୍ ସଲ୍ଟକୁ ଖୋଲା ରଖିଦେଲେ ଲୁଣରୁ ଆୟୋଡ଼ିନ୍ ଅଂଶ ଉଡ଼ିଯାଏ ବା ନଷ୍ଟ ହୋଇଯାଏ। ତେଣୁ ଏହାକୁ ଡବାରେ ମୁହଁ ବନ୍ଦକରି ରଖିବା ଭଲ। ରାନ୍ଧି ସାରିବା ପରେ ଲୁଣକୁ ଖାଦ୍ୟରେ ଗୋଳାଇ ଘୋଡ଼ାଇ ରଖିଲେ ଆୟୋଡ଼ିନ୍‌ର ସଦୁପଯୋଗ ହୋଇ ପାରିବ। ଚାଉଳ କ୍ଷିରୀରେ ପ୍ରଥମରୁ ଲୁଣ ପକାଇ ଦେଲେ ଚାଉଳ ଫିଟିବାକୁ ଅଧିକ ସମୟ ଲାଗେ। କିନ୍ତୁ, ମାଛ, ମାଂସ ଆଦିରେ ପ୍ରଥମରୁ ଲୁଣ ଗୋଳାଇ ରଖିବାକୁ ପଡ଼ିଥାଏ।

ଏହା ଏକ ଉତ୍ତମ ସଂରକ୍ଷକ (preservative) ଭାବେ କାମ ଦେଇଥାଏ। ଆଚାର, ଶୁଖୁଆ ଆଦିରେ ଲୁଣ ଅଧିକ ପରିମାଣରେ ବ୍ୟବହାର କରାଯାଏ। କେତେକ ପ୍ରୋସେସ୍‌ଡ଼ ଚିଜ୍ ଓ ଡବାରେ ସିଲ୍ ହୋଇଥିବା ମାଛ ଓ ମାଂସ ଆଦିରେ ମଧ୍ୟ ଅଧିକ ପରିମାଣରେ ବ୍ୟବହୃତ ହୋଇଥାଏ।

ଲୁଣରେ ଥିବା ସୋଡ଼ିୟମ୍ ଶରୀରରେ ଜଳୀୟ ଅଂଶର ସମତା ରଖିବା ସହିତ ମାଂସପେଶୀ ଓ ସ୍ନାୟୁର ପୋଷଣରେ ସାହାଯ୍ୟ କରେ। ଏହା ରକ୍ତଚାପକୁ ଠିକ୍ ରଖିବାରେ ସାହାଯ୍ୟ କରେ। ମାତ୍ର ଶରୀରରେ ଏହାର ମାତ୍ରା ଅଧିକ ହେଲେ ଉଚ୍ଚ ରକ୍ତଚାପ ସହିତ ଆନୁସଙ୍ଗିକ ରୋଗ ଦେଖାଦିଏ। ତେଣୁ ଉଚ୍ଚ ରକ୍ତଚାପ ରୋଗୀଙ୍କୁ ଡାକ୍ତର ଅଧିକ ଲୁଣ ଖାଇବାକୁ ବାରଣ କରିଥା'ନ୍ତି। ଗୋଟିଏ ସୁସ୍ଥ ମାନବ ପାଇଁ ଦିନକୁ ୫ଗ୍ରାମ୍ ସୋଡ଼ିୟମ ଆବଶ୍ୟକ ପଡ଼ିଥାଏ। ଲୁଣ ବ୍ୟତୀତ ଏହା ଅନ୍ୟାନ୍ୟ ଖାଦ୍ୟରୁ ମଧ୍ୟ ମିଳିଥାଏ।

ପ୍ରସ୍ତୁତି

ପରିବା ହାଟରୁ ଆଣନ୍ତୁ ବା ବାଡ଼ିରୁ ତୋଳନ୍ତୁ, ଗୋଟା ପରିବାକୁ ଭଲ ଭାବେ ଧୋଇ କାଟନ୍ତୁ। କାଟିସାରି ପାଣିରେ ବୁଡ଼ାଇ ରଖିଲେ ଏଥିରେ ଥିବା ଭିଟାମିନ୍ ଓ ମିନେରାଲ୍ ଆଦି ବହୁ ପରିମାଣରେ ପାଣିରେ ମିଳାଇ ନଷ୍ଟ ହୋଇଯାଏ। ଆଜିକାଲି ପରିବା ସତେଜ ଦେଖାଯିବା ପାଇଁ ଅନେକ କିସମର ରାସାୟନିକ ପଦାର୍ଥ ଲେପନ ବା ଛିଞ୍ଚନ କରାଯାଇଛି। ଫଳଗୁଡ଼ିକରେ ୱାକ୍ସ ଲଗାଯାଉଛି। ତେଣୁ ଖାଦ୍ୟ ବିଶେଷଜ୍ଞଙ୍କ ମତରେ ପରିବା ହେଉ ବା ଫଳ ହେଉ ଏହାକୁ ପାଇପ୍‌ର ଚଳନ୍ତା ପାଣିରେ ଧୋଇ ନଚେତ୍ ୨/୩ ଥର ପାଣି ବଦଳାଇ ଭଲ ଭାବରେ ଧୋଇ ବ୍ୟବହାର କରିବା ଉଚିତ୍। ଲୁଣ ବା ହଳଦୀକୁ ପାଣିରେ ଗୋଳାଇ ଏଥିରେ ପରିବାକୁ ୧୦ ରୁ ୧୫ ମିନିଟ୍ ବୁଡ଼ାଇ ପରିଷ୍କାର ପାଣିରେ ଧୋଇ ଦାନ୍ଧିଲେ କିଛି ପରିମାଣର ବିଷାକ୍ତ ଅଂଶ ଚାଲିଯାଏ। ବିଶେଷକରି ସାଲାଡ୍ ପାଇଁ ବ୍ୟବହାର କରୁଥିବା ପରିବାକୁ ପଟାସିୟମ୍ ପରମାଙ୍ଗାନେଟ୍ (Potasium parmanganate) ପାଣିରେ ଧୋଇ ବ୍ୟବହାର କରିବା ଭଲ। ୱାକ୍‌ସ ଛଡ଼ାଇବା ପାଇଁ ନରମ ବ୍ରସ୍ ବ୍ୟବହାର କରି ପାରିବେ। ଭିନ୍ନ ଭିନ୍ନ ଖାଦ୍ୟ ପ୍ରସ୍ତୁତି ପାଇଁ ଭିନ୍ନ ଭିନ୍ନ ଆକାରର ପରିବା କାଟିବାକୁ ପଡ଼ିଥାଏ। ପରିବା କାଟିବା ପାଇଁ ପନିକି ବା ଛୁରୀ ଓ କଟିଙ୍ଗ ବୋର୍ଡ଼ ଦରକାର। ନିମ୍ନରେ କେତେକ ପରିବା ପ୍ରସ୍ତୁତି ବିଷୟରେ ଆଲୋଚନା କରାଯାଇଛି।

ଆଳୁ

ଆଳୁ ଏକ ସାଧାରଣ ପରିବା ଭାବେ ପ୍ରାୟ ସବୁରି ଘରେ ପ୍ରତ୍ୟେକ ଦିନ ବ୍ୟବହାର କରାଯାଏ। ଆଖି ରୋଚକ କରିବା ପାଇଁ ଆମେ ଆଳୁରୁ ଚୋପା ଛଡ଼ାଇ ଥାଉ। କିନ୍ତୁ, ଏପରି କରିବା ଦ୍ୱାରା ଚୋପାର ଠିକ୍ ତଳେ ଥିବା ଭିଟାମିନ୍-ସି ଅଂଶଟି ଏଥିରୁ ବାହାରିଯାଏ। ଗୋଟା ସିଝାଇ ଚୋପା ଛଡ଼ାଇ ବ୍ୟବହାର କଲେ ଏଥିରୁ ସମ୍ପୂର୍ଣ୍ଣ ଖାଦ୍ୟଗୁଣ ମିଳିଥାଏ। ଖାଦ୍ୟର ପ୍ରକାର ଭେଦ (reciepe)ର ନିର୍ଦ୍ଦେଶ ଅନୁସାରେ ଆଳୁ କାଟନ୍ତୁ।

ପୋଟଳ

ପୋଟଳର ଅଗ ମୁଣ୍ଡ କାଟି ଉପର ଚୋପାକୁ ହାଲକାରେ ସାମାନ୍ୟ ଚାଞ୍ଛି ପୋଟଳ ରସା ପାଇଁ ତେରଛା ଗର କଟାଯାଇଥାଏ। ଖାଦ୍ୟର ସୂଚନା ଅନୁସାରେ କାଟନ୍ତୁ।

ସଜନା ଛୁଇଁ, ଡଙ୍କ ଓ ଖଡ଼ା

ସଜନା ଛୁଇଁ, କଖାରୁ ଡଙ୍କ, ଲାଉ ଡଙ୍କ, ପାଣି କଖାରୁ ଡଙ୍କ, ପୋଇ ଆଦି ଡଙ୍କ ଜାତୀୟ ପରିବାକୁ ପନିକି ବା ଛୁରୀରେ ଗୋଟିଏ ପାଖରୁ ଧୀରେ ଚପାଇ ଚୋପା ବାହାର କରି ୨-୧/୨ ଇଞ୍ଚ ଲମ୍ବରେ କାଟନ୍ତୁ। ଖଡ଼ା ପୁରୁଣା ବା ଟାଣ ହୋଇଯାଇଥିଲେ ଉପର ଚୋପାକୁ ଛଡ଼ାଇ ଅନୁରୂପ ମାପରେ କାଟନ୍ତୁ।

କଞ୍ଚା ପଣସ

ପଣସ କଟା ବଡ଼ କଷ୍ଟ ବୋଲି ମନେ ହୁଏ। ଠିକ୍ ପ୍ରଣାଳୀରେ କାଟିଲେ ଏହା ସହଜରେ ହୋଇଯାଏ। ଛୁରୀ ଅପେକ୍ଷା ପନିକିରେ ଏହା ସହଜରେ କାଟି ହୁଏ। ଛୁରୀ ବା ପନିକିରେ ତେଲ ମାରି ହାତରେ ତେଲ ମାରି ଏହାକୁ କାଟିବାକୁ ପଡ଼ିଥାଏ। ନଚେତ୍ ହାତରେ ଅଠା ଲାଗିଯାଏ। ପ୍ରଥମେ ପଣସର ଭୁଣ୍ଡି କାଟି ଲମ୍ବରେ ଚାରି ଖଣ୍ଡ କରି କାଟି ଦିଅନ୍ତୁ। ତା'ପରେ ଏହାକୁ ୨ଇଞ୍ଚ ଚଉଡ଼ାରେ ଖଣ୍ଡ ଖଣ୍ଡ କରି କାଟି ରଖନ୍ତୁ। ପ୍ରତି ଖଣ୍ଡର ଚୋପା ବାହାର କରି, ମଝିର ମାଂସଳ ଅଂଶଟିକୁ କାଟି, ଅନ୍ଠି ଓ ଟାଣ ଦଣ୍ଡ ଅଂଶଟି କାଟି ବାହାର କରି ଦିଅନ୍ତୁ। ମଞ୍ଜି ବଡ଼ ହୋଇ ଯାଇଥିଲେ ଅନ୍ଠିରୁ ମଞ୍ଜିକୁ କାଢ଼ି ତରକାରୀ, ରାଇ ବା ଡାଲମାରେ ବ୍ୟବହାର କରନ୍ତୁ। ପଣସ ଭଜା ପାଇଁ ୧/୨ ଇଞ୍ଚ ଚଉଡ଼ା ଓ ୨-୧/୨ ଇଞ୍ଚ ଲମ୍ବରେ କାଟନ୍ତୁ। ତରକାରୀ, ଡାଲମା ଆଦି ପାଇଁ ୧ ଇଞ୍ଚ ଲମ୍ବା ଓ ୧ ଇଞ୍ଚ ଚଉଡ଼ାରେ ଖଣ୍ଡ ଖଣ୍ଡ କରି କାଟନ୍ତୁ।

ପାକଲ ପଣସ ମଞ୍ଜି

ପାଚିଲା ପଣସର କୋଷ ଭିତରୁ ମଞ୍ଜି ବାହାରି ଥାଏ। ଏହାକୁ ପରିଷ୍କାର ଭାବରେ ଧୋଇ ଛାଇରେ ଶୁଖାଇ ବ୍ୟବହାର କରାଯାଏ। ବେଶୀ ଦିନ ରହିଗଲେ ମଞ୍ଜି ଟାଣ ହୋଇଯାଏ। ଗୁଆକାତିରେ ସୁବିଧାରେ ଦୁଇ ଫାଳ ହୋଇଯାଏ। ଉପର ଧଳା ଚୋପାଟିକୁ ବାହାର କରି ରନ୍ଧାଯାଏ। ଛୁରୀ ବା ପନିକିରେ ଟିକେ ସାବଧାନତା ସହ କାଟିବାକୁ ପଡ଼ିଥାଏ। ଏହା ଭଜା, ଡାଲମା, ରାଇ ଆଦିରେ ବ୍ୟବହାର କରାଯାଏ।

ଓଉ

ଓଉ କଟା ମଧ୍ୟ ଏକ କଷ୍ଟକର କାମ ଭଳି ମନେହୁଏ। ଏହା କାଟିଲା ବେଳେ ଲାଳ ବାହାରେ। ତେଣୁ କିଛି ପୁରୁଣା କନା ବା ଖବର କାଗଜରେ ହାତ ପୋଛି କାଟିଲେ ହାତ କଟିବ ନାହିଁ। ଓଉର ଡେମ୍ଫ ପାଖରୁ ଗୋଲକରି କିଛି ଅଂଶ କାଟି ବାହାର କରି, ଚାରିପଟୁ ପାଖୁଡ଼ା ପାଖୁଡ଼ା ଛଡ଼ାଇ ଭିତରେ ଥିବା ଫୁଲଟିକୁ ଫୋପାଡ଼ି ଦିଅନ୍ତୁ। କଷି ଓଉ ହୋଇଥିଲେ ଲମ୍ବରେ ଚାରି ଫାଳ କରି ପାଖୁଡ଼ା ଛଡ଼ାନ୍ତୁ। ପ୍ରତି ପାଖୁଡ଼ାର ଉପର ଅଂଶରୁ ପତଳା କରି ଚୋପା ଛଡ଼ାଇ ରଖନ୍ତୁ। ଏହାକୁ ଲମ୍ବରେ ଖଣ୍ଡ ଖଣ୍ଡ କରି କାଟନ୍ତୁ, ଭିତର ଅଂଶର ଚୋପାକୁ ସାମାନ୍ୟ କାଟି ଟାଣି ଦେଲେ ପତଳା ଧଳା ଚୋପାଟି ବାହାରି ଯିବ। ଓଉ ଖଟା, ଡାଲମା ଓ ଘାଣ୍ଟରେ ବ୍ୟବହାର କରାଯାଏ।

ଶାଗ

କୋଶଳା, ଲେଉଟିଆ, ଖଡ଼ା, ମେଥି, ପାଳଙ୍ଗ, ପୁରୁଣି, ବଥୁଆ, କନ୍‌ସିରି, ମଦରଙ୍ଗା, କଳମ, ପିତା ଶାଗ ଆଦି ଶାଗରୁ ପ୍ରଥମେ ଘାସ, ଅଳିଆ ବାଛି ଚେର କାଟି ବାଲଟି ବା ବଡ଼ ଜାଗାରେ ଧୋଇ କୋଲାଣ୍ଡର, କୁଲା ବା ବାଉଁଶିଆରେ ଛାଣି ପାଣି ନିଗାଡ଼ି ରଖନ୍ତୁ। ପାଣି ନିଗିଡ଼ି ଗଲେ କଟିଙ୍ଗ୍ ବୋର୍ଡ଼ ଓ ଛୁରୀ ସାହାଯ୍ୟରେ ହେଉ ବା ପନିକିରେ ହେଉ ମୁଠାଏ ଶାଗ ଧରି ଆସ୍ତେ ଆସ୍ତେ ଛୋଟ ଛୋଟ ଖଣ୍ଡ କରି କାଟନ୍ତୁ। ପାଳଙ୍ଗ ଶାଗକୁ ବଡ଼ ବଡ଼ ଖଣ୍ଡ କରି କାଟନ୍ତୁ। ସଜନା ଶାଗକୁ ଗୋଟି ଗୋଟି ପତ୍ର ଡେମ୍ଫରୁ ଛଡ଼ାଇ ଧୋଇ ସଙ୍ଗେ ସଙ୍ଗେ ଛାଣି ରାନ୍ଧିବେ। ସଜନା ଶାଗକୁ କାଟି ରଖିଦେଲେ ଏହା ସ୍ୱାଦ ନଷ୍ଟ ହୋଇଯାଏ। କଖାରୁ ପତ୍ରର ପଛ ପଟ ଶୀରାକୁ କାଢ଼ି ଚୁନ୍ ଚୁନ୍ କରି କାଟି ସିଝାଇ ପରିବା ପକାଇ ପ୍ରସ୍ତୁତ କରାଯାଏ। ପିତାଶାଗରୁ ଡେମ୍ଫ ବାହାର କରି ପତ୍ରକୁ ପରିବା ସହ ରନ୍ଧାଯାଏ।

ମଞ୍ଜା

ମଞ୍ଜାର ଉପର ଖୋଳପା ବାହାର କରି ଭିତର ମଞ୍ଜଟିକୁ ଖାଦ୍ୟ ଭାବରେ ପ୍ରସ୍ତୁତ କରାଯାଏ। ରାନ୍ଧିବା ପୂର୍ବରୁ ମଞ୍ଜାକୁ କିପରି ପ୍ରସ୍ତୁତ କରାଯାଏ ନିମ୍ନରେ ସୂଚନା ଦିଆଗଲା।

୧. ଗୋଲ୍ ଓ ଯଥା ସମ୍ଭବ ପତଳା କରି ମଞ୍ଜାକୁ କାଟି ଥାଳିରେ ରଖନ୍ତୁ। ପ୍ରତି ଖଣ୍ଡ କାଟିଲା ବେଳକୁ ଯେଉଁ ସୂତା ବାହାରିବ ତାକୁ ବିଶି ଆଙ୍ଗୁଠିରେ ଗୁଡ଼ାଇ ଗୁଡ଼ାଇ କାଢ଼ି ଦିଅନ୍ତୁ।

୨. କିଛି ଗୋଲ ଗୋଲ କଟା ମଞ୍ଜାକୁ ଥାକ କରି ଚୁନ୍ ଚୁନ୍ କରି କାଟି ଗୋଟିଏ ଚଟକା ଥାଳିରେ ରଖନ୍ତୁ। ଏଥିରେ ଲୁଣ ଛିଞ୍ଚି ଭଲ ଭାବରେ ଦୁଇ ପାପୁଲିରେ ଦଳି ରଖନ୍ତୁ।

୩. ଅଧଘଣ୍ଟା ପରେ ଏଥିରୁ ପାଣି ଚିପୁଡ଼ି ରନ୍ଧନ ଉପଯୋଗୀ କରନ୍ତୁ।

କଦଳୀ ଭଣ୍ଡା

କଦଳୀ କାନ୍ଦିର ତଳ ଭାଗରେ ଭଣ୍ଡାଟି ଝୁଲି ରହିଥାଏ। ଏହା ବାଛିବାକୁ ଅଧିକ ସମୟ ଲାଗେ। ଏହାକୁ ବାଛିବାକୁ ହେଲେ ଲାଲ୍ ରଙ୍ଗର ଖୋଳପାକୁ ବାଦ୍ ଦେଇ ଭିତରେ ଥିବା ଫୁଲରୁ ଖାଡ଼ି ଓ ଛୋଟ ପତଳା ଚୋପାକୁ ବାଛି ବାହାର କରି ଦିଅନ୍ତୁ। ଫୁଲକୁ ଧୋଇ ଚୁନ୍ ଚୁନ୍ କରି କାଟି ସିଝାନ୍ତୁ। ସିଝିଗଲେ ଥଣ୍ଡା କରି କଷା ପାଣି ଚିପୁଡ଼ି ବାହାର କରି ଦିଅନ୍ତୁ। ଏଥର ରେସିପି ଅନୁସାରେ ଚପ୍, ରାଇ, ତରକାରୀ ଆଦି କରନ୍ତୁ।

କଖାରୁ ଫୁଲ

କଖାରୁ ଫୁଲରୁ ଭୁଣ୍ଡିକୁ ଅଲଗା କରନ୍ତୁ। ଭୁଣ୍ଡିରେ ଥିବା ହଳଦିଆ ରଙ୍ଗର ପରାଗ ଦଣ୍ଡଟିକୁ ଛିଡ଼ାଇ ଫୋପାଡ଼ି ଦିଅନ୍ତୁ। ଏଥର ଫୁଲ ଓ ଭୁଣ୍ଡିକୁ ରେସିପି ଅନୁସାରେ ଭଜା, ରାଇ ଓ ଶାଗରେ ବ୍ୟବହାର କରନ୍ତୁ।

ଅନ୍ୟାନ୍ୟ ପରିବା

ଅନ୍ୟାନ୍ୟ ପରିବା ବିଷୟରେ ଅଳ୍ପ ବହୁତ ସମସ୍ତଙ୍କୁ ଜଣା। ଫୁଲ କୋବି, ବ୍ରକୋଲି ଆଦିରୁ ଫୁଲ ଛଡ଼ାଇ ନରମ ଡେମ୍ଫକୁ କାଟି ବ୍ୟବହାର କରାଯାଏ। ପତ୍ର କୋବିର ଉପର ପତ୍ର ୨/୩ଟି କାଢ଼ି ସରୁ ସରୁ କାଟି ରନ୍ଧାଯାଏ। ଏ ସବୁ ପରିବାକୁ ଛାଡ଼ିଦେଲେ କେଉଁ ପରିବାକୁ ଚୋପା ଛଡ଼ାଇ ତ କାହାକୁ ସାମାନ୍ୟ ଚାଞ୍ଛି ଓ କାହାର ଶିରା ଛଡ଼ାଇ ରନ୍ଧନ ଉପଯୋଗୀ କରାଯାଏ। ଯଥା-

- ଚୋପା ଛଡ଼ାଯାଉଥିବା ପରିବା - ଲାଉ, କଖାରୁ, କଷି ପାଣି କଖାରୁ, କଞ୍ଚା ଅମୃତ ଭଣ୍ଡା, ଜହ୍ନି, ଉଲକୋବି ବିଟ୍, ସାରୁ, ଦେଶୀ ଆଳୁ, କଦଳୀ ଆଦି।
- ସାମାନ୍ୟ ଚୋପା ଛଡ଼ା ଯାଉଥିବା ପରିବା - ସଜନା ଛୁଇଁ, ଡଙ୍କ ଜାତୀୟ ଯଥା - କଖାରୁ ଡଙ୍କ, ଲାଉ ଡଙ୍କ, ପୋଇଡଙ୍କ, ପାକଳ ଖଡ଼ା ଆଦି।
- ଚାଞ୍ଛା ଯାଉଥିବା ପରିବା - ଛଚିନ୍ଦ୍ରା, ପୋଟଳ, ଗାଜର, ମୂଳା ଆଦି।
- ଶିରା କଢ଼ା ଯାଉଥିବା ପରିବା - ଶିମ୍ବ, ବୀନ୍, ପାକଳ ଖଡ଼ା ଓ ବରଗୁଡ଼ି ଆଦି।

ପିଆଜ କଟା

ପିଆଜ କାଟିବା ସମୟରେ ଆଖି ଓ ନାକରୁ ପାଣି ବାହାରେ। ପନିକି ଅପେକ୍ଷା କଟିଙ୍ଗ୍ ବୋର୍ଡ଼ରେ ଛୁରୀ ସାହାଯ୍ୟରେ ପିଆଜ କାଟିଲେ ଏହା କମ୍ ଅନୁଭୂତ ହୁଏ। ପିଆଜର ଚୋପା ଛଡ଼ାଇ ଦୁଇ ଫାଳ କରି ପାଣିରେ କିଛି ସମୟ ଧୋଇ ଦେଲେ ରାଗ ଅଂଶ କମି ଯାଏ ବୋଲି କୁହାଯାଏ। ଖାଦ୍ୟର ପ୍ରକାରଭେଦ ଅନୁସାରେ କେଉଁଠି ଲମ୍ବରେ ପତଳା ପତଳା (slice) ବା କେଉଁଠି ଚୁନ୍ ଚୁନ୍ (chop) ତ କେଉଁଠି ପତଳା କରି ଗୋଲ୍ ଗୋଲ୍ କରି କଟା ଯାଇଥାଏ।

ରସୁଣ

ରସୁଣର ପାଖୁଡ଼ା ଛଡ଼ାଇ ପାଣିରେ କିଛି ସମୟ ବତୁରାଇ ଚୋପା ଛଡ଼ାଇଲେ ଶୀଘ୍ର ଚୋପା ଛାଡ଼ିଯାଏ। କୋଳାଗୁଡ଼ିକୁ ନିର୍ଦ୍ଦେଶାବଳୀ ଅନୁସାରେ କେଉଁଥିରେ ଗୋଟା ତ କେଉଁଥିରେ ଛେଚା ବା କେଉଁଠାରେ ଗୋଲ ଗୋଲ କଟା ବା ଚୁନ୍ ଚୁନ୍ କାଟି ବ୍ୟବହାର କରାଯାଏ।

ଅଦା

ଅଦାକୁ ଚୋପା ଛଡ଼ାଇ ଛେଚି, କୋରି, ଚୁନ୍ ଚୁନ୍ କାଟି ବା ଡିଆସିଲି କାଠି ଭଳି ସରୁ ସରୁ ଲମ୍ବ ଲମ୍ବ (Jullien) କାଟି ନିର୍ଦ୍ଦେଶାବଳୀ ଅନୁସାରେ ବ୍ୟବହାର କରନ୍ତୁ।

ଦହି ବସାଇବା

କ୍ଷୀରକୁ ଭଲ ଭାବରେ ଆଉଟି ଦିଅନ୍ତୁ। ଚୁଲିରୁ ଓହ୍ଲାଇ ଥଣ୍ଡା କରନ୍ତୁ ଓ ଅଳ୍ପ ଉଷୁମ (ନଖ ଉଷୁମ) ଥାଇ ମହି ପକାଇ ଦେଲେ ୭/୮ ଘଣ୍ଟାରେ ଦହି ବସିଯିବ। ଶୀତଦିନେ ଏହା ଅଧିକ ସମୟ ଲାଗେ। କିନ୍ତୁ ହଟ୍‌କେସ୍ ବା କାସ୍‌ରୋଲ୍‌ରେ ଏହି ନିର୍ଦ୍ଧାରିତ ସମୟରେ ଦହି ବସିଯାଏ। ଦହି ବସାଇବା ପାଇଁ କାଚ, ଚାଇନା କ୍ଲେ ବା ଷ୍ଟିଲ୍ ପାତ୍ର ବାଛିବେ। ୧ ଲିଟର କ୍ଷୀରରେ ୨ ଟେବୁଲ୍ ଚାମଚ୍ ମହି (ପୂର୍ବ ଦିନର ଦହି) ମଜାଇ ସାମାନ୍ୟ ଗୋଳାଇ ବସାଇବେ। ଲେମ୍ବୁ ରସ ବା ଅନ୍ୟାନ୍ୟ ଅମ୍ଳ ପଦାର୍ଥ ଯୋଗ କରି ମଧ୍ୟ ଦହି ବସାଯାଇ ପାରିବ। ଏଥିପାଇଁ ୧ ଲିଟର କ୍ଷୀରରେ ୨ ଟେବୁଲ୍ ଚାମଚ୍ ଲେମ୍ବୁରସ ଦେଇ ଦହି ବସାଯାଇ ପାରିବ। ଏହି ପ୍ରଣାଳୀରେ ଦହି ବସିବାକୁ ଅଧିକ ସମୟ ଲାଗିଥାଏ।

ଛେନା କରିବା

କ୍ଷୀର ଚୁଲିରେ ବସାଇ ଫୁଟାନ୍ତୁ। କ୍ଷୀର ଫୁଟିଗଲେ (୧ ଲିଟର କ୍ଷୀରରେ ୨ଟି ଲେମ୍ବୁର ରସ) ଲେମ୍ବୁରସ କ୍ଷୀରର ଚାରିପଟେ ଢାଳି ଦିଅନ୍ତୁ। କିଛି ସମୟ ପରେ କ୍ଷୀର ଫାଟିଯିବ ବା ଛେନା ଓ ଛେନାପାଣି ଅଲଗା ହୋଇଯିବ। ଏହା ଉପରେ ଥଣ୍ଡା ପାଣି କିଛି ବୁଲାଇ ଦିଅନ୍ତୁ। ଲକ୍ଷ୍ୟ କରନ୍ତୁ। ଛେନାପାଣି ଧଳା ଦେଖା ନ ଯାଇ ସ୍ୱଚ୍ଛ ଦେଖାଗଲେ ଚୁଲିରୁ ଓହ୍ଲାଇ ଘୋଡ଼ାଇ ଦିଅନ୍ତୁ। କିଛି ସମୟପରେ ଷ୍ଟିଲ୍ ବା ପ୍ଲାଷ୍ଟିକ୍ ଷ୍ଟେନର୍ (stainer)ରେ ବା ସଫା ସରୁ କନାରେ ଛାଣି ଛେନାକୁ ରଖନ୍ତୁ। ଲେମ୍ବୁରସ ପରିବର୍ତ୍ତେ ଛେନା ପାଣିକୁ ପରଦିନ ଛେନା ପ୍ରସ୍ତୁତିରେ ବ୍ୟବହାର କରି ପାରିବେ।

ଦହି ଛେନା

ବେଶୀ ଖଟା ହୋଇ ନଥିବା ଦହିକୁ ଗୋଳାଇ ଲହୁଣି କାଢ଼ି ସାରିବା ପରେ ଘୋଳ ଦହିକୁ ଅଳ୍ପ ଜାଳରେ ଅଧ ଘଣ୍ଟାଏ ପର୍ଯ୍ୟନ୍ତ ବସାଇଦେଲେ ଛେନା ଆପେ ଆପେ ଛିଡ଼ିଯାଏ। ଦହିରୁ ପ୍ରସ୍ତୁତ ହେଉଥିବାରୁ ଏହାକୁ ଦହି ଛେନା କୁହାଯାଏ। ମୁଖ୍ୟତଃ ଏହା ପିଠାର ପୂରରେ ବ୍ୟବହାର କରାଯାଏ।

ମାଛ ବାଛିବା

ମାଛ ବିକାଳି ବା ଦୋକାନୀମାନେ ଆଜିକାଲି ମାଛ କିଣିବା ସମୟରେ ମାଛ କାଟିବା ଓ ବାଛିବା କାମଟି ସାରି ଦେଉଛନ୍ତି। ଯେଉଁ ଜାଗାରେ ଏ ସୁବିଧା ନାହିଁ ସେ ସ୍ଥଳରେ ନିଜକୁ ଏହି କାମଟି କରିବାକୁ ପଡ଼ିଥାଏ। ଗାଁ ଗହଳିରେ ମାଛରେ କିଛି ପାଉଁଶ ଗୋଳାଇ ମାଛ ବାଛିଥା'ନ୍ତି। ଫଳରେ ମାଛରେଥିବା ଲାଳ ଅଂଶ ପାଉଁଶରେ ଲାଗିଯାଏ ଓ ମାଛ କାଟିବାକୁ ସୁବିଧା ହୁଏ। ମାଛ କାଟିବା ପାଇଁ ପନିକି, ଛୁରୀ ଓ କଇଁଚି ବ୍ୟବହାର କରାଯାଏ। ଘରେ ସହଜରେ ଓ ସୁବିଧାରେ କିପରି ମାଛ କଟାଯାଇ ପାରିବ ସେ ବିଷୟରେ ନିମ୍ନରେ ଆଲୋଚନା କରାଗଲା।

ଚୁନା ମାଛ

ଗୋଟିଏ ପାତ୍ରରେ କିଛି ପାଣିନେଇ ଏଥିରେ ଚୁନାମାଛ ପକାଇ ଟିପରେ ଆସ୍ତେ ଆସ୍ତେ ଘଷି ଘଷି କାତି ଛଡ଼ାଇ ଦିଅନ୍ତୁ। ତା'ପରେ ମୁଣ୍ଡର ଠିକ୍ ତଳକୁ ଚିପି ମାଛର ପିତ ବାହାର କରି ଦିଅନ୍ତୁ।

ମଧ୍ୟମ ଓ ବଡ଼ ଧରଣର ମାଛ

ପୋହଳା, ସେରଣା କେରାଣ୍ଡି ଆଦି ମଧ୍ୟମ ଧରଣର ମାଛଗୁଡ଼ିକୁ ପନିକି ବା ଛୁରୀରେ ଲାଞ୍ଜରୁ ମୁଣ୍ଡ ଆଡ଼କୁ ଘଷି ଘଷି ଦେଲେ କାତି ଛାଡ଼ିଯାଏ। ତା'ପରେ ମୁଣ୍ଡର ଠିକ୍ ତଳକୁ କାଟି ପିତ୍ତ, ଅନ୍ତି ଆଦି ବାହାର କରି ଦିଅନ୍ତୁ। ବଡ଼ ମାଛ ହୋଇଥିଲେ, ମୁଣ୍ଡଟିକୁ କାଟି ସମ୍ପୂର୍ଣ୍ଣ ଅଲଗାକରି ଏହାର ପେଟରେ ହାତ ପୁରାଇ ଅନ୍ତି, ପୁଟି ଓ ପିତ୍ତ ଆଦି ବାହାର କରି ଦିଅନ୍ତୁ। ପେଟି ମାଛ କାଟିବାକୁ ହେଲେ ପେଟ ପାଖରୁ ଓହଳି ପଡ଼ିଥିବା ଅଂଶଟିକୁ ଲମ୍ବରେ କାଟି ରୁଚି ଅନୁସାରେ ଖଣ୍ଡ ଖଣ୍ଡ କରି ଓ ଅନ୍ୟ ଅଂଶକୁ ରୁଚି ଅନୁସାରେ ଖଣ୍ଡ ଖଣ୍ଡ କରି କାଟନ୍ତୁ।

ଚିଙ୍ଗୁଡ଼ି

ଚିଙ୍ଗୁଡ଼ିର ଖୋଳପା, ନିଶ, ଗୋଡ଼ ଆଦି ବାହାର କରି ସଫା କରାଯାଏ। ଚିଙ୍ଗୁଡ଼ି ପିଠିରେ ଗୋଟିଏ କଳା ରଙ୍ଗର ସରୁ ସୂତା ଭଳି ଗାରଟିଏ ଦେଖାଯାଏ। ଏହାକୁ ଛୁରୀ ଚଳାଇ ଆସ୍ତେକରି ବାହାର କରି ଦିଅନ୍ତୁ। ଏହି କଳା ସୂତାଟି ଚିଙ୍ଗୁଡ଼ିର ଖାଦ୍ୟନଳୀ (intestine) କୁହାଯାଏ। ଏହା ଖାଇଲେ ପେଟ ଖରାପ ହୁଏ। ମଧ୍ୟମ ଓ ବଡ଼ ଚିଙ୍ଗୁଡ଼ିର ଲାଞ୍ଜର କିଛି ଅଂଶ ଖୋଳପା ନ ଛଡ଼ାଇ ରାନ୍ଧିଲେ ଏହା ଖାଦ୍ୟରେ ଭଲ ସ୍ୱାଦ-ମହକ (flavour) ଦେଇଥାଏ। ଛୋଟ ବା ଭୁସି ଚିଙ୍ଗୁଡ଼ିର ଚୋପା ଛଡ଼ାଯାଏ ନାହିଁ। ଏହାର କେବଳ ନିଶ ଓ ଗୋଡ଼କୁ ଛିଡ଼ାଇ ସଫା କରାଯାଏ।

ମାଛ ଓ ଚିଙ୍ଗୁଡ଼ି ଆଦିକୁ ବାଛି ସାରିବା ପରେ ୩ ରୁ ୪ଥର ପାଣି ବଦଳାଇ ନଚେତ୍ ପାଇପ୍ ପାଣିରେ ପରିଷ୍କାର ଭାବେ ଧୋଇବା ଉଚିତ୍।

ଶୁଖୁଆ

ଚିଙ୍ଗୁଡ଼ି ଶୁଖୁଆ, ପିତା ଶୁଖୁଆ, ଗୋଟି ଶୁଖୁଆ ଓ ବଡ଼ ଶୁଖୁଆ ଆଦି ଭିନ୍ନ ଭିନ୍ନ ପ୍ରକାରର ଶୁଖୁଆ ମିଳିଥାଏ। ଚିଙ୍ଗୁଡ଼ି ଶୁଖୁଆକୁ ତାମ୍ପଡ଼ା ଶୁଖୁଆ କୁହାଯାଏ। ଏହାକୁ ରାନ୍ଧିବା ପୂର୍ବରୁ ପାଣିରେ କିଛି ସମୟ ବତୁରାଇ ଚିଙ୍ଗୁଡ଼ି ଭଳି ନିଶ ଓ ଗୋଡ଼କୁ ଛିଡ଼ାଇ ଦିଆଯାଏ। ଏହାର ଚୋପା ଛଡ଼ାଯାଏ ନାହିଁ। ଛୋଟ ମାଛର ଶୁଖୁଆକୁ ପିତା ଶୁଖୁଆ କୁହାଯାଏ। ଏହାର ମୁଣ୍ଡ ତଳୁ ସାମାନ୍ୟ ଛିଡ଼ାଇ ବ୍ୟବହାର କରାଯାଏ। ମଧ୍ୟମ ଓ ବଡ଼ ଶୁଖୁଆରେ ପ୍ରାୟ ପେଟ ସଫା ଥାଏ। ବଡ଼ ମାଛ ଭଳି ଏହାର ପର, କାତି ଓ ଲାଞ୍ଜ ପାଖରୁ କାଟି ସଫା କରିବାକୁ ପଡ଼ିଥାଏ। ଶୁଖୁଆରେ ବହୁତ ଲୁଣ ଥାଏ। ଏହାକୁ ବାଛି ସାରିବା ପରେ ପରିଷ୍କାର ଭାବେ ଧୋଇ ଲୁଣଛଡ଼ାଇ ବ୍ୟବହାର କରନ୍ତୁ।

କଙ୍କଡ଼ା

କଙ୍କଡ଼ାକୁ ବାଛିବା ପୂର୍ବରୁ ଗୋଟା କଙ୍କଡ଼ାକୁ ଫୁଟନ୍ତା ପାଣିରେ ପକାଇ ୧୦/୧୫ ମିନିଟ ଢାଙ୍କୁଣି ଘୋଡ଼ାଇ ଫୁଟାଇ ଦିଆଯାଏ। ଫୁଟନ୍ତା ପାଣିରେ କଙ୍କଡ଼ା ଭିତରେ ଥିବା ପ୍ରୋଟିନ୍ ବାନ୍ଧି ହୋଇଯାଏ। ତା'ପରେ ପାଣିରୁ କାଢ଼ି ପରିଷ୍କାର ଭାବେ ଧୋଇ ଏହାର ଗୋଡ଼ ଗୁଡ଼ିକ ଅଲଗା କରି ବଡ଼ ଗୋଡ଼କୁ ସାମାନ୍ୟ ବାଡ଼େଇ ଫଟାଇ ଦିଆଯାଏ ଓ ମଝି ଗୋଲ ଅଂଶରୁ ଖୋଳପା ଛଡ଼ାଇ ପେଟର ଧଳା ଖୋଳପା ମଝିରେ ଥିବା ଫୁଲଟିକୁ ବାହାର କରି ଦିଆଯାଏ। କେହି କେହି କଞ୍ଚା କଙ୍କଡ଼ା ମଧ୍ୟ ପ୍ରସ୍ତୁତ କରିଥା'ନ୍ତି। ବଡ଼ ଗୋଡ଼ ଦୁଇଟିକୁ ଭାଙ୍ଗି ଉପରୋକ୍ତ ପ୍ରଣାଳୀରେ ସଫା କରାଯାଇ ପାରିବ। ବଡ଼ ଖୋଳପାଟିକୁ ଛଡ଼ାଇ ଦେଲେ ଏଥିରେ ଥିବା ଇଟ ଓ ପାଣିକୁ ନ ଫୋପାଡ଼ି ଗୋଟିଏ ଜାଗାରେ ରଖି ବ୍ୟବହାର କରିବେ।

କୁକୁଡ଼ା ମାଂସ (Chicken)

କୁକୁଡ଼ା ମାଂସ ସାଧାରଣତଃ ଆମକୁ କାଟିବାକୁ ପଡ଼ି ନଥାଏ। ମାଂସ ଦୋକାନୀ ହିଁ ଏହି କାମ ସାରି ଦେଇଥାନ୍ତି। ବରାଦ ନ କଲେ କୁକୁଡ଼ାକୁ ଗୋଟିଏ ଆକାରର କାଟି ବିକ୍ରି କରିଥାନ୍ତି। ଚମ ସହ ମଧ୍ୟ କୁକୁଡ଼ା ମାସଂ ପ୍ରସ୍ତୁତ କରାଯାଏ। ଏଥି ନିମନ୍ତେ ଗୋଟା କୁକୁଡ଼ାକୁ ଗରମ ପାଣିରେ ବୁଡ଼ାଇ ଏହାର ପର ଓ ରୁମଗୁଡ଼ିକୁ ଗୋଟି ଗୋଟିକରି ପରିଷ୍କାର କରିବାକୁ ପଡ଼ିଥାଏ। ରୋଷ୍ଟ, ବାର୍‌ବିକ୍ୟୁ (barbecue), ଗ୍ରୀଲଡ଼ ଚିକେନ୍ ଆଦି କେତେକ ସ୍ୱତନ୍ତ୍ର ଧରଣର ରେସିପି ଚର୍ମଥିବା କୁକୁଡ଼ାରେ ପ୍ରସ୍ତୁତ କରାଯାଏ। କୁକୁଡ଼ା କେଉଁଠାରେ ଗୋଟା ତ କେଉଁଠାରେ ନିର୍ଦ୍ଦିଷ୍ଟ ଅଂଶ ବିଶେଷକୁ ନେଇ ତଥା କେତେକରେ କିମା ମାଂସକୁ ନେଇ ରେସିପି ଅନୁସାରେ ପ୍ରସ୍ତୁତ କରାଯାଏ।

ମଟନ୍ (Mutton)

ବୁଚର ବା ମାଂସ ଦୋକାନୀ ଏହା ପ୍ରସ୍ତୁତ କରିଥାନ୍ତି। ବରାଦ ଅନୁସାରେ ସାନ ବଡ଼ ଖଣ୍ଡ କାଟିଥାନ୍ତି। କିମା ମାଂସ (ground meat) ବୁଚରହିଁ ପ୍ରସ୍ତୁତ କରିଥାନ୍ତି। କଲିଜା ସ୍ୱତନ୍ତ୍ର ଭାବରେ ବରାଦ କଲେ ମିଳିଥାଏ।

ମସଲା କଷା

ମସଲା କଷିଲାବେଳେ ଟିକିଏ ଧୈର୍ଯ୍ୟ ଓ ସାବଧାନତା ଦରକାର। ପିଆଜକୁ ଗରମତେଲରେ ପକାଇ ବାଦାମୀ ରଙ୍ଗ ହେବା ପର୍ଯ୍ୟନ୍ତ ଭାଜି, ଏଥିରେ ବଟା ମସଲା ଯୋଗ କରି କଷନ୍ତୁ। ଯଦି ମସଲାଗୁଡ଼ିକ ଅଲଗା ଅଲଗା ବାଟିଥାନ୍ତି ତେବେ ଅଳ୍ପ ଅଳ୍ପ ବ୍ୟବଧାନରେ ଧନିଆ ବଟା, ଜୀରା ବଟା, ହଳଦୀ ଓ ଲଙ୍କାବଟା, ପିଆଜ ବଟା, ଅଦା ଓ ରସୁଣ ବଟାକୁ କ୍ରମ ଅନୁସାରେ ପକାନ୍ତୁ। ବଟା ନଡ଼ିଆ ବା କାଜୁଥିଲେ ମସଲା ଅଧା କଷି ହୋଇ ଆସିଲା ବେଳକୁ ଯୋଗ କରନ୍ତୁ। ମସଲା କଷିଲା ବେଳେ ଅଳ୍ପ, ଅଳ୍ପ ପାଣି ଛିଞ୍ଚି କଷନ୍ତୁ। ମସଲା ଲାଲ୍ ହେବା ପର୍ଯ୍ୟନ୍ତ ଅଳ୍ପ ସମୟ ଅନ୍ତରରେ ପାଣି ପକାଇ କଷିଲେ, ମସଲା ପୋଡ଼ି ଯିବାର ଭୟ ନଥାଏ। ମସଲା କଷାରେ ତେଲ ଉପରକୁ ବୁଦ୍ ବୁଦ୍ ହୋଇ ଉଠିଲେ ମସଲା କଷା ହୋଇଗଲା ବୋଲି ଜାଣିବେ। ମସଲାରେ ଦହି ପକାଇବା ପାଇଁ ଥିଲେ ଅଧା କଷା ବେଳେ ଦହି ପକାଇ ଗୋଳାଇ ମସଲା କଷିବେ। କଷା ହୋଇଥିବା ମସଲାକୁ ଏଆର ଟାଇଟ୍ ଡବାରେ ରେଫ୍ରିଜେରେଟର୍‌ରେ ରଖି ୧୦ ରୁ ୧୫ ଦିନ ପର୍ଯ୍ୟନ୍ତ ବ୍ୟବହାର କରିପାରିବେ। ମସଲାର ମାପ ପ୍ରତ୍ୟେକ ରେସିପିରେ ଦିଆଯାଇଛି। ନିର୍ଦ୍ଦେଶାବଳୀ ଅନୁସରଣ କରନ୍ତୁ।

ଛୁଙ୍କ

ଛୁଙ୍କ କହିଲେ ଆମେ ବଘରାକୁ ବୁଝିଥାଉ। ଯେଉଁ ଛୁଙ୍କ ପଡ଼ିଶାଘରକୁ ଚମକାଇ ଦିଏ ନାହିଁ ସେ ଛୁଙ୍କ ଛୁଙ୍କ ନୁହେଁ ବୋଲି ଲୋକେ କହନ୍ତି। ଛୁଙ୍କ କିପରି ହୁଏ ନିମ୍ନରେ ଦିଆଗଲା।

- ତେଲ ତାତିଲେ ଲଙ୍କା ପକାନ୍ତୁ।
- ଅଳ୍ପ ଭାଜି ଫୁଟଣ ଫୁଟାନ୍ତୁ।
- ଅଦା, ରସୁଣ ଓ ପିଆଜ ପକାଇ ଜାରି ସିଝା ପରିବା, ଡାଲମା, ଡାଲି ବା ଯେ କୌଣସି ସନ୍ତୁଳା ରାଇ ପକାଇ ଛୁଙ୍କ କରନ୍ତୁ।

ବେସର

ମୂଳ ମସଲା ସୋରିଷକୁ ନେଇ ଆନୁସଙ୍ଗିକ କେତେକ ମସଲା ବାଟି ବେସର ମସଲା ପ୍ରସ୍ତୁତ କରାଯାଏ। ବଟା ବେସରକୁ କାଚ ବା ପ୍ଲାଷ୍ଟିକ୍ ଡବାରେ ରେଫ୍ରିଜେରେଟର୍‌ରେ ୧ ସପ୍ତାହ ପର୍ଯ୍ୟନ୍ତ ରଖି ବ୍ୟବହାର କରିପାରିବେ। ଶିଳରେ ବାଟିଲେ ବେସର ମସଲା ଚିକ୍କଣ ହୁଏ। ଗ୍ରାଇଣ୍ଡରରେ ବାଟିବାକୁ ହେଲେ ଜୀରା ଓ ସୋରିଷକୁ ୩୦ ମିନିଟ୍ ପାଣିରେ ବତୁରାଇ ବାଟିଲେ ଶୀଘ୍ର ହୁଏ।

ବେସରର ଅନୁପାତ

ସୋରିଷ - ୨ ଟେବୁଲ୍ ଚାମଚ୍

ଜୀରା - ୧/୨ ଟେବୁଲ୍ ଚାମଚ୍

ରସୁଣ - ୮ ରୁ ୧୦ କୋଲା (ଆକାର ଅନୁସାରେ)

କଞ୍ଚା ବା ଶୁଖିଲା ଲଙ୍କା - ୨ଟି

ଗରମ ମସଲା

ଡାଲଚିନି, ଗୁଜୁରାତି ଓ ଲବଙ୍ଗର ମିଶ୍ରିତ ଗୁଣ୍ଡରେ 'ଗରମ ମସଲା' ଗୁଣ୍ଡ ଘରେ ଘରେ ପ୍ରସ୍ତୁତ କରାଯାଏ। ତରକାରୀ ହୋଇସାରିବା ପରେ ଗରମ ମସଲାକୁ ବାଟି ବା ଗୁଣ୍ଡ କରି ତରକାରୀରେ ପକାଯାଏ। ପଲାଉରେ ଗୋଟା ମସଲା ପ୍ରଥମରୁ ଘିଅ ବା ତେଲରେ ଭାଜି, ଚାଉଳ ପକାଇ ଭାଜି ପ୍ରସ୍ତୁତ କରାଯାଏ। କେତେକ ମାଛ ଓ ମାଂସ ତରକାରୀରେ ମଧ୍ୟ ପ୍ରଥମରୁ ତେଲରେ ଗୋଟା ମସଲା ଭାଜି ତା'ପରେ ବଟା ମସଲା ପ୍ରୟୋଗ କରାଯାଏ। ବଜାରରେ ମିଳୁଥିବା ଗରମ ମସଲା ଗୁଣ୍ଡରେ ଡାଲଚିନ୍, ଗୁଜୁରାତି, ଲବଙ୍ଗ ଷ୍ଟାର ଆନିସ୍, ଯାଇତ୍ରୀ, ଯାଇଫଳ, ତେଜପତ୍ର ସହିତ ଅନେକ ପ୍ରକାରର ମସଲା ଗୁଣ୍ଡ ହୋଇ ପ୍ୟାକେଟ୍‌ରେ ବିକ୍ରି ହୁଏ।

ନଡ଼ିଆ ରସ

ଯେଉଁଠି କେବଳ ନଡ଼ିଆରସର ବ୍ୟବହାର ପାଇଁ ନିର୍ଦ୍ଦେଶ ଦିଆଯାଇଛି, ସେଠାରେ ନଡ଼ିଆ କୋରାରେ ଅଳ୍ପ ପାଣି ଦେଇ ଚଟଣୀ ଭଳି ବାଟି ରସ ଚିପୁଡ଼ି ବ୍ୟବହାର କରନ୍ତୁ। ଯେଉଁଠାରେ ନଡ଼ିଆର ପ୍ରଥମ ରସ ଓ ଦ୍ୱିତୀୟ ରସର ବ୍ୟବହାର ଅଛି : ସେଠାରେ ନଡ଼ିଆକୁ କୋରି ପତଳା ସଫା କନାରେ ଚିପୁଡ଼ି ପ୍ରଥମ ରସ ବାହାର କରନ୍ତୁ। ତା'ପରେ ଗ୍ରାଇଣ୍ଡରରେ ଖଦଡ଼ାକୁ ଅଳ୍ପ ପାଣି ଦେଇ ବାଟି ରସ ଛାଣି ଦ୍ୱିତୀୟ ରସ କରନ୍ତୁ। ତୃତୀୟ ରସ ବାହାର କରିବାକୁ ହେଲେ ଦ୍ୱିତୀୟ ନଡ଼ିଆ ରସ ବାହାର କରି ସାରିବା ପରେ ବଳି ପଡ଼ିଥିବା ଖଦଡ଼ାରେ ସାମାନ୍ୟ ଉଷୁମ ପାଣି ମିଶାଇ ଚିପୁଡ଼ି ଦେଲେ ଏହା ବାହାରିଯିବ।

ସୁପ୍

ସୁପ୍ ହେଉଛି ଏକ ତରଳ ଖାଦ୍ୟ ଯାହାକି ଶରୀରକୁ ଆବଶ୍ୟକୀୟ ପୋଷକ (nutrient) ଯୋଗାଇ ଥାଏ। ନିତିଦିନିଆ ଖାଦ୍ୟ ତାଲିକାରେ ଏହା ସ୍ଥାନ ପାଇବା ଉଚିତ୍। ରୋଗୀଙ୍କ ପାଇଁ ଏହା ଏକ ଉପାଦେୟ ଖାଦ୍ୟ। ସବୁ ସମୟରେ (ଋତୁରେ) ସୁପ୍ ଖିଆଯାଇ ପାରିବ। ଏହା ଏକ 'କ୍ଷୁଧାବର୍ଦ୍ଧକ' ବା 'ଆପେଟାଇଜର୍' ଭାବରେ ପରିଚିତ। ସାଧାରଣତଃ ମୂଳଖାଦ୍ୟ (main course)ର ଅବ୍ୟବହିତ ପୂର୍ବରୁ ଏହା ପରଷାଯାଏ।

ରୋଷେଇ କରିବା ପୂର୍ବରୁ ସାମଗ୍ରୀ ପ୍ରସ୍ତୁତ କଲାବେଳେ କେତେକ ଅଂଶ, ଯଥା - ପରିବା ଚୋପା, ଭୁଣ୍ଡି, କୋବି ପତ୍ର, ମୂଳା ପତ୍ର, ଶାଗର ଟାଣ ଡେଙ୍ଗ, ବନ୍ଧାକୋବିର ଉପର ପତ୍ର, ମଟର ଚୋପା, ମାଛ ଗାଲିସି, ମୁଣ୍ଡ, ଲାଞ୍ଜ ଓ କାତି, ମାଂସରୁ କଢ଼ାଯାଇଥିବା ବୋନ୍, କୁକୁଡ଼ା ଗୋଡ଼ର ତଳ ଅଂଶ (paw), ବେକ ଆଦିକୁ ଅଦରକାରୀ ଭାବି ଫୋପାଡ଼ି ଦିଆଯାଏ। ଏଗୁଡ଼ିକୁ ଯଥେଷ୍ଟ ପାଣିଦେଇ, ଅଧିକ ସମୟ ପର୍ଯ୍ୟନ୍ତ ଅଳ୍ପ ଜାଳରେ ସିଝାଇଲେ, ଏଥିରେ ଥିବା ଖାଦ୍ୟ ସାର (vitamin) ଓ ଖଣିଜ ଲବଣ (minerals) ଗୁଡ଼ିକ ପାଣିରେ ମିଶିଯାଇଥାଏ। ଏହି ପାଣିକୁ ଛାଣି ବା ନିଗାଡ଼ି ଷ୍ଟକ (stock) ପ୍ରସ୍ତୁତ କରାଯାଏ। ଷ୍ଟକ୍‌କୁ ମୂଳ ଉପାଦାନ ଭାବରେ ନେଇ ଏଥିରେ ପରିବା, ମାଛ, ଚିଙ୍ଗୁଡ଼ି, ମାଂସ, ନୁଡ଼ଲ୍, ହର୍ବ ଓ ମସଲା ମସଲି ଆଦି ଯୋଗକରି ବିଭିନ୍ନ ପ୍ରକାର ସୁପ୍ ପ୍ରସ୍ତୁତ କରାଯାଏ। ଷ୍ଟକ୍‌ରୁ ଫ୍ୟାଟ୍ ଅଂଶ କାଢ଼ିବାକୁ ହେଲେ ଏହାକୁ ଥଣ୍ଡାକରି ୨ରୁ ୩ଘଣ୍ଟା ରେଫ୍ରିଜେରେଟ୍‌ରେ ରଖିଦେଲେ ଉପରେ ଏକ ତୈଳାକ୍ତ ଆସ୍ତରଣ ବସିଯାଏ। ଏହାକୁ ଆସ୍ତେ ଆସ୍ତେ କାଢ଼ି ବାହାରକରି ବ୍ୟବହାର କରାଯାଏ। ପରିବା-ଷ୍ଟକ୍‌ପାଇଁ ଏହା ପ୍ରଯୁଜ୍ୟ ନୁହେଁ। ଷ୍ଟକ୍‌କୁ ଅଧିକ ସମୟ ବାହାରେ ରଖିଦେଲେ ଏଥିରେ ବାକ୍‌ଟେରିଆ ଜନ୍ମି ଏହାର ମାନ ଓ ଗୁଣ ନଷ୍ଟକରି ଦିଅନ୍ତି। ତେଣୁ ଷ୍ଟକ୍‌କୁ ସଙ୍ଗେ ସଙ୍ଗେ ବ୍ୟବହାର କରିବାକୁ ପଡ଼ିଥାଏ। ନଚେତ୍ ଥଣ୍ଡାକରି ରେଫ୍ରିଜେରେଟ୍‌ରେ ରଖିବାକୁ ପଡ଼ିଥାଏ। ଅଧିକଦିନ ରଖିବାକୁ ଚାହିଁଲେ ଫ୍ରିଜର୍‌ରେ ଭିନ୍ନ ଭିନ୍ନ ଡ଼ବାରେ ସଂରକ୍ଷଣ କରାଯାଇ ପାରିବ। ନିମ୍ନରେ ବିଭିନ୍ନ ସମାଗ୍ରୀରୁ ପ୍ରସ୍ତୁତ କରାଯାଉଥିବା ଷ୍ଟକ୍ ବିଷୟରେ ସଂକ୍ଷେପରେ ସୂଚନା ଦିଆଗଲା।

ପରିବା ଷ୍ଟକ୍ (Vegtable Stock)

ପରିବା କାଟି ସାରିବା ପରେ ଫୋପାଡ଼ି ଦେଉଥିବା ଅଂଶ ନଚେତ୍ ଯେ କୌଣସି ପରିବାକୁ ଅଧିକ ପାଣିଦେଇ ଢାଙ୍କୁଣି ଘୋଡ଼ାଇ ଅଳ୍ପ ଜାଳରେ ୩୦ ମିନିଟ୍ ପର୍ଯ୍ୟନ୍ତ ଫୁଟାଇ ପାଣିକୁ ଛାଣି ପରିବା ଷ୍ଟକ୍ ପ୍ରସ୍ତୁତ କରନ୍ତୁ।

ମାଛ ଷ୍ଟକ୍ (Fish Stock)

ମାଛକୁ ମଧ୍ୟ ଅନୁରୂପ ପ୍ରଣାଳୀରେ ଷ୍ଟକ୍ ପ୍ରସ୍ତୁତ କରାଯାଏ। ମାଛର ମୁଣ୍ଡ, ଗାଲି, ଲାଞ୍ଜ, କାତି ଓ ପରକୁ ପରିଷ୍କାର ଭାବେ ଧୋଇ ଅଧିକ ପାଣିଦେଇ ଅଳ୍ପ ଜାଳରେ ୨୦ ରୁ ୨୫ ମିନିଟ୍ ପର୍ଯ୍ୟନ୍ତ ସିଝାଇ ପାଣିକୁ ଛାଣି ଫିସ୍ ଷ୍ଟକ୍ ପ୍ରସ୍ତୁତ କରନ୍ତୁ। ଅଧିକ ସମୟ ସିଝାଇଲେ ଏହାର ସ୍ୱାଦ-ମହକ (flavour) ନଷ୍ଟ ହୋଇଯାଏ।

ବ୍ରାଉନ୍ ଷ୍ଟକ୍ (Brown Stock)

କୁକୁଡ଼ା ବା ଛେଳି ବା ଅନ୍ୟାନ୍ୟ ଯେକୌଣସି ମାଂସର କଣ୍ଟା (bone)କୁ ବାଦାମି ରଙ୍ଗ ହେବା ପର୍ଯ୍ୟନ୍ତ ଭାଜି, ଅଧିକ ପାଣିଦେଇ ଅଳ୍ପ ଜାଳରେ ୩୦ ରୁ ୪୦ ମିନିଟ୍ ଫୁଟାଇ ଛାଣି ବ୍ରାଉନ୍ ଷ୍ଟକ୍ ପ୍ରସ୍ତୁତ କରନ୍ତୁ। ଏହାକୁ ବୋନ୍‌ଷ୍ଟକ୍ କୁହାଯାଏ।

ସୁପ୍‌ର ବିଭିନ୍ନ ପ୍ରକାର ଓ ତା'ର ନାମ

ବ୍ରଥ୍ (broth), ପୋଟେଜ୍ (potage), ଚଉଦର୍ (chowder), ଭେଲୁତେ (veloute), ବିସ୍କ୍ (bisque), କନ୍‌ସୋମେ (consomme), କ୍ରିମ୍

ସୁପ୍ (cream soup) ଆଦି ଭିନ୍ନ ଭିନ୍ନ ନାମରେ ସୁପ୍ ପ୍ରଚଳନ ହୋଇଥାଏ।

ବ୍ରଥ୍ (Broth)

ଷ୍ଟକ୍‌ରେ କିଛି ତଟକା ହର୍ବ ଓ ଛୋଟ ଛୋଟ ଖଣ୍ଡ ମାଂସ ବା ପରିବା ପକାଇ ବ୍ରଥ୍ ପ୍ରସ୍ତୁତ କରାଯାଏ। ଏହା ପାଣି ଭଳି ସ୍ୱଚ୍ଛ ଦେଖାଯାଏ। ବ୍ରିଟେନ୍‌ରେ ଏହାକୁ 'କ୍ଲିଅର ସୁପ୍' କହିଥା'ନ୍ତି।

ପୋଟେଜ୍ (Potage)

ଷ୍ଟକ୍‌ରେ ପ୍ରୋସେସ୍‌ଡ଼ ଚିଜ୍, କ୍ରିମ୍ ଓ କିଛି ଭଜା ପରିବା ଯୋଗକରି ପୋଟେଜ୍ ପ୍ରସ୍ତୁତ କରାଯାଏ।

ଚଉଡ଼ର୍ (Chowder)

ଏହା ଏକ ଆମେରିକୀୟ ସୁପ୍, ଷ୍ଟିଉ ଭଳି ଷ୍ଟକ୍‌ରେ ମାଛ ବା ମାଂସ, ପରିବା, କ୍ଷୀର, ଲୁଣ ଓ ଗୋଲମରିଚ ଦେଇ ଏହା ପ୍ରସ୍ତୁତ କରାଯାଏ।

ଭେଲୁଟେ (Veloute)

ଏହା ଏକ ଫ୍ରେଞ୍ଚ୍ ଶବ୍ଦ, ଯାହାକି ଏକ ବହଳ ସୁପ୍‌କୁ ବୁଝାଏ। ପ୍ରୟୋଜନିତା ଅନୁସାରେ ଷ୍ଟକ୍‌ରେ ଅଣ୍ଡା କେଶର, ବଟର, କ୍ରିମ୍, ପିଉରୀ, ହ୍ୱାଇଟ୍ ସସ୍ ଆଦି ଯୋଗକରି ଏହା ପ୍ରସ୍ତୁତ କରାଯାଏ। ଏଥିରେ ବ୍ୟବହାର କରାଯାଉଥିବା ହ୍ୱାଇଟ୍ ସସ୍‌ରେ କ୍ଷୀର ପରିବର୍ତ୍ତେ ଷ୍ଟକ୍ ମିଶାଯାଏ।

କନ୍‌ସୋମେ (Consomme)

ଏହା ଗୋଟିଏ ଅତ୍ୟନ୍ତ ମହକ ଯୁକ୍ତ କ୍ଲିଅର ସୁପ୍, ଷ୍ଟକ୍‌ରେ ବିଭିନ୍ନ ପ୍ରକାର ହର୍ବ, ପରିବା, ମାଂସ ଆଦି ଯୋଗକରି ସିଝାଇ ଏହା ଉପରେ ଫେଣ୍ଟା ଯାଇଥିବା ଅଣ୍ଡାର ଧଳା ଅଂଶ ପକାଇ ସମସ୍ତ ଖାଦ୍ୟ ଓ ତୈଳ ଅଂଶ କାଢ଼ି ଏହାକୁ ସ୍ୱଚ୍ଛ କରାଯାଏ। ଏହାକୁ 'ଫ୍ରେଞ୍ଚ୍ କ୍ଲାରିଫାଏଡ୍ ସୁପ୍' (French clarified soup) ମଧ୍ୟ କୁହାଯାଏ।

ବିସ୍କ (Bisque)

ମାଛ, କଙ୍କଡ଼ା, ଚିଙ୍ଗୁଡ଼ି, ଲବ୍‌ଷ୍ଟର ଆଦି ସମୁଦ୍ରଜାତ ଦ୍ରବ୍ୟ (Sea food) ବା ପରିବାକୁ ନେଇ ଏହି ଫ୍ରେଞ୍ଚ୍ ସୁପ୍‌ଟି ପ୍ରସ୍ତୁତ କରାଯାଏ। ଏହାକୁ ଫିସ୍ ଷ୍ଟକ୍ ବା ଭେଜିଟେବଲ୍ ଷ୍ଟକ୍‌ରେ ସିଝାଇ ପିଉରୀ କରି ଛାଣି ଏଥିରେ ହର୍ବ ଓ ମସଲା ଯୋଗ କରାଯାଏ।

କ୍ରିମ୍ ସୁପ୍ (Creamy Soup)

ଏକ ବା ତତୋଧିକ ପରିବାକୁ ନେଇ ଏହି ସୁପ୍‌ଟି ପ୍ରସ୍ତୁତ କରାଯାଏ। ମୁଖ୍ୟ ପରିବା ନାମରେ ଏହା ନାମିତ ହୋଇଥାଏ। ଯଥା– କ୍ରିମ୍ ଅଫ୍ ଟମାଟୋ ସୁପ୍, କ୍ରିମ୍ ଅଫ୍ ମସରୁମ୍ ସୁପ୍ ଆଦି। ସୁପ୍ ପରିବେଷଣର ଅବ୍ୟବହିତ ପୂର୍ବରୁ ଏଥିରେ କ୍ରିମ୍ ଯୋଗ କରାଯାଏ।

ପିଉରୀ (Puree)

କେତେକ ପରିବା ସୁପ୍‌ରେ ଏହା ବ୍ୟବହାର କରାଯାଏ। ମିଶ୍ରିତ ପରିବା ବା ଟମାଟୋକୁ ଭଲଭାବେ ସିଝାଇ ଗ୍ରାଇଣ୍ଡରରେ ବାଟି ଷ୍ଟେନ୍‌ର (stainer)ରେ ଛାଣି ପିଉରୀ ପ୍ରସ୍ତୁତ କରାଯାଏ।

ହ୍ୱାଇଟ୍ ସସ୍ (White Sauce)

ହ୍ୱାଇଟ୍ ସସ୍ କେତେକ ସୁପ୍‌ର ଏକ ଅପରିହାର୍ଯ୍ୟ ଦ୍ରବ୍ୟ। ସୁପ୍ ତିଆରି କରିବାର ଅବ୍ୟବହିତ ପୂର୍ବରୁ ଏହା ପ୍ରସ୍ତୁତ କରାଯାଏ। ନିମ୍ନରେ ଏହାର ପଦ୍ଧତି ଦିଆଗଲା।

ସାମଗ୍ରୀ

ବଟର : ୩୦ ଗ୍ରାମ୍

ମଇଦା : ୩୦ ଗ୍ରାମ୍

କ୍ଷୀର : ୨୯୦ ମିଲି ଲିଟର

ପ୍ରଣାଳୀ

୧. ବଟରକୁ କଡ଼େଇରେ ଗରମ କରନ୍ତୁ (ମନେରଖିବେ ଏହା ଫେଣ ଜାତ ହୋଇ ଫୁଟିବ ନାହିଁ)।

୨. ମଇଦା ପକାଇ ଆସ୍ତେ ଆସ୍ତେ ଭାଜନ୍ତୁ ଯେପରି କି ମଇଦାର ରଙ୍ଗ ପରିବର୍ତ୍ତନ ହେବନାହିଁ।

୩. ବିଣ୍ଡା ନ ହେବା ପାଇଁ ଏଥିରେ କ୍ଷୀରକୁ ଆସ୍ତେ ଆସ୍ତେ ଢାଳି ମିଶାନ୍ତୁ, ଫୁଟିବା ପର୍ଯ୍ୟନ୍ତ ଅନବରତ ଘାଣ୍ଟନ୍ତୁ।

୪. ଚଟୁକୁ ଟେକି ଧରିଲେ ଏହା ଚଟୁରେ ଲାଗି ତଳକୁ ସହଜରେ ଖସି ଆସୁଥିଲେ (Pouring consistency) ହ୍ୱାଇଟ୍ ସସ୍ ପ୍ରସ୍ତୁତ ହୋଇଯାଏ।

ବି:ଦ୍ର: ସୁପ୍‌କୁ ବହଳ କରିବା ପାଇଁ, ବାର୍ଲି, କର୍ଣ୍ଣଫ୍ଲାୱାର ଆଦି ମଧ୍ୟ ବ୍ୟବହାର କରାଯାଏ।

କ୍ରୁଟନ୍

ଏହା ସାଧାରଣତଃ କ୍ରିମ୍ ସୁପ୍‌ରେ ବ୍ୟବହାର କରାଯାଏ। ନିମ୍ନରେ କ୍ରୁଟନ୍ ପ୍ରସ୍ତୁତ ପ୍ରଣାଳୀ ଦିଆଗଲା।

ସାମଗ୍ରୀ

ପାଉଁରୁଟି	୨ ଖଣ୍ଡ
ତେଲ	୧/୨ ଚା ଚାମଚ୍
ବଟର	୧/୨ ଚା ଚାମଚ୍

ପ୍ରଣାଳୀ

୧. ପାଉଁରୁଟିର କଡ଼ଗୁଡ଼ିକ ସାମାନ୍ୟ କାଟି ଏହାକୁ ଛୋଟ ଛୋଟ ଚାରିକୋଣିଆ ଖଣ୍ଡ କରି କାଟି ରଖନ୍ତୁ।

୨. ଗୋଟିଏ ଫ୍ରାଇଙ୍ଗ୍ ପ୍ୟାନ୍‌ରେ ତେଲ ଓ ବଟରକୁ ଏକାଠି ଗରମ କରି ଚାରିଆଡ଼କୁ ଖେଳାଇ ଦିଅନ୍ତୁ।

୩. ଏଥିରେ ପାଉଁରୁଟି ଖଣ୍ଡଗୁଡ଼ିକ ପକାଇ ଅନବରତ ଲେଉଟ ପାଉଟ କରି ଭାଜନ୍ତୁ।

୪. ଏହା ବାଦାମୀ ରଙ୍ଗ ହୋଇ ମସ୍ ମସ୍ ହୋଇଗଲେ ଫ୍ରାଇଙ୍ଗ୍ ପ୍ୟାନ୍‌ରୁ କାଢ଼ି ପ୍ଲେଟ୍‌ରେ ଓଜାଡ଼ି ରଖନ୍ତୁ।

ଏହାକୁ ଓଭେନ୍‌ରେ ମଧ୍ୟ କରି ପାରିବେ। ଗୋଟିଏ ବେକିଙ୍ଗ୍ ଟ୍ରେରେ ବଟର ଓ ତେଲମାରି ଏହା ଉପରେ ପାଉଁରୁଟି ଖଣ୍ଡଗୁଡ଼ିକ ବିଛାଇ ବେକ୍ କରନ୍ତୁ। ରଙ୍ଗ ବଦଳି ମସ୍ ମସ୍ ହୋଇଗଲେ କ୍ରୁଟନ୍ ପ୍ରସ୍ତୁତ ହୋଇଯାଏ।

ବି:ଦ୍ର: କ୍ରୁଟନ୍ ଆଗରୁ ପ୍ରସ୍ତୁତ କରାଯାଇ ପାରିବ। ଏୟାର ଟାଇଟ୍ ଡବାରେ ଟିସୁ ପେପର ଦେଇ କ୍ରୁଟନ୍‌ଗୁଡ଼ିକ ୩/୪ ଦିନ ପର୍ଯ୍ୟନ୍ତ ରଖି ପାରିବେ।

ଭେଜିଟେବଲ୍ ଭେଲୁଟେ

ସାମଗ୍ରୀ

କଟା ବନ୍ଧାକୋବି	୪୦୦ ଗ୍ରାମ୍
ଚୁନ୍ ଚୁନ୍ କଟା ପିଆଜ	୧/୨ କପ୍
ଚୁନ୍ ଚୁନ୍ କଟା ପାଳଙ୍ଗ	୨ ବିଡ଼ା (୩୦୦ ଗ୍ରାମ୍)
କଟା ଗାଜର	୨ କପ୍
କଟା ଛତୁ	୨୦୦ ଗ୍ରାମ୍
ଭେଜିଟେବଲ୍ ଷ୍ଟକ୍	୧ କପ୍
କ୍ଷୀର	୩ କପ୍
ବଟର୍	୩ ଚା ଚାମଚ୍

ଲୁଣ ଓ ଗୋଲମରିଚ ଗୁଣ୍ଡ ଆବଶ୍ୟକ ମତେ

ପ୍ରଣାଳୀ

୧. ଗୋଟିଏ ଗହିରିଆ ପ୍ରାତରେ ଦୁଇ ଚା' ଚାମଚ୍ ବଟର ଗରମ କରି ପିଆଜ ପକାଇ ଜାରନ୍ତୁ।

୨. ପିଆଜ ନରମ ହୋଇ ଆସିଲେ, ଏଥିରେ ବନ୍ଧାକୋବି ଓ ଗାଜର ପକାଇ ଅଳ୍ପ ସମୟ କଷନ୍ତୁ।

୩. କଷା ପରିବାରେ ଭେଜିଟେବଲ୍ ଷ୍ଟକ୍ ଦେଇ ଅଳ୍ପ ଜାଳରେ ଘୋଡ଼ାଇ ୧୦ ମିନିଟ୍ ଫୁଟାନ୍ତୁ।

୪. ପରିବା ସିଝିଗଲେ ଏଥିରେ ପାଳଙ୍ଗ ଯୋଗକରି ଘୋଡ଼ାଇ ଆଉ ୫ ମିନିଟ୍ ଫୁଟାନ୍ତୁ।

୫. ସମସ୍ତ ପରିବାକୁ ଥଣ୍ଡାକରି ଗ୍ରାଇଁଡରରେ ବାଟି ପାତ୍ରରେ ଦେଇ ଏଥିରେ କ୍ଷୀର, ଲୁଣ ଓ ଗୋଲମରିଚ ଗୁଣ୍ଡ ପକାଇ ଅଳ୍ପ ସମୟ ଫୁଟାଇ ଭେଲୁଟେ ପ୍ରସ୍ତୁତ କରନ୍ତୁ।

୬. ଅବଶିଷ୍ଟ ବଟରକୁ କରେଇରେ ଗରମ କରି ଛତୁକୁ ଭାଜନ୍ତୁ। ପାଣି ମରିଗଲେ ଓ ଛତୁର ରଙ୍ଗ ପରିବର୍ତ୍ତନ ହୋଇଗଲେ ଚୁଲିରୁ ଓହ୍ଲାଇ ରଖନ୍ତୁ।

୭. ପ୍ରତ୍ୟେକ ସୁପ୍ ବୋଲ୍‌ରେ ଭେଲୁଟେ ଦେଇ ଉପରେ କିଛି କିଛି ଭଜା ଛତୁ ଛିଞ୍ଚି ପରିବେଷଣ କରନ୍ତୁ।

ମସ୍‌ରୁମ୍ ଭେଲୁଟେ

ସାମଗ୍ରୀ

ଛତୁ	୨୫୦ ଗ୍ରାମ୍
ବଟର	୨ ଟେବୁଲ୍ ଚାମଚ୍
କଟା ପିଆଜ	୧-୧/୨ କପ୍
ଭେଜିଟେବଲ୍ ଷ୍ଟକ୍	୮ କପ୍
ଗରମ କ୍ଷୀର	୧ କପ୍

ମଇଦା	୪ ଟେବୁଲ୍ ଚାମଚ୍

ଲୁଣ ଓ ଗୋଲମରିଚ ଗୁଣ୍ଡ ଆବଶ୍ୟକ ମତେ ।

ପ୍ରଣାଳୀ

୧. ଛତୁକୁ ବାଛି ସଫାକରି ସରୁ ସରୁକାଟି ୧ ଟେବୁଲ୍ ଚାମଚ୍ ବଟରରେ ଭାଜି ରଖନ୍ତୁ ।

୨. ଅବଶିଷ୍ଟ ବଟର ଗରମକରି ଏଥିରେ ପିଆଜ ପକାଇ ଜାରନ୍ତୁ ।

୩. ପିଆଜ ନରମ ହୋଇଗଲେ ଏଥିରେ ମଇଦା ପକାଇ ଅଳ୍ପ ଜାଳରେ ୩ ମିନିଟ୍ ଭାଜନ୍ତୁ ।

୪. ମଇଦାରେ ପ୍ରଥମେ ଗରମ କ୍ଷୀର ଓ ପରେ ଷ୍ଟକ ଢାଳି ଆସ୍ତେ ଆସ୍ତେ ଘାଣ୍ଟନ୍ତୁ ।

୫. ଏହାକୁ ଅନବରତ ଫୁଟିବା ପର୍ଯ୍ୟନ୍ତ ମଧ୍ୟମ ଜାଳରେ ଘାଣ୍ଟନ୍ତୁ ।

୬. ଫୁଟିଗଲେ ଏଥିରେ ୩/୪ ଭାଗ ଭଜା ଛତୁ ପକାଇ ଅଳ୍ପ ଜାଳରେ ୧୦ ମିନିଟ୍ ଫୁଟାନ୍ତୁ ।

୭. ଏଥିରେ ଲୁଣ ଓ ଗୋଲମରିଚ ଗୁଣ୍ଡ ଗୋଳାଇ ଭଜାଛତୁ ଉପରେ ଛିଞ୍ଚି ସୁପବୋଲ୍‌ରେ ସୁପ୍ ପରଷନ୍ତୁ ।

ସ୍ରିମ୍ପ୍ ବିସ୍କ

ସାମଗ୍ରୀ

ମଧ୍ୟମ ଧରଣର ଚିଙ୍ଗୁଡ଼ି	୫୦୦ ଗ୍ରାମ୍
କଟା ଗାଜର	୨ଟା
କଟା ସେଲେରୀ	୨ ଡେମ୍ଫ
ଚୁନ୍ ଚୁନ୍ କଟା ପିଆଜ	୩ ଟେବୁଲ୍ ଚାମଚ୍
ଛେଚା ରସୁଣ	୪ ପାଖୁଡ଼ା
ବଟା କଞ୍ଚା ଲଙ୍କା	୨ଟା
ଭାତ	୧/୨ କପ୍
ଟମାଟୋ ପିଉରୀ	୧ କପ୍
ପାଣି	୮-୧/୨ କପ୍
ବଟର	୨ଟେବୁଲ୍ ଚାମଚ୍
ତେଜପତ୍ର	୨ଟା
ଥାଇମ୍ (ଶୁଖିଲା ହର୍ବ)	୧/୨ ଚା ଚାମଚ୍
ଚୁନ୍ ଚୁନ୍ କଟା ପୋଦିନା	୨ ଟେବୁଲ୍ ଚାମଚ୍
ଫ୍ରେସ୍ କ୍ରିମ୍	୧/୨ କପ୍

ଲୁଣ ଓ ଗୋଲ ମରିଚ ଗୁଣ୍ଡ ଆବଶ୍ୟକ ମତେ

ଲେମ୍ବୁରସ	୩ ଟେବୁଲ୍ ଚାମଚ୍
ପେପର୍ ଫ୍ଲେକ୍ସ	୧/୪ ଚା ଚାମଚ୍

ପ୍ରଣାଳୀ

୧. ଚିଙ୍ଗୁଡ଼ିର ଚୋପା, ଲାଞ୍ଜ ଓ ମୁଣ୍ଡକୁ ଛଡ଼ାଇ ଧୋଇ ରଖନ୍ତୁ ।

୨. ଚୋପା, ଲାଞ୍ଜ ଓ ମୁଣ୍ଡକୁ ମଧ୍ୟ ଧୋଇ ଛାଣି ରଖନ୍ତୁ ।

୩. ଗୋଟିଏ ଗହିରିଆ ପାତ୍ରରେ ୧/୨ ଟେବୁଲ୍ ଚାମଚ୍ ବଟର ଗମର କରି ଚୋପା, ଲାଞ୍ଜ ଓ ମୁଣ୍ଡକୁ ୫ ମିନିଟ୍ ବା ରଙ୍ଗ ବଦଳିବା ପର୍ଯ୍ୟନ୍ତ ମଧ୍ୟମ ଜାଳରେ ଭାଜନ୍ତୁ ।

୪. ଏଥିରେ ତେଜପତ୍ର ଓ ୮ କପ୍ ପାଣି ଦେଇ ଅଳ୍ପ ଜାଳରେ ୨୫ ମିନିଟ୍ ଫୁଟାଇ ଷ୍ଟକ୍ ପ୍ରସ୍ତୁତ କରନ୍ତୁ ।

୫. ଏଥିରୁ ପାଣିକୁ ନିଗାଡ଼ି ବା ଚିଜ୍ କ୍ଲଥରେ ଛାଣି ଷ୍ଟକ୍‌କୁ ଅଲଗା ରଖନ୍ତୁ ।

୬. ଗୋଟିଏ କଡ଼େଇ ବା ଫ୍ରାଇଙ୍ଗ୍ ପ୍ୟାନ୍‌ରେ ୧ ଟେବୁଲ୍ ଚାମଚ୍ ବଟର ଗରମ କରି ଏଥିରେ ଚିଙ୍ଗୁଡ଼ି ପକାଇ ମଧ୍ୟମରୁ ଅଳ୍ପ ଜାଳରେ ୩ ମିନିଟ୍ ଭାଜନ୍ତୁ ।

୭. ଭଜା ଚିଙ୍ଗୁଡ଼ିରୁ ୫/୬ଟି ଚିଙ୍ଗୁଡ଼ିକୁ ଚୁନ୍ ଚୁନ୍ କାଟି ଏଥିରେ ପେପର୍ ଫ୍ଲେକ୍ସ, ଲୁଣ ଓ ୧ ଚା ଚାମଚ୍ ଲେମ୍ବୁରସ ଗୋଳାଇ ରଖନ୍ତୁ ।

୮. ଅବଶିଷ୍ଟ ବଟରକୁ କଡ଼େଇରେ ଗରମକରି ଏଥିରେ ପିଆଜ, ରସୁଣ, ଗାଜର ଓ ସେଲେରୀକୁ ପକାଇ ମଧ୍ୟମ ଜାଳରେ ଅଳ୍ପ ସମୟ ଭାଜି ୧/୨ କପ୍ ପାଣି ଦେଇ ଢାଙ୍କୁଣି ଘୋଡ଼ାଇ ସିଝାନ୍ତୁ ।

୯. ପରିବା ସିଝିଗଲେ ଏଥିରେ ଭାତ, ପିଉରୀ, ପୋଦିନା, ଥାଇମ୍ ଓ ଷ୍ଟକ୍‌କୁ ଏକାଠି ଗୋଟିଏ ଗହିରିଆ ପାତ୍ରରେ ଅଳ୍ପ ଜାଳରେ ୧୫ ମିନିଟ୍ ଫୁଟାନ୍ତୁ।

୧୦. ଏଥିରେ ଭଜା ଚିଙ୍ଗୁଡ଼ି ପକାଇ ୫ ମିନିଟ୍ ଫୁଟାଇ ସିଝା ପାଣିକୁ ଅଲଗା ରଖନ୍ତୁ।

୧୧. ସିଝିଥିବା ପରିବା ଚିଙ୍ଗୁଡ଼ି ଆଦିକୁ ଥଣ୍ଡାକରି ଗ୍ରାଇଣ୍ଡରରେ ବାଟି ସିଝା ପାଣିରେ ଗୋଳାଇ ଷ୍ଟ୍ରେନ୍‌ରରେ ଛାଣି ଖାଦକୁ ଫୋପାଡ଼ି ଦିଅନ୍ତୁ।

୧୨. ଛଣା ହୋଇଥିବା ମିଶ୍ରଣକୁ ପୂର୍ବପରି ଗହିରିଆ ପାତ୍ରରେ ଢାଳି ଏଥିରେ ଲୁଣ ଓ ଗୋଲମରିଚ ଗୁଣ୍ଡ ପକାଇ ମଧ୍ୟମ ଜାଳରେ ଅଳ୍ପ ସମୟ ଫୁଟାଇ ବିସ୍କ ପ୍ରସ୍ତୁତ କରନ୍ତୁ।

୧୩. ପ୍ରତ୍ୟେକ ସୁପ୍ ବୋଲ୍‌ରେ ବିସ୍କ ଦେଇ ଉପରେ ପ୍ରେସ୍ କ୍ରିମ୍ ଢ଼ାଳି, ତା' ମଝିରେ ଚୁନ୍ ଚୁନ୍ କଟା ଚିଙ୍ଗୁଡ଼ିରୁ ଅଳ୍ପ ଅଳ୍ପ ଦେଇ ପରିବେଷଣ କରନ୍ତୁ।

ବି:ଦ୍ର: ମାଛ, କଙ୍କଡ଼ା, ଲବଷ୍ଟର ଆଦିକୁ ମଧ୍ୟ ଉପରୋକ୍ତ ପ୍ରଣାଳୀରେ ବିସ୍କ ତିଆରି କରି ପାରିବେ।

ରୋଷ୍ଟେଡ୍ କର୍ଣ୍ଣ ଚଉଡ଼ର୍

ସାମଗ୍ରୀ

ପୋଡ଼ା ମକା	୩ ଟା
ଛୋଟ ଛୋଟ ଖଣ୍ଡ ବେବୀ କର୍ଣ୍ଣ	୬ ଟା
ଛୋଟ ଛୋଟ ଖଣ୍ଡ କନ୍ଦମୂଳ	୧ ଟା
ମଧ୍ୟମ ଆକାର ଟମାଟୋ	୨ ଟା
ବଡ଼ ଲଙ୍କା (poblano)	୧ ଟା
ଅଲିଭ ଅଏଲ୍	୨ ଟା ଚାମଚ୍
ଜୀରା	୧ ଟା ଚାମଚ୍
ଖଣ୍ଡ ଖଣ୍ଡ କଟା ପିଆଜ	୧/୨ କପ୍
ଛେଚା ରସୁଣ	୧/୨ ଟେବୁଲ୍ ଚାମଚ୍
ବଟା କଞ୍ଚା ଲଙ୍କା	୧ ବା ରୁଚି ଅନୁସାରେ
ଛୋଟ ଛୋଟ ଖଣ୍ଡ ସିଝା ଚିକେନ୍	୧ କପ୍
ଭେଜିଟେବଲ୍ ଷ୍ଟକ୍	୪ କପ୍
ଲେମ୍ବୁ ରସ	୨ ଟେବୁଲ୍ ଚାମଚ୍
କୋରା ଲେମ୍ବୁ ଚୋପା	୧/୨ ଚା ଚାମଚ୍
ଚୁନ୍ ଚୁନ୍ କଟା ଧନିଆ ପତ୍ର	୨ ଟେବୁଲ୍ ଚାମଚ୍
ଲୁଣ ଓ ଗୋଲ ମରିଚ ଗୁଣ୍ଡ	ଆବଶ୍ୟକ ମତେ

ପ୍ରଣାଳୀ

୧. ପୋଡ଼ା ହୋଇଥିବା ମକାରୁ ଦାନା ଛଡ଼ାଇ ରଖନ୍ତୁ।

୨. ଗୋଟିଏ ଟମାଟୋ ଓ ବଡ଼ ଲଙ୍କାକୁ ଧିମା ଆଞ୍ଚରେ ପୋଡ଼ି ଥଣ୍ଡାକରି ଚୋପା ଛଡ଼ାଇ ଛୋଟ ଛୋଟ ଖଣ୍ଡ କାଟି ରଖନ୍ତୁ।

୩. ଟମାଟୋରୁ ମଞ୍ଜି କାଢ଼ି ଖଣ୍ଡ ଖଣ୍ଡ କାଟନ୍ତୁ।

୪. ଗୋଟିଏ ଗହିରିଆ ପାତ୍ରରେ ତେଲ ଗରମକରି ଜୀରା ଫୁଟାନ୍ତୁ।

୫. ଏଥିରେ ପିଆଜ ଓ ରସୁଣ ପକାଇ ଜାରନ୍ତୁ।

୬. ପିଆଜ ନରମ ହୋଇଗଲେ ଏଥିରେ ମକାଦାନା, ବେବୀ କର୍ଣ୍ଣ, କନ୍ଦମୂଳ, ପୋଡ଼ା ଟମାଟୋ ଓ ବଟା ଲଙ୍କା, କଟା ଟମାଟୋ ପକାଇ ଅଳ୍ପ ସମୟ ଭାଜି ଏଥିରେ ଷ୍ଟକ୍ ଯୋଗକରି ଅଳ୍ପରୁ ମଧ୍ୟମ ଜାଳରେ ୨୦ ମିନିଟ୍ ଘୋଡ଼ାଇ ଫୁଟାନ୍ତୁ।

୭. କନ୍ଦମୂଳ ସିଝିଗଲେ ଚିକେନ୍, କୋରା ଲେମ୍ବୁ ଚୋପା, ଲୁଣ ଓ ଗୋଲମରିଚ ଗୁଣ୍ଡ ପକାଇ ଅଳ୍ପ ଜାଳରେ ୨ ମିନିଟ୍ ଫୁଟାନ୍ତୁ।

୮. ପରଷିବା ପୂର୍ବରୁ ଲେମ୍ବୁରସ ଓ ଧନିଆ ପତ୍ର ଯୋଗ-କରନ୍ତୁ।

ବି:ଦ୍ର: ସାକାହାରୀ (vegeterian) ମାନଙ୍କ ପାଇଁ ଚିକେନ୍‌କୁ ବାଦ୍ ଦେଇ ଏହି ସୁପ୍ ପ୍ରସ୍ତୁତ କରିପାରିବେ।

ଭେଜିଟେବଲ୍ ଏଣ୍ଡ ଚିଜ୍ ପୋଟେଜ୍

ସାମଗ୍ରୀ

କଟା ବ୍ରକୋଲି	୧ ଟା
ଚୁନ୍ ଚୁନ୍ କଟା ବିନ୍	୧/୪ କପ୍
କଞ୍ଚା ମଟର	୧/୪ କପ୍
ଆଳୁ	୧ ଟା (୫୦ ଗ୍ରାମ୍)
କଟା ପିଆଜ	୧ ଟା
ରସୁଣ	୪ କୋଲା
ଭେଜିଟେବଲ୍ ଷ୍ଟକ୍	୮ କପ୍
ଚୁନ୍ ଚୁନ୍ କଟା ପୋଦିନା	୨ ଟେବୁଲ୍ ଚାମଚ୍
କୋରା ଚେଦାର ଚିଜ୍	୨ ଟେବୁଲ୍ ଚାମଚ୍

ଲୁଣ ଓ ଗୋଲମରିଚ ଗୁଣ୍ଡ ଆବଶ୍ୟକ ମତେ

ପ୍ରଣାଳୀ

୧. ବ୍ରକୋଲି, ବିନ୍, ମଟର, ରସୁଣ ଓ ପିଆଜକୁ ଏକାଠି ଗୋଟିଏ ଗହିରିଆ ପାତ୍ରରେ ରଖନ୍ତୁ।

୨. ଏଥିରେ ପରିବା ବୁଡ଼ିବା ପର୍ଯ୍ୟନ୍ତ ପାଣି ଦେଇ ମଧ୍ୟମରୁ ଅଳ୍ପ ଜାଳରେ ୩୦ ମିନିଟ୍ ପର୍ଯ୍ୟନ୍ତ ଫୁଟାନ୍ତୁ।

୩. ପରିବା ସିଝିଗଲେ ପାଣିରୁ ଛାଣି ସାମାନ୍ୟ ଥଣ୍ଡାକରି, ଏହାକୁ ଗ୍ରାଇଣ୍ଡରରେ ବାଟି ରଖନ୍ତୁ।

୪. ବଟା ପରିବାରେ ବଳିପଡ଼ିଥିବା ପାଣି ଓ ଭେଜିଟେବଲ୍ ଷ୍ଟକ୍ ଦେଇ ଫୁଟାନ୍ତୁ।

୫. ଗାରନିସିଙ୍ଗ୍ ପାଇଁ ଅଳ୍ପ ରଖି ଅବଶିଷ୍ଟ ଚିଜ୍ ଓ ପୋଦିନାକୁ ଏଥିରେ ପକାନ୍ତୁ।

୬. ଫୁଟିଗଲେ ଲୁଣ ଓ ଗୋଲମରିଚ ଗୁଣ୍ଡ ଗୋଳାଇ ଉପରେ ଚିଜ୍ ଓ ପୋଦିନା ଛିଞ୍ଚି ଖାଇବାକୁ ଦିଅନ୍ତୁ।

ବି:ଦ୍ର: ଯେ କୌଣସି ୪ ରୁ ୬ଟି ପରିବାକୁ ନେଇ ପ୍ରୋସେସ୍‌ଡ଼ ଚିଜ ବଦଳରେ ଘରେ ତିଆରି କରିଥିବା ଛେନା ବ୍ୟବହାର କରି ମଧ୍ୟ ଏହି ସୁପ୍ ତିଆରି କରି ପାରିବେ। ନରମ ଛେନାକୁ ନ ସିଝାଇ ସୁପ୍ ଉପରେ ଛିଞ୍ଚି ପରିବେଷଣ କରି ପାରିବେ।

କ୍ରିମ୍ ଅଫ୍ ସ୍ପିନାଚ୍ ସୁପ୍

ସାମଗ୍ରୀ

କଟା ପାଳଙ୍ଗ	୪ ବିଡ଼ା
କଟା ପିଆଜ	୧/୪ କପ୍
ହ୍ୱାଇଟ୍ ସସ୍	୨ କପ୍
ଫ୍ରେସ୍ କ୍ରିମ୍	୧/୨ କପ୍
ପାଣି ବା ପରିବା ଷ୍ଟକ୍	୫ କପ୍
ଗୋଲମରିଚ ଗୁଣ୍ଡ	୧ ଚା ଚାମଚ୍

ଲୁଣ ଆବଶ୍ୟକ ମତେ।

ପ୍ରଣାଳୀ

୧. ଗୋଟିଏ ଗହିରିଆ ସୁପ୍ ପାତ୍ରରେ ପାଳଙ୍ଗ ଓ ପିଆଜକୁ ପାଣି ବା ଷ୍ଟକ୍‌ଦେଇ ଅଳ୍ପ ଜାଳରେ ୨୦ ରୁ ୨୫ ମିନିଟ୍ ପର୍ଯ୍ୟନ୍ତ ଢାଙ୍କୁଣି ଘୋଡ଼ାଇ ସିଝାନ୍ତୁ।

୨. ପିଆଜ ସିଝିଗଲେ ଚୁଲିରୁ ଓହ୍ଲାଇ ଷ୍ଟକ୍‌କୁ ନିଗାଡ଼ି ପାଳଙ୍ଗ ଓ ପିଆଜକୁ ଥଣ୍ଡାକରି ଗ୍ରାଇଣ୍ଡରରେ ବାଟି ଷ୍ଟକ୍ ମିଶାଇଷ୍ଟେନରରେ ଛାଣି ରଖନ୍ତୁ।

୩. ଛଣା ହୋଇଥିବା ତରଳ ସାମଗ୍ରୀକୁ ପୁଣିଥରେ ସୁପ୍ ପାତ୍ରରେ ଢାଳି ଅଳ୍ପରୁ ମଧ୍ୟମ ଜାଳରେ ଫୁଟାନ୍ତୁ।

୪. ଏଥିରେ ହ୍ୱାଇଟ୍ ସସ୍, ଲୁଣ ଓ ଗୋଲମରିଚ ଗୁଣ୍ଡ ମିଶାଇ ଆଉ ୨ ମିନିଟ୍ ଫୁଟାଇ କ୍ରିମ୍ ଅଫ୍ ସ୍ପିନାଚ୍ ସୁପ୍ ପ୍ରସ୍ତୁତ କରନ୍ତୁ।

୫. ପରଷିବା ପୂର୍ବରୁ ଏଥିରେ ଫ୍ରେସ୍ କ୍ରିମ୍ ଗୋଳାଇ ପରଷନ୍ତୁ।

କ୍ରିମ୍ ଅଫ୍ ଭେଜିଟେବଲ୍ ସୁପ୍

ସାମଗ୍ରୀ

କଟା ଆଳୁ	୧/୨ କପ୍
କଟା ବିନ୍	୧/୪ କପ୍
କଟା ଗାଜର	୧ କପ୍

କଟା ବନ୍ଧା କୋବି	୧/୪ କପ୍
କଟା ବ୍ରକୋଲି	୧/୪ କପ୍
କଟା ଟମାଟୋ	୧/୪ କପ୍
କଟା ପିଆଜ	୧/୪ କପ୍
ମଟର	୪ ଟେବୁଲ୍ ଚାମଚ୍
ତେଜପତ୍ର	୧ ଟା
ଛେଚା ରସୁଣ	୨ ଟା ଚାମଚ୍
ରିଫାଇନ୍ ତେଲ	୧/୨ ଟା ଚାମଚ୍
ବଟର	୧/୨ ଟା ଚାମଚ୍
ଗୋଟା ଗୋଲମରିଚ	୬ ଟା
ଗୋଲମରିଚ ଗୁଣ୍ଡ	୧/୨ ଟା ଚାମଚ୍
ହ୍ୱାଇଟ୍ ସସ୍	୧ କପ୍
ଫ୍ରେସ୍ କ୍ରିମ୍	୧/୪ କପ୍

୨ ଖଣ୍ଡ ପାଉଁରୁଟିର କ୍ରୁଟନ

ପ୍ରଣାଳୀ

ଏହାକୁ କ୍ରିମ୍ ଅଫ୍ ସ୍ପିନାଚ୍ ସୁପ୍ ପ୍ରଣାଳୀରେ ପ୍ରସ୍ତୁତ କରିବେ। ସିଝା ପରିବାରୁ ତେଜପତ୍ର ବାହାରକରି ଗ୍ରାଇଣ୍ଡରରେ ବାଟି ଷ୍ଟକ୍‌ରେ ମିଶାଇ ଛାଣି ସାରିବାପରେ ଏଥିରେ ଲୁଣ ଓ ହ୍ୱାଇଟ୍ ସସ୍ ମିଶାଇ ୨ ମିନିଟ୍ ଫୁଟାଇ ଶେଷରେ ଫ୍ରେସ୍ କ୍ରିମ୍ ଓ ଗୋଲମରିଚ ଗୁଣ୍ଡ ଗୋଳାଇ ପରିବେଷଣ କରିବେ।

ଗାଜର ଓ ମସୁର ଡାଲି ସୁପ୍

ସାମଗ୍ରୀ

ଚୁନ୍ ଚୁନ୍ କଟା ଗାଜର	୧ କପ୍ (୨୫୦ ଗ୍ରାମ୍)
ମସୁର ଡାଲି	୧/୨ କପ୍
ବଟର ବା ରିଫାଇନ୍ ତେଲ	୧ ଟା ଚାମଚ୍
ଜୀରା	୧/୨ ଟା ଚାମଚ୍
ଗୋଟା ଗୋଲମରିଚ	୬ ଟା
ଚୁନ୍ ଚୁନ୍ କଟା ପିଆଜ	୧/୩ କପ୍
ଚୁନ୍ ଚୁନ୍ କଟା ରସୁଣ	୧ ଟା ଚାମଚ୍
ଚୁନ୍ ଚୁନ୍ କଟା ଟମାଟୋ	୧/୨ କପ୍
କ୍ଷୀର	୧ କପ୍
ପାଣି	୫ କପ୍

ଲୁଣ ଓ ଗୋଲମରିଚ ଗୁଣ୍ଡ ଆବଶ୍ୟକ ମତେ

ଫ୍ରେସ୍ କ୍ରିମ୍ ରୁଚି ଅନୁସାରେ

ସଜାଇବା ପାଇଁ ୩ ରୁ ୪ଟି ପତ୍ର ଥାଇ କିଛି ପୋଦିନା ଅଗ।

ପ୍ରଣାଳୀ

୧. ଡାଲିକୁ ଧୋଇ ରଖନ୍ତୁ।

୨. ଗୋଟିଏ ଗହିରିଆ ପାତ୍ରରେ ବଟର ଗରମ କରି ଜୀରା ଫୁଟାନ୍ତୁ। ଏଥିରେ ଗୋଟା ଗୋଲମରିଚ, ପିଆଜ ଓ ରସୁଣ କ୍ରମ ଅନୁସାରେ ପକାଇ ଅଳ୍ପ ସମୟ ଭାଜନ୍ତୁ।

୩. ପିଆଜ ନରମ ହୋଇ ଆସିଲେ ଏଥିରେ ଡାଲି ଗାଜର ଓ ଟମାଟୋ ପକାଇ ୨/୩ ମିନିଟ୍ ଭାଜନ୍ତୁ।

୪. ପାତ୍ରରେ ପାଣି ଢାଳି ଅଳ୍ପରୁ ମଧ୍ୟମ ଜାଳରେ ୨୦ ମିନିଟ୍ ଢାଙ୍କୁଣି ଘୋଡ଼ାଇ ଫୁଟାନ୍ତୁ।

୫. ଗାଜର ଓ ଡାଲି ସିଝିଗଲେ ଏହାକୁ ଥଣ୍ଡା କରି ପାଣି ନିଗାଡ଼ି ରଖନ୍ତୁ।

୬. ସିଝିଥିବା ସାମଗ୍ରୀକୁ ଗ୍ରାଇଣ୍ଡରରେ ବାଟି ଏଥିରେ ନିଗାଡ଼ି ଥିବା ସିଝାପାଣିକୁ ଗୋଳାଇ ଷ୍ଟେନର୍‌ରେ ଛାଣି ରଖନ୍ତୁ।

୭. ଛାଣିଥିବା ତରଳ ସାମଗ୍ରୀକୁ ପୁଣିଥରେ ଗହିରିଆ ପାତ୍ରରେ ଢାଳି ଏଥିରେ କ୍ଷୀର, ଗୋଲମରିଚ ଗୁଣ୍ଡ ଓ ଲୁଣ ପକାଇ ଫୁଟାନ୍ତୁ।

୮. ଏଥର ପ୍ରସ୍ତୁତ ସୁପ୍‌କୁ ପ୍ରତ୍ୟେକ ସୁପ୍ ବୋଲ୍‌ରେ ଢାଳି ଉପରେ ଚାମଚ୍‌ରେ ଫ୍ରେସ୍ କ୍ରିମ୍‌ର ଗୋଟିଏ ମୁଣ୍ଡଳି କରନ୍ତୁ। ପ୍ରତ୍ୟେକ ମୁଣ୍ଡଳି ମଝିରେ ଗୋଟିଏ ଲେଖାଏଁ ପୋଦିନା ଅଗ ସଜାଇ ପରଷନ୍ତୁ।

ସୁଇଟ୍ ଏଣ୍ଡ ସାୱାର ଚିକେନ୍ ସୁପ୍

ସାମଗ୍ରୀ

ପତଳା ପତଳା କଟା ଚିକେନ୍ ବ୍ରେଷ୍ଟ	୧୧୫ ଗ୍ରାମ୍
ସରୁ ସରୁ କଟା ବଟନ୍ ଛତୁ	୧/୨ କପ୍

ଚିକେନ୍ ଷ୍ଟକ୍	୪ କପ୍
ସୋୟା ସସ୍	୧ ଟେବୁଲ୍ ଚାମଚ୍
ଭିନେଗାର୍	୧ ଟେବୁଲ୍ ଚାମଚ୍
ଚିନି	୧ ଚା ଚାମଚ୍
ଲେମ୍ବୁ ରସ	୧ ଚା ଚାମଚ୍
କର୍ଣ୍ଣ ଫ୍ଲାୱାର	୨ ଚା ଚାମଚ୍
ପାଣି	୪ କପ୍

ଲୁଣ ଆବଶ୍ୟକ ମତେ

ଗୋଲମରିଚ ଗୁଣ୍ଡ ରୁଚି ଅନୁସାରେ

ପ୍ରଣାଳୀ

୧. କଟା ଚିକେନ୍‌ରେ ଲୁଣ ଗୋଳାଇ ରଖନ୍ତୁ।

୨. ଗୋଟିଏ ପାତ୍ରରେ ଷ୍ଟକ୍, ସୋୟା ସସ୍ ମିଶାଇ ମଧ୍ୟମ ଜାଳରେ ଫୁଟାନ୍ତୁ।

୩. ଏଥିରେ ଚିକେନ୍ ଓ ଛତୁ ପକାଇ ଅଳ୍ପ ଜାଳରେ ୩ ମିନିଟ୍ ଫୁଟାନ୍ତୁ।

୪. କର୍ଣ୍ଣଫ୍ଲାୱାରରେ ପାଣି ଗୋଳାଇ ଏଥିରେ ଦେଇ ଗୋଳାଇ ଚିନି, ଲେମ୍ବୁରସ ଆଦି ଯୋଗକରି ଅଳ୍ପ ଜାଳରେ ୫ ମିନିଟ୍ ଫୁଟାନ୍ତୁ।

୫. ଏଥର ଚୁଲିରୁ ଓହ୍ଲାଇ ପ୍ରସ୍ତୁତ ସୁପ୍‌କୁ ଗୋଲମରିଚ ଗୁଣ୍ଡ ଛିଞ୍ଚି ବୋଲରେ ପରଷନ୍ତୁ।

ସ୍ପିନାଚ୍ ଏଣ୍ଡ ଚିକେନ୍ ସୁପ୍

ସାମଗ୍ରୀ

ବୋନ୍‌ଲେସ୍ ଚିକେନ୍	୨୦୦ ଗ୍ରାମ୍
ପାଳଙ୍ଗ ଶାଗ	୧ ବିଡ଼ା
ଅଣ୍ଡାର ଧଳାଅଂଶ	୧ଟା
କର୍ଣ୍ଣଫ୍ଲାୱାର	୨ ଟେବୁଲ୍ ଚାମଚ୍
ଚିକେନ୍ ଷ୍ଟକ୍	୬ କପ୍
ପାଣି	୧-୧/୨ କପ୍
ରିଫାଇନ୍ ତେଲ	୧ ଟେବୁଲ୍ ଚାମଚ୍
ମଧ୍ୟମ ଆକାର ପିଆଜ	୧ଟା
ଗୋଲ ଗୋଲ କଟା ଗାଜର	୧ଟା
କଟା ସ୍ପ୍ରିଙ୍ଗ୍ ଅନିଅନ୍	୧/୨ କପ୍
ଅଜିନୋମୋଟୋ	୧/୪ ଚା ଚାମଚ୍

ଲୁଣ ଆବଶ୍ୟକ ମତେ

ପ୍ରଣାଳୀ

୧. ପାଳଙ୍ଗକୁ ଛୋଟ ଛୋଟ ଖଣ୍ଡକାଟି ୧/୨ କପ୍ ପାଣି ଦେଇ ସିଝାଇ ଦିଅନ୍ତୁ। ଥଣ୍ଡା ହୋଇଗଲେ ପାଳଙ୍ଗକୁ ଚିପୁଡ଼ି ପାଣି ନିଗାଡ଼ି ରଖନ୍ତୁ। ସିଝା ପାଣିକୁ ଷ୍ଟକରେ ମିଶାଇ ଦିଅନ୍ତୁ।

୨. ଚିକେନ୍‌ରେ ଅବଶିଷ୍ଟ ପାଣି ଦେଇ ଭଲ ଭାବେ ସିଝାଇ ଦିଅନ୍ତୁ। ସିଝିଗଲେ ପାଳଙ୍ଗ ଭଳି ପାଣିରୁ ଛାଣି ଚିପୁଡ଼ି ବଳକା ସିଝା ପାଣିକୁ ଷ୍ଟକ୍‌ରେ ମିଶାଇ ଦିଅନ୍ତୁ।

୩. ଗୋଟିଏ ବୋଲ୍‌ରେ ସିଝା ଚିକେନ୍ ଓ ପାଳଙ୍ଗକୁ ଭଲଭାବେ ଚକଟି ଏଥିରେ ଅଣ୍ଡା, ୧/୨ ଚା ଚାମଚ ଲୁଣ, ଅଧା ଅଜିନୋମୋଟୋ ଓ ୧ ଟେବୁଲ ଚାମଚ୍ କର୍ଣ୍ଣଫ୍ଲାୱାର ମିଶାଇ ଭଲଭାବେ ଗୋଳାଇ ଦିଅନ୍ତୁ।

୪. ପିଆଜକୁ ବଡ଼ ବଡ଼ ଖଣ୍ଡକରି କାଟନ୍ତୁ।

୫. ଗୋଟିଏ ଗହିରିଆ ପାତ୍ରରେ ତେଲ ଗରମକରି ଏଥିରେ ପିଆଜକୁ ମଧ୍ୟମ ଜାଳରେ ୧ ମିନିଟ୍ ଭାଜନ୍ତୁ।

୬. ପିଆଜ ନରମ ହୋଇଗଲେ ଏଥିରେ ଗାଜର, ସ୍ପ୍ରିଙ୍ଗ ଅନିଅନ୍, ଲୁଣ ଓ ଅବଶିଷ୍ଟ ଅଜିନୋମୋଟେ ଦେଇ ଅଳ୍ପ ସମୟ ଭାଜି, ଏଥିରେ ଷ୍ଟକ୍ ଢାଳି ଢାଙ୍କୁଣି ଘୋଡ଼ାଇ ଫୁଟାନ୍ତୁ।

୭. ଢାଙ୍କୁଣି କାଢ଼ି ଫୁଟୁଥିବା ଅବସ୍ଥାରେ ଏଥିରେ ପାଳଙ୍ଗ ଓ ଚିକେନ୍ ମିଶ୍ରଣରୁ ଗୋଟିଏ ଲେଖାଏଁ ଚାମଚ ପକାନ୍ତୁ। ନଚେତ୍ ପାଣି ହାତକରି ଗୋଟିଏ ଲେଖାଏଁ ଚାମଚ ମିଶ୍ରଣ ନେଇ ଗୋଲ ଗୋଲ ବଲ ଭଳି କରି ଏଥିରେ ଆସ୍ତେ ଆସ୍ତେ ପକାନ୍ତୁ। ଏହାକୁ ଗୋଳାଇବେ ନାହିଁ।

୮. ବଲ୍‌ଗୁଡ଼ିକ ଫୁଟି ଉପରକୁ ଭାସି ଉଠିଲେ, କର୍ଣ୍ଣଫ୍ଲାୱାରକୁ ପାଣିରେ ମିଶାଇ ଏଥିରେ ଯୋଗକରି ଆସ୍ତେ ଆସ୍ତେ ଗୋଳାଇ ୧ ମିନିଟ୍ ପର୍ଯ୍ୟନ୍ତ ଫୁଟିବାକୁ ଦିଅନ୍ତୁ।

୯. ଚୁଲିରୁ ଓହ୍ଲାଇ ପ୍ରସ୍ତୁତ ସୁପ୍‌କୁ ପରଷନ୍ତୁ।

ୱାନ୍‌ଟନ୍ ସୁପ୍

ସାମଗ୍ରୀ

ଖଣ୍ଡ ଖଣ୍ଡ କଟା ବନ୍ଧାକୋବି	୧ କପ୍
ଚିକେନ୍ ଷ୍ଟକ୍	୬ କପ୍
କଟା ସ୍ପ୍ରିଙ୍ଗ୍ ଅନିଅନ୍	୨ ଟେବୁଲ ଚାମଚ
ଗୋଲମରିଚ ଗୁଣ୍ଡ	୧/୨ ଚାମଚ୍
ଆଜିନୋମୋଟୋ	ଟିପେ (୧/୮ ଚା ଚାମଚ୍)
ଲୁଣ ଆବଶ୍ୟକ ମତେ	

ୱାନ୍‌ଟନ୍ ପାଇଁ

ମଇଦା	୨ କପ୍
ଅଣ୍ଡା	୧
ଲୁଣ	୧/୨ ଚା ଚାମଚ୍
ପାଣି	

ପୁର ପାଇଁ

ଚୁନ୍‌ଚୁନ୍ କଟା ପାଳଙ୍ଗ	୧ କପ୍
କିମା ଚିକେନ୍	୩/୪ କପ୍
ଲୁଣ	୧/୨ ଚା ଚାମଚ୍
ଗୋଲ ମରିଚ ଗୁଣ୍ଡ	୧/୨ ଚା ଚାମଚ୍
ଚୁନ୍ ଚୁନ୍ କଟା ରସୁଣ	୧/୨ ଚା ଚାମଚ୍
ଅଜିନୋମୋଟୋ	ଟିପେ (୧/୮ ଚା ଚାମଚ୍)
ସୋୟା ସସ୍	୧ ଚା ଚାମଚ୍

ପ୍ରଣାଳୀ

୧. ୱାନଟନ୍ ପାଇଁ ଥିବା ଅଣ୍ଡାକୁ ଗୋଟିଏ ପାତ୍ରରେ ଫେଣ୍ଟି ଏଥିରେ ଲୁଣ ଓ ମଇଦା ପକାଇ ଦଳନ୍ତୁ। ଆବଶ୍ୟକ ପଡ଼ିଲେ ଅଳ୍ପ ପାଣି ଛିଞ୍ଚି ଦଳି ଗୋଟିଏ ନରମ ଗୁଳା କରନ୍ତୁ।

୨. ଗୁଳାକୁ ଗୋଟିଏ ଓଦା ତଉଲିଆ ଘୋଡ଼ାଇ ୩ ମିନିଟ୍ ରଖନ୍ତୁ।

୩. ଗୋଟିଏ କରେଇରେ ଅଳ୍ପ ପାଣି ଛିଞ୍ଚି ପାଳଙ୍ଗକୁ ଢାଙ୍କୁଣି ଘୋଡ଼ାଇ ସିଝାନ୍ତୁ। ପାଳଙ୍ଗ ସିଝିଗଲେ ଥଣ୍ଡାକରି ଚିପୁଡ଼ି ପାଣି ନିଗାଡ଼ି ଗୋଟିଏ ପାତ୍ରରେ ରଖନ୍ତୁ। ସିଝା ପାଣିକୁ ଷ୍ଟକ୍‌ରେ ମିଶାଇ ଦିଅନ୍ତୁ।

୪. ଚିକେନ୍ କିମାକୁ ୧ କପ୍ ପାଣିଦେଇ ସିଝାନ୍ତୁ। ଏହା ସିଝିଗଲେ ପାଳଙ୍ଗପରି ଏହାକୁ ଷ୍ଟେନର୍‌ରେ ଛାଣି ଭଲ ଭାବେ ଚିପୁଡ଼ି ପାଳଙ୍ଗ ଥିବା ବୋଲରେ ରଖନ୍ତୁ। ସିଝା ପାଣିକୁ ଷ୍ଟକ୍‌ରେ ମିଶାଇ ଦିଅନ୍ତୁ।

୫. ବୋଲ୍‌ରେ ପୁର ପାଇଁ ଥିବା ସମସ୍ତ ସାମଗ୍ରୀ ସହ ସିଝା ପାଳଙ୍ଗ ଓ କିମା ମାଂସ ପକାଇ ଭଲ ଭାବେ ଗୋଳାଇ ପୁର ପ୍ରସ୍ତୁତ କରନ୍ତୁ।

୬. ମଇଦା ଗୁଳାକୁ ପତଳାକରି ବେଲି ୩ ଇଞ୍ଚ ଲମ୍ବ ଓ ୩ ଇଞ୍ଚ ଚଉଡ଼ାରେ ଚାରିକୋଣିଆ ଖଣ୍ଡସବୁ କାଟନ୍ତୁ।

୭. ପ୍ରତି ଖଣ୍ଡ ମଝିରେ ୧ ଚାମଚ୍ ଲେଖାଏଁ ପୁରଦେଇ କଡ଼ ଗୁଡ଼ିକରେ ପାଣିମାରି ଗୋଟିଏ ଗୋଟିଏ ତ୍ରିଭୁଜ ପରି ଭାଙ୍ଗି ଦିଅନ୍ତୁ। କଡ଼ ଗୁଡ଼ିକୁ ସାମାନ୍ୟ ଚାପି ବନ୍ଦକରି କଣ୍ଟା ଚାମଚ୍ ସାହାଯ୍ୟରେ ଦାବି ଦାବି ଗାର ପକାଇ ଦିଅନ୍ତୁ ଯେପରିକି ୱାନଟନ୍‌ର ମୁହଁଗୁଡ଼ିକ ଖୋଲିବ ନାହିଁ।

୮. ଗୋଟିଏ ପାତ୍ରରେ ପାଣି ଫୁଟାଇ ଏଥିରେ ଗୋଟିଗୋଟି କରି ୱାନ୍‌ଟନ୍ ପକାଇ ଫୁଟାନ୍ତୁ। ଏଗୁଡ଼ିକ ଉପରକୁ ଭାସି ଉଠିଲେ ଜାଲିଚଟୁରେ ଛାଣି ପାଣି ନିଗାଡ଼ି ରଖନ୍ତୁ।

୯. ଗୋଟିଏ ଗହିରିଆ ପାତ୍ରରେ ଷ୍ଟକ୍‌କୁ ନେଇ ଫୁଟାନ୍ତୁ। ଏହା ଫୁଟିଗଲେ ଜାଳ କମାଇ ଏଥିରେ ବନ୍ଧାକୋବି ସ୍ପ୍ରିଙ୍ଗ୍ ଅନିଅନ୍, ଲୁଣ, ଗୋଲମରିଚ ଗୁଣ୍ଡ ଓ ଅଜିନୋମୋଟୋ ପକାଇ ଫୁଟାନ୍ତୁ। ଫୁଟୁଥିବା ଅବସ୍ଥାରେ ୱାନ୍‌ଟନ୍‌ଗୁଡ଼ିକୁ ଗୋଟି ଗୋଟିକରି ପକାଇ ୨ରୁ ୩ ମିନିଟ୍ ପର୍ଯ୍ୟନ୍ତ ଫୁଟାଇ ସୁପ୍ ପ୍ରସ୍ତୁତ କରନ୍ତୁ।

ବି:ଦ୍ର: ରୁଚି ଅନୁସାରେ ଏଥିରେ ଗୋଟିଏ ଅଣ୍ଡାର ଓମଲେଟ୍‌କୁ ସରୁ ସରୁ ଫିତାପରି କାଟି ପ୍ରତି ସୁପ୍‌ବୋଲ ଉପରେ କିଛି କିଛି ଦେଇ ପରିବେଷଣ କରି ପାରିବେ।

କନ୍‌ସୋମେ (Consomme)

କନ୍‌ସୋମେ (consomme) ଶବ୍ଦଟି consummate ଶବ୍ଦରୁ ଆସିଅଛି; ଯାହାର ଅର୍ଥ ହେଉଛି ପୂର୍ଣ୍ଣତ୍ୱ ବା ସମ୍ପୂର୍ଣ୍ଣ। ଏହା ଏକ ଘନିଭୂତ ଓ ଅତ୍ୟନ୍ତ ସାରକୃତ ସ୍ୱଚ୍ଛ ସୁପ୍ ଅଟେ। ଏଥିରେ କିଛି ମାଂସ, ଅଣ୍ଡାର ଧଳା ଅଂଶ, ପରିବା, ହର୍ବ ଓ ମସଲା-ମସଲି ଆଦି ବ୍ୟବହାର କରାଯାଏ। ଯାହାକି ଖାଦ୍ୟଗୁଣ ବଢ଼ାଇବା ସଙ୍ଗେ ସଙ୍ଗେ ସ୍ୱାଦ ମହକ ମଧ୍ୟ ବଢ଼ାଇଥାଏ। ଏହି ସୁପ୍‌ଟି ଅତ୍ୟନ୍ତ ସାବଧାନତାର ସହ ପ୍ରସ୍ତୁତ କରିବାକୁ ପଡ଼ିଥାଏ। ଗୋଟିଏ ଗହିରିଆ ପାତ୍ରରେ କିମା ମାଂସ, ଚୁନ୍‌ଚୁନ୍ କଟା ପରିବା, ଅଣ୍ଡାର ଧଳା ଅଂଶ, ମସଲା ମସଲି, ହର୍ବ ଆଦିକୁ ଗୋଳାଇ ଏକ ମିଶ୍ରଣ ପ୍ରସ୍ତୁତକରି ଏଥିରେ ଥଣ୍ଡା ଷ୍ଟକ୍ ଢାଳି ଚୁଲିରେ ବସାଇ ଏହାକୁ ଫୁଟିବାକୁ ଦିଆଯାଏ। ପ୍ରଥମେ ଫୁଟିବା ଆରମ୍ଭ କଲେ ଜାଳ କମାଇ ଦିଆଯାଏ। ଅଣ୍ଡା ଓ ମାଂସରେ ଥିବା ଆଲବୁମିନ୍ ନାମକ ପୁଷ୍ଟିସାର ସମସ୍ତ ସାମଗ୍ରୀକୁ ଏକାଠି ବାନ୍ଧି କ୍ରମେ ଷ୍ଟକ୍ ଉପରେ ଗୋଟିଏ ସ୍ତର ତିଆରିକରେ। ଏହି ସ୍ତରକୁ ରାଫ୍ଟ (raft) କୁହାଯାଏ। ଏହି ସମୟରେ ରାଫ୍ଟତଳେ ଥିବା ତରଳ ଅଂଶ ଗୋଳିଆ ଦେଖାଯାଏ। ଏକ ଘଣ୍ଟାରୁ ଦେଢ଼ଘଣ୍ଟାପରେ ଏହା କ୍ରମେ ସ୍ୱଚ୍ଛ ହୋଇଯାଏ। ପୂର୍ଣ୍ଣମାତ୍ରାରେ ସ୍ୱଚ୍ଛତା ଆଣିବା ହିଁ ସବୁଠାରୁ ଗୁରୁତ୍ୱପୂର୍ଣ୍ଣ ବିଷୟ। ରାଫ୍ଟକୁ ଗୋଟିଏ କଡ଼ରୁ ସାମାନ୍ୟ ଆଡ଼େଇ ବା କଣାକରି କନ୍‌ସୋମେର ସ୍ୱଚ୍ଛତା ପରିଖିନେବାକୁ ପଡ଼ିଥାଏ। ଅତି ସାବଧାନତାର ସହ ଗୋଟିଏ ଜାଲିଚଟୁରେ ରାଫ୍ଟକୁ ଅଟକାଇ ସୁପ୍‌କୁ ଅନ୍ୟ ଗୋଟିଏ ପାତ୍ରରେ ୪/୫ ପରସ୍ତ ମସ୍‌ଲିନ୍ କନା ପକାଇ ଛାଣିବାକୁ ପଡ଼ିଥାଏ। ରାଫ୍ଟ ଭାଙ୍ଗି ଗୋଳାଇ ହୋଇଗଲେ, ଏହାର ସ୍ୱଚ୍ଛତା କମିଯାଏ ବା ସୁପ୍ ଗୋଳିଆ ଦେଖାଯାଏ। ଏହି ସୁପ୍‌ରେ ଅଳ୍ପ ପରିମାଣର ଖୁବ୍ ଛୋଟଛୋଟ ଖଣ୍ଡ ସିଝା ପରିବା ବା ମାଂସ ପକାଇ ପରିବେଷଣ କରାଯାଏ। କିଛି ସ୍ୱତନ୍ତ୍ର ସ୍ୱାଦ-ମହକ ଆଣିବାକୁ ଥିଲେ କେବଳ ସେହି ପରିବାକୁ ଅଧିକ ପରିମାଣରେ ମାଂସ ସହିତ ସିଝାଇବାକୁ ପଡ଼ିଥାଏ। ଉଦାହରଣ ସ୍ୱରୂପ- ଏସେନ୍ସ ଅଫ୍ ସେଲେରୀ କନ୍‌ସୋମେରେ ଅଧିକ ପରିମାଣର ସେଲେରୀ ବ୍ୟବହାର କରାଯାଏ। ବିଶେଷକରି ଗାରନିସ୍ ହୋଇଥିବା ସାମଗ୍ରୀ ଅନୁସାରେ ଏହାର ନାମକରଣ ହୋଇଥାଏ। କନ୍‌ସୋମେର ପ୍ରକାର ଭେଦ ଓ ଏଥିରେ ଗାର୍‌ନିସ୍ କରାଯାଉଥିବା ସାମଗ୍ରୀଗୁଡ଼ିକ ବିଷୟରେ ନିମ୍ନରେ ସୂଚନା ଦିଆଗଲା।

ବ୍ରିଟନ୍ (Breton) - ସେଲେରୀ, ଲିକ୍ ଓ ପିଆଜ।

ବ୍ରୁନଏଜ୍ (Brunnoise) - ଚୁନ୍‌ଚୁନ୍ କଟା ସିଝା ପରିବା।

ଡୁବାରୀ (Dubarry) - ଛୋଟଛୋଟ ସିଝା ଫୁଲକୋବି ପାଖୁଡ଼ା।

ଫ୍ଲୋରେଟାଇନ୍ (Florenetine) - ବମ୍ଫା ହୋଇଥିବା ପାଳଙ୍ଗକୁ ଛୋଟ ଛୋଟ ଫିତା ଭଳି କାଟି ଗାରିନିସ୍ କରାଯାଏ।

ଜୁଲିଏନ୍ (Jullienne) - ଡିଆସିଲି କାଠି ଭଳି କଟା ଯାଇଥିବା ମିଶାମିଶି ପରିବା।

ମାର୍ଡ଼ିଲିନ୍ (Mardiline) - ଚୁନ୍‌ଚୁନ୍ କଟା ସିଝା ଟମାଟୋ ଓ ମଟର ମଞ୍ଜି।

ସେଲେଷ୍ଟାଇନ୍ (Celestine) - ଡିଆସିଲି କାଠିଭଳି କଟାଯାଇଥିବା ପତଳା ପାନ୍‌କେକ୍।

ସିରିଆଲ୍‌ସ (Cereals) - ଆଉଟା ହୋଇଥିବା ଚାଉଳ-ଗୁଣ୍ଡ ବା ବାର୍ଲି।

ଡାୟାବ୍ଲୋଟିନ୍ (Diablotin) - ଛୋଟଛୋଟ ରମ୍ବସ୍ ଆକାରର ଚିଜ୍ ବିସ୍କେଟ୍।

ଏଗ୍ ଡ୍ରପ୍‌ସ (Egg drops) - ଫୁଟନ୍ତା କନ୍‌ସୋମେରେ ଫେଣ୍ଟା ଅଣ୍ଡା ଆସ୍ତେଆସ୍ତେ ଢଳାଯାଏ।

ରୟାଲ୍ (Royal) - ଛୋଟଛୋଟ ଖଣ୍ଡ ସାଭୋରୀ (Savory) ଏଗ୍ କଷ୍ଟାର୍ଡ଼।

ଟପିଓକା (Topioca) - ପାଲୁଅକୁ ପାଣିରେ ଗୋଳାଇ ଫୁଟାନ୍ତା କନ୍‌ସୋମେରେ ଟୋପାଟୋପା କରି ପକାଇ ପ୍ରସ୍ତୁତ କରାଯାଏ।

ଭରମିସେଲି (Vermecelli) - କନ୍‌ସୋମେରେ ସରୁସରୁ ସିଝା ଭରମିସେଲି ପକାଇ ପ୍ରସ୍ତୁତ କରାଯାଏ।

କେତେକ ସେଫ୍ କନ୍‌ସୋମେ ତିଆରି କରିବା ସମୟରେ ଟମାଟୋ ପ୍ୟୁରୀ, ଲେମ୍ବୁରସ, ହ୍ୱାଇଟ୍ ୱାଇନ୍ ଆଦି ବ୍ୟବହାର

କରନ୍ତି । ଏହା ରାଫ୍ଟ ଶୀଘ୍ର ବାନ୍ଧିବାରେ ସାହାଯ୍ୟକରେ ବୋଲି ସେମାନେ ମତ ଦେଇଥା'ନ୍ତି । ଗରମ ପାଇଲେ ପୁଷ୍ଟିସାର ଆପେଆପେ ବାନ୍ଧି ହୋଇଯାଏ । ତଥାପି ନିଜ ନିଜର ଅଭିଜ୍ଞତା ଉପରେ ଏହା ନିର୍ଭର କରେ ।

କନ୍‌ସୋମେ

ସାମଗ୍ରୀ

କିମା ମାଂସ	୨୨୫ ଗ୍ରାମ୍
ପିଆଜ	୭୦ ଗ୍ରାମ୍
ସେଲେରୀ	୪୦ ଗ୍ରାମ୍
ଗାଜର	୫୦ ଗ୍ରାମ୍
ଷ୍ଟକ୍	୧-୧/୨ ଲିଟର୍
ଅଣ୍ଡାର ଧଳା ଅଂଶ	୨ଟା
ଶୁଖିଲା ଥାଇମ୍	୧/୨ ଚାମଚ୍
ତେଜପତ୍ର	୧ଟା
ଗୋଟା ଗୋଲମରିଚ	୪/୫ ଟା
ଲୁଣ ଆବଶ୍ୟକ ମତେ	

ପ୍ରଣାଳୀ

୧. ଗୋଟିଏ ଗହିରିଆ ସୁପ୍ ପାତ୍ରରେ ଷ୍ଟକ୍ ବ୍ୟତୀତ ଅନ୍ୟ ସମସ୍ତ ସାମଗ୍ରୀ ଗୋଳାଇ ରଖନ୍ତୁ ।

୨. ଏଥିରେ ଥଣ୍ଡା ଷ୍ଟକ୍ ଢାଳି ପାତ୍ରଟିକୁ ଅଧିକ ଜାଳରେ ଚୁଲିରେ ବସାଇ ଘାଣ୍ଟନ୍ତୁ ।

୩. ଏହା ଫୁଟିବାକୁ ଆରମ୍ଭକଲେ ଜାଳ କମାଇ ଦିଅନ୍ତୁ ଓ ଘାଣ୍ଟିବା ବନ୍ଦକରି ଦିଅନ୍ତୁ ।

୪. ମିଶ୍ରଣ ଆସ୍ତେ ଆସ୍ତେ ବାନ୍ଧିବାକୁ ଆରମ୍ଭ କରିବ ଓ ଉପରେ ଗୋଟିଏ ସ୍ତର (raft) ହୋଇ ଭାସି ଉଠିବ ।

୫. ଏକରୁ ଦେଢ଼ଘଣ୍ଟା ପର୍ଯ୍ୟନ୍ତ ଏହାକୁ କମ୍ ଜାଳରେ ବସାନ୍ତୁ ।

୬. ଗୋଟିଏ କଡ଼ରୁ ରାଫ୍ଟକୁ ସାମାନ୍ୟ ଆଡ଼େଇ କନ୍‌ସୋମେର ସ୍ୱଚ୍ଛତାକୁ ପରଖି ନିଅନ୍ତୁ ।

୭. ଏହା ଗୋଳିଆ ନ ହୋଇ ସ୍ୱଚ୍ଛ ଦେଖାଗଲେ ଚୁଲିରୁ ଓହ୍ଲାଇ ଦିଅନ୍ତୁ ।

୮. ରାଫ୍ଟକୁ ଗୋଟିଏ ଜାଲିଚଟୁରେ ଆସ୍ତେକରି ଆଡ଼େଇ ସୁପ୍‌କୁ ଅନ୍ୟଗୋଟିଏ ପାତ୍ରରେ ୪/୫ ପରସ୍ତ ମସ୍‌ଲିନ୍ କନା ଦେଇ ଛାଣି କନ୍‌ସୋମେ ପ୍ରସ୍ତୁତ କରନ୍ତୁ ।

୯. ଏଥିରେ ରୁଚି ଅନୁସାରେ ଗାରନସ୍ କରି ପରିବେଷଣ କରନ୍ତୁ ।

ମିଲାଗୁଥାନି ବା ମୁଲିଗେଟାୱାନି

ଏହା ଏକ ଭାରତୀୟ ସୁପ୍ । ମିଲାଗୁଥାନି (Milaguthani) ହେଉଛି ଏକ ତାମିଲି ଶବ୍ଦ, ଯାହାକି ମସଲାଯୁକ୍ତ ପାଣି ବା ମସଲାଯୁକ୍ତ ରସମ୍‌କୁ ବୁଝାଏ । ବ୍ରିଟିଶ୍ ଶାସନକାଳରେ ଏହା ବ୍ରିଟିଶ୍‌ଲୋକଙ୍କୁ ବେଶ୍ ଭଲ ଲାଗିଥିଲା । ସେମାନେ ଏହାର ନାମକୁ ଠିକ୍ ଭାବରେ ଉଚ୍ଚାରଣ କରିପାରି ନ ଥିବାରୁ ଏହାର ନାମ ଅପଭ୍ରଂଶ ହୋଇ ମୁଲିଗେଟାୱାନି (Mulligatawany) ସୁପ୍ ନାମରେ ସାରା ବିଶ୍ୱରେ ପରିଚିତ ହୋଇଗଲା ।

ସାମଗ୍ରୀ

ମସୁର ଡାଲି	୨୦୦ ଗ୍ରାମ୍
ଚୁନ୍‌ଚୁନ୍ କଟା ଟମାଟୋ	୭ଟି
କଟା ପିଆଜ (ମଧ୍ୟମ ଆକାର)	୧ଟା
ଚୁନ୍‌ଚୁନ୍ କଟା ରସୁଣ	୪/୫ ପାଖୁଡ଼ା
ଚୁନ୍‌ଚୁନ୍ କଟା ଅଦା	୧ ଚାମଚ୍
ତେଲ	୧ ଟେବୁଲ୍ ଚାମଚ୍
ଭୃସଙ୍ଗ ପତ୍ର	୨ ଡେଙ୍ଫ
ପାଣି	୫ କପ୍
ଲେମ୍ବୁରସ	୨ ଟେବୁଲ୍ ଚାମଚ୍
ଚୁନ୍‌ଚୁନ୍ କଟା ଧନିଆପତ୍ର	୨ ଗଛ
ଲୁଣ ଆବଶ୍ୟକ ମତେ	

ମିଲାଗୁଥାନି ମସଲା

ଧନିଆ	୧ ଚାମଚ୍
ଜୀରା	୧/୨ ଚାମଚ୍

ମେଥି	୧/୪ ଚାମଚ୍
ବୁଟଡ଼ାଲି	୧ ଟେବୁଲ୍ ଚାମଚ
ଲଙ୍କାଗୁଣ୍ଡ	୧/୨ ଚାମଚ୍
ଗୋଲ ମରିଚଗୁଣ୍ଡ	୧ ଚାମଚ୍
ଲବଙ୍ଗ ଗୁଣ୍ଡ	୧/୨ ଚାମଚ୍
ଡାଲଚିନିଗୁଣ୍ଡ	୧/୨ ଚାମଚ୍
ଗୁଜୁରାତି ଗୁଣ୍ଡ	୩ଟା
ହଳଦୀ ଗୁଣ୍ଡ	୧/୨ ଚାମଚ୍
କୋରା ନଡ଼ିଆ	୧/୨ କପ୍

ପ୍ରଣାଳୀ

୧. ଧନିଆ, ଜୀରା, ମେଥି ଓ ବୁଟ ଡାଲିକୁ ଅଲଗା ଅଲଗା ଭାଜି ଗୁଣ୍ଡକରନ୍ତୁ।

୨. ନଡ଼ିଆକୁ ଭାଜନ୍ତୁ। ପାଣିମରି ମସ୍‌ମସ୍ ହୋଇଗଲେ ଏହାକୁ ଗୁଣ୍ଡକରି ରଖନ୍ତୁ।

୩. ମିଲାଗୁଥାନି ପାଇଁ ଥିବା ସମସ୍ତ ମସଲାକୁ ଏକାଠି ମିଶାଇ ରଖନ୍ତୁ।

୪. ଗୋଟିଏ ଗହିରିଆ ଓଜନିଆ ପାତ୍ରରେ ତେଲ ଗରମକରି ଭୃସଙ୍ଗପତ୍ର ପକାଇ ଭାଜନ୍ତୁ ଓ ଏଥିରେ ପିଆଜ ପକାଇ ଜାରନ୍ତୁ।

୫. ପିଆଜ ଜରିଗଲେ ରସୁଣ ପକାଇ ଭାଜନ୍ତୁ। ରସୁଣ ସାମାନ୍ୟ ବାଦାମି ରଙ୍ଗ ହୋଇଗଲେ ଟମାଟୋ ପକାଇ ଭାଜନ୍ତୁ।

୬. ଟମାଟୋରୁ ପାଣି ମରି ନରମ ହୋଇଗଲେ ଏଥିରେ ମସୁର ଡାଲିକୁ ଧୋଇ ପକାନ୍ତୁ ଓ ୨ କପ୍ ପାଣିଦେଇ ଘୋଡ଼ାଇ ଦିଅନ୍ତୁ।

୭. ଡାଲି ଫୁଟିଗଲେ ଏଥିରେ ମିଲାଗୁଥାନି ମସଲା ପକାଇ ଗୋଳାଇ ଦିଅନ୍ତୁ ଓ ମଧ୍ୟମ ଜାଳରେ ରାନ୍ଧନ୍ତୁ।

୮. ଡାଲି ସମ୍ପୂର୍ଣ୍ଣଭାବେ ସିଝିଗଲେ ଏଥିରେ ଅବଶିଷ୍ଟ ପାଣି ଓ ଲୁଣ ଦେଇ ଫୁଟାନ୍ତୁ।

୯. ଭଲଭାବେ ଫୁଟିଗଲେ ଚୁଲିରୁ ଓହ୍ଲାଇ ଦିଅନ୍ତୁ।

୧୦ ଏଥିରେ ଲେମ୍ବୁରସ ଓ ଧନିଆପତ୍ର ଗୋଳାଇ ଗରମ ଗରମ ପରଷନ୍ତୁ।

ବି:ଦ୍ର: ମସୁର ଡାଲିକୁ ବାଦ୍‌ଦେଇ ମଧ୍ୟ ଏହା କରାଯାଇ ପାରିବ।

ସୁଇଟ୍ କର୍ଣ୍ଣ ଚିକେନ୍ ସୁପ୍

ସାମଗ୍ରୀ

କଣ୍ଟା ନଥିବା କୁକୁଡ଼ା ମାଂସ (Boneless Chicken)	୧୦୦ ଗ୍ରାମ୍
ଚୁନ୍ ଚୁନ୍ କଟା ସ୍ପ୍ରିଙ୍ଗ୍ ଅନିଅନ୍	୩୦ ଗ୍ରାମ୍
ଚିକେନ୍ ଷ୍ଟକ୍	୪ କପ୍
ସୁଇଟ୍ କର୍ଣ୍ଣ	୧/୨ କପ୍
କୋରା ଅଦା	୧/୨ ଚା ଚାମଚ୍
କର୍ଣ୍ଣଫ୍ଲାୱାର	୨ ଚା ଚାମଚ୍
ଭିନେଗାର୍	୧ ଟେବୁଲ୍ ଚାମଚ୍
ରିଫାଇନ୍ ତେଲ	୨ ଚା ଚାମଚ୍
ଅଣ୍ଡା	୧ ଟି
ଅଜିନୋମୋଟୋ	ଟିପେ (୧/୮ ଚା ଚାମଚ)
ଗୋଲମରିଚ ଗୁଣ୍ଡ	୧/୨ ଚା ଚାମଚ୍
ଲୁଣ ଆବଶ୍ୟକ ମତେ	

ପରଷିବା ପାଇଁ

ଚିଲି ସସ୍

ଚିଲି ଭିନେଗାର୍

ପ୍ରଣାଳୀ

୧. ଗୋଟିଏ ଗହିରିଆ ପାତ୍ରରେ ମାଂସକୁ ପାଣି (ମାଂସ ବୁଡ଼ିବା ପର୍ଯ୍ୟନ୍ତ ପାଣି) ଦେଇ ମଧ୍ୟମ ଜାଳରେ ଫୁଟାନ୍ତୁ।

୨. ମାଂସ ସିଝିଗଲେ ପାଣିରୁ ଛାଣି ଚୁନ୍ ଚୁନ୍ କରି କାଟି ରଖନ୍ତୁ ଓ ସିଝା ପାଣିକୁ ଷ୍ଟକ୍‌ରେ ମିଶାଇ ଦିଅନ୍ତୁ।

୩. ଷ୍ଟକ୍‌କୁ ଗହିରିଆ ପାତ୍ରରେ ଢାଳି ଏଥିରେ ସୁଇଟ୍ କର୍ଣ୍ଣ, ଭିନେଗାର, କଟା ହୋଇଥିବା ମାଂସ, ସ୍ପ୍ରିଙ୍ଗ୍ ଅନିଅନ୍, ଲୁଣ ଓ ଗୋଲମରିଚ ଗୁଣ୍ଡ ପକାଇ ଫୁଟାନ୍ତୁ।

୪. ଏହା ଫୁଟିଗଲେ ଜାଳ କମାଇ ଅଳ୍ପଜାଳରେ ୧୦ ମିନିଟ୍ ଫୁଟାନ୍ତୁ।

୫. କର୍ଣ୍ଣ ଫ୍ଲାଓ୍ୱାରକୁ ୪ ଚା ଚାମଚ୍ ପାଣିରେ ମିଶାଇ ପାତ୍ରରେ ଢାଳି ଗୋଳାଇ ଦିଅନ୍ତୁ।

୬. ଅଣ୍ଡାକୁ ଫେଣ୍ଟନ୍ତୁ। ଫେଣ୍ଟା ହୋଇଥିବା ଅଣ୍ଡା ପାତ୍ରକୁ ଉପରକୁ ଟେକି ଆସ୍ତେ ଆସ୍ତେ ସୁପ୍ ପାତ୍ରରେ ଢାଳି (ଏପରି ଢାଳିବେ ଯେପରି କି ଏହା ସରୁ ସୂତାପରି ସୁପ୍‌ରେ ଖସିବ) ଗୋଳାଇ ଦିଅନ୍ତୁ।

୭. ଏଥିରେ ଅଜିନୋମୋଟୋ ପକାଇ ଗୋଳାଇ ଅଳ୍ପ ସମୟ (୩୦ ସେକେଣ୍ଡ) ଫୁଟାଇ ଚୁଲିରୁ ଓହ୍ଲାନ୍ତୁ।

୮. ପ୍ରସ୍ତୁତ ସୁପ୍‌କୁ ବୋଲ୍‌ରେ ପରଷନ୍ତୁ। ଏହା ସହିତ ଚିଲି ସସ୍ ଓ ଚିଲି ଭିନେଗାର ଦେବାକୁ ଭୁଲିବେ ନାହିଁ।

ସାଲାଡ୍

ସାଲାଡ୍ ଖାଦ୍ୟ ରୁଚିକୁ ଉନ୍ନତ କରେ। କେତେକ ଟଟକା ଫଳ ଓ ପରିବାରେ କିଛି ଖାଦ୍ୟପୋଯୋଗୀ ପତ୍ର, କଞ୍ଚାଲଙ୍କା, ପିଆଜ ଆଦି ମିଶାଇ ଭିନ୍ନ ଭିନ୍ନ ପ୍ରକାର ସାଲାଡ୍ ଆମ ଦୈନନ୍ଦିନ ଖାଦ୍ୟ ତାଲିକାରେ ସ୍ଥାନ ପାଇଥାଏ। ଏଥିରେ ଲେମ୍ବୁରସ, ଦହି, ନଡିଆ, ଗୋଲମରିଚ ଗୁଣ୍ଡ, ଧନିଆ ପତ୍ର, ପୋଦିନା ପତ୍ର, ତେଲ ଆଦି ପ୍ରକାର-ଭେଦ ଅନୁସାରେ ଯୋଗକରି ଅଧିକ ସୁସ୍ୱାଦୁ କରାଯାଇଥାଏ। ପ୍ରତ୍ୟେକ ଦିନ ଖାଦ୍ୟ ତାଲିକାରେ ସାଲାଡ୍ ସ୍ଥାନ ପାଇବା ଉଚିତ୍। ଏହାର ଗୁଣାତ୍ମକ ମୂଲ୍ୟକୁ ଅନୁଧ୍ୟାନ କଲେ ଜଣାଯାଏ ଯେ; ଏଥିରୁ କମ୍ କାଲୋରୀ ମିଳୁଥିଲେ ମଧ୍ୟ ଏହା ଶରୀରକୁ ଆବଶ୍ୟକ ପରିମାଣର ଭିଟାମିନ୍ ଏ, ବି, ସି, ଆଦି ଖାଦ୍ୟସାର (vitamins) ତଥା, ଆଇରନ୍, କାଲସିୟମ୍, ପୋଟାସିୟମ୍, ମାଗ୍ନେସିୟମ୍, ସୋଡ଼ିୟମ ଆଦି ଖଣିଜ ଲବଣ (minerals) ଯୋଗାଇଥାଏ। ଯାହାକି ଶରୀରକୁ ସୁସ୍ଥ ରଖିବା ସଙ୍ଗେ ସଙ୍ଗେ ତ୍ୱଚାକୁ ସତେଜ ରଖେ।

ସାଲାଡ୍ ପାଇଁ କଅଁଳିଆ ଓ ଟଟକା ପରିବା ବାଛିବା ଉଚିତ୍। ଏପରିକି ରନ୍ଧା ଯାଉଥିବା କେତେକ ପରିବାକୁ କଷି ଅବସ୍ଥାରେ ଖାଇହୁଏ। କେହି କେହି କଷି ଭେଣ୍ଡି, ବାଇଗଣ, କଖାରୁ, ଫୁଲକୋବି ଆଦି କଞ୍ଚା ଖାଇବାକୁ ଭଲ ପାଆନ୍ତି। ତେଣୁ ଯଦି ହାତ ପାଆନ୍ତାରେ କିଛି ମିଳୁଛି ତ ନିଜ ରୁଚି ଅନୁସାରେ ସାଲାଡ୍ ତିଆରି କରିବାରେ କିଛି ଅସୁବିଧା ହେବ ନାହିଁ। ଫଳ ସହିତ ପରିବାକୁ କଞ୍ଚା ତଥା ସିଝା ବା ଦରସିଝା ଭାବରେ ମଧ୍ୟ ବ୍ୟବହାର କରାଯାଇ ପାରିବ କେତେକ ସାଲାଡ୍‌ରେ ଛେନା, ଅଣ୍ଡା, ଚିଙ୍ଗୁଡ଼ି, ମାଂସ, ମାଛ ଆଦି ପ୍ରୋଟିନ୍ ଜାତୀୟ ଖାଦ୍ୟ ଯୋଗ କରି ଏହାକୁ ଏକ ସ୍ୱୟଂ ସଂପୂର୍ଣ୍ଣ ଖାଦ୍ୟ କରା ଯାଇଥାଏ। ଯାହାକି ଶରୀରକୁ ଖାଦ୍ୟସାର, ଖଣିଜ ଲବଣ ସହ ପୁଷ୍ଟିସାର ଓ ଶ୍ୱେତସାର ଯୋଗାଇଥାଏ। ଫ୍ରାନ୍ସର ଖାଦ୍ୟ ବିଶେଷଜ୍ଞ ଲା-ରସ୍ ସାଲାଡ ବିଷୟରେ ଲେଖିଛନ୍ତି ଯେ: "A dish of raw, cold or warm cooked foods usualy dressed and seasoned served as an appetizer, side dish or main course" ତେଣୁ ସାମଗ୍ରୀ ଓ ପରିବେଷଣ ପଦ୍ଧତି ଉପରେ ଏହା ନିର୍ଭର କରେ।

ସାଲାଡ୍ ପ୍ରସ୍ତୁତି ପାଇଁ ନିମ୍ନରେ କିଛି ସୂଚନା ଦିଆଗଲା।

- ସାଲଡ୍ ପାଇଁ ଖାଦ୍ୟପୋଯୋଗୀ ପତ୍ର, ଫଳ ଓ ପରିବାଗୁଡ଼ିକୁ କାଟିବା ପୂର୍ବରୁ ପରିଷ୍କାର ଭାବେ ଧୋଇ ପାଣି ନିଗାଡ଼ି ବ୍ୟବହାର କରିବା ଉଚିତ୍।
- ଲେଟ୍ୟୁସ୍ (lettuce), କଅଁଳିଆ ପାଳଙ୍ଗ, କଅଁଳିଆ ମୂଳା ପତ୍ର ଆଦି ସାଲାଡରେ ବ୍ୟବହାର କରାଯାଏ। ସାଲାଡ୍ ପରିବେଷଣର ଅବ୍ୟବହିତ ପୂର୍ବରୁ ଏହା ଯୋଗ କରିବା ଭଲ। ମୁଖ୍ୟତଃ ଏହାର ସତେଜତା ଉପରେ ବିଶେଷ ପ୍ରାଧାନ୍ୟ ଦିଆ ଯାଇଛି। ପତ୍ରଗୁଡ଼ିକର ମସ୍‌ମସିଆ (crispyness) କମି ଯାଇଥିଲେ ଏହାକୁ ଥଣ୍ଡା ପାଣିରେ ନଚେତ୍ ପାଣିରେ କିଛି ବରଫ ପକାଇ ୧୦ ରୁ ୧୫ ମିନିଟ୍ ପର୍ଯ୍ୟନ୍ତ ବୁଡ଼ାଇ ରଖିଦେଲେ ଏହା ସତେଜ ହୋଇଯାଏ। ପତ୍ରଗୁଡ଼ିକୁ ପୋଟାସିୟମ୍ ପରମାଙ୍ଗାନେଟ୍ ପାଣିରେ ଧୋଇ ଭଲ ଭାବେ ପାଣି ନିଗାଡ଼ି ପଲିଥିନ୍ ବ୍ୟାଗ୍‌ରେ ପୁରାଇ ରେଫ୍ରିଜେରେଟର୍‌ରେ ରଖିଲେ ଏହା ୨/୩ ଦିନ ପର୍ଯ୍ୟନ୍ତ ସତେଜ ରହେ।
- କାକୁଡ଼ି, ସେଓ, ପିଜୁଳି ଆଦିର ଚୋପାରେ ହିଁ ଖାଦ୍ୟସାର (vitamin) ଥାଏ। ଏଗୁଡ଼ିକୁ ଚୋପା ସହ ସାଲାଡ଼୍ ପାଇଁ କାଟିବା ଉଚିତ୍।
- ମୂଳା, ଗାଜର, ବିଟ୍, ଓଲ୍‌କୋବି ଆଦି ମୂଳ ଜାତୀୟ ପରିବାକୁ ଚୋପା ଛଡ଼ାଇ ଗ୍ରେଟର୍‌ରେ କୋରି ନଚେତ୍ ପତଳା ପତଳା କାଟି ବ୍ୟବହାର କରାଯାଏ।
- ଭଲଭାବେ ବାନ୍ଧି ହୋଇଥିବା ପତ୍ରକୋବି ଓ ରେଡ୍ କ୍ୟାବେଜ୍ ସାଲାଡ୍ ଉପଯୋଗୀ ହୋଇଥାଏ। ଏହାର ଉପର ପତ୍ର ଗୁଡ଼ିକ କାଢ଼ି କେବଳ ଭିତର ନରମ ପତ୍ରଗୁଡ଼ିକ ସାଲାଡ୍ ପାଇଁ ବ୍ୟବହାର କରାଯାଏ।

- ଛୋଟ ଡେମ୍ଫ ଥାଇ ବେଶୀ ଫୁଟି ନ ଥିବା ଫୁଲ କୋବି ମଧ୍ୟ ସାଲାଡରେ ବ୍ୟବହାର କରାଯାଏ । ଫୁଲ କୋବିକୁ ୧୫ ରୁ ୨୦ ମିନିଟ୍ ପର୍ଯ୍ୟନ୍ତ ଲୁଣ ପାଣିରେ ବୁଡ଼ାଇ ବିଶୋଧିତ କରି ବ୍ୟବହାର କରିବା ଉଚିତ୍ ।
- ସେଓ, ଅଙ୍ଗୁର, କମଳା, ନାସପାତି, ପିଜୁଳି, ଆମ୍ବ, କଦଳୀ, ସପୁରୀ ଆଦି ଫଳଗୁଡ଼ିକରେ ପରିବା ମିଶାଇ ମଧ୍ୟ ସାଲାଡ୍ ପ୍ରସ୍ତୁତ କରାଯାଏ । ସପୁରୀର ମୋଟା ଚୋପାକୁ କାଟି ଓ ଭିତରର ଟାଣ ମଞ୍ଜିଟିକୁ ବାହାରକରି ଭଲ ଭାବରେ ଆଖିଗୁଡ଼ିକ କାଢ଼ି ବ୍ୟବହାର କରାଯାଏ । ପିଜୁଳିର ମଞ୍ଜିକୁ ବାଦ୍ ଦେଇ ସାଲାଡ଼ରେ ବ୍ୟବହାର କରାଯାଏ । ଅନ୍ୟ ଫଳଗୁଡ଼ିକ ବିଷୟରେ କହିବା ଅନାବଶ୍ୟକ ।
- ଲେଟ୍ୟୁସ୍, ପାର୍ସଲେ, ସେଲେରୀ ଆଦି କେତେକ ସାଲାଡ଼ରେ ବ୍ୟବହାର କରାଯାଏ । ଯାହାକି ସାଧାରଣତଃ ଶୀତ ପ୍ରଧାନ ଦେଶରେ ମିଳିଥାଏ । ଏବେ ଆମ ଅଞ୍ଚଳରୁ କିଛି ଡିପାର୍ଟମେଣ୍ଟାଲ୍ ଷ୍ଟୋର ବା ମଲଗୁଡ଼ିକରେ କିଣିବାକୁ ମିଳୁଛି । ସେଲେରୀ ନେମ୍ଫଗୁଡ଼ିକୁ ଗୋଲ ଗୋଲ କାଟି ସାଲାଡରେ ବ୍ୟବହାର କରାଯାଏ ।
- ସାଲାଡ୍ ପ୍ରସ୍ତୁତି ଖାଦ୍ୟ ପରିବେଷଣର ଅବ୍ୟବହିତ ପୂର୍ବରୁ କରିବା ଉଚିତ୍ । ନଚେତ୍ କଟା ଯାଇଥିବା କେତେକ ପରିବା ଓ ଫଳର ରଙ୍ଗ ବଦଳି ଯାଏ ।

ସାଲାଡ୍‌କୁ ଅଧିକ ରୁଚିକର ଓ ସୁସ୍ୱାଦୁ କରିବା ପାଇଁ ଏଥିରେ ମେୟୋନିଜ୍, ଭିନେଗ୍ରେଟେ ଓ ଅନେକ ପ୍ରକାରର ସାଲାଡ୍‌ଡ୍ରେସିଙ୍ଗ୍ ତଥା ଲୁଣ, ଗୋଲମରିଚ ଗୁଣ୍ଡ, ହର୍ବ ଆଦି ବିଭିନ୍ନ ପ୍ରକାରର ସିଜନିଙ୍ଗ୍ ଯୋଗ କରାଯାଏ । ତେବେ ସାଲାଡ୍‌ଡ୍ରେସିଙ୍ଗ୍ ବ୍ୟବହାର କରିବାର ମୁଖ୍ୟ ଉଦ୍ଦେଶ୍ୟ ହେଲା-

- ଏହା ସାଲାଡ୍‌ର ଆଦ୍ରତା ବଢ଼ାଏ ।
- ସମସ୍ତ ସାଲାଡ୍ ପରିବାରେ ଗୋଳାଇ ହୋଇ ସାଲାଡ୍‌କୁ ଏକ ସୁନ୍ଦର ରଙ୍ଗ ଆଣିଦିଏ ।
- ସାଲାଡ୍‌ର ସ୍ୱାଦ-ମହକ ବଢ଼ାଇବା ସଙ୍ଗେ ସଙ୍ଗେ ଖାଦ୍ୟଗୁଣ ମଧ୍ୟ ବଢ଼ାଏ ।

ସାଲାଡ୍‌ଡ୍ରେସିଙ୍ଗ୍ ତରଳ ନଚେତ୍ ସାମାନ୍ୟ ବହଳ ହେବା ଆବଶ୍ୟକ । ମନେ ରଖିବେ ସାଲାଡ୍‌ରେ ସାଲାଡ୍‌ଡ୍ରେସିଙ୍ଗ୍ ଅଧିକ ପରିମାଣରେ ବ୍ୟବହାର କରିବେ ନାହିଁ । ସାଲାଡ୍‌ଡ୍ରେସିଙ୍ଗ୍‌କୁ କଟା ଯାଇଥିବା ପରିବାରେ ହାଲକା ଭାବରେ ଗୋଳାଇବେ । ଏହା ଠିକ୍ ଭାବରେ ପରିବାଗୁଡ଼ିକରେ ଏକ ଆବରଣ (coating) ଭଳି ଲାଗି ରହିବା ଦରକାର । ସାଲାଡ଼ରେ ଡ୍ରେସିଙ୍ଗର ପରିମାଣ ଅଧିକ ହେଲେ ଏହା ସାଲାଡ୍ ପରିବାଠାରୁ ଅଲଗା ହୋଇ ତଳେ ରହିଯାଏ । ଫଳରେ ସାଲାଡ୍‌ର ଚେହେରା ଖରାପ ହୋଇଯାଏ । ସେହିପରି ସାଲାଡ୍ ପାଇଁ ବ୍ୟବହାର କରୁଥିବା ପରିବାରେ ଅଧିକ ପାଣି ରହିବା ଉଚିତ୍ ନୁହେଁ । ତେଣୁ ପରିବାକୁ ଗୋଟା ଧୋଇ ଭଲ ଭାବରେ ପୋଛି କାଟିବେ । ଉପରୋକ୍ତ ବିଷୟଗୁଡ଼ିକ ପ୍ରତି ସାବଧାନ ରହିବେ । ନିମ୍ନରେ କେତେକ ସାଲାଡ୍‌ଡ୍ରେସିଙ୍ଗ୍ ବିଷୟରେ ସୂଚନା ଦିଆଗଲା ।

ଭିନେଗ୍ରେଟେ (Vinegrette)

ସାଧାରଣତଃ ସାଲାଡ୍ ଅଏଲ୍‌କୁ ମୁଖ୍ୟ ଉପାଦାନ ଭାବରେ ନେଇ ଭିନେଗ୍ରେଟେ ପ୍ରସ୍ତୁତ କରାଯାଏ । ତେଣୁ ଏହାକୁ Oil based dressing କୁହାଯାଏ । ଅଲିଭ୍ ଅଏଲ୍ ଓ ଭିନେଗାର୍ ମିଶ୍ରଣରେ ଏହା ପ୍ରସ୍ତୁତ କରାଯାଏ । ତେଲ ଓ ଭିନେଗାର ମିଶ୍ରଣକୁ ଗୋଟିଏ ଗାଡ଼ୁଆ ପାତ୍ରରେ କାଠଚଟୁ ସାହାଯ୍ୟରେ କ୍ରମାଗତ ଭଲ ଭାବରେ ଫେଣ୍ଟି ଏହା ପ୍ରସ୍ତୁତ କରାଯାଏ । ପାଣି ସହିତ ତେଲ ମିଶିଗଲେ ପାଣି ଉପରେ ତେଲ ଭାସି ଉଠେ । ଅନୁରୂପ ଲକ୍ଷଣ ଏହି ଡ୍ରେସିଙ୍ଗ୍‌ରେ ମଧ୍ୟ ଦେଖାଦିଏ । ତେଣୁ ସେଥିପ୍ରତି ସତର୍କ ହେବେ । ଭିନେଗ୍ରେଟେକୁ ଲମ୍ବା ବେକ ଥିବା ବୋତଲରେ ରଖି ପାରିବେ । ସାଲାଡ୍‌ରେ ମିଶାଇବା ପୂର୍ବରୁ ପୁଣିଥରେ ଉପରୋକ୍ତ ପ୍ରଣାଳୀରେ ଫେଣ୍ଟି ବ୍ୟବହାର କରି ପାରିବେ । ଭିନେଗ୍ରେଟେ ପାଇଁ ତେଲ ଓ ଭିନେଗାର୍‌ର ପରିମାଣ ସବୁ ଦେଶରେ ସମାନ୍ ନ ଥାଏ । ନିମ୍ନରେ ଏହାର ଅନୁପାତ ଦିଆଗଲା ।

ଆମେରିକାନ୍ ଭିନେଗ୍ରେଟେ: ୧ ଭାଗ ସାଲାଡ୍ ଅଏଲ + ୧ ଭାଗ ଭିନେଗାର୍ ବା ୧ ଚା ଚାମଚ୍ ସାଲାଡ୍ ଅଏଲ୍ + ୧ ଚା ଚାମଚ୍ ଭିନେଗାର ।

ଇଙ୍ଗ୍‌ଲିସ୍ ଭିନେଗ୍ରେଟେ: ୧ ଭାଗ ସାଲାଡ୍ ଅଏଲ + ୨ ଭାଗ ଭିନେଗାର୍ ବା ୧ ଚା ଚାମଚ୍ ସାଲାଡ୍ ଅଏଲ୍ + ୨ ଚା ଚାମଚ୍ ଭିନେଗାର୍।

ଫ୍ରେଞ୍ଚ୍ ଭିନେଗ୍ରେଟେ: ୩ ଭାଗ ସାଲାଡ୍ ଅଏଲ୍ + ୧ ଭାଗ ଭିନେଗାର ବା ୩ ଚା ଚାମଚ ସାଲାଡ୍ ଅଏଲ୍ + ୧ ଚା ଚାମଚ୍ ଭିନେଗାର୍।

ମେୟୋନିଜ୍ ଡ୍ରେସିଙ୍ଗ (Mayonnaise dressing)

ଏହା ଏକ ଜଣାଶୁଣା ଡ୍ରେସିଙ୍ଗ୍। ମେୟୋନିଜ୍ ଡ୍ରେସିଙ୍ଗ୍ ସବୁ ପ୍ରକାର ସାଲାଡ୍ ଯଥା- ଫଳ, ପରିବା, ମାଛ, ମାଂସ, ଚିଙ୍ଗୁଡ଼ି ଆଦିରେ ବ୍ୟବହାର କରାଯାଇଥାଏ। ଏହାକୁ ପ୍ରସ୍ତୁତ କରି ସାରିବା ପରେ ରେଫ୍ରିଜେରେଟର୍‌ରେ ରଖିବାକୁ ପଡିଥାଏ। ଅଣ୍ଡା କେଶର ସହିତ ଭିନେଗାର ବା ଲେମ୍ବୁ ରସ ଓ ସାଲାଡ୍ ଅଏଲ୍ (ଅଲିଭ୍ ଅଏଲ୍ ବା କାନୋଲା ବା ଭେଜିଟେବଲ୍ ଅଏଲ୍) ଦେଇ କାଠ ଚଟୁରେ ଫେଣ୍ଟି ଏହା ପ୍ରସ୍ତୁତ କରାଯାଏ। ଏହାକୁ ଅଧିକ ସୁସ୍ୱାଦୁ କରିବା ପାଇଁ ଏଥିରେ ସୋରିଷ ଗୁଣ୍ଡ, କିଛି ଶୁଖିଲା ହର୍ବ ଓ ଶୁଖା ଟମାଟୋ ଗୁଣ୍ଡ ଆଦି କେତେକ ଜାଗାରେ ଯୋଗ କରା ଯାଇଥାଏ। ଏହାକୁ ଖୁବ୍ ସାବଧାନତା ସହ ପ୍ରସ୍ତୁତ କରିବାକୁ ପଡ଼ିଥାଏ। ସମୟେ ସମୟେ ଏହା ଛେନା ଛିଡ଼ିବା ଭଳି (curdle) ହୋଇଯାଏ। ଏପରି ସମସ୍ୟା ଦେଖାଗଲେ କ'ଣ କରିବେ ତା'ର ପ୍ରତିକାର ନିମ୍ନରେ ଦିଆଗଲା।

- ଛେନା ଛିଡ଼ିଗଲା ଭଳି ଦେଖାଯାଉଥିବା ମେୟୋନିଜ୍‌ରେ ଆଉ ଗୋଟିଏ ଅଣ୍ଡା କେଶର ଯୋଗକରି କ୍ରମାଗତ ଫେଣ୍ଟିବେ ଓ ଫେଣ୍ଟିବା ସମୟ ଆଉ କିଛି ସାଲାଡ୍ ଆଏଲ୍ ଆସ୍ତେ ଆସ୍ତେ ମିଶାଇ ଫେଣ୍ଟିବେ। ଫଳରେ ଏହା ସାଧାରଣ ଅବସ୍ଥାକୁ ଫେରି ଆସିବ।

- ପ୍ରସ୍ତୁତ ମେୟୋନିଜ୍‌କୁ ଅତିଶୟ ଥଣ୍ଡା ବା ଗରମ ଜାଗାରେ ରଖିଲେ ଏପରି ଲକ୍ଷଣ (curdle) ଦେଖାଯାଏ। ବଳିଥିବା ମେୟୋନିଜ୍‌କୁ ନିବୁଜ ଡବା (air tight box)ରେ ରେଫ୍ରିଜେରେଟର୍‌ରେ ରଖାଯାଇ ପାରିବ। ଖୋଲା ରଖିଲେ ମେୟୋନିଜ ଉପରେ ଏକ ସର ପଡ଼ିଯାଏ। ଏଥିପ୍ରତି ସତର୍କ ରହିବେ।

ୟୋଗର୍ଟ ଡ୍ରେସିଙ୍ଗ୍ (yogurt dressing)

ଦହି ସାଙ୍ଗରେ ସାଲାଡ୍-ପରିବାର ସଂଯୋଗ ଆମ ଦେଶରେ ଏକ ପୁରାତନ ପ୍ରଥା। କିନ୍ତୁ ଏ ପ୍ରକାର ଡ୍ରେସିଙ୍ଗ୍ ପାଇଁ ବ୍ୟବହାର କରାଯାଉଥିବା ଦହି ବା ୟୋଗର୍ଟରେ ପାଣି ଅଂଶ ଅଧିକ ରହିବା ଉଚିତ୍ ନୁହେଁ। ଡବାରେ ପ୍ୟାକ୍ ହୋଇ ମିଳୁଥିବା ୟୋଗର୍ଟ ଏହି ଡ୍ରେସିଙ୍ଗ୍ ପାଇଁ ଉପଯୁକ୍ତ ଅଟେ। ନଚେତ୍ ସଜ ଦହିକୁ ମସ୍‌ଲିନ୍ କନାରେ ଟାଙ୍ଗି ପାଣି ନିଗାଡ଼ି ଡ୍ରେସିଙ୍ଗ୍ ପାଇଁ ବ୍ୟବହାର କରି ପାରିବେ। ଦହି ବା ୟୋଗର୍ଟ ବହଳ ହେଲେ ପରିବାରେ ଠିକ୍ ଭାବରେ ଲାଗି ରହିବ। ୟୋଗର୍ଟରେ ଲୁଣ ଓ ଗୋଲମରିଚ ଗୁଣ୍ଡ ଫେଣ୍ଟି ଏହି ଡ୍ରେସିଙ୍ଗ୍ ପ୍ରସ୍ତୁତ କରାଯାଏ। ରୁଚି ଅନୁସାରେ ଏଥିରେ କିଛି ଫ୍ରେସ୍ ହର୍ବ ଚୁନ୍ ଚୁନ୍ କାଟି ଯୋଗ କରି ପାରିବେ।

ଫ୍ରେସ୍ କ୍ରିମ୍ ଡ୍ରେସିଙ୍ଗ୍ (Freshcream Dressing)

ଫ୍ରେସ୍ କ୍ରିମକୁ ମୁଖ୍ୟ ସାମଗ୍ରୀ ଭାବରେ ନେଇ ଏଥିରେ କିଛି ଅମ୍ଳ ଅଂଶ ଯଥା- ଭିନେଗାର୍ ବା ଲେମ୍ବୁରସ ଆଦି ଯୋଗ କରି; ଲୁଣ ଓ ଗୋଲମରିଚ ଗୁଣ୍ଡ ମିଶାଇ ଏହି ଡ୍ରେସିଙ୍ଗଟି ପ୍ରସ୍ତୁତ କରାଯାଏ। ୩ ଭାଗ ଫ୍ରେସ୍ କ୍ରିମ୍ ସାଙ୍ଗରେ ୧ ଭାଗ ଲେମ୍ବୁରସ ବା ଭିନେଗାର, ଲୁଣ ଓ ଗୋଲମରିଚ ଗୁଣ୍ଡ ଦେଇ ଫେଣ୍ଟି ଏହା ପ୍ରସ୍ତୁତ କରାଯାଏ। ବ୍ୟବହୃତ ପରେ ବଳକା ଡ୍ରେସିଙ୍ଗ୍‌କୁ କିଛି ସମୟ ପାଇଁ ରେଫ୍ରିଜେରେଟର୍‌ରେ ରଖି ପାରିବେ। ଏହା ଶୀଘ୍ର ଖରାପ ହୋଇଯାଉଥିବାରୁ ଏହାକୁ ଅଧିକ ଦିନ ସଂରକ୍ଷଣ କରାଯାଇ ପାରିବ ନାହିଁ।

ନିମ୍ନରେ କେତେକ ସାଲାଡ୍ ଡ୍ରେସିଙ୍ଗ୍ ରେସିପି ଦିଆଗଲା।

ମେୟୋନିଜ୍ ସସ୍ (Mayonnaise Sauce)

ସାମଗ୍ରୀ

ସାଲାଡ୍ ଅଏଲ୍	୧ କପ୍
ଅଣ୍ଡା କେଶର	୧ଟି
ସୋରିଷ ଗୁଣ୍ଡ	୧/୨ ଚା ଚାମଚ୍
ଚିନି	୧/୨ ଚା ଚାମଚ୍

ଲେମ୍ବୁରସ ବା ଭିନେଗାର	୧/୨ ଚା ଚାମଚ୍
ଲୁଣ	୧/୨ ଚା ଚାମଚ୍

ପ୍ରଣାଳୀ

୧. ଗୋଟିଏ ବୋଲ୍‌ରେ ଅଣ୍ଡା କେଶର ପକାନ୍ତୁ।

୨. ଏଥିରେ ଲୁଣ, ଚିନି ଓ ସୋରିଷ ଗୁଣ୍ଡ ପକାଇ ଗୋଟିଏ କାଠ ଚାମଚ୍‌ରେ ଭଲ ଭାବରେ ଫେଣ୍ଟନ୍ତୁ।

୩. କିଛି ସମୟ ତଫାତରେ ଅଧ ଚାମଚ୍ ଲେଖାଏଁ ସାଲାଡ୍ ଅଏଲ୍ ପକାଇ କ୍ରମାଗତ ଫେଣ୍ଟନ୍ତୁ।

୪. ଏହିପରି ସବୁ ତେଲ ମିଶିଗଲେ ଲେମ୍ବୁରସ ବା ଭିନେଗାର ଯୋଗକରି ଭଲ ଭାବରେ ଫେଣ୍ଟି ଗୋଟିଏ ଏୟାରଟାଇଟ୍ ଡବାରେ ରେଫ୍ରିଜେରେଟରରେ ରଖନ୍ତୁ।

ଏଗ୍‌ଲେସ୍ ମେୟୋନିଜ (Eggless Mayonnaise)

ସାମଗ୍ରୀ

କଣ୍ଡେନ୍‌ସଡ୍ ମିଲ୍କ୍	୨୦୦ ଗ୍ରାମ୍
ସାଲାଡ୍ ଅଏଲ୍	୪ ଟେବୁଲ୍ ଚାମଚ୍
ଲୁଣ	୧/୨ ଚା ଚାମଚ୍
ସୋରିଷ ଗୁଣ୍ଡ	୧ ଚା ଚାମଚ୍
ଲେମ୍ବୁରସ ବା ଭିନେଗାର	୧ ଚା ଚାମଚ୍

ପ୍ରଣାଳୀ

୧. କଣ୍ଡେନ୍‌ସଡ୍ ମିଲ୍କ୍‌କୁ ଗୋଟିଏ ବୋଲ୍‌ରେ ଢାଳନ୍ତୁ।

୨. ସାଲାଡ୍ ଅଏଲ୍‌କୁ କିଛି ସମୟ ତଫାତରେ ଢାଳି ଢାଳି କାଠ ଚାମଚ୍ ସାହାଯ୍ୟରେ କ୍ରମାଗତ ଫେଣ୍ଟନ୍ତୁ।

୩. ଏଥିରେ ଲୁଣ ଓ ସୋରିଷ ଗୁଣ୍ଡ ପକାଇ ଫେଣ୍ଟି ଦିଅନ୍ତୁ।

୪. ଶେଷରେ ଲେମ୍ବୁରସ ବା ଭିନେଗାର ପକାଇ ଭଲ ଭାବରେ ଗୋଳାଇ ବ୍ୟବହାର କରନ୍ତୁ।

ସାଲାଡ୍ କ୍ରିମ୍ (Salad Cream)

ସାମଗ୍ରୀ

ଫ୍ରେସ୍ କ୍ରିମ୍	୨୨୫ ଗ୍ରାମ୍
ଲେମ୍ବୁରସ ବା ଭିନେଗାର	୫ ଟେବୁଲ୍ ଚାମଚ୍
ଲୁଣ	୧/୨ ଚା ଚାମଚ୍
ଗୋଲ ମରିଚ ଗୁଣ୍ଡ	୧/୨ ଚା ଚାମଚ୍

ପ୍ରଣାଳୀ: ଭିନେଗ୍ରେଟେ ପ୍ରଣାଳୀରେ ଏହାକୁ ଫେଣ୍ଟି ପ୍ରସ୍ତୁତ କରନ୍ତୁ।

ହେଲ୍‌ଦୀ ସାଲାଡ୍

ସାମଗ୍ରୀ

ଚୁନ୍ ଚୁନ୍ କଟା ଗାଜର	୧/୨ କପ୍
ଚୁନ୍ ଚୁନ୍ କଟା ଟମାଟୋ	୧/୨ କପ୍
ଚୁନ୍ ଚୁନ୍ କଟା କାକୁଡ଼ି	୧/୨ କପ୍
ଗଜା ମୁଗ ଓ ଗଜା ମେଥି	୨ ଟେବୁଲ୍ ଚାମଚ୍
ସରୁ ସରୁ କଟା ଲେଟ୍ୟୁସ୍	୧ କପ୍
ଡାଳିମ୍ବ ଦାନା	୩ ଟେବୁଲ୍ ଚାମଚ୍
ଭଜା ଚିନାବାଦାମ୍	୨ ଟେବୁଲ୍ ଚାମଚ୍

ଡ୍ରେସିଙ୍ଗ ପାଇଁ

ଅଲିଭ ଅଏଲ୍	୨ ଟେବୁଲ୍ ଚାମଚ
ଲେମ୍ବୁରସ ବା ଭିନେଗାର୍	୧ ଟେବୁଲ୍ ଚାମଚ୍

ଲୁଣ ଓ ଗୋଲମରିଚ ଗୁଣ୍ଡ ଆବଶ୍ୟକ ମତେ

ପ୍ରଣାଳୀ

୧. ଡ୍ରେସିଙ୍ଗ ପାଇଁ ଥିବା ସାମଗ୍ରୀ ଓ ଡାଳିମ୍ବ ଦାନାକୁ ଛାଡି ଅନ୍ୟ ସମସ୍ତ ସାମଗ୍ରୀକୁ ଏକାଠି ଗୋଟିଏ ସାଲାଡ୍ ବୋଲ୍‌ରେ ରଖନ୍ତୁ।

୨. ଭିନେଗ୍ରେଟେ ପ୍ରଣାଳୀରେ ଡ୍ରେସିଙ୍ଗ୍‌ପାଇଁ ଥିବା ସାମଗ୍ରୀକୁ ନେଇ ଡ୍ରେସିଙ୍ଗ୍ ପ୍ରସ୍ତୁତ କରନ୍ତୁ।

୩. ସାଲାଡ୍ ବୋଲ୍‌ରେ ଡ୍ରେସିଙ୍ଗ୍ ଗୋଳାଇ ଉପରେ ଡାଳିମ୍ବ ଦାନା ସଜାଇ ପରିବେଷଣ କରନ୍ତୁ।

ମିକ୍ସଡ ଭେଜିଟେବଲ୍ ସାଲାଡ୍

ସାମଗ୍ରୀ

ବିଟ୍	୫୦ ଗ୍ରାମ୍
ଗାଜର	୭୦ ଗ୍ରାମ୍
ଟମାଟୋ	୧୦୦ ଗ୍ରାମ୍
ପିଆଜ	୫୦ ଗ୍ରାମ୍

ଲାଲ୍, ହଳଦିଆ ଓ ସାଗୁଆ	
ରଙ୍ଗର କାପ୍‌ସିକମ୍	୯୦ ଗ୍ରାମ୍

ଡ୍ରେସିଙ୍ଗ ପାଇଁ

ଅଲିଭ ଅଏଲ୍	୨ ଟେବୁଲ୍ ଚାମଚ୍
ଲେମ୍ବୁରସ ବା ଭିନେଗାର୍	୧ ଟେବୁଲ୍ ଚାମଚ୍
ଗୋଲ ମରିଚ ଗୁଣ୍ଡ	୧/୨ ଚା ଚାମଚ୍

ଲୁଣ ଆବଶ୍ୟକ ମତେ

ସଜାଇବା ପାଇଁ କିଛି ପୋଦିନା ପତ୍ର

ପ୍ରଣାଳୀ

୧. ତିନୋଟି ରଙ୍ଗର କାପ୍‌ସିକମ୍ ବା ବେଲ୍ ପେପର୍‌କୁ ସମାନ୍ ଆକାରରେ ଲମ୍ବ ଲମ୍ବ କରି କାଟନ୍ତୁ।

୨. ବିଟ୍‌କୁ ଲମ୍ବ ଲମ୍ବ କାଟି ସିଝାଇ ଥଣ୍ଡାକରି ରଖନ୍ତୁ।

୩. ଗାଜରକୁ ଅନୁରୂପ ଆକାରର ଲମ୍ବ ଲମ୍ବକରି କାଟନ୍ତୁ। ପିଆଜକୁ ଲମ୍ବରେ ପତଳା ପତଳା କାଟନ୍ତୁ।

୪. ଟମାଟୋରୁ ଅଞ୍ଚି ବାହାରକରି ଲମ୍ବ ଲମ୍ବକରି କାଟନ୍ତୁ।

୫. ଉପରୋକ୍ତ ସମସ୍ତ କଟା ପରିବାକୁ ଏକାଠି ଗୋଟିଏ ବୋଲ୍‌ରେ ରଖନ୍ତୁ।

୬. ଡ୍ରେସିଙ୍ଗ୍ ପାଇଁ ଥିବା ସାମଗ୍ରୀକୁ ଭିନେଗ୍ରେଟେ ପ୍ରଣାଳୀରେ ଫେଣ୍ଟି ସାଲାଡ୍ ବୋଲରେ ଢାଳି ଗୋଳାଇ ଦିଅନ୍ତୁ।

୭. ଏହା ଉପରେ ପୋଦିନା ପତ୍ର ସଜାଇ ପରିବେଷଣ କରନ୍ତୁ।

ଅମୃତ ଭଣ୍ଡା ସାଲାଡ୍

ସାମଗ୍ରୀ

କଞ୍ଚା ଅମୃତ ଭଣ୍ଡା	୩୦୦ ଗ୍ରାମ୍
କାଜୁ	୬ଟା
ଭଜା ଚିନାବାଦାମ୍	୨ ଟେବୁଲ୍ ଚାମଚ୍
ଗଜା ମୁଗ	୨ ଟେବୁଲ୍ ଚାମଚ୍
ଟମାଟୋ (ବଡ଼)	୧ଟା
କଞ୍ଚା ଲଙ୍କା	୧ଟା
ସ୍ପ୍ରିଙ୍ଗ୍ ଅନିଅନ୍	୩ ଗଛ
ନଚେତ୍	
ସରୁ ସରୁ କଟା ପିଆଜ	୧ଟା
ଚୁନ୍ ଚୁନ୍ କଟା ଧନିଆ ପତ୍ର	୨ ଟେବୁଲ୍ ଚାମଚ୍

ଡ୍ରେସିଙ୍ଗ ପାଇଁ

ସୋୟା ସସ୍	୩ ଚା ଚାମଚ୍
ଲେମ୍ବୁ ରସ	୩ ଚା ଚାମଚ୍
ଅଲିଭ୍ ଅଏଲ୍	୨ ଚା ଚାମଚ୍
ମହୁ	୧ ଚା ଚାମଚ୍
ଡ୍ରାଇ ବେସିଲ୍	୧/୨ ଚା ଚାମଚ୍

ପ୍ରଣାଳୀ:

୧. ଅମୃତ ଭଣ୍ଡାର ଚୋପା ଛଡ଼ାଇ ଦୁଇଫାଳ ଲମ୍ବରେ କାଟି ଏହା ଭିତରେ ଥିବା ଧଳା ପତଳା ସ୍ତରଟିକୁ ଓ ମଞ୍ଜିଗୁଡ଼ିକୁ ଚାମଚ୍‌ରେ କାଢ଼ି ସଫାକରି ଦିଅନ୍ତୁ।

୨. ଏହାକୁ ଲମ୍ବରେ ଖଣ୍ଡ ଖଣ୍ଡକରି କାଟି ଗ୍ରେଟର୍‌ରେ କୋରି ନଚେତ୍ ପିଲର୍‌ରେ ପତଳା ପତଳା କାଟି ଗୋଟିଏ ବୋଲ୍‌ରେ ରଖନ୍ତୁ।

୩. ଟମାଟୋର ଅଞ୍ଚି କାଢି ଲମ୍ବରେ ସରୁ ସରୁ କାଟନ୍ତୁ।

୪. ସ୍ପ୍ରିଙ୍ଗ୍ ଅନିଅନ୍‌କୁ ଲମ୍ବରେ ଡିଆସିଲି କାଠି ଆକାରର କାଟନ୍ତୁ।

୫. କଞ୍ଚା ଲଙ୍କାର ମଞ୍ଜି କାଢ଼ି ଲମ୍ବରେ ସରୁ ସରୁ କାଟନ୍ତୁ।

୬. ଅମୃତ ଭଣ୍ଡାରେ ଡ୍ରେସିଙ୍ଗ୍ ବ୍ୟତୀତ ଅନ୍ୟାନ ସମସ୍ତ ସାମଗ୍ରୀ ମିଶାଇ ଗୋଳାଇ ରଖନ୍ତୁ।

୭. ଡ୍ରେସିଙ୍ଗ୍ ପାଇଁ ଥିବା ସମସ୍ତ ସାମଗ୍ରୀକୁ ଭିନେଗ୍ରେଟେ ପ୍ରଣାଳୀରେ ଫେଣ୍ଟି ରଖନ୍ତୁ।

୮. ପରିବେଷଣର ଅବ୍ୟବହିତ ପୂର୍ବରୁ ସାଲାଡ୍‌ରେ ଡ୍ରେସିଙ୍ଗ୍ ଗୋଳାଇ ଧନିଆପତ୍ର ସଜାଇ ପରଷନ୍ତୁ।

ବି:ଦ୍ର: ଏହି ରେସିପି ପାଇଁ ଟାଣ ଓ ଦରପାକଳ ଅମୃତଭଣ୍ଡା ଆଣିବେ।

କନ୍ଦମୂଳ ସାଲାଡ୍

ସାମଗ୍ରୀ

ସିଝା କନ୍ଦମୂଳ	୨୦୦ ଗ୍ରାମ୍
ସରୁ ସରୁ କଟା ଗାଜର	୧୦୦ ଗ୍ରାମ୍
ସରୁ ସରୁ କଟା ଲେଟ୍ୟୁସ୍	୧୦୦ ଗ୍ରାମ୍
ସିଝା ମାକ୍ରୋନି	୫୦ ଗ୍ରାମ୍
ଚୁନ୍ ଚୁନ୍ କଟା କାପ୍ସିକମ୍	୧ଟି
ଗୋଲ ଗୋଲ କଟା କାକୁଡ଼ି	୧ଟି
ଗୋଲ ଗୋଲ କଟା ଟମାଟୋ	୨ଟି
ଏଗ୍‌ଲେସ୍ ମେୟୋନିଜ୍	୧/୨ କପ୍

ପ୍ରଣାଳୀ

୧. କନ୍ଦମୂଳର ଚୋପା ଛଡାଇ ଛୋଟ ଛୋଟ ଖଣ୍ଡ କାଟି ରଖନ୍ତୁ ।

୨. ମାକ୍ରୋନିକୁ ଥଣ୍ଡାକରି ରଖନ୍ତୁ ।

୩. ଗୋଟିଏ ସାଲାଡ୍ ବୋଲରେ ଲେଟ୍ୟୁସ୍ ବିଛାଇ ଏହା ଉପରେ ମାକାରୋନି, କନ୍ଦମୂଳ, ଗାଜର, କାପ୍ସିକମ୍ ଗୋଳାଇ ରଖନ୍ତୁ ।

୪. ଏହା ଉପରେ ମେୟୋନିଜ୍ ଢାଳି ଆସ୍ତେ ଆସ୍ତେ ଗୋଳାଇ ଦିଅନ୍ତୁ ।

୫. ଉପରେ ଟମାଟୋ ଓ କାକୁଡ଼ି ସଜାଇ ପରିବେଷଣ କରନ୍ତୁ ।

ମିକ୍ସଡ଼ ସାଲାଡ଼

ସାମଗ୍ରୀ

ଲେଟ୍ୟୁସ୍ ପତ୍ର	୩/୪ଟି
ଗାଜର	୨୫ ଗ୍ରାମ୍
କଷି ବିନ୍	୨୫ ଗ୍ରାମ୍
କଷି ମଟର ମଞ୍ଜି	୨୫ ଗ୍ରାମ୍
କାକୁଡ଼ି	୧ଟି
ସେଓ	୫୦ ଗ୍ରାମ୍
ମଞ୍ଜିକଢା ପିଜୁଳି	୧ଟି
କ୍ୟାନ୍‌ଡ ସପୁରୀ	୫୦ ଗ୍ରାମ୍
ମଞ୍ଜି ନଥିବା ଅଙ୍ଗୁର	୨୫ ଗ୍ରାମ୍
ନାସ୍‌ପାତି	୫୦ ଗ୍ରାମ୍
ସାଲାଡ୍ କ୍ରିମ୍	୧/୨ କପ୍

ପ୍ରଣାଳୀ:

୧. ଲେଟ୍ୟୁସ୍ ପତ୍ରଗୁଡ଼ିକ ହାତରେ ଛୋଟ ଛୋଟ ଖଣ୍ଡକରି ଗୋଟିଏ ସାଲାଡ୍ ବୋଲ୍‌ରେ ବିଛାଇ ଦିଅନ୍ତୁ ।

୨. ଗାଜରର ଚୋପା ସାମାନ୍ୟ ଚାଞ୍ଛି ୧-୧/୨ ଇଞ୍ଚ ଲମ୍ବରେ ସରୁ ସରୁ କାଟନ୍ତୁ । ବିନ୍‌ର ଦୁଇପଟ ସିରା କାଢି ଗାଜର ଭଳି କାଟନ୍ତୁ । କାକୁଡ଼ିକୁ ମଧ୍ୟ ଅନୁରୂପ ଆକାରରେ କାଟନ୍ତୁ ।

୩. ନାସ୍‌ପାତିର ଚୋପା ଛଡାନ୍ତୁ । ଅଙ୍ଗୁର ବ୍ୟତୀତ ସମସ୍ତ ଫଳକୁ ଛୋଟ ଛୋଟ ଖଣ୍ଡ କାଟନ୍ତୁ ।

୪. ସାଲାଡ୍ ବୋଲ୍‌ରେ ଥିବା ଲେଟ୍ୟୁସ୍ ଉପରେ ସରୁ ସରୁ କଟା ପରିବା ଓ ମଟର ମଞ୍ଜିକୁ ଦେଇ ତା' ଉପରେ କଟା ଫଳ ସହ ଅଙ୍ଗୁର ଦିଅନ୍ତୁ ।

୫. ପରିବେଷଣର ଅବ୍ୟବହିତ ପୂର୍ବରୁ ସାଲାଡ୍ କ୍ରିମ୍ ଗୋଳାଇ ପରଷନ୍ତୁ ।

ବି:ଦ୍ର: ଲେଟ୍ୟୁସ୍ ବଦଳରେ ନରମ ବନ୍ଧାକୋବି ପତ୍ର ବ୍ୟବହାର କରି ପାରିବେ ।

ପନୀର-ଫ୍ରୁଟ୍ ସାଲାଡ୍

ସାମଗ୍ରୀ

ଲେଟ୍ୟୁସ୍	୨ଟି ପତ୍ର
ପନୀର	୨୦୦ ଗ୍ରାମ୍
କିସ୍‌ମିସ୍	୫୦ ଗ୍ରାମ୍
ଆକ୍ରୋଟ୍ / କାଜୁ	୫୦ ଗ୍ରାମ୍
ମଞ୍ଜି ନଥିବା ଅଙ୍ଗୁର	୨ ଖଣ୍ଡ
ଗୋଲ୍ ଗୋଲ୍ ଖଣ୍ଡ ସପୁରୀ	୨ ଖଣ୍ଡ
ସାଲାଡ୍ କ୍ରିମ୍	୪ ଟେବୁଲ୍ ଚାମଚ୍

ଟମାଟୋ	୫୦ ଗ୍ରାମ୍
ଗାଜର	୭୦ ଗ୍ରାମ୍
କାପ୍‌ସିକମ୍	୫୦ ଗ୍ରାମ୍

ପ୍ରଣାଳୀ

୧. ଟମାଟୋ ଭିତର ଅନ୍ତିକୁ ବାଦ୍‌ଦେଇ ଲମ୍ବା ଲମ୍ବା ଆକାରରେ କାଟନ୍ତୁ। କାପ୍‌ସିକମ୍‌କୁ ମଧ୍ୟ ସେହିଭଳି କାଟନ୍ତୁ।

୨. ଗାଜରକୁ ଦୁଇ ଇଞ୍ଚ ଲମ୍ବ କାଠିଭଳି କାଟନ୍ତୁ।

୩. ପନୀରକୁ ହାତରେ ଭାଙ୍ଗି ଝୁରା ଝୁରା କରନ୍ତୁ। ଏଥିରେ ସାଲାଡ୍ କ୍ରିମ୍, କିସ୍‌ମିସ୍, ଅଙ୍ଗୁର ଓ ଆକ୍ରୋଟ ବା କାଜୁ ମିଶାଇ ଗୋଟିଏ ପାତ୍ରରେ ରଖନ୍ତୁ।

୪. ଗୋଟିଏ ପ୍ଲେଟ୍‌ରେ ଲେଟ୍ୟୁସ୍ ପତ୍ର ବିଛାଇ ଏହା ଉପରେ ଗୋଲ ଗୋଲ କଟା ସପୁରୀ ଖଣ୍ଡ ଗୁଡ଼ିକ ଗୋଟି ଗୋଟିକରି ରଖି ଏହା ମଝିରେ ପନୀର ମିଶ୍ରଣ ଦିଅନ୍ତୁ।

୫. ଶେଷରେ କଟା ଯାଇଥିବା ଟମାଟୋ, ଗାଜର ଓ କାପ୍‌ସିକମ୍ ସଜାଇ ପରିବେଷଣ କରନ୍ତୁ।

ଖ୍ରୀଷ୍ଟମାସ୍ ସାଲାଡ୍

ସାମଗ୍ରୀ

ଚୋପା ଛଡ଼ା ସିଝା ବିଟ୍	୨ଟି
କମଳା	୨ଟି
ସେଓ	୨ଟି
ପାଚିଲା କଦଳୀ	୨ଟି
ଗୋଲ ଗୋଲ କଟା ସପୁରୀ	୩ ଖଣ୍ଡ
ସରୁ ସରୁ କଟା ଲେଟ୍ୟୁସ୍ ପତ୍ର	୨ଟି
ଡାଳିମ୍ବ	୧ଟି
ଭଜା ଚିନାବାଦାମ୍	୧/୨ କପ୍
ଏଗ୍‌ଲେସ୍ ମାୟୋନିଜ୍	୩/୪ କପ୍
କାଜୁ	୭ଟି
କିସ୍‌ମିସ୍	୨୦ ଗ୍ରାମ୍

ପ୍ରଣାଳୀ

୧. ବିଟ୍‌କୁ ଛୋଟ ଛୋଟ ଖଣ୍ଡ କାଟନ୍ତୁ। କମଳାର ଚୋପା ଛଡ଼ାଇ ମଞ୍ଜି କାଢ଼ି ଛୋଟ ଛୋଟ ଖଣ୍ଡ କାଟନ୍ତୁ।

୨. ସେଓ ଓ ସପୁରୀକୁ ଛୋଟ ଛୋଟ ଖଣ୍ଡକରି କାଟନ୍ତୁ।

୩. କଦଳୀର ଚୋପା ଛଡ଼ାଇ ଗୋଲ ଗୋଲ କାଟନ୍ତୁ।

୪. ଡାଳିମ୍ବର ଦାନା ଛଡ଼ାଇ ରଖନ୍ତୁ।

୫. ଚିନା ବାଦାମ୍ ଦର ଦର ଛେଚାକରି ରଖନ୍ତୁ। କାଜୁଗୁଡ଼ିକ ଦୁଇଫାଳ ଲେଖାଏଁ କରି ରଖନ୍ତୁ।

୬. କିସ୍‌ମିସକୁ ଧୋଇ ଗରମ ପାଣିରେ ୫ ମିନିଟ୍ ବତୁରାଇ ପାଣିରୁ ଛାଣି ଥଣ୍ଡା କରନ୍ତୁ।

୭. କାଜୁ, କିସ୍‌ମିସ୍, ଚିନାବାଦାମ୍, ଲେଟ୍ୟୁସ୍ ଓ ଡାଳିମ୍ବ ବ୍ୟତୀତ ଅନ୍ୟାନ ସମସ୍ତ ସାମଗ୍ରୀକୁ ଏକାଠି ଗୋଳାଇ ରଖନ୍ତୁ।

୮. ସାଲାଡ୍ ପ୍ଲେଟ୍‌ରେ ଲେଟ୍ୟୁସ୍ ବିଛାଇ ତା' ଉପରେ ଫଳ ମିଶ୍ରଣକୁ ଦେଇ; ଉପରେ କାଜୁ, କିସ୍ ମିସ୍, ଡାଳିମ୍ବ ଓ ଭଜା ଚିନାବାଦାମ୍ ସଜାଇ ପରଷନ୍ତୁ।

ରସିଆନ୍ ସାଲାଡ୍

ସାମଗ୍ରୀ

ଆଳୁ	୧୫୦ ଗ୍ରାମ୍
ବିଟ୍	୧୦୦ ଗ୍ରାମ୍
ଗାଜର	୧୦୦ ଗ୍ରାମ୍
ବିନ୍	୧୦୦ ଗ୍ରାମ୍
ମଟର	୧୦୦ ଗ୍ରାମ୍
ସେଓ	୧ଟି
ଚିନି	୧/୨ ଚା ଚାମଚ
ଗୋଲମରିଚ ଗୁଣ୍ଡ	୧ ଚା ଚାମଚ୍
ଲୁଣ ଆବଶ୍ୟକ ମତେ	
ମେୟୋନିଜ୍ ସସ୍	୧ କପ୍

ପ୍ରଣାଳୀ

୧. ଆଳୁ, ଗାଜର ଓ ବିଟ୍‌କୁ ଚୋପା ଛଡ଼ାଇ ଛୋଟ ଛୋଟ ଖଣ୍ଡ କାଟି ରଖନ୍ତୁ। ବିନ୍‌ର ସିରା କାଢ଼ି ଛୋଟ ଛୋଟ ଖଣ୍ଡ କାଟନ୍ତୁ।

୨. ସମସ୍ତ କଟା ପରିବା ସହ ମଟରକୁ ଅଲଗା ଅଲଗା ସିଝାଇ ରଖନ୍ତୁ (ମନେରଖିବେ ପରିବାଗୁଡ଼ିକ ଅଧିକ ସମୟ ସିଝାଇବେ ନାହିଁ)।

୩. ସମସ୍ତ ସିଝା ପରିବାକୁ ଥଣ୍ଡା କରନ୍ତୁ।

୪. ସେଓ ଛୋଟ ଛୋଟ କରି କାଟନ୍ତୁ।

୫. ଗୋଟିଏ ସାଲାଡ୍ ବୋଲ୍‌ରେ ସମସ୍ତ ସିଝା ପରିବା ଓ ଫଳକୁ ଏକାଠି ରଖନ୍ତୁ।

୬. ଏଥିରେ ଲୁଣ, ଚିନି ଓ ଗୋଲମରିଚ ଗୁଣ୍ଡ ଗୋଳାଇ ରଖନ୍ତୁ।

୭. ଶେଷରେ ସାଲାଡ ବୋଲ୍‌ରେ ମେୟୋନିଜ ସସ୍ ପକାଇ ହାଲ୍‌କା ଭାବରେ ଗୋଳାଇ ରସିୟାନ୍ ସାଲାଡ୍ ପ୍ରସ୍ତୁତ କରନ୍ତୁ।

ଫିସ୍ ସାଲାଡ୍

ସାମଗ୍ରୀ

ବୋନ୍‌ଲେସ୍ ଫିସ୍	୨୦୦ ଗ୍ରାମ୍
କର୍ଣ୍ଣ ଫ୍ଲାୱାର୍	୨ଟା ଚାମଚ୍
ଛାଣିବା ପାଇଁ ରିଫାଇନ୍ ତେଲ	
କୋରା କଞ୍ଚା ଆମ୍ବ	୨ ଟେବୁଲ୍ ଚାମଚ୍
ଚୁନ୍ ଚୁନ୍ କଟା ପିଆଜ	୧ ଟେବୁଲ୍ ଚାମଚ୍
ଚୁନ୍ ଚୁନ୍ କଟା କଞ୍ଚାଲଙ୍କା	୨ଟା
ଚୁନ୍ ଚୁନ୍ କଟା ଧନିଆ ପତ୍ର	୧ ଟେବୁଲ ଚାମଚ୍
ଲେମ୍ବୁରସ	୨ଟା ଚାମଚ୍
ଚିନି	୧ଟା ଚାମଚ୍
ଲୁଣ ଓ ଗୋଲମରିଚ ଗୁଣ୍ଡ ଆବଶ୍ୟକ ମତେ	
ଭଜା ଫାଳ କାଜୁ	୮ଟା

ପ୍ରଣାଳୀ

୧. ମାଛକୁ ୧-୧/୨ଇଞ୍ଚ ଲମ୍ବରେ କାଟି ଏଥିରେ ଲୁଣ, ଗୋଲମରିଚ ଗୁଣ୍ଡ ଓ କର୍ଣ୍ଣ ଫ୍ଲାୱାର ଗୋଳାଇ ରଖନ୍ତୁ।

୨. ଫ୍ରାଇଙ୍ଗ୍ ପ୍ୟାନ୍‌ରେ ତେଲ ଗରମକରି ମାଛ ଖଣ୍ଡଗୁଡ଼ିକ ଗୋଟି ଗୋଟିକରି ମଧ୍ୟମ ଜାଳରେ ଛାଣନ୍ତୁ।

୩. ଗୋଟିଏ ପ୍ଲେଟ୍‌ରେ ଟିସୁ ପେପର୍ ବିଛାଇ ଏହା ଉପରେ ଛଣା ହୋଇଥିବା ମାଛକୁ କାଢ଼ି ଥଣ୍ଡା କରନ୍ତୁ।

୪. ଗୋଟିଏ ସାଲାଡ୍ ବୋଲ୍‌ରେ ଭଜାମାଛ ଓ କାଜୁକୁ ଛାଡ଼ି ଅନ୍ୟ ସମସ୍ତ ସାମଗ୍ରୀକୁ ଏକାଠି ଗୋଳାଇ ରଖନ୍ତୁ।

୫. ପରିବେଷଣ ପୂର୍ବରୁ ମାଛକୁ ଏଥିରେ ପକାଇ ଆସ୍ତେ ଆସ୍ତେ ଗୋଳାଇ ସାଲାଡ୍ ପ୍ରସ୍ତୁତ କରନ୍ତୁ।

୬. ଏହା ଉପରେ ଭଜା କାଜୁ ସଜାଇ ପରିବେଷଣ କରନ୍ତୁ।

ପ୍ରକାର ଭେଦ- ମାଛ ବଦଳରେ ଚିଙ୍ଗୁଡ଼ି ନେଇ ଉପରୋକ୍ତ ପ୍ରଣାଳୀରେ ଚିଙ୍ଗୁଡ଼ି ସାଲାଡ୍ ପ୍ରସ୍ତୁତକରି ପାରିବେ। ଚିଙ୍ଗୁଡ଼ିର ମୁଣ୍ଡ, ଲାଞ୍ଜ ଓ ଚୋପାକୁ ସଫାକରି, ତେଲରେ ନ ଛାଣି ଅଳ୍ପ ସମୟ ଭାଜି ଦେବେ ନଚେତ୍ ଫୁଟନ୍ତା ପାଣିରେ ୨ ମିନିଟ୍ ଚିଙ୍ଗୁଡ଼ିକୁ ଫୁଟାଇ ପାଣିରୁ ଛାଣି ଥଣ୍ଡାକରି ବ୍ୟବହାର କରିବେ।

କଚୁମ୍ବର୍ ଓ ରାଇତା

କଚୁମ୍ବର୍ ଓ ରାଇତା ସାଲାଡ୍‌ର ଅନ୍ୟ ଏକ ରୂପ। ଏଗୁଡ଼ିକ ଭାରତୀୟ ସାଲାଡ୍‌ର ଅନ୍ତର୍ଭୁକ୍ତ। ଏ ପ୍ରକାର ପ୍ରସ୍ତୁତି ପାଇଁ ସାଲାଡ୍ ପରିବାରେ କିଛି ଅମ୍ଳ ଅଂଶ ଯୋଗ କରାଯାଏ। କଚୁମ୍ବର୍‌ରେ ଲେମ୍ବୁରସ ବ୍ୟବହାର କରାଯାଉଥିବା ବେଳେ, ରାଇତାରେ ଫେଣ୍ଟା ହୋଇଥିବା ସଜ ଦହି ବ୍ୟବହାର କରାଯାଏ।

କଚୁମ୍ବର- କଚୁମ୍ବର୍ ଶବ୍ଦଟି ସଂସ୍କୃତ ଶବ୍ଦ "କେଶୁମ୍ବିରୁ" ଆସିଅଛି। ଆଫ୍ରିକାର ମଧ୍ୟ ଅନୁରୂପ ପ୍ରଣାଳୀରେ ସାଲାଡ୍ ପ୍ରସ୍ତୁତ କରାଯାଏ: ଯାହାକୁ ସ୍ୱାହିଲି ଭାଷାରେ 'କଚୁମ୍ବରି' କୁହାଯାଏ। ଦକ୍ଷିଣ ଆଫ୍ରିକାରେ ଏହା 'ସୁମୁ' ବା 'ସୁମ୍' ନାମରେ ପରିଚିତ। ମେକ୍ସିକୋରେ ଏହିଭଳି ସାଲାଡ୍‌କୁ 'ସାଲ୍‌ସା' କୁହାଯାଏ। ଟର୍ଟିଲା ଚିପ୍‌ସ ସାଙ୍ଗରେ ଏହା ପରିବେଷଣ କରାଯାଏ। ଛୋଟ ଛୋଟ ଖଣ୍ଡ ବା ଚୁନ୍‌ଚୁନ୍ କଟା ଟମାଟୋ, ପିଆଜ, କଞ୍ଚାଲଙ୍କା, ଧନିଆ ପତ୍ର ସହିତ ଲେମ୍ବୁରସ ଓ ଲୁଣ ମିଶାଇ ଏହି ସାଲାସା ପ୍ରସ୍ତୁତ କରାଯାଏ। ଏଥିରେ କାକୁଡ଼ି, ଗାଜର, କାପସିକମ୍ ଆଦି ସାଲାଡ୍ ପରିବା ସାଙ୍ଗକୁ କିଛି ତଟକା ହର୍ବ ମଧ୍ୟ ଯୋଗ କରାଯାଇ ପାରିବ। କର୍ଣ୍ଣାଟକରେ ଓଷା ବ୍ରତ ଆଦିରେ 'କୋସମ୍ବରି' ନାମକ ଏକ ସାଲାଡ୍ ପ୍ରାୟ ପ୍ରତ୍ୟେକ ଘରେ ପ୍ରସ୍ତୁତ କରାଯାଏ। ଏହାର ମୁଖ୍ୟ ସାମଗ୍ରୀ ହେଲା 'ମୁଗଡ଼ାଲି'। ମୁଗଡ଼ାଲିକୁ ବତୁରାଇ ଏଥିରେ କାକୁଡ଼ି, ଗାଜର, ନଡ଼ିଆ, ଧନିଆପତ୍ର, କଞ୍ଚାଲଙ୍କା, ଅଦା, ଲେମ୍ବୁରସ ଆଦି ଯୋଗକରି ଏହି ସାଲାଡ୍ ପ୍ରସ୍ତୁତ କରାଯାଏ।

କାକୁଡ଼ି ଟମାଟୋ କଚୁମ୍ବର

ସାମଗ୍ରୀ

କାକୁଡ଼ି	୧୫୦ ଗ୍ରାମ୍
ପିଆଜ	୬୦ ଗ୍ରାମ୍
ଟମାଟୋ	୧୦୦ ଗ୍ରାମ୍
କଞ୍ଚାଲଙ୍କା	୨ଟି
ଲେମ୍ବୁରସ	୨ଟେବୁଲ୍ ଚାମଚ୍
ଚୁନ୍‌ଚୁନ୍ କଟା ଧନିଆ ପତ୍ର	୧ ଟେବୁଲ୍ ଚାମଚ୍
ଲୁଣ ଆବଶ୍ୟକ ମତେ	

ପ୍ରଣାଳୀ

୧. କାକୁଡ଼ି, ଟମାଟୋ ଓ ପିଆଜକୁ ଛୋଟଛୋଟ ଖଣ୍ଡକରି କାଟନ୍ତୁ। କଞ୍ଚାଲଙ୍କାକୁ ଚୁନ୍‌ଚୁନ୍ କରି କାଟନ୍ତୁ।

୨. ଗୋଟିଏ ସାଲାଡ୍ ବୋଲ୍‌ରେ କଟା ହୋଇଥିବା ସାମଗ୍ରୀ ଗୁଡ଼ିକ ରଖି, ଏଥିରେ ଲେମ୍ବୁରସ, ଲୁଣ ଓ ଧନିଆ ପତ୍ର ଗୋଳାଇ ପରିବେଷଣ କରନ୍ତୁ।

ପ୍ରକାର ଭେଦ: କାକୁଡ଼ି, ଟମାଟୋ ସହ ରୁଚି ଅନୁସାରେ ଛୋଟଛୋଟ ଖଣ୍ଡ ବିଟ୍, ଗାଜର ବା କାପ୍‌ସିକମ୍ ଆଦି ବ୍ୟବହାର କରାଯାଇ ପାରିବ।

ସାଲ୍‌ସା: ଟମାଟୋ, ପିଆଜ, କଞ୍ଚାଲଙ୍କା, ଧନିଆ ପତ୍ର, ଲେମ୍ବୁରସ, ଲୁଣ ଓ ଗୋଲମରିଚ ଗୁଣ୍ଡ ମିଶାଇ ଠିକ୍ କଚୁମ୍ବର ପ୍ରଣାଳୀରେ ଏହାକୁ ପ୍ରସ୍ତୁତ କରାଯାଏ। ପରିବେଷଣ ପୂର୍ବରୁ ୧ ଘଣ୍ଟା ରେଫ୍ରିଜେରେଟର୍‌ରେ ରଖି ବ୍ୟବହାର କଲେ ଠିକ୍ ସ୍ୱାଦ ମହକ ମିଳିଥାଏ। ଏହା ଟର୍ଟିଲା ଚିପ୍‌ସ ତଥା ଅନ୍ୟାନ୍ ଚିପ୍‌ସ ସାଙ୍ଗରେ starter ହିସାବରେ ପରିବେଷଣ କରାଯାଏ। ଏହା ବ୍ୟତୀତ ଫିସ୍ ଲୋଫ୍, ମାଛଭଜା, ଗ୍ରୀଲ୍‌ଡ ଚିକେନ୍ ସାଙ୍ଗରେ ମଧ୍ୟ ପରିବେଷଣ କରାଯାଇ ପାରିବ।

କୋସମ୍ବରି

ସାମଗ୍ରୀ

ମୁଗଡ଼ାଲି	୭୦ ଗ୍ରାମ୍
ଚୁନ୍‌ଚୁନ୍ କଟା ଗାଜର	୧୦୦ ଗ୍ରାମ୍

ଚୁନ୍‌ଚୁନ୍ କଟା କାକୁଡ଼ି	୧୦୦ ଗ୍ରାମ୍
କୋରା ନଡ଼ିଆ	୫୦ ଗ୍ରାମ୍
ଚୁନ୍‌ଚୁନ୍ କଟା ଧନିଆ ପତ୍ର	୨ ଟେବୁଲ୍ ଚାମଚ୍
ଚୁନ୍‌ଚୁନ୍ କଟା କଞ୍ଚାଲଙ୍କା	୨ଟି
କୋରା ଅଦା	୧/୨ ଚା ଚାମଚ୍
ଲେମ୍ବୁରସ	୨ ଟେବୁଲ୍ ଚାମଚ୍
ଲୁଣ ଆବଶ୍ୟକ ମତେ	

ପ୍ରଣାଳୀ

୧. ମୁଗଡ଼ାଲିକୁ ପରିଷ୍କାର ଭାବେ ଧୋଇ ଏକ ଘଣ୍ଟା ପାଣିରେ ଭିଜାଇ ରଖନ୍ତୁ । ମୁଗଡ଼ାଲି ବତୁରିଗଲେ ଏହାକୁ ଭଲ ଭାବରେ ଧୋଇ ଷ୍ଟ୍ରେନର୍‌ରେ ଛାଣି ରଖନ୍ତୁ ।

୨. ଗୋଟିଏ ବୋଲ୍‌ରେ ମୁଗଡ଼ାଲି, ଗାଜର, କାକୁଡ଼ି, ଅଦା, ନଡ଼ିଆ ଓ ଧନିଆ ପତ୍ରକୁ ଗୋଳାଇ ରଖନ୍ତୁ ।

୩. ପରିବେଷଣ ପୂର୍ବରୁ ଲେମ୍ବୁରସ ଓ ଲୁଣ ଗୋଳାଇ ପରଷନ୍ତୁ ।

ପ୍ରକାର ଭେଦ: କୋସମ୍ବରିକୁ ଅନେକ ଜାଗାରେ ଛୁଙ୍କ ମଧ୍ୟ କରାଯାଏ । ଉପରୋକ୍ତ ରେସିପିରୁ କାକୁଡ଼ିକୁ ବାଦ୍ ଦେଇ କୋସମ୍ବରି ପ୍ରସ୍ତୁତ କରନ୍ତୁ । ନିମ୍ନଲିଖିତ ସାମଗ୍ରୀକୁ ନେଇ ଛୁଙ୍କ କରନ୍ତୁ ।

ଛୁଙ୍କ ପାଇଁ ସାମଗ୍ରୀ

ରିଫାଇନ୍ ତେଲ	୧ ଚା ଚାମଚ୍
ଭୃସଙ୍ଗ ପତ୍ର	୨ ଡେଙ୍ଗ
ସୋରିଷ	୧/୨ ଚା ଚାମଚ୍
ବିରିଡ଼ାଲି	୧/୨ ଚା ଚାମଚ୍
ହେଙ୍ଗୁ	ଟିପେ

ପ୍ରଣାଳୀ

୧. ଗୋଟିଏ ଫ୍ରାଇଙ୍ଗ୍ ପ୍ୟାନ୍‌ରେ ତେଲ ଗରମକରି ସୋରିଷ ଫୁଟାନ୍ତୁ ।

୨. ଏଥିରେ ହେଙ୍ଗୁ ପକାଇ ସାମାନ୍ୟ ଭାଜି ବିରିଡ଼ାଲି ପକାଇ ଖରଡନ୍ତୁ ।

୩. ବିରିଡ଼ାଲି ସାମାନ୍ୟ ବାଦାମି ରଙ୍ଗ ହୋଇଗଲେ ଭୃସଙ୍ଗ ପତ୍ର ପକାଇ ଭାଜନ୍ତୁ ।

୪. ଭୃସଙ୍ଗ ପତ୍ର ମସ୍‌ମସ୍ ହୋଇଗଲେ ଛୁଙ୍କକୁ ସାମାନ୍ୟ ଥଣ୍ଡାକରି କୋସମ୍ବରିରେ ପକାଇ ଗୋଳାଇ ଦିଅନ୍ତୁ ।

ରାଇତା

ପୂର୍ବରୁ କୁହାଯାଇଛି ଏହା ଏକ ଭାରତୀୟ ସାଲାଡ୍ । ଭାରତର ପଡ଼ୋଶୀ ଦେଶ ପାକିସ୍ଥାନ ଓ ବାଙ୍ଗଲାଦେଶରେ ମଧ୍ୟ ଏହାର ବହୁଳ ପ୍ରଚଳନ ହୋଇଥାଏ । ବିରିୟାନୀ ସାଙ୍ଗରେ 'ରାଇତା'ର ପରିବେଷଣ ଏକ ପୁରାତନ ପ୍ରଥା । ଫେଣ୍ଟା ହୋଇଥିବା ସଜ ଦହିରେ ଚୁନ୍‌ଚୁନ୍ କଟା ବା କୋରା ହୋଇଥିବା ପରିବା ବା ଫଳକୁ ମିଶାଇ ଏହା ପ୍ରସ୍ତୁତ କରାଯାଏ । କେତେକ କ୍ଷେତ୍ରରେ ପରିବାକୁ ସିଝାଇ ବା ସାମାନ୍ୟ କଷି ଥଣ୍ଡାକରି ଦହିରେ ଗୋଳାଇ ରାଇତା ପ୍ରସ୍ତୁତ କରାଯାଏ । ଗୋଟିଏ ବା ଏଥିରୁ ଅଧିକ ପରିବାକୁ ନେଇ ମଧ୍ୟ ଏହା ପ୍ରସ୍ତୁତ କରାଯାଇ ପାରିବ । ମୁଖ୍ୟ ସାମଗ୍ରୀର ନାମ ଅନୁସାରେ ଏହା ନାମିତ ହୋଇଥାଏ । ଯଥା– କାକୁଡ଼ି ରାଇତା, ପାଳଙ୍ଗ ରାଇତା, ଫୁଲକୋବି ରାଇତା, ବୁନ୍ଦି ରାଇତା, ଭେଣ୍ଡି ରାଇତା.... ଇତ୍ୟାଦି । ରୁଚି ଅନୁସାରେ ରାଇତାରେ ଲୁଣ ପରିବର୍ତ୍ତେ ବିଟ୍ ଲୁଣ ଓ ଚାର୍ଟ ମସଲା ଯୋଗ କରିପାରିବେ ।

କାକୁଡ଼ି ରାଇତା

ସାମଗ୍ରୀ

ସଜଦହି	୨୮୦ ଗ୍ରାମ୍
କାକୁଡ଼ି	୧୫୦ ଗ୍ରାମ୍
ଚୁନ୍‌ଚୁନ୍ କଟା ପିଆଜ	୨ ଟେବୁଲ୍ ଚାମଚ୍
କୋରା ଅଦା	୧/୨ ଚା ଚାମଚ୍
ଚୁନ୍‌ଚୁନ୍ କଟା କଞ୍ଚାଲଙ୍କା	୨ଟି
ଚୁନ୍‌ଚୁନ୍ କଟା ଧନିଆ ପତ୍ର	୧ ଟେବୁଲ୍ ଚାମଚ୍
ଲୁଣ ଆବଶ୍ୟକ ମତେ	

ପ୍ରଣାଳୀ

୧. ଦହିକୁ ଫେଣ୍ଟି ରଖନ୍ତୁ ।

୨. କାକୁଡ଼ିକୁ ଗ୍ରେଟର୍‌ରେ କୋରି ଚିପୁଡ଼ି ରଖନ୍ତୁ ।

୩. ଦହିରେ କାକୁଡ଼ି ସହ ଅନ୍ୟାନ ସମସ୍ତ ସାମଗ୍ରୀ ମିଶାଇ ପରିବେଷଣ କରନ୍ତୁ।

ବି:ଦ୍ର: ବିରିୟାନି ପାଇଁ ବ୍ୟବହାର ହେଉଥିବା ରାଇତା ସାଧାରଣତଃ ବହଳ ନ ହୋଇ ସାମାନ୍ୟ ପାଣିଆ ହୋଇଥାଏ। ଏଥିପାଇଁ ବ୍ୟବହାର କରାଯାଉଥିବା କାକୁଡ଼ିକୁ ଚିପୁଡ଼ିବେ ନାହିଁ। ଦରକାର ପଡ଼ିଲେ ଦହିରେ ଅଳ୍ପ ପାଣି ମିଶାଇ ପାରିବେ।

ଟମାଟୋ ଅନିଅନ୍ ରାଇତା

ସାମଗ୍ରୀ

ସଜଦହି	୩୦୦ ଗ୍ରାମ୍
ଟମାଟୋ	୧୫୦ ଗ୍ରାମ୍
ପିଆଜ	୧୦୦ ଗ୍ରାମ୍
ଚୁନ୍‌ଚୁନ୍ କଟା ଅଦା	୧/୨ ଚା ଚାମଚ୍
ଚୁନ୍‌ଚୁନ୍ କଟା କଞ୍ଚାଲଙ୍କା	୨ଟି
ଚୁନ୍‌ଚୁନ୍ କଟା ଧନିଆ ପତ୍ର	୧ ଟେବୁଲ୍ ଚାମଚ୍

ଲୁଣ ଆବଶ୍ୟକ ମତେ।

ପ୍ରଣାଳୀ

୧. ଦହିକୁ ଫେଣ୍ଟି ଗୋଟିଏ କାଚ ବୋଲ୍‌ରେ ରଖନ୍ତୁ।

୨. ଟମାଟୋ ଓ ପିଆଜକୁ ଚୁନ୍‌ଚୁନ୍ କାଟି ଦହିରେ ମିଶାନ୍ତୁ।

୩. ଅବଶିଷ୍ଟ ସମସ୍ତ ସାମଗ୍ରୀକୁ ବୋଲ୍‌ରେ ମିଶାଇ ରାଇତା ପ୍ରସ୍ତୁତ କରନ୍ତୁ।

ପାଳଙ୍ଗ ରାଇତା

ସାମଗ୍ରୀ

ଦହି	୨୮୦ ଗ୍ରାମ୍
ପାଳଙ୍ଗ	୨୫୦ ଗ୍ରାମ୍ (୨ ବିଡ଼ା)
କଞ୍ଚାଲଙ୍କା	୨ଟି
ଭଜା ଜୀରା-ଲଙ୍କା ଗୁଣ୍ଡ	୧ ଚା ଚାମଚ୍

ଲୁଣ ଆବଶ୍ୟକ ମତେ

ପ୍ରଣାଳୀ

୧. ପାଳଙ୍ଗର ଡେଙ୍ଗ ଛିଡ଼ାଇ କେବଳ ପତ୍ରକୁ ବାଛି ଛୋଟ ଛୋଟ ଖଣ୍ଡକରି କାଟନ୍ତୁ। କଞ୍ଚା ଲଙ୍କାକୁ ଚୁନ୍‌ଚୁନ୍‌କରି କାଟନ୍ତୁ।

୨. କଡ଼େଇ ବା ଫ୍ରାଇଙ୍ଗ୍ ପ୍ୟାନ୍‌ରେ ପାଳଙ୍ଗ ପକାଇ ମଧ୍ୟମ ଜାଳରେ ଖରଡ଼ନ୍ତୁ।

୩. ପାଳଙ୍ଗ ସିଝିଗଲେ ଚୁଲିରୁ ଓହ୍ଲାଇ ଥଣ୍ଡା କରନ୍ତୁ।

୪. ଗୋଟିଏ ବୋଲ୍‌ରେ ଦହିକୁ ଫେଣ୍ଟି ଏଥିରେ ସିଝା ପାଳଙ୍ଗ, କଞ୍ଚାଲଙ୍କା, ଲୁଣ ଓ ଜୀରା-ଲଙ୍କା ଗୁଣ୍ଡ ଗୋଳାଇ ପରିବେଷଣ କରନ୍ତୁ।

ଫୁଲକୋବି ରାଇତା

ସାମଗ୍ରୀ

ଫୁଲକୋବି	୨୦୦ ଗ୍ରାମ୍
ଦହି	୨୫୦ ଗ୍ରାମ୍
ଚିନି	୧ ଚା ଚାମଚ୍
ଭଜା ଜୀରାଲଙ୍କା ଗୁଣ୍ଡ	୧ ଚା ଚାମଚ୍
କୋରା ଆମ୍ବକଷିଆ ଅଦା	୧ ଚା ଚାମଚ୍
ଚୁନ୍‌ଚୁନ୍ କଟା ଧନିଆ ପତ୍ର	୨ ଚା ଚାମଚ୍
ଚୁନ୍‌ଚୁନ୍ କଟା କଞ୍ଚାଲଙ୍କା	୧ଟି
ଗୋଲମରିଚ ଗୁଣ୍ଡ	୧/୪ ଚା ଚାମଚ୍
ଚିନି	୧ ଚା ଚାମଚ୍
ରିଫାଇନ୍ ତେଲ	୩ ଚା ଚାମଚ୍
ଜୀରା	୧/୨ ଚା ଚାମଚ୍
ଶୁଖିଲା ଲଙ୍କା	୨ଟି

ଲୁଣ ଆବଶ୍ୟକ ମତେ

ପ୍ରଣାଳୀ

୧. କୋବିକୁ ଧୋଇ ଛୋଟଛୋଟ ଖଣ୍ଡ କାଟି ରଖନ୍ତୁ।

୨. କଡ଼େଇରେ ୨ ଚା ଚାମଚ୍ ତେଲ ଗରମକରି କୋବିକୁ ପକାଇ ସାମାନ୍ୟ ଲୁଣ ଦେଇ ଅଳ୍ପ ଜାଳରେ ଭାଜନ୍ତୁ।

କୋବି ସିଝିଗଲେ (କୋବିର ରଙ୍ଗ ପରିବର୍ତ୍ତନ ହେବା ପୂର୍ବରୁ) ଗୋଟିଏ ପ୍ଲେଟ୍‌ରେ କାଢ଼ି ଥଣ୍ଡା କରନ୍ତୁ।

୩. ଗୋଟିଏ ସାଲାଡ୍ ବୋଲ୍‌ରେ ଦହି, ଆମ୍ବକଷିଆ ଅଦା, ଲୁଣ, ଚିନି, ଗୋଲମରିଚ ଗୁଣ୍ଡ, କଞ୍ଚାଲଙ୍କା, ଧନିଆପତ୍ର ଓ କୋବି ପକାଇ ହାଲକା ଭାବେ ଗୋଳାଇ ରଖନ୍ତୁ।

୪. ୧ ଚା ଚାମଚ୍ ତେଲ ଗରମକରି ଲଙ୍କା ଓ ଜୀରା ଫୁଟାଇ ବୋଲ୍‌ରେ ଢାଳି ଗୋଳାଇ ରାଇତା ପ୍ରସ୍ତୁତ କରନ୍ତୁ।

୫. ରାଇତା ଉପରେ ଭଜା ଜୀରାଲଙ୍କା ଗୁଣ୍ଡ ଛିଞ୍ଚି ପରିବେଷଣ କରନ୍ତୁ।

ପ୍ରକାର ଭେଦ

ଫୁଲ କୋବି ମଟର ରାଇତା: ଉପରୋକ୍ତ ରେସିପିରେ କଞ୍ଚା ମଟର ମଞ୍ଜି ୫୦ ଗ୍ରାମ୍ ଯୋଗକରି ଫୁଲକୋବି ମଟର ରାଇତା ପ୍ରସ୍ତୁତ କରି ପାରିବେ। ମଟରକୁ ଅଳ୍ପ ପାଣିରେ ସିଝାଇ ଥଣ୍ଡାକରି ଦହିରେ ମିଶାଇବେ।

ଭେଣ୍ଡିରାଇତା: କୋବି ବଦଳରେ ୨୫୦ ଗ୍ରାମ୍ ଭେଣ୍ଡି ନେଇ ଏହାକୁ ଛୋଟଛୋଟ କାଟି ତେଲରେ ଭାଜି 'କୋବି ରାଇତା' ଭଳି 'ଭେଣ୍ଡି ରାଇତା' ପ୍ରସ୍ତୁତ କରିପାରିବେ।

ବୁନ୍ଦି ରାଇତା

ସାମଗ୍ରୀ

ଦହି	୪୦୦ ଗ୍ରାମ୍
ବୁନ୍ଦି	୨୦୦ ଗ୍ରାମ୍
ଉଷୁମ ପାଣି	୧ କପ୍
ଭଜାଜୀରା ଲଙ୍କାଗୁଣ୍ଡ	୧ ଚା ଚାମଚ୍
ଲୁଣ ଆବଶ୍ୟକ ମତେ	
ଚୁନ୍‌ଚୁନ୍ କଟା ଧନିଆ ପତ୍ର	୧ ଟେବୁଲ୍ ଚାମଚ୍

ପ୍ରଣାଳୀ

୧. ବୁନ୍ଦିକୁ ଉଷୁମ ପାଣିରେ ୧/୪ ଚାମଚ୍ ଲୁଣ ପକାଇ ୫ ମିନିଟ୍ ବତୁରାଇ ରଖନ୍ତୁ।

୨. ବୁନ୍ଦିକୁ ପାଣିରୁ ଚିପୁଡ଼ି ରଖନ୍ତୁ।

୩. ଦହିରେ ଜୀରାଲଙ୍କା ଗୁଣ୍ଡ ଓ ଲୁଣ ପକାଇ ଫେଣ୍ଟି ବୁନ୍ଦି ଗୋଳାଇ ଗୋଟିଏ ବୋଲରେ ରଖନ୍ତୁ।

୪. ବୁନ୍ଦି ରାଇତା ଉପରେ ଧନିଆ ପତ୍ର ଛିଞ୍ଚି ପରିବେଷଣ କରନ୍ତୁ।

ସପୁରୀ ରାଇତା

ସାମଗ୍ରୀ

ସପୁରୀ	୨୫୦ ଗ୍ରାମ୍
ଦହି	୪୦୦ ଗ୍ରାମ୍
ଚିନି	୧/୨ ଚା ଚାମଚ୍
ଗୋଲମରିଚ ଗୁଣ୍ଡ	୧/୨ ଚା ଚାମଚ୍
ଲୁଣ ଆବଶ୍ୟକ ମତେ	

ପ୍ରଣାଳୀ

୧. ସପୁରୀକୁ ସରୁସରୁ କାଟି ରଖନ୍ତୁ।

୨. ଦହିରେ ଲୁଣ, ଚିନି ଓ ଗୋଲମରିଚ ଗୁଣ୍ଡ ଗୋଳାଇ ରଖନ୍ତୁ।

୩. ସପୁରୀକୁ ଏଥିରେ ଗୋଳାଇ ପରିବେଷଣ କରନ୍ତୁ।

ମଞ୍ଜା ରାଇତା

ସାମଗ୍ରୀ

ଦହି	୨୫୦ ଗ୍ରାମ
ଚୁନ୍‌ଚୁନ୍ କଟା ମଞ୍ଜା	୧ କପ୍
ଅଦା	୫ ଗ୍ରାମ୍
ଚୁନ୍‌ଚୁନ୍ କଟା କଞ୍ଚାଲଙ୍କା	୨ଟି
ଲୁଣ ଆବଶ୍ୟକ ମତେ	

ପ୍ରଣାଳୀ

୧. ମଞ୍ଜାରେ ୧/୨ ଚା ଚାମଚ ଲୁଣ ପକାଇ ଭଲ ଭାବରେ ଚକଟି ୧୫ ମିନିଟ୍ ରଖନ୍ତୁ।

୨. ମଞ୍ଜାରେ ପାଣି ଦେଇ ଧୋଇ ଭଲ ଭାବେ ପାଣି ଚିପୁଡ଼ି ରଖନ୍ତୁ।

୩. ଦହିକୁ ଫେଣ୍ଟି ଏଥିରେ ମଞ୍ଜା ଓ ଅବଶିଷ୍ଟ ସାମଗ୍ରୀ ଗୋଳାଇ ମଞ୍ଜା ରାଇତା ପ୍ରସ୍ତୁତ କରନ୍ତୁ।

କୋଲସ୍ଲ (Cole Slaw)

'କୋଲସ୍ଲ' (Cole Slaw) ଶବ୍ଦଟି ଡଚ୍ ଶବ୍ଦ 'କୁଲ୍ ସ୍ଲ' (kool slaw) ବା 'କୁଲ୍ ସାଲାଡ୍' (Kool salad) ରୁ ଆସିଅଛି; ଯାହାର ଅର୍ଥ ହେଉଛି କାବେଜ୍ ସାଲାଡ୍। ବନ୍ଧାକୋବି ବା ପତ୍ରକୋବିକୁ ମୁଖ୍ୟ ସାମଗ୍ରୀ ଭାବରେ ନେଇ ଏହି ସାଲାଡ୍ ପ୍ରସ୍ତୁତ କରାଯାଏ। ଏହା ଏକ ପୁରାତନ ସାଲାଡ୍। ମେୟୋନିଜ୍ ତିଆରି ଜାଣିବା ପୂର୍ବରୁ ସାଲାଡ୍ ପରିବାରେ ତେଲ, ଲେମ୍ବୁରସ ବା ଭିନେଗାର ଆଦି ଗୋଳାଇ 'କୋଲସ୍ଲ' ପ୍ରସ୍ତୁତ କରାଯାଉଥିଲା। 'କୋଲସ୍ଲ'ର ସ୍ୱତନ୍ତ୍ରତା ହେଉଛି; ଏଥିରେ ବ୍ୟବହାର କରାଯାଉଥିବା ପରିବାକୁ ଯଥା ସମ୍ଭବ ଚୁନ୍‌ଚୁନ୍ ବା ସରୁସରୁ କରି କଟାଯାଏ ଓ ଏଥିରେ ମେୟୋନିଜ୍ ଓ ଫ୍ରେସ୍‌କ୍ରିମ୍ ଆଦି ଯୋଗ କରାଯାଏ। ସାଧାରଣତଃ ବାର୍‌ବିକ୍ୟୁ, ଫ୍ରାଏଡ୍ ବା ବେକ୍‌ଡ଼ ମିଟ୍ ସହିତ ଏହା ପରିବେଷଣ କରାଯାଏ। ନିମ୍ନରେ କୋଲସ୍ଲ ପ୍ରସ୍ତୁତି ଦିଆଗଲା।

ସାମଗ୍ରୀ

ବନ୍ଧାକୋବି	୨୫୦ ଗ୍ରାମ୍
କାପ୍‌ସିକମ୍	୫୦ ଗ୍ରାମ୍
ମେୟୋନିଜ୍	୨/୩ କପ୍
ଭିନେଗାର୍	୧ ଟେବୁଲ୍ ଚାମଚ୍
ଚିନି (ଆବଶ୍ୟକ ମଣିଲେ)	୧ ଚା ଚାମଚ୍

ଲୁଣ ଓ ଗୋଲମରିଚ ଗୁଣ ଆବଶ୍ୟକ ମତେ।

ପ୍ରଣାଳୀ

୧. ବନ୍ଧାକୋବି ଓ କାପସିକମ୍‌କୁ ଅତି ସରୁସରୁ କାଟି ଗୋଟିଏ ବଡ଼ ବୋଲ୍‌ରେ ରଖନ୍ତୁ।

୨. ଏଥିରେ ଅବଶିଷ୍ଟ ସମସ୍ତ ସାମଗ୍ରୀ ଗୋଳାଇ ରେଫ୍ରିଜେରେଟ୍‌ରରେ ୧ ଘଣ୍ଟା ରଖି ପାରିବେଷଣ କରନ୍ତୁ।

ଭାତ

ସାଧାରଣତଃ ଅରୁଆ-ଉଷୁନା ଦୁଇ ପ୍ରକାର ଚାଉଳ, ଭାତ ରନ୍ଧନ ସାମଗ୍ରୀ ପାଇଁ ବ୍ୟବହାର କରାଯାଏ। ରନ୍ଧନ ସାମଗ୍ରୀ ଓ ତା'ର ମୂଲ୍ୟାୟନ ଅଧ୍ୟାୟରେ ଏ ବିଷୟରେ ବର୍ଣ୍ଣନା କରାଯାଇଛି। ଦୋ ଉଷୁଆଁ ଉଷୁନା ଚାଉଳର ଭାତ ରାନ୍ଧିବାକୁ ଅଧିକ ସମୟ ଲାଗିଥାଏ। ସେଥିପାଇଁ ଏହାକୁ ୨/୩ ଘଣ୍ଟା ଆଗରୁ ବତୁରାଇ ରୋଷେଇ କଲେ ଅପେକ୍ଷାକୃତ କମ୍ ସମୟରେ ହୋଇଯାଏ। ଏକ ଉଷୁଆଁ ଉଷୁନା ଚାଉଳ ଶୀଘ୍ର ସିଝିଯାଏ। ଭାତ ରାନ୍ଧିବା ସମସ୍ତଙ୍କୁ ଜଣା। ଉଷୁନା ଭାତ ନରମ ହେବା ଦରକାର। ଅରୁଆ ଚାଉଳ ଭାତ ରାନ୍ଧିବା ପାଇଁ ଅଧିକ ପାଣି ଦେଇ ଲୁଣ ପକାଇ ରାନ୍ଧିଲେ ଭାତ ଗୋଟିଗୋଟି ହୁଏ। ଅରୁଆ ଚାଉଳକୁ ସାମାନ୍ୟ ଟାଣ ରାନ୍ଧି ପେଜ ଗାଳି ଘୋଡ଼ାଇ ଦେଲେ ଭାତ ଠିକ୍ ହୁଏ। ଅଧିକ ନରମ ହେଲେ ଭାତ ଜାଉ ହୋଇଯାଏ। ପ୍ରେସର କୁକର୍ ବା ରାଇସ୍ କୁକର ବ୍ୟବହାର କରୁଥିଲେ ବୁକ୍‌ଲେଟ୍‌ରେ ଥିବା ନିର୍ଦ୍ଦେଶନାମା ଅନୁସରଣ କରିବେ। ସାଧାରଣତଃ ଚାଉଳ ମାପର ଦୁଇଗୁଣ ପାଣି ଏଥିପାଇଁ ଆବଶ୍ୟକ। ଆଈ ମା' ଅମଳରେ ଖେଚୁଡ଼ି/ଖେଚେଡ଼ି ବା ପଲାଉ ପାଇଁ ଆଙ୍ଗୁଳି ମାପରେ ପାଣି ଦିଆଯାଉଥିଲା। ଏହି ମାପ ମଧ୍ୟ ଠିକ୍ ହୁଏ। ଚାଉଳରେ ପାଣି ଦେଲାପରେ ଗୋଟିଏ ପିଠା ପାତିଆରେ ଚାଉଳକୁ ସମାନକରି ଅନ୍ୟ ଏକ ପିଠା ପାତିଆ ଚାଉଳ ଉପର ପର୍ଯ୍ୟନ୍ତ ବୁଡ଼ାଇ କାଢ଼ି ଆଣିବା ପରେ ପାତିଆରେ ଲାଗିଥିବା ପାଣିକୁ ଆଙ୍ଗୁଳିରେ ମାପି ୪ ଆଙ୍ଗୁଳି ହେବା ପର୍ଯ୍ୟନ୍ତ ପାଣି ଦିଆଯାଏ। ସାଧା ଭାତକୁ ଛାଡ଼ିଦେଲେ ଖେଚୁଡ଼ି, ପଲାଉ ବା କାନିକା ପାଇଁ ସରୁ ପୁରୁଣା ଅରୁଆ ଚାଉଳ ରାନ୍ଧିବେ। ବିଶେଷକରି ବିରିୟାନୀ ପାଇଁ ବାସୁମତି ଚାଉଳ ବ୍ୟବହାର କରିବେ। ଏଠାରେ କେତେକ ରିସିପ୍‌ରେ ତେଲ ଓ ଘିଅର ବ୍ୟବହାର କରାଯାଇଛି। ତେଲ ପାଇଁ ରିଫାଇନ୍ ତେଲ ଓ ଘିଅ ପାଇଁ ଗୁଆଘିଅ ବ୍ୟବହାର କରିବେ।

ଖେଚୁଡ଼ି/ଖେଚେଡ଼ି

ସାମଗ୍ରୀ

ଚାଉଳ	୩୦୦ ଗ୍ରାମ୍
ଭଜା ମୁଗଡ଼ାଲି	୧୦୦ ଗ୍ରାମ୍
କୋରା ନଡ଼ିଆ	୧ ଫାଳ
ତେଜପତ୍ର	୨ଟା
ଗୁଆଘିଅ	୧ ଟେବୁଲ ଚାମଚ୍
ହଳଦୀଗୁଣ୍ଡ	୧ ଚା ଚାମଚ୍
ପାଣି	୮୦୦ ମିଲି ଲିଟର
ଲୁଣ ଆବଶ୍ୟକ ମତେ	

ପ୍ରଣାଳୀ

୧. ଚାଉଳ ଓ ମୁଗକୁ ଧୋଇ ପାଣି ନିଗାଡ଼ି ଏକାଠି ରଖନ୍ତୁ।

୨. ଗୋଟିଏ ଚଟକା ଡେକ୍‌ଚିରେ ପାଣି ଗରମକରି ଏଥିରେ ସମସ୍ତ ସାମଗ୍ରୀ ପକାଇ ଗୋଳାଇ ଅଧିକ ଜାଳରେ ଫୁଟାନ୍ତୁ।

୩. ଚାଉଳ ଫୁଟିଗଲେ ଜାଳ ସାମାନ୍ୟ କମାଇ ଦିଅନ୍ତୁ।

୪. ମଝିରେ ମଝିରେ ଗୋଳାଇ ଦିଅନ୍ତୁ।

୫. ଚାଉଳ ସିଝି ଆସିଲେ ଜୁକୁ ଜୁକିଆ ପାଣି ଥିବା ଅବସ୍ଥାରେ ଚୁଲିରୁ ଓହ୍ଲାଇ ଢାଙ୍କୁଣି ଘୋଡ଼ାଇ ୧୦ ମିନିଟ୍ ରଖନ୍ତୁ।

୬. ଗରମ ଗରମ ଖେଚୁଡ଼ି ଡାଲମା ସହ ପରଷନ୍ତୁ।

ବି:ଦ୍ର- ପ୍ରେସର କୁକର୍‌ରେ ଖେଚୁଡ଼ି ରାନ୍ଧିବାକୁ ହେଲେ ଚାଉଳକୁ ଗିନା ବା କପ୍‌ରେ ମାପି, ତା'ର ଦୁଇଗୁଣ (୧

ତାଟିଆ ଚାଉଳ ପାଇଁ ୨ ତାଟିଆ ପାଣି) ପାଣି ଦେଇ ଏକା ସାଙ୍ଗରେ ସମସ୍ତ ସାମଗ୍ରୀ ପ୍ରେସର କୁକରରେ ଦେଇ ଢାଙ୍କୁଣି ଦେଇ ଅଧିକ ଜାଳରେ ରାନ୍ଧନ୍ତୁ। ଗୋଟିଏ ସିଟି ଦେବା ପରେ ଜାଳ କମାଇ ଦିଅନ୍ତୁ। ଆଉ ଗୋଟିଏ ସିଟି ଦେବା ପରେ ଚୁଲିର ନବ୍ ବନ୍ଦକରି ଦିଅନ୍ତୁ। ୧୦/୧୫ ମିନିଟ୍‌ପରେ ଢାଙ୍କୁଣି ଖୋଲି ଗରମ ଗରମ ପରିବେଷଣ କରନ୍ତୁ।

ବଘରା ଖେଚୁଡ଼ି- ଏହା ଠିକ୍ ଖେଚୁଡ଼ିପରି ପ୍ରସ୍ତୁତ କରାଯାଏ ଖେଚୁଡ଼ିର ସମସ୍ତ ସାମଗ୍ରୀ ବ୍ୟତୀତ ଏଥି ନିମନ୍ତେ ଜୀରା ୧ଟା ଚାମଚ୍ ଓ ଗୋଟା ଗୋଲମରିଚ ୬/୭ଟା ଦରକାର ପଡ଼ିଥାଏ। ଡେକ୍‌ଚିରେ ଘିଅ ଗରମକରି ଜୀରା ଓ ଗୋଲମରିଚ ବଘାରି ପାଣି ଦେଇ ଖେଚୁଡ଼ି ପ୍ରଣାଳୀରେ ପ୍ରସ୍ତୁତ କରାଯାଏ। ପ୍ରଥମରୁ ବଘରା ଯାଉଥିବାରୁ ଏହାକୁ 'ବଘରା ଖେଚୁଡ଼ି' କୁହାଯାଏ।

ପାଳଙ୍ଗ ଖେଚୁଡ଼ି

ସାମଗ୍ରୀ

ଚାଉଳ	୨୫୦ ଗ୍ରାମ୍
ମୁଗଡ଼ାଲି	୨୫୦ ଗ୍ରାମ୍
ପାଳଙ୍ଗ	୨ ବିଡ଼ା (୨୦୦ ଗ୍ରାମ୍)
ଘିଅ	୨ ଟେବୁଲ୍ ଚାମଚ୍
ତେଜପତ୍ର	୨ଟା
ଚୁନ୍‌ଚୁନ୍ କଟା ଟମାଟୋ	୩ଟା
ଜାଇଫଳ ଗୁଣ୍ଡ	୧/୪ ଚା ଚାମଚ୍
ହଳଦୀଗୁଣ୍ଡ	୧ ଚା ଚାମଚ୍
ଲବଙ୍ଗ	୨ଟା
ପାଣି	୬୦୦ ମିଲିମିଟର
ଲୁଣ ଆବଶ୍ୟକ ମତେ	

ପ୍ରଣାଳୀ

୧. ପାଳଙ୍ଗକୁ ଭଲ ଭାବରେ ଧୋଇ ଚୁନ୍‌ଚୁନ୍ କରି କାଟି ରଖନ୍ତୁ।

୨. ଚାଉଳ ଓ ମୁଗକୁ ଧୋଇ ୧ ଘଣ୍ଟା ବତୁରାଇ ଦିଅନ୍ତୁ।

୩. ଗୋଟିଏ ଡେକ୍‌ଚିରେ ଘିଅ ଗରମକରି କ୍ରମ ଅନୁସାରେ ତେଜପତ୍ର, ଅଦା ଓ ଲବଙ୍ଗ ପକାଇ ଭାଜନ୍ତୁ।

୪. ଏଥିରେ ପାଣି ଦେଇ ଫୁଟାନ୍ତୁ। ପାଣି ଫୁଟିଗଲେ ବତୁରାଇ ଥିବା ଚାଉଳ ଓ ମୁଗକୁ ଏଥିରେ ପକାଇ ଫୁଟାନ୍ତୁ।

୫. ଚାଉଳ ଫୁଟିଗଲେ ଏଥିରେ ଜାଇଫଳ ଗୁଣ୍ଡ ଓ ଲୁଣ ପକାଇ ମଧ୍ୟମ ଜାଳରେ ଢାଙ୍କୁଣି ଘୋଡ଼ାଇ ରାନ୍ଧନ୍ତୁ।

୬. ମଝିରେ ମଝିରେ ଗୋଳାଇ ଦିଅନ୍ତୁ। ୧୦/୧୫ ମିନିଟ୍‌ପରେ କଟା ପାଳଙ୍ଗ ଓ ଟମାଟୋ ପକାଇ ଗୋଳାଇ ଢାଙ୍କୁଣି ଘୋଡ଼ାଇ ରାନ୍ଧନ୍ତୁ।

୭. ଦରକାର ପଡ଼ିଲେ ଅଳ୍ପ ଗରମ ପାଣି ଯୋଗ କରନ୍ତୁ।

୮. ଚାଉଳ ଭଲ ଭାବରେ ସିଝିଗଲେ ଓ ଜୁକୁ ଜୁକିଆ ପାଣି ଥିବା ଅବସ୍ଥାରେ ଚୁଲିରୁ ଓହ୍ଲାଇ ସାମାନ୍ୟ ଗୋଳାଇ ୫ ମିନିଟ୍ ଘୋଡ଼ାଇ ରଖନ୍ତୁ।

୯. ଏଥର ଖେଚୁଡ଼ିକୁ ଆସ୍ତେଆସ୍ତେ ତଳ ଉପର ଗୋଳାଇ ପରିବେଷଣ କରନ୍ତୁ।

ମିଶାମିଶି ଡାଲି ଖେଚୁଡ଼ି

ସାମଗ୍ରୀ

ଚାଉଳ	୨୫୦ ଗ୍ରାମ୍
ହରଡ଼ ଡାଲି	୧ ଟେବୁଲ୍ ଚାମଚ୍
ବୁଟଡାଲି	୧ ଟେବୁଲ୍ ଚାମଚ୍
ମସୁର ଡାଲି	୧ ଟେବୁଲ୍ ଚାମଚ୍
ମୁଗ ଡାଲି	୨ ଟେବୁଲ୍ ଚାମଚ୍
ଗୁଆ ଘିଅ	୩ ଟେବୁଲ୍ ଚାମଚ୍
ଘୋଳଦହି	୩ କପ୍
ଚୁନ୍‌ଚୁନ୍ କଟା ଧନିଆ ପତ୍ର	୧ କପ୍
ଚୁନ୍‌ଚୁନ୍ କଟା ପୋଦିନା ପତ୍ର	୧/୨ କପ୍
କୋରା ଅଦା	୧ ଟେବୁଲ୍ ଚାମଚ୍
ତେଜପତ୍ର	୧ଟା
ଅଳେଇଚ	୧ଟା
ଡାଲ୍‌ଚିନି	୧ ଇଞ୍ଚ ଖଣ୍ଡେ

ଲବଙ୍ଗ	୨ଟା
ଗୋଲ ମରିଚ	୬/୭ ଟା
ହଳଦୀ ଗୁଣ୍ଡ	୧/୨ ଚା ଚାମଚ୍
ଚୁନ୍‌ଚୁନ୍ କଟା ପିଆଜ	୨ଟା
ଲୁଣ ଆବଶ୍ୟକ ମତେ	

ପ୍ରଣାଳୀ

୧. ସମସ୍ତ ପ୍ରକାର ଡାଲିକୁ ଧୋଇ ୧ ଘଣ୍ଟା ପର୍ଯ୍ୟନ୍ତ ପାଣିରେ ବତୁରାଇ ଛାଣି ରଖନ୍ତୁ।

୨. ଚାଉଳକୁ ଧୋଇ ବତୁରାଇ ପାଣିରୁ ଛାଣି ରଖନ୍ତୁ।

୩. ଧନିଆ ପତ୍ର, ପୋଦିନା ପତ୍ର ଓ ଅଦାକୁ ଅଳ୍ପ ଘୋଳଦହି ଦେଇ ଗ୍ରାଇଣ୍ଡରରେ ବାଟି ରଖନ୍ତୁ।

୪. ଗୋଟିଏ ଡେକ୍‌ଚିରେ ଘିଅ ଗରମକରି ଏଥିରେ ତେଜପତ୍ର, ଅଳେଇଚ, ଡାଲ୍‌ଚିନି ଓ ଲବଙ୍ଗ ଭାଜି ପିଆଜ ପକାଇ ଜାରନ୍ତୁ।

୫. ପିଆଜ ଜରିଗଲେ ସମସ୍ତ ଡାଲି ପକାଇ ଅଳ୍ପ ସମୟ ଭାଜି ଚାଉଳ ପକାଇ ୨ ମିନିଟ୍ ଭାଜନ୍ତୁ।

୬. ଏଥିରେ ହଳଦୀଗୁଣ୍ଡ, ଗୋଲ ମରିଚ, ବାଟିଥିବା ପତ୍ର, ଅବଶିଷ୍ଟ ଘୋଳଦହି ଓ ଲୁଣ ପକାଇ ଗୋଳାଇ ମଧ୍ୟମ ଜାଳରେ ଢାଙ୍କୁଣି ଘୋଡ଼ାଇ ସିଝାନ୍ତୁ।

୭. ଚାଉଳ ସିଝି ଆସିଲେ ଲେଉଟ ପାଉଟକରି ଚୁଲିରୁ ଓହ୍ଲାଇ ଘୋଡ଼ାଇ ରଖନ୍ତୁ। ପାଞ୍ଚ ମିନିଟ୍‌ପରେ ପରିବେଷଣ କରନ୍ତୁ।

ପଲାଉ

ସାମଗ୍ରୀ

ଚାଉଳ	୨୫୦ ଗ୍ରାମ୍
ରିଫାଇନ୍ ତେଲ	୨-୧/୨ ଟେବୁଲ୍ ଚାମଚ
ଗୁଜୁରାତି	୪ଟା
ଲବଙ୍ଗ	୨ଟା
ଡାଲ୍‌ଚିନି	୧ ଇଞ୍ଚ
ତେଜପତ୍ର	୨ଟା
କାଜୁ	୧୦ ଗ୍ରାମ୍
କିସ୍‌ମିସ୍	୧୦ ଗ୍ରାମ୍
ଗରମ ପାଣି	
ଲୁଣ ଆବଶ୍ୟକ ମତେ	

ପ୍ରଣାଳୀ

୧. ଚାଉଳକୁ ଧୋଇ ଛାଣି ରଖନ୍ତୁ।

୨. ଗୋଟିଏ ଚଟକା ଡେକଚିରେ ତେଲ ଗରମକରି କାଜୁ ଓ କିସ୍‌ମିସ୍‌କୁ ଅଲଗା ଅଲଗା ଭାଜି ଛାଣି ରଖନ୍ତୁ।

୩. ଅବଶିଷ୍ଟ ତେଲରେ ତେଜପତ୍ର, ଡାଲଚିନି, ଗୁଜୁରାତି ଓ ଲବଙ୍ଗକୁ ଭାଜି ଏଥିରେ ଚାଉଳ ପକାଇ ୫ରୁ ୭ ମିନିଟ୍ ପର୍ଯ୍ୟନ୍ତ ଭାଜନ୍ତୁ। ସାମାନ୍ୟ ରଙ୍ଗ ବଦଳି ଗଲେ ଏଥିରେ (ଚାଉଳର ଦୁଇଗୁଣ) ପାଣି ଦେଇ ଗୋଳାଇ ଦିଅନ୍ତୁ।

୪. ଚାଉଳ ଫୁଟିଗଲେ ଜାଳ କମାଇ ମଧ୍ୟମରୁ ଅଳ୍ପ ଜାଳରେ ରାନ୍ଧନ୍ତୁ।

୫. ଏଥିରେ ଲୁଣ ପକାଇ ଗୋଳାଇ ଦିଅନ୍ତୁ।

୬. ଚାଉଳ ସିଝିଗଲେ ଜୁକୁଜୁକିଆ ପାଣିଥିବା ଅବସ୍ଥାରେ ଜାଳକମାଇ ଢାଙ୍କୁଣି ଘୋଡ଼ାଇ ୫ରୁ୭ ମିନିଟ୍ ରଖନ୍ତୁ।

୭. ଚୁଲିରୁ ଓହ୍ଲାଇ ପଲାଉକୁ ରାଇସ୍ ବୋଲ୍‌ରେ ଢାଳି ଏହା ଉପରେ ଭଜା କାଜୁ ଓ କିସ୍‌ମିସ୍ ସଜାଇ ପରିବେଷଣ କରନ୍ତୁ।

ମଟର ପଲାଉ

ସାମଗ୍ରୀ

ଚାଉଳ	୨୫୦ ଗ୍ରାମ୍
ମଟର	୩୦୦ ଗ୍ରାମ୍
ପିଆଜ	୧୦୦ ଗ୍ରାମ୍
ରିଫାଇନ୍ ତେଲ	୨-୧/୨ ଟେବୁଲ୍ ଚାମଚ୍
ଡାଲ୍‌ଚିନି	୧/୨ ଇଞ୍ଚ
ଲବଙ୍ଗ	୨ଟା

ଗୁଜୁରାତି	୨ଟା
ଗରମ ପାଣି	
ଲୁଣ ଆବଶ୍ୟକ ମତେ	

ପ୍ରଣାଳୀ

୧. ଚାଉଳକୁ ଧୋଇ ୩୦ ମିନିଟ୍ ବତୁରାଇ ଛାଣି ରଖନ୍ତୁ।

୨. ମଟର ମଞ୍ଜି ଛଡ଼ାଇ ଓ ପିଆଜକୁ ଲମ୍ୱରେ ସରୁସରୁକରି କାଟି ରଖନ୍ତୁ।

୩. ଡେକ୍‌ଚିରେ ତେଲ ଗରମକରି ପିଆଜକୁ ବାଦାମୀ ରଙ୍ଗ ହେବା ପର୍ଯ୍ୟନ୍ତ ଭାଜି ତେଲରୁ ଛାଣି ଅଲଗା ରଖନ୍ତୁ।

୪. ଅବଶିଷ୍ଟ ତେଲରେ ତେଜପତ୍ର, ଡାଲ୍‌ଚିନି, ଗୁଜୁରାତି ଓ ଲବଙ୍ଗ ପକାଇ ଭାଜନ୍ତୁ।

୫. ଏଥିରେ ଚାଉଳ ଓ ମଟର ପକାଇ ଭାଜନ୍ତୁ।

୬. ଚାଉଳରେ ଗରମ ପାଣି ଓ ଲୁଣ ପକାଇ ଫୁଟାନ୍ତୁ।

୭. ଚାଉଳ ଫୁଟିଗଲେ ଜାଳ କମାଇ ମଧ୍ୟମ ଜାଳରେ ରାନ୍ଧନ୍ତୁ।

୮. ଚାଉଳ ସିଝିଗଲେ ଚୁଲିରୁ ଓହ୍ଲାଇ ୧୦ ମିନିଟ୍ ଢାଙ୍କୁଣି ଘୋଡ଼ାଇ ରଖନ୍ତୁ।

୯. ଗୋଟିଏ ରାଇସ୍ ବୋଲ୍‌ରେ ପି ପଲାଉକୁ ଓଜାଡ଼ି ଏହା ଉପରେ ଭଜା ପିଆଜ ସଜାଇ ପରିବେଷଣ କରନ୍ତୁ।

ଟମାଟୋ ପଲାଉ

ସାମଗ୍ରୀ

ଅରୁଆ ଚାଉଳ	୨୫୦ ଗ୍ରାମ୍
ଟମାଟୋ	୧୫୦ ଗ୍ରାମ୍
କୋରା ନଡ଼ିଆ	୧ ଫାଳ
ରିଫାଇନ୍ ତେଲ	୨-୧/୨ ଟେବଲ୍ ଚାମଚ୍
ଲବଙ୍ଗ	୨ଟା
ତେଜପତ୍ର	୨ଟା
ଗୁଜୁରାତି	୨ଟା
କିସ୍‌ମିସ୍	୧୦ ଗ୍ରାମ୍
କାଜୁ	୧୦ ଗ୍ରାମ୍
ପିଆଜ	୧୦୦ ଗ୍ରାମ୍
ଧନିଆ ପତ୍ର	ଅଧା ବିଡ଼ା
କଞ୍ଚାଲଙ୍କା	୪ଟା
ଗରମ ପାଣି ଓ ଲୁଣ ଆବଶ୍ୟକ ମତେ	

ପ୍ରଣାଳୀ

୧. ଚାଉଳକୁ ଧୋଇ ଛାଣି ରଖନ୍ତୁ।

୨. ଟମାଟୋକୁ ଫୁଟନ୍ତା ପାଣିରେ ପକାଇ ୨/୩ ମିନିଟ୍ ଘୋଡ଼ାଇ ରଖନ୍ତୁ। ଉପର ଚୋପା ଫାଟି ଆସିଲେ, ଚୋପା ଛଡ଼ାଇ ରଖନ୍ତୁ।

୩. ଟମାଟୋ ଥଣ୍ଡା ହୋଇ ଆସିଲେ ଏହାକୁ ଗ୍ରାଇଣ୍ଡରରେ ବାଟି ରଖନ୍ତୁ।

୪. ନଡ଼ିଆରେ ସାମାନ୍ୟ ପାଣି ଦେଇ ଚକଟି ଏହାର ରସ ଛାଣି ଟମାଟୋ ବଟା ସଙ୍ଗେ ମିଶାଇ ରଖନ୍ତୁ।

୫. ଧନିଆ ପତ୍ରକୁ ସଫାକରି ଚୁନ୍‌ଚୁନ୍‌କରି କାଟନ୍ତୁ। ପିଆଜକୁ ଲମ୍ୱରେ ସରୁସରୁ କରି କାଟନ୍ତୁ। ଲଙ୍କାକୁ ଲମ୍ୱରେ ଦୁଇଫାଳ ଲେଖାଏଁ ଚିରି ରଖନ୍ତୁ।

୬. ବାଟିବା ପାଇଁ ୨/୩ ଅଂଶ ଧନିଆପତ୍ର, ୧/୩ ଅଂଶ ପିଆଜ ଓ ୨ଟି କଞ୍ଚାଲଙ୍କାକୁ ନେଇ ଚିକ୍କଣକରି ବାଟି ଚାଉଳରେ ଗୋଳାଇ ରଖନ୍ତୁ।

୭. କଡ଼େଇରେ ୧/୨ ଟେବୁଲ୍ ଚାମଚ୍ ତେଲ ଗରମକରି ଏଥିରେ କାଜୁ ଓ କିସ୍‌ମିସ୍‌କୁ ଅଲଗା ଅଲଗା ଭାଜି ରଖନ୍ତୁ। ଅବଶିଷ୍ଟ, ତେଲରେ ପିଆଜକୁ ବାଦାମୀ ରଙ୍ଗ ହେବା ପର୍ଯ୍ୟନ୍ତ ଭାଜି ରଖନ୍ତୁ।

୮. ଡେକ୍‌ଚିରେ ୨ ଟେବୁଲ୍ ଚାମଚ୍ ତେଲ ଗରମକରି କ୍ରମ ଅନୁସାରେ ତେଜପତ୍ର, ଗୁଜୁରାତି ଓ ଲବଙ୍ଗ ପକାଇ ଭାଜି ଏଥିରେ ଚାଉଳ ପକାଇ ଭାଜନ୍ତୁ।

୯. ଚାଉଳରୁ ପାଣି ମରିଆସିଲେ ଏଥିରେ ନଡ଼ିଆ ରସ ମିଶ୍ରଣ ଲୁଣ ଓ ଆବଶ୍ୟକ ପରିମାଣର ପାଣି ଦେଇ ମଧ୍ୟମ ଜାଳରେ ରାନ୍ଧନ୍ତୁ।

୧୦. ଚାଉଳ ଭଲ ଭାବରେ ସିଝି ପାଣି କମି ଆସିଲେ ଚୁଲିରୁ ଓହ୍ଲାଇ ଢାଙ୍କୁଣି ଘୋଡ଼ାଇ ୫ ମିନିଟ୍ ରଖନ୍ତୁ ।

୧୧. ପଲାଉକୁ ଏକ ସର୍ଭିଙ୍ଗ ପ୍ଲେଟ୍‌ରେ ଅଜାଡ଼ି, ଏହା ଉପରେ ଭଜା ପିଆଜ, କାଜୁ, କିସ୍‌ମିସ୍, ଧନିଆ ପତ୍ର, କଞ୍ଚାଲଙ୍କା ସଜାଇ ପରିବେଷଣ କରନ୍ତୁ ।

ଭେଜିଟେବୁଲ୍ ପଲାଉ

ସାମଗ୍ରୀ

ଚାଉଳ	୨୫୦ ଗ୍ରାମ୍
ଫୁଲକୋବି	୧୦୦ ଗ୍ରାମ୍
ବିନ୍	୫୦ ଗ୍ରାମ୍
ଗାଜର	୫୦ ଗ୍ରାମ୍
ମଟର	୧୦୦ ଗ୍ରାମ୍
ପିଆଜ	୧୧୫ ଗ୍ରାମ୍
ତେଲ	୩ ଟେବୁଲ୍ ଚାମଚ୍
ତେଜପତ୍ର	୨ଟା
ଡାଲଚିନ୍	୧/୨ ଇଞ୍ଚ
ଗୁଜୁରାତି	୨ଟା
ଲବଙ୍ଗ	୨ଟା
କାଜୁ	୫ଗ୍ରାମ୍
କିସ୍‌ମିସ୍	୫ଗ୍ରାମ୍

ଗରମପାଣି (ଚାଉଳ ମାପର ଦୁଇଗୁଣ) ଓ ଲୁଣ ଆବଶ୍ୟକ ମତେ

ପ୍ରଣାଳୀ

୧. ଚାଉଳକୁ ଧୋଇ ଛାଣି ରଖନ୍ତୁ ।

୨. ପ୍ରତ୍ୟେକ ପରିବାକୁ ଛୋଟଛୋଟ ଖଣ୍ଡକରି କାଟି ରଖନ୍ତୁ ।

୩. ମଟର ମଞ୍ଜି ଛଡ଼ାଇ ଓ ପିଆଜକୁ ଲମ୍ୱରେ ସରୁସରୁ କାଟି ରଖନ୍ତୁ ।

୪. ଗୋଟିଏ ଡେକ୍‌ଚିରେ ତେଲ ଗରମକରି କାଜୁ ଓ କିସ୍‌ମିସ୍‌କୁ ଅଲଗା ଅଲଗା ଭାଜି ତେଲରୁ ଛାଣି ରଖନ୍ତୁ ।

୫. ଏଥିରେ ପିଆଜ ପକାଇ ବାଦାମୀ ରଙ୍ଗ ହେବା ପର୍ଯ୍ୟନ୍ତ ଭାଜି ଛାଣି ରଖନ୍ତୁ ।

୬. ତେଲରେ ପରିବାକୁ ଲୁଣ ପକାଇ ଭାଜି ରଖନ୍ତୁ ।

୭. ଏଥର ଡେକ୍‌ଚିରେ ତେଜପତ୍ର, ଡାଲଚିନି, ଗୁଜୁରାତି ଓ ଲବଙ୍ଗ ପକାଇ ଭାଜି ଚାଉଳକୁ ପକାଇ ଭାଜନ୍ତୁ ।

୮. ଏଥିରେ ଗରମପାଣି ଢାଳି ଫୁଟାନ୍ତୁ । ଚାଉଳ ଫୁଟିଗଲେ ଓ ଅଧା ସିଝିଗଲେ ଭଜା ପରିବା ଓ ଲୁଣ ପକାଇ ଗୋଳାଇ ଅଳ୍ପ ଜାଳରେ ଢାଙ୍କୁଣି ଘୋଡ଼ାଇ ଭେଜିଟେବଲ ପଲାଉ ପ୍ରସ୍ତୁତ କରନ୍ତୁ ।

୯. ପ୍ରସ୍ତୁତ ପଲାଉକୁ ସର୍ଭିଙ୍ଗ ପ୍ଲେଟ୍‌ରେ ଅଜାଡ଼ି ଏହା ଉପରେ ଭଜା ପିଆଜ, କାଜୁ ଓ କିସ୍‌ମିସ୍ ସଜାଇ ପରିବେଷଣ କରନ୍ତୁ ।

ଛେନା ପଲାଉ

ସାମଗ୍ରୀ

ଚାଉଳ	୨୫୦ ଗ୍ରାମ୍
ସଜ ଛେନା	୨୦୦ ଗ୍ରାମ୍
ମଇଦା	୩୦ ଗ୍ରାମ୍
କାଜୁ/ଆଲମଣ୍ଡ	୨୫ ଗ୍ରାମ୍
କିସ୍‌ମିସ୍	୧୦ ଗ୍ରାମ୍
ରିଫାଇନ୍ ତେଲ (ପଲାଉ ପାଇଁ)	୩ ଟେବୁଲ୍ ଚାମଚ୍
ଛାଣିବା ପାଇଁ ରିଫାଇନ୍ ତେଲ	
ପାନ ମଧୁରୀ	୧ ଚା ଚାମଚ୍
ଜୀରା	୧ ଚା ଚାମଚ୍
ତେଜପତ୍ର	୨ଟା
ଗୁଜୁରାତି	୪ଟା
ଧନିଆଗୁଣ୍ଡ	୨ ଚା ଚାମଚ୍
ହଳଦୀ ଗୁଣ୍ଡ	୧ ଚା ଚାମଚ୍
ଜାଇଫଳ ଗୁଣ୍ଡ	୧/୨ ଚାମଚ୍
ଡାଲ୍‌ଚିନି ଗୁଣ୍ଡ	୧ ଚା ଚାମଚ୍

ଲଙ୍କାଗୁଣ୍ଡ	୧/୨ ଚା ଚାମଚ୍
ଗୋଲମରିଚ ଗୁଣ୍ଡ	୧/୨ ଚା ଚାମଚ୍
ହେଙ୍ଗୁ	ଟିପେ
ଲବଙ୍ଗ ଗୁଣ୍ଡ	୧/୪ ଚା ଚାମଚ୍
ଛେନାପାଣି	୮୦୦ ମି.ଲି. ଲିଟର
ଚିନି	୨ ଚା ଚାମଚ୍
ଲୁଣ ଆବଶ୍ୟକ ମତେ	

ପ୍ରଣାଳୀ

୧. ଚାଉଳକୁ ଧୋଇ ଛାଣି ପାଣି ନିଗାଡ଼ି ଗୋଟିଏ ଥାଳି ଉପରେ ସଫା କନା ବା ଟିସୁ ପେପର୍ ବିଛାଇ ପବନରେ ଖେଳାଇ ଦିଅନ୍ତୁ।

୨. ସଜ ଛେନାକୁ ଗୋଟିଏ ପତଳା ସଫା କନାରେ ଟାଙ୍ଗି ପାଣି ନିଗାଡ଼ି ରଖନ୍ତୁ। ଛେନା ପାଣିକୁ ନ ଫୋପାଡ଼ି ପଲାଉରେ ବ୍ୟବହାର ପାଇଁ ରଖିବେ।

୩. ଛେନାରୁ ପାଣି ଛାଡ଼ିଗଲେ ଗୋଟିଏ ଥାଳିରେ ଓଜାଡ଼ି ମଇଦା ପକାଇ ଟିପରେ ଆସ୍ତେଆସ୍ତେ ଘସିଘସି ଦଳି ଗୋଟିଏ ନରମ ଗୁଳା କରନ୍ତୁ।

୪. ଗୁଳାକୁ ଭାଙ୍ଗି ଛୋଟଛୋଟ ଗୁଳାକରି ଏହାକୁ ସାମାନ୍ୟ ଚାପି ରଖନ୍ତୁ।

୫. କଡ଼େଇରେ ତେଲ ଗରମକରି ଛେନା ଗୁଳାଗୁଡ଼ିକୁ ମଧ୍ୟମରୁ ଅଳ୍ପ ଜାଳରେ ବାଦାମୀରଙ୍ଗ ହେବା ପର୍ଯ୍ୟନ୍ତ ଛାଣି ଟିସୁପେପର ବା ସଫାକନା ବିଛାଇଥିବା ଗୋଟିଏ ଥାଳିରେ ରଖନ୍ତୁ।

୬. ଫ୍ରାଇଙ୍ଗ ପ୍ୟାନ୍ ବା କଡ଼େଇରେ ଅଳ୍ପ ତେଲ ଗରମକରି କାଜୁ ଓ କିସ୍‌ମିସ୍‌କୁ ଅଲଗା ଅଲଗା ଭାଜି ରଖନ୍ତୁ।

୭. ଗୋଟିଏ ଫର୍ଚ୍ଚା ମୁହାଁ ଡେକ୍‌ଚିରେ ପଲାଉ ପାଇଁ ଥିବା ତେଲକୁ ଗରମକରି ଏଥିରେ ପାନମଧୁରୀ ଓ ଜୀରାକୁ ଫୁଟାଇ; ତେଜପତ୍ର ଓ ଗୁଜୁରାତିକୁ ଭାଜି କ୍ରମ ଅନୁସାରେ, ହେଙ୍ଗୁ, ଧନିଆ, ହଳଦୀ, ଜାଇଫଳ, ଲଙ୍କା, ଡାଲଚିନି, ଲବଙ୍ଗ ଆଦି ଗୁଣ୍ଡକୁ ସାମାନ୍ୟ ଭାଜି ଏଥିରେ ଚାଉଳ ପକାଇ ମଧ୍ୟମ ଜାଳରେ ଭାଜନ୍ତୁ।

୮. ଚାଉଳର ସାମାନ୍ୟ ରଙ୍ଗ ପରିବର୍ତ୍ତନ ହୋଇଗଲେ ଏଥିରେ ଛେନାପାଣି (ଆବଶ୍ୟକ ପରିମାଣର ଛେନାପାଣି ନ ଥିଲେ ଏହା ପରିବର୍ତ୍ତେ ପାଣି ଦେଇପାରିବେ) ଦେଇ ଚିନି ଓ ଲୁଣ ପକାଇ ଗୋଳାଇ ଦିଅନ୍ତୁ।

୯. ଚାଉଳ ଫୁଟି ଅଧା ଅଧ ସିଝିଗଲେ ଏଥିରେ ଛଣା ହୋଇଥିବା ଛେନାକୁ ପକାଇ ଆସ୍ତେଆସ୍ତେ ଗୋଳାଇ ଦିଅନ୍ତୁ ଓ ଜାଳ କମାଇ ଘୋଡ଼ାଇ ଦିଅନ୍ତୁ।

୧୦. ଚାରି/ପାଞ୍ଚ ମିନିଟ୍‌ପରେ ଚୁଲିରୁ ଓହ୍ଲାଇ ପ୍ରସ୍ତୁତ ସର୍ଭିଙ୍ଗ୍ ପ୍ଲେଟ୍‌ରେ ଛେନା ପଲାଉ ଅଜାଡ଼ି ଏହା ଉପରେ ଭଜା ହୋଇଥିବା କାଜୁ ଓ କିସ୍‌ମିସ୍ ସଜାଇ ପରିବେଷଣ କରନ୍ତୁ।

ନବରତ୍ନ ପଲାଉ

ସାମଗ୍ରୀ

ଚାଉଳ	୨୫୦ ଗ୍ରାମ୍
ମଟର ମଞ୍ଜି	୫୦ ଗ୍ରାମ୍
ବିନ୍	୫୦ ଗ୍ରାମ୍
ଗାଜର	୫୦ ଗ୍ରାମ୍
ଫୁଲକୋବି	୫୦ ଗ୍ରାମ୍
ପନୀର	୫୦ ଗ୍ରାମ୍
କ୍ୟାନ୍‌ଚେରୀ	୧୫ ଗ୍ରାମ୍
କ୍ୟାନ୍ ସପୁରୀ	୧୦୦ ଗ୍ରାମ୍
କାଜୁ	୨୫ ଗ୍ରାମ୍
କିସ୍‌ମିସ୍	୨୫ ଗ୍ରାମ୍
ରିଫାଇନ୍ ତେଲ	୪ ଟେବୁଲ୍ ଚାମଚ୍
ପିଆଜ	୧୦୦ ଗ୍ରାମ୍
ଗରମ ପାଣି	
ଲୁଣ ଆବଶ୍ୟକ ମତେ	
ତେଜପତ୍ର	୨ଟା
ଗୁଜୁରାତି	୨ଟା

ଲବଙ୍ଗ	୨ଟା
ଗୋଲ ମରିଚ	୪ଟା

ପ୍ରଣାଳୀ

୧. ଚାଉଳକୁ ଧୋଇ ପାଣି ନିଗାଡ଼ି ରଖନ୍ତୁ।

୨. ଗାଜରକୁ ଚାଞ୍ଛି, ବୀନ୍‌ର ସୀରା କାଢ଼ି ଓ ଫୁଲ କୋବିର ଫୁଲ ଛଡ଼ାଇ ଛୋଟଛୋଟ ଖଣ୍ଡକରି କାଟନ୍ତୁ। ପନୀରକୁ ଛୋଟଛୋଟ ଖଣ୍ଡକରି କାଟନ୍ତୁ। ପିଆଜକୁ ଲମ୍ବରେ ସରୁସରୁକରି କାଟି ଅଲଗା ଅଲଗା ରଖନ୍ତୁ।

୩. ସପୁରୀକୁ ସିରପ୍‌ରୁ କାଢ଼ି ଛୋଟ ଛୋଟ ଖଣ୍ଡ କାଟନ୍ତୁ ଓ ଚେରୀକୁ ମଧ୍ୟ ସିରପ୍‌ରୁ କାଢ଼ି ରଖନ୍ତୁ।

୪. ଡେକ୍‌ଚିରେ ତେଲ ଗରମକରି ପିଆଜ ବାଦାମୀ ରଙ୍ଗ ହେବା ପର୍ଯ୍ୟନ୍ତ ଭାଜି ତେଲରୁ ଛାଣି ଅଲଗା ରଖନ୍ତୁ। ଏଥିରେ କାଜୁ ଓ କିସ୍‌ମିସ୍‌କୁ ଭାଜି ରଖନ୍ତୁ।

୫. ବଳିଥିବା ତେଲରେ ପନୀରକୁ ସାବଧାନତା ସହକାରେ ଅଳ୍ପ ଭାଜି ରଖନ୍ତୁ।

୬. ଅବଶିଷ୍ଟ ତେଲରେ ପରିବାକୁ ଏକାଠି ପକାଇ ଲୁଣ ପକାଇ ଅଳ୍ପ ଭାଜି ଡେକ୍‌ଚିରୁ କାଢ଼ି ରଖନ୍ତୁ।

୭. ଶେଷରେ ଡେକ୍‌ଚିରେ ଗୋଟିଗୋଟି କରି ଗରମ ମସଲା ପକାଇ ଭାଜି ଏଥିରେ ଚାଉଳ ପକାଇ ଭାଜନ୍ତୁ।

୮. ଚାଉଳର ରଙ୍ଗ ପରିବର୍ତ୍ତନ ହୋଇ ଆସିଲେ ଗରମ ପାଣିଦେଇ ଗୋଳାଇ ଦିଅନ୍ତୁ। ପାଣି ଫୁଟିଗଲେ ଏଥିରେ ଲୁଣ ପକାଇ ଜାଳ କମାଇ ଦିଅନ୍ତୁ।

୯. ଚାଉଳ ୩/୪ ଭାଗ ସିଝିଗଲେ ଏହା ମଝିରେ ଖାଲକରି ଭଜା ପରିବାକୁ ଦେଇ ଅଳ୍ପ ଜାଳରେ ବା ସ୍ଲୋ ଓଭେନ୍‌ରେ ଢାଙ୍କୁଣି ଘୋଡ଼ାଇ ୫ରୁ୮ ମିନିଟ୍ ରଖନ୍ତୁ।

୧୦. ମଝିରେ ମଝିରେ ପରଖି ନିଅନ୍ତୁ। ଚାଉଳ ସିଝିଗଲେ ଓଭେନ୍ ବା ଚୁଲିରୁ କାଢ଼ି ଏଥିରେ କଟା ସପୁରୀ ଓ ଭଜା ପନୀରକୁ ପକାଇ ଆସ୍ତେଆସ୍ତେ ଗୋଳାଇ ଦିଅନ୍ତୁ।

୧୧. ଗୋଟିଏ ସର୍ଭିଙ୍ଗ୍ ପ୍ଲେଟ୍‌ରେ ପଲାଉକୁ ଅଜାଡ଼ି ଏହା ଉପରେ ଭଜା ପିଆଜ, ଚେରୀ, କାଜୁ ଓ କିସ୍‌ମିସ୍‌କୁ ରୁଚି ଅନୁସାରେ ସଜାଇ ପରିବେଷଣ କରନ୍ତୁ।

ଟମାରିଣ୍ଡ ରାଇସ୍

ସାମଗ୍ରୀ

ଚାଉଳ	୨୫୦ ଗ୍ରାମ୍
ହରଡ଼ ଡାଲି	୫୦ ଗ୍ରାମ୍
ବୁଟ ଡାଲି	୫୦ ଗ୍ରାମ୍
ଶୁଖିଲା ଲଙ୍କା	୨ଟା
ତେନ୍ତୁଳି	୧୦୦ ଗ୍ରାମ୍
ପାଣି	୧ କପ୍
ଗୋଲମରିଚ ଗୁଣ୍ଡ	୧ ଚା ଚାମଚ୍
ଲୁଣ ଆବଶ୍ୟକ ମତେ	
ବଘାରିବା ପାଇଁ	
ରିଫାଇନ୍ ତେଲ	୨ ଟେବୁଲ୍ ଚାମଚ୍
ହେଙ୍ଗୁ	ଟିପେ
ଭୃସଙ୍ଗ ପତ୍ର	୨ ଡେଙ୍ଫ
ଚୁନ୍‌ଚୁନ୍ କଟା କଞ୍ଚା ଲଙ୍କା	୨ଟା
ଚୁନ୍‌ଚୁନ୍ କଟା ଅଦା	୧/୨" (ଅଧାଇଞ୍ଚ)
ବିରିଡ଼ାଲି	୨ ଚା ଚାମଚ୍
ସୋରିଷ	୧/୨ ଚା ଚାମଚ୍

ପ୍ରଣାଳୀ

୧. ଅରୁଆ ଭାତ ପ୍ରଣାଳୀରେ ଚାଉଳକୁ ଭାତ ରାନ୍ଧି ଦିଅନ୍ତୁ।

୨. ତେନ୍ତୁଳିକୁ ୧ କପ୍ ପାଣିରେ ବତୁରାଇ ଏହାର ରସ (ମଣ୍ଡ) ବାହାର କରି ଦିଅନ୍ତୁ।

୩. ଗୋଟିଏ କଡ଼େଇ ଗରମକରି ଶୁଖିଲା ଲଙ୍କା, ବୁଟଡ଼ାଲି, ହରଡ଼ ଡାଲିକୁ ଅଲଗା ଅଲଗା ଭାଜି ଗୁଣ୍ଡକରି ରଖନ୍ତୁ।

୪. ଗୋଟିଏ ଡେକ୍‌ଚିରେ ତେଲ ଗରମକରି ଏଥିରେ ହେଙ୍ଗୁ ପକାଇ ଅଳ୍ପ ସମୟପରେ ଭୃସଙ୍ଗ ପତ୍ର, ବିରି ଡାଲି, ସୋରିଷ କ୍ରମ ଅନୁସାରେ ପକାନ୍ତୁ। ସୋରିଷ ଫୁଟିଗଲେ ଏଥିରେ କଞ୍ଚାଲଙ୍କା ଓ ଅଦା ପକାଇ ଭାଜନ୍ତୁ।

୫. ଅଦା ଭାଜି ହୋଇଗଲେ ଏଥିରେ ଭାତ, ତେନ୍ତୁଳି ରସ, ଭଜା ହୋଇଥିବା ଡାଲିଗୁଣ୍ଡ ଓ ଲୁଣ ପକାଇ ଭଲ ଭାବେ ଗୋଳାଇ ଦିଅନ୍ତୁ।

୬. ଚୁଲିରୁ ଓହ୍ଲାଇ ଗୋଲମରିଚ ଗୁଣ୍ଡ ଛିଞ୍ଚି ହାଲକା ଭାବେ ଗୋଳାଇ ପରିବେଷଣ କରନ୍ତୁ।

ଟମାଟୋ ରାଇସ୍

ସାମଗ୍ରୀ

ଅରୁଆ ଚାଉଳ	୨୫୦ ଗ୍ରାମ୍
ଟମାଟୋ	୨୫୦ ଗ୍ରାମ୍
ପିଆଜ	୧୦୦ ଗ୍ରାମ୍
ରିଫାଇନ୍ ତେଲ	୨ ଟେବୁଲ୍ ଚାମଚ୍
ଭୃସଙ୍ଗ ପତ୍ର	୨ ଡେଙ୍ଗ
ହେଙ୍ଗୁ	ଟିପେ
ଶୁଖିଲା ଲଙ୍କା	୨ଟା
ସୋରିଷ	୧/୨ ଚା ଚାମଚ୍
ବିରିଡାଲି	୧/୨ ଚା ଚାମଚ୍
ଭଜା ଚିନାବାଦାମ୍	୨୦ ଗ୍ରାମ୍
ଲୁଣ ଆବଶ୍ୟକ ମତେ	

ପ୍ରଣାଳୀ

୧. ଅରୁଆ ଭାତ ରାନ୍ଧି ରଖନ୍ତୁ।

୨. ଟମାଟୋକୁ ଛୋଟଛୋଟ ଖଣ୍ଡକରି ରଖନ୍ତୁ। ପିଆଜକୁ ଲମ୍ବରେ ସରୁସରୁ କାଟି ରଖନ୍ତୁ।

୩. କଡ଼େଇରେ ତେଲ ଗରମକରି ପିଆଜକୁ ବାଦାମୀ ରଙ୍ଗ ହେବା ପର୍ଯ୍ୟନ୍ତ ଭାଜି ଗୋଟିଏ ପ୍ଲେଟ୍‌ରେ କାଢ଼ି ରଖନ୍ତୁ।

୪. ଅବଶିଷ୍ଟ ତେଲରେ ହେଙ୍ଗୁ ପକାନ୍ତୁ। ଏହା ଭୁରୁଭୁରୁ ହୋଇଗଲେ ଏଥିରେ କ୍ରମ ଅନୁସାରେ ବିରିଡାଲି, ଭୃସଙ୍ଗପତ୍ର, ଲଙ୍କା ଓ ସୋରିଷ ଫୁଟାଇ ଟମାଟୋ ପକାଇ କଷନ୍ତୁ।

୫. ଟମାଟୋରୁ ପାଣି ମରି ଆସିଲେ ଏଥିରେ ଭାତ, ଲୁଣ ଓ ଚିନାବାଦମ୍ ପକାଇ ଆସ୍ତେଆସ୍ତେ ଗୋଳାଇ ଦିଅନ୍ତୁ।

୬. ଅଳ୍ପ ସମୟପରେ ଚୁଲିରୁ ଓହ୍ଲାଇ ଟମାଟୋ ରାଇସ୍‌କୁ ସର୍ଭିଙ୍ଗ୍ ପ୍ଲେଟ୍‌ରେ କାଢ଼ି ଭଜା ପିଆଜ ଉପରେ ଛିଞ୍ଚି ପରିବେଷଣ କରନ୍ତୁ।

ଲାଇମ୍ ରାଇସ୍

ସାମଗ୍ରୀ

ଅରୁଆ ଚାଉଳ	୨୫୦ ଗ୍ରାମ୍
ଲେମ୍ବୁ ରସ	୨ ଟେବୁଲ୍ ଚାମଚ୍
ଫାଳବୁଟ	୫ ଗ୍ରାମ୍
ବିରିଡାଲି	୫ ଗ୍ରାମ୍
ମେଥି	୫ ଗ୍ରାମ୍
ଚିନା ବାଦାମ୍	୧୦ ଗ୍ରାମ୍
କାଜୁ	୫ ଗ୍ରାମ୍

ବଘାରିବା ପାଇଁ

ତେଲ ୨ ଟେବୁଲ୍ ଚାମଚ୍	
ହେଙ୍ଗୁ	ଟିପେ
ଭୃସଙ୍ଗପତ୍ର	୨ ଡେଙ୍ଗ
ଶୁଖିଲା ଲଙ୍କା	୨ଟା
ସୋରିଷ	୧/୨ ଚା ଚାମଚ୍
ଲୁଣ ଆବଶ୍ୟକ ମତେ	

ପ୍ରଣାଳୀ

୧. ଅରୁଆ ଚାଉଳକୁ ଧୋଇ ଭାତରାନ୍ଧି ଦିଅନ୍ତୁ।

୨. ବିରିଡାଲି, ବୁଟ ଓ ମେଥିକୁ କଡ଼େଇରେ ଅଲଗା ଅଲଗା ଭାଜି ଗୁଣ୍ଡକରି ରଖନ୍ତୁ।

୩. କଡ଼େଇରେ ତେଲ ଗରମକରି ଏଥିରେ କାଜୁ ଓ ଚିନାବାଦାମ୍‌କୁ ଅଲଗା ଅଲଗା ଭାଜି ରଖନ୍ତୁ।

୪. ଅବଶିଷ୍ଟ, ତେଲରେ କ୍ରମ ଅନୁସାରେ ହେଙ୍ଗୁ, ଲଙ୍କା ଭୃସଙ୍ଗ ପତ୍ର ଓ ସୋରିଷ ଫୁଟାଇ ଭାତ ପକାନ୍ତୁ।

୫. ଏଥିରେ ଭଜା ହୋଇଥିବା ଡାଲିଗୁଣ୍ଡ, ଲେମ୍ବୁରସ ଓ ଲୁଣ ପକାଇ ଭଲଭାବେ ଗୋଳାଇ ଦିଅନ୍ତୁ।

୬. ଚୁଲିରୁ ଓହ୍ଲାଇ ଲାଇମ୍ ରାଇସ୍‌କୁ ସର୍ଭିଙ୍ଗ ପ୍ଲେଟରେ ଅଜାଡ଼ି କାଜୁ ଓ ଚିନାବାଦାମ୍ ସଜାଇ ପରିବେଷଣ କରନ୍ତୁ।

ନଡ଼ିଆ ଭାତ

ସାମଗ୍ରୀ

ଅରୁଆ ଚାଉଳ	୨୫୦ ଗ୍ରାମ୍
କୋରା ନଡ଼ିଆ	୧ ଫାଳ
ଘିଅ	୧-୧/୨ ଟେବୁଲ ଚାମଚ୍
ଗୁଜୁରାତି ଗୁଣ୍ଡ	୩/୪ ଟି
କାଜୁ	୫ ଗ୍ରାମ୍
କିସ୍‌ମିସ୍	୫ ଗ୍ରାମ୍
ଚିନି	୨ ଚା ଚାମଚ୍

ଲୁଣ ଆବଶ୍ୟକ ମତେ

ପ୍ରଣାଳୀ

୧. ଚାଉଳକୁ ଧୋଇ ଭାତ ରାନ୍ଧି ଦିଅନ୍ତୁ।

୨. ଗୋଟିଏ ଗୋଲ ଡେକ୍‌ଚିରେ ଘିଅ ଗରମକରି ଏଥିରେ କାଜୁକୁ ଅଳ୍ପ ସମୟ ଭାଜିବାପରେ କିସ୍‌ମିସ୍‌କୁ ଭାଜି ଚୁଲି ବନ୍ଦକରି ଦିଅନ୍ତୁ।

୩. ଏଥିରେ ନଡ଼ିଆ, ରନ୍ଧାଭାତ, ଲୁଣ, ଚିନି ଓ ଗୁଜୁରାତି ଗୁଣ୍ଡ ପକାଇ ତଳ ଉପରକରି ହଲାଇ ହଲାଇ ଭଲ ଭାବେ ମିଶାଇ ଢାଙ୍କୁଣି ଘୋଡ଼ାଇ ଅଳ୍ପ ସମୟ ରଖି ଗରମ ଗରମ ପରଷନ୍ତୁ।

ମିକ୍ସଡ୍ ଫ୍ରାଏଡ୍ ରାଇସ୍ (ଚାଇନିଜ୍)

(Mixed Fried Rice):

ସାମଗ୍ରୀ	ପରିମାଣ
ଚାଉଳ	୪୫୦ ଗ୍ରାମ୍
ଲିକ୍	୨୨୫ ଗ୍ରାମ୍
ଗାଜର	୨୨୫ ଗ୍ରାମ୍
ପତ୍ର କୋବି	୨୨୫ ଗ୍ରାମ୍
ପିଆଜ	୨୨୫ ଗ୍ରାମ୍
ରିଫାଇନ୍ ତେଲ	୭୫ ମିଲି ଲିଟର
ସୋୟା ସସ୍	୧୧୫ ମିଲି ଲିଟର
ଓର୍‌ସେଷ୍ଟାର ଶାୟାର ସସ୍ (Worcester shire sauce)	୧୫ ମିଲି ଲିଟର
ଭିନେଗାର	୩୦ ମିଲି ଲିଟର
ଚିଙ୍ଗୁଡ଼ି	୫୦୦ ଗ୍ରାମ୍
ଗୋଲମରିଚ ଗୁଣ୍ଡ	୧/୨ ଚା ଚାମଚ୍
ଅଜିନୋମୋଟୋ	୫ ଗ୍ରାମ୍

ଲୁଣ ଆବଶ୍ୟକ ମତେ

ପ୍ରଣାଳୀ:

୧. ଅଳ୍ପ ଟାଣ ଥାଇ ଭାତ ରାନ୍ଧନ୍ତୁ।

୨. ଚିଙ୍ଗୁଡ଼ିର ମୁଣ୍ଡ, ଲାଞ୍ଜ ଓ ଖୋଳପା ବାହାର କରି ଦିଅନ୍ତୁ। ଚିଙ୍ଗୁଡ଼ିର ପିଠି ପାଖରେ ଥିବା କଳାସୂତା (intestine)ଟିକୁ ଆସ୍ତେକରି ଛୁରୀ ଚଳାଇ କାଟି ସଫାକରି ଲୁଣ ଗୋଳାଇ ଭାଜନ୍ତୁ।

୩. କୁକୁଡ଼ା ମାଂସକୁ ସରୁ ସରୁ କରି କାଟି ତେଲରେ ଭାଜି ରଖନ୍ତୁ।

୪. ଅଣ୍ଡାକୁ ଫେଣ୍ଟି ଓମ୍‌ଲେଟ୍ କରି ଏହାକୁ ସରୁ ସରୁ ଫିତା ଭଳି କାଟି ରଖନ୍ତୁ।

୫. ଲିକ୍, ଗାଜର, କୋବି ଓ ପିଆଜକୁ ସରୁସରୁ ଲମ୍ବା ଲମ୍ବାକରି କାଟି ଅଳ୍ପ ଭାଜି ରଖନ୍ତୁ।

୬. ପରିବାଗୁଡ଼ିକ ସିଝିଗଲେ ଏଥିରେ ଚିଙ୍ଗୁଡ଼ି, ମାଂସ, ଓମ୍‌ଲେଟ୍ ଓ ଭାତକୁ ପକାଇ କିଛି ସମୟ ଭାଜନ୍ତୁ।

୭. ଏଥିରେ ସମସ୍ତ ସସ୍, ଭିନେଗାର ଦେଇ ଗୋଳାଇ ଘୋଡ଼ାଇ ଦିଅନ୍ତୁ।

୮. କିଛି ସମୟପରେ ଏଥିରେ ଅଜିନୋମୋଟୋ ଗୋଳାଇ ଚୁଲିରୁ ଓହ୍ଲାଇ ଦିଅନ୍ତୁ।

୯. ଚିଲି ସସ୍ ବା ଚିଲି ଭିନେଗାର୍ ସହ ଖାଇବାକୁ ଦିଅନ୍ତୁ।

ଚିଲି ସସ୍ (Chilli Sauce)

ସାମଗ୍ରୀ	ପରିମାଣ
କଞ୍ଚା ଲଙ୍କା	୫୦ ଗ୍ରାମ୍
ଅଦା	୩୦ ଗ୍ରାମ୍
ରସୁଣ	୧୫ ଗ୍ରାମ୍
ଗୁଣ୍ଡ ଚିନି	ସାମାନ୍ୟ
ଭିନେଗାର୍	୩୦ ମିଲି ଲିଟର
ଲୁଣ ଆବଶ୍ୟକ ମତେ	

ପ୍ରଣାଳୀ:

ଲଙ୍କା, ରସୁଣ ଓ ଅଦାକୁ ଏକାଠି ଚିକ୍କଣକରି ବାଟି ଏଥିରେ ଲୁଣ, ଚିନି ଓ ଭିନେଗାର୍ ମିଶାଇ ଚିଲି ସସ୍ ପ୍ରସ୍ତୁତ କରନ୍ତୁ।

ଚିଲି ଭିନେଗାର

ସାମଗ୍ରୀ	ପରିମାଣ
କଞ୍ଚା ଲଙ୍କା	୩୦ ଗ୍ରାମ୍
ଭିନେଗାର୍	୫୦ ମିଲି ଲିଟର
ଲୁଣ	ଆବଶ୍ୟକ ମତେ

ପ୍ରଣାଳୀ:

ଲଙ୍କାକୁ ଗୋଲଗୋଲ କରି କାଟି ଅଳ୍ପ ପାଣିରେ ସିଝାଇ ଏଥିରେ ଲୁଣ ଓ ଭିନେଗାର ମିଶାଇ ବ୍ୟବହାର କରନ୍ତୁ।

ବିରିୟାନୀ

ଖାଦ୍ୟ ଜଗତରେ ସାରା ବିଶ୍ୱରେ ବିରିୟାନୀର ସ୍ଥାନ ସ୍ୱତନ୍ତ୍ର। ମୋଗଲ ଶାସନ କାଳରୁ ଯଥା- ନିଜାମ୍ ଓ ନୱାବ୍‌ଙ୍କ ଅମଳରୁ ଏହା ଏକ ଲୋକପ୍ରିୟ ଖାଦ୍ୟ ଭାବରେ ଭାରତ ତଥା ପଡ଼ୋଶୀ ଦେଶମାନଙ୍କରେ ପ୍ରସିଦ୍ଧି ଲାଭ କରିଛି। ବିରିୟାନୀ ଶବ୍ଦଟି ପରଶିଆନ୍ ଶବ୍ଦ 'ବିରିଆନ୍'ରୁ ଆସିଅଛି। ଯାହାର ଅର୍ଥ ହେଉଛି 'ରନ୍ଧା ପୂର୍ବରୁ ଭଜା' ହୋଇଥିବା ଖାଦ୍ୟ। ବୋଧହୁଏ ଏହି ଖାଦ୍ୟର ଉତ୍ପତ୍ତି ପରଶିଆରୁ ହୋଇଥିଲା। ଆମ ଦେଶରେ ଦୁଇ ପ୍ରକାର ଯଥା- ହାଇଦ୍ରାବାଦ୍ ନିଜାମ୍‌ଙ୍କ ପଦ୍ଧତି ଓ ଲକ୍ଷ୍ନୌର ନବାବ୍‌ଙ୍କ ପଦ୍ଧତିରେ ବିରିୟାନୀ ପ୍ରସ୍ତୁତ କରାଯାଉଥିଲା। କ୍ରମେ ସ୍ଥାନ ବିଶେଷରେ ବିରିୟାନୀ ସାମଗ୍ରୀରେ କିଛି କିଛି ପ୍ରଭେଦ ଦେଖାଗଲା। ଉଦାହରଣ ସ୍ୱରୂପ- କୋଲ୍‌କାତାର ବିରିୟାନୀରେ ଗୋଟା ଅଣ୍ଡା ଓ ଆଳୁର ବ୍ୟବହାର ହେଉଥିବା ବେଳେ, ହାଇଦ୍ରବାଦ୍‌ର ବିରିୟାନୀରେ ଲଙ୍କାର ପ୍ରୟୋଗ ଅଧିକ କରାଗଲା। ଭାରତୀୟ ସ୍ୱାଦକୁ ଆଖି ଆଗରେ ରଖି ଶାକାହାରୀମାନଙ୍କ ପାଇଁ ବିରିୟାନୀର ବିକଳ୍ପ ଭାବରେ 'ଭେଜିଟେବଲ୍ ବିରିୟାନୀ' ଭାରତୀୟ ରାନ୍ଧଣାରେ ସ୍ଥାନ ପାଇଲା। ମୋଟାମୋଟି ବିରିୟାନୀରେ ୩୦ରୁ ଅଧିକ ସାମଗ୍ରୀ ଲୋଡ଼ା ହୋଇଥାଏ। ଆଜିକାଲି ଅନେକ ପ୍ରକାର ବିରିୟାନୀ ମସଲା ବଜାରରେ କିଣିବାକୁ ମିଳିଲାଣି, ଯାହାକି ବିରିୟାନୀ ପ୍ରସ୍ତୁତି ପଦ୍ଧତିକୁ ସହଜ କରିଦେଲାଣି। ନିମ୍ନରେ ପାରମ୍ପରିକ ରୀତିରେ ପ୍ରସ୍ତୁତ କରାଯାଇଥିବା ବିରିୟାନୀ ବିଷୟରେ ସୂଚନା ଦିଆଗଲା।

ମୋଗଲାଇ ବିରିୟାନୀ

ବିରିୟାନୀ ମାଂସ ପାଇଁ ସାମଗ୍ରୀ

ମାଂସ (ମଟନ୍)	୫୦୦ ଗ୍ରାମ୍
ଜୀରା	୧ ଚା ଚାମଚ୍
ଅଦା	୧ ଇଞ୍ଚ
ରସୁଣ	୭/୮ କୋଳା
ପିଆଜ	୨ଟି (୧୦୦ ଗ୍ରାମ୍)
କୋରା ନଡ଼ିଆ	୫ ଟେବୁଲ ଚାମଚ୍
ହଳଦୀ ଗୁଣ୍ଡ	୧ ଚା ଚାମଚ୍
ଲଙ୍କା	୨ଟା
ଦହି	୨ ଟେବୁଲ୍ ଚାମଚ୍
ରିଫାଇନ୍ ତେଲ	୩ ଟେବୁଲ୍ ଚାମଚ୍
ଚୁନ୍‌ଚୁନ୍ କଟା ପୋଦିନା ପତ୍ର	୧ କପ୍
ଗରମ ପାଣି	୧ କପ୍
ଗରମ ମସଲା ଗୁଣ୍ଡ	୧/୨ ଚା ଚାମଚ୍
ଲୁଣ ଆବଶ୍ୟକ ମତେ	

ପ୍ରଣାଳୀ

୧. ମାଂସକୁ ଧୋଇ ପାଣି ନିଗାଡ଼ି; ହଳଦୀ, ଲୁଣ ଓ ଦହି ଗୋଳାଇ ୩୦ ମିନିଟ୍ ରଖନ୍ତୁ ।

୨. ଜୀରା, ଅଦା, ରସୁଣ, ପିଆଜ, ଲଙ୍କା ଓ କୋରା ନଡ଼ିଆକୁ ଏକାଠି ଚିକ୍କଣ କରି ବାଟି ରଖନ୍ତୁ ।

୩. କଡ଼େଇରେ ତେଲ ଗରମକରି ମସଲା କଷନ୍ତୁ (ଦେଖନ୍ତୁ ମସଲା କଷା) ।

୪. ମସଲା କଷି ହୋଇଗଲେ ମାଂସ ପକାଇ ମଧ୍ୟମ ଜାଳରେ କଷନ୍ତୁ ।

୫. ମାଂସରୁ ପାଣି ମରିଗଲେ ଗରମ ପାଣି ଦେଇ ଢାଙ୍କୁଣି ଦେଇ ସିଝାନ୍ତୁ ।

୬. ମାଂସ ସିଝିଗଲେ ଓ ପାଣି ମରି ଆସିଲେ ଏଥିରେ ପୋଦିନା ପତ୍ର ଗୋଳାଇ ଅଳ୍ପ ସମୟ ରାନ୍ଧନ୍ତୁ ।

୭. ଶେଷରେ ଗରମ ମସଲାଗୁଣ୍ଡ ପକାଇ ଗୋଳାଇ ଚୁଲିରୁ ଓହ୍ଲାଇ ଢାଙ୍କୁଣି ଘୋଡ଼ାଇ ରଖନ୍ତୁ ।

ଅବ୍‌ଘୁସ୍ ପାଣି

ସାମଗ୍ରୀ

ପାଣି	୧୫୦୦ ମିଲି ଲିଟର
ତେଜପତ୍ର	୪ଟା
ପାନ ମଧୁରୀ	୧/୪ ଚା ଚାମଚ୍
ସାହା ଜୀରା	୧/୪ ଚା ଚାମଚ୍
ଜାଇଫଳ ଗୁଣ୍ଡ	୧/୮ ଚା ଚାମଚ୍
ଜାଇତ୍ରୀ	୨/୩ ପାଖୁଡ଼ା
ଗୋଲ ମରିଚ	୫ଟା
ଗୁଜୁରାତି	୪ଟା
ଅଳେଇଚ	୪ଟା

ପ୍ରଣାଳୀ

୧. ଗୋଟିଏ ଡେକ୍‌ଚିରେ ପାଣି ଢାଳି ଚୁଲିରେ ବସାନ୍ତୁ ।

୨. ସମସ୍ତ ମସଲାକୁ ଗୋଟିଏ ସଫା କନାରେ ପୁଡ଼ା ବାନ୍ଧି ପାଣିରେ ପକାଇ ମଧ୍ୟମରୁ ଅଳ୍ପ ଜାଳରେ ଢାଙ୍କୁଣି ଘୋଡ଼ାଇ ଫୁଟାନ୍ତୁ ।

୩. ପାଣି ଫୁଟି ୧/୩ ଭାଗ ପାଣି ମରିଗଲେ ଚୁଲିର ନବ୍ ବନ୍ଦ କରି ଦିଅନ୍ତୁ ।

୪. ଅବଘୁସ୍ ପାଣି ବ୍ୟବହାର କରିବାର ଅବ୍ୟବହିତ ପୂର୍ବରୁ ମସଲା ପୁଡ଼ାଟିକୁ ବାହାରକରି ଦିଅନ୍ତୁ ।

ବରିୟାନୀ ପାଇଁ ପଲାଉ ପ୍ରସ୍ତୁତି

ସାମଗ୍ରୀ

ବାସୁମତି ଚାଉଳ	୪୫୦ ଗ୍ରାମ୍
ଗୁଆଘିଅ	୨ ଟେବୁଲ୍ ଚାମଚ୍
ଗରମ ମସଲା	୧୦ ଗ୍ରାମ୍
ଲୁଣ ଆବଶ୍ୟକ ମତେ	

ପ୍ରଣାଳୀ

୧. ଚାଉଳକୁ ଧୋଇ ଛାଣି ଗୋଟିଏ ବଡ଼ ଥାଳିରେ ଖେଳାଇ ରଖନ୍ତୁ ।

୨. ଗୋଟିଏ ଡେକ୍‌ଚିରେ ଘିଅ ଗରମକରି ଚାଉଳକୁ ଭାଜି ପଲାଉ ପ୍ରଣାଳୀରେ ଅବଘୁସ୍ ପାଣି ଦେଇ ରାନ୍ଧନ୍ତୁ ।

୩. ଚାଉଳ ତିନି ଚତୁର୍ଥାଂଶ ସିଝିଗଲେ ଏଥିରେ ଗରମ ମସଲା ଗୁଣ୍ଡ ପକାଇ ଆସ୍ତେ ଆସ୍ତେ ଗୋଳାଇ ଚୁଲିରୁ ଓହ୍ଲାଇ ଦିଅନ୍ତୁ ।

ସଜାଇବା ପାଇଁ

ସରୁସରୁ କଟା ପିଆଜ	୬୦୦ ଗ୍ରାମ୍
ରିଫାଇନ୍ ତେଲ	୨ ଟେବୁଲ୍ ଚାମଚ
କାଜୁ	୫୦ ଗ୍ରାମ୍
କିସ୍‌ମିସ୍	୫୦ ଗ୍ରାମ୍
ଆଳୁ ବଖରା	୧୦ ଗ୍ରାମ୍
ଚୁନ୍‌ଚୁନ୍ କଟା ପୋଦିନା ପତ୍ର	୧/୪ କପ୍
ଖୁଆ	୫୦ ଗ୍ରାମ୍
ଗୁଲ୍‌କନ୍	

ପ୍ରଣାଳୀ

୧. ଗୋଟିଏ କଡ଼େଇରେ ୧ ଚା ଚାମଚ୍ ତେଲ ଗରମକରି ଏଥିରେ କାଜୁ ଓ କିସ୍‌ମିସ୍‌କୁ ଅଲଗା ଅଲଗା ଭାଜି ଗୋଟିଏ ପ୍ଲେଟ୍‌ରେ କାଢ଼ି ରଖନ୍ତୁ।

୨. ଅବଶିଷ୍ଟ ତେଲରେ ପିଆଜକୁ ବାଦାମୀ ରଙ୍ଗ ହେବା ପର୍ଯ୍ୟନ୍ତ ଭାଜି ରଖନ୍ତୁ।

୩. ଭଜା ପିଆଜ ସହିତ କାଜୁ, କିସ୍‌ମିସ୍, ଆଲୁ ବଖରା, ପୋଦିନା, ଗୁଲ୍‌କନ୍ ଓ ଖୁଆକୁ ଛୋଟଛୋଟ ଖଣ୍ଡକରି ଏଥିରେ ଗୋଳାଇ ରଖନ୍ତୁ।

ବିରିୟାନୀ ସଜାଡ଼ିବା ପ୍ରଣାଳୀ

୧. ପ୍ରଥମେ ୨୫୦ ଗ୍ରାମ୍ ଅଟାକୁ ପାଣିରେ ଦଳି ଗୁଳାଟିଏ ପ୍ରସ୍ତୁତ କରନ୍ତୁ।

୨. ଗୋଟିଏ ଚଟକା ଡେକ୍‌ଚିର ଭିତର ପଟେ ଭଲ ଭାବେ ଗୁଆଘିଅ ମାରି ରଖନ୍ତୁ।

୩. ଏହା ଭିତରେ ପ୍ରସ୍ତୁତ ପଲାଉର ୧/୩ ଅଂଶ ସମାନ୍ ଭାବେ ଗୋଟିଏ ପରସ୍ତ ଦେଇ ତା ଉପରେ ସଜାଇବା ପାଇଁ ଥିବା ଭଜା ପିଆଜ ମିଶ୍ରଣର ୧/୩ ଅଂଶ ସମାନ ଭାବେ ଖେଳାଇ ଦିଅନ୍ତୁ।

୪. ତା ଉପରେ ଅଧା ମାଂସ ଦେଇ ସମାନ୍‌କରି ପୁଣି ଥରେ ଆଉ ଭାଗେ ପଲାଉ ଦେଇ ତା ଉପରେ ଭଜା ପିଆଜ ମିଶ୍ରଣର ଅଧା ନେଇ ଖେଳାଇ ତା ଉପରେ ବାକିତକ ମାଂସ ଦେଇ ସମାନ୍ କରି ଦିଅନ୍ତୁ।

୫. ଶେଷରେ ଅବଶିଷ୍ଟ, ପଲାଉ ଦେଇ ସମାନ୍‌କରି ଦିଅନ୍ତୁ ଓ ବଳିଥିବା ପିଆଜ ମିଶ୍ରଣକୁ ତା ଉପରେ ଖେଳାଇ ସମାନ୍‌କରି ଡେକ୍‌ଚିର ଢାଙ୍କୁଣି ଘୋଡ଼ାଇ ରଖନ୍ତୁ।

୬. ଅଟା ଗୁଳାକୁ ଲମ୍ବ ଆକାରରେ ହାତରେ ବଳି, ଡେକ୍‌ଚି ମୁହଁରେ ଦାବି ନିବୁଜକରି ଦିଅନ୍ତୁ ଯେପରିକି ବିରିୟାନୀର ବାସ୍ନା ବାହାରକୁ ବାହାରିବ ନାହିଁ।

୭. ପ୍ରସ୍ତୁତ ଡେକ୍‌ଚିକୁ ବଡ଼ ଓଭେନ୍ ଥିଲେ ସ୍ଲୋ ହିଟ୍‌ରେ ୫ ମିନିଟ୍ ନଚେତ୍ ଚୁଲିରେ ଜାଳ କମାଇ କମ୍ ଉତ୍ତାପରେ ୫ ରୁ ୭ ମିନିଟ୍ ବସାନ୍ତୁ।

୮. ପରଷିବା ସମୟରେ ଡେକ୍‌ଚି ଭିତରେ ଚଟୁ ବା ରାଇସ୍ ସ୍ପାଚୁଲା ପୁରାଇ ଏପରି ବାଢ଼ିବେ ଯେପରି କି ମାଂସ, ପଲାଉ ଓ ସଜା ହୋଇଥିବା ସମସ୍ତ ସାମଗ୍ରୀ ପରଷି ହେବ।

୯. ବିରିୟାନୀ ସହିତ ଦହି, କାକୁଡ଼ି, ପିଆଜ, କଞ୍ଚାଲଙ୍କା ଓ ଧନିଆପତ୍ର ରାଇତା ପରଷିବାକୁ ଭୁଲିବେ ନାହିଁ।

ବିଃଦ୍ରଃ- ମଟନ୍ ପରିବର୍ତ୍ତେ ଚିକେନ୍‌କୁ ନେଇ ଉପରୋକ୍ତ ପ୍ରଣାଳୀ ଅନୁସରଣକରି ବିରିୟାନୀ ପ୍ରସ୍ତୁତ କରିପାରିବେ।

ଭେଜିଟେବୁଲ୍ ବିରିୟାନୀ

ଅବଯୁସ୍ ପାଣି ପାଇଁ ସାମଗ୍ରୀ

ପାଣି	୭୫୦ ମି.ଲି. ଲିଟର
ତେଜପତ୍ର	୨ଟା
ପାନ ମଧୁରୀ	୧/୪ ଚା ଚାମଚ୍
ସାହା ଜୀରା	୧/୪ ଚା ଚାମଚ୍
ଜାଇଫଳ ଗୁଣ୍ଡ	ଟିପେ
ଜାଇତ୍ରୀ	୨ ପାଖୁଡ଼ା
ଗୋଲମରିଚ	୫ଟା
ଲବଙ୍ଗ	୩ଟା
ଗୁଜୁରାତି	୨ଟା
ଅଳେଇଚ	୨ଟା
ଷ୍ଟାର୍ ଆନିସ୍	୧ଟା

ପ୍ରଣାଳୀ: ମୋଗଲାଇ ବିରିୟାନୀ ପ୍ରଣାଳୀରେ ଅବଯୁସ୍ ପାଣି ପ୍ରସ୍ତୁତ କରନ୍ତୁ।

ପଲାଉ ପାଇଁ ସାମଗ୍ରୀ

ବସୁମତୀ ଚାଉଳ	୨୫୦ ଗ୍ରାମ୍
ଗୁଆ ଘିଅ	୨ ଟେବୁଲ୍ ଚାମଚ୍

ଅବଜ୍ୟୁସ୍ ପାଣି

ଲୁଣ ଆବଶ୍ୟକ ମତେ

ପ୍ରଣାଳୀ: ମୋଗଲାଇ ବିରିୟାନୀ ପ୍ରଣାଳୀରେ ପଲାଉ ପ୍ରସ୍ତୁତ କରନ୍ତୁ ।

ବିରିୟାନୀ ପରିବା ପାଇଁ ସାମଗ୍ରୀ

ଆଳୁ	୫୦ ଗ୍ରାମ୍
ଫୁଲକୋବି	୧୦୦ ଗ୍ରାମ୍
ଗାଜର	୧୦୦ ଗ୍ରାମ୍
ବିନ୍	୧୦୦ ଗ୍ରାମ୍
ମଟର ମଞ୍ଜି	୧୦୦ ଗ୍ରାମ୍
ଛାଣିବା ପାଇଁ ତେଲ	
ପିଆଜ	୨୫୦ ଗ୍ରାମ୍
ଅଦା	ଗ୍ରାମ୍
ରସୁଣ	୫/୬ କୋଳା
କଞ୍ଚାଲଙ୍କା	୨/୩ ଟା
ସାହାଜୀରା	୧ ଚା ଚାମଚ୍
ଧନିଆ ଗୁଣ୍ଡ	୧ ଚା ଚାମଚ୍
ହଳଦୀ ଗୁଣ୍ଡ	୧/୨ ଚା ଚାମଚ୍
ଲଙ୍କା ଗୁଣ୍ଡ	୪ ଟେବୁଲ ଚାମଚ୍
ଦହି	୫୦ ଗ୍ରାମ୍
ଡ୍ରାଇ ଫ୍ରୁଟ୍ସ୍	୫୦ ଗ୍ରାମ୍
କାଜୁ	୫୦ ଗ୍ରାମ୍
କିସ୍‌ମିସ୍	୫୦ ଗ୍ରାମ୍
ଆଳୁ ବଖରା	୫ ଗ୍ରାମ୍
ଚୁନ୍‌ଚୁନ୍ କଟା ପୋଦିନା	୩ ଟେବୁଲ୍ ଚାମଚ୍
ଚୁନ୍‌ଚୁନ୍ କଟା ଧନିଆ ପତ୍ର	୧/୨ କପ୍
ଗୁଲ୍‌କନ୍	
କେଶର	ଚିପେ
ଉଷୁମ କ୍ଷୀର	୨ ଟେବୁଲ୍ ଚାମଚ୍
ଲୁଣ ଆବଶ୍ୟକ ମତେ	

ପ୍ରଣାଳୀ

୧. ସମସ୍ତ ପରିବାକୁ ଗୋଟା ଧୋଇ ରଖନ୍ତୁ ।

୨. ଆଳୁ ଚୋପା ଛଡ଼ାଇ ଗାଜରର ଚୋପା ଚାଞ୍ଛି ଓ ବିନର ଦୁଇ କଡ଼ କାଟି ସିରାକାଢ଼ି ରଖନ୍ତୁ ।

୩. ସମସ୍ତ ପରିବାକୁ ଛୋଟଛୋଟ ଖଣ୍ଡ କାଟି ଅଧା ଚାମଚ ହଳଦୀ ଓ ଲୁଣ ଗୋଳାଇ ରଖନ୍ତୁ ।

୪. ପିଆଜ ଚୋପା ଛଡ଼ାଇ ଲମ୍ବରେ ସରୁସରୁ କରି କାଟନ୍ତୁ । ଅଦା, କଞ୍ଚାଲଙ୍କା ଓ ରସୁଣକୁ ବାଟି ରଖନ୍ତୁ ।

୫. କଡ଼େଇରେ ତେଲ ଗରମକରି ପରିବାଗୁଡ଼ିକ ଅଲଗା ଅଲଗା ଛାଣି ଗୋଟିଏ ପ୍ଲେଟରେ ରଖନ୍ତୁ ।

୬. ଆଉ ଗୋଟିଏ କଡ଼େଇରେ ୩ ଟେବୁଲ୍ ଚାମଚ୍ ତେଲ ଗରମକରି କାଜୁ ଓ କିସ୍‌ମିସ୍‌କୁ ଅଲଗା ଅଲଗା ଭାଜି ଆଉ ଗୋଟିଏ ପ୍ଲେଟ୍‌ରେ କାଢ଼ି ରଖନ୍ତୁ ।

୭. ଅବଶିଷ୍ଟ ତେଲରେ ପିଆଜକୁ ବାଦାମି ରଙ୍ଗ ହେବା ପର୍ଯ୍ୟନ୍ତ ଭାଜି କାଜୁ, କିସ୍‌ମିସ୍ ଥିବା ପ୍ଲେଟ୍‌ରେ ରଖନ୍ତୁ ।

୮. ସେହି କଡ଼େଇରେ ସାହାଜୀରା ଫୁଟାଇ, ବଟା ମସଲା, ହଳଦୀଗୁଣ୍ଡ, ଧନିଆ ଗୁଣ୍ଡ ଓ ଲଙ୍କା ଗୁଣ୍ଡ ପକାଇ କଷନ୍ତୁ । ମସଲା କଷି ହୋଇଗଲେ ଦହି ପକାଇ ଅଳ୍ପ ସମୟ କଷନ୍ତୁ ।

୯. ଏଥିରେ ପରିବା ପକାଇ ପାଣି ଛିଞ୍ଚି ୨ ରୁ ୩ ମିନିଟ୍ କଷନ୍ତୁ ।

୧୦. ଉଷୁମ କ୍ଷୀରରେ କେଶରକୁ ଗୋଳାଇ ରଖନ୍ତୁ ।

୧୧. ଭଜା ପିଆଜ ସାଙ୍ଗରେ ଆଳୁ ବଖରା, ଡ୍ରାଇଫ୍ରୁଟ୍ସ, ଗୁଲକନ୍, ଧନିଆପତ୍ର ଓ ପୋଦିନା ପତ୍ରକୁ ଗୋଳାଇ ରଖନ୍ତୁ ।

ବିରିୟାନୀ ସଜାଡ଼ିବା ପ୍ରଣାଳୀ

୧. ପରିବା କଷା, ପଲାଉ ଓ ଭଜା ପିଆଜ ମିଶ୍ରଣକୁ ସମାନ ଭାବରେ ତିନିଭାଗ ଲେଖାଏଁ କରି ରଖନ୍ତୁ ।

୨. ଗୋଟିଏ ଚଟକା ଡେକ୍‌ଚିରେ ଘିଅମାରି ପ୍ରଥମେ ପରିବା ଗୋଟିଏ ଭାଗ ଓ ତା' ଉପରେ ପଲାଉ ଗୋଟିଏ ଭାଗ ସମାନ ଭାବେ ଖେଳାଇ ଏହା ଉପରେ କେଶର ଛିଞ୍ଚି ଦିଅନ୍ତୁ। ଶେଷରେ ଭଜା ପିଆଜ ମିଶ୍ରଣ ଭାଗେ ସମାନ ଭାବେ ଖେଳାଇ ଦିଅନ୍ତୁ।

୩. ଏହିପରି ଭାବେ ପରସ୍ତ ପରସ୍ତକରି ମୋଗଲାଇ ବିରିୟାନୀ ପ୍ରଣାଳୀରେ ସଜାଡ଼ି ପ୍ରସ୍ତୁତ କରନ୍ତୁ।

ପଖାଳ

ଓଡ଼ିଶାର ଚାଷୀଭାଇ କ୍ଷେତକୁ ଯିବା ପୂର୍ବରୁ ସକାଳୁ କଂସାଏ ପଖାଳ ଭାତ ଖାଇ ତୋରଣୀ (ପଖାଳରେ ଭାତ ସହିତ ଯେଉଁ ପାଣିଥାଏ) ମୁନ୍ଦିଏ ପିଇ, ପାଟିରେ ପାନ ଖିଲେ ଜାକି କାମକୁ ବାହାରି ପଡ଼େ। କ୍ଷେତରୁ ଫେରି ତବତ (ଗରମ ଭାତ) ଖାଏ। ବିଶେଷକରି ଗାଆଁ ଗଣ୍ଡାରେ ସକାଳର ଜଳଖିଆ ପଖାଳ ହିଁ ହୋଇଥାଏ। ପ୍ରଚଣ୍ଡ ରୌଦ୍ରତାପରୁ ଏହା ଶରୀରକୁ ରକ୍ଷା କରିବା ସହ କାମ କରିବାକୁ ଶକ୍ତି ଯୋଗାଇଥାଏ। ଗ୍ରୀଷ୍ମ ଋତୁରେ ଅଧିକ ଝାଳ ବୋହି ଶରୀରର ଜଳୀୟ ଅଂଶ ତଥା ସୋଡ଼ିୟମ୍ କମିଯାଏ। ପଖାଳ ମାନବ ଶାରୀରର ଜଳୀୟ ଅଂଶରେ ସମତା ଆଣିବା ସହ ଉଷ୍ମଘାତରୁ ରକ୍ଷାକରେ। 'ଆମେରିକାନ୍ ନ୍ୟୁଟ୍ରିସନ ଆସୋସିଏସନ୍' ରିପୋର୍ଟ ଅନୁସାରେ ଭାତକୁ ୧୨ ଘଣ୍ଟା ପାଣିରେ ଭିଜାଇ ରଖିରେ ଏଥିରୁ ପାନକ୍ରିଆଟିକ୍ ଏନ୍‌ଯାଇମ୍ (pancreatic enzyme) ସହ ଆଉକିଛି ଶରୀରୋପକାରୀ ଏନ୍‌ଯାଇମ୍ (enzyme) ମିଳିଥାଏ। ଏହା ବ୍ୟତୀତ ଏଥିରୁ ଅନେକ ବାକ୍‌ଟ୍ରିଆ (bactria) ଉତ୍ପନ୍ନ ହୋଇଥାନ୍ତି, ଯାହାକି ଶରୀର ପାଇଁ ନିତ୍ୟାନ୍ତ ଉପଯୋଗୀ। ଏହା ସହିତ ଏଥିରୁ ଭିଟାମିନ୍ ବି-୬ ଓ ବି-୧୨ ଯଥେଷ୍ଟ ପରିମାଣରେ ମିଳିଥାଏ।

ପଖାଳ ଶବ୍ଦଟି ପାଲିଭାଷା 'ପଖାଳିବା' ଓ ସଂସ୍କୃତ ଶବ୍ଦ 'ପ୍ରକ୍ଷାଳନ'ରୁ ଆସିଅଛି, ଯାହାର ଅର୍ଥ ହେଉଛି ଧୋଇବା। ପଖାଳ ଓଡ଼ିଶାର ଏକ ଜଣାଶୁଣା ଖାଦ୍ୟ। ଓଡ଼ିଶାକୁ ଛାଡ଼ିଦେଲେ ଭାରତର ପୂର୍ବ ବଙ୍ଗ, ଆସାମ୍, ଆନ୍ଧ୍ର, ଛତିସ୍‌ଗଡ଼ ଆଦି ପ୍ରଦେଶରେ ମଧ୍ୟ ଏହା ପ୍ରଚଳନ ହୋଇଥାଏ। ଏହା ବ୍ୟତୀତ ଭାରତର ପଡ଼ୋଶୀ ଦେଶ ଯଥା- ବଙ୍ଗଳାଦେଶ, ମିଆନ୍‌ମାର, ନେପାଳ ଆଦି କିଛି ସ୍ଥାନରେ ପଖାଳର ବ୍ୟବହାର ହୋଇଥାଏ। ଏହାର ଉତ୍ପତ୍ତି କେବେ ହେଲା ଠିକ୍ ଭାବେ ଜଣା ନଥିଲେ ମଧ୍ୟ ପୁରୀ ଜଗନ୍ନାଥ ମନ୍ଦିରରେ ବହୁ ପୁରାତନ କାଳରୁ ଠାକୁରଙ୍କ ପାଖରେ ଏହା 'ଭୋଗଲାଗି' ହୋଇ ଆସୁଛି।

ଏବେ ଦିନକୁ ଦିନ ଓଡ଼ିଶାରେ ଗ୍ରୀଷ୍ମଋତୁରେ ତାପମାତ୍ରା ଅଧିକରୁ ଅଧିକ ବଢ଼ିବାରେ ଲାଗିଛି। ଏହା ସହିତ ପଖାଳର ଚାହିଦା ମଧ୍ୟ ଜନ ସାଧାରଣରେ ବଢ଼ିବାରେ ଲାଗିଛି। ପ୍ରତିଯୋଗିତା ଓ ଖାଦ୍ୟମେଳାଗୁଡ଼ିକ ମାଧ୍ୟମରେ ଅନେକ ପ୍ରକାର ପଖାଳ ପ୍ରଦର୍ଶିତ ହେଉଛି। ବର୍ତ୍ତମାନ ପଖାଳର ଲୋକପ୍ରିୟତା ବଢ଼ାଇବା ତଥା ଏହାକୁ ବିଶ୍ୱସ୍ତରରେ ମାନ୍ୟତା ଦେବାପାଇଁ ହୋଟେଲ ଗୁଡ଼ିକର ପ୍ରୟାସ ସ୍ୱାଗତ ଯୋଗ୍ୟ। ପ୍ରାୟ ପ୍ରତ୍ୟେକ ହୋଟେଲର ଖାଦ୍ୟ ତାଲିକାରେ ଏହା ସ୍ଥାନ ପାଇଲାଣି। ବଡ଼ବଡ଼ ତାରକା ହୋଟେଲଗୁଡ଼ିକରେ ମଧ୍ୟ ପଖାଳ ଓଡ଼ିଆ କୁଜିନ୍‌ରେ (odia cuisine) ଏକ ସୌଖିନ ଖାଦ୍ୟ ଭାବରେ ପରିବେଷିତ ହେଉଛି। ମାର୍ଚ୍ଚ ମାସ ୨୦ ତାରିଖଟିକୁ "ପଖାଳ ଦିବସ" ଭାବରେ ପାଳନ କରାଯାଉଛି।

ଓଡ଼ିଶରେ ତିନିପ୍ରକାର ଯଥା: ଅରୁଆ, ଦୋ ଉଷୁଆଁ, ଉଷୁନା ଓ ଏକ ପକ୍ଷିଆ ଉଷୁନା ଚାଉଳର ଭାତରୁ ପଖାଳ ପ୍ରସ୍ତୁତ କରାଯାଏ। ଭାତକୁ ଗାଳି ସାରିବାପରେ ସାମାନ୍ୟ ଥଣ୍ଡାକରି ଭାତ ବୁଡ଼ିବା ପର୍ଯ୍ୟନ୍ତ ପାଣିଦେଇ ଯେଉଁ ପଖାଳ ପ୍ରସ୍ତୁତ କରାଯାଏ, ତାକୁ 'ସଜପଖାଳ' ବା 'ଚାଇଁ ପଖାଳ' କୁହାଯାଏ। ଭାତକୁ ଧୋଇ ପାଣିଯୋଗକରି ଯେଉଁ ପଖାଳ ପ୍ରସ୍ତୁତ କରାଯାଏ ଏହାକୁ 'ଧୁଆ ପଖାଳ' କୁହାଯାଏ। ସାଧାରଣତଃ ପେଟ ଖରାପ ହୋଇଥିବା ରୋଗୀଙ୍କୁ ଏଥିରେ ଲେମ୍ବୁ ଚିପୁଡ଼ି ଖାଇବାକୁ ଦିଆଯାଏ। କେହିକେହି ସଜପଖାଳରେ ଥଣ୍ଡା ପେଜ ନଚେତ୍ ପେଜ ନ ଗାଳି ପାଣି ମିଶାଇ ଖାଇବାକୁ ଭଲ ପାଆନ୍ତି। ଏହି ପଖାଳରୁ ଖାଦ୍ୟଗୁଣ ଅଧିକ ମିଳିଥାଏ। ଭାତ ଖାଇ ସାରିବାପରେ ହାଣ୍ଡିରେ ଯେଉଁ ଭାତ ବଳିଯାଏ ତହିଁରେ ପାଣିଦେଇ ପଖାଳି ପରଦିନ ଏହାକୁ ବ୍ୟବହାର କରୁଥିବା ପଖାଳକୁ "ବାସି ପଖାଳ" କୁହାଯାଏ। ବାସି ପଖାଳ ସାମାନ୍ୟ ଖଟା ଲାଗେ। ଏହାକୁ ଖାଇଲେ ନିଦ

ମାଡ଼େ। ଆଦିବାସୀ ସମ୍ପ୍ରଦାୟର ଲୋକେ ବାସି ପଖାଳରୁ ହାଣ୍ଡିଆ ପ୍ରସ୍ତୁତ କରନ୍ତି। ପଖାଳରେ ଲୁଣ ଯୋଗ କରାଯାଇ ଖାଇବାକୁ ପଡ଼ିଥାଏ। ପଖାଳକୁ ରୁଚି ସମ୍ପନ୍ନକରି ଏହାର ସ୍ୱାଦ ମହକ ବଢ଼ାଇବା ପାଇଁ ଏଥିରେ ଅନେକ ପ୍ରକାର ସାମଗ୍ରୀ ଯୋଗ କରାଯାଏ। ସେଗୁଡ଼ିକ ନିମ୍ନରେ ଦିଆଗଲା।

- କଞ୍ଚା ଆମ୍ବର ଡେମ୍ଫକୁ ଭାଙ୍ଗି ଏଥିରୁ ବାହାରୁଥିବା ଲସିକୁ ପଖାଳ ପାତ୍ରରେ ହଲାଇ ହଲାଇ ମିଶାଇ ଦିଅନ୍ତୁ। ଏହା ପଖାଳରେ କଞ୍ଚା ଆମ୍ବର ସ୍ୱାଦ-ମହକ ଦେଇଥାଏ।
- ପୁରୁଣା ଆମ୍ବ ପତ୍ରକୁ ଧୋଇ ବଡ଼ବଡ଼ ଖଣ୍ଡକରି ପଖାଳ ହାଣ୍ଡିରେ ଗୋଳାଇ ଘୋଡ଼ାଇ ଦିଅନ୍ତୁ। ୩/୭ ଘଣ୍ଟାପରେ ହାଣ୍ଡିରୁ ପତ୍ର ବାହାରକରି ପରିବେଷଣ କରନ୍ତୁ।
- ଆମ୍ବପତ୍ର ଭଳି ଲେମ୍ବୁ, ଟଭା ଓ କମଳା ପତ୍ର ମଧ୍ୟ ବ୍ୟବହାର କରି ପାରିବେ।
- ସଜ ପଖାଳ ବାଢ଼ି ସେଥିରେ ରୁଚି ଅନୁଯାୟୀ ଲେମ୍ବୁରସ ନଚେତ୍ ଦହି କିମ୍ବା ଦୁଇଟି ଯାକ ସାମଗ୍ରୀ ମିଶାଇ ପଖାଳ ପ୍ରସ୍ତୁତ କରନ୍ତୁ।
- ଜଗନ୍ନାଥ ମନ୍ଦିର ତଥା ଦେବାଦେବୀ ମନ୍ଦିର ଯେଉଁଠାରେ ଅନ୍ନଭୋଗ ହୁଏ, ସେଠାରେ ଦହି ପଖାଳ ପ୍ରସ୍ତୁତ କରାଯାଏ। ଅରୁଆ ପଖାଳରେ ଦହି ଓ ଚୁନ୍‌ଚୁନ୍ କଟା ଅଦା ମିଶାଇ ଗୁଆ ଘିଅରେ ଗୋଟା ଶୁଖିଲା ଲଙ୍କା, ଭୃସଙ୍ଗପତ୍ର, ଜୀରା ବା ସୋରିଷ ଆଦି ଫୁଟାଇ ଏହି ପଖାଳ ପ୍ରସ୍ତୁତ କରାଯାଏ। ଘରେ ସାଧାରଣତଃ ଘିଅ ବଦଳରେ ତେଲ ବ୍ୟବହାର କରାଯାଏ ଓ ଉଷୁନା ପଖାଳରେ ମଧ୍ୟ କରାଯାଏ। ଏହାକୁ "ବଘରା ପଖାଳ" କୁହାଯାଏ।
- ପଖାଳରେ ଗୋଲଗୋଲ କଟା କାକୁଡ଼ି, କଞ୍ଚାଲଙ୍କା, ଚୁନ୍‌ଚୁନ୍ କଟା ଆମ୍ବକଷିଆ ଅଦା ଆଦି ଯୋଗକରି ଏଥିରେ ସ୍ୱାଦ ଅନୁସାରେ ଲେମ୍ବୁରସ ଓ ଦହି ଦେଇ ପଖାଳ ପ୍ରସ୍ତୁତ କରାଯାଏ।

ଆଜିକାଲି ପାଣିରେ କାକୁଡ଼ି, ଅଦା, ଲେମ୍ବୁକୁ ଚୋପା ସହ ଗୋଲଗୋଲ କାଟି ପକାଇ ୨/୩ ଘଣ୍ଟାରେ ଏହି ପାଣିକୁ ବ୍ୟବହାର କରିବାର ନମୂନା ଦେଖିବାକୁ ମିଳିଲାଣି। ଏହାକୁ 'infused water' କୁହାଯାଏ। ପାଣିରେ ମିଶୁଥିବା ସାମଗ୍ରୀ ଉପରେ ଏହାର ଖାଦ୍ୟଗୁଣ ନିର୍ଭର କରେ। ଏହା ଶରୀରରୁ ଟକ୍ସିନ୍ (toxin) ଦୂର କରିବା ସହ ଶରୀରର ଜଳୀୟ ଅଂଶରେ ସମତା ରକ୍ଷାକରେ ବୋଲି ବିଶେଷଜ୍ଞମାନେ ମତ ଦେଇଛନ୍ତି। ଉପରୋକ୍ତ ପଖାଳର ତୋରାଣୀରେ ଏ ସମସ୍ତ ଗୁଣ ମିଳି ପାରିବ।

ପଖାଳର ଆନୁସଙ୍ଗିତ ଖାଦ୍ୟରୂପେ ଶାଗ ଭଜା, ଯେ କୌଣସି ପରିବା ଭଜା, ରାଇ, ମାଛଭଜା, ଚିଙ୍ଗୁଡ଼ି ଭଜା, ଶୁଖୁଆ ଭଜା, ବାଇଗଣ ପୋଡ଼ା, ଆଳୁପୋଡ଼ା, ଚଟଣୀ, ବଡ଼ିଚୁରା ବା ଭଜା ଆଦି ପରାଶାଯାଏ। ଏହା ସହିତ କାକୁଡ଼ି, ପିଆଜ, କଞ୍ଚାଲଙ୍କା ମଧ୍ୟ ପରାଶାଯାଏ। ନିଜ ରୁଚି ଅନୁସାରେ ପଖାଳ ସାଙ୍ଗରେ ଯେ କୌଣସି 'ପ୍ରକାର' କରି ଖାଇବାକୁ ଦେଇ ପାରିବେ।

ପଖାଳ ରାଇ

ଓଡ଼ିଶାର କେତେକ ନିର୍ଦ୍ଦିଷ୍ଟ ଅଞ୍ଚଳରେ ପଖାଳ ରାଇ ବ୍ୟବହାର ଦେଖାଯାଏ।

ସାମଗ୍ରୀ

ବାସି ପଖାଳ	୨୦୦ ଗ୍ରାମ୍
ଆଳୁ	୧୦୦ ଗ୍ରାମ୍
ପିଆଜ	୫୦ ଗ୍ରାମ୍
ବେସର	୨ ଟା ଚାମଚ୍
ହଳଦୀ	୧/୨ ଟା ଚାମଚ୍
ତେଲ	୨ ଟା ଚାମଚ୍
ଲଙ୍କା	୧ଟା
ପଞ୍ଚ ଫୁଟଣ	୧/୨ ଟା ଚାମଚ୍
ଚୁନ୍‌ଚୁନ୍ କଟା ଧନିଆ ପତ୍ର	୧ ଟେବୁଲ ଚାମଚ୍
ଲୁଣ ଆବଶ୍ୟକ ମତେ	

ପ୍ରଣାଳୀ

୧. ଭାତକୁ ପଖାଳରୁ ଚିପୁଡ଼ି ରଖନ୍ତୁ।

୨. ଆଳୁକୁ ଚୋପା ଛଡ଼ାଇ ଚୁନ୍‌ଚୁନ୍‌କରି କାଟନ୍ତୁ। ପିଆଜ ଚୋପା ଛଡ଼ାଇ ସେହିଭଳି କାଟନ୍ତୁ।

୩. କଡ଼େଇରେ ତେଲ ଗରମକରି ଲଙ୍କା ଫୁଟଣ ଓ ପିଆଜ ବଘାରି ଆଳୁ ପକାଇ କଷନ୍ତୁ।

୪. ଏଥିରେ ଭାତ, ବେସର, ହଳଦୀଗୁଣ୍ଡ ଓ ଲୁଣ ପକାଇ କଷନ୍ତୁ। ଅଳ୍ପ ପାଣି ଛିଞ୍ଚି ଘୋଡ଼ାଇ ଦିଅନ୍ତୁ।

୫. ଆଳୁ ସିଝିଗଲେ ଧନିଆପତ୍ର ଗୋଳାଇ ଚୁଲିରୁ ଓହ୍ଲାଇ ପରିବେଷଣ କରନ୍ତୁ।

କାଞ୍ଜି

କାଞ୍ଜି ଓଡ଼ିଶାର ଏକ ପାରମ୍ପରିକ ଖାଦ୍ୟ। ସାଧାରଣତଃ ଶୀତ ଦିନେ ଏହା ପ୍ରସ୍ତୁତ କରାଯାଏ। କାଞ୍ଜି ଖାଇଲେ ଓଠ ଫାଟେ ନାହିଁ ବୋଲି ଲୋକେ ବିଶ୍ୱାସ କରନ୍ତି। ଭାତ ସହିତ ଏହା ପରଷାଯାଏ। କେହି କେହି ସୁପ୍‌ଭଳି କାଞ୍ଜି ପିଇବାକୁ ଭଲ ପାଆନ୍ତି। ପେଜ ସହିତ ତୋରାଣି ମିଶାଇ କାଞ୍ଜିପାଣି ପ୍ରସ୍ତୁତ କରାଯାଏ। ଏଥିରେ ବାଇଗଣ, ମୂଳା, କଖାରୁ, ଖଡ଼ା, ଲାଉ ଆଦି ପରିବା ମଧ୍ୟରୁ ଗୋଟିଏ ବା ଦୁଇଟିକୁ ନେଇ କାଞ୍ଜି ପ୍ରସ୍ତୁତ କରାଯାଏ। ପ୍ରତ୍ୟେକ ଦିନର ପେଜସହ ପଖାଳର ତୋରାଣି ମିଶାଇ କାଞ୍ଜି ପାଣି ପ୍ରସ୍ତୁତ କରାଯାଏ।

କାଞ୍ଜିପାଣି

- ପ୍ରଥମ ଦିନର ପେଜରେ ସମ ପରିମାଣର ପଖାଳର ତୋରାଣି ମିଶାଇ ଗୋଟିଏ ମାଟିହାଣ୍ଡି ବା ଷ୍ଟିଲ ଡେକ୍‌ଚିରେ ରଖନ୍ତୁ।
- ଦ୍ୱିତୀୟ ଦିନ ଡେକ୍‌ଚିରେ ଥିବା ମିଶ୍ରଣର ଉପରୁ ଆସ୍ତେକରି ନିଗାଡ଼ି ପାଣି କାଢ଼ି ଦିଅନ୍ତୁ। ପୁଣି ଥରେ ଏଥିରେ ସଜ ପେଜ ଓ ତୋରାଣି ମିଶାଇ ରଖନ୍ତୁ।
- ଏହିପରି ଭାବରେ ୩/୪ ଦିନ କରି କାଞ୍ଜି ପାଣି ପ୍ରସ୍ତୁତ କରନ୍ତୁ।

କାଞ୍ଜି ପ୍ରସ୍ତୁତି

ସାମଗ୍ରୀ

କାଞ୍ଜି ପାଣି	୧ ଲିଟର
ହଳଦୀଗୁଣ୍ଡ	୧/୨ ଚା ଚାମଚ୍
ମୂଳା	୧ଟା
ଲୁଣ ଆବଶ୍ୟକ ମତେ	
ବଘାରିବା ପାଇଁ	
ତେଲ ୧ ଟେବୁଲ୍ ଚାମଚ୍	
ଭୃସଙ୍ଗ ପତ୍ର	୨ ଡେମ୍ଫ
ଲଙ୍କା	୨ଟା
ସୋରିଷ	୧/୨ ଚା ଚାମଚ୍
ରସୁଣ	୬-୭ କୋଳା

୧. ମୂଳାକୁ ୨ ଇଞ୍ଚ ଲମ୍ବରେ ପତଳା ପତଳା କାଟନ୍ତୁ। ରସୁଣକୁ ଛେଚି ରଖନ୍ତୁ।

୨. କାଞ୍ଜି ପାଣିରେ ହଳଦୀଗୁଣ୍ଡ ପକାଇ ଫୁଟାନ୍ତୁ। ପାଣି ଫୁଟିଗଲେ ଏଥିରେ ମୂଳା ଓ ଲୁଣ ପକାଇ (ମଧ୍ୟମ ଜାଳରେ) ସିଝାନ୍ତୁ।

୩. ମୂଳା ସିଝିଗଲେ ଚୁଲିରୁ ଓହ୍ଲାଇ ଦିଅନ୍ତୁ।

୪. କଡ଼େଇରେ ତେଲ ଗରମକରି ଏଥିରେ ଭୃସଙ୍ଗ ପତ୍ର ପକାଇ ଅଳ୍ପ ସମୟ ଭାଜି ଲଙ୍କା ପକାନ୍ତୁ।

୫. ଲଙ୍କା ଭାଜି ହୋଇଗଲେ ସୋରିଷ ଫୁଟାଇ ଏଥିରେ ରସୁଣ ପକାଇ ଜାରନ୍ତୁ।

୫. ରସୁଣ ଜରିଗଲେ ଫୁଟାଇଥିବା କାଞ୍ଜିକୁ ଏଥିରେ ଢାଳି ଦିଅନ୍ତୁ ଓ ଚୁଲିରୁ ଓହ୍ଲାଇ ଦିଅନ୍ତୁ।

୬. ଗରମ ଗରମ ଭାତ ସାଙ୍ଗରେ ପରଷନ୍ତୁ। ଏହାକୁ ସୁପ୍ ଭଳି ମଧ୍ୟ କେହି କେହି ପିଇବାକୁ ଭଲ ପାଆନ୍ତି।

ଗହମ ଜାତୀୟ ଖାଦ୍ୟ

ରୁଟି, ପରଟା, ପୁରୀ, ଲୁଚି ଆଦି ବିଷୟରେ କିଛି କହିବା ଅନାବଶ୍ୟକ ଅଟେ । ପ୍ରତି ଘରେ ଘରେ ଏହା ପରିଚିତ । ଗହମ ଅଟା ବା ମଇଦା ଏହାର ମୁଖ୍ୟ ଉପାଦାନ ଅଟେ । ଗହମ ଅଟା ସହିତ ବେସନ, ବାଜ୍ରା ଚୁନା, ଯଅ ଚୁନା, ମାଣ୍ଡିଆ ଚୁନା ଆଦି ମିଶାଇ ବିଭିନ୍ନ ପ୍ରକାର ରୁଟି ଓ ପରଟା ପ୍ରସ୍ତୁତ କରାଯାଏ । ଖାଦ୍ୟ ଗୁଣ ଦୃଷ୍ଟିରୁ ଏହା ଉନ୍ନତମାନର ଅଟେ। ଏହା ବ୍ୟତିତ ଉତ୍ତର ଭାରତର ନାନ୍, କୁଲ୍‌ଚା, ପଞ୍ଜାବର ଭଟୁରା, ଦକ୍ଷିଣ ଭାରତର ଚାଉଳ ରୁଟି ଆଦି ଦେଶ ବିଦେଶର ଖାଦ୍ୟ ବଜାରରେ ବେଶ ନାଁ କରିପାରିଛି । ନିମ୍ନରେ ସେ ବିଷୟରେ କିଛି ସୂଚନା ଦିଆଗଲା । ପ୍ରଥମେ ଅଟାରୁ ତିଆରି ରୁଟି ବିଷୟରେ ଆଲୋଚନା କରିବା

ଅଟାରେ ପ୍ରସ୍ତୁତ ଏହି ଖାଦ୍ୟଟି ସାରା ଭାରତରେ ସ୍ଥାନବିଶେଷରେ ରୁଟି, ଫୁଲକା, ରୋଟି, ଚପାତି ଆଦି ଭିନ୍ନ ଭିନ୍ନ ନାମରେ ପରିଚିତ । ଭଲ ରୁଟି କହିଲେ ବେଲୁନ ଭଳି ଫୁଲିଥିବା ନରମ ରୁଟିକୁ ହିଁ ବୁଝାଏ । ଅଟାକୁ ଭଲ ଭାବରେ ଦଳିବା, ବେଲିବା ଓ ସେକିବା ଉପରେ ରୁଟିର ନମନିୟତା ନିର୍ଭର କରେ । ଅଟାରେ ପାଣି ଓ ଲୁଣ ପକାଇ ଦଳାଯାଏ। ସାଧାରଣତଃ ୨୫୦ ଗ୍ରାମ୍ ଅଟାରେ ୪ ଗ୍ରାମ ଲୁଣ ଦରକାର ପଡିଥାଏ । କେହି କେହି ବିନା ଲୁଣରେ ମଧ୍ୟ ରୁଟି ପ୍ରସ୍ତୁତ କରନ୍ତି । ଏହା ବ୍ୟକ୍ତି ବିଶେଷଙ୍କ ରୁଚି ଉପରେ ନିର୍ଭର କରେ। ଅଟା ଦଳିବା ପାଇଁ ଅଟା ଓଜନର ୫୫% ପାଣି ଆବଶ୍ୟକ। ଗୁଳା ପାଣିଆ ହେଲେ ରୁଟି ବେଲିବା ପାଇଁ ଅଧିକ ଅଟା ଦରକାର ପଡେ। ଫଳରେ ରୁଟି ଟାଣ ହୁଏ । ଗୁଳା ଅଧିକ କାଠୁଆ ହେଲେ ରୁଟି ଟାଣ ହୁଏ । ଗୁଳାକୁ ବେଲିବା ସମୟରେ ଗୋଟିଏ ପାଖ ମୋଟା ଓ ଗୋଟିଏ ପାଖ ପତଳା ନ କରି ସମାନ୍ ଭାବେ ଗୋଲ ଗୋଲ ବେଲିଲେ ରୁଟି ଭଲ ଫୁଲିଥାଏ। ଅଧିକ ସମୟ ପର୍ଯ୍ୟନ୍ତ ତାୱାରେ ରୁଟିକୁ ସେକିଲେ ରୁଟି ଭଲ ହୁଏନାହିଁ । ତାୱାରେ ସେକି ସାରିବା ପରେ ରୁଟିକୁ ତାୱାରୁ କାଢି ନିଆଁରେ ସେକାଯାଏ। କେତେକ ସ୍ଥାନରେ ରୁଟିକୁ ନିଆଁରେ ନ ସେକି ଗୋଟିଏ ସଫାକନାର ପୁଡା କରି ତାୱାରେ ପଡିଥିବା ଗରମ ରୁଟିକୁ ଆସ୍ତେ ଆସ୍ତେ ଚାରିପଟୁ ଦାବି ଦାବି ଫୁଲାଯାଏ । ନିମ୍ନରେ ରୁଟିର ପ୍ରସ୍ତୁତି ଦିଆଗଲା।

ରୁଟି

ସାମଗ୍ରୀ

ଅଟା	୨୫୦ ଗ୍ରାମ

ପାଣି ଓ ଲୁଣ ଆବଶ୍ୟକ ମତେ ।

ପ୍ରଣାଳୀ

୧. ଅଟାକୁ ଗୋଟିଏ ଚଟକା ଥାଳି ବା ବଡ ବେଲାରେ ରଖନ୍ତୁ । ମଝିରେ ଖାଲକରି ଅଳ୍ପ ପାଣି ଢାଳି ଲୁଣକୁ ଏଥିରେ ଗୋଳାଇ ଦିଅନ୍ତୁ ଓ ଅଳ୍ପ ଅଳ୍ପ ପାଣି ଢାଳି ଅଟାକୁ ଚକଟନ୍ତୁ ।

୨. ଅଟା ସମ୍ପୂର୍ଣ୍ଣ ରୂପେ ଓଦା ହୋଇଗଲେ ଭଲ ଭାବରେ ଦଳନ୍ତୁ । ପାତ୍ରରେ ଅଟା ନ ଲାଗି ସଫା ଦେଖାଯିବା ପର୍ଯ୍ୟନ୍ତ ନେଡି ବା ହାତକୁ ମୁଠାକରି ମୁଠା ପଛ ପଟେ ବାଡେଇ ବାଡେଇ ଗୁଳାକୁ ଏପଟ ସେପଟ କରି ଦଳି ଗୋଟିଏ ନରମ ଗୁଳା କରନ୍ତୁ।

୩. ଗୁଳାକୁ ଘୋଡାଇ ୨୦ ରୁ ୨୫ ମିନିଟ୍ ପର୍ଯ୍ୟନ୍ତ ରଖନ୍ତୁ।

୪. ରୁଟି ରଖିବା ପାଇଁ ଗୋଟିଏ କାସ୍‌ରୋଲ ବା ବୋଲ୍‌ରେ ନାପ୍‌କିନ ବିଛାଇ ରଖନ୍ତୁ।

୫. ଗୁଳାକୁ ଭାଙ୍ଗି ସମାନ୍ ଭାଗ କରି ୮ ରୁ ୧୦ ଟି ଛୋଟ ଛୋଟ ଗୁଳା କରନ୍ତୁ।

୬. ବେଲଣା ପେଡିରେ ଅଟା ଛିଂଚି ବେଲଣା କାଠି ସାହାଯ୍ୟରେ ଗୋଲ ଗୋଲ କରି ରୁଟି ବେଲନ୍ତୁ ।

୭. ଗୋଟିଏ ଲୁହା ତାୱା ବା ନନ୍‌ଷ୍ଟିକ ତାୱାକୁ ମଧ୍ୟମରୁ ଅଧିକ ଜଳରେ ଗରମ କରି ରୁଟିକୁ ଦୁଇ ପାପୁଲି ସାହାଯ୍ୟରେ ଅଟା ଝାଡି ଗୋଟିଏ ଲେଖାଏଁ ରୁଟି ସେକନ୍ତୁ ।

୮. ରୁଟି ଉପରେ ଛୋଟ ଛୋଟ ଫୋଟକା ଦେଖାଗଲେ ଏହାକୁ ଲେଉଟାଇ ଦିଅନ୍ତୁ। ଦୁଇପାଖରେ ଫୋଟକା ହୋଇଗଲେ ରୁଟିକୁ ତାୱାରୁ କାଢି ରୁଟି ସେକିବା ଜାଲି ଉପେର ରଖି ନିଆଁରେ ଦୁଇ ପାଖକୁ ସେକି ଦିଅନ୍ତୁ।

୯. ରୁଟିଟି ବେଲୁନ ଭଳି ଫୁଲିଗଲେ ଗୋଟିଏ କାସ୍‌ରୋଲରେ ନାପକିନ ବିଛାଇ ଏହା ଭିତରେ ରଖନ୍ତୁ। ଏହିପରି ସମସ୍ତ ରୁଟି ସେକି ସାରିବା ପରେ ନାପ୍‌କିନର ବଳି ପଡିଥିବା ଅଂଶକୁ ରୁଟି ଉପରେ ଘୋଡାଇ ଏହା ଉପରେ ଢାଙ୍କୁଣି ଦେଇ ରଖନ୍ତୁ ।

ବି.ଦ୍ର:

♦ ଅଧିକ ରୁଟି ପ୍ରସ୍ତୁତ କରିବାକୁ ଥିଲେ ମଝିରେ ମଝିରେ ଗରମ ତାୱାକୁ ଗୋଟିଏ ଓଦା ମୋଟା କନାରେ ପୋଛି ଦେଲେ ତାୱାରୁ ପୋଡି ଯାଇଥିବା ଅଟା ଗୁଡିକସଫା ହୋଇଯିବ।

♦ ରୁଟିକୁ ଅଧିକ ନରମ କରିବା ପାଇଁ ପାଣି ପରିବର୍ତ୍ତେ ଅଟାକୁ ଉଷୁମ ପାଣି ବା କ୍ଷୀର ଦେଇ ଦଳି ପାରିବେ।

ପରଟା

ସାମଗ୍ରୀ

ଅଟା	୨୫୦ ଗ୍ରାମ
ରିଫାଇନ୍ ତେଲ	୧୦୦ ମି.ଲିଟର

ପାଣି ଓ ଲୁଣ ଆବଶ୍ୟକ ମତେ

ପ୍ରଣାଳୀ

୧. ଗୋଟିଏ ବଡ ବୋଲରେ ଅଟା ନେଇ ଏଥିରେ ୧.୧/୨ ଟେବୁଲ ଚାମଚ୍ ତେଲ ଦେଇ ଦୁଇ ହାତ ପାପୁଲିରେ ଭଲ ଭାବେ ଘସି ମିଶାଇ ଦିଅନ୍ତୁ ।

୨. ଅଟା ମଝିରେ ଖାଲ କରି ଲୁଣ ଓ ପାଣି ଦେଇ ରୁଟି ଦଳିବା ପ୍ରଣାଳୀରେ ଭଲ ଭାବେ ଦଳି ଗୋଟିଏ ନରମ ଗୁଳା ପ୍ରସ୍ତୁତ କରନ୍ତୁ । ଏହାକୁ ଢାଙ୍କୁଣି ଘୋଡାଇ ୨୦ ରୁ ୨୫ ମିନିଟ୍ ରଖନ୍ତୁ ।

୩. ଗୁଳାକୁ ଭାଙ୍ଗି ସମାନ୍ ସମାନ୍ ୬ ରୁ ୭ ଟି ଗୋଲ ଗୋଲ ଗୁଳା କରନ୍ତୁ ।

୪. ବେଲଣା ପେଡିରେ ତେଲ ମାରି ଗୋଟିଏ ଗୁଳା ନେଇ ରୁଟି ଭଳି ଗୋଲ କରି ବେଲନ୍ତୁ।

୫. ରୁଟିର ଅଧା ଭାଗରେ ସମାନ୍ ଭାବେ ଅଳ୍ପ ତେଲ ବୋଳି ଅନ୍ୟପାଖଟିକୁ ତା ଉପରେ ପକାଇ ଅର୍ଦ୍ଧ ଚନ୍ଦ୍ର ଭଳି କରନ୍ତୁ। ପୁଣି ଥରେ ଅଧା ଭାଗରେ ତେଲ ବୋଳି ଅନ୍ୟ ପାଖଟିକୁ ତା ଉପରେ ଘୋଡାଇ ଦିଅନ୍ତୁ। ଏହା ଗୋଟିଏ ତ୍ରିଭୁଜାକାର ହୋଇଯିବ।

୬. ବେଲଣା ପେଡିରେ ତେଲ ମାରି ପତଳା କରି (ରୁଟିଠାରୁ ସାମାନ୍ୟ ମୋଟା) ତିନିକୋଣିଆ ପରଟା ବେଲି ରଖନ୍ତୁ ।

୭. ତାୱା ଗରମ କରି ଏଥିରେ ଗୋଟିଏ ଲେଖାଏଁ ବେଲିଥିବା ପରଟା ପକାଇ ସେକନ୍ତୁ । ଗୋଟିଏ ପାଖରେ ଫୋଟକା ଦେଖାଗଲେ ଅନ୍ୟ ପାଖକୁ ଲେଉଟାଇ ଦିଅନ୍ତୁ ।

୮. ପରଟା ଚାରିପାଖରେ ଅଳ୍ପ ଅଳ୍ପ ତେଲ ବୁଲାଇ ଉଭୟ ପାଖକୁ ଲେଉଟାଇ ଫୋଟକା ଗୁଡିକ ବାଦାମି ରଙ୍ଗ ହେବା ପର୍ଯ୍ୟନ୍ତ ଭାଜନ୍ତୁ।

୯ ଉଭୟ ପାଖ ହୋଇଗଲେ ପ୍ଲେଟରେ କାଢି ରଖନ୍ତୁ । ଏହିପରି ଭାବରେ ଗୋଟି ଗୋଟି କରି ସମସ୍ତ ପରଟା ପ୍ରସ୍ତୁତ କରନ୍ତୁ ।

୧୦. ରୁଚି ଅନୁସାରେ ଯେ କୌଣସି ଭଜା ବା ତରକାରୀ ସହ ଗରମ ଗରମ ପରଟା ପରିବେଷଣ କରନ୍ତୁ । ଏହା ସହିତ ଦହି ମଧ୍ୟ ଖାଇପାରିବେ।

ବି.ଦ୍ର: ରିଫାଇନ ତେଲ ବଦଳରେ ଗୁଆ ଘିଅ ବ୍ୟବହାର କରିପାରିବେ । ଗୁଆ ଘିଅରେ ପ୍ରସ୍ତୁତ ପରଟାରୁ ଏକ ସ୍ୱତନ୍ତ୍ର ସ୍ୱାଦ ମିଳିଥାଏ ।

ଗୁଳା ଗୁଡିକ ବେଲିବା ସମୟରେ ବେଲଣା ପେଡିରେ ଅଳ୍ପ ଅଳ୍ପ ଅଟା ଛିଂଚି ପରଟା ଗୁଡିକ ବେଲି ପାରିବେ । କିନ୍ତୁ ପ୍ରତି ଭାଙ୍ଗରେ ତେଲ ମାରିବେ ଅଟା ଦେଲେ ପରଟା ଟାଣ ହୋଇଯିବ ।

ଆଳୁ ପରଟା

ସାମଗ୍ରୀ

ମଇଦା	୪୫୦ ଗ୍ରାମ
ଘିଅ	୨ ଟେବୁଲ୍ ଚାମଚ୍
ପୁର ପାଇଁ ତେଲ	୧ ଟେବୁଲ୍ ଚାମଚ୍
ସିଝା ଆଳୁ	୪ ଟା (୩୦୦ ଗ୍ରାମ)
ଅଦା	୧୦ ଗ୍ରାମ
ରସୁଣ	୩, ୪ ପାଖୁଡା
ପିଆଜ	୨୫ ଗ୍ରାମ
କଂଚା ଲଙ୍କା	୨ ଟା
ଲଙ୍କା ଗୁଣ୍ଡ	୧ /୨ ଚା ଚାମଚ୍
ଜିରା ଗୁଣ୍ଡ	୧ /୨ ଚା ଚାମଚ୍
ଧନିଆ ଗୁଣ୍ଡ	୧ ଚା ଚାମଚ୍
ଚାର୍ଟ୍ ମସଲା	୧ ଚା ଚାମଚ୍
ଧନିଆ ପତ୍ର	୨ ଗଛ
ଲେମ୍ବୁ ରସ	୪-୫ ଟୋପା

ପରଟା ସେକିବା ପାଇଁ ରିଫାଇନ୍ ତେଲ

ଲୁଣ ଆବଶ୍ୟକ ମତେ ।

ପ୍ରଣାଳୀ

୧. ମଇଦାରେ ଲୁଣ ଓ ଘିଅକୁ ପକାଇ ଭଲ ଭାବେ ଆସ୍ତେ ଆସ୍ତେ ଦୁଇ ହାତ ପାପୁଲିରେ ଘସି ଘସି ମିଶାଇ ଦିଅନ୍ତୁ । ଏଥିରେ ଆବଶ୍ୟକ ପରିମାଣର ପାଣି ଦେଇ ଭଲ ଭାବେ ଦଳି ଗୋଟିଏ ନରମ ଗୁଳା କରନ୍ତୁ ।

୨. ଗୁଳାକୁ ଓଦା କନା ଘୋଡାଇ ୨୦ ରୁ ୩୦ ମିନିଟ୍ ପର୍ଯ୍ୟନ୍ତ ରଖନ୍ତୁ ।

୩. ସିଝା ଆଳୁରୁ ଚୋପା ଛଡାଇ ଗ୍ରେଟରରେ କୋରି ନଚେତ ଭଲ ଭାବରେ ଚକଟି ରଖନ୍ତୁ, ଯେପରି କି ଆଦୌ ମୁଣ୍ଡା ରହିବ ନାହିଁ ।

୪. ଅଦା, ରସୁଣ ଓ କଂଚା ଲଙ୍କାକୁ ଏକାଠି ବାଟି ରଖନ୍ତୁ । ପିଆଜର ଚୋପା ଛଡାଇ ଯଥା ସମ୍ଭବ ଚୁନ୍ ଚୁନ୍ କାଟି ରଖନ୍ତୁ । ଧନିଆ ପତ୍ରକୁ ଧୋଇ ଚୁନ ଚୁନ କରି କାଟନ୍ତୁ ।

୫. କଡେଇ ବା ଫ୍ରାଇଙ୍ଗ ପ୍ୟାନରେ ୧ଟେବୁଲ ଚାମଚ ତେଲ ଗରମ କରି ବଟା ମସଲା ପକାଇ ଅଳ୍ପ ସମୟ କଷି ଏଥିରେ ପିଆଜ, ଜୀରା, ଧନିଆ ଓ ଲଙ୍କା ଗୁଣ୍ଡ ପକାଇ କଷନ୍ତୁ ।

୬. ମସଲା କଷି ହୋଇଗଲେ ଏଥିରେ ଆଳୁ ଓ ଲୁଣ ପକାଇ ଭଲ ଭାବରେ ମିଶାଇ ଦିଅନ୍ତୁ ।

୭. ଆଳୁକୁ ଚୁଲିରୁ ଓହ୍ଲାଇ ଧନିଆପତ୍ର, ଚାର୍ଟ୍ ମସଲା ଓ ଲେମ୍ବୁରସ ପକାଇ ଭଲ ଭାବେ ଗୋଳାଇ ପୁର ପ୍ରସ୍ତୁତ କରି ଥଣ୍ଡା କରନ୍ତୁ ।

୮. ମଇଦା ଗୁଳାକୁ ସମାନ୍ ସମାନ୍ ଭାଗ କରି ରୁଟି ଗୁଳାଠାରୁ ବଡ ବଡ ଗୁଳା କରନ୍ତୁ ।

୯. ପ୍ରତି ଗୁଳାର ମଝିରେ ଦୁଇ ବୁଢା ଆଙ୍ଗୁଠି ପୁରାଇ ଖାଲ କରି ଅନ୍ୟ ଆଙ୍ଗୁଠି ଗୁଡିକ ସାହାଯ୍ୟରେ ବୁଲାଇ ବୁଲାଇ ଗୋଟିଏ ଗୋଟିଏ ଛୋଟ ଡାଟିଆ ଭଳି ଖୋଳ କରନ୍ତୁ ।

୧୦. ପ୍ରତ୍ୟେକ ଖୋଳରେ ୨ ରୁ ୨.୧/୨ଚାମଚ ଲେଖାଏଁ ପୁର ପୁରାଇ ମୁହଁ ବନ୍ଦ କରି ଗୋଲ୍ ଗୋଲ୍ କରି ରଖନ୍ତୁ ।

୧୧. ବେଲଣା ପେଡିରେ ମଇଦା ଛିଂଚି ପ୍ରତ୍ୟେକ ଗୁଳାର ଚାରିପାଖକୁସମାନ କରି ରୁଟି ଅପେକ୍ଷା ମୋଟା କରି ଗୋଲ ଗୋଲ ପରଟା ବେଲନ୍ତୁ ।

୧୨. ବେଲିବା ସମୟରେ ଛୋଟ ଛୋଟ ଫୋଟକା ଦେଖାଗଲେ ଛୁରୀ ମୁନରେ ବା କଂଚା ଚାମଚ ସାହାଯ୍ୟରେ ହାଲକା ଭାବେ ଫୋଡି ପୁଣି ଥରେ ବେଲନ୍ତୁ ।

୧୩. ତାୱା ବା ଫ୍ରାଇଙ୍ଗପ୍ୟାନ୍‌କୁ ମଧ୍ୟମ ଜାଳରେ ଗରମ କରି ସାବଧାନତା ସହକାରେ ଗୋଟିଏ ଲେଖାଏଁ ବେଲା ପରଟା ପକାଇ ସେକନ୍ତୁ। କିଛି ସମୟ ପରେ ଅନ୍ୟପାଖଟି ଲେଉଟାଇ ସେକନ୍ତୁ।

୧୪. ପରଟାରେ ସାମାନ୍ୟ ଫୋଟକା ଦେଖାଗଲେ, ଆସ୍ତେ ଆସ୍ତେ ପିଠା ପାତିଆ ବା ସ୍ପାଚୁଲା ସାହାଯ୍ୟରେ ଦାବି ଦାବି ଦେଲେ ଏହା ଭଲ ଭାବରେ ଫୁଲିଯିବ। କେହି କେହି ପିଠାପାତିଆ ବା ସ୍ପାଚୁଲା ପରିବର୍ତ୍ତେ ସଫା କନା ପୁଡାଟିଏ କରି ପରଟାକୁ ଆସ୍ତେ ଆସ୍ତେ ଦାବି ଫୁଲାଇଥାନ୍ତି ।

୧୫. ପରଟା ଫୁଲିଗଲେ ଏହାର ଚାରିପଟେ ସାମାନ୍ୟ ତେଲ ବୁଲାଇ ଦୁଇ ପାଖକୁ ସାମାନ୍ୟ ବାଦାମି ରଙ୍ଗହେବା ପର୍ଯ୍ୟନ୍ତ ଭାଜନ୍ତୁ । ଏହିପରି ଭାବରେ ସମସ୍ତ ପରଟାକୁ ଭାଜି ରଖନ୍ତୁ।

୧୬. ଦହି ବା ଯେ କୌଣସି ଆଚାର ସହ ଗରମ ଗରମ ପରଟା ପରିବେଷଣ କରନ୍ତୁ।

ଫୁଲ କୋବି ପରଟା

ସାମଗ୍ରୀ

ମଇଦା	୩୦୦ ଗ୍ରାମ
କୋବି	୧ ଟା
ପିଆଜ	୧୦୦ ଗ୍ରାମ
ଅଦା	୧/୪ ଇଂଚ
ରସୁଣ	୪ ପାଖୁଡା
କଞ୍ଚା ଲଙ୍କା	୨ ଟା
ଧନିଆ ପତ୍ର	୨ ଗଛ
ଲଙ୍କା ଗୁଣ୍ଡ	୧/୨ ଚା ଚାମଚ୍
ରିଫାଇନ ତେଲ	
ପାଣି	
ଲୁଣ ଆବଶ୍ୟକ ମତେ	

ପ୍ରଣାଳୀ

୧. ମଇଦାରେ ୩ ଟେବୁଲ୍ ଚାମଚ ତେଲ ଓ ଲୁଣ ଦେଇ ମାଖି ଏଥିରେ ପାଣି ଦେଇ ଦଳି ଗୋଟିଏ ନରମ ଗୁଳା କରି ଘୋଡାଇ ରଖନ୍ତୁ।

୨. କୋବିର ଫୁଲକୁ ଗ୍ରେଟରରେ କୋରି ରଖନ୍ତୁ। ଅଦାକୁ ମଧ୍ୟ କୋରି ରଖନ୍ତୁ।

୩. ପିଆଜ, ରସୁଣ ଓ ଧନିଆପତ୍ରକୁ ଯଥା ସମ୍ଭବ ଚୁନ୍ ଚୁନ୍ କାଟି ଅଲଗା ଅଲଗା ରଖନ୍ତୁ।

୪. କଡେଇରେ ୧ ଚା ଚାମଚ ତେଲ ଗରମ କରି ଅଦା, ରସୁଣ, ପିଆଜ ଓ କଂଚାଲଙ୍କାକୁ କ୍ରମ ଅନୁସାରେ ପକାଇ ଭାଜନ୍ତୁ।

୫. ପିଆଜ ନରମ ହୋଇଗଲେ କୋବି, ଲୁଣ ଓ ଲଙ୍କାଗୁଣ୍ଡ ପକାଇ ଅଳ୍ପ ସମୟ ଭାଜନ୍ତୁ।

୬. କୋବିର ରଙ୍ଗ ସାମାନ୍ୟ ପରିବର୍ତ୍ତନ ହୋଇଆସିଲେ, ଚୁଲିରୁ ଓହ୍ଲାଇ ଧନିଆପତ୍ର ଗୋଳାଇ ପୁର ପ୍ରସ୍ତୁତ କରନ୍ତୁ।

୭. ଗୁଳାକୁ ସମାନ୍ ଭାବରେ ୫ ଭାଗ କରନ୍ତୁ। ପ୍ରତ୍ୟେକ ଗୁଳାକୁ ଆଳୁପରଟା ପରି ଖୋଳ କରି ମଝିରେ କୋବିପୁର ଦେଇ ମୁହଁ ବନ୍ଦ କରି ଗୋଲ ଗୋଲ ଗଢି ରଖନ୍ତୁ।

୮. ବେଲଣା ପେଡିରେ ମଇଦା ଛିଞ୍ଚି ପ୍ରତ୍ୟେକ ପୁର ଦିଆ ଗୁଳାକୁ ଗୋଲ ଓ ପତଳା କରି ବେଲନ୍ତୁ। ଗରମ ତାୱାରେ ଗୋଟି ଗୋଟି କରି ବେଲି ଥିବା ପରଟାକୁ ମଧ୍ୟମ ଜାଳରେ ତେଲ ପକାଇ ସେକନ୍ତୁ।

୯. ପରଟାର ଦୁଇପାଖ ସାମାନ୍ୟ ବାଦାମୀ ରଙ୍ଗ ହୋଇ ଆସିଲେ ତାୱାରୁ କାଢି ରଖନ୍ତୁ।

୧୦. ଦହି ବା ଚଟଣୀ ବା ଆଚାର ସହିତ ଗରମ ଗରମ ପରଟା ପରଷନ୍ତୁ।

ପ୍ରକାର ଭେଦ

ଫୁଲ କୋବି ପରିବର୍ତ୍ତେ ପତ୍ରକୋବି, ମୂଳା, ଗାଜର ଆଦିକୁ ନେଇ ପୁର ପ୍ରସ୍ତୁତ କରାଯାଇଥାଏ। ପତ୍ରକୋବିକୁ ଯଥା ସମ୍ଭବ ସରୁ ସରୁ କାଟି ଏଥିରେ ଅଳ୍ପ ଲୁଣ ଗୋଳାଇ କିଛି ସମୟ ରଖି ଚିପୁଡି ରସ ବାହାର କରି କୋବି ପୁର ଭଳି ପୁର ପ୍ରସ୍ତୁତ କରିପାରିବେ। ଗାଜର ଓ ମୂଳାକୁ ମଧ କୋରି, ଏହାକୁ ଚିପୁଡି ରସ ବାହାର କରି କୋବିପୁର ଭଳି ପୁର

ପ୍ରସ୍ତୁତ କରିପାରିବେ। ପରିବାରୁ ଚିପୁଡିଥିବା ରସକୁ ଅଟାରେ ଦେଇ ଗୁଳା ପ୍ରସ୍ତୁତ କରିପାରିବେ ନଚେତ ପରିବା ସିଝା ବା ଡାଲି ରେ ବ୍ୟବହାର କରିବେ। ବିନା ପିଆଜ ଓ ରସୁଣରେ ମଧ୍ୟ ପୁର ପ୍ରସ୍ତୁତ କରାଯାଇ ପାରିବା ପୁର ପାଇଁ ପ୍ରସ୍ତୁତ ଥିବା ପରିବାରେ ୧ ଚା ଚାମଚ ଧନିଆ ଗୁଣ୍ଡ, ୧/୨ ଚା ଚାମଚ ଲଙ୍କା ଗୁଣ୍ଡ, ୧/୪ଚା ଚାମଚ କୋରା ଅଦା, ଗୋଟା ଜୀରା ବା ଜୁଆଣୀ ଗୋଳାଇ ପୁର ପ୍ରସ୍ତୁତ କରିପାରିବେ।

ମେଥି ପରଟା

ମେଥି ଶାଗକୁ ବାଛି ଧୋଇ ଚୁନ୍ ଚୁନ୍ କରି କାଟି ରଖନ୍ତୁ। ଅଟାରେ ତେଲ ମାଖି ଏଥିରେ ମେଥି ଶାଗ, ଲୁଣ ଓ ଆବଶ୍ୟକ ପରିମାଣର ପାଣି ଦେଇ ଗୁଳା ପ୍ରସ୍ତୁତ କରନ୍ତୁ। ଗୁଳାକୁ କିଛି ସମୟ ଘୋଡାଇ ରଖନ୍ତୁ। ଗୁଳାକୁ ଭାଙ୍ଗି ଛୋଟ ଛୋଟ ଗୁଳା କରି ଗୋଲ ଓ ପତଳା ପତଳା ବେଲି ପରଟା ପ୍ରସ୍ତୁତ କରନ୍ତୁ।

ପାଳଙ୍ଗ ପରଟା

ପାଳଙ୍ଗ ଶାଗକୁ ବାଛି ଧୋଇ ବଡ ବଡ ଖଣ୍ଡ କାଟି ଗରମ କଡେଇରେ ଅଳ୍ପ ସମୟ ପାଇଁ ଖରଡି ଦିଅନ୍ତୁ। ଏଥିରେ ୨ ଟି କଞ୍ଚାଲଙ୍କା ଓ ୩/୪ ପାଖୁଡା ରସୁଣ ନେଇ ଭଲଭାବେ ବାଟି ଦିଅନ୍ତୁ। ଅଟାରେ ତେଲ ମାଖି ବଟା ପାଳଙ୍ଗ ଓ ଲୁଣ ପକାଇ ଚକଟି ଗୋଟିଏ ନରମ ଗୁଳା ପ୍ରସ୍ତୁତ କରନ୍ତୁ। ଗୁଳାକୁ ୧୦ ରୁ ୨୦ ମିନିଟ୍ ପର୍ଯ୍ୟନ୍ତ ଘୋଡାଇ ରଖନ୍ତୁ ଓ ମେଥି ପରଟା ପ୍ରଣାଳୀରେ ପତଳା ପତଳା ପରଟା ପ୍ରସ୍ତୁତ କରନ୍ତୁ।

ପୋଦିନା ପରଟା

ଅଟା ୨୫୦ ଗ୍ରାମ ରେ ୧ କପ୍ ବଟା ପୋଦିନା ପତ୍ର ୨ ଟେବୁଲ୍ ଚାମଚ୍ ଘିଅ ଓ ଲୁଣ ଆଦି ସାମଗ୍ରୀକୁ ନେଇ ଗୁଳା ପ୍ରସ୍ତୁତ କରି ଉପରୋକ୍ତ ପ୍ରଣାଳୀରେ ପୋଦିନା ପରଟା ପ୍ରସ୍ତୁତ କରିପାରିବେ।

ମିଶି ରୋଟି

ସାମଗ୍ରୀ

ଅଟା	୨୩୦ ଗ୍ରାମ୍
ବେସନ	୧୧୫ ଗ୍ରାମ୍
ପିଆଜ	୩୦ ଗ୍ରାମ
ମେଥି ଶାଗ	୧ ବିଡା
ଧନିଆ ପତ୍ର	୨ ଗଛ
କଞ୍ଚା ଲଙ୍କା	୨ ଟା
ଲଙ୍କାଗୁଣ୍ଡ	୧/୨ ଚା ଚାମ୍ଚ୍
ରିଫାଇନ ତେଲ	
ଲୁଣ ଆବଶ୍ୟକ ମତେ	

ପ୍ରଣାଳୀ

୧. ମେଥି ଶାଗ ଓ ଧନିଆ ପତ୍ରକୁ ବାଛି ଧୋଇ ଚୁନ୍ ଚୁନ୍ କରି କାଟନ୍ତୁ, ପିଆଜ ଓ କଂଚାଲଙ୍କାକୁ ମଧ ଚୁନ୍ ଚୁନ୍ କରି କାଟି ରଖନ୍ତୁ।

୨. ଅଟା, ବେସନ, ଲଙ୍କାଗୁଣ୍ଡ ଓ ଲୁଣକୁ ଏକାଠି ଚାଲୁଣିରେ ଚଳାଇ ଭଲ ଭାବରେ ଚକଟି ଗୋଟିଏ ନରମ ଗୁଳା ପ୍ରସ୍ତୁତ କରନ୍ତୁ। ଗୁଳା ଉପରେ ଓଦା ତଉଲିଆ ଘୋଡାଇ ୧ ଘଂଟା ରଖନ୍ତୁ।

୩. ଗୁଳାରୁ ଓଦା ତଉଲିଆ କାଢି କଟା ହୋଇଥିବା ସାମଗ୍ରୀ ଗୁଡିକୁ ଏଥିରେ ପକାଇ ଭଲ ଭାବରେ ଦଳି ଛୋଟ ଛୋଟ ଗୁଳା କରନ୍ତୁ।

୪. ସାମାନ୍ୟ ଅଟା ଛିଞ୍ଚି ଗୁଳାଗୁଡିକୁ ଗୋଲ ଗୋଲ ବେଲି ରଖନ୍ତୁ।

୫. ତାୱା ଗରମ କରି ଗୋଟି ଗୋଟି କରି ରୋଟି ଗୁଡିକ ପକାଇ ମଧ୍ୟମ ଜାଳରେ ଦୁଇ ପାଖକୁ ସେକନ୍ତୁ।

୬. ରୋଟି ଗୁଡିକରେ ଛୋଟ ଛୋଟ ଫୋଟକା ଦେଖାଗଲେ ତେଲ ପକାଇ ଉଭୟ ପାଖକୁ ସେକନ୍ତୁ।

୭. ଫୋଟକା ଗୁଡିକ ବାଦାମି ରଙ୍ଗ ହୋଇ ଆସିଲେ ତାୱାରୁ କାଢି ପ୍ଲେଟରେ ରଖନ୍ତୁ।

୮. ଗରମ ଗରମ ମିଶି ରୋଟି ଦହି ବା ଚଟଣୀ ସହ ପରଷନ୍ତୁ।

ପିଆଜ ପରଟା

ସାମଗ୍ରୀ

ଅଟା	୧୫୦ ଗ୍ରାମ୍
ବେସନ	୧୫୦ ଗ୍ରାମ୍
ପିଆଜ	୧୦୦ ଗ୍ରାମ୍
ଟମାଟୋ	୫୦ଗ୍ରାମ୍
କଞ୍ଚା ଲଙ୍କା	୨ ଟା
କୋରା ଅଦା	୧/୪ ଚା ଚାମ୍ଚ୍
ଧନିଆ ପତ୍ର	୧ ଗଛ
ଜୁଆଣୀ	୧/୨ ଚା ଚାମ୍ଚ୍
ଘିଅ	୨ ଟେବୁଲ୍ ଚାମଚ୍
ରିଫାଇନ ତେଲ	
ଦଳିବା ପାଇଁ ଉଷୁମ ପାଣି	
ଲୁଣ ଆବଶ୍ୟକ ମତେ	

ପ୍ରଣାଳୀ

୧. ଅଟା, ବେସନ ଓ ଲୁଣକୁ ଏକାଠି ଚାଲୁଣିରେ ଚଳାଇ ଏଥିରେ ଘିଅ ମାଖି ରଖନ୍ତୁ।

୨. ଟମାଟୋରୁ ମଞ୍ଜି ବାହାର କରି ମାଂସଳ ଅଂଶକୁ ଚୁନ୍ ଚୁନ୍ କରି କାଟନ୍ତୁ । ପିଆଜ, ଲଙ୍କା ଓ ଧନିଆ ପତ୍ରକୁ ଚୁନ୍ ଚୁନ୍ କରି କାଟି ରଖନ୍ତୁ।

୩. ଅଟାରେ କଟା ହୋଇଥିବା ସାମଗ୍ରୀ, ଅଦା ଓ ଜୁଆଣୀକୁ ଏକାଠି ଗୋଳାଇ ରଖନ୍ତୁ।

୪. ଅଟା ମଝିରେ ଖାଲ କରି ଏଥିରେ ଉଷୁମ ପାଣି ଅଳ୍ପ ଅଳ୍ପ ଦେଇ ଚକଟି ଗୋଟିଏ ଟାଣ ଗୁଳା କରନ୍ତୁ, ଗୁଳାକୁ ୩୦ ମିନିଟ ଘୋଡାଇ ରଖନ୍ତୁ।

୫. ଏଥର ଗୁଳାକୁ ୭ ରୁ ୮ ଭାଗ କରି ଛୋଟ ଛୋଟ ଗୁଳା କରନ୍ତୁ।

୬. ବେଲଣା ପେଡିରେ ଅଳ୍ପ ଅଟା ଛିଞ୍ଚି ଗୁଳା ଗୁଡିକୁ ସାମାନ୍ୟ ମୋଟା କରି ଗୋଲ ଗୋଲ ବେଲନ୍ତୁ।

୭. ତାୱା ଗରମ କରି ଗୋଟିଏ ଲେଖାଏଁ ରୁଟି ପକାଇ ସାବଧାନତା ସହକାରେ ଦୁଇ ପାଖ ଲେଉଟାଇ ସେକନ୍ତୁ।

୮. ରୁଟିରେ ସାମାନ୍ୟ ଫୋଟକା ଦେଖାଗଲେ ତେଲ ବୁଲାଇ ଅଳ୍ପରୁ ମଧ୍ୟମ ଜାଳରେ ଦୁଇପାଖ ଭଲ ଭାବରେ ସେକନ୍ତୁ।

୯. ରୁଟିରେ ଛୋଟ ଛୋଟ ଫୋଟକା ଗୁଡିକ ବାଦାମି ରଙ୍ଗ ଦେଖାଗଲେ ପ୍ଲେଟକୁ କାଢି ଦିଅନ୍ତୁ।

୧୦. ଗରମ ଗରମ ପରଟା ଦହି, ରାଇତା ବା ଚଟଣୀ ସହ ପରିବେଷଣ କରନ୍ତୁ।

ଢାକାଇ ପରଟା

ସାମଗ୍ରୀ

ମଇଦା	୨୫୦ ଗ୍ରାମ୍
ଘିଅ	୩ ଟେବୁଲ୍ ଚାମଚ୍
ଛିଞ୍ଚିବା ପାଇଁ ମଇଦା	୨ ଟେବୁଲ୍ ଚାମଚ୍
ଲୁଣ ଆବଶ୍ୟକ ମତେ	
ଦଳିବା ପାଇଁ ପାଣି	
ପରଟା ସେକିବା ପାଇଁ ରିଫାଇନ ତେଲ	

ପ୍ରଣାଳୀ

୧. ମଇଦା ଓ ଲୁଣକୁ ଚଲାଇ ଏଥିରେ ୧ ଟେବୁଲ ଚାମ୍ଚ ଘିଅ ଦେଇ ଭଲ ଭାବେ ଘସି ରଖନ୍ତୁ।

୨. ମଇଦାରେ ଆବଶ୍ୟକ ପରିମାଣର ପାଣି ଅଳ୍ପ ଅଳ୍ପ ଦେଇ ଦଳି ଗୋଟିଏ ନରମ ଗୁଳା ପ୍ରସ୍ତୁତ କରି ଏହାକୁ ୧୦ ରୁ ୧୫ ମିନିଟ୍ ଘୋଡାଇ ରଖନ୍ତୁ।

୩. ଗୁଳାକୁ ଭାଙ୍ଗି ସମାନ ଭାବରେ ୭ ଭାଗ କରି ଗୋଲ୍ ଗୋଲ୍ ଗୁଳା କରନ୍ତୁ।

୪. ପ୍ରତ୍ୟେକ ଗୁଳାକୁ ବେଲଣା ପେଡିରେ ସାମାନ୍ୟ ମଇଦା ଛିଞ୍ଚି ହାତରେ ମଇଦାକୁ ହାଲକା ଭାବରେ ସମାନ କରି ଗୋଲ ଗୋଲ ପତଳା ରୁଟି ବେଲନ୍ତୁ।

୫. ଏଥିରେ ଘିଅ ବ୍ରସ କରି ଏହା ଉପରେ ଅଳ୍ପ ମଇଦା ଛିଞ୍ଚି, ରୁଟିର କେନ୍ଦ୍ର ବିନ୍ଦୁରୁ ବାହାର ପଟକୁ ଛୁରୀରେ ଗୋଟିଏ ସରଳ ରେଖାରେ କାଟି ଦିଅନ୍ତୁ।

୬. ଗୋଟିଏ ପଟର କଟାଧାରକୁ ମୋଡି ଗୁଡାଇ ଗୁଡାଇ ଗୋଟିଏ କୋନ ପ୍ରସ୍ତୁତ କରନ୍ତୁ।

୭. କୋନ୍ ର ମୁନିଆ କଣକୁ ତଳ ପାଖରେ ରଖି ଚଉଡା ପାଖକୁ ଚାପିଦେଲେ ଗୋଟିଏ ଚେପଟା ଗୋଲ ଆକାର ଗୁଳା ହୋଇଯିବ।

୮. ଏହି ଗୁଳାକୁ ପୁଣିଥରେ ଗୋଲ ରୁଟି ପରି ବେଲି ଉପରୋକ୍ତ ୪ ନମ୍ବର ପ୍ରଣାଳୀରୁ ୬ ନମ୍ବର ପ୍ରଣାଳୀ ପର୍ଯ୍ୟନ୍ତ ଅନୁସରଣ କରି ଚେପଟା ଆକାର ଗୁଳା ପ୍ରସ୍ତୁତ କରନ୍ତୁ।

୯. ଏହିପରି ୩ ଥର ବେଲିବା ପରେ ଢାକାଇ ପରଟା ବେଲିବା ସମ୍ପୂର୍ଣ୍ଣ ହୋଇଯିବ।

୧୦.ଗୋଟିଏ ତାୱା ଗରମ କରି ମଧ୍ୟମ ଜାଳରେ ଗୋଟିଏ ଲେଖାଏଁ ଢାକାଇ ପରଟା, ତେଲ ଦେଇ ମସ୍ ମସ୍ ହେବା ପର୍ଯ୍ୟନ୍ତ ଭାଜନ୍ତୁ।

୧୧.ଗରମ ଗରମ ପରଟାକୁ ଯେ କୌଣସି ତରକାରୀ ସହ ପରଷନ୍ତୁ।

ସାହି ପରଟା

ସାମଗ୍ରୀ

ମଇଦା	୨୫୦ ଗ୍ରାମ୍
ଘିଅ	୨ ଟେବୁଲ ଚାମଚ୍
ଉଷୁମ ପାଣି	୧୫୦ ମିଲି
ସେକିବା ପାଇଁ ଘିଅ	
ଲୁଣ ଆବଶ୍ୟକ ମତେ	

ଲେପ ପାଇଁ

ବଟର୍	୪ ଟେବୁଲ୍ ଚାମଚ୍
ବାଦାମ (almond)	୧୦ଟା
ମଇଦା	୨ ଟେବୁଲ ଚାମଚ୍

ପ୍ରଣାଳୀ

୧. ମଇଦା ଓ ଲୁଣକୁ ଏକାଠି ଚଲାଇ ରଖନ୍ତୁ।

୨. ଆବଶ୍ୟକ ପରିମାଣର ଉଷୁମ ପାଣି ଦେଇ ଚକଟି ଭଲ ଭାବରେ ଦଳି ଗୋଟିଏ ନରମ ଗୁଳା କରନ୍ତୁ।

୩. ଗୁଳାକୁ ଓଦାକନାରେ ଘୋଡାଇ ୩୦ ମିନିଟ ରଖନ୍ତୁ।

୪. ବାଦାମକୁ ୩/୪ ଘଣ୍ଟା ପୂର୍ବରୁ ବତୁରାଇ ଚୋପା ଛଡାଇ ଚିକ୍କଣ କରି ବାଟି ଏଥିରେ ମଇଦା ଓ ବଟର ମିଶାଇ ଭଲ ଭାବେ ଫେଣ୍ଟି ଲେପ ପ୍ରସ୍ତୁତ କରନ୍ତୁ।

୫. ଘିଅକୁ ସାମାନ୍ୟ ତରଳାଇ ମଇଦା ଗୁଳାରେ ଆସ୍ତେ ଆସ୍ତେ ମିଶାଇ ଭଲ ଭାବରେ ଦଳି ଗୋଟିଏ ନରମ ଗୁଳା କରନ୍ତୁ।

୬. ଗୁଳାକୁ ସମାନ୍ ସମାନ୍ ୬ ଭାଗ କରି ଛୋଟ ଛୋଟ ଗୁଳା କରନ୍ତୁ।

୭. ପ୍ରତ୍ୟେକ ଗୁଳାକୁ ଗୋଲ ଗୋଲ ବେଲି ଅଧା ଅଂଶରେ ପତଳା କରି ବାଦାମ ମିଶ୍ରଣ ବା ଲେପକୁ ବୋଳି ଅନ୍ୟଭାଗଟିକୁ ଏହା ଉପରେ ଢାଙ୍କି ଅଧାଚନ୍ଦ୍ର ଆକାର କରନ୍ତୁ।

୮. ପୁଣିଥରେ ଲମ୍ବରେ ଅଧା ଭାଗରେ ମିଶ୍ରଣ ବୋଳି ଅନ୍ୟ ଭାଗଟିକୁ ଏହା ଉପରେ ଭାଙ୍ଗି ଦିଅନ୍ତୁ।

୯. ଲମ୍ବରେ ଏହାର ଦୁଇପାଖକୁ ଧରି ମୋଡି ଦିଅନ୍ତୁ। ଏହା ଏକ ମୋଟା ଦଉଡି ଖଣ୍ଡଭଳି ଦେଖାଯିବ। ଏଥର ଏହି ମୋଡା ହୋଇଥିବା ଖଣ୍ଡକୁ ଠିଆ କରି ପାପୁଲିରେ ତଳକୁ ଚାପି ଦିଅନ୍ତୁ। ଏହା ଗୋଟିଏ ଗୋଲାକୃତି ଆକାର ହୋଇଯିବ।

୧୦.ଗୋଲାକୃତିଟିକୁ ହାତରେ ଥାପି ନଚେତ୍ ବେଲଣାପେଡିରେ ସାମାନ୍ୟ ମଇଦା ଛିଞ୍ଚି ମୋଟାକରି ଗୋଲ ଗୋଲ ବେଲନ୍ତୁ।

୧୧.ତାୱା ଗରମ କରି ଗୋଟିଏ ଲେଖାଏଁ ପରଟା ମଧ୍ୟମ ଜାଳରେ ଘିଅ ଦେଇ ସେକନ୍ତୁ। ଦୁଇ ପାଖ ଇଷତ୍ ବାଦାମି ରଙ୍ଗ ଦେଖାଗଲେ ତାୱାରୁ କାଢି ରଖନ୍ତୁ।

୧୨. ଏହିପରି ଭାବରେ ସମସ୍ତ ସାହି ପରଟାକୁ ଗୋଟି ଗୋଟି କରି ସେକି ଯେ କୌଣସି ତରକାରୀ ସହ ପରିବେଷଣ କରନ୍ତୁ।

ମାଲ୍‌ବାରୀ ପରଟା

ସାମଗ୍ରୀ

ମଇଦା	୨୫୦ ଗ୍ରାମ
ଅଣ୍ଡା	୧ ଟା
ଘିଅ	୨ ଟେବୁଲ୍ ଚାମଚ୍
ରିଫାଇନ ତେଲ	
ଲୁଣ ଆବଶ୍ୟକ ମତେ	

ପ୍ରଣାଳୀ

୧. ମଇଦାକୁ ଚାଲୁଣିରେ ଚଲାଇ ରଖନ୍ତୁ।

୨. ଅଣ୍ଡାକୁ ଲୁଣ ଦେଇ ଫେଣ୍ଟି ରଖନ୍ତୁ।

୩. ମଇଦାରେ ଖାଲକରି ଅଣ୍ଡା ଓ ଆବଶ୍ୟକ ପରିମାଣର ପାଣି ଦେଇ ଗୋଳାଇ ଭଲ ଭାବେ ଦଳି ଗୋଟିଏ ନରମ ଗୁଳା କରନ୍ତୁ। ଏହାକୁ ଢାଙ୍କୁଣି ଘୋଡାଇ ୨୦ରୁ ୨୫ ମିନିଟ୍ ରଖନ୍ତୁ।

୪. ଗୁଳାକୁ ୬ ଟି ସମାନ ଭାଗ କରି ଗୁଳା କରନ୍ତୁ।

୫. ହାତରେ ତେଲମାରି ପ୍ରତ୍ୟେକ ଗୁଳାକୁ ଥାପି ଥାପି ସମାନ ଭାବରେ ଚତରାଇ ଲମ୍ୱାଳିଆ ରୁଟି କରନ୍ତୁ।

୬. ଏହି ରୁଟିର ଦୁଇପାଖକୁ ଲମ୍ୱ ଆକାରରେ କୁଂଚି କୁଂଚି କରି ଧରି ବୁଲାଇ ଗୋଟିଏ ଗୋଲାକୃତି ଗୁଳା କରନ୍ତୁ।

୭. ଗଢିଥିବା ଗୁଳାକୁ ଓଦାକନା ଘୋଡାଇ ୧୦ ରୁ ୧୫ ମିନିଟ୍ ରଖନ୍ତୁ।

୮. ବେଲଣା ପେଡିରେ ତେଲମାରି ଗୁଳାଗୁଡିକ ଗୋଲ ଗୋଲ କରି ବେଲି ରଖନ୍ତୁ।

୯. ତାୱା ବା ଫ୍ରାଇଙ୍ଗ ପ୍ୟାନକୁ ମଧ୍ୟମ ଜାଳରେ ଗରମ କରି ଗୋଟି ଗୋଟି କରି ପରଟା ଘିଅ ଦେଇ ସେକନ୍ତୁ।

୧୦. ପରଟାର ଦୁଇ ପାଖ ବାଦାମି ରଙ୍ଗ ହୋଇଆସିଲେ ତାୱାରୁ କାଢି ପ୍ଲେଟରେ ରଖନ୍ତୁ।

୧୧. ଛୁରୀ ମୁନରେ ପରଟାର ପରସ୍ତଗୁଡିକ ସାମାନ୍ୟ ଖୋଲି ଖୋଲି ଗରମ ଗରମ ପରଷନ୍ତୁ।

ନାନ୍

ସାଧାରଣତଃ ନାନ୍ ତିଆରି କରିବା ପାଇଁ ତନ୍ଦୁରୀ ଓଭେନ ବା ତନ୍ଦୁରୀ ଚୁଲି ନାମକ ଏକ ସ୍ୱତନ୍ତ୍ର ଚୁଲିର ଆବଶ୍ୟକତା ପଡିଥାଏ। ତନ୍ଦୁରୀ ଚୁଲିର ଅଭାବରେ ଏହା ଘରେ କିପରି ଓଭେନରେ ପ୍ରସ୍ତୁତ କରାଯାଇ ପାରିବ ତାର ଏକ ବିକଳ୍ପ ଉପାୟ ନିମ୍ନରେ ଦିଆଗଲା।

ସାମଗ୍ରୀ

ମଇଦା	୫୦୦ ଗ୍ରାମ୍
ଡ୍ରାଇ ଇଷ୍ଟ	୧ ଟେବୁଲ୍ ଚାମଚ୍
ଉଷୁମ କ୍ଷୀର	୧୬୦ ମି.ଲି.
ଦହି	୨ ଟେବୁଲ୍ ଚାମଚ୍
ଚିନି	୧ ଟେବୁଲ୍ ଚାମଚ୍
ତରଳ ବଟର ବା ଘିଅ	୨ ଟେବୁଲ୍ ଚାମଚ୍
ଲୁଣ ଆବଶ୍ୟକ ମତେ	

ନାନ୍ ଉପରେ ବ୍ରସ୍ କରିବା ପାଇଁ ବଟର ଓ ଟ୍ରେରେ ବ୍ରସ କରିବା ପାଇଁ ରିଫାଇନ ତେଲ ।

ପ୍ରଣାଳୀ

୧. ମଇଦା ଓ ଲୁଣକୁ ଏକାଠି ଚଲାଇ ରଖନ୍ତୁ।

୨. ଗୋଟିଏ ଡାଟିଆରେ କ୍ଷୀର ନେଇ ଏଥିରେ ଚିନି ଓ ଇଷ୍ଟ ଗୋଳାଇ ୧୫ ରୁ ୨୦ ମିନିଟ୍ ରଖନ୍ତୁ।

୩. ଗୋଟିଏ ଚଟକା ଥାଳି ବା ବଡ ବୋଲରେ ମଇଦା ରଖି ଏହା ମଝିରେ ଖାଲ କରି ଇଷ୍ଟ ଗୋଳା ହୋଇଥିବା କ୍ଷୀର, ଲୁଣ, ଦହି ଓ ତରଳ ବଟର ପକାଇ ଭଲ ଭାବରେ ଦଳି ଗୋଟିଏ ଗୁଳା କରନ୍ତୁ।

୪. ଗୁଳା ଉପରେ ମୋଟା ଓଦାକନା ଘୋଡାଇ ଉଷ୍ମ ଜାଗାରେ ୩ ରୁ ୪ ଘଣ୍ଟା ପର୍ଯ୍ୟନ୍ତ ଫଉଲିବା (formentation) ପାଇଁ ରଖନ୍ତୁ।

୫. ଗୁଳା ଉପରୁ କନାକୁ କାଢି ହାତକୁ ମୁଠା କରି ବାଡେଇ ବାଡେଇ ଗୁଳାକୁ ଲେଉଟ ପାଉଟ କରି ଭଲ ଭାବରେ ଦଳନ୍ତୁ। ଗୁଳା ପାତ୍ରରେ ନ ଲାଗି ଛାଡି ଆସିଲେ ଏହାକୁ ଗୋଟିଏ ଗୁଳା କରି ପୁଣି ଥରେ ଘୋଡାଇ ଆଉ ୧୦ ମିନିଟ୍ ରଖନ୍ତୁ।

୬. ଗୁଳାକୁ ଆଉ ଥରେ ଦଳି ଏହାକୁ ୯ ରୁ ୧୦ ଟି ଛୋଟ ଛୋଟ ଗୁଳା କରନ୍ତୁ।

୭. ଗୋଟିଏ ବେକିଙ୍ଗ ଟ୍ରେରେ ତେଲ ବ୍ରସ କରି ରଖନ୍ତୁ।

୮. ପ୍ରତ୍ୟେକ ଗୁଳାକୁ ଗୋଲ ଓ ମୋଟା କରି ବେଲି ହାତରେ ଟାଣି ଲମ୍ବାଳିଆ ତ୍ରିଭୁଜାକାର କରି ଟ୍ରେରେ ରଖନ୍ତୁ ।ଏହା ଉପରେ ତରଳ ବଟର ବା ଘିଅ ବ୍ରସ କରନ୍ତୁ।

୯. ଓଭେନକୁ ପ୍ରିହିଟ କରନ୍ତୁ ଓ ଟ୍ରେକୁ ଓଭେନରେ ରଖି ୧୯୦ ସେଂଟିଗ୍ରେଡରେ ୪ ରୁ ୫ ମିନିଟ୍ ପର୍ଯ୍ୟନ୍ତ ବେକ କରନ୍ତୁ।

୧୦.ନଚେତ୍ ନାନ୍ ଉପରେ ଛୋଟ ଛୋଟ ବାଦାମି ରଙ୍ଗର ଫୋଟକା ଗୁଡିକ ଦେଖାଗଲେ ଓଭେନରୁ କାଢି ଗରମ ଗରମ ଯେ କୌଣସି ଆମିଷ ବା ନିରାମିଷ ତରକାରୀ ସହ ପରିବେଷଣ କରନ୍ତୁ।

ପ୍ରକାର ଭେଦ

ପୋସ୍ତ-ରାଶି ଦିଆ ନାନ୍

- ଉପରୋକ୍ତ ନାନ୍ ରେସିପିର ସାମଗ୍ରୀକୁ ନେଇ ନାନ୍ ପ୍ରଣାଳୀରେ ନାନ୍ ଗୁଡିକୁ ବେଲି ଟ୍ରେରେ ରଖନ୍ତୁ।
- ବ୍ରସ୍ କରିବାକୁ ଥିବା ତରଳ ବଟର ସହିତ ୩ ଟେବୁଲ ଚାମଚ୍ ପୋସ୍ତ ଓ ୧ ଟେବୁଲ୍ ଚାମଚ ଧଳା ରାଶି ମିଶାଇ ରଖନ୍ତୁ।
- ଟ୍ରେରେ ରଖିଥିବା ନାନ୍ ଗୁଡିକ ଉପରେ ଉକ୍ତ ମିଶ୍ରଣକୁ ସମାନ ଭାବରେ ବୋଲି ବେକ୍ କରନ୍ତୁ।

କଚୋରୀ

ସାମଗ୍ରୀ

ମଇଦା	୨୫୦ଗ୍ରାମ୍
ଘିଅ	୪ ଟେବୁଲ୍ ଚାମଚ୍
ଲୁଣ ଆବଶ୍ୟକ ମତେ	
ପାଣି ଆବଶ୍ୟକ ମତେ	

ପୁର ପାଇଁ

ମୁଗ ଡାଲି	୧୨୦ ଗ୍ରାମ୍
ଦରକୁଟା ଧନିଆ	୨ ଚା ଚାମଚ୍
ଦରକୁଟା ପାନ ମଧୁରୀ	୧ ଚା ଚାମଚ୍
ଦରକୁଟା ଜୀରା	୧/୨ ଚା ଚାମଚ୍
ହେଙ୍ଗୁ	ଟିପେ (୧/୮ ଚା ଚାମଚ୍)
କସ୍ତୁରି ମେଥି	୨ ଚା ଚାମଚ୍
କଞ୍ଚା ଲଙ୍କା	୨ ଟା
ଅଦା	୧/୨ ଇଞ୍ଚ
ସୈନ୍ଧବ ଲୁଣ	୧/୨ ଚା ଚାମଚ୍
ଗୋଲମରିଚ ଗୁଣ୍ଡ	୧/୨ ଚା ଚାମଚ୍
ଆମଚୁର ଗୁଣ୍ଡ	୧ ଟେବୁଲ ଚାମଚ୍
ଗରମ ମସଲା ଗୁଣ୍ଡ	୧/୨ ଚା ଚାମଚ୍
ବେସନ	୬ ଟେବୁଲ୍ ଚାମଚ୍
ତେଲ (ପୁର ଭାଜିବା ପାଇଁ)	୨.୧/୨ ଟେବୁଲ୍ ଚାମଚ୍
ଛାଣିବା ପାଇଁ ତେଲ	

ପ୍ରଣାଳୀ

୧. ମୁଗଡାଲିକୁ ଧୋଇ ୩ ଘଣ୍ଟା ପାଣିରେ ବତୁରାଇ ଛାଣି ରଖନ୍ତୁ।

୨. ଭଲ ଭାବେ ପାଣି ନିଗିଡି ଗଲେ ଗ୍ରାଇଣ୍ଡରରେ ମୁଗକୁ ପକାଇ ୮ ରୁ ୧୦ ସେକେଣ୍ଡ ଚଲାଇ କାଢି ଦିଅନ୍ତୁ। ଏହାକୁ ଚିକ୍କଣ ନ କରି ଦରଦର ଖଣ୍ଡ ରଖିବେ।

୩. ମଇଦାରେ ଲୁଣ ପକାଇ ଗୋଳାଇ ଏଥିରେ ତରଳ ଘିଅ ପକାଇ ଭଲ ଭାବରେ ଘସି ଘସି ମିଶାଇ ଦିଅନ୍ତୁ ଓ ପାଣି ପକାଇ ଭଲ ଭାବରେ ଦଳି ଗୋଟିଏ ନରମ ଗୁଳା ପ୍ରସ୍ତୁତ କରନ୍ତୁ। ଗୁଳାକୁ ଓଦା କନା ଘୋଡାଇ ରଖି ଦିଅନ୍ତୁ।

୪. ଅଦା ଓ କଂଚା ଲଙ୍କା ଭଲ ଭାବରେ ଛେଚି ରଖନ୍ତୁ।

୫. ଫ୍ରାଇଙ୍ଗ ପ୍ୟାନ୍‌ରେ ପୁର ପାଇଁ ଥିବା ତେଲକୁ ଗରମ କରି ଏଥିରେ ଧନିଆ, ପାନମଧୁରୀ ଓ ଜୀରାକୁ ପକାଇ ଭାଜନ୍ତୁ ଅଳ୍ପ ସମୟ ପରେ ଛେଚା ଅଦା ଓ କଂଚା ଲଙ୍କା ପକାଇ ଭାଜନ୍ତୁ।

୬. ଏଥିରେ କ୍ରମ ଅନୁସାରେ ହେଙ୍ଗୁ, ଗୋଲମରିଚ ଗୁଣ୍ଡ, କସ୍ତୁରୀ ମେଥି, ଲଙ୍କା ଗୁଣ୍ଡ ଗରମ ମସଲା ଗୁଣ୍ଡ, ଆମ୍‌ଚୁର୍, ସୈନ୍ଧବ ଲୁଣ ଆଦି ପକାଇ (୩ ରୁ ୪ ମିନିଟ୍) ପର୍ଯ୍ୟନ୍ତ ଅଳ୍ପ ଜାଳରେ ଭାଜନ୍ତୁ।

୭. ଏଥିରେ ବେସନ ପକାଇ ୪ ରୁ ୫ ମିନିଟ୍ ଭାଜନ୍ତୁ। ବେସନ ଭଲ ଭାବରେ ଭାଜି ହୋଇଗଲେ ଏଥିରୁ ଏକ ପ୍ରକାର ବାସ୍ନା ବାହାରିବ ।

୮. ବେସନ ଭଜାରେ ଲୁଣ ଓ ମୁଗକୁ ପକାଇ ଆଉ ୩ ରୁ ୪ ମିନିଟ ଭାଜନ୍ତୁ ।

୯. ଏଥର ପୁରକୁ ଚୁଲିରୁ ଓହ୍ଲାଇ ଗୋଟିଏ ପ୍ଲେଟରେ ଥଣ୍ଡା କରନ୍ତୁ ଓ ପୁରକୁ ହାତରେ ମୁଠା କରି ଗୋଲ ଗୋଲ ସମାନ ଆକାରର ଲଡୁ ତିଆରି କରି ରଖନ୍ତୁ ।

୧୦. ମଇଦା ଗୁଳାକୁ ଆଉ ଥରେ ଦଳି ସମାନ ସମାନ ଭାଗ କରି ୧୨ ରୁ ୧୪ ଟି ଗୁଳା କରି ରଖନ୍ତୁ ।

୧୧. ଗୋଟିଏ ଗୁଳା ନେଇ ହାତ ପାପୁଲିରେ ଥାପି ଚଟକା କରି ବା ଛୋଟ ତାଟିଆ ଭଳି କରି ଏଥିରେ ଗୋଟିଏ ଲେଖାଏଁ ମୁଗ ଲଡୁ ଦେଇ ଚାରିପଟୁ ମଇଦା ଗୁଳାକୁ ବୁଜି ଅଧିକ ମଇଦା ଥିଲେ ବାହାର କରି ଦିଅନ୍ତୁ। ମନେ ରଖିବେ ମଇଦା ଗୁଳା ଯେପରି ଫାଟି ନ ଯାଏ। ପୁର ଦିଆ ଗୁଳାକୁ ଗୋଲ ଗୋଲ କରି ଗଢି ଗୋଟିଏ ପ୍ଲେଟରେ ରଖନ୍ତୁ ।

୧୨. କଡ଼େଇରେ ତେଲ ପକାଇ ଅଳ୍ପ ଜାଳରେ ଗରମ କରନ୍ତୁ। ହାତରେ ତେଲ ମାରି ଗୋଟିଏ ଲେଖାଏଁ କଚୋରି ଗୁଳା ନେଇ ନେଡିରେ ଆସ୍ତେ ଆସ୍ତେ ଥାପି ଗୋଲ ଗୋଲ କଚୋରି କରନ୍ତୁ। ଏହାକୁ ଅଧିକ ପତଳା ବା ଅଧିକ ମୋଟା କରିବେ ନାହିଁ ।

୧୩. କଡ଼େଇର ଆକାରକୁ ଦେଖି ଗରମ ତେଲରେ ଗୋଟି ଗୋଟି କରି ୩ ରୁ ୪ ଟି ଲେଖାଏଁ କଚୋରି ପକାଇ ଛାଣନ୍ତୁ। ଅବଶିଷ୍ଟ ଗୁଳାକୁ ଓଦା କନା ଘୋଡାଇ ରଖନ୍ତୁ।

୧୪. କଚୋରି ଗୁଡିକ ଅଳ୍ପରୁ ମଧ୍ୟମ ଜାଳ ଭିତରେ ବା ୨ ରୁ ୩ ମିନିଟ ଛାଣିବା ପରେ ଅନ୍ୟ ପାଖକୁ ଲେଉଟାଇ ଦିଅନ୍ତୁ।

୧୫. ଦୁଇପାଖ କଚୋରିର ଇଷତ୍ ବାଦାମି ରଙ୍ଗ ହୋଇ ମସମସିଆ ହୋଇଗଲେ ତେଲରୁ ଛାଣି ଟିସୁ ପେପର ବିଛାଇଥିବା ପ୍ଲେଟରେ ରଖନ୍ତୁ।

୧୬. ଏହି ଭଳି ଭାବରେ ସମସ୍ତ କଚୋରି ଛାଣି, ଯେ କୌଣସି ମିଠା ଚଟଣୀ ସହ ପରିବେଷଣ କରନ୍ତୁ ।

ଭଟୁରା

ସାମଗ୍ରୀ

ମଇଦା	୪୫୦ ଗ୍ରାମ୍
ବେକିଙ୍ଗ ପାଉଡର	୧ ଚା ଚାମଚ୍
ବେକିଙ୍ଗ ସୋଡା	୧/୪ ଚା ଚାମଚ୍
ସୁଜି	୨ ଟେବୁଲ୍ ଚାମଚ୍
ଦହି	୪ ଟେବୁଲ୍ ଚାମଚ୍
ତେଲ	୨ ଟେବୁଲ୍ ଚାମଚ୍
ଦଳିବା ପାଇଁ ଉଷୁମ ପାଣି	
ଛାଣିବା ପାଇଁ ରିଫାଇନ ତେଲ	
ଲୁଣ ଆବଶ୍ୟକ ମତେ	

ପ୍ରଣାଳୀ

୧. ମଇଦା, ବେକିଙ୍ଗ୍ ପାଉଡର, ବେକିଙ୍ଗ ସୋଡା ଓ ଲୁଣକୁ ଏକାଠି ଚଲାଇ ରଖନ୍ତୁ। ସୁଜିକୁ ଏଥିରେ ଗୋଳାଇ ରଖନ୍ତୁ।

୨. ଗୋଟିଏ ବଡ ଫନ୍ଦ ଥିବା ଚଟକା ଥାଳିରେ ଏହି ମଇଦା ମିଶ୍ରଣକୁ ରଖି ଏହା ମଝିରେ ଗୋଟିଏ ଖାଲ କରି ଦହି ଓ ପାଣି ଦେଇ ଭଲ ଭାବେ ଚକଟି ଦଳନ୍ତୁ ।

୩. ଗୁଳାରେ ୧.୧/୨ ଟେବୁଲ ଚାମଚ ତେଲ ମିଶାଇ ଦଳି ଗୋଟିଏ ଗୁଳା କରନ୍ତୁ।

୪. ଗୁଳାକୁ ଗୋଟିଏ ବୋଲ୍‌ରେ ରଖି ଏହା ଉପରେ ଆଉ ୧/୨ ଟେବୁଲ୍ ଚାମଚ୍ ତେଲ ମାରି ବା ବ୍ରସ୍ କରି ବୋଲ୍ ଉପରେ ଓଦା କନା ଘୋଡାଇ, ଏହା ଉପରେ ଢାଙ୍କୁଣି ଘୋଡାଇ ଉଷୁମ ଜାଗାରେ ୨ ଘଣ୍ଟା ରଖନ୍ତୁ।

୫. ଗୁଳାକୁ ଭାଙ୍ଗି ୯ ରୁ ୧୦ ଟି ଭାଗ କରି ଗୋଲ୍ ଗୋଲ୍ ଗୁଳା କରନ୍ତୁ ।

୬. ବେଲଣା ପେଡିରେ ତେଲ ମାରି ଗୁଳାକୁ ଗୋଲ୍ ଗୋଲ୍ କରି ବେଲନ୍ତୁ । କଡେଇରେ ତେଲ ଗରମ କରି ସଙ୍ଗେ ସଙ୍ଗେ ବେଲିଥିବା ଭଟୁରାକୁ ଗୋଟି ଗୋଟି କରି ଦୁଇ ପାଖ ଲେଉଟାଇ ଛାଣି ରଖନ୍ତୁ ।

୭. ଗରମ ଗରମ ଭଟୁରା ଛୋଲେ ବା ମଟର ତରକାରୀ ସହ ପରିବେଷଣ କରନ୍ତୁ ।

ବି.ଦ୍ର- ଗୁଳାକୁ ମଇଦା ଦେଇ ବେଲି ପାରିବେ। କିନ୍ତୁ, ଭଟୁରାରେ ଲାଗିଥିବା ମଇଦା ତେଲରେ ଝଡି ପୋଡିଯାଏ ଓ ତେଲର ରଙ୍ଗ ବଦଳାଇ ଦିଏ । ଫଳରେ ଛଣା ହୋଇଥିବା ଭଟୁରାରେ ପୋଡା ମଇଦା କଳା କଳା ଗୁଣ୍ଡ ଭଳି ଲାଖିରହେ।

ପୁରୀ

ସାମଗ୍ରୀ

ଅଟା	୩୦୦ ଗ୍ରାମ୍
ଘିଅ ବା ତେଲ	୨.୧/୨ ଟେବଲ୍ ଚାମଚ୍
ଛାଣିବା ପାଇଁ ତେଲ	
ଲୁଣ ଓ ପାଣି ଆବଶ୍ୟକ ମତେ	

ପ୍ରଣାଳୀ

୧. ଅଟାକୁ ଚଲାଇ ଗୋଟିଓ ବୋଲ୍‌ରେ ନେଇ ତେଲ ବା ଘିଅ ମିଶାଇ ଭଲ ଭାବରେ ଘସି ମିଶାଇ ଦିଅନ୍ତୁ।

୨. ଅଟା ମଝିରେ ଖାଲ କରି ଏଥିରେ ଲୁଣ ପକାଇ ପାଣି ଦେଇ ମିଶାଇ ଭଲ ଭାବରେ ଦଳି ଦିଅନ୍ତୁ।

୩. ଗୁଳାକୁ ଘୋଡାଇ ୧୦ ମିନିଟ୍ ରଖନ୍ତୁ ।

୪. ଗୋଟିଏ ବଡ ପାତ୍ରରେ ଖବର କାଗଜ ୨/୩ ପରସ୍ତ ପକାଇ ଏହା ଉପରେ ସଫା ଧଳା କନା ବା ଟିସୁ ପେପର ବିଛାଇ ରଖନ୍ତୁ ।

୫. ଚକଟା ଅଟାକୁ ଛୋଟ ଛୋଟ ଗୁଳା କରନ୍ତୁ ।

୬. ବେଲଣା ପେଡିରେ ତେଲ ମାରି ଛୋଟ ଛୋଟ ପୁରି ବେଲନ୍ତୁ । ନଚେତ୍ ପ୍ରେସ୍ ମେସିନ୍ ଥିଲେ ଏଥିରେ ତେଲ ମାରି ଗୁଳା ରଖି ଦାବି ପୁରି କରନ୍ତୁ ।

୭. କଡେଇରେ ତେଲ ଗରମ କରି ମଧ୍ୟମ ଜାଳରେ ଗୋଟିଏ ଲେଖାଏଁ ପୁରି ପକାଇ ଛାଣନ୍ତୁ । ବଡ କଡ଼େଇ ହୋଇ ଥିଲେ ୨ ରୁ ୩ ଟି ଲେଖାଏଁ ପୁରି ଏକା ସାଙ୍ଗରେ ଛାଣି ପାରିବେ ।

୮. ଗୋଟିଏ ପାଖ ଫୁଲିଗଲେ ଅନ୍ୟ ପାଖଟିକୁ ଲେଉଟାଇ ଦିଅନ୍ତୁ ।

୯. ପୁରୀର ରଙ୍ଗ ପରିବର୍ତ୍ତନ ହୋଇ ଆସିଲେ ଜାଲିଚଟୁରେ ତେଲ ନିଗାଡି ପ୍ରସ୍ତୁତ ପାତ୍ରରେ ଛାଣି ରଖନ୍ତୁ ।

୧୦. ଏହିପରି ଭାବରେ ସମସ୍ତ ପୁରି ଛାଣି ଯେ କୌଣସି ତରକାରୀ ବା ଭଜା ସହ ପରଷନ୍ତୁ ।

ଲୁଚି

ସାମଗ୍ରୀ

ମଇଦା	୨୫୦ ଗ୍ରାମ୍
ଘିଅ	୩ ଟେବଲ ଚାମଚ୍
ଲୁଣ ପାଣି ଆବଶ୍ୟକ ମତେ	
ଛାଣିବା ପାଇଁ ତେଲ	

ପ୍ରଣାଳୀ

ପୁରୀ ପ୍ରଣାଳୀ ଅବଲମ୍ବନ କରି ମଇଦାରେ ଘିଅ ଘସି ଗୁଳା ପ୍ରସ୍ତୁତ କରି ଲୁଚି ଛାଣନ୍ତୁ ।

ରାଧା ବଲ୍ଲଭି ଲୁଚି

ସାମଗ୍ରୀ

ମଇଦା	୨୫୦ ଗ୍ରାମ୍
ବିରି ଚୁନା	୩୦ ଗ୍ରାମ୍
ଘିଅ	୨ ଟେବୁଲ୍ ଚାମଚ୍
ପାନ ମଧୁରୀ ଗୁଣ୍ଡ	୧ ଚା ଚାମଚ
ଛାଣିବା ପାଇଁ ତେଲ	
ଲୁଣ ଓ ପାଣି ଆବଶ୍ୟକ ମତେ	

ପ୍ରଣାଳୀ

୧. ମଇଦାକୁ ଚଲାଇ ରଖନ୍ତୁ ଏଥିରେ ବିରିଚୁନା, ପାନମଧୁରୀ ଗୁଣ୍ଡ ଓ ଲୁଣ ପକାଇ ଭଲ ଭାବେ ଗୋଳାଇ ଦିଅନ୍ତୁ ।

୨. ଏଥିରେ ଘିଅ ପକାଇ ଆସ୍ତେ ଆସ୍ତେ ଘସି ଭଲ ଭାବରେ ମିଶାଇ ଦିଅନ୍ତୁ ଓ ଆବଶ୍ୟକ ପରିମାଣର ପାଣି ଦେଇ ଭଲ ଭାବେ ଦଳି ଗୋଟିଏ ନରମ ଗୁଳା କରନ୍ତୁ ।

୩. ଗୁଳାକୁ ଢାଙ୍କୁଣି ଘୋଡାଇ ୨୦ ମିନିଟ ପର୍ଯ୍ୟନ୍ତ ରଖନ୍ତୁ ।

୪. ଗୋଟିଏ ବାଉଁଶିଆ ବା କୋଲାଣ୍ଡରର ତଳେ ୩/୪ ପରସ୍ତ ଖବର କାଗଜ ବିଛାଇ ଏହା ଉପରେ ଟିସୁ ପେପର ନଚେତ୍ ସଫା କନା ବିଛାଇ ଛଣା ଲୁଚି ରଖିବା ପାଇଁ ଜାଗାଟିଏ ପ୍ରସ୍ତୁତ କରନ୍ତୁ ।

୫. ଗୁଳାକୁ ଭାଙ୍ଗି ଛୋଟ ଛୋଟ ଗୁଳା କରି ବେଲଣା ପେଡିରେ ତେଲ ମାରି ଗୋଲ ଗୋଲ ଲୁଚି ବେଲନ୍ତୁ ।

୬. କଡେଇରେ ତେଲ ପକାଇ ଅଧିକ ଜାଳରେ ଗରମ କରନ୍ତୁ । ଲୁଚି ଛାଣିବା ପାଇଁ ତେଲ ଠିକ ଭାବେ ଗରମ ହୋଇଛି କି ନାହିଁ ପରଖିବା ପାଇଁ ଗରମ ତେଲରେ ମଟର ମଞ୍ଜି ଆକାରର ଗୁଳାଟିଏ ପକାଇ ଦେଖନ୍ତୁ ଏହା ଯଦି ଉପରକୁ ଭାସି ଉଠିଲା ତେବେ ଜାଣିବେ ଯେ ତେଲ ଠିକ ଭାବେ ଗରମ ହୋଇଯାଇଛି ।

୭. ଏଥର ଗରମ ତେଲରେ ଗୋଟିଏ ଲେଖାଏଁ ଲୁଚି ଆସ୍ତେ କରି ଗୋଟିଏ ପାଖରୁ ଧରି କଡେଇ କଡରୁ ଛାଡି ଦିଅନ୍ତୁ ।

୮. ଅଳ୍ପ ସମୟ ପରେ ଲେଉଟାଇ ଲୁଚିକୁ ଆସ୍ତେ ଆସ୍ତେ ଜାଲିଚଟୁରେ ଦାବି ଦେଲେ ଲୁଚି ଗୁଡିକ ଭଲ ଭାବେ ଫୁଲିଯିବ ।

୯. ଲୁଚି ଗୁଡିକର ରଙ୍ଗ ସାମାନ୍ୟ ବାଦାମି ହୋଇ ଆସିଲେ ତେଲରୁ ଛାଣି ପ୍ରସ୍ତୁତ ଜାଗାରେ ରଖନ୍ତୁ ।

୧୦. ଲୁଚି ଗୁଡିକ ଯଦି ପୋଡିଯାଏ ତେବେ ଜାଳ ସାମାନ୍ୟ କମାଇ ଦିଅନ୍ତୁ ।

୧୧. ସମସ୍ତ ଲୁଚିକୁ ଏହିପରି ଭାବରେ ଛାଣି ଗରମ ଗରମ ଯେକୌଣସି ତରକାରୀ ସାଙ୍ଗରେ ପରିବେଷଣ କରନ୍ତୁ ।

ଆକ୍କି ରୁଟି (ଚାଉଳ ରୁଟି)

ସାମଗ୍ରୀ

ଚାଉଳ ଚୁନା	୩୦୦ ଗ୍ରାମ୍
ପିଆଜ	୩୦ ଗ୍ରାମ୍
ଅଦା	୧/୪ ଇଂଚ
କଞ୍ଚାଲଙ୍କା	୨/୩ ଟା
ଧନିଆ ପତ୍ର	୨ ଗଛ
ଜୀରା	୧/୨ ଚା ଚାମଚ୍
ଉଷୁମ ପାଣି	
ତେଲ	
ଲୁଣ ଆବଶ୍ୟକ ମତେ	
କଦଳୀ ପତ୍ର ବା ମୋଟା ପଲିଥିନ	

ପ୍ରଣାଳୀ

୧. ପିଆଜକୁ ଯଥା ସମ୍ଭବ ଚୁନ୍ ଚୁନ୍ କରି କାଟନ୍ତୁ । କଞ୍ଚା ଲଙ୍କା ଓ ଧନିଆ ପତ୍ରକୁ ଚୁନ୍ ଚୁନ୍ କରି କାଟନ୍ତୁ ।

ଅଦାକୁ ସରୁ ସରୁ କୋରି ସମସ୍ତ କଟା ସାମଗ୍ରୀ ସହ ଏକାଠି ରଖନ୍ତୁ ।

୨. ଗୋଟିଏ ଫନ୍ଦ ଥିବା ଥାଳିରେ ଚାଉଳ ଚୁନା, ସମସ୍ତ କଟା ସାମଗ୍ରୀ ଜୀରା ଓ ଲୁଣକୁ ଏକାଠି ଭଲ ଭାବେ ଗୋଳାଇ ରଖନ୍ତୁ ।

୩. ଏଥିରେ ବେଶୀ ପାଣି ନ ଦେଇ ଅଳ୍ପ ଅଳ୍ପ ପାଣି ଛିଞ୍ଚି ଦଳନ୍ତୁ । ଭଲ ଭାବେ ଚକଟି ଦଳି ହୋଇଗଲେ ଏହାକୁ ୫ ଟି ଗୁଳା କରି ଓଦା କନା ଘୋଡାଇ ରଖନ୍ତୁ ।

୪. କଦଳୀ ପତ୍ରକୁ ଭଲ ଭାବେ ଧୋଇ ପୋଛି ଏଥିରେ ତେଲ ସମାନ ଭାବେ ମାରି ଦିଅନ୍ତୁ ।

୫. ଗୋଟିଏ ଗୁଳା କଦଳୀପତ୍ର ମଝିରେ ରଖି ହାତରେ ସାମାନ୍ୟ ତେଲ ବା ପାଣି ମାରି, ହାତ ପାପୁଲିରେ ଆସ୍ତେ ଆସ୍ତେ ଦାବି ଦାବି ଚତରାଇ ଗୋଟିଏ ପତଳା ରୁଟି କରନ୍ତୁ । ରୁଟିର ମୋଟେଇ ସବୁଆଡକୁ ସମାନ ରହିବା ଦରକାର ।

୬. ଗୋଟିଏ ମୋଟା ତାୱାକୁ ଗରମ କରି ସାମାନ୍ୟ ତେଲ ବ୍ରସ କରି ସଙ୍ଗେ ସଙ୍ଗେ ତିଆରି କରିଥିବା ରୁଟିକୁ ପତ୍ର ସହ ସାବଧାନତା ସହକାରେ ତାୱାରେ ଓଲଟାଇ ପତ୍ରଟିକୁ କାଢି ଆଣନ୍ତୁ ।

୭. ଅଳ୍ପରୁ ମଧ୍ୟମ ଜାଳରେ ରୁଟିକୁ ସେକନ୍ତୁ । ମଝିରେ ମଝିରେ ରୁଟି ଚାରିପଟେ ତେଲ ବୁଲାଇ ରୁଟିକୁ ଓଲଟାଇ ସେକନ୍ତୁ ।

୮. ରୁଟିର ଦୁଇପାଖରେ ସାମାନ୍ୟ ବାଦାମୀ ରଙ୍ଗର ଫୋଟକା ଦେଖାଗଲେ ରୁଟିକୁ ତାୱାରୁ କାଢି ପ୍ଲେଟରେ ରଖି ସଙ୍ଗେ ସଙ୍ଗେ ଚଟଣୀ ସହ ପରଷନ୍ତୁ ।

ବି.ଦ୍ର- ଦକ୍ଷିଣ ଭାରତର ଏହା ଏକ ଲୋକପ୍ରିୟ ଖାଦ୍ୟ । କନ୍ନଡ ଭାଷାରେ ଚାଉଳକୁ ଆକ୍କି କୁହାଯାଏ । ଆକ୍କି ରୁଟିର ଚାଉଳ ଚୁନା ପାଲିସ ହେବା ଦରକାର । ଖଦଡିଆ ଚାଉଳଚୁନାରେ ରୁଟି ଭଲ ହୁଏ ନାହିଁ । ରୁଟି ଟାଣ ହୁଏ ଓ ବେଲିବା ସମୟରେ ଫାଟିଯାଏ । ରୁଟିକୁ ବେଲିବା ସଙ୍ଗେ ସଙ୍ଗେ ସେକିବାକୁ ପଡିଥାଏ ଓ ସେକା ରୁଟି ସଙ୍ଗେ ସଙ୍ଗେ ପରଷାଯାଏ । ସେକା ହୋଇଥିବା ରୁଟି ଅଧିକ ସମୟ ରହିଲେ ଟାଣ ହୋଇଯାଏ ।

ଡାଲି

ପ୍ରଥମରୁ କୁହାଯାଇଛି ଡାଲି ଏକ ପୁଷ୍ଟିସାର ଜାତୀୟ ଖାଦ୍ୟ। ଭାରତୀୟ ଖାଦ୍ୟ ତାଲିକାରେ ଏହା ପ୍ରତ୍ୟେକ ଦିନ ସ୍ଥାନ ପାଇଥାଏ । ଭାତ ଓ ରୁଟିର ଏହା ଏକ ଆନୁସଙ୍ଗିକ ଖାଦ୍ୟ ।

ସାମଗ୍ରୀ

ହରଡ ଡାଲି	୧୫୦ ଗ୍ରାମ୍
ପାଣି	୧ ଲିଟର
ହଳଦୀଗୁଣ୍ଡ	୧/୨ ଚା ଚାମଚ୍
ଟମାଟୋ	୧ ଟା (୩୦ ଗ୍ରାମ)
ଧନିଆ ପତ୍ର	୧ ଗଛ
ଲୁଣ ଆବଶ୍ୟକ ମତେ	

ବଘାରିବା ପାଇଁ

ତେଲ	୨ ଚା ଚାମଚ୍
ଶୁଖିଲା ଲଙ୍କା	୨ ଟା
ଜୀରା	୧ ଚା ଚାମଚ୍
ପିଆଜ	୧ ଟା (୨୫ ଗ୍ରାମ)

ପ୍ରଣାଳୀ

୧. ଡାଲିକୁ ଧୋଇ ୧ ଘଂଟା ବତୁରାଇ ପୁଣି ଥରେ ଭଲ ଭାବରେ ଧୋଇ ରଖନ୍ତୁ ।

୨. ପିଆଜ ଓ ଧନିଆ ପତ୍ରକୁ ଚୁନ୍ ଚୁନ୍ କାଟି ଅଲଗା ଅଲଗା ରଖନ୍ତୁ । ଟମାଟୋକୁ ଖଣ୍ଡ ଖଣ୍ଡ କାଟି ରଖନ୍ତୁ ।

୩. ଡେକ୍‌ଚିରେ ପାଣି ଗରମ କରି ଏଥିରେ ଡାଲି ଓ ହଳଦୀଗୁଣ୍ଡ ପକାଇ ମଧ୍ୟମ ଜାଳରେ ରାନ୍ଧନ୍ତୁ ।

୪. ଡାଲି ଫୁଟି ଉପରକୁ ଫେଣ ଆସିଲେ, ଫେଣ ଗୁଡିକୁ ଉପରୁ ବାହାର କରି ଫୋପାଡି ଦିଅନ୍ତୁ ଓ ଜାଳ କମାଇ ଢାଙ୍କୁଣି ଘୋଡାଇ ରାନ୍ଧନ୍ତୁ ।

୫. ଡାଲି ଅଧା ସିଝିଗଲେ ଏଥିରେ ଟମାଟୋ ପକାନ୍ତୁ ।

୬. ଡାଲି ଭଲଭାବରେ ସିଝିଗଲେ ଏଥିରେ ଲୁଣ ପକାଇ ଅଳ୍ପ ସମୟ ଫୁଟାଇ ଚୁଲିରୁ ଓହ୍ଲାଇ ଦିଅନ୍ତୁ ।

୭. କଡ଼େଇରେ ତେଲ ଗରମ କରି କ୍ରମ ଅନୁସାରେ ଗୋଟା ଲଙ୍କା ଓ ଜୀରା ଫୁଟାଇଏଥିରେ କଟା ପିଆଜ ପକାଇ ଜାରନ୍ତୁ ।

୮. ପିଆଜ ଜରିଗଲେ ଏଥିରେ ସିଝା ଡାଲି ପକାଇ ବଘାରି ଗୋଳାଇ ଦିଅନ୍ତୁ ।

୯. ଡାଲିକୁ ଚୁଲିରୁ ଓହ୍ଲାଇ ସର୍ଭିଙ୍ଗ ବୋଲରେ ଢାଳି ଉପରେ ଧନିଆପତ୍ର ଛିଂଚି ପରିବେଷଣ କରନ୍ତୁ ।

ବି.ଦ୍ର- ବଘାରିବା ପାଇଁ ଜୀରା ପରିବର୍ତ୍ତେ ସୋରିଷ ବା ପଂଚଫୁଟଣ ବ୍ୟବହାର କରିପାରିବେ ।

- ମୁଗ, କୋଳଥ ଓ କାନ୍ଦୁଲ ଡାଲିକୁ ପ୍ରଥମେ ଭାଜି ଥଣ୍ଡା କରି ଡାଲି ପ୍ରସ୍ତୁତ କରାଯାଏ । କେବଳ ବହିଷ ଡାଲମା ପାଇଁ କଂଚା ମୁଗ ଡାଲି ବ୍ୟବହାର କରାଯାଏ ।

ପ୍ରକାରଭେଦ

- ହରଡ ଡାଲି ପରିବର୍ତ୍ତେ ଉପରୋକ୍ତ ପ୍ରଣାଳୀରେ ମୁଗ, ବୁଟ, ମସୁର, କାନ୍ଦୁଲ, ବିରି ଆଦି ଯେ କୌଣସି ଡାଲି ପ୍ରସ୍ତୁତ କରିପାରିବେ।
- ହରଡ, କୋଳଥ ବା କାନ୍ଦୁଲ ଡାଲିରେ ତେନ୍ତୁଳି ବା ଆମ୍ବୁଲ ଦେଇ ଚିନି ବା ଗୁଡ ପକାଇ ଖଟା ମିଠା ଡାଲି ପ୍ରସ୍ତୁତ କରିପାରିବେ । ଏଥିରେ ପିଆଜ ସହିତ ରସୁଣ ବଘାରିବେ।
- ମସୁର ଡାଲିକୁ ଲଙ୍କା, ଜୀରା ଓ କେବଳ ରସୁଣ ବଘାରିବେ । ଏହା ଏକ ଭିନ୍ନ ସ୍ୱାଦ ଦେଇଥାଏ ।

♦ ମୁଗ ଡାଲିରେ ଲଙ୍କା ଓ ଜୀରା ବଘାରି ଏଥିରେ ବଟା ବା କୋରା ଆମ୍ବ ଅଦା (୧ ଇଂଚ) ପକାଇ ଗୋଳାଇ ଡାଲି ପ୍ରସ୍ତୁତ କଲେ ଏଥିରୁ ଏକ ସ୍ୱତନ୍ତ୍ର ସ୍ୱାଦ-ମହକ ମିଳିଥାଏ ।

ପଂଚରତ୍ନ ଡାଲି

ସମପରିମାଣର ହରଡ, ଗୋଟା ମୁଗ, ଗୋଟା ବୁଟ, ଗୋଟା ରାଜମା ଓ ଗୋଟା ମସୁର ଆଦିର ସମିଶ୍ରଣରେ ପଂଚରତ୍ନ ଡାଲି ପ୍ରସ୍ତୁତ କରାଯାଏ । ଶୁଖିଲା ଡାଲିକୁ ପୂର୍ବଦିନ ରାତିରୁ ବା ୮/୯ ଘଂଟା ବତୁରାଇ ଏହି ଡାଲି ପ୍ରସ୍ତୁତ କରାଯାଏ।

ସାମଗ୍ରୀ

ପଂଚରତ୍ନ ଡାଲି	୨୦୦ ଗ୍ରାମ୍
ହଳଦୀ ଗୁଣ୍ଡ	୧/୨ ଚା ଚାମଚ୍
ପାଣି	୬୦୦ ମିଲି
ପିଆଜ	୧୫୦ ଗ୍ରାମ୍
ଟମାଟୋ	୧୦୦ ଗ୍ରାମ୍
ଅଦା	୧/୨ ଇଂଚ
ରସୁଣ	୫-୬ କୋଳା
କଂଚାଲଙ୍କା	୧ ଟା
ତେଲ	୩ ଟେବୁଲ୍ ଚାମଚ୍
ହେଙ୍ଗୁ	ଟିପେ
ଶୁଖିଲା ଲଙ୍କା	୨ ଟା
ଜୀରା ଗୁଣ୍ଡ	୧/୨ ଚା ଚାମଚ୍
ଧନିଆଗୁଣ୍ଡ	୨ ଚା ଚାମଚ୍
ପାନ ମଧୁରୀ ଗୁଣ୍ଡ	୧/୨ ଚା ଚାମଚ୍
ଗୁଆଘିଅ	୧ ଚା ଚାମଚ୍
କସ୍ତୁରୀ ମେଥି	୧ ଚା ଚାମଚ୍
ଗରମ ମସଲା ଗୁଣ୍ଡ	୧/୨ ଚା ଚାମଚ୍
ଧନିଆପତ୍ର	୨ ଗଛ
ଲୁଣ ଆବଶ୍ୟକ ମତେ	

ପ୍ରଣାଳୀ

୧. ଡାଲିକୁ ୭ ରୁ ୯ ଘଂଟା ବତୁରାଇ ୪/୫ ଥର ଭଲ ଭାବେ ଧୋଇ ରଖନ୍ତୁ ।

୨. ପିଆଜ, ଟମାଟୋ ଓ ଧନିଆପତ୍ରକୁ ଚୁନ ଚୁନ କରି କାଟି ଅଲଗା ଅଲଗା ରଖନ୍ତୁ। ଅଦାର ଚୋପା ଛଡାଇ ରସୁଣ ଓ କଂଚାଲଙ୍କା ସହ ଭଲ ଭାବରେ ଛେଚି ରଖନ୍ତୁ।

୩. ପ୍ରେସରକୁକରରେ ଡାଲି ଓ ପାଣି ଦେଇ ମଧ୍ୟମ ଜାଳରେ ଗୋଟିଏ ହ୍ୱିସିଲ ଦେବାପରେ ଜାଳ କମାଇ ୩ ରୁ ୪ ଟି ହ୍ୱିସିଲ ଦେବା ପର୍ଯ୍ୟନ୍ତ ନରମ କରି ଡାଲିକୁ ସିଝାନ୍ତୁ ।

୪. ଗୋଟିଏ କଡେଇରେ ତେଲ ଗରମ କରି ହେଙ୍ଗୁ ପକାନ୍ତୁ । ହେଙ୍ଗୁ ଭୁର୍ ଭୁର୍ ହୋଇ ଆସିଲେ ଶୁଖିଲା ଲଙ୍କା ପକାଇ ଭାଜନ୍ତୁ ।

୫. ଅଳ୍ପ ସମୟ ପରେ ପିଆଜ ପକାଇ ଭାଜନ୍ତୁ । ପିଆଜ ନରମ ହୋଇ ରଙ୍ଗ ପରିବର୍ତ୍ତନ ହୋଇ ଆସିଲେ ଏଥିରେ ଛେଚା ଅଦା, ରସୁଣ ଲଙ୍କା ପକାଇ ଭାଜନ୍ତୁ ।

୬. ଏଥିରେ ଟମାଟୋ ପକାଇ କଷନ୍ତୁ । ଟମାଟୋ ଭଲ ଭାବରେ ମିଶିଗଲେ ଏଥିରେ ହଳଦୀଗୁଣ୍ଡ, ଜୀରାଗୁଣ୍ଡ, ଧନିଆଗୁଣ୍ଡ ଓ ପାନ ମଧୁରୀ ଗୁଣ୍ଡକୁ କ୍ରମ ଅନୁସାରେ ପକାଇ କଷନ୍ତୁ ।

୭. ମସଲା ଭଲ ଭାବରେ କଷି ହୋଇଗଲେ ଏଥିରେ ଗୁଆଘିଅ ଓ କସ୍ତୁରୀ ମେଥି ପକାଇ ଅଳ୍ପ ସମୟ କଷନ୍ତୁ।

୮. ଏଥିରେ ସିଝା ଡାଲି ଓ ଲୁଣ ପକାଇ ଗୋଳାଇ ଦିଅନ୍ତୁ।।

୯. ମଧ୍ୟମରୁ ଅଳ୍ପ ଜାଳରେ ଡାଲିକୁ ୪ ରୁ ୫ ମିନିଟି ଫୁଟିବାକୁ ଦିଅନ୍ତୁ ।

୧୦. ଡାଲି ଭଲ ଭାବରେ ଫୁଟିଗଲେ ଚୁଲି ବନ୍ଦ କରି ଏଥିରେ ଗରମ ମସଲା ଗୁଣ୍ଡ ପକାଇ ଗୋଟିଏ ସର୍ଭିଙ୍ଗ ବୋଲରେ ଓଜାଡି ଉପରେ ଧନିଆପତ୍ର ଛିଂଚି ପରିବେଷଣ କରନ୍ତୁ ।

ଡାଲମା

ଡାଲମା ଓଡିଶାର ଏକ ସାଧାରଣ ଖାଦ୍ୟ । ଅଧିକାଂଶ ଓଡିଆ ଘରେ ଏହା ସ୍ଥାନ ପାଇଥାଏ । ହରଡ, ମୁଗ, ବୁଟ ଆଦି ଡାଲିରେ ବିଭିନ୍ନ ପ୍ରକାର ପରିବା ପକାଇ ଡାଲମା ପ୍ରସ୍ତୁତ କରାଯାଏ । ଡାଲି ଓ ପରିବା ଅଧିକ ସିଝିଗଲେ ଡାଲମାର ସ୍ୱାଦ ନଷ୍ଟ ହୋଇଯାଏ, ସେଥିପ୍ରତି ସାବଧାନ ହେବାକୁ ପଡିଥାଏ । ମାଟି ହାଣ୍ଡି ଓ କାଠଚୁଲିରେ ପ୍ରସ୍ତୁତ ହୋଇଥିବା ଡାଲମାରୁ ଏକ ସ୍ୱତନ୍ତ୍ର ସ୍ୱାଦ ମହକ ମିଳିଥାଏ ।

ସାମଗ୍ରୀ

ଭଜା ମୁଗ ଡାଲି	
ବା	
ହରଡ ଡାଲି	୧୫୦ ଗ୍ରାମ୍
ହଳଦୀଗୁଣ୍ଡ	୧/୨ ଚା ଚାମଚ୍
ପାଣି	୧ ଲିଟର
ଆଳୁ	୧୦୦ ଗ୍ରାମ୍
ଦେଶୀଆଳୁ	୧୫୦ ଗ୍ରାମ୍
ସାରୁ	୧୦୦ ଗ୍ରାମ୍
କଖାରୁ	୫୦ ଗ୍ରାମ୍
ବାଇଗଣ	୧୦୦ ଗ୍ରାମ୍
ସଜନା ଛୁଇଁ	୨ ଟା
ଟମାଟୋ	୧ ଟା
ଅଦା	୧ ଇଞ୍ଚ
ତେଜପତ୍ର	୧ ଟା
କୋରା ନଡିଆ	୪ ଟେବୁଲ୍ ଚାମଚ୍
ଲୁଣ ଆବଶ୍ୟକ ମତେ	

ବଘାରିବା ପାଇଁ

ସୋରିଷ ତେଲ	୧ ଟେବୁଲ ଚାମଚ୍
ଶୁଖିଲା ଲଙ୍କା	୨ ଟା
ଜୀରା	୧/୨ ଚା ଚାମଚ୍
ସୋରିଷ	୧/୨ ଚା ଚାମଚ୍
ପିଆଜ	୧ ଟା (୩୦ ଗ୍ରାମ)
ଭଜା ଜୀରାଲଙ୍କା ଗୁଣ୍ଡ	୨ ଚା ଚାମଚ୍
ଧନିଆପତ୍ର	୨ ଗଛ

ପ୍ରଣାଳୀ

୧. ଡାଲିକୁ ୨-୩ ଘଣ୍ଟା ବତୁରାଇ ପରିଷ୍କାର ଭାବେ ଧୋଇ ରଖନ୍ତୁ ।

୨. ଗୋଟିଏ ଡେକଚିରେ ପାଣି ଗରମ କରି ଏଥିରେ ଡାଲି ଓ ହଳଦୀଗୁଣ୍ଡ ପକାଇ ଫୁଟାନ୍ତୁ ।

୩. ସାରୁ, ଆଳୁ, ଦେଶୀଆଳୁ ଓ କଖାରୁର ଚୋପା ଛଡାଇ ମଧ୍ୟମ ଆକରର କାଟି ରଖନ୍ତୁ । ଟମାଟୋ ଓ ବାଇଗଣକୁ ଅପେକ୍ଷାକୃତ ସାମାନ୍ୟ ବଡ ବଡ ଖଣ୍ଡ କରି କାଟନ୍ତୁ ।

୪. ଅଦାର ଚୋପା ଛଡାଇ ଛେଚି, ପିଆଜର ଚୋପା ଛଡାଇ ଚୁନ୍ ଚୁନ୍ କାଟି ଓ ଧନିଆ ପତ୍ରକୁ ଚୁନ୍‌ଚୁନ୍ କାଟି ଅଲଗା ଅଲଗା ରଖନ୍ତୁ ।

୫. ଡାଲି ପାଣି ଫୁଟି ଫେଣ ଉପରକୁ ଉଠିଲେ ଫେଣକୁ ଉପରୁ କାଢି, ଫୋପାଡି ଦିଅନ୍ତୁ ।

୬. ଡାଲିରେ ବାଇଗଣ ଓ ସଜନା ଛୁଇଁ ବ୍ୟତୀତ ଅନ୍ୟ ସମସ୍ତ କଟା ପରିବା, ନଡିଆ ୨ ଟେବୁଲ ଚାମଚ୍ ଓ ତେଜପତ୍ର ପକାଇ ମଧ୍ୟମ ଜାଳରେ ରାନ୍ଧନ୍ତୁ ।

୭. ପରିବା ଅଧା ସିଝିଗଲେ ଏଥିରେ ଛୁଇଁ, ବାଇଗଣ ଓ ଲୁଣ ପକାଇ ରାନ୍ଧନ୍ତୁ ।

୮. ସମସ୍ତ ପରିବା ସିଝିଗଲେ ଏଥିରେ ଛେଚା ଅଦା ଗୋଳାଇ ଡାଲମାକୁ ଚୁଲିରୁ ଓହ୍ଲାଇ ଦିଅନ୍ତୁ ।

୯. କଡ଼େଇରେ ତେଲ ଗରମ କରି ଲଙ୍କା ପକାଇ ଭାଜି ଏଥିରେ ଜୀରା ଓ ସୋରିଷ ଫୁଟାଇ, କଟା ପିଆଜ ପକାଇ ଜାରନ୍ତୁ ।

୧୦. ପିଆଜ ଜରିଗଲେ ଡାଲମାକୁ ଏଥିରେ ଓଜାଡି ବଘାରି ଦିଅନ୍ତୁ । ଅଳ୍ପ ସମୟ ଫୁଟାଇ ଚୁଲିରୁ ଓହ୍ଲାଇ ଉପରେ ଜୀରାଲଙ୍କା ଗୁଣ୍ଡ ଛିଂଚି ଗୋଳାଇ ଦିଅନ୍ତୁ ।

୧୧. ଡାଲମାକୁ ସର୍ଭିଙ୍ଗ ବୋଲରେ ଓଜାଡି ଉପରେ ଅବଶିଷ୍ଟ ନଡିଆ ଓ ଧନିଆ ପତ୍ର ଛିଂଚି ପରିବେଷଣ କରନ୍ତୁ ।

ପ୍ରକାର ଭେଦ

ଗୋଟିଏ ପରିବାକୁ ମୁଖ୍ୟ ପରିବା ଭାବରେ ନେଇ ଡାଲମା ପ୍ରସ୍ତୁତ କରାଯାଇ ପାରିବ। ଯଥା-ପଣସ ଡାଲମା, ପୋଟଳ ଡାଲମା, କୋବି ଡାଲମା ଇତ୍ୟାଦି। ପଣସ ତରକାରୀ ପ୍ରଣାଳୀରେ ପଣସ ଓ ମସଲା କଷି ଏଥିରେ ଡାଲି ଓ ଆଳୁ ପକାଇ ସିଝାଇ ପ୍ରସ୍ତୁତ କରିପାରିବେ। ପ୍ରଥମେ ପୋଟଳ ବା କୋବିକୁ ଅଳ୍ପ ହଳଦୀ ଓ ଲୁଣଦେଇ କଷିବେ। ଡାଲି ତିନିଭାଗ ସିଝାଇ ରଖିବେ ତେଲରେ ମସଲା କଷି ଏଥିରେ ଡାଲି ଓ ପରିବା ପକାଇ ମଧ୍ୟମରୁ ଅଳ୍ପ ଜାଳରେ ସିଝାଇ ଗରମ ମସଲା ଗୋଳାଇ ଡାଲମା ପ୍ରସ୍ତୁତ କରିପାରିବେ।

ହବିଷ ଡାଲମା

ହବିଷ ଡାଲମା ଓଡିଶାର ଏକ ସ୍ୱତନ୍ତ୍ର ଡାଲମା। କଂଚାମୁଗ ଡାଲିରେ ସାରୁ, କନ୍ଦମୂଳ, କଂଚା କଦଳୀ ଓ ଓଉ ପକାଇ ଏହି ଡାଲମା ହୋଇଥାଏ । ସାଧାରଣତଃ କାର୍ତ୍ତିକ ମାସରେ ହବିଷ ପାଳନ କରୁଥିବା ପ୍ରତ୍ୟେକ ଓଡିଆଙ୍କ ଘରେ ଏହା ପ୍ରସ୍ତୁତ କରାଯାଏ ।

ସାମଗ୍ରୀ

କଂଚା ମୁଗ ଡାଲି	୨୦୦ ଗ୍ରାମ
ସାରୁ	୧୦୦ ଗ୍ରାମ
କଂଚା କଦଳୀ	୧ଟା
କନ୍ଦମୂଳ	୧୦୦ ଗ୍ରାମ
ଓଉ	୩ ପାଖୁଡା
ପାଣି	୧. ୧/୨ ଲିଟର
ନଡିଆ	୧ ଫାଳ
ଭଜା ଜୀରାଲଙ୍କା ଗୁଣ୍ଡ	୧ ଚା ଚାମଚ୍
ଲୁଣ ଆବଶ୍ୟକ ମତେ	

ବଘାରିବା ପାଇଁ

ଗୁଆଘିଅ	୧.୧/୨ ଚା ଚାମଚ୍
ଜୀରା	୧ ଚା ଚାମଚ୍
ଶୁଖିଲା ଲଙ୍କା	୨ ଟା

ପ୍ରଣାଳୀ

୧. ସାରୁ, କଦଳୀ ଓ କନ୍ଦମୂଳ ଚୋପା ଛଡାଇ ଧୋଇ ଖଣ୍ଡ ଖଣ୍ଡ କରି କାଟନ୍ତୁ । ଓଉକୁ ଧୋଇ ପାଣି ନିଗାଡି ଉପର ଚୋପା ଓ ଭିତର ପତଳା ଛାଲିକୁ ବାହାର କରି ଲମ୍ୱରେ ଖଣ୍ଡ ଖଣ୍ଡ କରି କାଟି ଛେଚି ରଖନ୍ତୁ । ନଡିଆକୁ କୋରି ରଖନ୍ତୁ ।

୨. ମୁଗକୁ ପରିଷ୍କାର କରି ଧୋଇ ଡେକଚି ରେ ପାଣି ଦେଇ ଚୁଲିରେ ବସାନ୍ତୁ ।

୩. ପାଣି ଗରମ ହୋଇଗଲେ ଓଉ ଓ ନଡିଆକୁ ଛାଡି ସମସ୍ତ ପରିବା ପକାଇ ଘୋଡାଇ ଦିଅନ୍ତୁ ।

୪. ମଝିରେ ମଝିରେ ଘାଂଟି ପରିବା ଦରସିଝା ହୋଇ ଆସିଲେ ଓଉ, ନଡିଆ ଓ ଲୁଣ ପକାନ୍ତୁ ।

୫. ପରିବା ଓ ଡାଲି ସିଝିଗଲେ ଚୁଲିରୁଓହ୍ଲାଇ ଦିଅନ୍ତୁ । ଡାଲି ବେଶୀ ସିଝିଗଲେ ନାଲୁଆ ହୋଇଯାଏ । ତେଣୁ ସେଥିପ୍ରତି ସାବଧାନ ହେବେ ।

୬. କଡେଇ ଗରମ କରି ଏଥିରେ ପ୍ରଥମେ ଲଙ୍କାକୁ ଭାଜି ପରେ ଜୀରା ପକାଇ ଭାଜନ୍ତୁ । ଜୀରା ଫୁଟିଗଲେ ଗୁଆଘିଅ ପକାଇ ସଙ୍ଗେ ସଙ୍ଗେ ଡାଲମାକୁ ଢାଳି ଗୋଟିଏ ଢାଙ୍କଣା ଘୋଡାଇ ଦିଅନ୍ତୁ ।

୭. ଚୁଲିରୁ ଡାଲମାକୁ ଓହ୍ଲାଇ ଉପରେ ଜୀରାଲଙ୍କା ଗୁଣ୍ଡ ଦେଇ ହାଲକା ଭାବରେ ଗୋଳାଇ ଗରମ ଗରମ ଅରୁଆ ଭାତ ସାଙ୍ଗରେ ପରିବେଷଣ କରନ୍ତୁ ।

ମାଛ ଡାଲମା

ଓଡିଶାର ଅନେକ ଗ୍ରାମଦେବତୀଙ୍କ ପାଖରେ ଉଷୁନା ଭାତ ସାଙ୍ଗରେ ମାଛ ଡାଲମା ଭୋଗ ହେବାର ଦୃଷ୍ଟାନ୍ତ ମିଳେ। ସେହି ଅଂଚଳର ପୋଖରୀ ଗାଡିଆ ଆଦିରୁ ମିଳୁଥିବା ଦେଶୀମାଛ ଯଥା- ଶେଉଳ, ଗଡିଶା, ମାଗୁର, ଚୁନାମାଛ, ଚିଙ୍ଗୁଡି ସହିତ ମୁଗଡାଲି ଓ ଅନେକ ପ୍ରକାର ପରିବାର ସମିଶ୍ରଣରେ ଏହି ଡାଲମା ପ୍ରସ୍ତୁତ କରାଯାଏ । ଯେଉଁଥିରେ କି ପ୍ରତ୍ୟେକ ଗ୍ରାମବାସୀ ଉପସ୍ଥିତ ରହି ଏକାଠି ପ୍ରସାଦ ସେବନ

କରନ୍ତି । ଆପଣ ଘରେ, ଦେଶୀମାଛ ବଦଳରେ ଯେକୌଣସି ମାଛ ବ୍ୟବହାର କରି ମାଛ ଡାଲମା ପ୍ରସ୍ତୁତ କରିପାରିବେ ।

ସାମଗ୍ରୀ

ଭଜା ମୁଗଡାଲି	୨୫୦ ଗ୍ରାମ
ଦେଶୀ ଆଳୁ	୫୦ ଗ୍ରାମ
ସାରୁ	୫୦ ଗ୍ରାମ
କଦଳୀ	୧ ଟା
ଆଳୁ	୫୦ ଗ୍ରାମ
କଖାରୁ	୧୦୦ ଗ୍ରାମ
ମୋଟାଖଡା	୧୫୦ ଗ୍ରାମ
ବାଇଗଣ	୧୦୦ ଗ୍ରାମ
ଝୁଡଙ୍ଗ	୫୦ ଗ୍ରାମ
ଭଜାମାଛ	୭୫୦ ଗ୍ରାମ
ତେଜପତ୍ର	୨ ଟା
ହଳଦୀଗୁଣ୍ଡ	୧ ଟା ଚାମଚ୍
ନଡିଆ	୧ ଫାଳ
ପାଣି	୧.୧/୨ ଲିଟର
ଲୁଣ ଆବଶ୍ୟକ ମତେ	
ଭଜା ଜୀରାଲଙ୍କା ଗୁଣ୍ଡ	୧.୧/୨ ଟା ଚାମଚ୍

ବଘାରିବା ପାଇଁ

ତେଲ	୩ ଟେବଲ ଚାମଚ୍
ଶୁଖିଲା ଲଙ୍କା	୩ ଟା
ପଂଚଫୁଟଣ	୧ ଟା ଚାମଚ୍
ପିଆଜ	୧.୧/୨ ଟା
ରସୁଣ	୬/୭ କୋଳା
ଅଦା	୧ ଇଂଚ

ପ୍ରଣାଳୀ

୧. ଦେଶୀଆଳୁ, ଆଳୁ, କଖାରୁ ସାରୁ ଓ କଦଳୀରୁ ଚୋପା ଛଡାଇ ସମସ୍ତ ପରିବାକୁ ଖଣ୍ଡ ଖଣ୍ଡ କରି କାଟି ରଖନ୍ତୁ । ଖଡାକୁ ୨ ଇଂଚ ଲମ୍ବରେ ଓ ଝୁଡଙ୍ଗକୁ ଛୋଟ ଛୋଟ ଖଣ୍ଡ କାଟନ୍ତୁ ।

୨. ପିଆଜକୁ ଚୁନ୍ ଚୁନ୍ କାଟନ୍ତୁ । ଅଦାର ଚୋପା ଛଡାଇ ରସୁଣ ସହ ଛେଚି ରଖନ୍ତୁ । ନଡିଆକୁ କୋରି ରଖନ୍ତୁ ।

୩. ଭଜା ମାଛ ରୁ ବଡ ବଡ କଂଟା ବାହାର କରି ଦିଅନ୍ତୁ (ଚକଟିବେ ନାହିଁ) ।

୪. ଗୋଟିଏ ଡେକଚିରେ ପାଣି ଗରମ କରି ଏଥିରେ ଡାଲି, ପରିବା, ହଳଦୀଗୁଣ୍ଡ, ତେଜପତ୍ର ଓ କୋରା ନଡିଆ ପକାଇ ସିଝାନ୍ତୁ ।

୫. ପରିବା ଓ ଡାଲି ସିଝିଗଲେ ଏଥିରେ ଲୁଣ ଓ ବାଛିଥିବା ମାଛକୁ ପକାଇ ୨/୩ ମିନିଟ ଫୁଟାଇ ଚୁଲିରୁ ଓହ୍ଲାଇ ଦିଅନ୍ତି ।

୬. କଡେଇରେ ତେଲ ଗରମ କରି ଲଙ୍କା ଓ ଫୁଟଣ ଫୁଟାଇ ପିଆଜ ପକାଇ ଭାଜନ୍ତୁ ।

୭. ପିଆଜ ନରମ ହୋଇ ଆସିଲେ ଏଥିରେ ଅଦା ଓ ରସୁଣ ଛେଚା ପକାଇ ଜାରି ଡାଲମା ପକାଇ ବଘାରି ଦିଅନ୍ତୁ ।

୮. ଡାଲମାକୁ ଚୁଲିରୁ ଓହ୍ଲାଇ ଭଜା ଜୀରାଲଙ୍କା ଗୁଣ୍ଡ ପକାଇ ଭଲ ଭାବରେ ଗୋଳାଇ ଢାଙ୍କୁଣି ଘୋଡାଇ ୩/୪ ମିନିଟ ରଖନ୍ତୁ ଓ ଗରମ ଗରମ ଉଷୁନା ଭାତ ସାଙ୍ଗରେ ପରଷନ୍ତୁ ।

ରସମ

ସାମଗ୍ରୀ

ହରଡ ଡାଲି	୩୦ ଗ୍ରାମ
ହଳଦୀଗୁଣ୍ଡ	୧/୪ ଟା ଚାମଚ
ତେନ୍ତୁଳି	୧୦ ଗ୍ରାମ
ପାଣି	୧.୧/୨ ଲିଟର
ରସମ ମସଲା	୧.୧/୨ ଟେବୁଲଚାମଚ

ବଘରିବା ପାଇଁ

ରିଫାଇନ ତେଲ	୧ଟା ଚାମଚ୍
ହେଙ୍ଗୁ	ଟିପେ
ଶୁଖିଲା ଲଙ୍କା	୨ ଟା

ଭୃସଙ୍ଗ ପତ୍ର	୨ ଡେଙ୍ଫ
ସୋରିଷ	୧/୨ ଚା ଚାମଚ୍
ରସୁଣ	୫ ବା ୬ ପାଖୁଡ଼ା

ପ୍ରଣାଳୀ

୧. ଡାଲିକୁ ଭଲ ଭାବରେ ଧୋଇ ଆବଶ୍ୟକ ମୁତାବକ ପାଣି ଓ ହଳଦୀଗୁଣ୍ଡ ପକାଇ ପ୍ରେସର କୁକରରେ ସିଝାଇ ଦିଅନ୍ତୁ ।

୨. ତେନ୍ତୁଳି ୧ ଘଂଟା ପୂର୍ବରୁ ବତୁରାଇ ମଣ୍ଡ କାଢି ରଖନ୍ତୁ; ରସୁଣକୁ ଛେଚି ରଖନ୍ତୁ ।

୩. ଡାଲି ଭଲଭାବରେ ସିଝିଗଲେ ଏହାକୁ ଡଙ୍କିରେ ଭଲ ଭାବରେ ଘୋରି ଏଥିରେ ତେନ୍ତୁଳି ମଣ୍ଡ ପାଣି ଲୁଣ, ଓ ରସମ ମସଲା ପକାଇ ଭଲ ଭାବରେ ମିଶାଇ ୨/୩ ମିନିଟ ଫୁଟାନ୍ତୁ ।

୪. ରସମ ଫୁଟିଗଲେ ଚୁଲି ବନ୍ଦ କରି ଦିଅନ୍ତୁ ।

୫. କଡେଇରେ ତେଲ ଗରମ କରି କ୍ରମ ଅନୁସାରେ ହେଙ୍ଗୁ, ଭୃସଙ୍ଗ ପତ୍ର, ଲଙ୍କା ଓ ସୋରିଷ ପକାଇ ଫୁଟାନ୍ତୁ ।

୬. ସୋରିଷ ଫୁଟିଗଲେ ଛେଚା ରସୁଣ ପକାଇ ଜାରନ୍ତୁ । ରସୁଣ ଜରିଗଲେ ଏଥିରେ ସିଝା ଡାଲିକୁ ଢାଳି ଗୋଟିଏ ଢାଙ୍କୁଣି ଘୋଡାଇ ଦିଅନ୍ତୁ ।

୭. ଚୁଲି ବନ୍ଦ କରି ଅଳ୍ପ ସମୟ ପରେ ରସମ କୁ ଗୋଟିଏ ସର୍ଭିଙ୍ଗ ବୋଲରେ ଓଜାଡି ପରିବେଷଣ କରନ୍ତୁ ।

ରସମ୍ ମସଲା

ସାମଗ୍ରୀ

ହରଡ ଡାଲି	୫୦ ଗ୍ରାମ୍
ବୁଟ ଡାଲି	୨୦ ଗ୍ରାମ୍
ଧନିଆ	୪୦ ଗ୍ରାମ୍
ଜୀରା	୧୦ ଗ୍ରାମ୍
ଶୁଖିଲା ଲଙ୍କା	୭ ବା ୮ ଟା
ଭୃଷଙ୍ଗ ପତ୍ର	୬ / ୭ ଡେଙ୍ଫ
ଗୋଲ ମରିଚ	୧୦ ଗ୍ରାମ୍
ମେଥି	୧/୨ ଚା ଚାମଚ୍
ହେଙ୍ଗୁ	୧/୪ ଚା ଚାମଚ୍
ହଳଦୀ ଗୁଣ୍ଡ	୧/୨ ଚା ଚାମଚ୍

ପ୍ରଣାଳୀ

୧. ହରଡ ଓ ବୁଟ ଡାଲିକୁ ପରିଷ୍କାର ଭାବେ ଧୋଇ ପାଣି ନିଗାଡ଼ି ଗୋଟିଏ ସଫା କନା ଉପରେ ଖେଳାଇ ଫ୍ୟାନ ଦେଇ ଶୁଖାଇ ଦିଅନ୍ତୁ ।

୨. ଲଙ୍କାର ଡେଙ୍ଫ ଛଡ଼ାଇ ଓ ମଞ୍ଜି ଗୁଡ଼ିକ ବାହାରକରି ରଖନ୍ତୁ । ଭୃଷଙ୍ଗ ପତ୍ରକୁ ଧୋଇ ଡେଙ୍ଫ ଛଡ଼ାଇ ଡାଲିଭଳି ଶୁଖାଇ ରଖନ୍ତୁ ।

୩. ଗୋଟିଏ କଡ଼େଇ ଗରମକରି, ହେଙ୍ଗୁ ଓ ହଳଦୀ ବ୍ୟତୀତ ଅନ୍ୟାନ୍ୟ ସାମଗ୍ରୀ ଗୁଡ଼ିକୁ ମଧ୍ୟମରୁ ଅଳ୍ପ ଜାଳରେ ଅଲଗା ଅଲଗା ଭାଜି ରଖନ୍ତୁ ।

୪. ଭାଜିବା ସମୟରେ ସାମଗ୍ରୀଗୁଡ଼ିକୁ ଖରଡ଼ି ଖରଡ଼ି ବାସ୍ନା ଆସିବା ପର୍ଯ୍ୟନ୍ତ ସାବଧାନତା ସହକାରେ ଭାଜିବେ ଯେପରି କି ପୋଡ଼ିଯିବ ନାହିଁ ।

୬. ଗୋଟିଏ ଗ୍ରାଇଣ୍ଡରରେ ସମସ୍ତ ମସଲା ସହ ହଳଦୀଗୁଣ୍ଡ ଓ ହେଙ୍ଗୁ ମିଶାଇ ଭଲ ଭାବେ ପାଲିସ୍‌କରି ଗୁଣ୍ଡ କରନ୍ତୁ ।

୭. ମସଲାଗୁଣ୍ଡକୁ ଗୋଟିଏ ସଫା କାଚ ବୋତଲରେ ରଖନ୍ତୁ । ରସମ୍ କରିବା ସମୟରେ ଏହା ବ୍ୟବହାର କରିବେ ।

ସମ୍ବର

ସାମଗ୍ରୀ

ହରଡ ଡାଲି	୨୦୦ ଗ୍ରାମ
ପାଣି	୧.୧/୨ ଲିଟର
ହଳଦୀଗୁଣ୍ଡ	୧/୨ ଚା ଚାମ୍ଚ୍
କଖାରୁ	୫୦ ଗ୍ରାମ
ବାଇଗଣ	୫୦ ଗ୍ରାମ
ସଜନା ଛୁଇଁ	୧ ଟା
ଛୋଟ ଦେଶୀ ପିଆଜ	୭/୮ ଟା
ବା ବଡ ପିଆଜ	୧ ଟା

ସମ୍ବର ମସଲା	୧.୧/୨ ଚା ଚାମଚ୍
ଧନିଆ ଗୁଣ୍ଡ	୧ ଚା ଚାମଚ୍
ତେନ୍ତୁଳି ମଣ୍ଡ	୧୫ ଗ୍ରାମ
ଲୁଣ ଆବଶ୍ୟକ ମତେ	

ବଘାରିବା ପାଇଁ

ରିଫାଇନ ତେଲ	୨ ଚା ଚାମଚ୍
ହେଙ୍ଗୁ	ଟିପେ
ଶୁଖିଲା ଲଙ୍କା	୨ ଟା
ସୋରିଷ	୧/୨ ଚା ଚାମଚ୍
ଭୃସଙ୍ଗ ପତ୍ର	୨ ଡେଙ୍ଗ
ରସୁଣ	୫/୬ କୋଲା

ପ୍ରଣାଳୀ

୧. ଗୋଟିଏ ଡେକଚିରେ ପାଣି ଗରମ କରି ଏଥିରେ ଧୁଆ ହୋଇଥିବା ଡାଲି, ହଳଦୀଗୁଣ୍ଡ ଓ ଧନିଆଗୁଣ୍ଡ ପକାଇ ମଧ୍ୟମ ଜାଳରେ ରାନ୍ଧନ୍ତୁ ।

୨. କଖାରୁ ଓ ସଜନା ଛୁଇଁରୁ ଚୋପା ଛଡାନ୍ତୁ । ବାଇଗଣରୁ ଭୁଣ୍ଡି କାଢି ବାହାର କରି ଦିଅନ୍ତୁ । କଖାରୁ ଓ ବାଇଗଣକୁ ଛୋଟ ଛୋଟ ଖଣ୍ଡ କରି କାଟନ୍ତୁ । ସଜନା ଛୁଇଁକୁ ୨.୧/୨ ଇଂଚ ଲମ୍ବରେ ଖଣ୍ଡ ଖଣ୍ଡ କରନ୍ତୁ । ପିଆଜରୁ ଚୋପା ଛଡାନ୍ତୁ । ବଡ ପିଆଜ ନେଇଥିଲେ ଚୋପା ଛଡାଇ ଖଣ୍ଡ ଖଣ୍ଡ କରି କାଟି ରଖନ୍ତୁ ।

୩. ରସୁଣକୁ ଛେଚି ରଖନ୍ତୁ । ତେନ୍ତୁଳିକୁ ବତୁରାଇ ମଣ୍ଡ ବାହାର କରନ୍ତୁ ।

୪. ଡାଲି ସିଝି ଆସିଲେ ଏଥିରେ କଟା ପରିବା, ସମ୍ବର ପାଉଡର୍ ଓ ଲୁଣ ପକାଇ ସିଝାନ୍ତୁ ।

୫. ପରିବା ସିଝିଗଲେ ତେନ୍ତୁଳି ମଣ୍ଡ ଏଥିରେ ପକାଇ ଅଳ୍ପ ସମୟ ଫୁଟାଇ ଚୁଲିରୁ ଓହ୍ଲାଇ ଦିଅନ୍ତୁ ।

୬. କଡେଇରେ ତେଲ ଗରମ କରି ହେଙ୍ଗୁ ପକାନ୍ତୁ । ହେଙ୍ଗୁ ଭୁରୁ ଭୁରୁ ହୋଇ ଆସିଲେ ଏଥିରେ କ୍ରମଅନୁସାରେ ଲଙ୍କା, ସୋରିଷ ଓ ଭୃସଙ୍ଗ ପତ୍ର ଫୁଟାଇ ଶେଷରେ ରସୁଣ ପକାଇ ଜାରନ୍ତୁ ।

୭. ରସୁଣ ଜରି ବାସ୍ନା ଆସିଲେ ଏଥିରେ ସିଝିଥିବା ସମ୍ବର ଢାଳି ଢାଙ୍କଣା ଘୋଡାଇ ଦିଅନ୍ତୁ ।

୮. ଅଳ୍ପ ସମୟ ପରେ ଚୁଲିରୁ ଓହ୍ଲାଇ ଗରମ ଗରମ ଭାତ, ଦୋଷା, ଇଡଲି ବା ବରା ସହିତ ପରିବେଷଣ କରନ୍ତୁ ।

ବି.ଦ୍ର- ଏଥିରେ ଦୁଇ ବା ତିନି ପ୍ରକାରରୁ ଅଧିକା ପରିବା ପକାଇବେ ନାହିଁ ।

ଭେଣ୍ଡି ବ୍ୟବହାର କରିବାକୁ ଚାହିଁଲେ ପ୍ରଥମେ କଟା ଭେଣ୍ଡିକୁ ତେଲରେ ଭାଜି ଅନ୍ୟ ପରିବା ଗୁଡିକ ଡାଲିରେ ସିଝି ଆସିଲା ବେଳକୁ ଭେଣ୍ଡି ପକାଇବେ ।

ସମ୍ବର ମସଲା

ସାମଗ୍ରୀ

ବୁଟଡାଲି	୨୫ ଗ୍ରାମ୍
ବିରିଡାଲି	୧୫ ଗ୍ରାମ୍
ଧନିଆ	୪୦ ଗ୍ରାମ୍
ଜୀରା	୨୦ ଗ୍ରାମ୍
ଶୁଖିଲା ଲଙ୍କା	୧୦ଟା
ମେଥି	୧/୪ ଚା ଚାମଚ୍
ଗୋଲ ମରିଚ	୧୦ ଗ୍ରାମ୍
ଭୃସଙ୍ଗ ପତ୍ର	୧୨/୧୪ ଡେଙ୍ଗ
ସୋରିଷ	୧/୨ ଚା ଚାମଚ୍
ହଳଦୀଗୁଣ୍ଡ	୧ ଚା ଚାମଚ୍
ହେଙ୍ଗୁ	୧/୨ ଚା ଚାମଚ୍

ପ୍ରଣାଳୀ

ଉପରୋକ୍ତ ସାମଗ୍ରୀକୁ ନେଇ ରସମ୍ ମସଲା ପ୍ରଣାଳୀ ଅନୁସରଣକରି ସମ୍ବର ମସଲା ପ୍ରସ୍ତୁତ କରନ୍ତୁ। ମସଲାକୁ କାଚ ବୋତଲରେ ରଖନ୍ତୁ। ସମ୍ବର ପ୍ରସ୍ତୁତ କରିବା ସମୟରେ ଏହି ମସଲା ବ୍ୟବହାର କରିବେ।

ପନିପରିବା ରାନ୍ଧଣା

ପନି ପରିବାଗୁଡ଼ିକ ବିଷୟରେ ପ୍ରଥମ ଅଧ୍ୟାୟ ପ୍ରସ୍ତୁତି ବିଭାଗରେ ପୂର୍ବରୁ କୁହାଯାଇଛି। ପନିପରିବା ଓ ଶାଗ ଜାତୀୟ ଖାଦ୍ୟ ଗୁଡ଼ିକରେ ଖାଦ୍ୟସାର ଓ ଖଣିଜ ଲବଣରେ ଭରପୁର ହୋଇ ରହିଥାଏ। କେଉଁଭଳି ଭାବରେ ଏହାକୁ ପ୍ରସ୍ତୁତ କଲେ ରନ୍ଧା ଖାଦ୍ୟରୁ ଆବଶ୍ୟକ ପରିମାଣର ଖାଦ୍ୟଗୁଣ ମିଳିପାରିବ ସେଥିପାଇଁ ଯତ୍ନବାନ୍ ହେବା ଉଚିତ୍। ପନିପରିବାଗୁଡ଼ିକର ଉପରିଭାଗରେ ହିଁ ଖାଦ୍ୟସାର ଓ ଖଣିଜ ଲବଣ ସଂରକ୍ଷିତ ହୋଇଥାଏ। ସେଥିପାଇଁ ମୂଳ ଜାତୀୟ ପରିବାଗୁଡ଼ିକରୁ ମୋଟା ଚୋପା ଛଡ଼ାଇବେ ନାହିଁ। ବିଶେଷକରି ଗାଜର ଚୋପାରେ ଥିଆମିନ୍, ରିବୋଫ୍ଲାଭିନ୍ ଓ ନିଆସିନ୍ ଭଳି କେତେକ 'ବି' ଜାତୀୟ ଭିଟାମିନ୍ ଥାଏ। ଯଥା ସମ୍ଭବ ଏଗୁଡ଼ିକୁ ସାମାନ୍ୟ ଚାଞ୍ଛି ବା ଭଲ ଭାବରେ ଧୋଇ ଚୋପା ସହ ରାନ୍ଧିଲେ ରନ୍ଧାଖାଦ୍ୟରୁ ଆବଶ୍ୟକ ପରିମାଣର ଖାଦ୍ୟଗୁଣ ମିଳିପାରିବ।ବାୟୁ ଓ ଉତ୍ତାପ ସଂସର୍ଗରେ ଆସିଲେ କଟା ପରିବାରୁ କିଛି ପରିମାଣର ଖାଦ୍ୟଗୁଣ ନଷ୍ଟ ହୋଇଯାଏ। ତେଣୁ ସାବଧାନତାର ସହ ଏହାକୁ ପ୍ରସ୍ତୁତ କରିବା ପାଇଁ ନିମ୍ନରେ କିଛି ସୂଚନା ଦିଆଗଲା।

- ରାନ୍ଧିବାର ଆବ୍ୟବହିତ ପୂର୍ବରୁ ପରିବା ଗୁଡ଼ିକ କାଟିବେ।
- ଅଧିକ ଜାଳରେ ଅଧିକ ସମୟ ପର୍ଯ୍ୟନ୍ତ ପରିବାକୁ ସିଝାଇବେ ନାହିଁ।
- ଫୁଟନ୍ତା ପାଣିରେ କଟା ପରିବା ପକାଇ ରାନ୍ଧିବେ।
- ମଧ୍ୟମ ଜାଳରେ ଆବଶ୍ୟକ ପରିମାଣର ପାଣିଦେଇ ପରିବାକୁ ରାନ୍ଧିବେ। ନଚେତ୍ ପରିବାକୁ 'ବାଷ୍ପ ସିଦ୍ଧ' (steaming) ପଦ୍ଧତିରେ ରାନ୍ଧିଲେ ଏଥିରୁ ଅଧିକ ପରିମାଣର ଖାଦ୍ୟଗୁଣ ମିଳି ପାରିବ। ପନିପରିବାରୁ ଅନେକ ପ୍ରକାର ଭଜା, ସନ୍ତୁଳା, ରାଇ, କଷା, ତରକାରୀ, ସାକର, ଖଟା ଆଦି ପ୍ରସ୍ତୁତ କରାଯାଏ।

ଭଜା

"ଶୀତଳ ଆମ୍ବିଳ ଦହଡ଼ ଭଜା

ଖାଇଲେ ଜାଣିବ ରାନ୍ଧୁଣି ମଜା।"

ଏହି ଓଡ଼ିଆ ଲୋକଭକ୍ତିର ତାତ୍ପର୍ଯ୍ୟତା ଯେ କେତେ, ତାହା ଚାଖିବା ଲୋକେ ଅନୁଭବ କରିଥା'ନ୍ତି। ଖାଦ୍ୟର ଯେତେ ପ୍ରକାର ପ୍ରସ୍ତୁତି କରିବା ପାଇଁ ଥାଏ, ସେ ମଧ୍ୟରୁ ଭଜାକୁ ଖାଦ୍ୟ ପରଷିବାର ଅଳ୍ପ ସମୟ ପୂର୍ବରୁ ପ୍ରସ୍ତୁତ କରାଯାଏ। କେତେକ ପରିବାକୁ କେବଳ ତେଲରେ ଭଜାଯାଏ ତ ଆଉ କେତେକ ପରିବାକୁ ପାଣିରେ ସିଝାଇ ତେଲରେ ଭଜାଯାଏ। ଗୋଟା ପରିବାରେ ସିଝାଆଳୁ, କୋରା ପରିବା କଷା, ଛେନା, କଷା କିମା ମାଂସ ଓ ମସଲା ଆଦି ପୁରଦେଇ ମଧ୍ୟ ଭଜା ଯାଏ। ଏହାକୁ ପୁରଦିଆ ଭଜା (stuffed vegetable fry) କୁହାଯାଏ। ସୋରିଷ ତେଲ ଦେଇ ପ୍ରସ୍ତୁତ କରିଥିବା ଭଜାରୁ ଏକ ସ୍ୱତନ୍ତ୍ର ସ୍ୱାଦ ମିଳିଥାଏ। ସୋରିଷ ତେଲ ବ୍ୟତୀତ ଆପଣ ରୁଚି ଅନୁସାରେ ଯେ କୌଣସି ତେଲ ବ୍ୟବହାର କରି ପାରିବେ। ନିମ୍ନରେ କେତେକ ଭଜାର ନମୁନା ଦିଆଗଲା।

ପେଣ୍ଡି ବାଇଗଣ ଭଜା

ସାମଗ୍ରୀ

ପେଣ୍ଡି ବାଇଗଣ	୪ଟା
ସୋରିଷ	୧ ଟା ଚାମଚ୍
ଜୀରା	୧/୨ ଟା ଚାମଚ୍
ରସୁଣ	୨/୩ ପାଖୁଡ଼ା

ଲଙ୍କା	୧ଟା
ହଳଦୀ ଗୁଣ୍ଡ	୧/୨ ଚା ଚାମଚ୍
ତେଲ	୨ ଟେବୁଲ୍ ଚାମଚ୍
ଲୁଣ ଆବଶ୍ୟକ ମତେ	

ପ୍ରଣାଳୀ

୧. ଗୋଟା ପେଣ୍ଡି ବାଇଗଣକୁ ଧୋଇ ଅଗ ଭାଗରୁ ଲମ୍ବରେ ଅଧା ପର୍ଯ୍ୟନ୍ତ ବାଇଗଣର ମୋଟେଇକୁ ଦେଖି ୨ ଭାଗ କିମ୍ବା ୪ ଭାଗ କରି କାଟନ୍ତୁ।

୨. ସୋରିଷ, ଜୀରା, ଲଙ୍କା ଓ ରସୁଣକୁ ଚିକ୍କଣ କରି ବାଟି ଏଥିରେ ଲୁଣ ହଳଦୀ ଗୋଳାଇ ରଖନ୍ତୁ।

୩. ପ୍ରତି ବାଇଗଣର କଟା ଅଂଶ ଭିତରେ ମସଲା ପୁରାଇ ବନ୍ଦକରି ଦିଅନ୍ତୁ ଓ ବଳିଥିବା ମସଲାକୁ ବାଇଗଣରେ ଗୋଳାଇ ରଖନ୍ତୁ।

୪. ଗୋଟିଏ ଲୁହା ତାୱା ବା ଫ୍ରାଇଙ୍ଗ୍ ପ୍ୟାନ୍‌କୁ ଗରମକରି ଅଳ୍ପ ତେଲ ଦେଇ ବାଇଗଣଗୁଡ଼ିକ ଗୋଟିଗୋଟି କରି ପକାଇ ଘୋଡ଼ାଇ ଦିଅନ୍ତୁ।

୫. ମଧ୍ୟମ ଜାଳରେ ପ୍ରତି ବାଇଗଣକୁ ଗୋଟିଗୋଟି କରି ଗଡ଼ାଇ ଭାଜନ୍ତୁ।

୬. ମଝିରେ ମଝିରେ ବାଇଗଣ ଚାରିପଟେ ତେଲ ବୁଲାଇ ବାଦାମି ରଙ୍ଗ ହେବା ପର୍ଯ୍ୟନ୍ତ ଭାଜନ୍ତୁ।

୭. ଚୁଲିରୁ ଓହ୍ଲାଇ ଗୋଟା ବାଇଗଣ ଭଜାକୁ ପ୍ଲେଟ୍‌ରେ ଗୋଟିଗୋଟି ରଖି ପରିବେଷଣ କରନ୍ତୁ।

ପୋସ୍ତ ବାଇଗଣ ଭଜା

ସାମଗ୍ରୀ

ଗୋଲ୍ ବାଇଗଣ	୩୦୦ ଗ୍ରାମ୍
ବେସର ବଟା (ଦେଖନ୍ତୁ ପ୍ରସ୍ତୁତି)	୧ ଟେବୁଲ୍ ଚାମଚ୍
ଛଣା ଦହି	୨ ଟେବୁଲ୍ ଚାମଚ୍
ମହୁ	୧ ଚା ଚାମଚ୍
ଧନିଆ ପତ୍ର	୧ ଗଛ
ମଇଦା	୧ ଚା ଚାମଚ୍
ଲଙ୍କାଗୁଣ୍ଡ	୧ ଚା ଚାମଚ୍
ଗୋଲ ମରିଚ ଗୁଣ୍ଡ	୧/୨ ଚା ଚାମଚ୍
ପୋସ୍ତ	୫୦ ଗ୍ରାମ୍
ଲୁଣ ଆବଶ୍ୟକ ମତେ	
ଭାଜିବା ପାଇଁ ତେଲ	

ପ୍ରଣାଳୀ

୧. ବାଇଗଣକୁ ୧/୨ ଇଞ୍ଚ ମୋଟେଇରେ ଗୋଲ ଗୋଲ କାଟି ରଖନ୍ତୁ।

୨. ଧନିଆ ପତ୍ରକୁ ଧୋଇ ଚୁନ୍‌ଚୁନ୍ କରି କାଟନ୍ତୁ।

୩. ତେଲ, ବାଇଗଣ, ଧନିଆ ପତ୍ର ଓ ପୋସ୍ତକୁ ଛାଡ଼ି ଅନ୍ୟାନ ସମସ୍ତ ସାମଗ୍ରୀକୁ ଗୋଟିଏ ବୋଲ୍‌ରେ ଗୋଳାଇ ମସଲା ମିଶ୍ରଣ ପ୍ରସ୍ତୁତି କରନ୍ତୁ।

୪. ପୋସ୍ତକୁ ଗୋଟିଏ ଥାଳିରେ ଖେଳାଇ ରଖନ୍ତୁ।

୫. ମସଲା ମିଶ୍ରଣରେ ବାଇଗଣକୁ ଗୋଳାଇ ୩୦ ମିନିଟ୍ ପର୍ଯ୍ୟନ୍ତ ରଖନ୍ତୁ।

୬. ତାୱା ବା ଫ୍ରାଇଙ୍ଗପ୍ୟାନ୍‌କୁ ଗରମକରି ତେଲ ପକାଇ ଚାରି ଆଡକୁ ଖେଳାଇ ଦିଅନ୍ତୁ।

୭. ଗୋଟିଗୋଟି କରି ବାଇଗଣକୁ ପୋସ୍ତ ଦାନାରେ ଦୁଇ ପାଖଯାକ ଥାପି, ହାଲକା ଭାବରେ ପୋସ୍ତ ଲଗାଇ, ଗରମ ତାୱାରେ ପକାଇ ମଧ୍ୟମରୁ କମ୍ ଜାଳରେ ଭାଜନ୍ତୁ।

୮. ମଝିରେ ମଝିରେ ତେଲ ଚାରିଆଡ଼କୁ ପକାଇ ବାଇଗଣକୁ ଓଲଟାଇ ଭାଜନ୍ତୁ।

୯. ବାଇଗଣ ଭାଜି ହୋଇଗଲେ ଚୁଲିରୁ ଓହ୍ଲାଇ ସର୍ଭିଙ୍ଗ୍ ପ୍ଲେଟ୍‌ରେ ରଖି ଉପରେ ଧନିଆ ପତ୍ର ସଜାଇ ପରିବେଷଣ କରନ୍ତୁ।

କିମା ପୁରଦିଆ ବାଇଗଣ ଭଜା

ସାମଗ୍ରୀ

ଗୋଲ ବାଇଗଣ	୩୦୦ ଗ୍ରାମ୍
ମଟନ୍ କିମା	୧୫୦ ଗ୍ରାମ୍

ପିଆଜ	୭୫ ଗ୍ରାମ୍
ଅଦା	୫ ଗ୍ରାମ୍
ରସୁଣ	୧ଟା (ଛୋଟ)
ଟମାଟୋ	୧ଟା (ଛୋଟ)
ହଳଦୀ ଗୁଣ୍ଡ	୧/୨ ଚା ଚାମଚ୍
ଧନିଆ ଗୁଣ୍ଡ	୧/୨ ଚା ଚାମଚ୍
ଜୀରା ଗୁଣ୍ଡ	୧/୪ ଚା ଚାମଚ୍
ଲଙ୍କା ଗୁଣ୍ଡ	୧/୨ ଚା ଚାମଚ୍
ଗରମ ମସଲାଗୁଣ୍ଡ	୧/୨ ଚା ଚାମଚ୍
କର୍ଣ୍ଣ ଫ୍ଲାଓ୍ୱାର	୪ ଟେବୁଲ୍ ଚାମଚ୍
ତେଲ	୪ ଟେବୁଲ ଚାମଚ୍

ଲୁଣ ଆବଶ୍ୟକ ମତେ

ପ୍ରଣାଳୀ

୧. ବାଇଗଣକୁ ଡେଙ୍ଗ ସହ ଦୁଇଫାଳ କରନ୍ତୁ।

୨. କଡେଇରେ ପାଣି ୧ କପ୍, ହଳଦୀଗୁଣ୍ଡ ୧/୨ ଚା ଚାମଚ୍ ଓ ଲୁଣ ମିଶାଇ ଫୁଟାନ୍ତୁ ଓ ଏଥିରେ ବାଇଗଣ ଫାଳ ଗୁଡ଼ିକ ପକାଇ ସିଝାନ୍ତୁ।

୩. ଟାଣ ସିଝା ଅବସ୍ଥାରେ ବାଇଗଣର ଚୋପା ସହ ୮ ମିଲିମିଟର ମୋଟେଇର ଖୋଳ ରଖି ଭିତର ମାଂସଳ ଅଂଶକୁ ଚାମଚ୍ ସାହାର୍ଯ୍ୟରେ ସାବଧାନତା ସହକାରେ ଖୋଳି ବାହାର କରି ଦିଅନ୍ତୁ।

୪. ଅଧା ପିଆଜକୁ ଚୁନ୍‌ଚୁନ୍ କାଟି ରଖନ୍ତୁ। ଟମାଟୋକୁ ଚୁନ୍ ଚୁନ୍ କାଟନ୍ତୁ। ଅବଶିଷ୍ଟ ପିଆଜ, ରସୁଣ ଓ ଅଦାକୁ ଏକାଠି ବାଟି ଦିଅନ୍ତୁ।

୫. କଡ଼େଇରେ ୧ ଟେବୁଲ୍ ଚାମଚ୍ ତେଲ ଗରମକରି କଟା ପିଆଜ ପକାଇ ଭାଜନ୍ତୁ। ପିଆଜ ନରମ ହୋଇଗଲେ ଏଥିରେ ଟମାଟୋ, ଧନିଆ, ଜୀରା, ଲଙ୍କା, ଗୋଲମରିଚ ଓ ହଳଦୀ ଗୁଣ୍ଡ ପକାଇ ଅଳ୍ପ ଭାଜି ବଟା ମସଲା ପକାଇ କଷନ୍ତୁ।

୬. ମସଲା କଷି ହୋଇଗଲେ ଏଥିରେ ମାଂସ ଓ ଲୁଣ ପକାଇ ଅଳ୍ପ ଜାଳରେ ଢାଙ୍କୁଣି ଘୋଡ଼ାଇ କଷନ୍ତୁ।

୭. ମାଂସରୁ ପାଣି ମରି ଆସିଲେ ଓ ସିଝିଗଲେ ଗରମ ମସଲା ଗୁଣ୍ଡ ଛିଞ୍ଚି ଭଲ ଭାବରେ ଗୋଳାଇ ଚୁଲିରୁ ଓହ୍ଲାଇ ସାମାନ୍ୟ ଥଣ୍ଡା କରନ୍ତୁ।

୮. କର୍ଣ୍ଣ ଫ୍ଲାଓ୍ୱାରରେ ଲୁଣ ଓ ପାଣି ମିଶାଇ ଗୋଟିଏ ପିଠଉ ପ୍ରସ୍ତୁତ କରନ୍ତୁ। ପିଠଉକୁ ଅତି ପାଣିଆ କିମ୍ବା କାଠୁଆ କରିବେ ନାହିଁ।

୯. ବାଇଗଣ ଖୋଳ ଗୁଡ଼ିକରେ କିମା ପୁର ଭରି ଦିଅନ୍ତୁ। ଏହା ଉପରେ କର୍ଣ୍ଣଫ୍ଲାଓ୍ୱାର ମିଶ୍ରଣରେ ଲେପ ଦେଇ ରଖନ୍ତୁ।

୧୦. ତାଓ୍ୱା ବା ନନ୍‌ଷ୍ଟିକ୍ ପ୍ୟାନ୍‌କୁ ଗରମକରି ଏଥିରେ ତେଲ ପକାଇ ଲେପ ଦେଇଥିବା ବାଇଗଣ ପାଖକୁ ଲେଉଟାଇ ଗୋଟିଗୋଟି କରି ପକାଇ ଅଳ୍ପରୁ ମଧ୍ୟମ ଜାଳରେ ଭାଜନ୍ତୁ।

୧୧. କଟା ପାଖଟି ହୋଇଗଲେ ଅନ୍ୟ ପାଖଟିକୁ ଲେଉଟାଇ ଈଷତ୍ ବାଦାମି ରଙ୍ଗ ହେବା ପର୍ଯ୍ୟନ୍ତ ଭାଜନ୍ତୁ।

୧୨. ଗୋଟିଏ ପ୍ଲେଟ୍‌ରେ ଭଜାକୁ କାଢ଼ି ଗରମ ଗରମ ପରଷନ୍ତୁ।

ଗୋଟା ଭେଣ୍ଡି ଭଜା

ସାମଗ୍ରୀ

ଭେଣ୍ଡି	୨୫୦ ଗ୍ରାମ୍
ଜୀରା	୨ ଚା ଚାମଚ୍
ଅଦା	୧/୨ ଇଞ୍ଚ
କଞ୍ଚା ଲଙ୍କା	୨ଟା
ହଳଦୀ ଗୁଣ୍ଡ	୧/୨ ଚା ଚାମଚ୍
ଚାର୍ଟ ମସଲା	୧/୨ ଚା ଚାମଚ୍

ଲୁଣ ଆବଶ୍ୟକ ମତେ

ପ୍ରଣାଳୀ

୧. ଭେଣ୍ଡିକୁ ଗୋଟା ଧୋଇ ଡେଙ୍ଗ ପାଖରୁ ଅଳ୍ପରଖି ଅବଶିଷ୍ଟ ଅଂଶ କାଟି ଫୋପାଡ଼ି ଦିଅନ୍ତୁ। ଅଗରୁ ସାମାନ୍ୟ କାଟି ବାହାରକରି ଦିଅନ୍ତୁ। ଅଗ ପଟରୁ ଲମ୍ବରେ ଅଧା ପର୍ଯ୍ୟନ୍ତ ଚିରି ରଖନ୍ତୁ।

୨. ଜୀରା, ଅଦା ଓ କଞ୍ଚାଲଙ୍କାକୁ ଚିକ୍କଣକରି ବାଟି, ଏଥିରେ ଲୁଣ, ହଳଦୀ ଓ ଚାର୍ଟମସଲା ଗୋଳାଇ ରଖନ୍ତୁ ।

୩. ପ୍ରତ୍ୟେକ ଭେଣ୍ଡିର କଟା ଭାଗରେ ବଟା ମସଲା ମିଶ୍ରଣ ପୁରାଇ ବନ୍ଦକରି ଦିଅନ୍ତୁ ।

୪. ତାୱା ବା ଫ୍ରାଇଙ୍ଗ୍ ପ୍ୟାନ୍‌ରେ ତେଲ ଗରମକରି ଭେଣ୍ଡିଗୁଡ଼ିକ ଗୋଟିଗୋଟି କରି ପକାନ୍ତୁ ।

୫. ଅଳ୍ପଅଳ୍ପ ତେଲ ବୁଲାଇ ଭେଣ୍ଡିଗୁଡ଼ିକ ଗଡାଇ ଗଡାଇ ମଧ୍ୟମରୁ ଅଳ୍ପ ଜାଳରେ ଭାଜନ୍ତୁ ।

୬. ଭେଣ୍ଡି ଭାଜି ହୋଇଗଲେ ଓ ଚାରିପାଖ ସାମାନ୍ୟ ପୋଡ଼ ପୋଡ଼ ହୋଇ ଆସିଲେ ଚୁଲିରୁ ଓହ୍ଲାଇ ପ୍ଲେଟ୍‌ରେ କାଢ଼ି ଦିଅନ୍ତୁ ।

ପ୍ରକାର ଭେଦ

ଜୀରା ମସଲା ବଦଳରେ ବେସର ପୁର ଭେଣ୍ଡିରେ ଦେଇ ଭାଜି ପାରିବେ ।

ଫାଳ ପୋଟଳ ଭଜା

ସାମଗ୍ରୀ

ପୋଟଳ	୨୫୦ ଗ୍ରାମ୍
ହଳଦୀ ଗୁଣ୍ଡ	୧/୨ ଚା ଚାମଚ୍
ଚାଉଳ ଗୁଣ୍ଡ	୩ ଟେବୁଲ ଚାମଚ୍
ବେସନ	୧ ଟେବୁଲ ଚାମଚ୍
ଜୀରା ଗୁଣ୍ଡ	୧ ଚା ଚାମଚ୍
ଲଙ୍କା ଗୁଣ୍ଡ	୧ ଚା ଚାମଚ୍
ପାଣି	୧/୨ କପ୍
ଭାଜିବା ପାଇଁ ତେଲ	
ଲୁଣ ଆବଶ୍ୟକ ମତେ	

ପ୍ରଣାଳୀ

୧. ପୋଟଳକୁ ସାମାନ୍ୟ ଚାଞ୍ଚି ୨ ପାଖରୁ (ଅଗ ଓ ଡେମ୍ଫ) ସାମାନ୍ୟ କାଟି ବାହାରକରି ଲମ୍ବରେ ଦୁଇଫାଳ ଲେଖାଏଁ କାଟି କାଟି ରଖନ୍ତୁ ।

୨. ଗୋଟିଏ କଡ଼େଇରେ ପାଣି ଗରମକରି ଏଥିରେ ପୋଟଳ ସହ ୧/୨ ଚା ଚାମଚ୍ ହଳଦୀଗୁଣ୍ଡ ଓ ଲୁଣ ପକାଇ ଢାଙ୍କୁଣି ଘୋଡ଼ାଇ ସିଝାନ୍ତୁ ।

୩. ପୋଟଳ ସିଝିଗଲେ ପୋଟଳକୁ ପାଣିରୁ ଛାଣି ଗୋଟିଏ ଥାଳିଆରେ ରଖନ୍ତୁ । ସିଝା ପାଣିକୁ ଥଣ୍ଡା କରନ୍ତୁ ।

୪. ଗୋଟିଏ ବଡ଼ ଡାଟିଆରେ ଚାଉଳ ଗୁଣ୍ଡ, ବେସନ, ହଳଦୀ, ଜୀରା ଗୁଣ୍ଡ, ଲଙ୍କାଗୁଣ୍ଡ ଓ ଲୁଣ ପକାଇ ଗୋଳାଇ ଦିଅନ୍ତୁ ।

୫. ଏହି ମିଶ୍ରଣରେ ପୋଟଳ ସିଝା ପାଣି ଓ ଆବଶ୍ୟକ ପରିମାଣର ପାଣି ଦେଇ ଆସ୍ତେ ଆସ୍ତେ ଗୋଳାଇ ପିଠଉ ପ୍ରସ୍ତୁତ କରନ୍ତୁ ।

୬. ପିଠଉ ଯେପରି ଅତି ପାଣିଆ ବା କାଠୁଆ ନ ହୁଏ ସେଥିପ୍ରତି ଦୃଷ୍ଟି ଦେବେ ।

୭. ତାୱା ଗରମକରି ୧ ଟେବୁଲ୍ ଚାମଚ୍ ତେଲ ପକାଇ ଚାରିଆଡ଼କୁ ଖେଳାଇ ଦିଅନ୍ତୁ ।

୮. ଗୋଟିଗୋଟିକରି ପୋଟଳ ପିଠଉରେ ବୁଡ଼ାଇ ମଧ୍ୟମ ଜାଳରେ ଭାଜନ୍ତୁ ।

୯. ଗୋଟିଏ ପାଖ ହୋଇଗଲେ ଅନ୍ୟପାଖଟିକୁ ଲେଉଟାଇ ଜାଳ କମାଇ ଭାଜନ୍ତୁ ।

୧୦. ଦୁଇ ପାଖ ବାଦାମି ରଙ୍ଗ ହୋଇଗଲେ ଚୁଲିରୁ ଓହ୍ଲାଇ ଭଜାଗୁଡ଼ିକୁ ପ୍ଲେଟ୍‌ରେ ଓଜାଡ଼ି ଗରମ ଗରମ ପରଷନ୍ତୁ ।

ପ୍ରକାର ଓ ଭେଦ

ମୂଳା ଭଜା: ମୂଳାକୁ ଆକାର ଅନୁସାରେ ୨ ବା ୩ ଗଡ଼ କରି କାଟନ୍ତୁ । ପ୍ରତ୍ୟେକ ଗଡ଼କୁ ଲମ୍ବରେ ୩ ବା ୪ ଫାଳ-କରି କାଟି ପୋଟଳ ଭଜା ରେସିପିର ସାମଗ୍ରୀକୁ ନେଇ ଉକ୍ତ ପ୍ରଣାଳୀରେ ଭାଜି ପାରିବେ । ବେସନକୁ ବାଦ୍ ଦେଇ, ଚାଉଳ ବତୁରାଇ ଏଥିରେ ଜୀରା, ଲଙ୍କା, ଅଦା ଓ ରସୁଣକୁ ବାଟି ପିଠଉ ପ୍ରସ୍ତୁତ କରି ଏଥିରେ ସିଝା ମୂଳା ପକାଇ ଉପରୋକ୍ତ ପ୍ରଣାଳୀରେ ଭାଜି ପାରିବେ ।

କଖାରୁ ଫୁଲ ଭଜା: କଖାରୁ ଫୁଲରୁ ଭୁଣ୍ଡି ବାହର କରି ପରିଷ୍କାର ଭାବେ ଧୋଇ, ଗୋଟିଏ ଫୁଲ ଭିତରେ ଆଉ ଗୋଟିଏ ଫୁଲ ପୁରାଇ ଚାଉଳ ବଟା ପିଠଉରେ ବୁଡ଼ାଇ ଉପ ରୋକ୍ତ ପ୍ରଣାଳୀରେ ଭାଜି ପାରିବେ। ପରାଗ ଦଣ୍ଡଟିକୁ କାଢ଼ି ଭୁଣ୍ଡିକୁ ଚୁନ୍‌ଚୁନ୍ କାଟି ବଳିଥିବା ପିଠଉରେ ଗୋଳାଇ ବରା କରାଯାଇ ପାରିବ।

ଦେଶୀ ଆଳୁ ଭଜା

ସାମଗ୍ରୀ

ଦେଶୀ ଆଳୁ	୩୦୦ ଗ୍ରାମ୍
ଜୀରା	୨ ଚା ଚାମଚ୍
ଅଦା	୧/୨ ଇଞ୍ଚ
କଞ୍ଚା ଲଙ୍କା	୨/୩ ଟା
ହଳଦୀ ଗୁଣ୍ଡ	୧ ଚା ଚାମଚ୍
ଭାଜିବା ପାଇଁ ତେଲ	
ଲୁଣ ଆବଶ୍ୟକ ମତେ	

ପ୍ରଣାଳୀ

୧. ଦେଶୀ ଆଳୁର ଚୋପା ଛଡ଼ାଇ ୧/୪ ଇଞ୍ଚ ମୋଟେଇରେ ଗୋଲଗୋଲ କାଟନ୍ତୁ। ବଡ଼ ଦେଶୀ ଆଳୁ ହୋଇଥିଲେ ଆକାର ଦେଖି ୨ ବା ୪ ଖଣ୍ଡ କରି କାଟିବେ।

୨. ଗୋଟିଏ କଡ଼େଇରେ ୧ କପ୍ ପାଣି ଗରମ କରି ଏଥିରେ ଦେଶୀଆଳୁ, ଲୁଣ, ହଳଦୀ ୧/୪ ଚାମଚ୍ ପକାଇ ସିଝାନ୍ତୁ।

୩. ଜୀରା, ଅଦା ଓ ଲଙ୍କାକୁ ଚିକ୍କଣ କରି ବାଟି ଏଥିରେ ହଳଦୀ ଗୁଣ୍ଡ ଓ ଲୁଣ ଗୋଳାଇ ରଖନ୍ତୁ।

୪. ସିଝା ଦେଶୀ ଆଳକୁ ପାଣିରୁ ଛାଣି, ବଟା ମସଲା ଗୋଳାଇ ରଖନ୍ତୁ।

୫. ଗୋଟିଏ ମୋଟା ତାୱା ବା ଫ୍ରାଇଙ୍ଗ୍ ପ୍ୟାନ୍ ଗରମକରି ଏଥିରେ ୧ ଟେବୁଲ ଚାମଚ୍ ତେଲ ପକାଇ ଚାରିଆଡ଼କୁ ଖେଳାଇ ଦିଅନ୍ତୁ।

୬. ଗରମ ତାୱାରେ ଗୋଟି ଗୋଟିକରି ମସଲା ଗୋଳା ହୋଇଥିବା ଦେଶୀ ଆଳୁକୁ ପକାଇ ମଧ୍ୟମରୁ କମ୍ ଜାଳରେ ଭାଜନ୍ତୁ।

୭. ଗୋଟିଏ ପାଖ ହୋଇଗଲେ ଅନ୍ୟ ପାଖଟିକୁ ଲେଉଟାଇ ଭାଜନ୍ତୁ।

୮. ମଝିରେ ମଝିରେ ତେଲ ଭଜା ଚାରିପଟେ ବୁଲାଇ, ଦୁଇ ପାଖଯାକ ବାଦାମି ରଙ୍ଗ ହେବା ପର୍ଯ୍ୟନ୍ତ ଭାଜି ଗରମ ଗରମ ପରଷନ୍ତୁ।

ମିଶା ମିଶି ପରିବା ଭଜା

ସାମଗ୍ରୀ

ଆଳୁ	୧୦୦ ଗ୍ରାମ୍
ପୋଟଳ	୨୦୦ ଗ୍ରାମ୍
ପିଆଜ	୧୦୦ ଗ୍ରାମ୍
ତେଲ	୨ ଟେବୁଲ୍ ଚାମଚ୍
ହଳଦୀଗୁଣ୍ଡ	୧/୨ ଚା ଚାମଚ୍
ଶୁଖିଲା ଲଙ୍କା	୨ଟା
ଜୀରା	୧ ଚା ଚାମଚ୍
ଲୁଣ ଆବଶ୍ୟକ ମତେ	

ପ୍ରଣାଳୀ

୧. ଆଳୁର ଚୋପା ଛଡ଼ାଇ ଲମ୍ବରେ ସରୁସରୁ କାଟନ୍ତୁ। ପୋଟଳର ଚୋପା ଚାଞ୍ଛି ଆଳୁ ଭଳି ସରୁସରୁ କାଟନ୍ତୁ। ପିଆଜକୁ ଲମ୍ବଲମ୍ବ କରି କାଟନ୍ତୁ।

୨. କଡ଼େଇରେ ତେଲ ଗରମକରି ଲଙ୍କା ଓ ଜୀରା କ୍ରମ ଅନୁସାରେ ଫୁଟାଇ ସମସ୍ତ କଟା ପରିବା ହଳଦୀଗୁଣ୍ଡ ଓ ଲୁଣ ଏଥିରେ ପକାଇ ଗୋଳାଇ ଦିଅନ୍ତୁ।

୩. ଢାଙ୍କୁଣି ଘୋଡ଼ାଇ ମଧ୍ୟମ ଜାଳରେ ଭାଜନ୍ତୁ।

୪. ମଝିରେ ମଝିରେ ଢାଙ୍କୁଣି ଖୋଲି ଗୋଳାଇ ଦିଅନ୍ତୁ।

୫. ସମସ୍ତ ପରିବା ସିଝି ଆସିଲେ ଢାଙ୍କୁଣିକୁ ବାହାର କରି କିଛି ସମୟ ଖରଡନ୍ତୁ।

୬. ଭଜାର ରଙ୍ଗ ପରିବର୍ତ୍ତନ ହୋଇ ଆସିଲେ ଚୁଲିରୁ ଓହ୍ଲାଇ ଗୋଟିଏ ସର୍ଭିଙ୍ଗ ବୋଲରେ ଓଜାଡ଼ି ପରିବେଷଣ କରନ୍ତୁ।

ଅମୃତ ଭଣ୍ଡା ଭଜା

ସାମଗ୍ରୀ

ଅମୃତ ଭଣ୍ଡା	୫୦୦ ଗ୍ରାମ୍
ପିଆଜ	୧୦୦ ଗ୍ରାମ୍
ଅଦା	୧/୪ ଇଞ୍ଚ
କଞ୍ଚାଲଙ୍କା	୨/୩ ଟା
କୋରା ନଡ଼ିଆ	୧ ଫାଳ
ତେଲ	୩ ଟେବୁଲ୍ ଚାମଚ୍
ଭୃସଙ୍ଗ ପତ୍ର	୨ ଡେମ୍ଫ
ସୋରିଷ	୧/୨ ଚା ଚାମଚ୍
ଲୁଣ ଆବଶ୍ୟକ ମତେ	

ପ୍ରଣାଳୀ

୧. ଅମୃତଭଣ୍ଡା ଚୋପା ଛଡ଼ାଇ ଧୋଇ ଲମ୍ବରେ ୪ ବା ୬ ଗଡ଼ କରି କାଟନ୍ତୁ। ଭିତରେ ଥିବା ଧଳା ଅଣ୍ଡି ଓ ମଞ୍ଜିକୁ ପରିଷ୍କାର କରି ଚାମଚ୍‌ରେ ବାହାରକରି ଦିଅନ୍ତୁ।

୨. ଗ୍ରେଟରରେ ଗଡ଼ଗୁଡ଼ିକ ଗୋଟିଗୋଟି କୋରି ରଖନ୍ତୁ।

୩. ପିଆଜକୁ ଲମ୍ବରେ ସରୁସରୁ କରି କାଟନ୍ତୁ। ଅଦାକୁ ଗ୍ରେଟରରେ କୋରି ଅଲଗା ରଖନ୍ତୁ। ଲଙ୍କାର ପେଟ ଚିରି ରଖନ୍ତୁ।

୪. କଡ଼େଇରେ ତେଲ ଗରମକରି ଭୃସଙ୍ଗ ପତ୍ର, ଲଙ୍କା ଓ ସୋରିଷ କ୍ରମ ଅନୁସାରେ ଫୁଟାଇ ଅଦା ପକାଇ ଭାଜନ୍ତୁ।

୫. ଅଦା ଅଳ୍ପ ଭାଜି ହୋଇଗଲେ ଏଥିରେ ପିଆଜ ପକାଇ ଭାଜନ୍ତୁ।

୬. ପିଆଜ ନରମ ହୋଇଗଲେ କୋରା ନଡ଼ିଆ ପକାଇ ଭାଜନ୍ତୁ।

୭. ଅଳ୍ପ ସମୟ ପରେ ଅମୃତ ଭଣ୍ଡା ପକାଇ ମଧ୍ୟମରୁ ଅଳ୍ପ ଜାଳରେ ଢାଙ୍କୁଣି ଘୋଡ଼ାଇ ଭାଜନ୍ତୁ।

୮. ଅଳ୍ପ ସମୟ ବ୍ୟବଧାନରେ ଲେଉଟ ପାଉଟକରି ଏଥିରେ ଲୁଣ ପକାଇ ଢାଙ୍କୁଣି କାଢ଼ି ଅମୃତ ଭଣ୍ଡାକୁ ଭାଜନ୍ତୁ।

୯. ଅମୃତର ଭଣ୍ଡାର ରଙ୍ଗ ପରିବର୍ତ୍ତନ ହୋଇ ଭାଜି ହୋଇଗଲେ ଚୁଲିରୁ ଓହ୍ଲାଇ ଗୋଟିଏ ସର୍ଭିଙ୍ଗ ପ୍ଲେଟ୍‌ରେ ଓଜାଡ଼ି ପରିବେଷଣ କରନ୍ତୁ।

ପ୍ରକାର ଭେଦ

ଅମୃତ ଭଣ୍ଡା ଭଳି ପାଚିଲା କଖାରୁକୁ ଚୋପା ଛଡ଼ାଇ ଅଣ୍ଡି କାଢ଼ି ଗ୍ରେଟରରେ କୋରି ଅମୃତଭଣ୍ଡା ଭଜାର ଉପକରଣକୁ ନେଇ କଖାରୁ ଭଜା କରିପାରିବେ। ନଡ଼ିଆକୁ ବାଦ୍ ଦେଇ କଖାରୁ ଭଜା ପ୍ରସ୍ତୁତ କରି ପାରିବେ। ଏହା ଆପଣଙ୍କ ରୁଚି ଉପରେ ନିର୍ଭର କରେ।

ବେସର ପୁରଦିଆ ଗୋଟା କଲରା ଭଜା

ସାମଗ୍ରୀ

କଲରା	୫ଟା
ହଳଦୀଗୁଣ୍ଡ	୧/୨ ଚା ଚାମଚ୍
ପିଆଜ	୫୦ ଗ୍ରାମ୍
ଟମାଟୋ	୨ଟା
କଞ୍ଚାଲଙ୍କା	୧/୨ ଟା
ସୋରିଷ	୨ ଚା ଚାମଚ୍
ଜୀରା	୧/୨ ଚା ଚାମଚ୍
ରସୁଣ	୩/୪ ପାଖୁଡ଼ା
ଲୁଣ ଆବଶ୍ୟକ ମତେ	
ଭାଜିବା ପାଇଁ ତେଲ	

ପ୍ରଣାଳୀ

୧. କଲରାକୁ ପରିଷ୍କାର ଭାବେ ଧୋଇ ଲମ୍ବରେ ମଝିରୁ ଛୁରୀରେ ଛୋଟ ଗାରଟିଏ ଭଳି କାଟନ୍ତୁ।

୨. କଡ଼େଇରେ ପାଣି ଗରମକରି କଲରା, ହଳଦୀ ଓ ଲୁଣ ପକାଇ ଘୋଡ଼ାଇ ସିଝାନ୍ତୁ।

୩. ଟାଣ ସିଝା ଅବସ୍ଥାରେ ଚୁଲି ବନ୍ଦକରି କଲରାକୁ ପାଣିରୁ ଛାଣି ଗୋଟିଏ ଥାଳିରେ ରଖନ୍ତୁ।

୪. ସାମାନ୍ୟ ଥଣ୍ଡା ହୋଇଗଲେ ମଞ୍ଜିଗୁଡ଼ିକ ସାବଧାନତା ସହକାରେ କଲରାରୁ ବାହାରକରି ଦିଅନ୍ତୁ। ମଞ୍ଜିଗୁଡ଼ିକ ଭଲ ଭାବରେ କୁଟି ରଖନ୍ତୁ।

୫. ସୋରିଷ, ଜୀରା, ରସୁଣ ଓ କଞ୍ଚା ଲଙ୍କାକୁ ଏକାଠି ବାଟି ରଖନ୍ତୁ। ପିଆଜ ଓ ଟମାଟୋକୁ ଚୁନ୍‌ଚୁନ୍ କରି କାଟି ଅଲଗା ଅଲଗା ରଖନ୍ତୁ।

୬. କଡ଼େଇରେ ୨ ଟା ଚାମଚ୍ ତେଲ ଗରମକରି ଏଥିରେ ପିଆଜ ପକାଇ ଭାଜନ୍ତୁ। ପିଆଜ ନରମ ହୋଇଗଲେ ଟମାଟୋ ଓ ସାମାନ୍ୟ ଲୁଣ ପକାଇ ଭାଜନ୍ତୁ।

୭. ଟମାଟୋରୁ ପାଣି ମରି ଆସିଲେ ଏଥିରେ ବଟା ମସଲା ଓ କୁଟା ହୋଇଥିବା ମଞ୍ଜିକୁ ପକାଇ ଭାଜନ୍ତୁ।

୮. ପାଣି ଶୁଖି ଆସିଲେ ଓ ରଙ୍ଗ ବଦଳିଗଲେ ଚୁଲିରୁ ଓହ୍ଲାଇ ବେସର ପୁରକୁ ସାମାନ୍ୟ ଥଣ୍ଡା କରନ୍ତୁ।

୯ ସାବଧାନତା ସହକାରେ ପ୍ରତି କଲରା ଖୋଳରେ ପୁର ଭର୍ତ୍ତି କରନ୍ତୁ।

୧୦. ତାୱା ବା ଫ୍ରାଇଙ୍ଗ୍ ପ୍ୟାନ୍‌ରେ ତେଲ ଗରମକରି ଚାରି ଆଡ଼କୁ ଖେଳାଇ ଦିଅନ୍ତୁ।

୧୧. ଏଥିରେ ଗୋଟିଗୋଟି କରି କଲରା ପକାଇ ଅଳ୍ପରୁ ମଧ୍ୟମ ଜାଳରେ କଲରା ଗୁଡ଼ିକ ଗଡ଼ାଇ ଗଡ଼ାଇ ସବୁ ପାଖ ଭାଜନ୍ତୁ।

୧୨. କଲରାଗୁଡ଼ିକ ବାଦାମି ରଙ୍ଗ ହୋଇଗଲେ ଚୁଲିରୁ ଓହ୍ଲାଇ ଗୋଟିଏ ପ୍ଲେଟ୍‌ରେ କଲରା ଭଜାଗୁଡ଼ିକ କାଢ଼ି ଗରମ ଗରମ ପରଷନ୍ତୁ।

ଆଳୁ ପୁରଦିଆ କଲରା ଭଜା

ସାମଗ୍ରୀ

କଲରା	୫/୬ଟା
ଆଳୁ	୨୦୦ ଗ୍ରାମ୍
ପିଆଜ	୫୦ ଗ୍ରାମ୍
କଞ୍ଚା ଲଙ୍କା	୨ଟା
ରସୁଣ	୩ ପାଖୁଡ଼ା
ଧନିଆ ପତ୍ର	୧ ଗଛ
ଲୁଣ ଆବଶ୍ୟକ ମତେ	
ଭାଜିବା ପାଇଁ ତେଲ	

ପ୍ରଣାଳୀ

୧. ଗୋଟା କଲରାକୁ 'ବେସର ପୁର ଦିଆ କଲରା ଭଜା' ପ୍ରଣାଳୀରେ ସିଝାଇ କଲରା ଭିତରୁ ମଞ୍ଜିକାଢ଼ି କଲରା ପ୍ରସ୍ତୁତ କରନ୍ତୁ।

୨. ପିଆଜ ଓ ଧନିଆପତ୍ରକୁ ଚୁନ୍‌ଚୁନ୍ କାଟି ଅଲଗା ଅଲଗା ରଖନ୍ତୁ।

୩. ରସୁଣ ଓ କଞ୍ଚା ଲଙ୍କାକୁ ଭଲ ଭାବରେ ଛେଚି ରଖନ୍ତୁ।

୪. ଆଳୁକୁ ସିଝାଇ ସାମାନ୍ୟ ଥଣ୍ଡା କରି ଚୋପା ଛଡ଼ାଇ ଚକଟି ରଖନ୍ତୁ।

୫. କଡ଼େଇରେ ୧ ଟା ଚାମଚ୍ ତେଲ ଗରମ କରି ଏଥିରେ ରସୁଣ ଓ ଲଙ୍କା ଛେଚା ପକାଇ ଭାଜନ୍ତୁ। ଅଳ୍ପ ସମୟ ପରେ ପିଆଜ ପକାଇ ଭାଜନ୍ତୁ।

୬. ପିଆଜ ନରମ ହୋଇ ଆସିଲେ ଏଥିରେ ଚକଟା ଆଳୁ ପକାଇ ଭାଜି ଶେଷରେ ଧନିଆପତ୍ର ଲୁଣ ଛିଞ୍ଚି ଭଲ ଭାବେ ଗୋଳାଇ ପୁର ପ୍ରସ୍ତୁତ କରନ୍ତୁ।

୭. କଲରାରେ ଆଳୁ ପୁର ଭର୍ତ୍ତିକରି 'ବେସର ପୁର ଦିଆ କଲାରା ଭଜା ପ୍ରଣାଳୀରେ ଭାଜନ୍ତୁ।

ପ୍ରକାର ଭେଦ: ପୋଟଳକୁ ମଧ୍ୟ ଉପରୋକ୍ତ ପ୍ରଣାଳୀରେ ଆଳୁ ପୁର ଦେଇ ଭାଜି ପାରିବେ।

ଆଚାରି ପୁରଦିଆ କଲରା ଭଜା

ସାମଗ୍ରୀ

କଲରା	୬ ଟା
ପିଆଜ	୫୦ ଗ୍ରାମ୍
ଆମ୍‌ଚୂର ଗୁଣ୍ଡ	୧ ଟେବୁଲ ଚାମଚ୍

ଧନିଆ ଗୁଣ୍ଡ	୧ ଚା ଚାମଚ୍
ମେଥି	୧/୨ ଚା ଚାମଚ୍
ପାନ ମଧୁରୀ	୧/୨ ଚା ଚାମଚ୍
ଲଙ୍କା ଗୁଣ୍ଡ	୧/୨ ଚା ଚାମଚ୍
କଳା ଜୀରା	୧ ଚା ଚାମଚ୍
ହଳଦୀ ଗୁଣ୍ଡ	୧/୪ ଚା ଚାମଚ୍
କଞ୍ଚା ଲଙ୍କା	୨ଟା

ଲୁଣ ଆବଶ୍ୟକ ମତେ

ଛାଣିବା ପାଇଁ ତେଲ

ପ୍ରଣାଳୀ

୧. କଲରାକୁ ପରିଷ୍କାର ଭାବେ ଧୋଇ ପାଣି ନିଗାଡ଼ି ପିଲ୍‌ରରେ ଚୋପାକୁ ଅଳ୍ପ ଚାଞ୍ଚି ରଖନ୍ତୁ। ଚାଞ୍ଚିଥିବା କଲରା ଗୁଣ୍ଡକୁ ଅଲଗା ରଖନ୍ତୁ।

୨. କଲରାକୁ ମଝିରୁ ଲମ୍ବରେ ଅଳ୍ପଚିରି, ଏଥିରେ ଲୁଣ ଗୋଳାଇ ରଖନ୍ତୁ। ଚାଞ୍ଚି ଥିବା କଲରା ଗୁଣ୍ଡରେ ଲୁଣ ଗୋଳାଇ ରଖନ୍ତୁ।

୩. ପିଆଜକୁ ଚୁନ୍‌ଚୁନ୍ କାଟନ୍ତୁ ଓ ଲଙ୍କାର ପେଟ ଚିରି ରଖନ୍ତୁ।

୪. ଗୋଟା କଲରାକୁ ଧୋଇ ସାମାନ୍ୟ ଚାପି ପାଣି ବାହାର କରି ଦିଅନ୍ତୁ। ଗୁଣ୍ଡ କଲରାରୁ ପାଣି ଚିପୁଡ଼ି ରଖନ୍ତୁ।

୫. କଡ଼େଇରେ ତେଲ ଗରମ କରି ଗୋଟା କଲରାକୁ ସାମାନ୍ୟ ବାଦାମି ରଙ୍ଗ ହେବା ପର୍ଯ୍ୟନ୍ତ ଛାଣନ୍ତୁ।

୬. ମେଥି ଓ ପାନମଧୁରୀକୁ ଖଦଡ଼ା ଗୁଣ୍ଡକରି ଏଥିରେ ଧନିଆ, ହଳଦୀ, ଲଙ୍କାଗୁଣ୍ଡ, ଆମଚୁର, ଲୁଣ ଓ କଳାଜୀରା ମିଶାଇ ଗୋଟିଏ ଆଚାର ମସଲା ପ୍ରସ୍ତୁତ କରନ୍ତୁ।

୭. ପ୍ରତ୍ୟେକ ଛଣା କଲରା ଭିତରେ ଆଚାର ମସଲା ଭଲ ଭାବରେ ପୁରାଇ ଅବଶିଷ୍ଟ ମସଲାକୁ ଅଲଗା ରଖନ୍ତୁ।

୮. କଡ଼େଇରେ ୨ ଚା ଚାମଚ୍ ତେଲ ଗରମକରି ଏଥିରେ ଚାଞ୍ଚିଥିବା କଲରା ଚୋପା ଓ ପିଆଜ ପକାଇ ୨ ମିନିଟ୍ ଭାଜନ୍ତୁ।

୯. ଭଜା କଲରା ଚୋପାରେ, ବଳିଥିବା ଆଚାର ମସଲା, ଛଣା ହୋଇଥିବା କଲରା ଓ କଞ୍ଚାଲଙ୍କା ପକାଇ ଅଳ୍ପ ତେଲରେ କିଛି ସମୟ ଭାଜି ଚୁଲିରୁ ଓହ୍ଲାଇ ଦିଅନ୍ତୁ।

୧୦. ଗୋଟିଏ ପ୍ଲେଟରେ ଚୋପା ଭଜା ଉପରେ ଗୋଟା କଲରା ଭଜା ରଖି ଗରମ ଗରମ ପରଷନ୍ତୁ।

ପତ୍ର ଭଜା

ପତ୍ର ଭଜା ଓଡ଼ିଆ ଘରର ଏକ ସୁରୁଚି ସମ୍ପନ୍ନ ପ୍ରସ୍ତୁତି। ଏଥିପାଇଁ ପୋଇପତ୍ର, କଅଁଳ କଖାରୁ, ଲାଉ, ପାଣି କଖାରୁ, ଦେଶୀଆଳୁ ଆଦିର ପତ୍ର, ଖଡ଼ାପତ୍ର ଓ କଲରା ପତ୍ର, ଏମଧ୍ୟରୁ ଯେ କୌଣସି ଗୋଟିଏ ପ୍ରକାର ପତ୍ରକୁ ମୁଖ୍ୟ ଉପାଦାନ ଭାବରେ ନେଇ ମସଲା ବା ପିଠଉ ସହ ଏହାକୁ ତେଲରେ ଭାଜି ବା ଛାଣି ପ୍ରସ୍ତୁତ କରାଯାଏ। ଏହା ଭାତ ସହିତ ପରିବେଷଣ କରାଯାଏ। ଏହାକୁ ଆପଣ ସୁପ୍ ସାଙ୍ଗରେ ଷ୍ଟାଟର୍ ଭାବରେ ନଚେତ ଚଟପଟା ସ୍ନାକ୍‌ସ ଭାବରେ ମଧ୍ୟ ବ୍ୟବହାର କରି ପାରିବେ।

ଖଡ଼ା ପତ୍ର ଭଜା

ସାମଗ୍ରୀ

ଖଡ଼ା ପତ୍ର (ବଡ଼)	୨୦୦ ଗ୍ରାମ୍
ଚାଉଳ	୧୫୦ ଗ୍ରାମ୍
କଞ୍ଚା ଲଙ୍କା	୨ଟା
ଅଦା	୧/୪ ଇଞ୍ଚରୁ କମ୍
ରସୁଣ	୪ କୋଳା
ଜୀରାଗୁଣ୍ଡ	୧/୨ ଚା ଚାମଚ୍

ଛାଣିବା ପାଇଁ ତେଲ

ଲୁଣ ଆବଶ୍ୟକ ମତେ

ପ୍ରଣାଳୀ

୧. ଚାଉଳକୁ ଧୋଇ ଦୁଇଘଣ୍ଟା ଆଗରୁ ବତୁରାଇ ରଖନ୍ତୁ।

୨. ଖଡ଼ାପତ୍ରକୁ ବାଛି, ଧୋଇ, ପାଣି ନିଗାଡ଼ି ବା ଗୋଟିଏ ସଫା କନା ବା ତଉଲିଆ ଉପରେ ଖେଳାଇ ରଖନ୍ତୁ।

୩. ଚାଉଳକୁ ପାଣିରୁ ଛାଣି କଞ୍ଚାଲଙ୍କା, ଅଦା ଓ ରସୁଣ ସହ ଏକାଠି ବାଟି ରଖନ୍ତୁ।

୪. ଏଥିରେ ଜୀରାଗୁଣ୍ଡ ଓ ଲୁଣ ପକାଇ ଗୋଟିଏ ପିଠଉ ପ୍ରସ୍ତୁତ କରନ୍ତୁ। ପିଠଉକୁ ଅତି ପାଣିଆ ବା ଅତି କାଠୁଆ କରିବେ ନାହିଁ। ପତ୍ରକୁ ବୁଡ଼ାଇଲେ ଯେପରି ପତ୍ର ଦେହରେ ପିଠଉ ଲାଖି ରହିବ ସେହିପରି ପିଠଉ ପ୍ରସ୍ତୁତ କରିବେ।

୫. କଡ଼େଇରେ ତେଲ ଗରମ କରନ୍ତୁ। ତେଲ ତାତିଲେ ୨ଟି ଲେକାଏଁ ପତ୍ରକୁ ଏକାଠି ଜୋଡ଼ି ପିଠଉରେ ବୁଡ଼ାଇ ମଧ୍ୟମ ଜାଳରେ ଗୋଟି ଗୋଟି କରି ଛାଣି ଗରମ ଗରମ ପରଷନ୍ତୁ।

ପୋଇପତ୍ର ଭଜା

ସାମଗ୍ରୀ

ପୋଇ ପତ୍ର	୨୦୦ ଗ୍ରାମ୍
ସୋରିଷ	୨ ଚା ଚାମଚ୍
ଜୀରା	୧/୨ଚା ଚାମଚ୍
ରସୁଣ	୪/୫ ପାଖୁଡ଼ା
ଲଙ୍କା	୧/୨ ଟା
ଲୁଣ ଆବଶ୍ୟକ ମତେ	
ଭାଜିବା ପାଇଁ ତେଲ	

ପ୍ରଣାଳୀ

୧. ଜୀରା, ସୋରିଷ, ରସୁଣ ଓ ଲଙ୍କାକୁ ବାଟି ଏଥିରେ ଲୁଣ ଗୋଳାଇ ବେସର ମସଲା ପ୍ରସ୍ତୁତ କରନ୍ତୁ।

୨. ପୋଇ ପତ୍ରକୁ ଗୋଟି ଗୋଟିକରି ପରିଷ୍କାର କରି ଧୋଇ ପୋଛି ରଖନ୍ତୁ।

୩. ବଡ଼ ପତ୍ର ହୋଇଥିଲେ ଦୁଇଟି ଲେଖାଏଁ ପତ୍ର ଏକାଠି ଧରି ପତ୍ରର ଓଲଟା ପାଖରେ ଅଧା ଭାଗରେ ମସଲା ମାରି ଅନ୍ୟ ଭାଗଟିକୁ ତା ଉପରେ ଘୋଡ଼ାଇ ଭାଙ୍ଗି ଦିଅନ୍ତୁ। ଛୋଟ ପତ୍ର ହୋଇଥିଲେ ୪ଟି ପତ୍ର ଏକାଠି ନେଇ ଦୁଇ ପତ୍ର ମଝିରେ ମସଲା ମାରି ରଖନ୍ତୁ।

୪. ମୋଟା ତାୱା ବା ଫ୍ରାଇଙ୍ଗ୍ ପ୍ୟାନ୍‌କୁ ଗରମକରି ୨ଚା ଚାମଚ୍ ତେଲ ପକାଇ ଚାରି ଆଡ଼କୁ ଖେଳାଇ ଦିଅନ୍ତୁ।

୫. ପ୍ରସ୍ତୁତ କରିଥିବା ପତ୍ରକୁ ଗୋଟିଗୋଟି କରି ତାୱାରେ ପକାଇ ମଧ୍ୟମରୁ ଅଳ୍ପ ଜାଳରେ ଭାଜନ୍ତୁ। ଗୋଟିଏ ପାଖ ରଙ୍ଗ ବଦଳି ପାଣି ମରି ଆସିଲେ ତେଲ ବୁଲାଇ ଅନ୍ୟ ପାଖଟିକୁ ଓଲଟାଇ ଭାଜନ୍ତୁ।

୬. ପତ୍ର ଗୁଡ଼ିକ ସାମାନ୍ୟ ମସ୍‌ମସ୍ ହୋଇ ଆସିଲେ ପ୍ଲେଟକୁ ପତ୍ର ଭଜାଗୁଡ଼ିକ କାଢ଼ି ଗରମ ଗରମ ପରଷନ୍ତୁ।

ବି:ଦ୍ର: ଏହି ଭଳି ଭାବରେ କଖାରୁ, ପାଣି କଖାରୁ, ଲାଉ, ଦେଶୀ ଆଳୁ ଆଦିର ପତ୍ରକୁ ଭାଜି ପାରିବେ। ବଡ଼ ପତ୍ର ଗୁଡ଼ିକୁ ଚାରି ଭାଙ୍ଗ କରି ପ୍ରତ୍ୟେକ ଭାଙ୍ଗ ମଝିରେ ମସଲା ଦେଇ ବେସନ ଆଣରେ ବୁଡ଼ାଇ ଭାଜି ପାରିବେ।

ଚିଙ୍ଗୁଡ଼ି ପୁରଦିଆ ପତ୍ର ଭଜା

ସାମଗ୍ରୀ

କଖାରୁ ପତ୍ର	୮/୧୦ ଟା
ମଇଦା	୧୬୦ ଗ୍ରାମ୍
ଚାଉଳ ଚୁନା	୨ ଟେବୁଲ୍ ଚାମଚ୍
କରୀ ପାଉଡର	୧ ଚା ଚାମଚ୍
ଲଙ୍କା ଗୁଣ୍ଡ	୧ ଚା ଚାମଚ୍

ପୁରପାଇଁ

ଆଳୁ	୧୫୦ ଗ୍ରାମ୍
ଛୋଟ ଚିଙ୍ଗୁଡ଼ି	୨୫୦ ଗ୍ରାମ୍
ପିଆଜ	୧୦୦ ଗ୍ରାମ୍
ରସୁଣ	୪/୫ ପାଖୁଡ଼ା
ଅଦା	୧/୪ ଇଞ୍ଚ
କଞ୍ଚା ଲଙ୍କା	୨ଟା
ଲେମ୍ବୁରସ	୧ ଚା ଚାମଚ୍
ହଳଦୀ ଗୁଣ୍ଡ	ଚା ଚାମଚ୍

ଛାଣିବା ପାଇଁ ତେଲ

ଲୁଣ ଆବଶ୍ୟକ ମତେ

ପ୍ରଣାଳୀ

୧. କଖାରୁ ପତ୍ର ଗୁଡ଼ିକର ଡେମ୍ଫ ଓ ସୀରା ବାହାରକରି ଧୋଇ ଗୋଟିଏ ସଫାକନା ବା ଟିସୁ ପେପରରେ ପୋଛି ରଖନ୍ତୁ।

୨. ଆଳୁକୁ ସିଝାଇ ଚୋପା ଛଡ଼ାଇ ଲୁଣ ଗୋଳାଇ ଚକଟି ରଖନ୍ତୁ।

୩. ଚିଙ୍ଗୁଡ଼ିର ଚୋପା, ଲାଞ୍ଜ, ମୁଣ୍ଡ ସବୁ କାଢ଼ି ସଫାକରି ଧୋଇ ପାଣି ନିଗାଡ଼ି ଛୋଟ ଛୋଟ ଖଣ୍ଡ କାଟି, ଏଥିରେ ଲୁଣ ଓ ହଳଦୀ ଗୁଣ୍ଡ ଗୋଳାଇ ରଖନ୍ତୁ।

୪. ପିଆଜକୁ ଯଥା ସମ୍ଭବ ଚୁନ୍ ଚୁନ୍ କାଟି ରଖନ୍ତୁ। ଅଦା ଓ ରସୁଣର ଚୋପା ଛଡ଼ାଇ, କଞ୍ଚା ଲଙ୍କା ସହ ଭଲ ଭାବରେ ଛେଚି ରଖନ୍ତୁ।

୫. କଡ଼େଇରେ ୧ ଟେବୁଲ ଚାମଚ୍ ତେଲ ଗରମ କରି ଏଥିରେ ପିଆଜ ପକାଇ ଭାଜନ୍ତୁ। ପିଆଜ ନରମ ହୋଇଗଲେ ଏଥିରେ ଛେଚିଥିବା ଅଦା, ରସୁଣ ଓ ଲଙ୍କାକୁ ପକାଇ କଷନ୍ତୁ।

୬. ଏହା କଷି ହୋଇଗଲେ ଚିଙ୍ଗୁଡ଼ିକୁ ଚିପୁଡ଼ି ଏଥିରେ ପକାଇ ଅଳ୍ପ ସମୟ ଭାଜନ୍ତୁ। ପାଣି ମରି ଆସିଲେ ଓ ଚିଙ୍ଗୁଡ଼ି ଭାଜି ହୋଇ ବାସ୍ନା ଆସିଲେ ଏଥିରେ ଚକଟା ଆଳୁ ପକାଇ ଚିଙ୍ଗୁଡ଼ି ସହ ଭଲ ଭାବେ ମିଶାଇ ଚୁଲିରୁ ଓହ୍ଲାଇ ଦିଅନ୍ତୁ ଓ ଲେମ୍ବୁରସ ଗୋଳାଇ ପୁରକୁ ଥଣ୍ଡା କରନ୍ତୁ।

୭. ମଇଦା, ଚାଉଳ ଚୁନା, କରୀ ପାଉଡ଼ର, ଲୁଣ ଓ ଲଙ୍କା ଗୁଣ୍ଡକୁ ଏକାଠି ଗୋଟିଏ ଫନ୍ଦଥିବା ଥାଳିଆରେ ନେଇ ପାଣି ମିଶାଇ ଭଲ ଭାବେ ଗୋଳାଇ ଆଣ ପ୍ରସ୍ତୁତ କରନ୍ତୁ। ଆଣକୁ ବେଶୀ ପାଣିଆ କିମ୍ବା କାଠୁଆ କରିବେ ନାହିଁ।

୮. ଦୁଇଟି ଲେଖାଏଁ କଖାରୁ ପତ୍ର ନେଇ ଏହା ମଝିରେ ୨ ଚା ଚାମଚ୍ ପୁରଦେଇ ଚତରାଇ ଚାରିପଟୁ ଭାଙ୍ଗି ଚାରି କୋଣିଆ ଆକାରର ଗଢ଼ି ରଖନ୍ତୁ।

୯. ଗୋଟିଏ କଡ଼େଇରେ ତେଲ ଗରମକରି ଏଥିରେ ସଜାଡ଼ି ଥିବା ପ୍ରତ୍ୟେକ ପୁରଦିଆ କଖାରୁ ପତ୍ରକୁ ଗୋଟିଗୋଟି କରି ଆଣରେ ବୁଡ଼ାଇ ଗରମ ତେଲରେ ଛାଣନ୍ତୁ।

୧୦. ଗୋଟିଏ ପାଖ ହୋଇଗଲେ ଅନ୍ୟ ପାଖଟିକୁ ଲେଉଟାଇ ଛାଣନ୍ତୁ।

୧୧. ଏହାର ରଙ୍ଗ ପରିବର୍ତ୍ତନ ହୋଇ ମସ୍ ମସ୍ ହୋଇଗଲେ; ଗୋଟିଏ ପ୍ଲେଟରେ ଟିସୁ ପେପର ବିଛାଇ ଗୋଟିଗୋଟି କରି ଏହା ଉପରେ ଛାଣି ରଖନ୍ତୁ।

୧୨. ଗରମ ଗରମ ଭଜାକୁ ଯେ କୌଣସି ଚଟଣି ସହ ପରଷନ୍ତୁ। ଏହା ଭାତ ବା ସୁପ୍‌ର ଆନୁସଙ୍ଗିକ ଖାଦ୍ୟରୂପେ ପରଷାଯାଇ ପାରିବ।

ଭର୍ତ୍ତା

ଗୋଟା ପରିବାକୁ ନିଆଁରେ ପୋଡ଼ି ବା ପାଣିରେ ସିଝାଇ ଭର୍ତ୍ତା ପ୍ରସ୍ତୁତ କରାଯାଏ। ସ୍ଥାନ ବିଶେଷରେ ଏହା ଭର୍ତ୍ତା, ଚକଟା, ପୋଡ଼ା, ଚଟଣୀ ଆଦି ଭିନ୍ନ ଭିନ୍ନ ନାମରେ ପରିଚିତ। ପାଣିରେ ସିଝା ହୋଇଥିବା ପରିବା ଅପେକ୍ଷା ପୋଡ଼ା ହୋଇଥିବା ପରିବାରୁ ଏକ ସ୍ୱତନ୍ତ୍ର ସ୍ୱାଦ ମିଳିଥାଏ। କାଠଚୁଲି ଜଳିସାରିବା ପରେ ରଡ଼ ନିଆଁରେ ଆଳୁ, ବାଇଗଣ, ଭେଣ୍ଡି, ଜହ୍ନି, ଆଦି ପରିବାକୁ ପୋଡ଼ିବାକୁ ପାଡ଼ିଥାଏ। ଆଜିକାଲି କାଠଚୁଲିର ବ୍ୟବହାର କମି ଗଲାଣି। ତେଣୁ ଗ୍ୟାସ ଚୁଲି ଉପରେ ଜାଲି ରଖି ନଚେତ୍ ଗ୍ରିଲର୍, ମାଇକ୍ରୋୱେଭ୍, ଓଭେନ୍ ଆଦିରେ ଭିନ୍ନ ଭିନ୍ନ ଉପାୟରେ ପରିବାଗୁଡ଼ିକୁ ପୋଡ଼ାଯାଇ ପାରିବ। ପୋଡ଼ା ପରିବାର ଚୋପା ଛଡ଼ାଇ ଏଥିରେ କଞ୍ଚା ସୋରିଷ ତେଲ, ଲୁଣ, କଟା ପିଆଜ, କଞ୍ଚାଲଙ୍କା ଓ ଧନିଆ ପତ୍ର, ଗୋଳାଇ ବା ଚକଟି ଭର୍ତ୍ତା ପ୍ରସ୍ତୁତ କରାଯାଏ। ଆଉ କେତେକ ସିଝା ବା ପୋଡ଼ା ପରିବାକୁ ଚକଟି ଏହାକୁ ବଘାରି ଭର୍ତ୍ତା ପ୍ରସ୍ତୁତ କରାଯାଏ। ଗରମ ଭାତ, ପଖାଳ ଭାତ, ରୁଟି ଓ ପରଟାର ଏହା ଏକ ଆନୁସଙ୍ଗିକ ଖାଦ୍ୟ। ନିଜର ସୁବିଧା ଓ ପରିସ୍ଥିତିକୁ ଆଖି ଆଗରେ ରଖି ରୁଚି ଅନୁସାରେ ଭର୍ତ୍ତା ପ୍ରସ୍ତୁତ

କରନ୍ତୁ। ନିମ୍ନରେ କିଛି ନମୁନା ଦିଆଗଲା। ପରିବାକୁ କିପରି ପୋଡ଼ି ବା ସିଝାଇ ଭର୍ତ୍ତା ପାଇଁ ପ୍ରସ୍ତୁତ କରିବେ ତାହା ପ୍ରଥମେ ଆଲୋଚନା କରିବା।

- କାଠଚୁଲିରେ ରଡ଼ ନିଆଁ ଭିତରେ ଖାଲକରି ଆଳୁ, ସାରୁ, ବାଇଗଣ, ଜହ୍ନି, ଭେଣ୍ଡି, ଟମାଟୋ ଆଦିକୁ ରଖି ଏହା ଉପରେ ରଡ଼ ନିଆଁ ଘୋଡ଼ାଇ ପୋଡ଼ି ପାରିବେ। ଟମାଟୋକୁ ସାବଧାନତା ସହ କାଢ଼ିବାକୁ ପଡ଼ିଥାଏ।
- କାଠ ଚୁଲିର ଅଭାବରେ ଓଭେନ୍‌ରେ ପରିବାରେ ଆଲୁମିନିୟମ ଫଏଲ ଗୁଡ଼ାଇ ପୋଡ଼ି ପାରିବେ।
- ମାଇକ୍ରୋ ୱେଭରେ ପରିବାକୁ ଗୋଟିଏ ସିରାମିକ ପାତ୍ର ବା ମାଇକ୍ରୋୱେଭ ପ୍ରୁଫ୍ ପାତ୍ରରେ ରଖି ପୋଡ଼ି ପାରିବେ।
- ଗ୍ୟାସ୍ ଚୁଲି ଉପରେ ଷ୍ଟିଲ ଜାଲିରେ ତେଲମାରି ଏହା ଉପରେ ପରିବା (ବାଇଗଣ, ଜହ୍ନି, ଭେଣ୍ଡି, ଟମାଟୋ) ରଖି ମଧ୍ୟମ ଜାଳରେ ପୋଡ଼ି ପାରିବେ। ପୋଡ଼ିବା ସମୟରେ ପରିବାକୁ ବୁଲାଇ ବୁଲାଇ ପୋଡ଼ିବେ।
- ବାଇଗଣ ପୋଡ଼ିବା ପାଇଁ ନିଖୁଣ ବଡ଼ ବାଇଗଣ ବାଛିବେ। ଅଧିକ ମଞ୍ଜି ଥିବା ଟାଣ ବାଇଗଣରେ ଭର୍ତ୍ତା ଭଲହୁଏ ନାହିଁ। ବାଇଗଣକୁ ଗୋଟା ଧୋଇ ପୋଛି, ଏଥିରେ ତେଲମାରି ଛୁରୀ ମୁନରେ ୪ ବା ୫ଟି ଜାଗାରେ ଫୋଡ଼ି ଏହାକୁ ଅଧିକ ଜାଳରେ ପୋଡ଼ିବେ।
- ପୋଡ଼ିଥିବା ପରିବାକୁ କିଛି ସମୟ ଘୋଡ଼ାଇ ରଖିବା ପରେ ଚୋପା ଛଡ଼ାଇଲେ ପରିବାକୁ ଭଲ ଭାବେ ଚୋପା ଛାଡ଼ିଯାଏ।
- ଆଳୁ, ସାରୁ, କଦଳୀ ଆଦିକୁ ଧୋଇ ଗୋଟା କିମ୍ବା ୨ଗଡ଼କରି କଡ଼େଇ ବା ଡେକ୍‌ଚିରେ ପାଣି ଦେଇ ଘୋଡ଼ାଇ ସିଝାଇବେ। ପ୍ରେସରକୁକରରେ ଅଳ୍ପ ପାଣି ଦେଇ ପରିବାକୁ ସିଝାଇ ପାରିବେ। ବଡ଼ ବାଇଗଣକୁ ୨ ଫାଳକରି ପ୍ରେସରକୁକରରେ ଗୋଟିଏ ସିଟି ଦେଇ ସିଝାଇ ପାରିବେ।
- ଦେଶୀ ଆଳୁ ଓ ଓଲୁଅର ଚୋପା ଛଡ଼ାଇ ଖଣ୍ଡ ଖଣ୍ଡ କାଟି ସିଝାଇବାକୁ ପଡ଼ିଥାଏ।
- ପରିବାଗୁଡ଼ିକ ସିଝିଗଲେ ଏଥିରୁ ଚୋପା ଛଡ଼ାଇ ଗୋଟିଏ ବୋଲ୍‌ରେ ରଖି ଚାମଚ ବା ଫଙ୍କର ପଛପଟେ ବା ସ୍ମାସର୍ (Smasher)ରେ ଦାବିଦାବି ମୁଣ୍ଡା ଭାଙ୍ଗି ଭଲ ଭାବେ ମିଶାଇ ଦେବେ।

ଆଳୁ ଭର୍ତ୍ତା

ସାମଗ୍ରୀ

ଆଳୁ	୨୫୦ ଗ୍ରାମ୍
ପିଆଜ	୫୦ ଗ୍ରାମ୍
କଞ୍ଚା ଲଙ୍କା	୨ଟା
ସୋରିଷ ତେଲ	୧ ଟା ଚାମଚ୍
ଧନିଆ ପତ୍ର	୧ ଗଛ
ଲୁଣ ଆବଶ୍ୟକ ମତେ	

ପ୍ରଣାଳୀ

୧. ଆଳୁକୁ ପୋଡ଼ି ବା ସିଝାଇ ଚୋପା ଛଡ଼ାଇ ଚକଟି ରଖନ୍ତୁ।

୨. ପିଆଜ, କଞ୍ଚା ଲଙ୍କା ଓ ଧଡ଼ିଆ ପତ୍ରକୁ ଚୁନ୍ ଚୁନ୍ କାଟି ରଖନ୍ତୁ।

୩. ଚକଟା ଆଳୁରେ କଟା ଯାଇଥିବା ସାମଗ୍ରୀ ସହ ଲୁଣ ଓ ସୋରିଷ ତେଲ ଗୋଳାଇ ଭର୍ତ୍ତା ପ୍ରସ୍ତୁତ କରନ୍ତୁ।

୪. ଗରମ ଭାତ ବା ପଖାଳ ଭାତ ସହ ପରଷନ୍ତୁ।

ପ୍ରକାର ଭେଦ

- ପୋଡ଼ା ଯାଇଥିବା ବାଇଗଣକୁ ଉପରୋକ୍ତ ପ୍ରଣାଳୀରେ ଭର୍ତ୍ତା ପ୍ରସ୍ତୁତ କରି ପାରିବେ।
- କଷି ଜହ୍ନି ଓ ଭେଣ୍ଡିକୁ ପୋଡ଼ି ସାରିବା ପରେ ପୋଡ଼ା ଚୋପାକୁ ବାହାର କରି, ଏହାକୁ ଚୁନ୍ ଚୁନ୍ କାଟି ଏଥିରେ ସୋରିଷ ତେଲ, ପିଆଜ, କଞ୍ଚାଲଙ୍କା, ଧନିଆ ପତ୍ର ଓ ଲୁଣ ଗୋଳାଇ ପୋଡ଼ା ପ୍ରସ୍ତୁତ କରନ୍ତୁ।

ବଘରା ଆଳୁ ଭର୍ତ୍ତା

ସାମଗ୍ରୀ

ଆଳୁ	୨୫୦ ଗ୍ରାମ୍
ପିଆଜ	୧୦୦ ଗ୍ରାମ୍
ରସୁଣ	୨/୩ ପାଖୁଡ଼ା
କଞ୍ଚାଲଙ୍କା	୨ଟା
ଟମାଟୋ	୧ଟା (୪୦ ଗ୍ରାମ୍)
ରିଫାଇନ୍ ତେଲ	୧-୧/୨ ଟେବଲ ଚାମଚ୍
ଭୃସଙ୍ଗ ପତ୍ର	୨ ଡେମ୍ଫ
ସୋରିଷ	୧/୨ ଚା ଚାମଚ୍
ଶୁଖିଲା ଲଙ୍କା	୧ଟା
ବିରି ଡାଲି	୧/୨ ଚା ଚାମଚ୍
ଲୁଣ ଆବଶ୍ୟକ ମତେ	

ପ୍ରଣାଳୀ

୧. ଆଳୁକୁ ପୋଡ଼ି ବା ପାଣିରେ ସିଝାଇ, ସାମାନ୍ୟ ଥଣ୍ଡାକରି, ଚୋପା ଛଡ଼ାଇ ଲୁଣ ପକାଇ ଚକଟି ରଖନ୍ତୁ।

୨. ରସୁଣର ଚୋପା ଛଡ଼ାଇ ଛେଚି ରଖନ୍ତୁ। ପିଆଜ, ଟମାଟୋ କଞ୍ଚାଲଙ୍କା ଓ ଧନିଆ ପତ୍ରକୁ ଚୁନ୍‌ଚୁନ୍ କାଟି ଅଲଗା ଅଲଗା ରଖନ୍ତୁ।

୩. କଡ଼େଇରେ ତେଲ ଗରମକରି ଭୃସଙ୍ଗ ପତ୍ର, ଶୁଖିଲା ଲଙ୍କା, ବିରି ଓ ସୋରିଷକୁ କ୍ରମ ଅନୁସାରେ ପକାଇ ଫୁଟାନ୍ତୁ।

୪. ଏଥିରେ ଛେଚା ରସୁଣ ଓ କଞ୍ଚା ଲଙ୍କା ପକାଇ ଭାଜି ପିଆଜ ପ୍ରକାଇ ଜାରନ୍ତୁ।

୫. ପିଆଜ ନରମ ହୋଇ ରଙ୍ଗ ପରିବର୍ତ୍ତନ ହୋଇ ଆସିଲେ ଏଥିରେ ଟମାଟୋ ପକାଇ ସାମାନ୍ୟ ଲୁଣ ଛିଞ୍ଚି ଭାଜନ୍ତୁ।

୬. ଟମାଟୋରୁ ପାଣି ମରି ଆସିଲେ ଏଥିରେ ଚକଟା ଆଳୁ ପକାଇ କଷନ୍ତୁ। ଆଳୁରେ ସମସ୍ତ ସାମଗ୍ରୀ ଭଲ ଭାବେ ମିଶିଗଲେ ଚୁଲିରୁ ଓହ୍ଲାଇ ଧନିଆ ପତ୍ର ଛିଞ୍ଚି ଭଲ ଭାବେ ଗୋଳାଇ ଗରମ ଗରମ ପରଷନ୍ତୁ।

ପ୍ରକାର ଭେଦ

◆ ସିଝା ସାରୁ, କଦଳୀ, ଦେଶୀ ଆଳୁ ଆଦିକୁ ଉପରୋକ୍ତ ପ୍ରଣାଳୀରେ ଭର୍ତ୍ତା ପ୍ରସ୍ତୁତ କରିପାରିବେ କଦଳୀ ଓ ଦେଶୀଆଳୁ ଶୁଖିଲା ହୋଇଯାଏ। ତେଣୁ ସାମାନ୍ୟ ପାଣି ଛିଞ୍ଚି କଷିବେ।

ବଘରା ବାଇଗଣ ଭର୍ତ୍ତା-୧

ସାମଗ୍ରୀ

ବାଇଗଣ	୪୦୦ ଗ୍ରାମ୍
ପିଆଜ	୧୫୦ ଗ୍ରାମ୍
ରସୁଣ	୪/୫ ପାଖୁଡ଼ା
କଞ୍ଚାଲଙ୍କା	୩/୪ ଟା
ଧନିଆ ପତ୍ର	୨ ଗଛ
ସୋରିଷ ତେଲ	୨ ଟେବୁଲ୍ ଚାମଚ୍
ଜୀରା	୧ ଚା ଚାମଚ୍

ପ୍ରଣାଳୀ

୧. ପୋଡ଼ିବା ପାଇଁ କଣା ହୋଇ ନଥିବା ନରମ ଓ ବଡ଼ ବାଇଗଣ ବାଛିବେ।

୨. ବାଇଗଣକୁ ପୋଡ଼ି ଘୋଡ଼ାଇ ରଖନ୍ତୁ।

୩. ପିଆଜ, ଧନିଆ ପତ୍ର ଓ କଞ୍ଚା ଲଙ୍କାକୁ ଚୁନ୍ ଚୁନ୍ କାଟି ଅଲଗା ଅଲଗା ରଖନ୍ତୁ।

୪. ବାଇଗଣର ଚୋପା ଛଡ଼ାଇ ଭିତର ଖୋଲି ଦେଖନ୍ତୁ। ସମୟେ ସମୟେ ବାହାରେ ଦାଗ ନ ଥାଇ, ଭିତରେ ପୋକ ଥାଏ। ତେଣୁ ଭଲ ଭାବରେ ବାଛି ବାଇଗଣକୁ ଚକଟି ଲୁଣ ଗୋଳାଇ ରଖନ୍ତୁ।

୫. କଡ଼େଇ ବା ଫ୍ରାଇଙ୍ଗ୍ ପ୍ୟାନରେ ତେଲ ଗରମ କରି ଜୀରା ଫୁଟାନ୍ତୁ।

୬. ଜୀରା ଫୁଟିଗଲେ କ୍ରମ ଅନୁସାରେ ଅଳ୍ପ ସମୟ ବ୍ୟବଧାନରେ ଲଙ୍କା, ରସୁଣ ଓ ପିଆଜ ପକାଇ ଜାରନ୍ତୁ।

୭. ପିଆଜ ନରମ ହୋଇ ଆସିଲେ ଏଥିରେ ବାଇଗଣ ପକାଇ ଭଲ ଭାବେ ମିଶାଇ ଦିଅନ୍ତୁ।

୮. ଭର୍ତ୍ତାକୁ ଚୁଲିରୁ ଓହ୍ଲାଇ ଧନିଆ ପତ୍ର ଛିଞ୍ଚି ଭଲ ଭାବେ ଗୋଳାଇ ପରିବେଷଣ କରନ୍ତୁ।

ବାଇଗଣ ଭର୍ତ୍ତା-୨

ସାମଗ୍ରୀ

ବାଇଗଣ	୪୦୦ ଗ୍ରାମ୍
ମଟର ମଞ୍ଜି	୫୦ ଗ୍ରାମ୍
ଟମାଟୋ	୧୦୦ ଗ୍ରାମ୍
କଞ୍ଚା ଲଙ୍କା	୨/୩ ଟା
ରସୁଣ	୪/୫ ପାଖୁଡ଼ା
ପିଆଜ	୧୫୦ ଗ୍ରାମ୍
ଧନିଆ ଗୁଣ୍ଡ	୧ ଟା ଚାମଚ୍
ପାନ ମଧୁରୀ ଗୁଣ୍ଡ	୧/୨ ଟା ଚାମଚ୍
ଲଙ୍କା ଗୁଣ୍ଡ	୧/୨ ଟା ଚାମଚ୍
ରିଫାଇନ୍ ତେଲ	୧ ଟେବୁଲ ଚାମଚ୍
ଜୀରା	୨୦ ଗ୍ରାମ୍
ବଟର	୧ ଟା ଚାମଚ୍
କସ୍ତୁରୀ ମେଥି	୧ ଟା ଚାମଚ୍
ଧନିଆ ପତ୍ର	୩ ଗଛ
ଲୁଣ ଆବଶ୍ୟକ ମତେ	

ପ୍ରଣାଳୀ

୧. ବାଇଗଣକୁ ପୋଡ଼ି ବା ସିଝାଇ ଚୋପା ଛଡ଼ାଇ ଚକଟି ରଖନ୍ତୁ।

୨. ପିଆଜ, ରସୁଣ, କଞ୍ଚାଲଙ୍କା ଓ ଟମାଟୋକୁ ଚୁନ୍‌ଚୁନ୍ କାଟି ଅଲଗା ଅଲଗା ରଖନ୍ତୁ।

୩. ଫ୍ରାଇଙ୍ଗ୍ ପ୍ୟାନ୍ ବା କଡ଼େଇରେ ତେଲ ଗରମ କରି ଜୀରା ଫୁଟାନ୍ତୁ।

୪. ଜୀରା ଫୁଟିଗଲେ କଞ୍ଚାଲଙ୍କା ଓ ରସୁଣ ପକାଇ ଭାଜନ୍ତୁ ଓ ଶେଷରେ ପିଆଜ ପକାଇ ଭାଜନ୍ତୁ।

୫. ପିଆଜ ନରମ ହୋଇ ଆସିଲେ ଟମାଟୋ ଓ ମଟର ମଞ୍ଜି ପକାଇ ଅଳ୍ପ ଭାଜି ଏଥିରେ ଧନିଆ, ପାନ ମଧୁରୀ ଓ ଲଙ୍କାଗୁଣ୍ଡ ପକାଇ କଷନ୍ତୁ।

୬. ଟମାଟୋରୁ ପାଣିମରି ଆସିଲେ ଏଥିରେ ବାଇଗଣ ପକାଇ କଷନ୍ତୁ।

୭. ବାଇଗଣରୁ ପାଣି ମରି ଆସିଲେ ଏଥିରେ ଲୁଣ ପକାନ୍ତୁ। କସ୍ତୁରୀ ମେଥିକୁ ହାତରେ ସାମାନ୍ୟ ଦଳି ଏଥିରେ ଛିଞ୍ଚି ଭଲ ଭାବେ ଗୋଳାଇ ଦିଅନ୍ତୁ ଓ ବଟର ପକାଇ କଷନ୍ତୁ।

୮. ବାଇଗଣରୁ ପାଣି ମରି ଫ୍ରାଇଙ୍ଗ୍ ପ୍ୟାନ୍‌ରୁ ଛାଡ଼ି ଆସିଲେ ଚୁଲିରୁ ଓହ୍ଲାଇ ଧନିଆ ପତ୍ର ଛିଞ୍ଚି ଭଲ ଭାବେ ମିଶାଇ ଗରମ ଗରମ ରୁଟି ବା ଯେ କୌଣସି ପରଟା ସହ ପରଷନ୍ତୁ।

ଓଲୁଅ ଭର୍ତ୍ତା

ଆଜିକାଲି ପିଲାମାନେ ହୁଏତ ଓଲୁଅ ଦେଖି ନଥିବେ। ହାଟମାନଙ୍କରେ ବେଳେବେଳେ ମିଳିଥାଏ। ଗାଁ ଗହଳିରେ ଓଲୁଅ ସହିତ ପ୍ରାୟ ସମସ୍ତେ ପରିଚିତ। ଓଲୁଅ ଏକ ମୂଳ (tuber) ଜାତୀୟ ପରିବା ଏହାକୁ ଚୋପା ଛଡ଼ାଇ ସିଝାଇ ଭର୍ତ୍ତା ପ୍ରସ୍ତୁତ କରାଯାଏ। ଠିକ୍ ଭାବେ ପ୍ରସ୍ତୁତ ନ କଲେ ଖାଇବା ସମୟରେ ପାଟି କୁଣ୍ଡାଇ ହୁଏ। ନେଣୁକରି ପ୍ରାୟ ଅଧିକାଂଶ ଲୋକେ ଓଲୁଅ ଖାଇବାକୁ ପସନ୍ଦ କରି ନ ଥାନ୍ତି। ସେଥିପାଇଁ ଏଥିରେ ଖଟା ଜାତୀୟ ଯଥା- ତେନ୍ତୁଳି ମଣ୍ଡ ବା ଆମ୍ବୁଲ ରସ ମିଶାଇ ଭଲ ଭାବେ କଷି ପାଣି ମାରି ରାନ୍ଧିବାକୁ ପଡ଼ିଥାଏ।

ସାମଗ୍ରୀ

ଓଲୁଅ	୪୦୦ ଗ୍ରାମ୍
ଜୀରା	୩ ଟେବୁଲ୍ ଚାମଚ୍
କଞ୍ଚା ଲଙ୍କା	୨/୩ ଟା
ପିଆଜ	୧୦୦ ଗ୍ରାମ୍
ଟମାଟୋ	୫୦ ଗ୍ରାମ୍
ତେନ୍ତୁଳି ମଣ୍ଡ	୧ ଟା ଚାମଚ୍
ଧନିଆ ପତ୍ର	୨ ଗଛ
ଲୁଣ ଆବଶ୍ୟକ ମତେ	

ପ୍ରଣାଳୀ

୧. ଓଲୁଅରୁ ଚୋପା ଛଡ଼ାଇ ଆକାର ଅନୁସାରେ ୬ ବା ୮ ଖଣ୍ଡ କରି କାଟି ଯଥେଷ୍ଟ ପାଣିରେ ୨/୩ ଥର ଧୋଇ ପାଣି ନିଗାଡ଼ି ରଖନ୍ତୁ।

୨. ଗୋଟିଏ ଡେକ୍‌ଚି ବା କଡ଼େଇରେ ଓଲୁଅ ପକାଇ ଏହା ବୁଡ଼ିବା ଭଳି ପାଣିଦେଇ ମଧ୍ୟମ ଜାଳରେ ଢାଙ୍କୁଣି ଘୋଡ଼ାଇ ସିଝାନ୍ତୁ। ପ୍ରେସର କୁକରରେ ମଧ୍ୟ ସିଝାଇ ପାରିବେ।

୩. କଞ୍ଚା ଲଙ୍କା, ପିଆଜ, ଟମାଟୋ ଓ ଧନିଆ ପତ୍ରକୁ ଚୁନ୍‌ଚୁନ୍ କାଟି ଅଲଗା ଅଲଗା ରଖନ୍ତୁ।

୪. ଓଲୁଅ ସିଝିଗଲେ ଚୁଲିରୁ ଡେକ୍‌ଚିକୁ ଓହ୍ଲାଇ ପାଣି ନିଗାଡ଼ି ରଖନ୍ତୁ। ଗୋଟିଏ ସ୍ମାସର୍ କିମ୍ବା ଡଙ୍କି ପଛ ପାଖରେ ଭଲ ଭାବରେ ଦାବିଦାବି ମୁଣ୍ଡା ଭାଙ୍ଗି ମିଶାଇ ଦିଅନ୍ତୁ।

୫. କଡ଼େଇ ବା ଫ୍ରାଇଙ୍ଗ୍ ପ୍ୟାନ୍‌ରେ ତେଲ ଗରମକରି ଏଥିରେ ଜୀରା ଫୁଟାନ୍ତୁ।

୬. ଜୀରା ଫୁଟିଗଲେ ଏଥିରେ କଞ୍ଚାଲଙ୍କା ପକାଇ ଅଳ୍ପ ସମୟ ଭାଜି ସାରିବା ପରେ ପିଆଜ ପକାଇ ଭାଜନ୍ତୁ।

୭. ପିଆଜ ନରମ ହୋଇ ଆସିଲେ ଏଥିରେ ଟମାଟୋ ପକାଇ କଷନ୍ତୁ। ଟମାଟୋରୁ ପାଣି ମରି ଆସିଲେ ଓ ମିଶିଗଲେ ଏଥିରେ ଦଳା ହୋଇଥିବା ଓଲୁଅ ପକାଇ ଅଳ୍ପ ଜାଳରେ ଗୋଳାଇ ଗୋଳାଇ ଭାଜନ୍ତୁ।

୮. ଏଥର ଓଲୁଅରେ ତେନ୍ତୁଳି ମଣ୍ଡ ଓ ଲୁଣ ପକାଇ ଭଲ ଭାବେ ମିଶାଇ ଦିଅନ୍ତୁ।

୯. କ୍ରମାଗତ ଭାବରେ ଓଲୁଅକୁ ଏପଟ ସେପଟ ଲେଉଟାଇ ଅଳ୍ପ ଅଳ୍ପ ପାଣି ଛିଞ୍ଚି ଭାଜନ୍ତୁ।

୧୦. ଓଲୁଅରୁ ପାଣିମରି ଶୁଖିଲା ହୋଇ ଆସିଲେ ଚୁଲିରୁ ଓହ୍ଲାଇ ଧନିଆ ପତ୍ର ଛିଞ୍ଚି ଭଲ ଭାବେ ଗୋଳାଇ ପରିବେଷଣ କରନ୍ତୁ।

ତରକାରୀ

ଦେଶ ବିଦେଶରେ ଭାରତୀୟ ତରକାରୀ (Indian curry) ବେଶ୍ ଲୋକପ୍ରିୟ ହୋଇ ପାରିଛି। ଏହାର ମୁଖ୍ୟ ଆକର୍ଷଣ ହେଉଛି ମସଲା ଯାହାକି ଖାଦ୍ୟକୁ ସ୍ୱାଦିଷ୍ଟ କରିବା ସଙ୍ଗେ ସଙ୍ଗେ ଏହାର ସ୍ୱାଦ-ମହକ ବଢ଼ାଇ ଥାଏ। କଷା ମସଲାରେ ବିଭିନ୍ନ ପ୍ରକାର ପରିବା ଉପଯୋଗରେ ପ୍ରସ୍ତୁତ କେତେକ ପରିବା ତରକାରୀର ନମୁନା ନିମ୍ନରେ ଦିଆଗଲା।

ଆଳୁ ଦମ୍

ସାମଗ୍ରୀ

ଆଳୁ	୩୦୦ ଗ୍ରାମ୍
ପିଆଜ	୨୫ ଗ୍ରାମ୍
ଟମାଟୋ	୧ ଟା
ତେଲ	୩ ଟେବୁଲ୍ ଚାମଚ୍
ତେଜପତ୍ର	୧ ଟା
ହଳଦୀ ଗୁଣ୍ଡ	୧ ଚା ଚାମଚ୍
ଲଙ୍କାଗୁଣ୍ଡ	୧/୨ ଚା ଚାମଚ୍
ପାଣି	୧ କପ୍
ଗରମ ମସଲା ଗୁଣ୍ଡ	୧/୨ ଚା ଚାମଚ୍
ଧନିଆ ପତ୍ର	୨ ଗଛ
ଲୁଣ ଆବଶ୍ୟକ ମତେ	

ବାଟିବା ପାଇଁ ମସଲା

ପିଆଜ	୨ ଟା (୬୦ ଗ୍ରାମ)
ରସୁଣ	୪/୫ କୋଲା
ଅଦା	୧/୪ ଇଂଚ
ଜୀରା	୧/୨ ଚା ଚାମଚ୍
ଧନିଆ	୧ ଚା ଚାମଚ୍
ଲଙ୍କା	୨ ଟା

ପ୍ରଣାଳୀ

୧. ଜୀରା ଓ ଧନିଆକୁ ୧ ଘଂଟା ଆଗରୁ ବତୁରାଇ ବାଟିବା ପାଇଁ ଥିବା ସାମଗ୍ରୀ ସହ ଚିକ୍କଣ କରି ବାଟି ରଖନ୍ତୁ ।

୨. ଆଳୁକୁ ସିଝାଇ ଥଣ୍ଡା କରି ଚୋପା ଛଡାନ୍ତୁ । ଛୋଟ ଆଳୁ ହୋଇଥିଲେ ଗୋଟା ରଖନ୍ତୁ ନଚେତ୍ ବଡ ଆଳୁ ହୋଇଥିଲେ ଖଣ୍ଡ ଖଣ୍ଡ କାଟି ରଖନ୍ତୁ ।

୩. ପିଆଜ, ଟମାଟୋ ଓ ଧନିଆପତ୍ରକୁ ଚୁନ୍ ଚୁନ୍ କାଟି ଅଲଗା ଅଲଗା ରଖନ୍ତୁ ।

୪. କଡ଼େଇରେ ୧ ଟେବୁଲ୍ ଚାମଚ୍ ତେଲ ଗରମ କରି ସିଝା ଆଳୁ, ୧/୨ ଚା ଚାମଚ୍ ହଳଦୀଗୁଣ୍ଡ ଓ ସାମାନ୍ୟ ଲୁଣ ଛିଂଚି ଭାଜି ଗୋଟିଏ ଥାଳିରେ ରଖନ୍ତୁ ।

୫. ଅବଶିଷ୍ଟ ତେଲକୁ କଡେଇରେ ଗରମ କରି ତେଜପତ୍ର ପକାଇ ଅଳ୍ପ ସମୟ ଭାଜି ଏଥିରେ ପିଆଜ ପକାଇ ଭାଜନ୍ତୁ ।

୬. ପିଆଜ ନରମ ହୋଇଆସିଲେ ଟମାଟୋ ଓ ସାମାନ୍ୟ ଲୁଣ ପକାଇ ଭାଜନ୍ତୁ ।

୭. ଟମାଟୋ ନରମ ହୋଇ ପାଣି ମରି ଆସିଲେ ଏଥିରେ ବଟା ମସଲା, ହଳଦୀଗୁଣ୍ଡ ଓ ଲଙ୍କାଗୁଣ୍ଡ ପକାଇ କଷନ୍ତୁ ।

୮. ମସଲା କଷି ହୋଇଗଲେ ଆଳୁକୁ ପକାଇ କଷନ୍ତୁ ।

୯. ଏଥିରେ ପାଣି ଓ ଲୁଣ ପକାଇ ମଧ୍ୟମ ଜାଳରେ ରାନ୍ଧନ୍ତୁ ।

୧୦. ପାଣି ମରି ଆସିଲେ ଓ ଆଳୁ ସଙ୍ଗେ ମସଲା ଭଲ ଭାବେ ମିଶିଗଲେ ଚୁଲିରୁ ଓହ୍ଲାଇ ଗରମ ମସଲା ଗୁଣ୍ଡ ଗୋଳାଇ ଦିଅନ୍ତୁ ।

୧୧. ଆଳୁ ଦମ୍‌କୁ ଗୋଟିଏ ସର୍ଭିଙ୍ଗ ବୋଲରେ ଓଜାଡି ଉପରେ ଧନିଆ ପତ୍ର ଛିଞ୍ଚି ପରିବେଷଣ କରନ୍ତୁ ।

ପ୍ରକାରଭେଦ

ଆଳୁ ତରକାରୀ- ଆଳୁ ଦମ୍ ରେସିପିର ସାମଗ୍ରୀ ସହ ୧ କପ୍ ପାଣି ବଦଳରେ ୩ କପ୍ ପାଣି ଦେଇ ଉପରୋକ୍ତ ପ୍ରଣାଳୀ ଅନୁସରଣ କରି ଆଳୁ ଝୋଳ ବା ଆଳୁ ତରକାରୀ ପ୍ରସ୍ତୁତ କରାଯାଇପାରିବ ।

ଆଳୁ ପୋଟଳ ରସା

ସାମଗ୍ରୀ

ଆଳୁ	୨୦୦ ଗ୍ରାମ୍
ପୋଟଳ	୩୦୦ ଗ୍ରାମ୍
ପିଆଜ	୨୫ ଗ୍ରାମ୍
ଟମାଟୋ	୨୦ ଗ୍ରାମ୍
ତେଜପତ୍ର	୧ ଟା
ହଳଦୀଗୁଣ୍ଡ	୧ ଚା ଚାମଚ୍
ଲଙ୍କାଗୁଣ୍ଡ	୧ ଚା ଚାମଚ୍
ତେଲ	୩ ଟେବୁଲ୍ ଚାମଚ୍
ପାଣି	୨ କପ୍
ଧନିଆପତ୍ର	୧ ଗଛ
ଗରମ ମସଲା ଗୁଣ୍ଡ	୧/୨ ଚା ଚାମଚ୍
ଲୁଣ ଆବଶ୍ୟକ ମତେ	

ବାଟିବା ପାଇଁ ମସଲା

ଜୀରା	୧/୨ ଚା ଚାମଚ୍
କୋରା ନଡିଆ	୨ ଟେବୁଲ୍ ଚାମଚ୍
ପିଆଜ	୬୦ ଗ୍ରାମ
ଅଦା	୧/୪ ଇଂଚ
ରସୁଣ	୪ ବା ୫ କୋଲା
ଶୁଖିଲା ଲଙ୍କା	୨ ଟା

ପ୍ରଣାଳୀ

୧. ବାଟିବା ପାଇଁ ଥିବା ମସଲାକୁ ଏକାଠି ନେଇ ଚିକ୍କଣ କରି ବାଟି ରଖନ୍ତୁ ।

୨. ଆଳୁର ଚୋପା ଛଡାଇ ଖଣ୍ଡ ଖଣ୍ଡ କରି କାଟନ୍ତୁ । ପୋଟଳର ଚୋପା ହାଲକା ଭାବେ ଚାଞ୍ଛି ତେରଛା ଗଡ ବା ଗୋଲ ଗୋଲ (ଦେଖନ୍ତୁ ପ୍ରସ୍ତୁତି) କାଟି ରଖନ୍ତୁ ।

୩. ପିଆଜ, ଟମାଟୋ ଓ ଧନିଆପତ୍ରକୁ ଚୁନ୍ ଚୁନ୍ କାଟି ଅଲଗା ଅଲଗା ରଖନ୍ତୁ ।

୪. କଡେଇରେ ୨ ଟା ଚାମଚ୍ ତେଲ ଗରମ କରି ଏଥିରେ ପୋଟଳ, ୧/୪ ଟା ଚାମଚ୍ ହଳଦି ଓ ସାମାନ୍ୟ ଲୁଣ ଛିଂଚି ଢାଙ୍କୁଣି ଘୋଡାଇ ମଧ୍ୟମ ଜାଳରେ ଭାଜନ୍ତୁ ।

୫. ପୋଟଳ ଭାଜି ହୋଇଗଲେ ଭଜା ପୋଟଳକୁ ଗୋଟିଏ ପ୍ଲେଟରେ ରଖି ସେହି କଡ଼େଇରେ ଆଉ ୧ ଟା ଚାମଚ୍ ତେଲ ଗରମ କରି କଟା ଆଳୁ ୧/୪ ଟା ଚାମଚ୍ ହଳଦୀ ଓ ସାମାନ୍ୟ ଲୁଣ ଦେଇ ଭାଜନ୍ତୁ ।

୬. ଆଳୁ ଭାଜି ହୋଇଗଲେ ପୋଟଳ ସହ ରଖନ୍ତୁ ।

୭. ଅବଶିଷ୍ଟ ତେଲକୁ କଡେଇରେ ଗରମ କରି ତେଜପତ୍ର ପକାଇ ଭାଜନ୍ତୁ । ଅଳ୍ପ ସମୟ ପରେ ପିଆଜ ପକାଇ ଜାରନ୍ତୁ ।

୮. ପିଆଜ ଜରିଗଲେ ଏଥିରେ ଟମାଟୋ ଓ ସାମାନ୍ୟ ଲୁଣ ପକାଇ ଭାଜନ୍ତୁ ।

୯. ଟମାଟୋ ନରମ ହୋଇଗଲେ ଏଥିରେ ବଟା ମସଲା, ହଳଦୀଗୁଣ୍ଡ ଓ ଲଙ୍କାଗୁଣ୍ଡ ପକାଇ କଷନ୍ତୁ ।

୧୦. ମସଲା କଷି ହୋଇଗଲେ ଏଥିରେ ଭଜା ପୋଟଳ ଓ ଆଳୁ ପକାଇ ସାମାନ୍ୟ ପାଣି ଛିଂଚି କଷନ୍ତୁ ।

୧୧. ମସଲା ଭଲଭାବେ ପରିବାରେ ଗୋଳାଇ ହୋଇଗଲେ ପାଣି ଓ ଲୁଣ ଦେଇ ଢାଙ୍କୁଣି ଘୋଡାଇ ମଧ୍ୟମ ଜାଳରେ ରାନ୍ଧନ୍ତୁ ।

୧୨. ପାଣି ଫୁଟି ପୋଟଳ ଓ ଆଳୁ ଭଲ ଭାବରେ ସିଝିଗଲେ ଚୁଲିରୁ ଓହ୍ଲାଇ ଗରମ ମସଲା ଗୁଣ୍ଡ ପକାଇ ଗୋଳାଇ ଦିଅନ୍ତୁ ।

୧୩. ଆଳୁ ପୋଟଳ ରସାକୁ ଗୋଟିଏ ସର୍ଭିଙ୍ଗ ବୋଲରେ ଓଜାଡି ଉପରେ ଧନିଆପତ୍ର ଛିଂଚି ପରିବେଷଣ କରନ୍ତୁ ।

ପ୍ରକାର ଭେଦ

♦ ପୋଟଳ ବଦଳରେ ଫୁଲକୋବି, ଉଲ କୋବି, ଅମୃତଭଣ୍ଡା ମଧ୍ୟରୁ ଯେ କୌଣସି ଗୋଟିକୁ ନେଇ ଆଳୁ ପୋଟଳ ରସା ର ସାମଗ୍ରୀ ସହ ଏକା ପ୍ରଣାଳୀରେ ତରକାରୀ ପ୍ରସ୍ତୁତ କରିପାରିବେ ।

ପଣସ ତରକାରୀ

ସାମଗ୍ରୀ

କଟା ପଣସ	୫୦୦ ଗ୍ରାମ୍
ଆଳୁ	୧୫୦ ଗ୍ରାମ୍
ହଳଦୀଗୁଣ୍ଡ	୧ ଟା ଚାମଚ୍
ତେଲ	୪ ଟେବୁଲ ଚାମଚ୍
ଗୁଆଘିଅ	୨ ଟା ଚାମଚ୍
ତେଜପତ୍ର	୧ ଟା
ଶୁଖିଲା ଲଙ୍କା	୧ ଟା
ପିଆଜ	୧ ଟା
ଟମାଟୋ	୧ ଟା
ଲଙ୍କାଗୁଣ୍ଡ	୧ ଟା ଚାମଚ୍
ଗରମ ପାଣି	୩ କପ୍
ଗରମ ମସଲା ଗୁଣ୍ଡ	୧/୨ ଟା ଚାମଚ୍
ଧନିଆ ପତ୍ର	୧ ଗଛ

ବାଟିବା ପାଇଁ ମସଲା

ଜୀରା	୧/୨ ଟା ଚାମଚ୍
ଧନିଆ	୧ ଟା ଚାମଚ୍
ପିଆଜ	୫୦ ଗ୍ରାମ୍
ରସୁଣ	୪/୫ ପାଖୁଡା
ଅଦା	୧/୪ ଇଂଚ

ପ୍ରଣାଳୀ

୧. ପଣସକୁ ଛୋଟ ଛୋଟ ଖଣ୍ଡ କରି କାଟି ରଖନ୍ତୁ । ଆଳୁର ଚୋପା ଛଡାଇ ପଣସଠାରୁ ସାମାନ୍ୟ ବଡ ବଡ ଖଣ୍ଡ କରି କାଟନ୍ତୁ ।

୨. ପିଆଜ, ଟମାଟୋ ଓ ଧନିଆପତ୍ରକୁ ଚୁନ୍ ଚୁନ୍ କାଟି ଅଲଗା ଅଲଗା ରଖନ୍ତୁ ।

୩. ଜୀରା ଓ ଧନିଆକୁ ୧ ଘଂଟା ବତୁରାଇ ମସଲା ପାଇଁ ଥିବା ଅନ୍ୟାନ୍ୟ ସାମଗ୍ରୀ ସହ ଏକାଠି ଚିକ୍କଣ କରି ବାଟି ରଖନ୍ତୁ ।

୪. କଡ଼େଇ ଗରମ କରି ଏଥିରେ ଆଳୁ ସହ ଅଳ୍ପ ହଳଦୀଗୁଣ୍ଡ ଓ ଲୁଣ ପକାଇ ଭାଜି ଗୋଟିଏ ବେଲାରେ ରଖନ୍ତୁ ।

୫. ଅବଶିଷ୍ଟ ତେଲ ଗରମ କରି ଏଥିରେ କ୍ରମ ଅନୁସାରେ ତେଜପତ୍ର ଓ ଲଙ୍କା ପକାଇ ଭାଜନ୍ତୁ ।

୬. ଅଳ୍ପ ସମୟ ପରେ କଟା ପିଆଜ ପକାଇ ଜାରନ୍ତୁ । ପିଆଜ ଜରିଗଲେ ଟମାଟୋ ଓ ସାମାନ୍ୟ ଲୁଣ ପକାଇ ଭାଜନ୍ତୁ ।

୭. ଟମାଟୋରୁ ପାଣି ମରି ଆସିଲେ ବଟା ମସଲା, ହଳଦୀଗୁଣ୍ଡ ଓ ଲଙ୍କାଗୁଣ୍ଡ ପକାଇ କଷନ୍ତୁ ।

୮. ମସଲା କଷି ହୋଇଗଲେ ଘିଅ ଓ ପଣସ ପକାଇ ଅଳ୍ପ ପାଣି ଛିଂଚି କଷନ୍ତୁ ।

୯. ପଣସ କଷି ହୋଇଗଲେ ଓ ପଣସ ସାମାନ୍ୟ ଦବି ଆସିଲେ ଆଳୁ ପକାଇ ଭଲ ଭାବେ ଗୋଳାଇ ଲୁଣ ଓ ପାଣି ଦେଇ ଢାଙ୍କୁଣି ଘୋଡାଇ ମଧ୍ୟମ ଜାଳରେ ରାନ୍ଧନ୍ତୁ ।

୧୦. ପଣସ ଭଲ ଭାବେ ସିଝିଗଲେ ଚୁଲିରୁ ଓହ୍ଲାଇ ଗରମ ମସଲା ଗୁଣ୍ଡ ପକାଇ ଗୋଳାଇ ଗୋଟିଏ ସର୍ଭିଙ୍ଗ ବୋଲରେ ଓଜାଡି ଉପରେ ଧନିଆପତ୍ର ଛିଂଚି ପରିବେଷଣ କରନ୍ତୁ ।

ନଡିଆ ବରା ତରକାରୀ

ସାମଗ୍ରୀ

କୋରା ନଡିଆ	୧ ଟା
ଜୀରା	୧/୨ ଚା ଚାମଚ
ଅଦା	୧/୪ ଇଂଚ
ଶୁଖିଲା ଲଙ୍କା	୧ ଟା
ଅରୁଆ ଚାଉଳ ଗୁଣ୍ଡ ବା ଗହମ ଅଟା	୧ ଟେବୁଲ୍ ଚାମଚ୍
ଆଳୁ	୧୫୦ ଗ୍ରାମ୍
ବରା ଛାଣିବା ପାଇଁ ତେଲ	
ପିଆଜ	୨ ଟା
ରସୁଣ	୪-୫ କୋଲା
ଅଦା	୧/୪ ଇଂଚ
ହଳଦୀ ଗୁଣ୍ଡ	୧/୨ ଚା ଚାମଚ
ଲଙ୍କା ଗୁଣ୍ଡ	୧ ଚା ଚାମଚ
ତେଲ	୨ ଟେବୁଲ୍ ଚାମଚ
ତେଜପତ୍ର	୧ ଟା
ଡାଲଚିନି	୧ ଛୋଟ ଖଣ୍ଡ
ଲବଙ୍ଗ	୨ ଟା
ଗୁଜୁରାତି	୧ ଟା
ଟମାଟୋ	୧ ଟା
ପାଣି	୩ କପ୍
ଲୁଣ ଆବଶ୍ୟକ ମତେ	

ପ୍ରଣାଳୀ

୧. ଆଳୁରୁ ଚୋପା ଛଡାଇ ଖଣ୍ଡ ଖଣ୍ଡ କରି କାଟି ରଖନ୍ତୁ ।

୨. ଟମାଟୋକୁ ଚୁନ୍ ଚୁନ୍ କାଟି ରଖନ୍ତୁ ।

୩. ନଡିଆ ସହ ବରା ପାଇଁ ଥିବା ଜୀରା, ଅଦା ଓ ଲଙ୍କାକୁ ନେଇ ଅଳ୍ପ ପାଣି ଦେଇ ଚିକ୍କଣ କରି ବାଟନ୍ତୁ ।

୪. ପିଆଜ, ଅଦା ଓ ରସୁଣକୁ ଏକାଠି ବାଟି ମସଲା ପ୍ରସ୍ତୁତ କରି ରଖନ୍ତୁ ।

୫. ବରା ଛାଣିବା ପାଇଁ ଥିବା ତେଲକୁ ଗୋଟିଏ କଡେଇରେ ନେଇ ଗରମ କରନ୍ତୁ ।

୬. ବଟା ନଡିଆରେ ଚାଉଳଗୁଣ୍ଡ ଓ ଲୁଣ ପକାଇ ଗୋଳାଇ ୨ ଟା ଚାମଚ ଲେଖାଏଁ ନଡିଆ ବଟା ନେଇ ସାମାନ୍ୟ ପାଣି ହାତ ହୋଇ ଲମ୍ବାଳିଆ କରି ଚାପି ଗଢି ଗରମ ତେଲରେ ମଧ୍ୟମରୁ ଅଳ୍ପ ଜାଳରେ ଛାଣନ୍ତୁ ।

୭. ନଡିଆ ବରା ଗୁଡିକ ବାଦାମି ରଙ୍ଗ ହୋଇଗଲେ ତେଲରୁ ଛାଣି ଟିସୁ ପେପର ବିଛାଇଥିବା ଗୋଟିଏ ପ୍ଲେଟରେ ରଖନ୍ତୁ।

୮. କଡ଼େଇରୁ ତେଲକୁ ଅନ୍ୟ ଗୋଟିଏ ଷ୍ଟିଲ ବେଲାରେ ନିଗାଡି ରଖନ୍ତୁ। ଏହି କଡ଼େଇରେ କଟା ଆଳୁ, ସାମାନ୍ୟ ହଳଦୀ ଓ ଲୁଣ ପକାଇ ଅଳ୍ପଜାଳରେ ଭାଜନ୍ତୁ।

୯. ଆଳୁ ବାଦାମୀ ରଙ୍ଗ ହୋଇ ସିଝି ଆସିଲେ କଡେଇରୁ କାଢି ଗୋଟିଏ ବେଲାରେ ରଖନ୍ତୁ ।

୧୦. ସେହି କଡେଇରେ ୨ ଟେବୁଲ୍ ଚାମଚ୍ ତେଲ ଗରମ କରି କ୍ରମ ଅନୁସାରେ ତେଜପତ୍ର ଡାଲଚିନି, ଲବଙ୍ଗ ଓ ଗୁଜୁରାତି ପକାଇ ଅଳ୍ପ ସମୟ ଭାଜନ୍ତୁ।

୧୧. ମସଲାରୁ ବାସ୍ନା ଆସିଲେ ଏଥିରେ ଟମାଟୋ ପକାଇ ଭାଜନ୍ତୁ ।

୧୨. ଟମାଟୋ ନରମ ହୋଇ ଏକାଠି ମିଶିଗଲେ ଏଥିରେ ବଟା ମସଲା, ହଳଦୀ ଗୁଣ୍ଡ ଓ ଲଙ୍କା ଗୁଣ୍ଡ ପକାଇ କଷନ୍ତୁ ।

୧୩. ମସଲା କଷି ହୋଇଗଲେ ଏଥିରେ ଭଜା ଆଳୁ ପକାଇ କଷନ୍ତୁ ।

୧୪. ଆଳୁ ସହିତ ମସଲା ଭଲ ଭାବେ ମିଶିଗଲେ ପାଣି ଓ ଲୁଣ ପକାଇ ଅଳ୍ପ ଜାଳରେ ଢାଙ୍କୁଣି ଘୋଡାଇ ରାନ୍ଧନ୍ତୁ।

୧୫. ଆଳୁ ଭଲ ଭାବେ ସିଝିଗଲେ ନଡିଆ ବରା ପକାଇ ଅଳ୍ପ ସମୟ ଫୁଟାଇ ଚୁଲିରୁ ଓହ୍ଲାଇ ଦିଅନ୍ତୁ ।

୧୬. ସାବଧାନତା ସହକାରେ ତରକାରୀକୁ ସର୍ଭିଙ୍ଗ ବୋଲକୁ ବାହାର କରି ୫ ମିନିଟ୍ ଢାଙ୍କୁଣି ଘୋଡାଇ ରଖନ୍ତୁ ଓ ଗରମ ଗରମ ଭାତ ସହିତ ପରିବେଷଣ କରନ୍ତୁ ।

ଭେଜିଟେବଲ କୋପ୍ତା କରୀ

ସାମଗ୍ରୀ

ଆଳୁ	୧୫୦ ଗ୍ରାମ
ଗାଜର	୧୦୦ ଗ୍ରାମ
ବିନ୍	୧୦୦ଗ୍ରାମ
ମଟର	୧୫୦ ଗ୍ରାମ
ମଇଦା	୧ ଟେବୁଲ୍ ଚାମଚ୍
ପିଆଜ	୧୫୦ ଗ୍ରାମ
ଅଦା	୧/୨ ଇଂଚ
ରସୁଣ	୬ କୋଲା
କଂଚା ଲଙ୍କା	୨ ଟା
ଶୁଖିଲା ଲଙ୍କା	୨ ଟା
ଧନିଆ	୧/୨ ଚା ଚାମଚ୍
ଜୀରା	୧/୪ ଚା ଚାମଚ
ପାନ ମଧୁରୀ	୧/୪ ଚା ଚାମଚ୍
ତେଲ	୪ ଟେବୁଲ୍ ଚାମଚ୍
ତେଜପତ୍ର	୧ ଟା
ଟମାଟୋ	୨ଟା
ହଳଦୀଗୁଣ୍ଡ	୧/୨ ଚା ଚାମଚ୍
ଫ୍ରେସ କ୍ରିମ	୩୦ ଗ୍ରାମ
ଗରମ ମସଲା ଗୁଣ୍ଡ	୧/୨ ଚା ଚାମଚ୍
ଧନିଆ ପତ୍ର	୨ ଗଛ
ପାଣି	୩ କପ୍
କୋପ୍ତା ଛାଣିବା ପାଇଁ ତେଲ	
ଲୁଣ ଆବଶ୍ୟକ ମତେ	

ପ୍ରଣାଳୀ

୧. ଆଳୁକୁ ସିଝାଇ ଚୋପା ଛଡାଇ ଚକଟି ରଖନ୍ତୁ ।

୨. ଗାଜରକୁ ସାମାନ୍ୟ ଚାଂଛି ଗ୍ରେଟରେ କୋରି, ବିନ୍‌କୁ ପତଳା ପତଳା ଗୋଲ ଗୋଲ କାଟି ଓ ମଟର ମଞ୍ଜି ଛଡାଇ ଏକାଠି ରଖନ୍ତୁ ।

୩. ଗୋଟିଏ କଡେଇରେ ଗାଜର, ବିନ୍ ଓ ମଟରକୁ ନେଇ ଅଳ୍ପ ଜାଳରେ ଖରଡି ପାଣି ମାରି ଚକଟା ଆଳୁ ସାଙ୍ଗରେ ଭଲ ଭାବରେ ଗୋଳାଇ ରଖନ୍ତୁ ।

୪. ପିଆଜ, ଅଦା, ଓ ରସୁଣର ୩ ଭାବରୁ ଏକ ଭାଗ ଲେଖାଏଁ ନେଇ କଂଚା ଲଙ୍କା ସହ ଭଲ ଭାବରେ ଛେଚି ରଖନ୍ତୁ ।

୫. ଅବଶିଷ୍ଟ ପିଆଜରୁ ଅଧା ପିଆଜ ଓ ଟମାଟୋକୁ ଚୁନ ଚୁନ କାଟି ଅଲଗା ଅଲଗା ରଖନ୍ତୁ । ଧନିଆ ପତ୍ରକୁ ଚୁନ୍ ଚୁନ୍ କାଟି ଅଲଗା ରଖନ୍ତୁ ।

୬. ଜୀରା, ଧନିଆ, ପାନମଧୁରୀ ଓ ଶୁଖିଲା ଲଙ୍କା ସହ ବଳି ପଡିଥିବା ପିଆଜ, ରସୁଣ ଓ ଅଦାକୁ ଏକାଠି ଚିକ୍କଣ କରି ବାଟି ମସଲା ପ୍ରସ୍ତୁତ କରନ୍ତୁ ।

୭. କଡେଇ ବା ଫ୍ରାଇଙ୍ଗ ପ୍ୟାନରେ ୧ ଟେବୁଲ୍ ଚାମଚ ତେଲ ଗରମ କରି ଛେଚା ହୋଇଥିବା ପିଆଜ, ଅଦା ରସୁଣ ଓ କଂଚା ଲଙ୍କା ପକାଇ ଭାଜନ୍ତୁ । ଏଥିରେ ଆଳୁ ମିଶ୍ରଣ ଓ ଲୁଣ ପକାଇ ଭଲ ଭାବରେ ମିଶାଇ ଗୋଟିଏ ପ୍ଲେଟରେ କାଢି ଥଣ୍ଡା କରନ୍ତୁ ।

୮. ପାଣି ହାତ ହୋଇ ଏହି ମିଶ୍ରଣରୁ ଅଳ୍ପ ଅଳ୍ପ ନେଇ ଗୋଲଗୋଲ ଗୁଳା କରି ମଇଦାରେ ଗଡାଇ ଗୋଟିଏ ପ୍ଲେଟରେ ରଖନ୍ତୁ ।

୯. ଛାଣିବା ପାଇଁ ଥିବା ତେଲକୁ କଡେଇରେ ଗରମ କରି ଅଳ୍ପରୁ ମଧ୍ୟମ ଜାଳରେ କୋପ୍ତା ଗୁଳା ଗୁଡିକୁ ଗଡାଇ ଗଡାଇ ବାଦାମୀ ରଙ୍ଗ ହେବା ପର୍ଯ୍ୟନ୍ତ ଭାଜି ନେଇନ୍ତୁ ଛାଣି ଗୋଟିଏ ପ୍ଲେଟରେ ଟିସୁ ପେପର ବିଛାଇ ରଖନ୍ତୁ ।

୧୦. ଆଉ ଗୋଟିଏ କଡେଇରେ ୩ ଟେବୁଲ୍ ଚାମଚ୍ ତେଲ ଗରମ କରି ତେଜପତ୍ର ପକାଇ ଅଳ୍ପସମୟ ଭାଜି ଏଥିରେ କଟା ପିଆଜ ପକାଇ ଜାରନ୍ତୁ । ପିଆଜ ଜରିଗଲେ ଏଥିରେ ଟମାଟୋ ପକାଇ ଭାଜନ୍ତୁ ।

୧୧. ଟମାଟୋ ନରମ ହୋଇ ପାଣି ମରି ଆସିଲେ ଏଥିରେ ବଟା ମସଲା ଓ ହଳଦୀଗୁଣ୍ଡ ପକାଇ କଷନ୍ତୁ ।

୧୨. ମସଲା କଷି ହୋଇଗଲେ ଏଥିରେ ପାଣି ଓ ଲୁଣ ଦେଇ ମଧ୍ୟମ ଜାଳରେ ଫୁଟାନ୍ତୁ । ମସଲା ସିଝିଗଲେ ଓ ପାଣି ମରି ଅଧା ହୋଇଗଲେ କ୍ରିମକୁ ଫେଣ୍ଟି ଏଥିରେ ଗୋଳାଇ ଦିଅନ୍ତୁ ।

୧୩. ତରକାରୀକୁ ଚୁଲିରୁ ଓହ୍ଲାଇ ଏଥିରେ ଛଣା ହୋଇଥିବା କୋପ୍ତା ଗୁଡିକ ପକାଇ ଗୋଳାଇ ୫ ମିନିଟ ଘୋଡାଇ ରଖନ୍ତୁ ।

୧୪. ଗୋଟିଏ ସର୍ଭିଙ୍ଗ ବୋଲରେ କୋପ୍ତା କରୀକୁ ସାବଧାନତା ସହକାରେ କାଢି ଉପରେ ଗରମ ମସଲା ଗୁଣ୍ଡ ଓ ଧନିଆପତ୍ର ଛିଂଚି ପରିବେଷଣ କରନ୍ତୁ ।

ପାଲକ୍ ପନୀର

ସାମଗ୍ରୀ

ପନୀର	୨୫୦ ଗ୍ରାମ୍
ରିଫାଇନ୍	୩ ଟେବୁଲ୍ ଚାମଚ୍
ପିଆଜ	୧ଟା (୩୦ ଗ୍ରାମ୍)
ରସୁଣ	୪ କୋଳା
ଟମାଟୋ	୧ଟା
ତେଜପତ୍ର	୨ଟା
ଶୁଖିଲା ଲଙ୍କା	୨ଟା
ଜୀରା	୧/୨ ଚା ଚାମଚ୍
ହଳଦୀଗୁଣ୍ଡ	୧/୪ ଚା ଚାମଚ୍
ଲଙ୍କାଗୁଣ୍ଡ	୧/୨ ଚା ଚାମଚ୍
କସ୍ତୁରୀ ମେଥି	୧ ଚା ଚାମଚ୍
ଫ୍ରେସ୍ କ୍ରିମ୍	୩ ଟେବୁଲ୍ ଚାମଚ୍
ଗରମ ମସଲାଗୁଣ୍ଡ	୧/୪ ଚା ଚାମଚ୍
ପାଣି ଆବଶ୍ୟକ ମତେ	
ଆଇସ୍ କ୍ୟୁବ୍	୧୦ ଟା
ଲୁଣ ଆବଶ୍ୟକ ମତେ	

ବାଟିବା ପାଇଁ

ପାଳଙ୍ଗ ପତ୍ର	୩୦୦ ଗ୍ରାମ୍
କଞ୍ଚାଲଙ୍କା	୨ଟା
ରସୁଣ	୨ କୋଳା
ଅଦା	୧/୨ ଇଞ୍ଚ

ପ୍ରଣାଳୀ

୧. ପାଳଙ୍ଗକୁ ପରିଷ୍କାର କରି ଧୋଇ ଛାଣି ରଖନ୍ତୁ ।

୨. ଗୋଟିଏ ବଡ଼ ପାତ୍ରରେ ୩ କପ୍ ପାଣି ସହିତ ସାମାନ୍ୟ ଲୁଣ ଫୁଟାଇ ଚୁଲିରୁ ଓହ୍ଲାଇ ଦିଅନ୍ତୁ ।

୩. ଏଥିରେ ପାଳଙ୍ଗପତ୍ର ପକାଇ ବୁଡ଼ାଇ ୧ ମିନିଟ୍ ରଖନ୍ତୁ।

୪. ଅନ୍ୟ ଏକ ବୋଲରେ ପାଣିରେ ଆଇସ୍‌କ୍ୟୁବ୍ ପକାଇ ରଖନ୍ତୁ। ଗରମ ପାଣିରୁ ପାଳଙ୍ଗକୁ ଛାଣି ସଙ୍ଗେ ସଙ୍ଗେ ଥଣ୍ଡା ପାଣିରେ ବୁଡ଼ାଇ ୧ ମିନିଟ୍ ପର୍ଯ୍ୟନ୍ତ ରଖନ୍ତୁ। ଏଭଳି କରିବା ଦ୍ୱାରା ପାଳଙ୍ଗର ରଙ୍ଗ ବଦଳେ ନାହିଁ।

୫. ଅଦାର ଚୋପା ଛଡ଼ାଇ ଛୋଟ ଛୋଟ ଖଣ୍ଡ କାଟି ଗୋଟିଏ ଗ୍ରାଇଣ୍ଡରରେ ପାଳଙ୍ଗ, କଞ୍ଚାଲଙ୍କା ଓ ରସୁଣ ସହ ଏକାଠି ଚିକ୍କଣକରି ବାଟି ରଖନ୍ତୁ।

୬. ପିଆଜ, ରସୁଣ ଓ ଟମାଟୋକୁ ଚୁନ୍‌ଚୁନ୍ କାଟି ଅଲଗା ଅଲଗା ରଖନ୍ତୁ।

୭. ପନୀରକୁ ରୁଚି ଅନୁସାରେ ଛୋଟଛୋଟ ଖଣ୍ଡ କାଟି ରଖନ୍ତୁ।

୮. କଡ଼େଇରେ ୧ ଟେବୁଲ୍ ଚାମଚ୍ ତେଲ ଗରମ କରି ପନୀରକୁ ଗୋଟି ଗୋଟିକରି ଏଥିରେ ପକାଇ ଅଳ୍ପ ସମୟ ଭାଜି ଗୋଟିଏ ପ୍ଲେଟ୍‌ରେ ରଖନ୍ତୁ।

୯. ସେହି କଡ଼େଇରେ ଅବଶିଷ୍ଟ ତେଲ ଗରମକରି ତେଜପତ୍ର ପକାଇ ଅଳ୍ପ ସମୟ ଭାଜି ଏଥିରେ ଲଙ୍କା ପକାଇ ଭାଜନ୍ତୁ।

୧୦. ଅଳ୍ପ ସମୟପରେ ଜୀରା ପକାଇ ଫୁଟାନ୍ତୁ।

୧୧. ଜୀରା ଫୁଟିଗଲେ ଏଥିରେ କଟା ପିଆଜ ପକାଇ ଭାଜନ୍ତୁ। ପିଆଜ ନରମ ହୋଇଗଲେ ରସୁଣ ପକାଇ ଭାଜନ୍ତୁ।

୧୨. ପିଆଜର ରଙ୍ଗ ପରିବର୍ତ୍ତନ ହୋଇ ଆସିଲେ ଏଥିରେ ଟମାଟୋ ଓ ସାମାନ୍ୟ ଲୁଣ ପକାଇ କଷନ୍ତୁ।

୧୩. ଟମାଟୋ ନରମ ହୋଇଗଲେ ଏଥିରେ ହଳଦୀ ଓ ଲଙ୍କାଗୁଣ୍ଡ ପକାଇ କଷନ୍ତୁ।

୧୪. ଟମାଟୋରୁ ପାଣି ମରି ଆସିଲେ ଏଥିରେ ବଟା ପାଳଙ୍ଗ ପକାଇ ଗୋଳାଇ ଦିଅନ୍ତୁ।

୧୫. ପାଳଙ୍ଗକୁ ଅଳ୍ପ ସମୟ ଭାଜି, ଏଥିରେ କସ୍ତୁରୀ ମେଥିକୁ ହାତରେ ମଳି ପକାଇ, ୧/୪ କପ୍ ପାଣି ଦେଇ ରାନ୍ଧନ୍ତୁ।

୧୬. ପାଳଙ୍ଗ ଫୁଟିଗଲେ ଏଥିରେ ଭଜା ପନୀର ପକାଇ ଗୋଳାଇ ଦିଅନ୍ତୁ।

୧୭. ଅଳ୍ପ ସମୟ ପରେ ଏଥିରେ ୨ ଟେବୁଲ୍ ଚାମଚ୍ ଫ୍ରେସ୍ କ୍ରିମ୍ ପକାଇ ଗୋଳାଇ ଚୁଲିରୁ ଓହ୍ଲାଇ ଦିଅନ୍ତୁ।

୧୮. ଉପରେ ଗରମ ମସଲାଗୁଣ୍ଡ ଛିଞ୍ଚି ଗୋଟିଏ ସର୍ଭିଙ୍ଗ୍ ବୋଲକୁ ଓଜାଡ଼ି ଦିଅନ୍ତୁ। ଅବଶିଷ୍ଟ ଫ୍ରେସ୍ କ୍ରିମ୍‌କୁ ରୁଚି ଅନୁସାରେ ଏହା ଉପରେ ପକାଇ ପରିବେଷଣ କରନ୍ତୁ।

ଲାଉ ପକୁଡ଼ି ତରକାରୀ

ସାମଗ୍ରୀ

ପକୁଡ଼ି ପାଇଁ

ଲାଉ	୫୦୦ ଗ୍ରାମ
ବେସନ	୫ ଟେବୁଲ୍ ଚାମଚ୍
ପିଆଜ	୨୦ ଗ୍ରାମ୍
ରସୁଣ	୨ ପାଖୁଡ଼ା
ଶୁଖିଲା ଲଙ୍କା	୨ ଟା
ଛାଣିବା ପାଇଁ ତେଲ	
ଲୁଣ ଆବଶ୍ୟକ ମତେ	
ଆଳୁ ତରକାରୀର ସାମଗ୍ରୀ	

ପ୍ରଣାଳୀ

୧. ଲାଉର ଚୋପା ଛଡାଇ ଲମ୍ବରେ ଖଣ୍ଡ ଖଣ୍ଡ କରି କାଟି ମଞ୍ଜି ଥିବା ଭିତର ଅଂଶକୁ କାଢି ଅଲଗା ରଖନ୍ତୁ।

୨. ପ୍ରତି ଲାଉ ଖଣ୍ଡକୁ ଗ୍ରେଟରରେ କୋରି ଭଲ ଭାବରେ ଚିପୁଡ଼ି ରଖନ୍ତୁ।

୩. ପିଆଜ, ଅଦା, ରସୁଣ ଓ ଲଙ୍କାକୁ ଏକାଠି ବାଟି ରଖନ୍ତୁ।

୪. ଗୋଟିଏ କଡେଇରେ ୨ ଟା ଚାମଚ୍ ତେଲ ଗରମ କରି ବଟା ମସଲା ପକାଇ କଷନ୍ତୁ ।

୫. ମସଲା କଷି ହୋଇଗଲେ ଲାଉ ସହିତ କଷା ମସଲା, ବେସନ ଓ ଲୁଣ ମିଶାଇ ଭଲ ଭାବେ ଗୋଳାଇ ରଖନ୍ତୁ ।

୬. କଡେଇରେ ତେଲ ଗରମ କରି ଲାଉ ମିଶ୍ରଣରୁ ଅଳ୍ପ ଅଳ୍ପ ନେଇ ତେଲରେ ପକାଇ ମଧ୍ୟମ ଜାଳରେ ପକୁଡି ଛାଣନ୍ତୁ ।

୭. ପକୁଡିକୁ ଲେଉଟାଇ ଦୁଇପାଖ ଇଷତ୍ ବାଦାମୀ ରଙ୍ଗ ହୋଇଗଲେ ତେଲରୁ ଛାଣି ଟିସୁ ପେପର ବିଛାଇ ଥିବା ଗୋଟିଏ ପ୍ଲେଟ ବା ଥାଳିରେ ରଖନ୍ତୁ ।

୮. ଆଳୁ ତରକାରୀର ସାମଗ୍ରୀକୁ ନେଇ ଆଳୁ ତରକାରୀ ପ୍ରସ୍ତୁତ କରନ୍ତୁ । ଏଥିରେ ଛଣା ହୋଇଥିବା ଲାଉ ପକୁଡି ପକାଇ ମଧ୍ୟମ ଜାଳରେ ଫୁଟାନ୍ତୁ । ଆବଶ୍ୟକ ପଡିଲେ ଅଧା କପ ଗରମ ପାଣି ଦିଅନ୍ତୁ ।

୯. ତରକାରୀ ଫୁଟି ଆସିଲେ ଚୁଲିରୁ ଓହ୍ଲାଇ ଗରମ ମସଲାଗୁଣ୍ଡ ଗୋଳାଇ ଗୋଟିଏ ସର୍ଭିଙ୍ଗ ବୋଲରେ ଓଜାଡି ପରଷନ୍ତୁ ।

ବି.ଦ୍ର- ଲାଉରୁ ବାହାର କରିଥିବା ଅନ୍ତି ଓ ଲାଉ ପାଣିକୁ ନ ଫୋପାଡି ତରକାରୀ, ସୁପ୍, ଡାଲି, ଆଦିରେ ବ୍ୟବହାର କରି ପାରିବେ ।

ବେସନ ତରକାରୀ

ସାମଗ୍ରୀ

ବେସନ	୨୫୦ ଗ୍ରାମ୍
ସୋଡା-ବାଇ-କାର୍ବୋନେଟ	୧/୨ ଟା ଚାମଚ୍
ତେଲ	୩ ଟେବୁଲ୍ ଚାମଚ୍
ଆଳୁ	୨୦୦ ଗ୍ରାମ୍
ତେଜପତ୍ର	୧ ଟା
ହଳଦୀଗୁଣ୍ଡ	୧ ଟା ଚାମଚ୍
ଲଙ୍କାଗୁଣ୍ଡ	୧ ଟା ଚାମ୍ଚ୍
ପାଣି	୧ କପ୍
ଛାଣିବା ପାଇଁ ତେଲ	
ଗରମ ମସଲା ଗୁଣ୍ଡ	୧/୨ ଟା ଚାମଚ୍
ଲୁଣ ଆବଶ୍ୟକ ମତେ	

ବାଟିବା ପାଇଁ ମସଲା

ପିଆଜ	୧୦୦ ଗ୍ରାମ୍
ରସୁଣ	୩/୪ ପାଖୁଡା
ଅଦା	୧/୪ ଇଂଚ
ଶୁଖିଲା ଲଙ୍କା	୧ ଟା
ଟମାଟୋ	୧ ଟା

ପ୍ରଣାଳୀ

୧. ବେସନ, ସୋଡା, ଲୁଣ ଓ ୧ ଟେବୁଲ ଚାମଚ୍ ତେଲକୁ ଭଲ ଭାବେ ମିଶାଇ ରଖନ୍ତୁ । ଏଥିରେ ଆସ୍ତେ ଆସ୍ତେ ପାଣି ପକାଇ ଗୋଳାଇ ଏକ ବହଳ ମିଶ୍ରଣ ପ୍ରସ୍ତୁତ କରନ୍ତୁ ।

୨. ଗୋଟିଏ ଡେକଚିରେ ଅଧା ପର୍ଯ୍ୟନ୍ତ ପାଣି ଦେଇ ମୁହଁରେ କନା ବାନ୍ଧି ଅଥାର ପ୍ରସ୍ତୁତ କରନ୍ତୁ । ଏହା ଉପରେ କଦଳୀ ପତ୍ରଟିଏ ବିଛାଇ ଉପରେ ଭଲ ଭାବରେ ତେଲ ମାରି ଏହା ଉପରେ ବେସନ ମିଶ୍ରଣ ଦେଇ ସମାନ ଭାବରେ ଚତରାଇ ଦିଅନ୍ତୁ । କଦଳୀ ପତ୍ର ନ ଥିଲେ ଢାଙ୍କୁଣିରେ ତେଲମାରି ବେସନ ମିଶ୍ରଣକୁ ସମାନ ଭାବେ ଚତରାଇ ଏହା ଉପରେ ଆଉ ଗୋଟିଏ ଢାଙ୍କୁଣି ଘୋଡାଇ ଅଧିକ ଜାଳରେ ୨୦ ମିନିଟ୍ ବମ୍ଫାନ୍ତୁ ।

୩. ଅଥାରରୁ ଢାଙ୍କୁଣି କାଢି ବେସନ ମିଶ୍ରଣ ମଝିରେ ଗୋଟିଏ ଛୁରୀ ଫୋଡି ଦେଖନ୍ତୁ । ଯଦି ଛୁରୀରେ ମିଶ୍ରଣ ନ ଲାଗି ପରିଷ୍କାର ଦେଖାଯିବ ତେବେ ମିଶ୍ରଣ ସିଝିଯାଇଛି ବୋଲି ଜାଣିବେ ।

୪. ଏଥର ଚୁଲିକୁ ଲିଭାଇ ସାବଧାନତା ସହକାରେ କଦଳୀପତ୍ର ସହ ସିଝା ବେସନକୁ ଗୋଟିଏ ଥାଳିରେ ଥଣ୍ଡା କରନ୍ତୁ ଓ ଏହାକୁ ଛୁରୀରେ ଖଣ୍ଡ ଖଣ୍ଡ କରି କାଟି ରଖନ୍ତୁ ।

୫. କଡେଇରେ ତେଲ ଗରମ କରି କାଟିଥିବା ବେସନ ଖଣ୍ଡ ଗୁଡିକ ମଧ୍ୟମ ଜାଳରେ ଛାଣି ଗୋଟିଏ ଥାଳିରେ ରଖନ୍ତୁ ।

୬. ଆଳୁର ଚୋପା ଛଡାଇ ଖଣ୍ଡ ଖଣ୍ଡ କରି କାଟନ୍ତୁ ।

୭. କଡ଼େଇରୁ ତେଲ ନିଗାଡି ଏଥିରେ କଟା ଆଳୁ, ୧/୨ ଚା ଚାମ୍ଚ ହଳଦୀଗୁଣ୍ଡ ଓ ଲୁଣ ପକାଇ ଢାଙ୍କୁଣି ଘୋଡାଇ ଅଳ୍ପ ଜାଳରେ ଭାଜନ୍ତୁ ।

୮. ଆଳୁ ବାଦାମି ରଙ୍ଗ ହୋଇ ସିଝିଆସିଲେ କଡେଇରୁ କାଢି ଗୋଟିଏ ବେଲାରେ ରଖନ୍ତୁ ।

୯. ବାଟିବା ପାଇଁ ଥିବା ସାମଗ୍ରୀକୁ ନେଇ ଚିକ୍କଣ କରି ମସଲା ବାଟି ରଖନ୍ତୁ ।

୧୦. ୨ ଟେବୁଲ୍ ଚାମଚ ତେଲ ଗରମ କରି ତେଜପତ୍ର ପକାଇ ଅଳ୍ପ ସମୟ ଭାଜି ଏଥିରେ ବଟାମସଲା ଓ ହଳଦୀଗୁଣ୍ଡ ପକାଇ କଷନ୍ତୁ ।

୧୧. ମସଲା କଷି ହୋଇଗଲେ ଏଥିରେ ଆଳୁ ପକାଇ ଗୋଳାଇ ପାଣି ଓ ଲୁଣ ଦେଇ ମଧ୍ୟମ ଜାଳରେ ରାନ୍ଧନ୍ତୁ ।

୧୨. ଭଲଭାବେ ମସଲା ସିଝି ଫୁଟିଗଲେ ଓ ଆଳୁ ତିନିଭାଗ ସିଝିଗଲେ ଛଣା ବେସନ ପକାଇ ଅଳ୍ପ ସମୟ ଫୁଟାଇ ଚୁଲିରୁ ଓହ୍ଲାଇ ଦିଅନ୍ତୁ ।

୧୩. ତରକାରୀକୁ ଗୋଟିଏ ସର୍ଭିଙ୍ଗ ବୋଲରେ ଓଜାଡି ଉପରେ ଗରମ ମସଲା ଗୁଣ୍ଡ ଛିଂଚି ପରିବେଷଣ କରନ୍ତୁ ।

ପ୍ରକାର ଭେଦ

ମୁରୁଗା ତରକାରୀ

- ମୁରଗା ତରକାରୀ ବେସନ ବଦଳରେ ୨୫୦ ଗ୍ରାମ ମୁଗ ଡାଲି ନେଇ ଏହାକୁ ପରିଷ୍କାର ଭାବେ ୩ ରୁ ୪ ଥର ଧୋଇ ୧ ଘଂଟା ବତୁରାଇ ଦିଅନ୍ତୁ ।
- ପାଣିରୁ ଛାଣି ୧ ଚାମଚ ଜୀରା ଓ ୨ଟି କଂଚାଲଙ୍କା ସହ ଚିକ୍କଣ କରି ବାଟି ରଖନ୍ତୁ । ଆଣ କାଠୁଆ ହେବା ଦରକାର ।
- ବେସନ ତରକାରୀ ପ୍ରଣାଳୀରେ ବଟା ମୁଗରେ ଲୁଣ ଗୋଳାଇ ବମ୍ଫାଇ ଛାଣି ରଖନ୍ତୁ ।
- ବେସନ ତରକାରୀ ପାଇଁ ଥିବା ଅନ୍ୟାନ୍ୟ ସାମଗ୍ରୀକୁ ନେଇ ବେସନ ତରକାରୀର ପ୍ରଣାଳୀ ଅନୁସରଣ କରି ମୁରଗା ତରକାରୀ ପ୍ରସ୍ତୁତ କରନ୍ତୁ ।

ଘାଂଟ ତରକାରୀ

ଘାଂଟ ତରକାରୀ ଓଡିଶାର ଏକ ସ୍ୱତନ୍ତ୍ର ଖାଦ୍ୟ ପ୍ରସ୍ତୁତି । ଆଶ୍ୱୀନ ମାସରେ ଦୁତୀବାହାନଙ୍କ ପୂଜା, ଦୁତୀୟା ଓଷା ଭାବରେ ପାଳିତ ହୁଏ । ଏହି ଓଷାରେ ବିଭିନ୍ନ ପ୍ରକାର ପରିବା ପୂଜା କରାଯାଏ । ତାପର ଦିନ ଗଜା ମୁଗ ଓ ଗଜା ବୁଟ ସହିତ ୨୧ ପ୍ରକାର ପରିବାକୁ ନେଇ ଘାଂଟ ତରକାରୀ ପ୍ରସ୍ତୁତ କରାଯାଏ । କେତେକ ଅଂଚଳରେ ଘାଂଟରେ ଛୋଟ ଛୋଟ ଆଖୁ ଖଣ୍ଡ ଓ ମକା ମଞ୍ଜି ଆଦି ପକାଇ ଏହା ପ୍ରସ୍ତୁତ କରାଯାଏ । ଶୁଖିଲା ମଟର, ଛୋଲେ ଆଦିକୁ ମଧ୍ୟ ପାଣିରେ ୬/୭ ଘଣ୍ଟା ବତୁରାଇ ଘାଣ୍ଟରେ ରୁଚି ଅନୁସାରେ ବ୍ୟବହାର କରାଯାଇଥାଏ ।

ସାମଗ୍ରୀ

ଗଜାମୁଗ	୨୦୦ ଗ୍ରାମ
ଗଜା ବୁଟ	୧୦୦ ଗ୍ରାମ
ଆଳୁ	୨୦୦ ଗ୍ରାମ
ଦେଶୀଆଳୁ	୨୦୦ ଗ୍ରାମ
ସାରୁ	୧୦୦ ଗ୍ରାମ
କଖାରୁ	୨୦୦ ଗ୍ରାମ୍
ପାଣି କଖାରୁ	୨୦୦ ଗ୍ରାମ୍
ବୁଢ଼ା କାକୁଡି	୧୦୦ ଗ୍ରାମ୍
ଜହ୍ନି	୧୫୦ ଗ୍ରାମ୍
ଝୁଡଙ୍ଗ	୧୫୦ ଗ୍ରାମ୍
ପୋଇ	୧୫୦ ଗ୍ରାମ୍
ଖଡା	୨ ଗଛ
କାଙ୍କଡ	୫୦ ଗ୍ରାମ୍
କଂଚା କଦଳୀ	୧ ଟା

ବାଇଗଣ	୨୫୦ ଗ୍ରାମ୍
ପୋଟଳ	୧୦୦ ଗ୍ରାମ୍
ଅମୃତଭଣ୍ଡା	୫୦ ଗ୍ରାମ୍
ମୂଳା	୧୦୦ ଗ୍ରାମ୍
ଛଚିନ୍ଦ୍ରା	୧୦୦ ଗ୍ରାମ୍
କନ୍ଦମୂଳ	୨୦୦ ଗ୍ରାମ୍
ଲାଉ	୨୦୦ ଗ୍ରାମ୍
ଓଉ	୫ ବା ୬ ପାଖୁଡା
ନଡିଆ	୧ ଟା
ତେଜପତ୍ର	୨ ଟା
ହଳଦୀଗୁଣ୍ଡ	୧ ଚା ଚାମଚ୍
ଲୁଣ ଆବଶ୍ୟକ ମତେ	
ଜୀରା ଲଙ୍କା ଗୁଣ୍ଡ	୨.୧/୨ ଚା ଚାମଚ୍
ଗରମ ମସଲା ଗୁଣ୍ଡ	୧ ଚା ଚାମଚ୍

ଛୁଙ୍କ ପାଇଁ

ତେଲ	୨ ଟେବୁଲ୍ ଚାମଚ୍
ଶୁଖିଲା ଲଙ୍କା	୨ଟା
ଗୁଆଘିଅ	୧ ଟେବୁଲ୍ ଚାମଚ୍
ପଂଚ ଫୁଟଣ	୧ ଚା ଚାମଚ୍
ପିଆଜ	୧୦୦ ଗ୍ରାମ୍
ରସୁଣ	୫ ବା ୬ କୋଲା
ଅଦା	୧/୨ ଇଂଚ

ପ୍ରଣାଳୀ

୧. କଖାରୁ, ପାଣିକଖାରୁ, କାକୁଡି, ଅମୃତଭଣ୍ଡା, ଲାଉ, କଦଳୀ, ଦେଶୀଆଳୁ, ସାରୁ ଓ ଜହ୍ନିର ଚୋପା ଛଡାଇ ରଖନ୍ତୁ ।

୨. କଖାରୁ, ପାଣିକଖାରୁ, କାକୁଡି ଲାଉର ଭିତର ଅଁଠି ବାହାର କରି ଛୋଟ ଛୋଟ କରି କାଟନ୍ତୁ ।

୩. ଅମୃତଭଣ୍ଡାକୁ ଛୋଟଛୋଟ ଖଣ୍ଡ କାଟି କଟା ପରିବା ସହ ରଖନ୍ତୁ ।

୪. ଅନ୍ୟ ପରିବାଗୁଡିକ ମଧ୍ୟମ ଆକାରର କାଟନ୍ତୁ ଓ ବାଇଗଣକୁ ଅନ୍ୟ ପରିବା ଅପେକ୍ଷା ବଡ ବଡ ଖଣ୍ଡ କରି ରଖନ୍ତୁ ।

୫. ପୋଇ ଓ ଖଡାର ପତ୍ର ବାଛି ଧୋଇ ରଖନ୍ତୁ । ଡାଙ୍ଗ ଗୁଡିକ ୨ ଇଂଚ ଲମ୍ବରେ କାଟିରଖନ୍ତୁ ।

୬. ନଡିଆକୁ ଭାଙ୍ଗି ଗୋଟିଏ ଫାଳକୁ କୋରି, ଅନ୍ୟ ଫାଳଟିକୁ ଛୋଟଛୋଟ ଖଣ୍ଡ ପାତି କରି ରଖନ୍ତୁ ।

୭. ପିଆଜକୁ ଛୋଟ ଛୋଟ କରି କାଟନ୍ତୁ । ରସୁଣ ଓ ଅଦାର ଚୋପା ଛଡାଇ ଛେଚି ରଖନ୍ତୁ ।

୮. ଓଉର ଉପର ଚୋପା ଓ ଭିତର ପାଖରୁ ପତଳା କରି ଛଡାଇ ଛେଚି ରଖନ୍ତୁ ।

୯. ଗୋଟିଏ ଚଟକା ଡେକଚିରେ ଲାଉ, ପାଣି କଖାରୁ, କାକୁଡି ଓ ଅମୃତଭଣ୍ଡା ତଳେ ପକାଇ ଉପରେ ଓଉ ଓ ପତ୍ର ବ୍ୟତୀତ ଅନ୍ୟାନ୍ୟ ସମସ୍ତ କଟାପରିବା ଦେଇ ଚୁଲିରେ ବସାନ୍ତୁ ।

୧୦. ପରିବା ଉପରେ ହଳଦୀଗୁଣ୍ଡ ଛିଂଚି ଏହା ଉପରେ ଗଜାମୁଗ, ବୁଟ, କୋରା ନଡିଆ ଓ ତେଜପତ୍ର ପକାଇ ଢାଙ୍କୁଣି ଘୋଡାଇ ମଧ୍ୟମ ଜାଳରେ ରାନ୍ଧନ୍ତୁ ।

୧୧. ପରିବା ସାମାନ୍ୟ ଦବି ଆସିଲେ ଏହାକୁ ମଝିରେ ମଝିରେ ଗୋଳାଇ ରାନ୍ଧନ୍ତୁ ।

୧୨. ପରିବା ତିନିଭାଗସିଝିଆସିଲେ ଏଥିରେ ନଡିଆ ପାତି ଓଉ, ଲୁଣ ଓ ପତ୍ର ପକାଇ ଗୋଳାଇ ଦିଅନ୍ତୁ । ରାନ୍ଧିବା ସମୟରେ ୨/୩ ଥର ତଳୁ ଘାଂଟି ପରିବାକୁ ଲେଉଟ ପାଉଟ କରି ଦିଅନ୍ତୁ । ନଚେତ ତଳୁ ପୋଡିଯିବାର ସମ୍ଭାବନା ଥାଏ ।

୧୩. ସମସ୍ତ ପରିବା ସିଝିଗଲେ ଡେକଚିକୁ ଚୁଲିରୁ ଓହ୍ଲାଇ ଦିଅନ୍ତୁ ।

୧୪. ଗୋଟିଏ କଡେଇରେ ତେଲ ଗରମ କରି କ୍ରମ ଅନୁସାରେ ଲଙ୍କା ଓ ପଂଚଫୁଟଣ ଫୁଟାଇ ଏଥିରେ କଟା ପିଆଜ ପକାଇ ଭାଜନ୍ତୁ ।

୧୫. ପିଆଜ ନରମ ହୋଇ ଆସିଲେ ଛେଚା ଅଦା ଓ ରସୁଣ ପକାଇ ଭାଜନ୍ତୁ ।

୧୬. ଏହା ଜରି ଗଲେ ଘିଅ ପକାଇ ସିଝା ପରିବାକୁ ଏଥିରେ ପକାଇ ଗୋଳାଇ ଚୁଲି ବନ୍ଦ କରି ଦିଅନ୍ତୁ ।

୧୭. ଏଥିରେ ଭଜା ଜୀରାଲଙ୍କା ଗୁଣ୍ଡ ଓ ଗରମ ମସଲା ଗୁଣ୍ଡପକାଇ ଭଲ ଭାବେ ଗୋଳାଇ ଢାଙ୍କୁଣି ଘୋଡ଼ାଇ ୫ ମିନିଟ୍ ରଖି ପରିବେଷଣ କରନ୍ତୁ ।

ସୁକ୍ତୋ

ସାମଗ୍ରୀ

ଆଳୁ	୧୫୦ ଗ୍ରାମ୍
କଂଚା କଦଳୀ	୧୫୦ ଗ୍ରାମ୍
ବାଇଗଣ	୧୫୦ ଗ୍ରାମ୍
କଲରା	୧୦୦ ଗ୍ରାମ୍
ଗୁଆ ଘିଅ	୨ ଟେବୁଲ୍ ଚାମଚ୍
ତେଜପତ୍ର	୨ ଟା
ଲବଙ୍ଗ	୨ ଟା
ପରିବା ଛାଣିବା ପାଇଁ ତେଲ	
ପାଣି	୧/୨ କପ୍
ଲୁଣ ଆବଶ୍ୟକ ମତେ	
ବାଟିବା ପାଇଁ ମସଲା	
ପୋସ୍ତ	୨ ଟା ଚାମଚ୍
ଧନିଆ	୪ ଟା ଚାମଚ୍
ଜୀରା	୧ ଟା ଚାମଚ୍
ପାନ ମଧୁରୀ	୨ ଟା ଚାମଚ୍
ସୋରିଷ	୧.୧/୨ ଟା ଚାମଚ୍
ଗୋଲମରିଚ	୬ ବା ୮ ଟା

ପ୍ରଣାଳୀ

୧. ବାଟିବା ପାଇଁ ଥିବା ମସଲା ଗୁଡିକୁ ନେଇ ଚିକ୍କଣ କରି ବାଟି ରଖନ୍ତୁ ।

୨. ଆଳୁ, କଦଳୀ, ବାଇଗଣ ଓ କଲରାକୁ ଗୋଟା ଧୋଇ ରଖନ୍ତୁ। ଆଳୁ ଓ କଦଳୀରୁ ଚୋପା ଛଡାଇ ସମସ୍ତ ପରିବାକୁ ଲମ୍ବ ଲମ୍ବ କରି କାଟି ଅଲଗା ଅଲଗା ରଖନ୍ତୁ ।

୩. କଡେଇ ବା ଫ୍ରାଇଙ୍ଗ ପ୍ୟାନ୍‌ରେ ତେଲ ଗରମ କରି ପ୍ରତ୍ୟେକ ପରିବାକୁ ମଧ୍ୟମ ଜାଳରେ ଅଲଗା ଅଲଗା ଛାଣି ରଖନ୍ତୁ।

୪. ଅନ୍ୟ ଗୋଟିଏ କଡେଇରେ ଘିଅ ଗରମ କରି ତେଜପତ୍ର ଓ ଲବଙ୍ଗକୁ ଅଳ୍ପ ସମୟ ଭାଜି ଏଥିରେ ବଟାମସଲା ପକାଇ କଷନ୍ତୁ ।

୫. ମସଲା କଷି ହୋଇଗଲେ ଛାଣିଥିବା ସମସ୍ତ ପରିବା ପକାଇ ଗୋଳାଇ ଦିଅନ୍ତୁ ।

୬. ଏଥିରେ ପାଣି ଓ ଲୁଣ ଦେଇ ଅଳ୍ପ ସମୟ ଫୁଟାଇ ଚୁଲିରୁ ଓହ୍ଲାଇ ଗରମ ଗରମ ପରିବେଷଣ କରନ୍ତୁ ।

କଦଳୀ ଭଣ୍ଡା କଷା

ସାମଗ୍ରୀ

କଦଳୀଭଣ୍ଡା	୧ ଟା
ଜହ୍ନି	୨୦୦ ଗ୍ରାମ୍
କଖାରୁ	୧୦୦ ଗ୍ରାମ୍
ଆଳୁ	୧୦୦ ଗ୍ରାମ
ସୋରିଷ ତେଲ	୧. ୧/୨ ଟେବୁଲ୍ ଚାମଚ୍
ପିଆଜ	୩୦ ଗ୍ରାମ
ଗୋଟା ଶୁଖିଲା ଲଙ୍କା	୨ ଟା
ପଞ୍ଚ ଫୁଟଣ	୧/୨ ଟା ଚାମଚ୍
ହଳଦୀଗୁଣ୍ଡ	୧/୨ ଟା ଚାମଚ
ଲୁଣ ଆବଶ୍ୟକ ମତେ	

ପ୍ରଣାଳୀ

୧. କଦଳୀଭଣ୍ଡାକୁ ବାଛି ଧୋଇ ଚୁନ୍ ଚୁନ୍ କାଟି ସିଝାନ୍ତୁ । ସିଝିଗଲେ ଥଣ୍ଡା କରି ପାଣି ଚିପୁଡି ରଖନ୍ତୁ ।

୨. ଆଳୁ, ଜହ୍ନି ଓ କଖାରୁର ଚୋପା ଛଡାଇ ଛୋଟ ଛୋଟ ଖଣ୍ଡ କାଟି ଏକାଠି ରଖନ୍ତୁ । ପିଆଜକୁ ଚୁନ୍ ଚୁନ୍ କାଟି ରଖନ୍ତୁ ।

୩. କଡେଇରେ ତେଲ ଗରମ କରି ଲଙ୍କା ଓ ପଞ୍ଚ ଫୁଟଣ ପକାଇ ଫୁଟାନ୍ତୁ । ଏଥିରେ ପିଆଜ ପକାଇ ଜାରନ୍ତୁ ।

୪. ପିଆଜ ଜରିଗଲେ ସିଝାଭଣ୍ଡା ପକାଇ ଅଳ୍ପ ସମୟ ଭାଜି ଏଥିରେ କଟା ପରିବା, ହଳଦୀଗୁଣ୍ଡ ଓ ଲୁଣ ପକାଇ ଅଳ୍ପ ଜାଳରେ ଢାଙ୍କୁଣି ଘୋଡାଇ କଷନ୍ତୁ ।

୫. ପରିବା ସିଝିଗଲେ ଓ ପରିବାରୁ ପାଣି ମରି ଆସିଲେ ଚୁଲିରୁ ଓହ୍ଲାଇ ଗରମ ଗରମ ପରଷନ୍ତୁ ।

କଦଳୀଭଣ୍ଡା ତରକାରୀ

ସାମଗ୍ରୀ

କଦଳୀଭଣ୍ଡା	୧ ଟା
ଆଳୁ	୫୦ ଗ୍ରାମ୍
ଟମାଟୋ	୩୦ ଗ୍ରାମ୍
ହଳଦୀଗୁଣ୍ଡ	୧/୨ ଚାମଚ୍
ଲଙ୍କାଗୁଣ୍ଡ	୧ ଚା ଚାମଚ୍
ତେଲ	୨ ଟେବୁଲ୍ ଚାମଚ୍
ପାଣି	୨କପ୍
ଗରମ ମସଲା ଗୁଣ୍ଡ	୧/୨ ଚା ଚାମଚ୍
ଧନିଆ ପତ୍ର	୧ ଗଛ
ଲୁଣ ଆବଶ୍ୟକ ମତେ	

ବାଟିବା ପାଇଁ ମସଲା

ଜୀରା	୧/୨ ଚା ଚାମଚ୍
ତେଜପତ୍ର	୧ ଟା
ଡାଲଚିନି	୧/୪ ଇଂଚ
ଗୁଜୁରାତି	୨ ଟା
ଲବଙ୍ଗ	୧ଟା
ପିଆଜ	୧୫ ଗ୍ରାମ୍
ଅଦା	୧/୪ ଇଂଚ

ପ୍ରଣାଳୀ

୧. ବାଟିବା ପାଇଁ ଥିବା ସାମଗ୍ରୀକୁ ଏକାଠି ନେଇ ଚିକ୍କଣ କରି ବାଟି ରଖନ୍ତୁ ।

୨. ଟମାଟୋ ଓ ଧନିଆ ପତ୍ରକୁଚୁନ୍ ଚୁନ୍ କାଟି ଅଲଗା ଅଲଗା ରଖନ୍ତୁ । ଆଳୁର ଚୋପା ଛଡାଇ ଖଣ୍ଡ ଖଣ୍ଡ କରି କାଟି ରଖନ୍ତୁ ।

୩. ଭଣ୍ଡାକୁ ବାଛି ଧୋଇଛୋଟ ଛୋଟ ଖଣ୍ଡକାଟି ରଖନ୍ତୁ ।

୪. ଡେକଚି ବା ପ୍ରେସର କୁକରରେ୧ କପ୍ ପାଣି ଦେଇ ଭଣ୍ଡାକୁ ଭଲ ଭାବେ ସିଝାଇ ଥଣ୍ଡା କରି ପାଣି ଚିପୁଡି ରଖନ୍ତୁ ।

୫. କଡେଇରେ ୧/୨ ଟେବୁଲ୍ ଚାମଚ ତେଲ ଗରମ କରି ଏଥିରେ କଟା ଆଳୁ ପକାଇ ସାମାନ୍ୟ ଲୁଣ ଓ ହଳଦୀ ଛିଂଚି ଭାଜନ୍ତୁ । ଆଳୁ ଭାଜି ହୋଇଗଲେ କଡେଇରୁ କାଢି ଡାଟିଆରେ ରଖନ୍ତୁ ।

୬. ଅବଶିଷ୍ଟ ତେଲକୁ କଡେଇରେ ଗରମ କରି ଏଥିରେ ଟମାଟୋ ଓ ସାମାନ୍ୟଲୁଣ ପକାଇ ଭାଜନ୍ତୁ । ଟମାଟୋ ନରମ ହୋଇ ପାଣି ମରି ଆସିଲେ ଏଥିରେ ବଟା ମସଲା, ହଳଦୀଗୁଣ୍ଡ ଓ ଲଙ୍କାଗୁଣ୍ଡ ପକାଇ କଷନ୍ତୁ ।

୭. ମସଲା କଷି ହୋଇଗଲେ ଚିପୁଡିଥିବା ଭଣ୍ଡାକୁ ପକାଇ କଷନ୍ତୁ । ମଝିରେ ମଝିରେ ଅଳ୍ପ ଅଳ୍ପ ପାଣି ଛିଂଚି ୪ ରୁ ୫ ମିନିଟ୍ କଷନ୍ତୁ ।

୮. ଏଥିରେ ଭଜା ଆଳୁକୁ ପକାଇ ଅଳ୍ପ ସମୟ ଭାଜି ପାଣି ଓ ଲୁଣ ଦେଇ ଘୋଡାଇ ଅଳ୍ପ ଜାଳରେ ରାନ୍ଧନ୍ତୁ ।

୯. ତରକାରୀ ଭଲ ଭାବେ ଫୁଟି ପାଣି ଅଧା ମରି ଆସିଲେ ଚୁଲିରୁ ଓହ୍ଲାଇ ଗରମ ମସଲାଗୁଣ୍ଡ ଗୋଳାଇ ଗୋଟିଏ ସର୍ଭିଙ୍ଗ ବୋଲ୍‌ରେ ଓଜାଡି ଉପରେ ଧନିଆପତ୍ର ଛିଂଚି ପରିବେଷଣ କରନ୍ତୁ ।

ବରା

ଆଳୁ, କଦଳୀ, ସାରୁ, ଦେଶୀଆଳୁ ଭଳି ଅନେକ ପରିବାକୁ ସିଝାଇ ଚକଟି ଏଥିରେ ପିଆଜ, ଅଦା, କଂଚାଲଙ୍କା, ଧନିଆପତ୍ର ଆଦି ଗୋଳାଇ ଛୋଟଛୋଟ ଗୁଳା କରି ହାତରେ

ଚାପି ଚେପଟା କରି ବା ପତଳା କରି ତାୱାରେ ବରା ପ୍ରସ୍ତୁତ କରାଯାଏ। ପିଆଜ ଶଣ୍ଢା, କୋବି ପତ୍ର ଓ ଶାଗ ଜାତୀୟ ପତ୍ରକୁ କାଟି ଚାଉଳବଟା ବା ବେସନରେ ଗୋଳାଇ କେତେକ ବରା ପ୍ରସ୍ତୁତ କରାଯାଏ। ଧୀର ଜାଳରେ ଦୁଇପାଖ ଲେଉଟାଇ ବରା ପ୍ରସ୍ତୁତ ହେଉଥିବାରୁପରିବାଗୁଡିକ ଭଲ ଭାବେ ସିଝିଯାଏ ଓ ବରା ଗୁଡିକର ଉପର ରଙ୍ଗ ଅଳ୍ପ ବାଦାମୀ ରଙ୍ଗ ହୋଇଯାଏ। ନିମ୍ନରେ କିଛି ନମୁନା ଦିଆଗଲା।

ପିଆଜ ଶଣ୍ଢା ବରା

ସାମଗ୍ରୀ

ପିଆଜ ଶଣ୍ଢା	୧ ବିଡା
ବେସନ	୨ ଟେବୁଲ ଚାମଚ୍
ଚାଉଳ	୧୦୦ ଗ୍ରାମ୍
ଜୀରା	୧ ଚା ଚାମଚ୍
ଅଦା	୧/୨ ଇଂଚ
କଂଚାଲଙ୍କା	୨ ଟା
ଲଙ୍କାଗୁଣ୍ଡ	୧-୨ ଚା ଚାମଚ୍
ଭାଜିବା ପାଇଁ ତେଲ	

ପ୍ରଣାଳୀ

୧. ପିଆଜ ଶଣ୍ଢାକୁ ଧୋଇ ପାଣି ନିଗାଡି ୧/୨ ଇଂଚ ଲମ୍ୱରେ ଖଣ୍ଡ ଖଣ୍ଡ କରି କାଟନ୍ତୁ।

୨. ଚାଉଳକୁ ୨ ଘଂଟା ଆଗରୁ ବତୁରାଇ ଧୋଇ ଏଥିରେ ଜୀରା, ଅଦା ଓ କଂଚାଲଙ୍କା ମିଶାଇ ବାଟି ରଖନ୍ତୁ।

୩. ବଟା ଚାଉଳରେ ଲଙ୍କାଗୁଣ୍ଡ, ଲୁଣ ଓ ବେସନ ମିଶାଇ ଏଥିରେ କଟା ପିଆଜ ଶଣ୍ଢା ପକାଇ ଗୋଳାଇ ରଖନ୍ତୁ। ଏହା ଯେପରି ପାଣିଆ ନ ହୁଏ ସେଥିପ୍ରତି ଦୃଷ୍ଟି ରଖିବେ। ପିଆଜ ଶଣ୍ଢା ସହ ପିଠଉ ଲାଖି ରଖିବା ଦରକାର।

୪. ତାୱା ବା ଫ୍ରାଇଙ୍ଗ୍ ପ୍ୟାନ ଗରମ କରି ୨ ଟା ଚାମଚ ତେଲ ଚାରିଆଡକୁ ଖେଳାଇ ଦିଅନ୍ତୁ। ଏଥିରେ ୧ ରୁ ୧. ୧/୨ ଟେବୁଲ୍ ଚାମଚ ଅନୁପାତରେ ପ୍ରସ୍ତୁତ ଶଣ୍ଢା ମିଶ୍ରଣକୁ ତାୱାରେ ପକାଇ ଚଟରାଇ ଦିଅନ୍ତୁ।

୫. ଗୋଟିଏ ପାଖ ସାମାନ୍ୟ ବସିଗଲେ ଓଲଟାଇ ଅନ୍ୟ ପାଖଟିକୁ ଅଳ୍ପରୁ ମଧ୍ୟମ ଜାଳରେ ତେଲ ବୁଲାଇ ଭାଜନ୍ତୁ।

୬. ଦୁଇ ତିନିଥର ଲେଉଟ ପାଉଟ କରି ଈଷତ ବାଦିମି ରଙ୍ଗହେବା ପର୍ଯ୍ୟନ୍ତ ଭାଜନ୍ତୁ।

୭. ବାଦାମି ରଙ୍ଗ ହୋଇଗଲେ ବରାଗୁଡିକୁ ତାଓାରୁ କାଢି ଗରମ ଗରମ ଭାତସହିତ ପରଶନ୍ତୁ। ଏହାକୁ ଟମାଟୋ ସସ୍ ବା ଯେ କୌଣସି ଚଟଣୀ ସହ ଜଳଖିଆ ଭାବରେ ମଧ୍ୟ ପରଶା ଯାଇ ପାରିବ।

ମଞ୍ଜା ମୁଗୁରା

ସାମଗ୍ରୀ

କଟା ମଞ୍ଜା	୪୦୦ ଗ୍ରାମ୍
ଆଳୁ	୫୦ ଗ୍ରାମ୍
ପିଆଜ	୧୦୦ ଗ୍ରାମ୍
ଅଦା	୧/୪ ଇଂଚ
କଂଚା ଲଙ୍କା	୨ ଟା
ଧନିଆ ପତ୍ର	୧ ଗଛ
ଭାଜିବା ପାଇଁ ତେଲ	
ଲୁଣ ଆବଶ୍ୟକମତେ	

୧. ଚୁନ୍ ଚୁନ୍ କଟାମଞ୍ଜାରେ ୧ ଟା ଚାମଚ୍ ଲୁଣ ପକାଇ ଦଳି ରଖନ୍ତୁ।

୨. ପିଆଜ, ଅଦା, କଂଚାଲଙ୍କା ଓ ଧନିଆପତ୍ରକୁ ଚୁନ୍ ଚୁନ୍ କାଟି ରଖନ୍ତୁ।

୩. ଆଳୁକୁ ସିଝାଇ ଚୋପା ଛଡାଇ ଥଣ୍ଡା କରି ଚକଟି ରଖନ୍ତୁ।

୪. ମଞ୍ଜାକୁ ହାତରେମୁଠାକରି ଚିପୁଡି ଆଳୁରେ ପକାନ୍ତୁ ଓ କଷା ପାଣି ଫୋପାଡି ଦିଅନ୍ତୁ।

୫. ଏଥିରେ କଟା ହୋଇଥିବା ପିଆଜ, ଲଙ୍କା, ଅଦା, ଧନିଆପତ୍ର ଓ ଲୁଣ ପକାଇ ଭଲ ଭାବେ ମିଶାଇ ଦିଅନ୍ତୁ।

୬. ତାୱା ବା ନନ୍‌ଷ୍ଟିକ ପ୍ୟାନ ଗରମ କରି ଏଥିରେ ୨ ଟା ଚାମଚ ତେଲ ପକାଇ ଚାରି ଆଡକୁ ଖେଳାଇ ଦିଅନ୍ତୁ।

୭. ସାମାନ୍ୟ ପାଣି ହାତରେ ମାରି ମଞ୍ଜା ଚକଟାରୁ ୨ ଟା ଚାମଚ ଲେଖାଏଁ ନେଇ ଗୋଲ ଗୋଲ ଗୁଳା କରି ଚେପଟା କରି ଚାପି ଗରମ ତାୱାରେ ପକାନ୍ତୁ ।

୮. ଏହାକୁ ମଧ୍ୟମରୁ କମ୍ ଜାଳରେ ଦୁଇପାଖ ଲେଉଟାଇ ଈଷତ୍ ବାଦାମି ରଙ୍ଗ ହେବା ପର୍ଯ୍ୟନ୍ତ ଭାଜନ୍ତୁ ।

୯. ମଞ୍ଜା ମୁଗୁରା ଗୁଡିକ ହୋଇଗଲେ ପ୍ଲେଟରେକାଢି ଭାତ ସାଙ୍ଗରେ ପରିବେଷଣ କରନ୍ତୁ । ଏହାକୁ ଆପଣ ସ୍ନାକ୍ସ ଭାବରେ ମଧ ଚଟଣି ବ ସସ୍ ସହ ପରିବେଷଣ କରିପାରିବେ।

କଦଳୀ ଭଣ୍ଡା ବରା

ସାମଗ୍ରୀ

କଦଳୀଭଣ୍ଡା	୧ ଟା
ଆଳୁ	୧୦୦ ଗ୍ରାମ୍
ପିଆଜ	୬୦ ଗ୍ରାମ୍
ଅଦା	୧/୪ ଇଂଚ୍
କଂଚାଲଙ୍କା	୨ ଟା
ଧନିଆପତ୍ର	୧ ଗଛ
ହଳଦୀଗୁଣ୍ଡ	୧/୪ ଚା ଚାମଚ୍
ଜୀରା ଗୁଣ୍ଡ	୧/୨ ଚା ଚାମଚ୍
ଭାଜିବା ପାଇଁ ତେଲ	
ଲୁଣ ଆବଶ୍ୟକ ମତେ	

ପ୍ରଣାଳୀ

୧. କଦଳୀଭଣ୍ଡାର ଚୋପା ଛଡାଇ ଫୁଲଗୁଡିକୁ ବାଛି ରନ୍ଧନ ଉପଯୋଗୀ କରନ୍ତୁ। ଫୁଲ ଗୁଡିକୁ ଛୋଟଛୋଟ ଖଣ୍ଡକାଟି ପାଣି ଦେଇ ସିଝାଇ ଥଣ୍ଡା କରି ହାତରେ ଭଲ ଭାବେ ଚିପୁଡି ଗୋଟିଏ ବେଲାରେ ରଖି ଚକଟି ଦିଅନ୍ତୁ।

୨. ଆଳୁକୁ ସିଝାଇ ଚୋପା ଛଡାଇ ଚକଟି କଦଳୀ ଭଣ୍ଡା ସହ ରଖନ୍ତୁ।

୩. ପିଆଜ, ଅଦା, କଂଚାଲଙ୍କା ଓ ଧନିଆ ପତ୍ରକୁ ଚୁନ୍ ଚୁନ୍ କାଟି ଚକଟା ଆଳୁ ଓ ଭଣ୍ଡା ସହିତ ପକାନ୍ତୁ।

୪. ଏଥିରେ ଲୁଣ ଜିରାଗୁଣ୍ଡ, ଲଙ୍କାଗୁଣ୍ଡ ଓହଳଦୀଗୁଣ୍ଡ ପକାଇ ଭଲ ଭାବେ ଚକଟି ଗୋଳାଇ ଦିଅନ୍ତୁ।

୫. ଗୋଟିଏ ତାୱା ଗରମ କରି ଏଥିରେ ୨ ଟା ଚାମ୍‌ଚ ତେଲ ପକାଇ ଚାରିଆଡକୁ ଖେଳାଇ ଦିଅନ୍ତୁ।

୬. ସାମାନ୍ୟ ପାଣି ହାତହୋଇ ୨ ରୁ ୩ ଟା ଚାମ୍‌ଚ ଭଣ୍ଡା ମିଶ୍ରଣ ନେଇ ଚଟକା ଓ ଗୋଲ ଗୋଲ କରି ତାୱାରେ ପକାଇ ଗୋଟି ଗୋଟି କରି ଅଳ୍ପରୁ ମଧ୍ୟମ ଜାଳରେ ଭାଜନ୍ତୁ।

୭. ମଝିରେ ମଝିରେ ତେଲ ବୁଲାଇ ଗୋଟିଏ ପାଖ ହୋଇଗଲେ ଅନ୍ୟପାଖଟିକୁ ଲେଉଟାଇ ଦିଅନ୍ତୁ।

୮. ଦୁଇପାଖ ଭାଜି ହୋଇ ବାଦାମି ରଙ୍ଗ ହୋଇଗଲେ ବରାଗୁଡିକୁ ତାୱାରୁ ପ୍ଲେଟକୁ କାଢି ସସ୍ ବା ଚଟଣୀ ସହ ପରିବେଷଣ କରନ୍ତୁ।

ଶାଗ ବରା

ଏଥିପାଇଁ ଯେ କୌଣସି ଶାଗ ନେଇ ପାରିବେ।

ସାମଗ୍ରୀ

କଟା ଶାଗ	୨୫୦ ଗ୍ରାମ୍
ଚୁନ୍‌ଚୁନ୍ କଟା ପିଆଜ	୧ଟା
ଜିରା	୧/୨ ଚା ଚାମଚ୍
କଞ୍ଚା ଲଙ୍କା	୨ଟା
ଅଦା	୧୦ ଗ୍ରାମ୍
ରସୁଣ	୨/୩ ପାଖୁଡ଼ା
ଚାଉଳ	ଅଧା କପ୍
ଭାଜିବା ପାଇଁ ତେଲ	
ଲୁଣ ଆବଶ୍ୟକ ମତେ	

ପ୍ରଣାଳୀ

୧. ଚାଉଳକୁ ୪/୫ ଘଣ୍ଟା ବତୁରାଇ ଧୋଇ ପାଣି ନିଗାଡ଼ି ଏଥିରେ ଜିରା, ଅଦା, ରସୁଣ ଓ କଞ୍ଚା ଲଙ୍କାକୁ ବାଟି ପିଠଉ ପ୍ରସ୍ତୁତ କରନ୍ତୁ। ପିଠଉ ପାଣିଆ କରିବେ ନାହିଁ।

୨. ପିଠଉରେ ଶାଗ, ପିଆଜ ଓ ଲୁଣ ପକାଇ ଗୋଳାଇ ରଖନ୍ତୁ।

୩. ଗୋଟିଏ ମୋଟା ଲୁହା ତାୱା ବା ନନ୍‌ଷ୍ଟିକ୍ ପ୍ୟାନ୍‌ରେ ତେଲମାରି ପ୍ରସ୍ତୁତ ପିଠଉରେ ଛୋଟଛୋଟ ବରାକରି ଅଳ୍ପରୁ ମଧ୍ୟମ ଜାଳରେ ଭାଜନ୍ତୁ।

୪. ବରାଗୁଡ଼ିକୁ ଦୁଇ ପାଖ ସେକି ବାଦାମୀ ରଙ୍ଗ ହୋଇଗଲେ ତାୱାରୁ କାଢ଼ି ଗରମ ଗରମ ପରଷନ୍ତୁ।

ଶାଗ

ଦୈନନ୍ଦିନ ଜୀବନରେ ଆମେ ଅନେକ ପ୍ରକାର ଶାଗ ବ୍ୟବହାର କରିଥାଉ। ଲେଉଟିଆ, ମଦରଙ୍ଗା, କଳମ, କୋଶଳା, ଖଡ଼ା, ମେଥି, ବଥୁଆ, ଚଣାଶାଗ, ପାଳଙ୍ଗ, କନ୍‌ସିରୀ, ପୁରଣି, ପିତାଶାଗ, ଅଗସ୍ତି, ସଜନା ଆଦି ଅନେକ ପ୍ରକାର ଶାଗ ଆମ ଖାଦ୍ୟ ତାଲିକାରେ ସ୍ଥାନ ପାଇଥାଏ। ଏହା ଛଡ଼ା ସୋରିଷ ଶାଗ, କଖାରୁ ପତ୍ର, ମୂଳା ପତ୍ର, ଗାଜର ପତ୍ର, ବିଟ୍ ପତ୍ର, ନିମ୍ବ ପତ୍ର ଆଦି ପତ୍ର ଜାତିୟ ଖାଦ୍ୟ ମଧ ଶାଗ ତାଲିକାରେ ଅର୍ନ୍ତଭୁକ୍ତ। ଏ ସମସ୍ତ ଶାଗ ମଧ୍ୟରୁ କେତେକ ଶିଘ୍ର ସିଝିଯାଏ ତ, କେତେକ ଶାଗକୁ ପାଣିଦେଇ ସିଝାଇବାକୁ ପଡ଼ିଥାଏ। ପ୍ରାୟ ସମସ୍ତ ଶାଗର ରନ୍ଧନ ପ୍ରଣାଳୀ ଏକାଭଳି। ଶାଗର ପ୍ରକାରଭେଦ ଅନୁସାରେ ଏଥିରେ ପରିବା, ନଡ଼ିଆ, ବଡ଼ି, ମୁଗଡାଲି, କ୍ଷୀର, ଚାଳଉ ଚୁନା, ମୁଢ଼ିଚୁନା ଆଦି ଯୋଗ କରାଯାଏ।

ପ୍ରସ୍ତୁତି ଅଧାୟରେ ଶାଗ ବାଛି ଧୋଇ କାଟିବା ପାଇଁ ନିର୍ଦ୍ଦେଶ ଦିଆଯାଇଛି। ପ୍ରତ୍ୟେକ ଶାଗକୁ ସେହିଭଳି ପ୍ରସ୍ତୁତ କରିବେ। ଅଗସ୍ତି ଓ ସଜନା ଶାଗକୁ ଡେମ୍ଫରୁ ପତ୍ର ଛଡ଼ାଇ ବ୍ୟବହାର କରାଯାଏ। ଅଗସ୍ତି ଶାଗ କଟାଯାଏ କିନ୍ତୁ ସଜନା ଶାଗ କଟାଯାଏ ନାହିଁ। ଶାଗ ସିଝିଗଲେ ପରିମାଣ କମିଯାଏ। ତେଣୁ ଶାଗ ତିନିଭାଗ ସିଝିଗଲା ପରେ ଲୁଣ ପକାଇବା ଉଚିତ୍। ଶାଗକୁ ଅଧିକ ସମୟ ସିଝାଇଲେ ଏହାର ମାନଗୁଣ ତଥା ସ୍ୱାଦ ନଷ୍ଟ ହୋଇଯାଏ।

ଶାଗ ଖରଡ଼ା

ସାମଗ୍ରୀ

ଶାଗ	୪୦୦ ଗ୍ରାମ୍
ତେଲ	୨ ଚା' ଚାମଚ୍
ଲଙ୍କା	୨ ଟା
ପଞ୍ଚ ଫୁଟଣ	୧/୨ ଚା' ଚାମଚ୍
ସରୁସରୁ କଟା ପିଆଜ	୧୦୦ ଗ୍ରାମ୍
ଛେଚା ରସୁଣ	୪/୫ କୋଳା
ଲୁଣ ଆବଶ୍ୟକ ମତେ	

ପ୍ରଣାଳୀ

୧. ଧୁଆ ହୋଇଥିବା ଶାଗକୁ ଛୋଟଛୋଟ ଖଣ୍ଡ କାଟି କଡେଇରେ ପକାଇ ଚୁଲିରେ ମଧ୍ୟମ ଜାଳରେ ବସାନ୍ତୁ।

୨. ଶାଗକୁ ମଝିରେ ମଝିରେ ଲେଉଟ ପାଉଟକରି ପୁଣି ଜାକିଜୁକି ଏକାଠି କରନ୍ତୁ।

୩. ଏହିଭଳି ଦୁଇତିନି ଥର କରି ରାନ୍ଧିଲା ବେଳକୁ ଶାଗ ସିଝିଯିବ।

୪. ଶାଗରୁ ବେଶି ପାଣିବାହାରିଲେ ଶାଗ ମଝିରେ ଖାଲ (ମଳାଭଳି)କରି ଅଧିକ ଜାଳରେ ପାଣି ମାରିବାକୁ ଦିଅନ୍ତୁ।

୫. ଏଥର ଶାଗରେ ଲୁଣ ପକାଇ ଭଲ ଭାବରେ ଗୋଳାଇ ଦିଅନ୍ତୁ।

୬. କଡ଼େଇକୁ ସଫାକରି ଏଥିରେ ତେଲ ଗରମ କରନ୍ତୁ। ତେଲ ତାତିଗଲେ ଲଙ୍କା ଓ ପଞ୍ଚଫୁଟଣ ଫୁଟାନ୍ତୁ।

୭. ଏଥିରେ ପିଆଜ ପକାଇ ଭାଜନ୍ତୁ। ପିଆଜ ନରମ ହୋଇ ଆସିଲେ ଏଥିରେ ରସୁଣ ପକାଇ ଜାରନ୍ତୁ।

୮. ପିଆଜ ଓ ରସୁଣର ରଙ୍ଗ ପରିବର୍ତ୍ତନ ହୋଇ ଜରିଗଲେ ଏଥିରେ ସିଝା ଶାଗ ପକାଇ ଗୋଳାଇ ଚୁଲିରୁ ଓହ୍ଲାଇ ଗରମ ଗରମ ପରଷନ୍ତୁ।

ନଚେତ୍

ପ୍ରଥମେ କଡ଼େଇରେ ତେଲ ଗରମକରି ଲଙ୍କା ଓ ଫୁଟଣ ଫୁଟାଇ, ପିଆଜ ଓ ରସୁଣ ଜାରି, କଟା ଶାଗ (କୋଶଳା, ଲେଉଟିଆ ଓ ଅନ୍ୟାନ୍ୟ ନରମ ଶାଗକୁ) ପକାଇ ଖରଡ଼ି ପାରିବେ।

ପ୍ରକାର ଭେଦ

- ଶାଗରେ ବଡ଼ି ପକାଇବାକୁ ହେଲେ ପ୍ରଥମେ ବଡ଼ିକୁ ତେଲରେ ଭାଜି ରଖିବେ। ବଡ଼ିର ଆକର ବଡ଼ ହୋଇଥିଲେ ଏହାକୁ ଛୋଟଛୋଟ ଖଣ୍ଡକରି ଶାଗ ଦରସିଝା ହୋଇଥିବା ଅବସ୍ଥାରେ ଶାଗରେ ବଡ଼ିକୁ ପକାଇ ରାନ୍ଧିବେ।
- ଶାଗରେ ନଡ଼ିଆ ପାକଇବାକୁ ହେଲେ ଉପରୋକ୍ତ ଶାଗ ରେସିପିରେ ଦୁଇ ଟେବୁଲ୍ ଚାମଚ୍ କୋରା ନଡ଼ିଆ ବ୍ୟବହାର କରିବେ।
- ଶାଗରେ ଚିନାବାଦାମ ପକାଇବାକୁ ଚାହିଁଲେ ପ୍ରଥମେ ଚିନାବାଦାମକୁ ଭାଜି ରଖିବେ ଶାଗ ହୋଇଆସିଲେ ଚିନାବାଦାମ ଯୋଗକରିବେ।
- ଶାଗରେ ପରିବା ପକାଇବାକୁ ହେଲେ ପରିବାକୁ ଛୋଟଛୋଟ ଖଣ୍ଡ କାଟି ପ୍ରଥମେ ପାଣିଛିଞ୍ଚି କଡ଼େଇରେ ଢାଙ୍କୁଣୀ ଘୋଡ଼ାଇ ସିଝାଇବେ। ପରିବା ଦରସିଝା ହୋଇଗଲେ ଶାଗ ପକାଇ ଶାଗ ଖରଡ଼ା ପ୍ରଣାଳୀରେ ପ୍ରସ୍ତୁତି କରିବେ। ଏଥିପାଇଁ ୧୫୦ ଗ୍ରାମ୍‌ରୁ ୨୦୦ ଗ୍ରାମ୍ ପରିବା ବ୍ୟବହାର କରିବେ।
- ଶାଗରେ ନଡ଼ିଆ-ବଡ଼ି, ନଡ଼ିଆ-ଚିନାବାଦମ୍, ପରିବା-ବଡ଼ି ଆଦି ରୁଚି ଅନୁସାରେ ବ୍ୟବହାର କରିପାରିବେ।

ସଜନା ଶାଗ

ସାମଗ୍ରୀ

ସଜନା ଶାଗ	୫୦୦ ଗ୍ରାମ୍
ଜହ୍ନି	୧ଟା (୧୫୦ ଗ୍ରାମ୍)
କଖାରୁ	୧୦୦ ଗ୍ରାମ୍
ଚୁନ୍‌ଚୁନ୍ କଟା ପିଆଜ	୧ଟା (୧୦୦ ଗ୍ରାମ୍)
ଛେଚା ରସୁଣ	୪/୫ କୋଳା (୨୦ ଗ୍ରାମ୍)
କ୍ଷୀର	୧୫୦ ମି.ଲି.
ତେଲ	୧ ଟେବୁଲ ଚାମଚ୍
ପଞ୍ଚଫୁଟଣ	୧ ଟା ଚାମଚ୍
ଲଙ୍କା	୨ଟା
ଲୁଣ ଆବଶ୍ୟକ ମତେ	

ପ୍ରଣାଳୀ

୧. ଡେମ୍ଫରୁ ସଜନା ଶାଗକୁ ବାଛି, ଧୋଇ ଷ୍ଟେନର୍ ବା ବାଉଁଁଷିଆରେ ଛାଣି ରଖନ୍ତୁ।

୨. ଜହ୍ନି ଓ କଖାରୁର ଚୋପା ଛଡ଼ାଇ ଛୋଟଛୋଟ ଖଣ୍ଡକରି କାଟି ରଖନ୍ତୁ।

୩. କଡ଼େଇରେ ତେଲ ଗରମକରି ଲଙ୍କା ଓ ଫୁଟଣ ଫୁଟାଇ ଏଥିରେ ପିଆଜ ପକାଇ ଜାରନ୍ତୁ।

୪. ପିଆଜ ନରମ ହୋଇ ଆସିଲେ ରସୁଣ ପକାଇ ଭାଜନ୍ତୁ।

୫. ରସୁଣ ଜରିଗଲେ କଟା ପରିବା ପକାଇ ଗୋଳାଇ ଢାଙ୍କୁଣି ଦେଇ ଭାଜନ୍ତୁ।

୬. ପରିବା ଅଧା ସିଝିଗଲେ ଏଥିରେ ଶାଗକୁ ହାତରେ ଛିଞ୍ଚି ଛିଞ୍ଚି ପକାଇ ଖରଡନ୍ତୁ।

୭. ଶାଗ ଏକା ବେଳକେ ପକାଇ ଖରଡ଼ିଲେ ବିଣ୍ଡା ଧରିଯାଏ ଓ ପରିବା ସାଙ୍ଗରେ ମିଶେ ନାହିଁ।

୮. ଶାଗ ଗୋଟି ଗୋଟି ହୋଇ ପରିବା ସାଙ୍ଗରେ ମିଶିଗଲେ କିଛି ସମୟପରେ ଏଥିରେ କ୍ଷୀର ପକାଇ ଗୋଳାଇ ଦିଅନ୍ତୁ।

୯. ଶାଗ ନରମ ହୋଇ ଆସିଲେ ଲୁଣ ପକାଇ ଭଲ ଭାବରେ ମିଶାଇ ଦିଅନ୍ତୁ।

୧୦. ଶାଗ ଓ ପରିବା ସିଝି ପାଣି ମରିଆସିଲେ ଚୁଲିରୁ ଓହ୍ଲାଇ ଗରମ ଗରମ ପରଷନ୍ତୁ।

ପ୍ରକାର ଭେଦ

- ମୁଗଡାଲି ସଜନା ଶାଗ- ୧୦୦ ଗ୍ରାମ୍ ଭଜା ମୁଗଡାଲିକୁ ସିଝାଇ ଏଥିରେ ଶାଗ ପକାଇ ଗୋଳାଇ ସିଝାନ୍ତୁ। ଶାଗ ନରମ ହୋଇଗଲେ ଉପରୋକ୍ତ ପ୍ରଣାଳୀରେ ଶାଗକୁ ବଘାରି ଦିଅନ୍ତୁ।

♦ ଆଳୁ, ନଡ଼ିଆ ଓ ସଜନା ଶାଗ- ୧୦୦ ଗ୍ରାମ ଆଳୁର ଚୋପା ଛଡ଼ାଇ ଚୁନ୍‌ଚୁନ୍ କାଟି ପାଣିରେ ସିଝାଇ ଏଥିରେ ଦୁଇ ଟେବୁଲ ଚାମଚ କୋରା ନଡ଼ିଆ ଓ ଶାଗ ପକାଇ ଗୋଳାଇ ଖରଡ଼ନ୍ତୁ। ଶାଗ ନରମ ହୋଇଗଲେ ବଘାରି ଦିଅନ୍ତୁ।

ବେସର ସଜନା ଶାଗ

ସାମଗ୍ରୀ

ସଜନା ଶାଗ	୫୦୦ ଗ୍ରାମ୍
ସାରୁ	୧୦୦ ଗ୍ରାମ୍
ବାଇଗଣ	୧୦୦ ଗ୍ରାମ୍
ବେସର	୨ ଚା ଚାମଚ୍
ହଳଦୀଗୁଣ୍ଡ	୧/୨ ଚା ଚାମଚ୍
ଚୁନ୍‌ଚୁନ୍ କଟା ପିଆଜ	୧୦୦ ଗ୍ରାମ୍
ଛେଚା ରସୁଣ	୪/୫ କୋଳା
ତେଲ	୧.୧/୨ ଟେବୁଲ୍ ଚାମଚ୍
ପଞ୍ଚ ଫୁଟଣ	୧ ଚା ଚାମଚ୍
ଲଙ୍କା	୨ଟି
ପାଣି	୧ କପ୍

ଲୁଣ ଆବଶ୍ୟକ ମତେ

ପ୍ରଣଳୀ

୧. ସାରୁ ଚୋପା ଛଡ଼ାଇ ଖଣ୍ଡଖଣ୍ଡକରି କାଟନ୍ତୁ। ବାଇଗଣକୁ ମଧ୍ୟ ସାରୁ ଆକାରର କାଟି ରଖନ୍ତୁ।

୨. କଡ଼େଇରେ ପାଣି ଗରମକରି ବେସର (ଦେଖନ୍ତୁ ପ୍ରସ୍ତୁତି), ହଳଦୀ ଓ ପରିବା ପକାଇ ସିଝାନ୍ତୁ।

୩. ପରିବା ଦରସିଝା ହୋଇଗଲେ ଏଥିରେ ପ୍ରସ୍ତୁତ ହୋଇଥିବା ଶାଗ ପକାଇ ଗୋଳାଇ ଦିଅନ୍ତୁ।

୪. ଶାଗ ସିଝିଗଲେ ଲୁଣ ପକାଇ ଅଳ୍ପ ସମୟ ଫୁଟାଇ ଚୁଲିରୁ ଓହ୍ଲାଇ ଦିଅନ୍ତୁ।

୫. କଡ଼େଇରେ ତେଲ ଗରମକରି ବଡ଼ି ଭାଜି କାଢ଼ି ରଖନ୍ତୁ।

୬. ଅବଶିଷ୍ଟ ତେଲରେ ଲଙ୍କା, ପଞ୍ଚଫୁଟଣ, ପିଆଜ ଓ ରସୁଣ ବଘାରି, ଏଥିରେ ସିଝା ଶାଗ ଓ ବଡ଼ି ପକାଇ ବଘାରି ଗରମ ଗରମ ପରଷନ୍ତୁ।

ପାଳଙ୍ଗ ଶାଗ

ସାମଗ୍ରୀ

ପାଳଙ୍ଗ ଶାଗ	୪୦୦ ଗ୍ରାମ୍ (୩ ବିଡ଼ା)
ବାଇଗଣ	୧୫୦ ଗ୍ରାମ୍
ପିଆଜ	୧୦୦ ଗ୍ରାମ୍
ତେଲ	୧ ଟେବୁଲ ଚାମଚ୍
ଲଙ୍କା	୧ ଟା
ଜିରା	୧/୨ ଚା ଚାମଚ୍
କ୍ଷୀର	ଅଧାକପ୍

ଲୁଣ ଆବଶ୍ୟକ ମତେ

ପ୍ରଣାଳୀ

୧. ପାଳଙ୍ଗକୁ ୨ ଇଞ୍ଚ ଲେଖାଏଁ ଲମ୍ୱରେ କାଟି ରଖନ୍ତୁ।

୨. ବାଇଗଣକୁ ଛୋଟଛୋଟ ଖଣ୍ଡକରି କାଟନ୍ତୁ। ପିଆଜକୁ ମଧ୍ୟ ବାଇଗଣ ଆକରରେ କାଟି ରଖନ୍ତୁ।

୩. କଡ଼େଇରେ ତେଲ ଗରମକରି ଲଙ୍କା ଓ ଜିରା ଫୁଟାଇ ଏଥିରେ କଟା ହୋଇଥିବା ବାଇଗଣ ଓ ପିଆଜ ପକାଇ ଢାଙ୍କୁଣି ଘୋଡ଼ାଇ ମଧ୍ୟମ ଜାଳରେ ଭାଜନ୍ତୁ।

୪. ବାଇଗଣ ଓ ପିଆଜ ୩ ଭାଗ ଭାଜି ହୋଇଗଲେ ଏଥିରେ ଶାଗ ପକାଇ ଗୋଳାଇ ଦିଅନ୍ତୁ।

୫. ଅଳ୍ପ ସମୟ ଭାଜିବାପରେ କ୍ଷୀର ଓ ଲୁଣ ପକାଇ ଖରଡନ୍ତୁ।

୬. ଶେଷରେ ଜାଳ ବଢ଼ାଇ ଶାଗକୁ ଚାରିଆଡ଼କୁ ଖେଳାଇ ଖେଳାଇ ଖରଡନ୍ତୁ।

୭. ଶାଗ ସିଝି ପାଣି ମରିଆସିଲେ ଜୁକୁ ଜୁକିଆ ଅବସ୍ଥାରେ ଚୁଲିରୁ ଓହ୍ଲାଇ ପରିବେଷଣ କରନ୍ତୁ।

ଝୁମ୍ପୁଡ଼ି ଶାଗ

ଆଜିକାଲି ପରିବା ଦୋକାନ ବା ହାଟରେ ଝୁମ୍ପୁଡ଼ି ଶାଗ ପ୍ରାୟ ଦେଖିବାକୁ ମିଳୁନାହିଁ। ସାଧାରଣତଃ ଶାଗ କହିଲେ ପତ୍ରକୁ ବୁଝାଏ। କିନ୍ତୁ ଝୁମ୍ପୁଡ଼ି ଏହାର ବ୍ୟତିକ୍ରମ ଅଟେ। ଝୁମ୍ପୁଡ଼ି ଗଛ ଦେଖିବାକୁ ଛୋଟ ଟଗର ବା କାମିନୀ ଗଛଭଳି। ଲେମ୍ବୁଗଛ ଭଳି ଏହାର ଡାଳରେ କଣ୍ଟାଥାଏ। ଗଛରେ ଫୁଲଭଳି ପତ୍ର ମୂଳରେ ଛୋଟଛୋଟ ଡେମ୍ଫରେ ସାଗୁଆ ରଙ୍ଗର ଝୁମ୍ପୁଡ଼ି ଓହଳି ଥାଏ। ଗୋଟିଏ ମଟର ଭଳି ମଞ୍ଜିର ଚାରିପଟେ ସାଗୁଆ ରଙ୍ଗର ୪/୫ଟି ପାଖୁଡ଼ା ମଞ୍ଜିକୁ ଲାଗି ରହିଥାଏ। ଏହି ଶାଗ ଅତ୍ୟନ୍ତ ସୁଆଦିଆ। 'ଶାଗ ଖରଡ଼ା' ଭଳି ଏହାକୁ ପ୍ରସ୍ତୁତ କରାଯାଏ। ପ୍ରଥମେ ତେଲ ଗରମକରି ଲଙ୍କା, ଫୁଟଣ ଫୁଟାଇ, ପିଆଜ ଜାରି ଝାମ୍ପୁଡ଼ି ପକାଇ ଖରଡ଼ା ଯାଏ।

ପିତାଶାଗ

ଏହା ଗୁଳ୍ମ ଜାତୀୟ। ବିଲବାଡ଼ି ବା ପୋଖରୀ ହୁଡ଼ାରୁ ଏହା ସଂଗ୍ରହ କରାଯାଏ। ଏହାର ପତ୍ର ଅତି ଛୋଟଛୋଟ। ଚିହ୍ନି ନ ଜାଣିଲେ ବେଙ୍ଗଫୁଲା ପତ୍ର ସାଙ୍ଗରେ ଭ୍ରମ ହୋଇଯାଏ। ଏହା ପିତା ଲାଗେ କିନ୍ତୁ ସ୍ୱାସ୍ଥ୍ୟପ୍ରତି ଅତ୍ୟନ୍ତ ହିତକାରକ। ଶାଗ ଖରଡ଼ା ପ୍ରଣାଳୀରେ ପ୍ରସ୍ତୁତ କରାଯାଏ।

ନିମ୍ବ ଓ କଲରା ପତ୍ର

ନିମ୍ବ ପତ୍ର ଓ କଲରା ପତ୍ର ମଧ୍ୟ ପିତା ଲାଗେ। ନିମ୍ବ ଓ କଲରାର କଅଁଳିଆ ପତ୍ର ସଂଗ୍ରହକରି ଚୁନ୍‌ଚୁନ୍ କରି କାଟିବେ। ଏଥିରେ ଚୁନ୍‌ଚୁନ୍ କଟା ବାଇଗଣ ପକାଇ ଖରଡ଼ିଲେ ସାମନ୍ୟ ପିତା ଅଂଶ କମିଯାଏ। ନିମ୍ବ କଢ଼ ମଧ୍ୟ ପତ୍ର ପ୍ରଣାଳୀରେ ପ୍ରସ୍ତୁତ କରାଯାଏ। ଡାଇବିଟିସ୍ ରୋଗୀ ମାନଙ୍କ ପାଇଁ ଏହା ଅତ୍ୟନ୍ତ ଉପଯୋଗୀ।

ଚଣା ଶାଗ

ଚଣା ଗଛର ପତ୍ର ସରୁ ଓ ଲମ୍ବାଳିଆ। କଅଁଳିଆ ଚଣା ଶାଗ ସହଜରେ ସିଝିଯାଏ। ପାକଳ ପତ୍ର ସିଝିବାକୁ ସମୟ ଲାଗେ ଓ ପାଣି ଛିଞ୍ଚି ସିଝାଇବାକୁ ପଡ଼େ। ଶାଗକୁ ଚୁନ୍‌ଚୁନ୍ କାଟି ସିଝାଇ ସାରିବା ପରେ ଶାଗ ଖରଡ଼ା ପ୍ରଣାଳୀରେ ବଘରାଯାଏ।

ପ୍ରକାର ଭେଦ

♦ ବେଶି ଲାଲୁଆ ହେଉ ନଥିବା ସାରୁ ବା ମାଙ୍କଡ଼ା ସାରୁକୁ ସିଝାଇ ଡଙ୍କିରେ ସାମାନ୍ୟ ଦାବି ସିଝା ଶାଗ ଉପରେ ପକାଇ ଭଲଭାବରେ ଗୋଳାଇ ଶାଗ ଖରଡ଼ା ପ୍ରଣାଳୀରେ ବଘାରି ପାରିବେ।

♦ ଭଜା ମୁଗ ଡାଲିରେ ଛୋଟଛୋଟ ଖଣ୍ଡ ଆଳୁ ପକାଇ ସିଝାଇ ଏଥିରେ ଛୋଟଛୋଟ ଖଣ୍ଡ ବାଇଗଣ ଓ କଟା ଚଣା ଶାଗ ପକାଇ ସିଝାଇ ଶାଗ ଖରଡ଼ା ପ୍ରଣାଳୀରେ ବଘାରିବେ। ଏହା ପାଣିଆ ନ ହୋଇ ଜୁକୁଜୁକିଆ ହେବା ଦରକାର।

ମିଶା ମିଶି ଶାଗ

ସାଧାରଣତଃ ଗାଁ ଗହଳିରେ ବା ସହରରେ ଯେଉଁମାନଙ୍କର ବାଡ଼ି ବଗିଚା ଥାଏ ସେଠାରେ ଅନେକ ପ୍ରକାରର ଶାଗ ଗଛ ଉଠିଥାଏ। ଏହାକୁ ବୁଣିବା ଦରକାର ପଡ଼େନାହିଁ। କନ୍‌ସିରୀ, ମଦରଙ୍ଗା, ପୁରୁଣୀ, କଣ୍ଟା ଲେଉଟିଆ, କଲକତି ଖଡା ଆଦି ଅନେକ ପ୍ରକାର ଶାଗ ଆପେଆପେ ପାଣି ପାଉଥିବା ଜାଗାରେ ଉଠିଥାଏ। ଏହାକୁ ବାଡ଼ି ବଗିଚାରୁ ଖୁଣ୍ଟି ପରିଷ୍କାର ଭାବେ ଧୋଇ ଶାଗ ଖରଡ଼ା ପ୍ରଣାଳୀରେ ଖରଡ଼ା ଯାଇ ପାରିବ।

ଶାଗ ପୋଡ଼ା

ଏଥିପାଇଁ ତିନିରୁ ଚାରି ବା ତଦ୍‌ଧିକ ପ୍ରକାରର ଶାଗକୁ ଧୋଇ କାଟି ରଖନ୍ତୁ। ଗୋଟିଏ କଦଳୀ ପତ୍ରକୁ ଧୋଇ ନିଆଁରେ ସାମନ୍ୟ ଦେଖାଇ ନରମ କରିବେ। ତା' ଉପରେ ଦୁଇ ବା ତିନୋଟି ନରମ କଖାରୁ ପତ୍ର ବିଛାଇ ସମସ୍ତ କଟା ଶାଗ, କଞ୍ଚାଲଙ୍କା ଓ ରସୁଣ (୪/୫ କୋଳା) ଦେଇ କଖାରୁ ପତ୍ରକୁ ତା' ଉପରେ ଭାଙ୍ଗି ଘୋଡ଼ାଇ ଓ ବଳିଥିବା କଦଳୀ ପତ୍ରକୁ ଚାରିଭାଙ୍ଗ କରି ଉପରେ ଢ଼ାଙ୍କି ସୁତୁଲି ବା କଦଳୀ ପାଟୁଙ୍ଗାରେ ବାନ୍ଧି ପୁଟୁଳାଟିଏ କରନ୍ତୁ। କାଠ ଚୁଲିରେ ରଢ଼ ନିଆଁ ଉପରେ ଏହାକୁ ଥୋଇ ଉପରେ କିଛି ରଢ଼ ନିଆଁ ଘୋଡ଼ାଇ ୫ ରୁ ୭ ମିନିଟ୍ ପର୍ଯ୍ୟନ୍ତ ପୋଡ଼ନ୍ତୁ। ପୋଡ଼ି ହୋଇଗଲେ ରଢ଼ ନିଆଁରୁ ଜାଲି ଚଟୁ ସାହାର୍ଯ୍ୟରେ ସାବଧାନତା ସହକାରେ ପୁଟୁଳିକୁ ବାହାର କରିଦିଅନ୍ତୁ। ସାମନ୍ୟ ଥଣ୍ଡାକରି କଦଳୀ ପତ୍ରକୁ ଖୋଲି

ଗୋଟିଏ ପ୍ଲେଟ୍‌ରେ ଓଲଟାଇ ଶାଗକୁ ବାହାର କରିଦିଅନ୍ତୁ। ଏଥିରେ ଲୁଣ ଓ ସୋରିଷ ତେଲ ପକାଇ ଡଙ୍କିରେ ସାମାନ୍ୟ ଦାବିଦାବି ଭଲ ଭାବରେ ଗୋଳାଇ ଗରମ ଗରମ ପରଷନ୍ତୁ। କାଠ ଚୁଲି ବଦଳରେ ଓ୍ୱଭେନ୍ କିମ୍ବା ମୋଟା ଲୁହା ତାଓ୍ୱାରେ ମଧ୍ୟ ଏହାକୁ ପ୍ରସ୍ତୁତ କରି ପାରିବେ। କଦଳୀ ପତ୍ରରେ ବନ୍ଧା ହୋଇଥିବା ପୁଡ଼ା ଉପରେ ଆଲୁମିନିୟମ୍ ଫଏଲ ଗୁଡ଼ାଇ ଏହାକୁ ଓ୍ୱଭେନ୍‌ରେ ରଖି ୧୫୦° ଫାରେନ୍‌ହିଟ୍‌ରେ ଆଠରୁ ଦଶ ମିନିଟ୍ ପର୍ଯ୍ୟନ୍ତ ବେକ୍ କରି ଉପରୋକ୍ତ ପ୍ରଣାଳୀରେ ଶାଗପୋଡ଼ା ପ୍ରସ୍ତୁତ କରି ପାରିବେ। ନଚେତ୍ ଗୋଟିଏ ମୋଟା ଲୁହା ତାଓ୍ୱାରେ ତେଲମାରି ପୁଡ଼ାଟିକୁ ରଖି ଢାଙ୍କୁଣୀ ଘୋଡ଼ାଇ ଅଳ୍ପ ଜାଳରେ ଚୁଲିରେ ବସାଇବେ। ମଝିରେ ମଝିରେ ପୁଡ଼ାଟିକୁ ଲେଉଟାଇ ପୁଣି ଘୋଡ଼ାଇ ଦେବେ। ସାତ ଆଠ ମିନିଟ୍ ପରେ ଚୁଲି ବନ୍ଦକରି ପୁଡ଼ାଟିକୁ ତାଓ୍ୱାରୁ କାଢ଼ି ସାମାନ୍ୟ ଥଣ୍ଡାକରି ଖୋଲି ଉପରୋକ୍ତ ପ୍ରଣାଳୀରେ ଶାଗପୋଡ଼ା ପ୍ରସ୍ତୁତ କରିପାରିବେ।

କଖାରୁ ଶାଗ

ସାମଗ୍ରୀ

କଅଁଳିଆ କଖାରୁ ପତ୍ର	୪୦୦ ଗ୍ରାମ୍
କଖାରୁ	୧୦୦ ଗ୍ରାମ୍
ଜହ୍ନି	୧୦୦ ଗ୍ରାମ୍
ତେଲ	୧ ଟେବୁଲ ଚାମଚ୍
ଲଙ୍କା	୧/୨ ଟା
ପଞ୍ଚ ଫୁଟଣ	୧/୨ ଚା ଚାମଚ୍
ସରୁସରୁ କଟା ପିଆଜ	୧୦୦ ଗ୍ରାମ୍
ଛେଚା ରସୁଣ	୪/୫ ପାଖୁଡ଼ା
ଚାଉଳ ବା ମୁଢ଼ି ଚୁନା	୧ ଟେବୁଲ ଚାମଚ୍
ପାଣି	୧/୨ କପ୍
ଲୁଣ ଆବଶ୍ୟକ ମତେ	

ପ୍ରଣାଳୀ

୧. କଖାରୁ ପତ୍ରର ପଛ ଶୀରାରୁ ପାରୁ କାଢ଼ି ଭଲ ଭାବରେ ଧୋଇ ଚୁନ୍‌ଚୁନ୍‌କରି କାଟି ରଖନ୍ତୁ।

୨. କଖାରୁ ଓ ଜହ୍ନିର ଚୋପା ଛଡ଼ାଇ ଛୋଟଛୋଟ ଖଣ୍ଡକରି କାଟନ୍ତୁ।

୩. କଖାରୁ, ଜହ୍ନି ଓ କଟା ହୋଇଥିବା ପତ୍ରକୁ ଏକାଠି ଗୋଟିଏ ପାତ୍ରରେ ପାଣିଦେଇ ମଧ୍ୟମରୁ କମ୍ ଜାଳରେ ସିଝାନ୍ତୁ।

୪. କଖାରୁ ପତ୍ର ସିଝିଗଲେ ଡଙ୍କିରେ ଦାବି ଦାବି ପରିବା ଓ ପତ୍ରକୁ ଭଲ ଭାବରେ ମିଶାଇ ଦିଅନ୍ତୁ।

୫. କଡ଼େଇରେ ତେଲ ଗରମକରି ଶାଗ ଖରଡ଼ାର ୬, ୭, ୮ ଓ ୯ ନମ୍ବର ପ୍ରଣାଳୀ ଅନୁସରଣକରି ଶାଗ ବଘାରି ଦିଅନ୍ତୁ।

୬. ଶେଷରେ ଚାଉଳ ଚୁନା ବା ମୁଢ଼ି ଚୁନା ପକାଇ ଭଲବାରେ ମିଶାଇ ଦିଅନ୍ତୁ। ପାଣି ମରିବା ପର୍ଯ୍ୟନ୍ତ ଲେଉଟ ପାଉଟକରି ଚୁଲିରୁ ଓହ୍ଲାଇ ଗରମ ଗରମ ପରଷନ୍ତୁ।

ପ୍ରକାର ଭେଦ

ଓଡ଼ିଶାର କେତେକ ଅଞ୍ଚଳରେ କଖାରୁ ଶାଗ ସିଝାଇଲା ବେଳେ ପାଣି ନ ଦେଇ କେବଳ ପେଜଦେଇ ପ୍ରସ୍ତୁତ କରାଯାଏ। ଏଥିରେ ପରିବା କିମ୍ବା ଚାଉଳ ଚୁନା ଆଦି ପଡ଼େ ନାହିଁ। ଏଥିପାଇଁ ଅଧାକପ୍ ପେଜ ନେଇ ପାରିବେ।

କଳମ ଶାଗ

ସାମଗ୍ରୀ

କଳମ ଶାଗ	୪୦୦ ଗ୍ରାମ୍
ଚୁନ୍‌ଚୁନ୍ କଟା ଆଳୁ	୫୦ ଗ୍ରାମ୍
ସରୁସରୁ କଟା ପିଆଜ	୧୦୦ ଗ୍ରାମ୍
ଛେଚା ରସୁଣ	୪/୫ କୋଳା
ସୋରିଷ ତେଲ	୧ ଟେବୁଲ ଚାମଚ
ଲଙ୍କା	୨ଟା
ପଞ୍ଚ ଫୁଟଣ	୧ ଚା ଚାମଚ୍
ଲୁଣ ଆବଶ୍ୟକ ମତେ	

ପ୍ରଣାଳୀ

୧. ଶାଗର ଟାଣ ଅଂଶକୁ ବାଛି ବାହାର କରି ଦିଅନ୍ତୁ। ଶାଗକୁ ଧୋଇ ପାଣି ନିଗାଡ଼ି ଛୋଟଛୋଟ ଖଣ୍ଡକରି କାଟନ୍ତୁ।

୨. କଡ଼େଇରେ ତେଲ ଗରମକରି ଲଙ୍କା ଫୁଟାଇ ଫୁଟଣ ପକାନ୍ତୁ।

୩. ଫୁଟଣ ଫୁଟିଗଲେ ଏଥିରେ ପିଆଜ ପକାଇ ଭାଜନ୍ତୁ।

୪. ପିଆଜ ନରମ ହୋଇଗଲେ ରସୁଣ ପକାଇ ଜାରନ୍ତୁ।

୫. ରସୁଣ ଓ ପିଆଜ ଜରିଗଲେ ଏଥିରେ କଟା ଆଳୁ ଓ ଶାଗ ପକାଇ ଗୋଳାଇ, ଅଳ୍ପ ଜାଳରେ ଢାଙ୍କୁଣୀ ଘୋଡ଼ାଇ ରାନ୍ଧନ୍ତୁ।

୬. ମଝିରେ ମଝିରେ ଢାଙ୍କୁଣୀ କାଢ଼ି ଶାଗକୁ ଖରଡ଼ି ପୁଣି ଘୋଡ଼ାଇ ଦିଅନ୍ତୁ।

୭. ଆବଶ୍ୟକ ପଡ଼ିଲେ ଶାଗରେ ପାଣି ଛିଞ୍ଚନ୍ତୁ।

୮. ଶାଗ ଓ ଆଳୁ ତିନିଭାଗ ସିଝିଗଲେ ଲୁଣ ପକାଇ ଭଲ ଭାବରେ ଲେଉଟ ପାଉଟକରି ଖରଡନ୍ତୁ।

୯. ଶାଗ ସିଝିଗଲେ ଚୁଲିରୁ ଓହ୍ଲାଇ ଗରମ ଅବସ୍ଥାରେ ପରିବେଷଣ କରନ୍ତୁ।

ବି.ଦ୍ର: ଆଳୁକୁ ବାଦ୍‌ଦେଇ କିମ୍ବା ଆଳୁ ବଦଳରେ କଞ୍ଚା କଦଳୀ ପକାଇ କଳମଶାଗ ପ୍ରସ୍ତୁତ କରାଯାଇ ପାରିବ।

ସୋରିଷ ଶାଗ

ସାମଗ୍ରୀ

ସୋରିଷ ଶାଗ	୨ ମୁଠା (୨୦୦ ଗ୍ରାମ୍)
ବଥୁଆ ଶାଗ	୧ ମୁଠା (୧୦୦ ଗ୍ରାମ୍)
ପାଳଙ୍ଗ ଶାଗ	୧ ମୁଠା (୧୦୦ ଗ୍ରାମ୍)
ଘିଅ	୧ ଚା ଚାମଚ୍
ରିଫାଇନ୍ ତେଲ	୧ ଚା ଚାମଚ୍
ବଟର	୧ ଚା ଚାମଚ୍
ଜିରା	୨ ଚା ଚାମଚ୍
ଚୁନ୍‌ଚୁନ୍ କଟା ପିଆଜ	୧/୨ ଚା ଚାମଚ୍
ଚୁନ୍‌ଚୁନ୍ କଟା ଅଦା	୧/୪ କପ୍ ୧୦୦ ଗ୍ରାମ୍
ଚୁନ୍‌ଚୁନ୍ କଟା ରସୁଣ	୪/୫ ପାଖୁଡ଼ା
ଚୁନ୍‌ଚୁନ୍ କଟା କଞ୍ଚାଲଙ୍କା	୧ଟା

ପ୍ରଣାଳୀ

୧. ଶାଗକୁ ବାଛି ଧୋଇ ଚୁନ୍‌ଚୁନ୍‌କରି କାଟନ୍ତୁ।

୨. ରିଫାଇନ୍ ଓ ଘିଅକୁ ଏକାଠି କଡ଼େଇରେ ଗରମକରି ଜୀରା ଫୁଟାନ୍ତୁ।

୩. ଏଥିରେ କଞ୍ଚାଲଙ୍କା, ଅଦା, ରସୁଣ ଓ ପିଆଜ ପକାଇ ଭାଜନ୍ତୁ।

୪. ପିଆଜ ନରମ ହୋଇଗଲେ ଏଥିରେ ଶାଗ ପକାଇ ଖରଡ଼ି ଅଳ୍ପ ଜାଳରେ ଢାଙ୍କୁଣି ଘୋଡ଼ାଇ ସିଝାନ୍ତୁ।

୫. ମଝିରେ ମଝିରେ ଢାଙ୍କୁଣି କାଢ଼ି ଶାଗକୁ ତଳ ଉପର ଲେଉଟାଇ ଘୋଡ଼ାଇ ଦିଅନ୍ତୁ। ଦରକାର ପଡ଼ିଲେ ଅଳ୍ପ ପାଣି ଛିଞ୍ଚି ଶାଗକୁ ସିଝାନ୍ତୁ।

୬. ଶାଗ ଭଲ ଭାବରେ ସିଝିଗଲେ ଓ ପାଣି ମରି ଆସିଲେ ଚୁଲିରୁ ଓହ୍ଲାଇ ବଟର ପକାଇ ଡଙ୍କିରେ ଘାଣ୍ଟି, ମିଶାଇ ଗରମଗରମ ପରଷନ୍ତୁ।

ଛତୁ

ଛତୁ ଭଜା

ସାମଗ୍ରୀ

ପାଳଛତୁ	୨୫୦ ଗ୍ରାମ୍
ପିଆଜ	୧ଟା (୫୦ ଗ୍ରାମ୍)
ରସୁଣ	୪ କୋଲା
କଞ୍ଚା ଲଙ୍କା	୨ଟା
ରିଫାଇନ୍ ତେଲ	୧ ଟେବୁଲ୍ ଚାମଚ୍
ଜୀରା	୧ ଚା ଚାମଚ୍
ହଳଦୀ ଗୁଣ୍ଡ	୧/୪ ଚା ଚାମଚ୍
କରୀ ପାଉଡର୍	୧ ଚା ଚାମଚ୍
ଲୁଣ ଆବଶ୍ୟକ ମତେ	

ପ୍ରଣାଳୀ

୧. ଛତୁକୁ ପରିଷ୍କାର କରି ସାରିବା ପରେ ଲମ୍ବରେ ଖଣ୍ଡଖଣ୍ଡ କରି କାଟି ରଖନ୍ତୁ।

୨. ପିଆଜକୁ ପତଳା ପତଳା କରି ଲମ୍ବରେ କାଟି ରଖନ୍ତୁ। ରସୁଣ ଓ କଞ୍ଚା ଲଙ୍କାକୁ ଚୁନ୍ ଚୁନ୍‌କରି କାଟନ୍ତୁ।

୩. କଡ଼େଇ ବା ଫ୍ରାଇଙ୍ଗ୍ ପ୍ୟାନ୍‌ରେ ତେଲ ଗରମକରି ଜୀରା ଫୁଟାନ୍ତୁ। ଏଥିରେ କ୍ରମ ଅନୁସାରେ କଞ୍ଚାଲଙ୍କା, ରସୁଣ ଓ ପିଆଜ ପକାଇ ଜାରନ୍ତୁ।

୪. ପିଆଜ ଜରିଗଲେ ହଳଦୀ ଓ କରୀପାଉଡର ପକାଇ ଭାଜନ୍ତୁ।

୫. ଅଳ୍ପ ସମୟ ପରେ ଛତୁ ପକାଇ ମଧ୍ୟମ ଜାଳରେ ଭଲ ଭାବରେ ଗୋଳାଇ ଭାଜନ୍ତୁ।

୬. ଛତୁରୁ ପାଣି ମରି ଆସିଲେ ଏଥିରେ ଲୁଣ ଛିଞ୍ଚି ଭଲ ଭାବରେ ଗୋଳାଇ ଦିଅନ୍ତୁ।

୭. ମଝିରେ ମଝିରେ ଗୋଳାଇ ଦେଖନ୍ତୁ। ଛତୁରୁ ପାଣିମରି ଶୁଖିଲା ହୋଇ ଆସିଲେ ଚୁଲିରୁ ଓହ୍ଲାଇ ସର୍ଭିଙ୍ଗ ପ୍ଲେଟରେ ଓଜାଡ଼ି ପରିବେଷଣ କରନ୍ତୁ।

ଛତୁ ଦୋପିଆଜ୍

ସାମଗ୍ରୀ

ପାଳଛତୁ	୫୦୦ ଗ୍ରାମ୍
କାପ୍‌ସିକମ୍	୧ଟା (ବଡ଼)
ଟମାଟୋ	୩ଟା
ପିଆଜ	୨୫୦ ଗ୍ରାମ୍
କଞ୍ଚାଲଙ୍କା	୩ଟା
ଅଦା	୧/୪ ଇଞ୍ଚ ଖଣ୍ଡେ
ରସୁଣ	୫/୬ କୋଲା
ରିଫାଇନ୍ ତେଲ	୩ ଟେବୁଲ୍ ଚାମଚ୍
ତେଜପତ୍ର	୨ଟା
ଜୀରା	୧/୨ ଚା ଚାମଚ୍
ଧନିଆ ଗୁଣ୍ଡ	୧ ଚା ଚାମଚ୍
ହଳଦୀ ଗୁଣ୍ଡ	୧/୨ ଚା ଚାମଚ୍
ଲଙ୍କା ଗୁଣ୍ଡ	୧/୨ ଚା ଚାମଚ୍
ଗରମ ମସଲାଗୁଣ୍ଡ	୧/୨ ଚା ଚାମଚ୍
ଧନିଆ ପତ୍ର	୨ ଗଛ
ଲୁଣ ଆବଶ୍ୟକ ମତେ	

ପ୍ରଣାଳୀ

୧. ଛତୁରୁ ଅଳିଆ ବାଛି ଧୋଇ ଖଣ୍ଡଖଣ୍ଡ କରି ରଖନ୍ତୁ।

୨. କାପ୍‌ସିକମ୍ ଟମାଟୋ ଓ ୨୦୦ ଗ୍ରାମ୍ ପିଆଜକୁ ଲମ୍ବ ଲମ୍ବ କରି କାଟି ଅଲଗା ଅଲଗା ରଖନ୍ତୁ। ଗୋଟା ଲଙ୍କାକୁ ଲମ୍ବରେ ୨ ଫାଳ କରି ରଖନ୍ତୁ। ଧନିଆ ପତ୍ରକୁ ଚୁନ୍‌ଚୁନ୍‌କରି କାଟି ରଖନ୍ତୁ।

୩. ଅଦା, ରସୁଣ ଓ ଅବଶିଷ୍ଟ ପିଆଜକୁ କାଟି ଚିକ୍କଣ କରିବାଟି ରଖନ୍ତୁ ।

୪. କଡ଼େଇରେ ୨ ଚା ଚାମଚ୍ ତେଲ ଗରମକରି ଛତୁକୁ ଭାଜି ଗୋଟିଏ ଥାଳିଆରେ କାଢ଼ି ରଖନ୍ତୁ ।

୫. କଡ଼େଇରେ ଆଉ ୧ ଚା ଚାମଚ୍ ତେଲ ଗରମକରି କାପ୍‌ସିକମ୍‌କୁ ଅଳ୍ପ ସମୟ ଭାଜି ରଖନ୍ତୁ ।

୬. ସେହି କଡ଼େଇରେ ୧ ଟେବୁଲ୍ ଚାମଚ୍ ତେଲ ପକାଇ କଟା ପିଆଜକୁ ଭାଜନ୍ତୁ । ପିଆଜର ରଙ୍ଗ ବଦଳି ଆସିଲେ କଡ଼େଇରୁ କାଢ଼ି ଗୋଟିଏ ପ୍ଲେଟ୍‌ରେ ରଖନ୍ତୁ ।

୭. ଅବଶିଷ୍ଟ ତେଲକୁ କଡେଇରେ ଗରମକରି ତେଜପତ୍ର ପକାଇ ଅଳ୍ପ ସମୟ ଭାଜି ଏଥିରେ ଜୀରା ଫୁଟାନ୍ତୁ ଓ ଲଙ୍କା ପକାଇ ଜାରନ୍ତୁ ।

୮. ଲଙ୍କା ଜରିଗଲେ ଏଥିରେ ଟମାଟୋ ପକାଇ ଭାଜନ୍ତୁ । ଟମାଟୋ ନରମ ହୋଇ ମିଶିଗଲେ ଏଥିରେ ବଟା ମସଲା, ଧନିଆ, ଲଙ୍କା ଓ ହଳଦୀଗୁଣ୍ଡକୁ ପକାଇ କଷନ୍ତୁ ।

୯. ମସଲା ଭଲଭାବରେ କଷି ହୋଇଗଲେ ଏଥିରେ ଭଜା ଛତୁ ଓ ଲୁଣ ପକାଇ ଅଳ୍ପ ପାଣି ଛିଞ୍ଚି ୧ ମିନିଟ୍ ପର୍ଯ୍ୟନ୍ତ ଭଲ ଭାବରେ ଗୋଳାଇ କଷନ୍ତୁ ।

୧୦. ମସଲା ସହିତ ଛତୁ ଭଲ ଭାବରେ ମିଶିଗଲେ, ଭଜା ପିଆଜ, କାପ୍‌ସିକମ୍ ଓ ଗରମ ମସଲା ପକାଇ ଗୋଳାଇ ଚୁଲିରୁ ଓହ୍ଲାଇ ଦିଅନ୍ତୁ ।

୧୧. ଛତୁ ଦୋପିଆଜ୍‌କୁ ଗୋଟିଏ ସର୍ଭିଙ୍ଗ ପ୍ଲେଟ୍‌ରେ ଓଜାଡ଼ି ଉପରେ ଧନିଆପତ୍ର ଛିଞ୍ଚି ପରିବେଷଣ କରନ୍ତୁ ।

ଛତୁ ମଟର

ସାମଗ୍ରୀ

ବଟନ୍ ଛତୁ	୨୫୦ ଗ୍ରାମ୍
ସଜ ମଟର ଛୁଇଁ	୪୫୦ ଗ୍ରାମ୍
ଟମାଟୋ	୨ଟା (୧୦୦ ଗ୍ରାମ୍)
ପିଆଜ	୧୦୦ ଗ୍ରାମ୍
ଅଦା	୧/୨ ଇଞ୍ଚ
ରସୁଣ	୫/୬ କୋଲା
କଞ୍ଚାଲଙ୍କା	୨ଟା
ଧନିଆ ଗୁଣ୍ଡ	୧ ଚା ଚାମଚ୍
ଲଙ୍କା ଗୁଣ୍ଡ	୧ ଚା ଚାମଚ୍
ହଳଦୀ ଗୁଣ୍ଡ	୧/୨ ଚା ଚାମଚ୍
ତେଲ	୨ ଟେବୁଲ୍ ଚାମଚ୍
ପାଣି	୧/୨ କପ୍
ଧନିଆ ପତ୍ର	୨ ଗଛ
ଲୁଣ ଆବଶ୍ୟକ ମତେ	

ପ୍ରଣାଳୀ

୧. ଛତୁକୁ ସଫାକରି ଟୋପି ଗୁଡ଼ିକ ଅଲଗାକରି ନାଡକୁ ଲମ୍ବରେ ୨ଫାଳକରି ଚିରି ରଖନ୍ତୁ ।

୨. ଟମାଟୋ, ପିଆଜ, ରସୁଣ, ଅଦା ଓ ଧନିଆ ପତ୍ରକୁ ଚୁନ୍ ଚୁନ୍‌କରି କାଟି ଅଲଗା ଅଲଗା ରଖନ୍ତୁ ।

୩. ମଟର ମଞ୍ଜି ଛଡ଼ାଇ ରଖନ୍ତୁ ।

୪. କଡ଼େଇ ବା ଫ୍ରାଇଙ୍ଗ୍ ପ୍ୟାନ୍‌ରେ ୧ ଟେବୁଲ୍ ଚାମଚ୍ ତେଲ ଗରମକରି ଛତୁକୁ ଭାଜନ୍ତୁ । ପାଣି ମରି ଆସିଲେ ଛତୁକୁ ଗୋଟିଏ ବୋଲ୍‌ରେ କାଢ଼ି ରଖନ୍ତୁ ।

୫. କଡ଼େଇରେ ଅବଶିଷ୍ଟ, ତେଲ ଗରମକରି କଞ୍ଚାଲଙ୍କା, ଅଦା, ରସୁଣ ଓ ପିଆଜକୁ କ୍ରମ ଅନୁସାରେ ପକାଇ ଭାଜନ୍ତୁ ।

୬. ପିଆଜ ନରମ ହୋଇ ଆସିଲେ ଏଥିରେ ଟମାଟୋ ପକାଇ ଭାଜନ୍ତୁ । ଟମାଟୋ ନରମ ହୋଇ ମିଶିଗଲେ ଏଥିରେ ଧନିଆଗୁଣ୍ଡ, ଲଙ୍କାଗୁଣ୍ଡ ଓ ହଳଦୀଗୁଣ୍ଡ ପକାଇ କଷନ୍ତୁ ।

୭. ମସଲା କଷି ହୋଇଗଲେ ଏଥିରେ ଭଜାଛତୁ, ମଟର ଓ ଲୁଣ ପକାଇ ଅଳ୍ପ ସମୟ କଷନ୍ତୁ ।

୮. ଏଥିରେ ପାଣି ଦେଇ ୫ ରୁ ୬ ମିନିଟ୍ ପର୍ଯ୍ୟନ୍ତ କମ୍ ଜାଳରେ ରାନ୍ଧନ୍ତୁ ।

୯. ଛତୁ ମଟର ପ୍ରସ୍ତୁତ ହୋଇଗଲେ, ଏହାକୁ ଚୁଲିରୁ ଓହ୍ଲାଇ ଗୋଟିଏ ସର୍ଭିଙ୍ଗ୍ ବୋଲ୍‌କୁ ଓଜାଡ଼ି, ଉପରେ ଧନିଆପତ୍ର ଛିଞ୍ଚି ପରିବେଷଣ କରନ୍ତୁ ।

ଛତୁ ମଲାଇ କୋପ୍ତା

ସାମଗ୍ରୀ

ବଟନ୍ ଛତୁ	୨୫୦ ଗ୍ରାମ୍
ଆଳୁ	୧୫୦ ଗ୍ରାମ୍
ମଇଦା	୨ ଟେବୁଲ୍ ଚାମଚ୍
ଛେନା	୧୦୦ ଗ୍ରାମ୍
ଗୋଲ ମରିଚ ଗୁଣ୍ଡ	୧/୨ ଚା ଚାମଚ୍
ଛାଣିବା ପାଇଁ ତେଲ	
ପିଆଜ	୧୦୦ ଗ୍ରାମ୍
କଞ୍ଚା ଲଙ୍କା	୩ଟା
ଟମାଟୋ	୨ଟା (୫୦ଗ୍ରାମ୍)
କାଜୁ	୪ଟା
ଫ୍ରେସ୍ କ୍ରିମ୍	୫ ଟେବୁଲ୍ ଚାମଚ୍
ଲଙ୍କାଗୁଣ୍ଡ	୧ ଚା ଚାମଚ୍
ହଳଦୀ ଗୁଣ୍ଡ	୧/୨ ଚା ଚାମଚ୍
ତେଲ	୨ ଟେବୁଲ ଚାମଚ୍
ଗରମ ମସଲା ଗୁଣ୍ଡ	୧/୨ ଚା ଚାମଚ୍
ପାଣି	୧-୧/୨ କପ୍
ଧନିଆ ପତ୍ର	୧ ଗଛ
ଲୁଣ ଆବଶ୍ୟକ ମତେ	

ପ୍ରଣାଳୀ

୧. ଛତୁର ଟୋପିଗୁଡ଼ିକ ଡେମ୍ଫରୁ ଅଲଗାକରି ରଖନ୍ତୁ। ପ୍ରତ୍ୟେକ ଟୋପିକୁ ଧୋଇ ଟିସୁ ପେପର୍ ବା ସଫା ପତଳା କନାରେ ପାଣି ଛାପି ଗୋଟିଗୋଟି କରି ରଖନ୍ତୁ।

୨. ଆଳୁକୁ ସିଝାଇ ସାମାନ୍ୟ ଥଣ୍ଡାକରି ଚୋପା ଛଡ଼ାଇ ଭଲ ଭାବେ ଚକଟି ଦିଅନ୍ତୁ। ଏଥିରେ ମଇଦା ଓ ଲୁଣ ମିଶାଇ ଭଲଭାବେ ଦଳି ରଖନ୍ତୁ।

୩. ଛେନାକୁ କନାରେ ବାନ୍ଧି ଟାଙ୍ଗି, ପାଣି ନିଗିଡ଼ି ଗଲେ ଏଥିରେ ଲୁଣ ଓ ଗୋଲମରିଚ ଗୁଣ୍ଡ ମିଶାଇ ଭଲ ଭାବରେ ଦଳି ରଖନ୍ତୁ।

୪. ଏଥର ପ୍ରତ୍ୟେକ ଛତୁ ଟୋପି ଭିତରେ ଆବଶ୍ୟକ ପରିମାଣର ଛେନାପୁର ଭରି ଦିଅନ୍ତୁ।

୫. ଚକଟା ଆଳୁକୁ ସମାନ୍ ସମାନ୍ ଭାଗକରି ଗୁଳା କରନ୍ତୁ ଓ ପ୍ରତ୍ୟେକ ଗୁଳାକୁ ମଣ୍ଡା ପିଠାଭଳି ଖୋଳକରି ଏହା ମଧ୍ୟରେ ଗୋଟିଏ ଲେଖାଏଁ ପୁର ଭରିଥିବା ଛତୁ ପୁରାଇ ମୁହଁ ବନ୍ଦକରି କୋପ୍ତାଗୁଡ଼ିକୁ ଗୋଟିଏ ପ୍ଲେଟ୍‌ରେ ରଖନ୍ତୁ।

୬. କଡ଼େଇରେ ତେଲ ଗରମକରି ଅଳ୍ପରୁ ମଧ୍ୟମ ଜାଳରେ କୋପ୍ତାଗୁଡ଼ିକୁ ବାଦାମିରଙ୍ଗ ହେବା ପର୍ଯ୍ୟନ୍ତ ଛାଣନ୍ତୁ।

୭. ପ୍ଲେଟ୍‌ରେ ଟିସୁ ପେପର୍ ବିଛାଇ ଏହା ଉପରେ କୋପ୍ତାଗୁଡ଼ିକୁ ତେଲରୁ ଛାଣି ରଖନ୍ତୁ।

୮. ପିଆଜକୁ ଖଣ୍ଡଖଣ୍ଡ କାଟି ବମ୍ଫାଇ ଥଣ୍ଡା କରନ୍ତୁ।

୯. ଟମାଟୋକୁ ଖଣ୍ଡ ଖଣ୍ଡ କାଟି ଓ ଧନିଆ ପତ୍ରକୁ ଚୁନ୍ ଚୁନ୍ କାଟି ଅଲଗା ଅଲଗା ରଖନ୍ତୁ।

୧୦.ପିଆଜ ସହିତ ଟମାଟୋ ଓ କଞ୍ଚାଲଙ୍କାକୁ ମିଶାଇ ଗ୍ରାଇଣ୍ଡରରେ ବାଟି ରଖନ୍ତୁ। କାଜୁକୁ ଅଲଗା ବାଟି ରଖନ୍ତୁ।

୧୧.ହଳଦୀକୁ ୨ ଟେବୁଲ୍ ଚାମଚ୍ କ୍ରିମ ସହିତ ଫେଣ୍ଟି ଅଲଗା ରଖନ୍ତୁ।

୧୨.ଫ୍ରାଇଙ୍ଗ୍ ପ୍ୟାନ୍‌ରେ ୨ଟେବୁଲ୍ ଚାମଚ୍ ତେଲ ଗରମକରି ବଟା ମସଲା ପକାଇ କଷନ୍ତୁ।

୧୩.ମସଲା କଷି ହୋଇଗଲେ ଥିରେ କ୍ରିମ ପକାଇ ଗୋଳାଇ ଅଳ୍ପ ସମୟ କଷନ୍ତୁ ଓ କାଜୁ ବଟା ଦେଇ ଭଲ ଭାବେ ମିଶାଇ ଦିଅନ୍ତୁ।

୧୪.ଏଥିରେ ପାଣି ଓ ଲୁଣ ପକାଇ କମ୍ ଜାଳରେ ୫ ରୁ ୭ ମିନିଟ୍ ରାନ୍ଧି ଝୋଳ ପ୍ରସ୍ତୁତ କରନ୍ତୁ। ଚୁଲିରୁ ଓହ୍ଲାଇ ଗରମ ମସଲାଗୁଣ୍ଡ ଗୋଳାଇ ଦିଅନ୍ତୁ।

୧୫.କୋପ୍ତାଗୁଡ଼ିକୁ ଗୋଟିଗୋଟିକରି ସର୍ଭିଙ୍ଗ୍ ବୋଲ୍‌ରେ ରଖି ଏହା ଉପରେ ପ୍ରସ୍ତୁତ ଝୋଳକୁ ଢାଳନ୍ତୁ। ଉପରେ ଫ୍ରେସ୍ କ୍ରିମ ଦେଇ ପରିବେଷଣ କରନ୍ତୁ।

ଛତୁ ଖୋର୍ମା

ସାମଗ୍ରୀ

ବଟନ୍ ଛତୁ	୨୫୦ ଗ୍ରାମ୍
ପିଆଜ	୧ଟା (୧୦୦ ଗ୍ରାମ୍)
ପୋସ୍ତ	୧ ଟେବୁଲ୍ ଚାମଚ୍
କାଜୁ	୪/୫ ଟା
ରିଫାଇନ୍ ତେଲ	୨ ଟେବୁଲ ଚାମଚ୍
ସାହାଜୀରା	୧/୨ ଚା ଚାମଚ୍
ଅଳେଇଚ	୧ଟା
ଗୁଜୁରାତି	୨ଟା
ଜୀରାଗୁଣ୍ଡ	୧/୨ ଚା ଚାମଚ୍
ଧନିଆ ଗୁଣ୍ଡ	୧ ଚା ଚାମଚ୍
ଗୋଲ ମରିଚଗୁଣ୍ଡ	୧/୨ ଚା ଚାମଚ୍

ଲୁଣ ଆବଶ୍ୟକ ମତେ

ପ୍ରଣାଳୀ

୧. ଛତୁରୁ ଡେମ୍ଫଗୁଡ଼ିକ ଛଡ଼ାଇ ଟୋପିଗୁଡ଼ିକ ଧୋଇ ପାଣି ନିଗାଡ଼ି ରଖନ୍ତୁ।

୨. ପିଆଜକୁ ଚୁନ୍‌ଚୁନ୍‌କରି କାଟି ରଖନ୍ତୁ। ପୋସ୍ତ ଓ କାଜୁକୁ ଅଲଗା ଅଲଗା ବାଟି ରଖନ୍ତୁ।

୩. କଡ଼େଇ ବା ଫ୍ରାଇଙ୍ଗ୍ ପ୍ୟାନ୍‌ରେ ତେଲ ଗରମକରି ସାହା ଜୀରା ଫୁଟାଇ, ଅଳେଇଚ ଓ ଗୁଜୁରାତି ପକାଇ ଭାଜନ୍ତୁ।

୪. ମସଲାର ବାସ୍ନା ଆସିଲେ ପିଆଜ ପକାଇ ଜାରନ୍ତୁ।

୫. ପିଆଜର ରଙ୍ଗ ବଦଳି ଆସିଲେ ଏଥିରେ ଜୀରା ଓ ଧନିଆଗୁଣ୍ଡ ପକାଇ କିଛି ସମୟ ଭାଜି, ଛତୁକୁ ପକାଇ ଭାଜନ୍ତୁ।

୬. ଛତୁ ଭାଜି ହୋଇଗଲେ ପୋସ୍ତବଟା, କାଜୁବଟା ଓ ଲୁଣ କ୍ରମ ଅନୁସାରେ ପକାଇ ଭଲଭାବେ ଗୋଳାଇ ମଧ୍ୟମ ଜାଳରେ ୩ ରୁ ୪ ମିନିଟ୍ ରାନ୍ଧନ୍ତୁ।

୭. ଚୁଲିରୁ କଡ଼େଇ ଓହ୍ଲାଇ ଗୋଟିଏ ସର୍ଭିଙ୍ଗ୍ ବୋଲରେ ଖୋର୍ମାକୁ ଓଜାଡ଼ି ଉପରେ ଗୋଲମରିଚ ଗୁଣ୍ଡ ଛିଞ୍ଚି ପରିବେଷଣ କରନ୍ତୁ।

ପାଳ ଛତୁ ବେସର

ସାମଗ୍ରୀ

ପାଳ ଛତୁ	୨୫୦ ଗ୍ରାମ୍
ଆମ୍ବୁଲ	୨ ଚିରୁଡ଼ା (୧ ଫାଳ)
ସୋରିଷ ତେଲ	୧-୧/୨ ଟେବୁଲ୍ ଚାମଚ୍
ଭୃସଙ୍ଗ ପତ୍ର	୨ ଡେମ୍ଫ
ସୋରିଷ	୧/୨ ଚା ଚାମଚ୍
ପିଆଜ	୨୫ ଗ୍ରାମ୍
କଞ୍ଚାଲଙ୍କା	୨ଟା
ହଳଦୀଗୁଣ୍ଡ	୧ ଚା ଚାମଚ୍
ପାଣି	୧ କପ୍

ଲୁଣ ଆବଶ୍ୟକ ମତେ

ବେସର ପାଇଁ ସାମଗ୍ରୀ

ସୋରିଷ	୨ ଚା ଚାମଚ୍
ଜୀରା	୧/୨ ଚା ଚାମଚ୍
ରସୁଣ	୪/୫ କୋଲା
ଲଙ୍କା	୧ଟା

ପ୍ରଣାଳୀ

୧. ଛତୁକୁ ଧୋଇ କାଟି ପାଣି ନିଗାଡ଼ି ରଖନ୍ତୁ।

୨. ଆମ୍ବୁଲକୁ ୧ ଘଣ୍ଟା ଆଗରୁ ପାଣିରେ ବତୁରାଇ ରଖନ୍ତୁ।

୩. ବେସର ପାଇଁ ଥିବା ସାମଗ୍ରୀକୁ ନେଇ ବାଟି ବେସର ପ୍ରସ୍ତୁତ କରନ୍ତୁ।

୪. ପିଆଜକୁ ଲମ୍ବରେ ସରୁସରୁକରି କାଟନ୍ତୁ ଓ ଲଙ୍କାକୁ ଲମ୍ବରେ ୨ ଫାଳକରି କାଟି ରଖନ୍ତୁ।

୫. କଡ଼େଇରେ ତେଲ ଗରମକରି ସୋରିଷ ଫୁଟାଇ, ଏଥିରେ ଭୃସଙ୍ଗପତ୍ର ଜାରି, ପିଆଜ ପକାଇ ଭାଜନ୍ତୁ।

୬. ପିଆଜ ନରମ ହୋଇ ଆସିଲେ ଏଥିରେ କଞ୍ଚାଲଙ୍କା ପକାଇ ଭାଜନ୍ତୁ। ଅଳ୍ପ ସମୟ ଭାଜିବାପରେ ଏଥିରେ ଛତୁ ଓ ୧/୨ ଚା ଚାମଚ୍ ହଳଦୀଗୁଣ୍ଡ ପକାଇ ଭାଜନ୍ତୁ।

୭. ଛତୁରୁ ପାଣି ମରି ଆସିଲେ ଏଥିରେ ବେସର ଓ ଅବଶିଷ୍ଟ ହଳଦୀ, ଆମ୍ବୁଲ, ପାଣି ଓ ଲୁଣ ପକାଇ ଗୋଳାଇ ଦିଅନ୍ତୁ। ଅଳ୍ପ ଜାଳରେ ରାନ୍ଧନ୍ତୁ।

୮. ଛତୁ ବେସର ଫୁଟି ଆସିଲେ ଆଉ ୫ ମିନିଟ୍ ରାନ୍ଧି ଚୁଲିରୁ ଓହ୍ଲାଇ ଦିଅନ୍ତୁ ଓ ଛତୁ ବେସରକୁ ଗୋଟିଏ ସର୍ଭିଙ୍ଗ ବୋଲରେ ଓଜାଡ଼ି ପରିବେଷଣ କରନ୍ତୁ।

ଛତୁ ଚିଙ୍ଗୁଡ଼ି

ସାମଗ୍ରୀ

ବଟନ୍ ଛତୁ	୨୫୦ ଗ୍ରାମ୍
ଚିଙ୍ଗୁଡ଼ି	୨୫୦ ଗ୍ରାମ୍
ହଳଦୀଗୁଣ୍ଡ	୧ ଟେବୁଲ୍ ଚାମଚ୍
ତେଲ	୨ ଟେବୁଲ୍ ଚାମଚ୍
ପିଆଜ	୨୫ ଗ୍ରାମ୍
କଞ୍ଚାଲଙ୍କା	୨ଟା
ଜୀରା	୧ ଚା ଚାମଚ୍
ଲେମ୍ବୁରସ	୧ ଚା ଚାମଚ୍
ପାଣି	
ଲୁଣ ଆବଶ୍ୟକ ମତେ	
ଧନିଆପତ୍ର	୧ ଗଛ

ବେସର ପାଇଁ ସାମଗ୍ରୀ

ସୋରିଷ	୧-୧/୨ ଚା ଚାମଚ୍
ଜୀରା	୧/୨ ଚା ଚାମଚ୍
ରସୁଣ	୪/୫ ପାଖୁଡ଼ା
ଶୁଖିଲା ଲଙ୍କା	୧ଟା

ପ୍ରଣାଳୀ

୧. ଛତୁକୁ ସଫାକରି ଧୋଇ ୪ ଖଣ୍ଡ ଲେଖାଏଁ କାଟି ପାଣି ନିଗାଡ଼ି ରଖନ୍ତୁ।

୨. ଚିଙ୍ଗୁଡ଼ିର ମୁଣ୍ଡ ଓ ଲାଞ୍ଜ ବାହାରକରି ଚୋପା ଛଡ଼ାଇ ପିଠି ପାଖରେ ଥିବା କଳା ସୂତାକୁ ବାହାର କରି ଧୋଇ ପାଣି ନିଗାଡ଼ି, ଏଥିରେ ୧/୨ ଚା ଚାମଚ୍ ହଳଦୀଗୁଣ୍ଡ ଓ ଲୁଣ ଗୋଳାଇ ରଖନ୍ତୁ।

୩. ପିଆଜକୁ ଚୁନ୍‌ଚୁନ୍ କରି କାଟନ୍ତୁ। କଞ୍ଚାଲଙ୍କାର ପେଟଚିରି ଗୋଟା ରଖନ୍ତୁ ଓ ଧନିଆ ପତ୍ରକୁ ଚୁନ୍‌ଚୁନ୍ କାଟି ଅଲଗା ଅଲଗା ରଖନ୍ତୁ।

୪. ବେସର ପାଇଁ ଥିବା ସାମଗ୍ରୀକୁ ଚିକ୍କଣକରି ବାଟି ବେସର ପ୍ରସ୍ତୁତ କରନ୍ତୁ।

୫. କଡ଼େଇରେ ୧ ଟେବୁଲ୍ ଚାମଚ୍ ତେଲ ଗରମକରି ଛତୁ ପକାଇ ଭାଜନ୍ତୁ। ଛତୁରୁ ପାଣି ମରି ଆସିଲେ ଏହାକୁ ଗୋଟିଏ ପ୍ଲେଟରେ କାଢ଼ି ରଖନ୍ତୁ।

୬. ଅବଶିଷ୍ଟ ତେଲକୁ କଡ଼େଇରେ ଗରମକରି ଜୀରା ଫୁଟାଇ ଏଥିରେ କଞ୍ଚାଲଙ୍କା ପକାଇ ସାମାନ୍ୟ ଭାଜି, ପିଆଜ ପକାଇ ଜାରନ୍ତୁ।

୭. ପିଆଜର ରଙ୍ଗ ବଦଳି ଆସିଲେ ଏଥିରେ ଚିଙ୍ଗୁଡ଼ି ପକାଇ ଭାଜନ୍ତୁ।

୮. ଚିଙ୍ଗୁଡ଼ିରୁ ପାଣି ମରି ଆସିଲେ ଏଥିରେ ଭଜା ଛତୁ, ବେସର, ହଳଦୀଗୁଣ୍ଡ ଓ ଲୁଣ ପକାଇ ଭଲ ଭାବେ ଗୋଳାଇ ଦିଅନ୍ତୁ।

୯. କିଛି ସମୟ ଲେଉଟ ପାଉଟକରି ଏଥିରେ ଅଳ୍ପ ପାଣି ଛିଞ୍ଚି ଅଳ୍ପ ଜାଳରେ ଢାଙ୍କୁଣି ଘୋଡ଼ାଇ ରାନ୍ଧନ୍ତୁ।

୧୦. ମଝିରେ ମଝିରେ ଛତୁ ଚିଙ୍ଗୁଡ଼ିକୁ ଲେଉଟ ପାଉଟ କରନ୍ତୁ। ଏଥିରୁ ପାଣି ମରି ଆସିଲେ ଚୁଲିରୁ ଓହ୍ଲାଇ ଲେମ୍ବୁରସ ଗୋଳାଇ ସର୍ଭିଙ୍ଗ୍ ବୋଲ୍‌ରେ ଓଜାଡ଼ି ଉପରେ ଧନିଆ ପତ୍ର ଛିଞ୍ଚି ପରିବେଷଣ କରନ୍ତୁ।

ବିନା ପିଆଜ ରସୁଣରେ ପ୍ରସ୍ତୁତ ଖାଦ୍ୟ

ହିନ୍ଦୁ ମତ ଅନୁସାରେ ପିଆଜ ଓ ରସୁଣ ଆମିଷ ବା ଉତ୍ତେଜକ ଖାଦ୍ୟ ଭାବରେ ପରିଗଣିତ। ତେଣୁ ଦେବା-ଦେବୀଙ୍କ ନୈବେଦ୍ୟରେ ଏହାର ବ୍ୟବହାର ନିଷେଧ କରାଯାଇଛି। ଅବଶ୍ୟ କେତେକ ଦେବୀଙ୍କ ପୀଠରେ ଆମିଷ ଭୋଗ ହୋଇଥାଏ। କିନ୍ତୁ ସାଧାରଣତଃ ମନ୍ଦିର ଓ ଆଶ୍ରମମାନଙ୍କରେ ଏହା ବ୍ୟବହାର କରାଯାଏନାହିଁ। ଏପରିକି ଘରେ ଓଷାବ୍ରତ ଓ ପର୍ବ ପର୍ବାଣୀମାନଙ୍କରେ ଲୋକେ ବିନା ପିଆଜ- ରସୁଣରେ ଖାଦ୍ୟ ପ୍ରସ୍ତୁତ କରିଥାନ୍ତି, ସ୍ୱାଦ ଓ ମାନ ଦୃଷ୍ଟିରୁ ଏପରି ଖାଦ୍ୟ କୌଣସି ଗୁଣରେ କମ୍ ନୁହେଁ। ପୁରୀ ଶ୍ରୀ ଜଗନ୍ନାଥ ମହାପ୍ରଭୁଙ୍କ ଅଭଡ଼ା ଏହାର ଜ୍ୱଳନ୍ତ ଉଦାହରଣ ଅଟେ। ଏହିପରି କିଛି ସ୍ୱାତ୍ତ୍ୱିକ ଖାଦ୍ୟର ନମୁନା ନିମ୍ନରେ ଦିଆଗଲା।

କ୍ଷୀର ଦିଆ ପୋଟଳ

ସାମଗ୍ରୀ

ପୋଟଳ	୩୦୦ ଗ୍ରାମ୍
ଅଦା	୧/୨ ଇଞ୍ଚ
ଜୀରା	୧-୧/୨ ଚା ଚାମଚ୍
କଞ୍ଚାଲଙ୍କା	୨/୩ ଟା
ଟମାଟୋ	୩୦ ଗ୍ରାମ୍ (୨ଟା)
ରିଫାଇନ୍ ତେଲ	୨ ଟେବୁଲ୍ ଚାମଚ୍
ତେଜପତ୍ର	୧ଟା
ଲବଙ୍ଗ	୨ଟା
ଗୋଟା ଗୋଲମରିଚ	୫/୬ ଟା
ହଳଦୀ ଗୁଣ୍ଡ	୧ ଚା ଚାମଚ୍
ଗରମ ପାଣି	୧/୨ କପ୍
କ୍ଷୀର	୧/୨ କପ୍
ଗୋଲମରିଚ ଗୁଣ୍ଡ	୧/୨ ଚା ଚାମଚ୍
ଲୁଣ	ଆବଶ୍ୟକ ମତେ

ପୋଟଳ ଛାଣିବା ପାଇଁ ରିଫାଇନ୍ ତେଲ

ପ୍ରଣାଳୀ

୧. ହାଲକା ଭାବେ ପୋଟଳର ଚୋପା ଚାଞ୍ଛି ଦୁଇ କଡ଼ରୁ ସାମାନ୍ୟ କାଟି ବାହାର କରି ଦିଅନ୍ତୁ। ଦୁଇ ପାଖରୁ ପୋଟଳକୁ ଲମ୍ବରେ ବିପରୀତ ଦିଗରେ ସାମାନ୍ୟ ଚିରି ଅଳ୍ପ ଲୁଣ ଛିଞ୍ଚି ଗୋଳାଇ ରଖି ଦିଅନ୍ତୁ।

୨. ଅଦା, ଜୀରା ଓ କଞ୍ଚା ଲଙ୍କାକୁ ଚିକ୍କଣ କରି ବାଟି ରଖନ୍ତୁ। ଟମାଟୋକୁ ଗ୍ରାଇଣ୍ଡରରେ ବାଟି ଅଲଗା ରଖନ୍ତୁ।

୩. କଡ଼େଇରେ ତେଲ ଗରମକରି ପୋଟଳ ଗୁଡ଼ିକ ପକାଇ ଗୋଟା ଛାଣନ୍ତୁ। ପୋଟଳ ସିଝିଗଲେ ଗୋଟିଏ ଥାଳିରେ କାଢ଼ି ରଖନ୍ତୁ।

୪. କଡ଼େଇରେ ୨ ଟେବୁଲ୍ ଚାମଚ୍ ତେଲ ଗରମକରି କ୍ରମ ଅନୁସାରେ ତେଜପତ୍ର, ଲବଙ୍ଗ ଓ ଗୋଟା ଗୋଲମରିଚ ପକାଇ ଭାଜନ୍ତୁ।

୫. ଏଥିରେ ବଟା ମସଲା ଓ ହଳଦୀ ପକାଇ କଷନ୍ତୁ। ମସଲା କଷି ହୋଇଗଲେ ଟମାଟୋ ରସ ଦେଇ ଘାଣ୍ଟନ୍ତୁ।

୬. ମସଲାରୁ ପାଣି ମରିଆସିଲେ ଛଣା ପୋଟଳ ପକାଇ କିଛି ସମୟ ଭାଜନ୍ତୁ।

୭. ପୋଟଳରେ ଗରମପାଣି ଓ ଲୁଣ ଦେଇ ଭଲ ଭାବେ ଗୋଳାଇ ଅଳ୍ପରୁ ମଧ୍ୟମ ଜାଳରେ ରାନ୍ଧନ୍ତୁ।

୮. କଡ଼େଇରୁ ପାଣି ମରି ଆସିଲେ ଓ ମସଲାଗୁଡ଼ିକ ପୋଟଳର ଚାରିପଟେ ଲାଖି ରହିଲେ ଏଥିରେ କ୍ଷୀର ପକାଇ ଭଲ ଭାବେ ଗୋଳାଇ ଅଳ୍ପ ସମୟ ରାନ୍ଧନ୍ତୁ।

୯. ସାମାନ୍ୟ ଫୁଟି ଆସିଲେ ଚୁଲିରୁ ଓହ୍ଲାଇ ଗୋଲମରିଚ ଗୁଣ୍ଡ ଛିଞ୍ଚି ଗୋଳାଇ ଗରମ ଗରମ ପରଷନ୍ତୁ।

ଗୋଟା ପୋଟଳ ତରକାରୀ

ସାମଗ୍ରୀ

ପୋଟଳ	୩୦୦ ଗ୍ରାମ୍
ହଳଦୀଗୁଣ୍ଡ	୧ ଚା ଚାମଚ୍
ଜୀରା	୧ ଚା ଚାମଚ୍
ଅଦା	୧/୨ ଇଞ୍ଚ
ଶୁଖିଲା ଲଙ୍କା	୨ଟା
ଚାର୍‌ମଗଜ୍	୪ ଟେବୁଲ୍ ଚାମଚ୍
କାଜୁ	୫/୬ ଟା
ଗରମ ପାଣି	୧ କପ୍
ତେଲ	୬ ଟେବୁଲ୍ ଚାମଚ୍
ଗରମ ମସଲାଗୁଣ୍ଡ	୧ ଚା ଚାମଚ୍

ଲୁଣ ଆବଶ୍ୟକ ମତେ

ପ୍ରଣାଳୀ

୧. ପୋଟଳର ସାମାନ୍ୟ ଚୋପା ଚାଞ୍ଛି ଦୁଇକଡ଼ରୁ ଅଳ୍ପ କାଟି ବାହାର କରିଦିଅନ୍ତୁ। ପ୍ରତି ପୋଟଳର ଗୋଟିଏ ପାଖରୁ ଅଧାରୁ ଅଳ୍ପ ଅଂଶ ପର୍ଯ୍ୟନ୍ତ ଚାରିଫାଳ କରି କାଟନ୍ତୁ। ଏଥିରେ ୧/୨ ଚା ଚାମଚ୍ ହଳଦୀ ଓ ଅଳ୍ପ ଲୁଣ ଦେଇ ଗୋଳାଇ ୧୦ ମିନିଟ୍ ରଖନ୍ତୁ।

୨. ଜୀରା, ଲଙ୍କା ଓ ଅଦାକୁ ଚିକ୍କଣକରି ବାଟି ରଖନ୍ତୁ। ଚାର୍‌ମଗଜ ଓ କାଜୁକୁ ଏକାଠି ବାଟି ଅଲଗା ରଖନ୍ତୁ।

୩. କଡ଼େଇରେ ତେଲ ଗରମକରି ପୋଟଳ ପକାଇ ମଧ୍ୟମ ଜାଳରେ ଭାଜନ୍ତୁ। ପୋଟଳ ସିଝି ଭାଜି ହୋଇଗଲେ କଡ଼େଇରୁ ଛାଣି ଗୋଟିଏ ଥାଳି ବା ବେଲାରେ ରଖନ୍ତୁ।

୪. ଅବଶିଷ୍ଟ ତେଲରେ ଜୀରାବଟା ଓ ହଳଦୀ ପକାଇ କଷନ୍ତୁ। ଭଲ ଭାବେ କଷି ହୋଇଗଲାପରେ ଚାର୍‌ମଗଜ ବଟା ପକାଇ କଷନ୍ତୁ।

୫. ମସଲା କଷି ହୋଇଗଲେ ଛଣା ପୋଟଳ ପକାଇ ଲେଉଟ ପାଉଟ କରନ୍ତୁ।

୬. ଏଥିରେ ଗରମପାଣି ଓ ଲୁଣ ପକାଇ ଗୋଳାଇ ଦିଅନ୍ତୁ ଓ ଜାଳ କମାଇ ରାନ୍ଧନ୍ତୁ।

୭. ଭଲ ଭାବରେ ଫୁଟିଗଲେ ଚୁଲିରୁ ତରକାରୀକୁ ଓହ୍ଲାଇ ଉପରେ ଗରମ ମସଲାଗୁଣ୍ଡ ଛିଞ୍ଚି ଆସ୍ତେଆସ୍ତେ ଗୋଳାଇ ଦିଅନ୍ତୁ ଓ ଗରମ ଗରମ ପରଷନ୍ତୁ।

ଗୋଟା କଦଳୀ ପୋସ୍ତ

ସାମଗ୍ରୀ

ଛୋଟ ବନ୍ତଳ କଦଳୀ	୪ଟା
ପୋସ୍ତ	୭୫ ଗ୍ରାମ୍
କଞ୍ଚାଲଙ୍କା	୩/୪ ଟା
ଗୁଆଘିଅ	୧-୧/୨ ଟେବୁଲ ଚାମଚ୍
ଗୋଟା ଗୋଲମରିଚ	୩/୪ଟା
ଗରମପାଣି	୧/୪ କପ୍
ଗୋଲ ମରିଚ ଗୁଣ୍ଡ	୧/୨ ଚା ଚାମଚ୍

କଦଳୀ ଛାଣିବା ପାଇଁ ରିଫାଇନ୍ ତେଲ

ଲୁଣ ଆବଶ୍ୟକ ମତେ

ପ୍ରଣାଳୀ

୧. କଦଳୀରୁ ଚୋପା ଛଡ଼ାଇ ଗୋଟା ରଖନ୍ତୁ। ପ୍ରତ୍ୟେକ କଦଳୀର ଦୁଇ କଡ଼ରୁ ଅଳ୍ପ ଅଳ୍ପ ଚିରି ରଖନ୍ତୁ। ବଡ଼ କଦଳୀ ହୋଇଥିଲେ ୨ଗର କରି ଦୁଇ ପାଖ କଡ଼ରୁ ସାମାନ୍ୟ ଚିରି ରଖନ୍ତୁ।

୨. କଦଳୀରେ ଲୁଣ ଗୋଳାଇ ୧୦ ମିନିଟ୍ ଘୋଡ଼ାଇ ରଖନ୍ତୁ।

୩. ପୋସ୍ତ ଓ କଞ୍ଚାଲଙ୍କାକୁ ଏକାଠି ବାଟି ରଖନ୍ତୁ।

୪. କଡ଼େଇରେ ତେଲ ଗରମକରି ଗୋଟା କଦଳୀ ପକାଇ ଅଳ୍ପରୁ ମଧ୍ୟମ ଜାଳରେ ଛାଣନ୍ତୁ।

୫. କଦଳୀ ସିଝିଗଲେ ତେଲରୁ ଛାଣି ଗୋଟିଏ ବେଲାରେ ରଖନ୍ତୁ।

୬. ଅନ୍ୟ ଏକ କଡ଼େଇରେ ଘିଅ ଗରମକରି ଗୋଲମରିଚ ପକାଇ ଭାଜନ୍ତୁ ଓ ଏଥିରେ ପୋସ୍ତ ବଟା ପକାଇ ଘାଣ୍ଟନ୍ତୁ।

୭. ମସଲାକୁ ଅଳ୍ପ ସମୟ ଭାଜି ଏଥିରେ ଛଣା କଦଳୀ ଓ ଲୁଣ ପକାଇ ଗୋଳାଇ ଦିଅନ୍ତୁ ଓ ଗରମ ପାଣି ଦେଇ ଘୋଡ଼ାଇ ଅଳ୍ପରୁ ମଧ୍ୟମ ଜାଳରେ ରାନ୍ଧନ୍ତୁ।

୮. ମସଲା ଭଲ ଭାବରେ ଫୁଟି ଆସିଲେ ଗୋଲମରିଚ ଗୁଣ୍ଡ ଛିଞ୍ଚି ଚୁଲିରୁ ଓହ୍ଲାଇ ଦିଅନ୍ତୁ ଓ ଗରମ ଗରମ ପରଷନ୍ତୁ।

ପନୀର ମଟର

ସାମଗ୍ରୀ

ସଜ ପନୀର	୨୫୦ ଗ୍ରାମ୍
କଞ୍ଚା ମଟର ମଞ୍ଜି	୨୫୦ ଗ୍ରାମ୍
ଧଳା ସୋରିଷ	୫୦ ଗ୍ରାମ୍
କଞ୍ଚା ଲଙ୍କା	୩ଟା
ରିଫାଇନ୍ ତେଲ	୩ ଟେବୁଲ ଚାମଚ୍
ଗରମ ପାଣି	୧ କପ୍
ଗୋଲ ମରିଚ ଗୁଣ୍ଡ	୧ ଚା ଚାମଚ୍
ଲୁଣ ଆବଶ୍ୟକ ମତେ	

ପ୍ରଣାଳୀ

୧. ପନୀରକୁ ଖଣ୍ଡ ଖଣ୍ଡ କାଟି ରଖନ୍ତୁ। ଧଳା ସୋରିଷ ଓ କଞ୍ଚା ଲଙ୍କାକୁ ବାଟି ରଖନ୍ତୁ।

୨. କଡ଼େଇରେ ତେଲ ଗରମ କରି ବଟା ମସଲା ପକାଇ କଷନ୍ତୁ।

୩. ମସଲା କଷି ହୋଇ ତେଲ ଉପରକୁ ବୁଦ୍‌ବୁଦ୍ ହୋଇ ଦେଖାଗଲେ ଏଥିରେ ପନୀର ଓ ମଟର ପକାଇ ଗୋଳାଇ ଦିଅନ୍ତୁ।

୪. ପନୀରରେ ଗରମ ପାଣି ଓ ଲୁଣ ଦେଇ ଭଲ ଭାବେ ଗୋଳାଇ ରାନ୍ଧନ୍ତୁ।

୫. ମସଲା ଫୁଟିଗଲେ ଏଥିରେ ଗୋଲମରିଚ ଗୁଣ୍ଡ ପକାଇ ଗୋଳାଇ ଚୁଲିରୁ ଓହ୍ଲାଇ ଗରମ ଗରମ ପରଷନ୍ତୁ।

ମହୁର

ସାମଗ୍ରୀ

ଆଳୁ	୨୫୦ ଗ୍ରାମ୍
ଦେଶୀ ଆଳୁ	୨୦୦ ଗ୍ରାମ୍
କଦଳୀ	୪ଟା
କଖାରୁ	୨୫୦ ଗ୍ରାମ୍
ସଜନା ଛୁଇଁ	୪/୫ଟା
ଟମାଟୋ	୨୫ ଗ୍ରାମ୍
କୋରା ନଡ଼ିଆ	୧ ଫାଳ
ପାନ ମଧୁରୀ	୨୫ ଗ୍ରାମ୍
ଜୀରା	୫ ଗ୍ରାମ୍
ସୋରିଷ	୩୦ ଗ୍ରାମ୍
ଗୋଲମରିଚ	୭/୮ଟା
ଶୁଖିଲା ଲଙ୍କା	୨ଟା
ଅଦା	୧/୨ ଇଞ୍ଚ
ହଳଦୀଗୁଣ୍ଡ	୧ ଚା ଚାମଚ୍
ରିଫାଇନ୍ ତେଲ	୪ ଟେବୁଲ୍ ଚାମଚ୍
କଞ୍ଚା ଲଙ୍କା	୨ଟା
ସୋରିଷ	୧ ଚା ଚାମଚ୍
ଜୀରା	୧ ଚା ଚାମଚ୍
ଗୋଲମରିଚ ଗୁଣ୍ଡ	୧୦ ଗ୍ରାମ୍
ଗରମ ପାଣି	୧ କପ୍
ଲୁଣ ଆବଶ୍ୟକ ମତେ	

ପ୍ରଣାଳୀ

୧. କଦଳୀ, ଦେଶୀଆଳୁ ଓ କଖାରୁର ଚୋପା ଛଡ଼ାଇ ଖଣ୍ଡଖଣ୍ଡକରି କାଟନ୍ତୁ। ଆଳୁକୁ ଚୋପା ସହ କାଟନ୍ତୁ। ସଜନା ଛୁଇଁର ଚୋପା ଛଡ଼ାଇ ୨ ଇଞ୍ଚ ଲମ୍ୱରେ କାଟି ଅଲଗା ରଖନ୍ତୁ। ଟମାଟୋକୁ ଚୁନ୍ ଚୁନ୍ କାଟି ଅଲଗା ରଖନ୍ତୁ ଓ କଞ୍ଚା ଲଙ୍କାର ପେଟଚିରି ଅଲଗା ରଖନ୍ତୁ।

୨. ଜୀରା, ସୋରିଷ, ଶୁଖିଲା ଲଙ୍କା, ଗୋଲମରିଚ ଓ ଅଦାକୁ ଏକାଠି ଚିକ୍କଣକରି ବାଟି ରଖନ୍ତୁ।

୩. ଚଟକା ଡେକ୍‌ଚି ବା ବଡ଼ କଡ଼େଇରେ ତେଲ ଗରମକରି ଏଥିରେ କ୍ରମ ଅନୁସାରେ ଗୋଟା କଞ୍ଚାଲଙ୍କା, ଜୀରା ଓ ସୋରିଷ ଫୁଟାଇ ବଟା ମସଲା ପକାଇ ଘାଣ୍ଟନ୍ତୁ।

୪. ମସଲାରେ ସଙ୍ଗେସଙ୍ଗେ ଅଳ୍ପ ଲୁଣ ଓ ହଳଦୀଗୁଣ୍ଡ ପକାଇ କଷନ୍ତୁ।

୫. ମସଲା କଷି ହୋଇଗଲେ ଟମାଟୋ ପକାଇ କଷନ୍ତୁ। ଟମାଟୋରୁ ପାଣି ମରି ମସଲା ସହିତ ମିଶିଗଲେ ଏଥିରେ ଛୁଇଁକୁ ଛାଡ଼ି ଅନ୍ୟାନ ସମସ୍ତ କଟା ପରିବା ପକାଇ ଗୋଳାଇ ଦିଅନ୍ତୁ।

୬. ପରିବାକୁ କିଛି ସମୟ କଷି ଏଥିରେ ନଡ଼ିଆ, ଲୁଣ ଓ ଗରମ ପାଣି ଦେଇ ଗୋଳାଇ ଢାଙ୍କୁଣି ଘୋଡ଼ାଇ ମଧ୍ୟମ ଜାଳରେ ରାନ୍ଧନ୍ତୁ।

୭. ଆଳୁ ୩/୪ ଭାଗ ସିଝିଗଲେ ସଜନାଛୁଇଁ ପକାଇ ଗୋଳାଇ ରାନ୍ଧନ୍ତୁ।

୮. ସଜନା ଛୁଇଁ ସିଝିଗଲେ ଉପରେ ଗୋଲମରିଚ ଗୁଣ୍ଡ ଛିଞ୍ଚି ଗୋଳାଇ ଚୁଲିରୁ ଓହ୍ଲାଇ ଗରମ ଗରମ ପରଷନ୍ତୁ।

ବି:ଦ୍ର: ଏଥିରେ ତେଲରେ ଛଣା ହୋଇଥିବା ନାଡ଼ି ବଡ଼ିକୁ, ମହୁର ହୋଇସାରିବା ପରେ ଗୋଳାଇ ପରିବେଷଣ କରି ପାରିବେ।

ବେସର

ସାମଗ୍ରୀ

ଆଳୁ	୨୦୦ ଗ୍ରାମ୍
ଦେଶୀଆଳୁ	୨୦୦ ଗ୍ରାମ୍
ସାରୁ	୨୦୦ ଗ୍ରାମ୍
କଦଳୀ	୧ଟା
କଖାରୁ	୨୫୦ ଗ୍ରାମ୍
ବାଇଗଣ	୨୦୦ ଗ୍ରାମ୍
ସଜନା ଛୁଇଁ	୩-୪ ଟା
ପାଣି	୧-୧/୨ କପ୍
ସୋରିଷ ତେଲ	୨ ଟେବୁଲ୍ ଚାମଚ୍
କଞ୍ଚାଲଙ୍କା	୨/୩ ଟା
ଜୀରା	୧/୨ ଚା ଚାମଚ୍
ସୋରିଷ	୧ ଚା ଚାମଚ୍
ଅଦା	୧/୨ ଇଞ୍ଚ
ନାଡ଼ି	୫୦ ଗ୍ରାମ୍
ରିଫାଇନ୍ ତେଲ	୪ ଟେବୁଲ୍ ଚାମଚ୍
ଲୁଣ ଆବଶ୍ୟକ ମତେ	

ବାଟିବା ପାଇଁ ମସଲା

ଜୀରା	୧୦ ଗ୍ରାମ୍
ସୋରିଷ	୫୦ ଗ୍ରାମ୍

ପ୍ରଣାଳୀ

୧. ଦେଶୀଆଳୁ, ସାରୁ, କଦଳୀ ଓ କଖାରୁର ଚୋପା ଛଡ଼ାଇ ଖଣ୍ଡଖଣ୍ଡକରି କାଟନ୍ତୁ। ଆଳୁକୁ ଚୋପାସହ କାଟନ୍ତୁ। ବାଇଗଣକୁ ସମସ୍ତ ପରିବା ଅପେକ୍ଷା ସାମାନ୍ୟ ବଡ଼ ଖଣ୍ଡକରି କାଟନ୍ତୁ। ସଜନା ଛୁଇଁର ଚୋପା ଛଡ଼ାଇ ୨ ଇଞ୍ଚ ଲମ୍ବରେ ଖଣ୍ଡଖଣ୍ଡକାଟି ଅଲଗା ରଖନ୍ତୁ।

୨. ଅଦାର ଚୋପା ଛଡ଼ାଇ ଭଲ ଭାବେ ଛେଚି ରଖନ୍ତୁ। କଞ୍ଚାଲଙ୍କାକୁ ଲମ୍ବରେ ୨ ଫାଳ ଲେଖାଏଁକରି ରଖନ୍ତୁ। ନଡ଼ିଆକୁ ଖୋଳପାରୁ ଛଡ଼ାଇ ଛୋଟଛୋଟ ଖଣ୍ଡକରି କାଟି ରଖନ୍ତୁ।

୩. ବାଟିବାକୁ ଥିବା ସୋରିଷ ଓ ଜୀରାକୁ ଚିକ୍କଣକରି ବାଟି ରଖନ୍ତୁ।

୪. ଗୋଟିଏ ଚଟକା ଡେକ୍‌ଚିରେ ପାଣି ଫୁଟାଇ ଏଥିରେ କଞ୍ଚାଲଙ୍କା, ଅଦା ଓ ସଜନାଛୁଇଁ ବ୍ୟତୀତ ଅନ୍ୟାନ ସମସ୍ତ କଟା ପରିବାକୁ ପକାଇ ଘୋଡ଼ାଇ ମଧ୍ୟମ ଜାଳର ରାନ୍ଧନ୍ତୁ।

୫. ପରିବାଗୁଡ଼ିକ ୨/୩ ଅଂଶ ସିଝିଗଲେ ସଜନା ଛୁଇଁ ଓ ଲୁଣ ପକାଇ ଗୋଳାଇ ରାନ୍ଧନ୍ତୁ।

୬. ସଜନା ଛୁଇଁ ସିଝିଗଲେ ଚୁଲିରୁ ଓହ୍ଲାଇ ଦିଅନ୍ତୁ।

୭. ଗୋଟିଏ କଡ଼େଇରେ ରିଫାଇନ୍ ତେଲ ଗରମକରି ନାଡ଼ିକୁ ଛାଣି ରଖନ୍ତୁ।

୮. ଅବଶିଷ୍ଟ ତେଲରେ କଞ୍ଚାଲଙ୍କା ଜାରି ଜୀରା ଓ ସୋରିଷ ଫୁଟାଇ ଅଦା ପକାଇ ଅଳ୍ପ ସମୟ ଭାଜି ଏଥିରେ ସିଝା ପରିବା ପକାଇ ଗୋଳାଇ ଦିଅନ୍ତୁ।

୯. ଚୁଲିରୁ ଓହ୍ଲାଇ ବଟା ସୋରିଷ ମସଲା, ସୋରିଷ ତେଲ, ନଡ଼ିଆ ଓ ନାଡ଼ି ପକାଇ ଗୋଳାଇ ରଖନ୍ତୁ।

୧୦. ଅଳ୍ପ ସମୟ ରଖି ଗରମ ଗରମ ବେସର ପରଷନ୍ତୁ।

ଖଟା

କିଛି ପରିବା ଓ ଫଳକୁ ନେଇ ଖଟା ପ୍ରସ୍ତୁତ କରାଯାଏ। ଏହା ଆମ୍ବିଳ ଓ ସାକର ନାମରେ ମଧ୍ୟ ପରିଚିତ। ପରିବା ବା ଫଳକୁ ମୁଖ୍ୟ ସାମଗ୍ରୀ ଭାବରେ ନେଇ ଏହା ସହିତ ଆମ୍ବୁଲ ଓ ତେନ୍ତୁଳି ଭଳି ଅମ୍ଳ ଜାତୀୟ ସାମଗ୍ରୀର ପ୍ରୟୋଗରେ ଖଟା ପ୍ରସ୍ତୁତ କରାଯାଏ। କେବଳ ଓଉ, ଆମ୍ବ, ଟମାଟୋ ଆଦି ସାମଗ୍ରୀ ଅମ୍ଳ ଜାତୀୟ ହୋଇଥିବାରୁ ଏଥିରେ ଆମ୍ବୁଲ ଓ ତେନ୍ତୁଳିର ଆବଶ୍ୟକତା ପଡି ନଥାଏ। ନିମ୍ନରେ କିଛି ନମୁନା ଦିଆଗଲା।

ପାଣି କଖାରୁ ସାକର

ସାମଗ୍ରୀ

ପାଣି କଖାରୁ	୭୫୦ ଗ୍ରାମ
ନଡିଆ	୧ ଫାଳ
ବୁଟ	୨୫ ଗ୍ରାମ
ହଳଦୀଗୁଣ୍ଡ	୧/୨ଚା ଚାମଚ୍
ତେଜପତ୍ର	୨ ଟା
ତେନ୍ତୁଳି	୧୫ ଗ୍ରାମ
ବା	
ଆମ୍ବୁଲ	୩ ଟା
ଗୁଡ	୧୫୦ ଗ୍ରାମ
ପାଣି	୧୦୦ ମି.ଲି
ଚାଉଳ ଚୁନା ବା ଅଟା	୨ ଟେବୁଲ୍ ଚାମଚ୍
ଲୁଣ ଆବଶ୍ୟକ ମତେ	
ଭଜା ଜୀରାଲଙ୍କା ଗୁଣ୍ଡ	୧ ଚା ଚାମଚ୍
ଛୁଙ୍କ ପାଇଁ	
ତେଲ	୧ ଚା ଚାମଚ୍
ଭୃଷଙ୍ଗ ପତ୍ର	୨ ଡେମ୍ଫ
ସୋରିଷ	୧/୨ ଚା ଚାମଚ
ଲଙ୍କା	୨ ଟା

ପ୍ରଣାଳୀ

୧. ବୁଟକୁ ଧୋଇ ୬-୭ ଘଣ୍ଟା ବତୁରାଇ ରଖନ୍ତୁ। ତେନ୍ତୁଳି ବା ଆମ୍ବୁଲକୁ ପାଣିରେ ବତୁରାଇ ଦିଅନ୍ତୁ। ନଡିଆକୁ କୋରି ରଖନ୍ତୁ ।

୨. ପାଣିକଖାରୁର ଚୋପା ଛଡାଇ ଓ ଅନ୍ତି ବାହାର କରି ୨ ରୁ ୨.୧/୨ ଇଂଚ ଚଉଡାରେ ପତଳା ପତଳା କରି କାଟନ୍ତୁ।

୩. ଡେକ୍‌ଚିରେ କଟା ପାଣିକଖାରୁ, ତେଜପତ୍ର, ବୁଟ ଓ ହଳଦୀଗୁଣ୍ଡ ପକାଇ ଢାଙ୍କୁଣି ଘୋଡାଇ ମଧ୍ୟମ ଜାଳରେ ଚୁଲିରେ ବସାଇ ରାନ୍ଧନ୍ତୁ।

୪. ପାଣିକଖାରୁ ଫୁଟିଗଲେ ଜାଳ କମାଇ ମଝିରେ ମଝିରେ ତଳୁ ଘାଂଟି ଢାଙ୍କୁଣି ଘୋଡାଇ ରାନ୍ଧନ୍ତୁ।

୫. ଏହା ସିଝିଗଲେ ଏଥିରେ ନଡିଆ, ତେନ୍ତୁଳି ମଣ୍ଡ ବା ଆମ୍ବୁଲ, ଲୁଣ ଓ ଗୁଡ ପକାଇ ଗୋଳାଇ ରାନ୍ଧନ୍ତୁ।

୬. କଡେଇରେ ତେଲ ଗରମ କରି କ୍ରମଅନୁସାରେ ଭୃଷଙ୍ଗପତ୍ର, ଲଙ୍କା ଓ ସୋରିଷ ଫୁଟାଇ ଏଥିରେ ସିଝା ପାଣିକଖାରୁ ପକାଇ ଗୋଳାଇ ଦିଅନ୍ତୁ।

୭. ଚାଉଳ ଚୂନା ବା ଅଟାକୁ ପାଣିରେ ମିଶାଇ ପାଣି କଖାରୁରେ ଦେଇ ଗୋଳାଇ ଦିଅନ୍ତୁ।

୮. ଏହା ଫୁଟିଗଲେ ଚୁଲିରୁ ଓହ୍ଲାଇ ଉପରେ ଜୀରାଲଙ୍କା ଗୁଣ୍ଡ ଛିଞ୍ଚି ଗୋଳାଇ ଥଣ୍ଡାକରି ପରଷନ୍ତୁ।

ପ୍ରକାର ଭେଦ: ଉପରୋକ୍ତ ପ୍ରଣାଳୀରେ ପାକଳ କାକୁଡ଼ି, ଅମୃତଭଣ୍ଡା ଆଦିରୁ ଖଟା ପ୍ରସ୍ତୁତି କରାଯାଇ ପାରିବ। ଅମୃତ ଭଣ୍ଡା ଖଟାରେ ବୁଟ ନ ପକାଇ କିସ୍‌ମିସ୍ ପକାଇ ପାରିବେ।

ଓଉ ଖଟା

ସାମଗ୍ରୀ

ଓଉ	୨ଟା
କନ୍ଦମୂଳ	୧୫୦ ଗ୍ରାମ୍
ହଳଦୀ	୧/୨ ଚା ଚାମଚ୍
ଗୁଡ	୫୦ ଗ୍ରାମ୍
ଭଜା ଜୀରାଲଙ୍କାଗୁଣ୍ଡ	୧/୨ ଚା ଚାମଚ୍
ପାଣି	
ଲୁଣ ଆବଶ୍ୟକ ମତେ	
ବାଟିବା ପାଇଁ ମସଲା	
ସୋରିଷ	୧ ଚା ଚାମଚ୍
କୋରା ନଡ଼ିଆ	୨ ଟେବୁଲ୍ ଚାମଚ୍
କଞ୍ଚା ଲଙ୍କା	୨ଟା
ବଘାରିବା ପାଇଁ	
ତେଲ	୨ ଟେବୁଲ୍ ଚାମଚ୍
ଭୃସଙ୍ଗପତ୍ର	୨ ଡେଙ୍ଗ
ଶୁଖିଲା ଲଙ୍କା	୨ଟା
ଜୀରା	୧/୨ ଚା ଚାମଚ୍
ଅଦା	୧/୨ ଇଞ୍ଚ

ପ୍ରଣାଳୀ

୧. ଓଉର ଚୋପା ଛଡ଼ାଇ ସରୁସରୁ କାଟି ରଖନ୍ତୁ।

୨. କନ୍ଦମୂଳକୁ ପରିଷ୍କାର ଭାବେ ଧୋଇ ପତଳା ପତଳା କାଟନ୍ତୁ।

୩. ଅଦାର ଚୋପା ଛଡ଼ାଇ ଭଲ ଭାବରେ ଛେଚି ରଖନ୍ତୁ।

୪. ବାଟିବା ପାଇଁ ଥିବା ସାମଗ୍ରୀକୁ ନେଇ ଏକାଠି ଚିକ୍କଣକରି ବାଟି ରଖନ୍ତୁ।

୫. ଓଉ ଓ କନ୍ଦମୂଳକୁ ଅଲଗା ଅଲଗା ୧ କପ୍ ଲେଖାଏଁ ପାଣି ଦେଇ ହଳଦୀ ଗୁଣ୍ଡ ପକାଇ ଦରସିଝାକରି ରଖନ୍ତୁ।

୬. କଡ଼େଇରେ ତେଲ ଗରମକରି ଏଥିରେ ଭୃସଙ୍ଗପତ୍ର, ଲଙ୍କା ଓ ଜୀରା ଫୁଟାନ୍ତୁ।

୭. ଜୀରା ଫୁଟିଗଲେ ଅଦା ପକାଇ ଭାଜନ୍ତୁ। ଅଦା ଭାଜି ହୋଇଗଲେ ବଟା ମସଲା ପକାଇ କଷନ୍ତୁ।

୮. ମସଲାରୁ ପାଣି ମରିଗଲେ ଏଥିରେ ସିଝା ଓଉକୁ ପାଣିରୁ ଛାଣି ପକାଇ ଭାଜନ୍ତୁ।

୯. ଅଳ୍ପ ସମୟପରେ ସିଝା କନ୍ଦମୂଳକୁ ପାଣିରୁ ଛାଣି ଏଥିରେ ପକାଇ ଭାଜନ୍ତୁ।

୧୦. ଓଉର ରଙ୍ଗ ପରିବର୍ତ୍ତନ ହୋଇ ଆସିଲେ ଏଥିରେ ଗୁଡ଼ ପକାଇ କଷନ୍ତୁ।

୧୧. ଅଳ୍ପ ସମୟପରେ ଓଉ ଓ କନ୍ଦମୂଳ ସିଝାପାଣି ସହିତ ଆଉ ଅଧାକପ୍ ପାଣି ଓ ଲୁଣ ପକାଇ ମଧ୍ୟମ ଜାଳରେ ରାନ୍ଧନ୍ତୁ।

୧୨. ପାଣି ଫୁଟିଗଲେ ଜାଳ କମାଇ ୩ ରୁ ୪ ମିନିଟ୍ ପର୍ଯ୍ୟନ୍ତ ରାନ୍ଧନ୍ତୁ। ଝୋଳ ସାମାନ୍ୟ ବହଳ ହୋଇ ଆସିଲେ ଚୁଲିରୁ ଓହ୍ଲାଇ ଦିଅନ୍ତୁ।

୧୩. ଖଟା ଉପରେ ଜୀରାଲଙ୍କା ଗୁଣ୍ଡ ଛିଞ୍ଚି ଥଣ୍ଡାକରି ପରିବେଷଣ କରନ୍ତୁ।

ଧଳାସୋରିଷଦିଆ ଆମ୍ବଖଟା

ସାମଗ୍ରୀ

କଞ୍ଚା ଆମ୍ବ	୫୦୦ ଗ୍ରାମ୍
ଧଳା ସୋରିଷ	୧୦୦ ଗ୍ରାମ୍
କଞ୍ଚାଲଙ୍କା	୪/୫ଟା
ତେଲ	୧୦୦ ମି:ଲି:
ହେଙ୍ଗୁ	ଟିପେ
ଭୃସଙ୍ଗ ପତ୍ର	୨ ଡେମ୍ଫ
ଶୁଖିଲା ଲଙ୍କା	୨ଟା
ପଞ୍ଚ ଫୁଟଣ	୧ ଚା ଚାମଚ୍
ଗୁଡ଼	୩୦୦ ଗ୍ରାମ୍
ପାଣି	୧ କପ୍
ବଟା ଆମ୍ବକଷିଆ ଅଦା	୧ ଟେବୁଲ୍ ଚାମଚ୍
ଲୁଣ ଆବଶ୍ୟକ ମତେ	

ପ୍ରଣାଳୀ

୧. ଆମ୍ବକୁ ଧୋଇ ଲମ୍ବରେ ଚାରିଫାଳ କରି କୋଇଲି ବାହାରକରି ଦିଅନ୍ତୁ। ପ୍ରତି ଖଣ୍ଡକୁ ଆମ୍ବର ଆକାର ଅନୁସାରେ ୩ ବା ୪ ଖଣ୍ଡ ଲେଖାଏଁ କାଟନ୍ତୁ।

୨. ଧଳା ସୋରିଷ ଓ କଞ୍ଚାଲଙ୍କାକୁ ଏକାଠି ବାଟି ରଖନ୍ତୁ।

୩. ଆମ୍ବକୁ ତେଲରେ ଭାଜି ଗୋଟିଏ ପ୍ଲେଟ୍‌ରେ କାଢ଼ି ରଖନ୍ତୁ।

୪. ଅବଶିଷ୍ଟ ତେଲରେ ହେଙ୍ଗୁ, ଭୃସଙ୍ଗ ପତ୍ର, ଶୁଖିଲା ଲଙ୍କା ଓ ଫୁଟଣ କ୍ରମ ଅନୁସାରେ ପକାଇ ଫୁଟାଇ ଏଥିରେ ବଟା ମସଲା ଓ ଅଳ୍ପ ଲୁଣ ପକାଇ କଷନ୍ତୁ।

୫. ଅଳ୍ପ ସମୟ କଷି ଏଥିରେ ଗୁଡ଼ ଓ ଆମ୍ବ ପକାଇ ଭାଜନ୍ତୁ।

୬. ଆମ୍ବରେ ଗୁଡ଼ ଭଲ ଭାବେ ମିଶିଗଲେ ପାଣି ଓ ଲୁଣ ପକାଇ ଫୁଟାନ୍ତୁ।

୭. ଜାଳ କମାଇ ଘୋଡ଼ାଇ ଦିଅନ୍ତୁ। ଆମ୍ବ ନରମ ହୋଇ ସିଝିଗଲେ ଏଥିରେ ଆମ୍ବ କଷିଆ ଅଦା ପକାଇ ଗୋଳାଇ ସଙ୍ଗେସଙ୍ଗେ ଚୁଲିରୁ ଓହ୍ଲାଇ ଦିଅନ୍ତୁ।

୮. ଆମ୍ବ ଖଟାକୁ ଥଣ୍ଡାକରି ପରିବେଷଣ କରନ୍ତୁ।

ଆମ୍ବୁଲ ରାଇ

ଆମ୍ବୁଲ ରାଇ ପାଇଁ କୁଆଁରୀ ଆମ୍ବୁଲ ବା ଟାକୁଆ ନ ଥିବା ଆମ୍ବୁଲ ବାଛିବା ଭଲ। ଟାକୁଆ ଥିବା ଆମ୍ବୁଲ ମଧ୍ୟ କରି ପାରିବେ।

ସାମଗ୍ରୀ

ଦହି	୫୦୦ ଗ୍ରାମ୍
ଆମ୍ବୁଲ	୨୦୦ ଗ୍ରାମ୍
ସୋରିଷ	୧୦୦ ଗ୍ରାମ୍
କୋରା ନଡ଼ିଆ	ଫାଳେରୁ କମ୍
ଗୁଡ ବା ଚିନି	୨୦୦ ଗ୍ରାମ୍
କଞ୍ଚା ଲଙ୍କା	୨ଟା
ସୋରିଷ ତେଲ	୧୦୦ ମି:ଲି:
ଗୋଲ ମରିଚ ଗୁଣ୍ଡ	୧ ଚା ଚାମଚ୍
ଲୁଣ ଆବଶ୍ୟକ ମତେ	

ପ୍ରଣାଳୀ

୧. ସୋରିଷକୁ ଚିକ୍କଣକରି ବାଟି ରଖନ୍ତୁ। କଞ୍ଚାଲଙ୍କାକୁ ଖଣ୍ଡଖଣ୍ଡକରି କାଟନ୍ତୁ।

୨. ଆମ୍ବୁଲକୁ ଧୋଇ ଆକାର ଅନୁସାରେ (୧ ଫାଳକୁ ୪ ଖଣ୍ଡ) କାଟି, ଅଳ୍ପ ପାଣିରେ ବତୁରାଇ ରଖନ୍ତୁ।

୩. ଗୋଟିଏ ବଡ଼ କାଚ ବା ଷ୍ଟିଲ୍ ପାତ୍ରରେ ଦହି, ଆମ୍ବୁଲ, ନଡ଼ିଆ, ବଟା ସୋରିଷ, ଗୁଡ଼, ସୋରିଷ ତେଲ ପକାଇ ପରିଷ୍କାର ହାତରେ ଚକଟନ୍ତୁ।

୪. ଏଥିରେ କଞ୍ଚାଲଙ୍କା, ଲୁଣ ଓ ଗୋଲମରିଚ ଗୁଣ୍ଡ ପକାଇ ଭଲ ଭାବେ ଗୋଳାଇ ପରଷନ୍ତୁ।

ଅଣ୍ଡା

ପୋଚ୍‌ଡ଼ ଏଗ୍

ସାମଗ୍ରୀ

ଅଣ୍ଡା	୧ଟା
ଭିନେଗାର୍	୧ ଚା ଚାମଚ୍
ପାଣି	
ଲୁଣ	
ଗୋଲମରିଚ ଗୁଣ୍ଡ	

ପ୍ରଣାଳୀ

୧. ଗୋଟିଏ ଫ୍ରାଇଙ୍ଗ୍ ପ୍ୟାନ୍‌ରେ ପାତ୍ରର ୧/୨ ଇଞ୍ଚ ପର୍ଯ୍ୟନ୍ତ ପାଣି ଢାଳି ଚୁଲିରେ ବସାଇ ଗରମ କରନ୍ତୁ।

୨. ଏଥିରେ ଭିନେଗାର ପକାଇ ଗୋଳାଇ ଦିଅନ୍ତୁ।

୩. ଗୋଟିଏ ତାଟିଆ ବା କପ୍‌ରେ ଅଣ୍ଡାଟିକୁ ଭାଙ୍ଗି ରଖନ୍ତୁ।

୪. ଜାଳ କମାଇ ଭାଙ୍ଗିଥିବା ଅଣ୍ଡାକୁ ଆସ୍ତେକରି ପାଣିକୁ ଲଗାଇ ତାଟିଆରୁ ଖସାଇ ଦିଅନ୍ତୁ।

୫. କମ୍ ଜାଳରେ ୧ ରୁ ୨ ମିନିଟ୍ ପର୍ଯ୍ୟନ୍ତ ରଖନ୍ତୁ। ଅଣ୍ଡାର ଧଳାଅଂଶ ବାନ୍ଧି ହୋଇଗଲେ ଗୋଟିଏ ସ୍ପାଚୁଲା ବା ଜାଲିଚଟୁ ସାହାଯ୍ୟରେ ପାଣିରୁ ଛାଣି ପ୍ଲେଟ୍‌ରେ କାଢ଼ି ଦିଅନ୍ତୁ। ଅଣ୍ଡାର କେଶର ଯେପରି ଭାଙ୍ଗି ନ ଯାଏ ସେଥିପ୍ରତି ସତର୍କତା ଅବଲମ୍ବନ କରିବେ।

୬. ପୋଚ୍ ଉପରେ ଲୁଣ ଓ ଗୋଲମରିଚ ଗୁଣ୍ଡ ଛିଞ୍ଚି ପରିବେଷଣ କରନ୍ତୁ।

ଫ୍ରାଏଡ୍ ଏଗ୍

ସାମଗ୍ରୀ

ଅଣ୍ଡା	୧ଟା
ତେଲ	୧ ଟେବୁଲ୍ ଚାମଚ୍
ଲୁଣ	
ଗୋଲମରିଚ ଗୁଣ୍ଡ	

ପ୍ରଣାଳୀ

୧. ଫ୍ରାଇଙ୍ଗ୍ ପ୍ୟାନରେ ତେଲ ପକାଇ ଚାରିଆଡ଼କୁ ଖେଳାଇ ମଧ୍ୟମ ଜାଳରେ ଗରମ କରନ୍ତୁ।

୨. ପୋଚ୍‌ଡ଼ ଏଗ୍ ପ୍ରଣାଳୀରେ ଅଣ୍ଡାକୁ ଭାଙ୍ଗି ତାଟିଆରେ ବା କପ୍‌ରେ ରଖି ଆସ୍ତେକରି ଫ୍ରାଇଙ୍ଗ୍ ପ୍ୟାନ୍‌ରେ ଢାଳନ୍ତୁ। ଜାଳ କମାଇ ଦିଅନ୍ତୁ।

୩. କେଶର ଚାରିକଡ଼ରୁ ଧଳା ଅଂଶ ବାନ୍ଧି ହୋଇଗଲେ, ଏହାକୁ ସ୍ପାଚୁଲାରେ ଆସ୍ତେକରି କାଢ଼ି ପ୍ଲେଟ୍‌ରେ ରଖନ୍ତୁ।

୪. ଫ୍ରାଏଡ୍ ଏଗ୍ ଉପରେ ଲୁଣ ଓ ଗୋଲମରିଚ ଗୁଣ୍ଡ ଛିଞ୍ଚି ପରିବେଷଣ କରନ୍ତୁ।

ସ୍କ୍ରାମ୍ବଲଡ୍ ଏଗ୍

ସାମଗ୍ରୀ

ଅଣ୍ଡା	୩ଟା
କ୍ଷୀର	୨ ଟେବୁଲ୍ ଚାମଚ୍
ରିଫାଇନ୍ ତେଲ ବା ବଟର	୧ଟେବୁଲ୍ ଚାମଚ୍
ଲୁଣ	
ଗୋଲମରିଚ ଗୁଣ୍ଡ	

ପ୍ରଣାଳୀ

୧. ଅଣ୍ଡାକୁ ଭାଙ୍ଗି ଗୋଟିଏ ବୋଲରେ ରଖି ଲୁଣ ପକାଇ ଭଲ ଭାବରେ ଫେଣ୍ଟି ଏଥିରେ କ୍ଷୀର ଗୋଳାଇ ରଖନ୍ତୁ।

୨. ଗୋଟିଏ ଫ୍ରାଇଙ୍ଗ୍ ପ୍ୟାନ୍ ବା କଡ଼େଇରେ ତେଲ ବା ବଟର ଗରମକରି ଚାରିଆଡକୁ ଖେଳାଇ ଦିଅନ୍ତୁ।

୩. ଜାଳ କମାଇ ଏଥିରେ ଫେଣ୍ଟା ଅଣ୍ଡା ପକାଇ ଅନବରତ ଘାଣ୍ଟନ୍ତୁ।

୪. ବେଶୀ ସମୟ ରାନ୍ଧିରେ ଏହା ଶୁଖିଲା ହୋଇଯାଏ। ତେଣୁ ଏଥିରୁ ପାଣିମରି ଆସି ଛେନାଭଳି ହୋଇଗଲେ ଚୁଲିରୁ ଓହ୍ଲାଇ ଗୋଲମରିଚ ଗୁଣ୍ଡ ଛିଞ୍ଚି ପ୍ଲେଟ୍‌ରେ କାଢ଼ି ପରିବେଷଣ କରନ୍ତୁ।

ଓମ୍ଲେଟ୍

ସାମଗ୍ରୀ

ଅଣ୍ଡା	୨ଟା
ପିଆଜ	୨୫ ଗ୍ରାମ୍
ଧନିଆ ପତ୍ର	୨ଟା
କଞ୍ଚାଲଙ୍କା	୨ଟା
ରିଫାଇନ୍ ତେଲ	୨ଟା ଚାମଚ୍
ଲୁଣ	
ଗୋଲମରିଚ ଗୁଣ୍ଡ	

ପ୍ରଣାଳୀ

୧. ଅଣ୍ଡାକୁ ଭାଙ୍ଗି ଡାଟିଆରେ ରଖନ୍ତୁ।

୨. ପିଆଜ, କଞ୍ଚାଲଙ୍କା ଓ ଧନିଆପତ୍ରକୁ ଚୁନ୍‌ଚୁନ୍‌କରି କାଟି ଏଥିରେ ମିଶାନ୍ତୁ।

୩. ଏଥିରେ ଲୁଣ ଓ ଗୋଲମରିଚ ଗୁଣ୍ଡ ପକାଇ ଏଗ୍ ବିଟର୍ ସାହାଯ୍ୟରେ ଭଲ ଭାବରେ ଫେଣ୍ଟି ରଖନ୍ତୁ।

୪. ଫ୍ରାଇଙ୍ଗ୍ ପ୍ୟାନ୍‌ରେ ତେଲ ଗରମକରି ଚାରିଆଡ଼କୁ ଖେଳାଇ ଦିଅନ୍ତୁ। ଏଥିରେ ଅଣ୍ଡା ପକାଇ ସାମାନ୍ୟ ଚଟରାଇ ଦିଅନ୍ତୁ।

୫. ଚକୁଳି ପିଠାପରି ଆସ୍ତେଆସ୍ତେ ଚାରିଆଡୁ ସ୍ପାଚୁଲାରେ ଛଡ଼ାଇ ଓଲଟାଇ ଦିଅନ୍ତୁ।

୬. ଅଳ୍ପ ସମୟ (୧୦ ସେକେଣ୍ଡ)ପରେ ଓମ୍ଲେଟ୍‌କୁ ଭାଙ୍ଗି ପ୍ଲେଟରେ କାଢ଼ି ଗରମଗରମ ପରିବେଷଣ କରନ୍ତୁ।

ବି:ଦ୍ର: ଫ୍ରାଇଙ୍ଗ୍ ପ୍ୟାନ୍‌ରେ ତେଲ ଗରମକରି ଅଣ୍ଡାରେ ମିଶାଇବା ପାଇଁ ଥିବା ପିଆଜ ଓ କଞ୍ଚାଲଙ୍କାକୁ ଭାଜି ଏହା ଉପରେ ଫେଣ୍ଟା ଅଣ୍ଡା, କଟା ଧନିଆପତ୍ର ଓ ଗୋଲମରିଚ ଗୁଣ୍ଡ ଛିଞ୍ଚି ଚାରିପଟକୁ ସମାନ୍ ଭାବେ ଖେଳାଇ ଉପରୋକ୍ତ ପ୍ରଣାଳୀରେ ଓମ୍ଲେଟ୍ ପ୍ରସ୍ତୁତ କରିପାରିବେ।

ପ୍ରକାର ଭେଦ

ଛତୁ ଓମ୍ଲେଟ୍

- ଓମ୍ଲେଟ୍ ପାଇଁ ଥିବା ସାମଗ୍ରୀ ବ୍ୟତୀତ ଅଧିକା ୨ ଚା ଚାମଚ୍ ତେଲ ଓ ଛତୁ ୧୦୦ ଗ୍ରାମ୍ ନିଅନ୍ତୁ।
- ଛତୁକୁ ବାଛି ଛୋଟଛୋଟ ଖଣ୍ଡକରି ରଖନ୍ତୁ।
- ତେଲ ଗରମକରି ଏଥିରେ କଟା ପିଆଜ ଓ ଲଙ୍କା ପକାଇ ଜାରି ଏଥିରେ ସାମାନ୍ୟ ଲୁଣଛିଞ୍ଚି ଛତୁ ପକାଇ ଭାଜନ୍ତୁ।
- ଛତୁରୁ ପାଣି ମରି ଭାଜି ହୋଇଗଲେ ଗୋଟିଏ ପ୍ଲେଟ୍‌ରେ କାଢ଼ି ରଖନ୍ତୁ।
- ଅଣ୍ଡାକୁ ଲୁଣ ସହିତ ଭଲ ଭାବରେ ଏଗ୍‌ବିଟର୍‌ରେ ଫେଣ୍ଟନ୍ତୁ।
- ଫ୍ରାଇଙ୍ଗ୍ ପ୍ୟାନ୍‌ରେ ତେଲ ଗରମକରି ଓମ୍ଲେଟ୍ କରନ୍ତୁ। ଓମ୍ଲେଟ୍‌କୁ ନ ଓଲଟାଇ ଏଥିରେ ଛତୁ ପକାଇ ଓମ୍ଲେଟ୍‌ର ଚାରି ଆଡ଼କୁ ସମାନ୍ ଭାବରେ ଖେଳାଇ ଦିଅନ୍ତୁ।
- ଅଳ୍ପ ସମୟପରେ ଅଣ୍ଡାକୁ ଭାଙ୍ଗି ବା ଫୋଲ୍ଡ୍‌କରି ପ୍ଲେଟ୍‌ରେ କାଢ଼ି ପରିବେଷଣ କରନ୍ତୁ।

ଟମାଟୋ ଓମ୍ଲେଟ୍

ଓମ୍ଲେଟ୍‌ର ସାମଗ୍ରୀ ସହ ଚୁନ୍‌ଚୁନ୍ କଟା ଟମାଟୋ ଗୋଟିଏ ଓ ତା' ସାଙ୍ଗରେ ଚୁନ୍‌ଚୁନ୍ କଟା ବେଲ୍ ପେପର ୨ ଟେବୁଲ ଚାମଚ୍ ନେଇ ଛତୁ ଓମ୍ଲେଟ୍ ପ୍ରଣାଳୀରେ ଟମାଟୋ ଓମ୍ଲେଟ୍ ପ୍ରସ୍ତୁତ କରନ୍ତୁ।

ଚିଜ୍ ଓମ୍ଲେଟ୍

ଓମ୍ଲେଟ୍ ଉପରେ ପ୍ରୋସେସ୍ଡ଼ ଚିଜ୍ କୋରି ଚାରିଆଡ଼କୁ ବିଛାଇ ଉପରୋକ୍ତ ପ୍ରଣାଳୀରେ ଓମ୍ଲେଟ୍ କରନ୍ତୁ।

ଏଗ୍ ଭୂଜିଆ

ସାମଗ୍ରୀ

ଅଣ୍ଡା	୩ଟା
ରିଫାଇନ୍ ତେଲ	୧ ଟେବୁଲ୍ ଚାମଚ୍
ପିଆଜ	୧ଟା
ଜୀରା	୧/୨ ଚା ଚାମଚ୍
କୋରା ଅଦା	୧/୨ ଚା ଚାମଚ୍
ଟମାଟୋ	୧ଟା
କଞ୍ଚାଲଙ୍କା	୨ଟା
ଧନିଆପତ୍ର	୨ଗଛ

ଗୋଲମରିଚ ଗୁଣ୍ଡ	୧/୨ ଚା ଚାମଚ୍
ଲୁଣ ଆବଶ୍ୟକମତେ	

ପ୍ରଣାଳୀ

୧. ପିଆଜ, ଲଙ୍କା, ଧନିଆପତ୍ର ଓ ଟମାଟୋକୁ ଚୁନ୍‌ଚୁନ୍ କାଟି ଅଲଗା ଅଲଗା ରଖନ୍ତୁ।

୨. ଅଣ୍ଡାକୁ ଲୁଣ ପକାଇ ଫେଣ୍ଟି ରଖନ୍ତୁ।

୩. କଡ଼େଇ ବା ଫ୍ରାଇଙ୍ଗ୍ ପ୍ୟାନ୍‌ରେ ତେଲ ଗରମକରି ଜୀରା ଫୁଟାଇ, ପିଆଜ, ଅଦା ଓ କଞ୍ଚାଲଙ୍କା କ୍ରମ ଅନୁସାରେ ପକାଇ ଭାଜନ୍ତୁ।

୪. ପିଆଜର ରଙ୍ଗ ବଦଳି ଆସିଲେ ଏଥିରେ ଟମାଟୋ ପକାଇ କଷନ୍ତୁ।

୫. ଟମାଟୋରୁ ପାଣି ମରି ଆସିଲେ ଏଥିରେ ଫେଣ୍ଟା ଅଣ୍ଡା ପକାଇ ଅନବରତ ଘାଣ୍ଟନ୍ତୁ।

୬. ପାଣି ମରିଆସିଲେ ଧନିଆପତ୍ର ଓ ଗୋଲମରିଚ ଗୁଣ୍ଡ ପକାଇ ଭଲ ଭାବରେ ଗୋଳାଇ ଚୁଲିରୁ ଓହ୍ଲାଇ ଗରମ ଗରମ ଭୂଜିଆ ପରଷନ୍ତୁ।

ବେକ୍‌ଡ଼ ଏଗ୍

ସାମଗ୍ରୀ

ଅଣ୍ଡା	୨ଟା
ବଟର	୧ ଚା ଚାମଚ୍
କ୍ଷୀର	୨ ଟେବୁଲ୍ ଚାମଚ୍
ଛୋଟ ବେକିଙ୍ଗ୍ ବୋଲ୍	୨ଟା
ଲୁଣ	
ଗୋଲମରିଚ ଗୁଣ୍ଡ	

ପ୍ରଣାଳୀ

୧. ଓଭେନ୍‌କୁ ପ୍ରିହିଟ୍‌କରି ରଖନ୍ତୁ।

୨. ବେକିଙ୍ଗ୍ ବୋଲ୍‌ରେ ବଟର ମାରି ରଖନ୍ତୁ।

୩. ପ୍ରତ୍ୟେକ କପ୍‌ରେ ଗୋଟିଏ ଲେଖାଏଁ ଅଣ୍ଡା ଭାଙ୍ଗି ଆସ୍ତେକରି ଢାଳନ୍ତୁ ଯେପରିକି କେଶରଟି ଖେଳାଇ ନ ହୋଇ ଗୋଟା ରହିବ।

୪. ପ୍ରତି ଅଣ୍ଡା ଉପରେ ୧ ଟେବଲ୍ ଚାମଚ୍ ଲେଖାଏଁ କ୍ଷୀରଦେଇ ଓଭେନ୍‌ରେ ୩୨୫° ଫାରେନ୍ ହିଟ୍‌ରେ ୨ ମିନିଟ୍ ବା ଅଣ୍ଡାର ଧଳାଅଂଶ ବାନ୍ଧି ହେବା ପର୍ଯ୍ୟନ୍ତ ବେକ୍ କରନ୍ତୁ।

୫. ଓଭେନ୍‌ରୁ ବେକିଙ୍ଗ୍ ବୋଲ୍‌କୁ କାଢ଼ି ଏହା ଉପରେ ଲୁଣ ଓ ଗୋଲ ମରିଚ ଗୁଣ୍ଡ ଛିଞ୍ଚି ପରିବେଷଣ କରନ୍ତୁ।

ଅଣ୍ଡା ପୋଡ଼ା

ପୋଡ଼ା ଖାଦ୍ୟର ସ୍ୱାଦ ନିଆରା। ଓଡ଼ିଶାର କେତେକ ଗାଁ ଗହଳିରେ ଅଣ୍ଡା ପୋଡ଼ାର ପ୍ରଚଳନ ଥିଲା। ଗୋଟା ଦେଶୀ ଅଣ୍ଡାର ଚାରିପଟେ ବିଲମାଟି ଭଲ ଭାବରେ ବୋଳି କିଛି ସମୟ ରଖିଦିଆ ଯାଉଥିଲା। ଲିଭିଲା କାଠଚୁଲି ପାଉଁଶକୁ ଖାଲକରି ଅଣ୍ଡାକୁ ପୋତି ଏହା ଉପରେ ପାଉଁଶ ଘୋଡ଼ାଇ ୩ ରୁ ୪ ମିନିଟ୍ ପର୍ଯ୍ୟନ୍ତ ନଚେତ୍ ଅଣ୍ଡାର ମାଟିଖୋଳ ଫାଟି ଆସିବା ପର୍ଯ୍ୟନ୍ତ ପୋଡ଼ା ଯାଉଥିଲା। ଚୁଲିରୁ କାଢ଼ି ଅଳ୍ପ ସମୟରଖି ଫଟାଇ ଦେଲେ ଅଣ୍ଡା ଖୋଳସହ ମାଟି ବାହାରିଯାଏ।

ସିଝା ଅଣ୍ଡା

ସସ୍‌ପ୍ୟାନ୍‌ରେ ଅଣ୍ଡା ବୁଡ଼ିବା ପର୍ଯ୍ୟନ୍ତ ପାଣି ଦେଇ ଅଧା ଚା ଚମଚ୍ ଲୁଣ ପକାଇ ଚୁଲିରେ ବସାନ୍ତୁ। ପାଣି ଭଲ ଭାବରେ ଫୁଟିଗଲେ ଜାଳ କମାଇ ୫ ମିନିଟ୍ ପର୍ଯ୍ୟନ୍ତ ଫୁଟାନ୍ତୁ। ଚୁଲି ବନ୍ଦକରି ଢାଙ୍କୁଣି ଘୋଡ଼ାଇ ୧୦ ମିନିଟ୍ ରଖନ୍ତୁ। ଅଣ୍ଡା ସାମାନ୍ୟ ଥଣ୍ଡା ହୋଇଗଲେ, ଅଣ୍ଡାକୁ ତଳେ ଆସ୍ତେଆସ୍ତେ ବାଡ଼େଇ ଫଟାଇ ଦୁଇ ହାତ ପାପୁଲିରେ ହାଲକାକରି ଗଡ଼ାଇ ଗଡ଼ାଇ ଖୋଳକୁ ଢିଲାକରି ଛଡ଼ାଇ ଦିଅନ୍ତୁ। ଅଣ୍ଡାକୁ ଛୁରୀରେ ଲମ୍ବରେ ଦୁଇଫାଳକରି ପ୍ଲେଟ୍‌ରେ ରଖି, ଉପରେ ଲୁଣ ଓ ଗୋଲମରିଚ ଗୁଣ୍ଡ ଛିଞ୍ଚି ପରିବେଷଣ କରନ୍ତୁ।

ହାଫ୍ ବଏଲଡ ଏଗ୍: ଏହା ପ୍ରସ୍ତୁତ କରିବାକୁ ସିଝାଅଣ୍ଡା ପ୍ରଣାଳୀରେ ଅଣ୍ଡା ୩ ମିନିଟ୍ ଫୁଟାଇ, ଚୁଲି ବନ୍ଦକରି ଢାଙ୍କୁଣି ଘୋଡ଼ାଇ ରଖନ୍ତୁ। ପାଞ୍ଚ ମିନିଟ୍‌ପରେ ପାଣିରୁ କାଢ଼ି ଟିସୁ ପେପରରେ ପୋଛି ପ୍ରତ୍ୟେକ ଅଣ୍ଡାକୁ ଗୋଟିଏ ଲେଖାଏଁ ଏଗ୍ କପ୍‌ରେ ପରିବେଷଣ କରନ୍ତୁ। ଅଣ୍ଡାର ଚଉଡ଼ା ପଟରୁ ଚୋପା ଛଡ଼ାଇ ଚା’ ଚାମଚ୍ ସାହାଯ୍ୟରେ ଏହା ଖିଆଯାଏ।

ଅଣ୍ଡା ଦୋପିଆଜ୍

ସାମଗ୍ରୀ

ସିଝା ଅଣ୍ଡା	୪ଟା
ପିଆଜ	୧୫୦ ଗ୍ରାମ୍
ଅଦା	୧/୪ ଇଞ୍ଚ
ରସୁଣ	୫/୬ କୋଲା
କଞ୍ଚା ଲଙ୍କା	୨ଟା
କାପ୍‌ସିକମ୍	୧ଟା (୫୦ ଗ୍ରାମ୍)
ଟମାଟୋ	୨ଟା (୫୦ ଗ୍ରାମ୍)
ତେଲ	୨ ଟେବୁଲ୍ ଚାମଚ୍
ହଳଦୀଗୁଣ୍ଡ	୧/୪ ଚା ଚାମଚ୍
ଲଙ୍କାଗୁଣ୍ଡ	୧/୨ ଚା ଚାମଚ୍
କରୀ ପାଉଡ଼ର	୧ ଚା ଚାମଚ୍
ଗରମ ମସଲାଗୁଣ୍ଡ	୧/୪ ଚା ଚାମଚ୍
ଧନିଆ ପତ୍ର	୨ ଗଛ
ଟମାଟୋସସ୍	୧ ଚା ଚାମଚ୍
ଲୁଣ ଆବଶ୍ୟକ ମତେ	

ପ୍ରଣାଳୀ

୧. ସିଝା ଅଣ୍ଡାକୁ ୨ ଫାଳ ଲେଖାଏଁ କାଟି ରଖନ୍ତୁ।

୨. ପିଆଜକୁ ବଡ଼ବଡ଼ ଖଣ୍ଡ କାଟି ରଖନ୍ତୁ।

୩. କାପ୍‌ସିକମ୍‌କୁ ଖଣ୍ଡଖଣ୍ଡ କାଟି ଓ ଲଙ୍କାକୁ ମଝିରୁ ସାମାନ୍ୟ ଚିରି ଗୋଟାଗୋଟା ରଖନ୍ତୁ। ଟମାଟୋକୁ ଚୁନ୍‌ଚୁନ୍ କାଟି ରଖନ୍ତୁ। ଧନିଆ ପତ୍ରକୁ ଚୁନ୍‌ଚୁନ୍ କାଟି ରଖନ୍ତୁ।

୪. ଅଦା ଓ ରସୁଣକୁ ଚିକ୍‌କଣ କରି ବାଟି ରଖନ୍ତୁ।

୫. କଡ଼େଇ ବା ଫ୍ରାଇଙ୍ଗ୍ ପ୍ୟାନ୍‌ରେ ତେଲ ଗରମକରି ପିଆଜକୁ ଭାଜନ୍ତୁ। ପିଆଜର ରଙ୍ଗ ସାମାନ୍ୟ ପରିବର୍ତ୍ତନ ହୋଇଗଲେ ତେଲରୁ ଛାଣି ପ୍ଲେଟ୍‌ରେ ରଖନ୍ତୁ।

୬. ଅବଶିଷ୍ଟ ତେଲରେ ଲଙ୍କାକୁ ଜାରି ଅଦା-ରସୁଣ ବଟା ପକାଇ ଭାଜନ୍ତୁ। ଭାଜି ହୋଇଗଲେ ଟମାଟୋ, ହଳଦୀଗୁଣ୍ଡ, କରୀପାଉଡର ଓ ଲଙ୍କାଗୁଣ୍ଡ ପକାଇ କଷନ୍ତୁ।

୭. ପାଣିମରି ଆସିଲେ ଏଥିରେ ଲୁଣ, ପିଆଜ ଓ କାପ୍‌ସିକମ୍ ପକାଇ ଭାଜନ୍ତୁ।

୮. ଟମାଟୋ ସସ୍‌ରେ ୧ ଟେବୁଲ୍ ଚାମଚ୍ ପାଣି ମିଶାଇ କଷା ହୋଇଥିବା ସାମଗ୍ରୀରେ ପକାନ୍ତୁ। ଅଣ୍ଡାକୁ ଏଥିରେ ପକାଇ ସାବଧାନତା ସହକାରେ ଗୋଳାଇ ଚୁଲିରୁ ଓହ୍ଲାଇ ଦିଅନ୍ତୁ।

୯. ଗୋଟିଏ ସର୍ଭିଙ୍ଗ୍ ପ୍ଲେଟ୍‌ରେ ଅଣ୍ଡା ଦୋପିଆଜ୍‌କୁ ଓଜାଡ଼ି ଏହା ଉପରେ ଗରମ ମସଲାଗୁଣ୍ଡ ଓ ଧନିଆପତ୍ର ଛିଞ୍ଚି ପରିବେଷଣ କରନ୍ତୁ।

ଅଣ୍ଡା ତରକାରୀ

- ଆଳୁ ତରକାରୀ ପାଇଁ ଥିବା ସାମଗ୍ରୀ ନେଇ ତରକାରୀ ପ୍ରସ୍ତୁତ କରିବେ।
- ଅଣ୍ଡାକୁ ଛୁରୀରେ ସାମାନ୍ୟ ଦାଗ ଦେଇ ରଖିବେ।
- ୨ ଚା ଚାମଚ୍ ତେଲ ଗରମକରି ସାମାନ୍ୟ ଲୁଣ ଓ ହଳଦୀ ପକାଇ ଅଣ୍ଡାଗୁଡ଼ିକ ମଧ୍ୟମ ଜାଳରେ ଗଡାଇ ଗଡାଇ ଭାଜିବେ। ଯେପରିକି ସବୁଆଡ ସାମାନ୍ୟ ବାଦାମୀ ରଙ୍ଗ ଦେଖାଯିବ।
- ଆଳୁ ତରକାରୀରେ ଭଜା ଅଣ୍ଡା ପକାଇ ୧/୨ ମିନିଟ୍ ଫୁଟାଇ କାଢ଼ି ଦେବେ।
- ସାଧାରଣ ଭାବେ ଆମେ ଉପରୋକ୍ତ ପ୍ରଣାଳୀରେ ଅଣ୍ଡା ତରକାରୀ କରିଥାଉ। କିନ୍ତୁ ଏଥିରୁ ଅଣ୍ଡାର ଖାଦ୍ୟଗୁଣ କିଛି ପରିମାଣରେ ନଷ୍ଟ ହୋଇଯାଏ। ତେଣୁ ସିଝା ଅଣ୍ଡାକୁ ଛୁରିରେ ଦାଗ ଦେଇ ସର୍ଭିଙ୍ଗ ପ୍ଲେଟ୍‌ରେ ରଖି ଏହା ଉପରେ ପ୍ରସ୍ତୁତ ଆଳୁ ତରକାରୀକୁ ଢାଳି ଘୋଡ଼ାଇ, ଦଶ ମିନିଟ୍‌ପରେ ଏହା ଉପରେ ଗରମ ମସଲାଗୁଣ୍ଡ ଛିଞ୍ଚି ପରିବେଷଣ କରାଯାଇପାରିବ।

ଅଣ୍ଡା ଭର୍ତ୍ତା

ସାମଗ୍ରୀ

ସିଝା ଅଣ୍ଡା	୪ଟା
ପିଆଜ	୧ଟା (୩୦ ଗ୍ରାମ୍)
କଞ୍ଚାଲଙ୍କା	୨ଟା

ରସୁଣ	୩ ପାଖୁଡ଼ା
ସୋରିଷ ତେଲ	୧ ଟା ଚାମଚ୍
ଧନିଆପତ୍ର	୧ ଗଛ
ଲୁଣ ଆବଶ୍ୟକ ମତେ	

ପ୍ରଣାଳୀ

୧. ସିଝା ଅଣ୍ଡାକୁ ଭାଙ୍ଗି ଛୋଟଛୋଟ ଖଣ୍ଡ କରନ୍ତୁ।

୨. ପିଆଜ, କଞ୍ଚାଲଙ୍କା ଓ ଧନିଆ ପତ୍ରକୁ ଚୁନ୍‌ଚୁନ୍‌କରି କାଟନ୍ତୁ।

୩. ରସୁଣକୁ ଭଲ ଭାବରେ ଛେଚି ରଖନ୍ତୁ।

୪. ଅଣ୍ଡା ସହିତ ସମସ୍ତ ସାମଗ୍ରୀ ମିଶାଇ ଭଲ ଭାବରେ ଗୋଳାଇ ପରିବେଷଣ କରନ୍ତୁ।

ଏଗ୍ କଟ୍‌ଲେଟ୍

ସାମଗ୍ରୀ

ସିଝା ଅଣ୍ଡା	୨ଟା
ବୁଟ ଡାଲି	୨୦୦ ଗ୍ରାମ୍
ଲାଉ	୧୨୫ ଗ୍ରାମ୍
ପିଆଜ	୧ଟା
କଞ୍ଚାଲଙ୍କା	୪ଟା
ବେସନ	୨୦୦ ଗ୍ରାମ୍
କରୀ ପାଉଡର	୧/୨ ଟା ଚାମଚ୍
ଛାଣିବା ପାଇଁ ରିଫାଇନ୍ ତେଲ	
ଧନିଆପତ୍ର	୨ ଗଛ
ଲୁଣ ଆବଶ୍ୟକ ମତେ	

ପ୍ରଣାଳୀ

୧. ବୁଟ ଡାଲିକୁ ସିଝାଇ ଛାଣି ରଖନ୍ତୁ।

୨. ଲାଉକୁ ଛୋଟଛୋଟ ଖଣ୍ଡକାଟି ସିଝାଇ ପାଣିମାରି ନିଅନ୍ତୁ।

୩. ପିଆଜ ଓ କଞ୍ଚା ଲଙ୍କାକୁ ଚୁନ୍‌ଚୁନ୍‌କରି କାଟି ରଖନ୍ତୁ।

୪. ଅଣ୍ଡାକୁ ଲମ୍ବରେ ୪ ଫାଳ ଲେଖାଏଁ କାଟନ୍ତୁ।

୫. ବେସନରେ କରୀ ପାଉଡର ଓ ଲୁଣ ମିଶାଇ ପାଣିଦେଇ ଗୋଳାଇ ବହଳ ଆଣ ପ୍ରସ୍ତୁତ କରନ୍ତୁ।

୬. ସିଝା ଡାଲି ସହିତ ଲାଉ, ପିଆଜ, କଞ୍ଚାଲଙ୍କା, ଧନିଆପତ୍ର ଓ ଲୁଣ ମିଶାଇ ଭଲଭାବେ ଚକଟି ଦଳନ୍ତୁ।

୭. ଡାଲି ମିଶ୍ରଣକୁ ସମାନ୍ ୮ ଭାଗକରି, ପ୍ରତ୍ୟେକ ମିଶ୍ରଣକୁ ଗୋଟିଏ ଲେଖାଏଁ ଅଣ୍ଡା ଚିରୁଡ଼ାର ଚାରିପଟେ ଦେଇ କଟ୍‌ଲେଟ୍ ଗଢ଼ି ଗୋଟିଏ ପ୍ଲେଟ୍‌ରେ ରଖନ୍ତୁ।

୮. କଡ଼େଇରେ ତେଲ ଗରମ କରନ୍ତୁ।

୯. ପ୍ରତ୍ୟେକ କଟ୍‌ଲେଟ୍‌କୁ ବେସନ ଆଣରେ ଗୋଟିଗୋଟିକରି ବୁଡ଼ାଇ ଗରମ ତେଲରେ ଛାଣନ୍ତୁ।

୧୦. ପ୍ଲେଟ୍‌ରେ ଟିସୁ ପେପର୍ ଦେଇ ଏହା ଉପରେ ଛଣା ହୋଇଥିବା କଟ୍‌ଲେଟ୍‌ଗୁଡ଼ିକ ରଖି ଉପରେ ରୁଚି ଅନୁସାରେ କଟା ପିଆଜ ଓ ଲେମ୍ବୁ ସଜାଇ ପରିବେଷଣ କରନ୍ତୁ।

ମାଛ

ପ୍ରସ୍ତୁତି ଅଧ୍ୟାୟରେ ମାଛକୁ ବାଛି ସଫା କରିବା ବିଷୟରେ ପୂର୍ବରୁ ଲେଖା ଯାଇଛି। ତେଣୁ ସେଗୁଡ଼ିକୁ ଅନୁସରଣ କରି ରାନ୍ଧିବା ପୂର୍ବରୁ ମାଛକୁ ପ୍ରସ୍ତୁତ କରିବେ। ଏଠାରେ କଟା ମାଛ କହିଲେ ବଡ଼ ମାଛକୁ ବୁଝାଉଛି। ରୋହି, ମିରିକାଲି, ଭାକୁର, ଭେକ୍‌ଟି, ସାମନ୍ (salman), ବାସ୍ (bass) ଆଦି ଯେ କୌଣସି ବଡ଼ ମାଛକୁ ନେଇ ରେସିପିଗୁଡ଼ିକ ପ୍ରସ୍ତୁତ କରିପାରିବେ। ବଡ଼ ବାଲିଆ ଓ ଶେଉଳ ଆଦି ପଙ୍କୁଆ ମାଛଗୁଡ଼ିକ ଅଧିକ ଆଇଁଷିଣିଆ ଲାଗେ; ତେଣୁ ଏ ଗୁଡ଼ିକୁ ସୋରିଷ ମସଲା ବା ବେସର ଓ ଆମ୍ବୁଲ, ତେନ୍ତୁଳି, ଲେମ୍ବୁ ଆଦି ଦେଇ ପ୍ରସ୍ତୁତ କରିବେ। ଇଲିସି ମାଛ ସ୍ୱାଦରେ କିଛି ସ୍ୱତନ୍ତ୍ରତା ଥାଏ। ସେ ବିଷୟରେ କହିବା ଅନାବଶ୍ୟକ। ଛୋଟ ବା ଚୁନା ମାଛ ଓ ମଧ୍ୟମ ଧରଣର ମାଛ ବିଷୟରେ ରେସିପିରେ ସୂଚନା ଦିଆଯାଇଛି। ଏ ଅଧ୍ୟାୟର ଶେଷରେ ଓଡ଼ିଶାର ପାରମ୍ପରିକ ମାଛ ରାନ୍ଧଣା ଉପରେ ଆଲୋକପାତ କରାଯାଇଛି।

ଫିସ୍ ମୋଲି

ସାମଗ୍ରୀ

କଟା ମାଛ	୫୦୦ ଗ୍ରାମ୍
ରିଫାଇନ୍ ତେଲ	୩ ଟେବୁଲ୍ ଚାମଚ୍
ସୋରିଷ	୧ ଚା ଚାମଚ୍
ଭୃସଙ୍ଗ ପତ୍ର	୧୦-୧୨ଟା
ଅଧାଚିରା କଞ୍ଚା ଲଙ୍କା	୨-୩ଟା
ସରୁ ସରୁ କଟା ଅଦା	୧ ଇଞ୍ଚ
ସରୁ ସରୁ କଟା ରସୁଣ	୧୦-୧୨ ପାଖୁଡ଼ା
ସରୁ ସରୁ କଟା ପିଆଜ	୨ଟା
ଲମ୍ବ ଲମ୍ବା କଟା ଟମାଟୋ	୨ଟା
ଗୋଟା ଗୋଲମରିଚ	୫-୬ଟା
ହଳଦୀ ଗୁଣ୍ଡ	୧/୨ ଚା ଚାମଚ୍
ଲଙ୍କା ଗୁଣ୍ଡ	୧/୨ ଚା ଚାମଚ୍
ପାଣି	୩ କପ୍
ନଡ଼ିଆ ରସ	୧ କପ୍
ଲୁଣ ଆବଶ୍ୟକ ମତେ	

ପ୍ରଣାଳୀ

୧. ମାଛକୁ ଧୋଇ ପାଣି ନିଗାଡ଼ି ରଖନ୍ତୁ।

୨. ତେଲ ଗରମ କରି ଏଥିରେ ସୋରିଷ ଫୁଟାଇ ଭୃସଙ୍ଗ ପତ୍ର, ଗୋଲ ମରିଚ ଓ କଞ୍ଚା ଲଙ୍କା ପକାଇ ଜାରନ୍ତୁ।

୩. ଏଥିରେ ଅଦା, ରସୁଣ ଓ ପିଆଜକୁ କ୍ରମ ଅନୁସାରେ ପକାଇ ଭାଜନ୍ତୁ।

୪. ଏଥିରେ ଟମାଟୋ, ହଳଦୀ ଓ ଲଙ୍କା ଗୁଣ୍ଡ ପକାଇ ଅଳ୍ପ ସମୟ କଷନ୍ତୁ।

୫. କଷା ମସଲାରେ ନଡ଼ିଆରସ ଓ ପାଣି ଦେଇ ଫୁଟାନ୍ତୁ।

୬. ପାଣି ଫୁଟିଲେ ମାଛ ଓ ଲୁଣ ପକାଇ, ଘୋଡ଼ାଇ ଅଳ୍ପ ଜାଳରେ ଫୁଟାନ୍ତୁ।

୭. ମାଛ ସିଝିଗଲେ ଓ ଅଧାପାଣି ମରିଗଲେ ଚୁଲିରୁ ଓହ୍ଲାଇ ଗରମ ଭାତ ସହ ପରଷନ୍ତୁ।

ମାଛେର୍ ଝାଲ୍

ସାମଗ୍ରୀ

କଟା ମାଛ	୫୦୦ ଗ୍ରାମ୍
ସୋରିଷ ତେଲ	୩ ଟେବୁଲ୍ ଚାମଚ୍

ହଳଦୀ ଗୁଣ୍ଡ	୧-୧/୨ ଚା ଚାମଚ
ଚିନି	୧ ଚା ଚାମଚ୍
ପଞ୍ଚ ଫୁଟଣ	୧ ଚା ଚାମଚ୍
ପାଣି	୩ କପ୍
ଲୁଣ ଆବଶ୍ୟକ ମତେ	

ବାଟିବା ପାଇଁ ମସଲା

ପିଆଜ	୧୦୦ ଗ୍ରାମ୍
ରସୁଣ	୬ ପାଖୁଡ଼ା
ମଞ୍ଜିଛଡ଼ା ଲାଲ୍ ଶୁଖିଲା ଲଙ୍କା	୩ ଟା
ଜୀରା	୧ ଚା ଚାମଚ୍
ଧନିଆ	୧ ଚା ଚାମଚ୍
ପୋସ୍ତକ	୧ ଚା ଚାମଚ୍

ପ୍ରଣାଳୀ

୧. ମାଛକୁ ଧୋଇ ପାଣି ନିଗାଡ଼ି ଏଥିରେ ୧ ଚା ଚାମଚ ହଳଦୀଗୁଣ୍ଡ ଓ ଲୁଣ ଗୋଳାଇ ରଖନ୍ତୁ।

୨. ମସଲାକୁ ଚିକ୍କଣ କରି ବାଟି ରଖନ୍ତୁ।

୩. ଗୋଟିଏ କଡ଼େଇ ବା ଫ୍ରାଇଙ୍ଗ ପ୍ୟାନ୍‌ରେ ତେଲ ଗରମକରି ମାଛଗୁଡ଼ିକୁ ଭାଜି ଥାଳୀରେ କାଢ଼ି ରଖନ୍ତୁ।

୪. ଅବଶିଷ୍ଟ ତେଲରେ ଚିନି ପକାଇ ଲାଲ୍ ହେବା ପର୍ଯ୍ୟନ୍ତ ଘାଣ୍ଟନ୍ତୁ। ଏଥିରେ ବଟା ମସଲା ଯୋଗକରି କଷନ୍ତୁ (ଦେଖନ୍ତୁ ପ୍ରସ୍ତୁତି)।

୫. ମସଲା କଷି ହୋଇଗଲେ ପାଣି ଦେଇ ଅଧିକ ଜାଳରେ ଫୁଟାନ୍ତୁ।

୬. ପାଣି ଫୁଟିଗଲେ ଭଜାମାଛକୁ ପକାଇ ମଧ୍ୟମ ଜାଳରେ ଢାଙ୍କୁଣି ଘୋଡ଼ାଇ ୭ ରୁ ୮ ମିନିଟ୍ ପର୍ଯ୍ୟନ୍ତ ଫୁଟାନ୍ତୁ।

୭. ପ୍ରସ୍ତୁତ ମାଛେର ଝାଲ୍‌କୁ ଭାତ ସହିତ ପରଷନ୍ତୁ।

ଫିସ୍ ପାଟିଆ

ସାମଗ୍ରୀ

କଟା ମାଛ	୫୦୦ ଗ୍ରାମ୍
ବାଇଗଣ	୧୦୦ ଗ୍ରାମ୍
ସଜନା ଛୁଇଁ	୨ଟା
ଟମାଟୋ	୧ଟା
ଲମ୍ବଲମ୍ବ କଟା ପିଆଜ	୫୦ ଗ୍ରାମ୍
ଅଧା ଚିରାଗୋଟା କଞ୍ଚାଲଙ୍କା	୨/୩ ଟା

ଲେପ (ମାରିନେଟ୍)ପାଇଁ ମସଲା

ଜୀରା	୧ ଚା ଚାମଚ୍
ରସୁଣ	୪ ପାଖୁଡ଼ା
ଧନିଆପତ୍ର	୨ ଗଛ
କୋରା ନଡ଼ିଆ	୧ କପ୍
ତେନ୍ତୁଳି	୧୫ ଗ୍ରାମ୍

ମସଲା

ଜୀରା ଗୁଣ୍ଡ	୧/୨ ଚା ଚାମଚ୍
ଧନିଆ ଗୁଣ୍ଡ	୧ ଚା ଚାମଚ୍
ଲଙ୍କା ଗୁଣ୍ଡ	୧ ଚା ଚାମଚ୍
ହଳଦୀ ଗୁଣ୍ଡ	୧-୧/୨ ଚା ଚାମଚ
ବେସନ	୨ ଚା ଚାମଚ୍
ପାଣି	୨ କପ୍
ଲୁଣ ଆବଶ୍ୟକ ମତେ	

ପ୍ରଣାଳୀ

୧. ଲେପ ପାଇଁ ମସଲାକୁ ଚିକ୍କଣକରି ବାଟି ରଖନ୍ତୁ।

୨. ମାଛକୁ ଧୋଇ ପାଣି ନିଗାଡ଼ି ବଟା ହୋଇଥିବା ମସଲା ଓ ଲୁଣ ଗୋଳାଇ ୩୦ ମିନିଟ୍ ପର୍ଯ୍ୟନ୍ତ ରଖନ୍ତୁ।

୩. ନଡ଼ିଆକୁ ଅଳ୍ପ ପାଣି ଦେଇ ଗ୍ରାଇଣ୍ଡରରେ ବାଟି ଛାଣି ରସ ବାହାର କରନ୍ତୁ ଓ ତେନ୍ତୁଳିକୁ ପାଣିରେ ଚକଟି ମଣ୍ଡ ବାହାର କରି ନଡ଼ିଆରସ ସହ ମିଶାଇ ରଖନ୍ତୁ।

୪. ବାଇଗଣ, ସଜନା ଛୁଇଁ ଓ ଟମାଟୋକୁ ଲମ୍ବ ଲମ୍ବ କରି କାଟନ୍ତୁ।

୫. ଗୋଟିଏ କଡ଼େଇରେ ତେଲ ଗରମକରି ଏଥିରେ ପିଆଜ ଓ କଞ୍ଚା ଲଙ୍କା ପକାଇ ଜାରନ୍ତୁ।

୬. ଏଥିରେ ମସଲାଗୁଣ୍ଡ ଓ ବେସନ ପକାଇ ଅଳ୍ପ ସମୟ (୨ମିନିଟ୍) ଭାଜି ପାଣି ଦେଇ ଗୋଳାଇ ଦିଅନ୍ତୁ।

୭. ପାଣି ଫୁଟିଗଲେ ସଜନା ଛୁଇଁ, ଟମାଟୋ, ବାଇଗଣ ଓ ମାଛ ପକାଇ ଘୋଡ଼ାଇ ଦିଅନ୍ତୁ ଓ ମଧ୍ୟମ ଜାଳରେ ସିଝିବାକୁ ଦିଅନ୍ତୁ।

୮. ପରିବା ସିଝିଗଲେ ଏଥିରେ ନଡ଼ିଆ ଓ ତେନ୍ତୁଳିରସ ଯୋଗ କରନ୍ତୁ।

୯. ଅଳ୍ପ ସମୟ ଫୁଟାଇ ଗରମ ଗରମ ଭାତ ସହିତ ପରଷନ୍ତୁ।

ମେଥି ମାଛ

ସାମଗ୍ରୀ

ବଡ଼ ପେଟି ମାଛ	୩୦୦ ଗ୍ରାମ୍
ସୋରିଷ ତେଲ	୧ ଟେବୁଲ୍ ଚାମଚ
ବଟା ରସୁଣ	୨ ଚା ଚାମଚ୍
ବଟା ଅଦା	୧ ଚା ଚାମଚ୍
ଲଙ୍କା ଗୁଣ୍ଡ	୧/୨ ଚା ଚାମଚ୍
ଚୁନ୍ ଚୁନ୍‌କଟା ପିଆଜ	୨ ଟେବୁଲ୍ ଚାମଚ୍
ହଳଦୀ ଗୁଣ୍ଡ	୧ ଚା ଚାମଚ୍
ଧନିଆ ଗୁଣ୍ଡ	୧ ଚା ଚାମଚ୍
ଦହି	୨ ଟେବୁଲ୍ ଚାମଚ୍
ପାଣି	୧ କପ୍
ଗୋଟା ମେଥି	୧/୨ ଚା ଚାମଚ୍
ଗୁଜୁରାତି ଗୁଣ୍ଡ	୨ଟା
କସ୍ତୁରୀ ମେଥିଗୁଣ୍ଡ	୧/୨ ଚା ଚାମଚ୍
ଲେମ୍ବୁ ରସ	୧ ଟେବୁଲ ଚାମଚ୍

ଲୁଣ ଆବଶ୍ୟକ ମତେ।

ପ୍ରଣାଳୀ

୧. ମାଛକୁ ଧୋଇ ପାଣି ନିଗାଡ଼ି ଏଥିରେ ଅଧା ଅଦା ଓ ରସୁଣ ବଟା, ୧/୨ ଚାମଚ୍ ହଳଦୀଗୁଣ୍ଡ, ଲଙ୍କାଗୁଣ୍ଡ, ଲେମ୍ବୁରସ ଓ ଲୁଣ ଗୋଳାଇ ୨୫ ମିନିଟ୍ ରଖନ୍ତୁ।

୨. ଅଳ୍ପ ପାଣିରେ ଅବଶିଷ୍ଟ ହଳଦୀ ଓ ଧନିଆଗୁଣ୍ଡ ଗୋଳାଇ ରଖନ୍ତୁ।

୩. ସୋରିଷ ତେଲ ଗରମକରି ଏଥିରେ ମେଥି ଫୁଟାନ୍ତୁ।

୪. ବଳିଥିବା ଅଦା ଓ ରସୁଣ ବଟାଦେଇ କଷନ୍ତୁ।

୫. ପାଣି ମରି ଆସିଲେ ଏଥିରେ ପିଆଜ ପକାଇ ଖରଡନ୍ତୁ।

୬. ପିଆଜ ନରମ ହୋଇ ଆସିଲେ, ପାଣିରେ ଗୋଳାଇଥିବା ମସଲାକୁ ପକାଇ କଷନ୍ତୁ।

୭. ମସଲା କଷି ହୋଇଗଲେ ଏଥିରେ ଦହି ପକାଇ କଷନ୍ତୁ। ତେଲ ବୁଦ୍ ବୁଦ୍ ହୋଇ ମସଲା ଉପରକୁ ଉଠିଲେ ଏଥିରେ ଲୁଣ ଓ ପାଣି ଦେଇ ଗୋଳାଇ ଦିଅନ୍ତୁ।

୮. ପାଣି ଫୁଟିଗଲେ ମାଛ ପକାଇ ଘୋଡ଼ାଇ ଦିଅନ୍ତୁ ଓ ଜାଳ କମାଇ ଦିଅନ୍ତୁ।

୯. ମାଛକୁ ୮ ରୁ ୧୦ ମିନିଟ୍ ପର୍ଯ୍ୟନ୍ତ ମଧ୍ୟମ ଜାଳରେ ସିଝାନ୍ତୁ।

୧୦. ମାଛ ସିଝିଗଲେ ଚୁଲିର ନବ୍‌କୁ ବନ୍ଦକରି ଏଥିରେ ଗୁଜୁରାତି ଗୁଣ୍ଡ କସ୍ତୁରୀ ମେଥି ପକାଇ ସାମାନ୍ୟ ଗୋଳାଇ ୨ ରୁ ୩ ମିନିଟ୍ ପର୍ଯ୍ୟନ୍ତ ଘୋଡ଼ାଇ ରଖନ୍ତୁ।

୧୧. ଗରମ ଗରମ ମେଥି ମାଛ ଭାତ ବା ରୁଟି ସାଙ୍ଗରେ ପରଷନ୍ତୁ।

କଳାଜୀରା ମାଛ

ସାମଗ୍ରୀ

କଟା ମାଛ	୫୦୦ ଗ୍ରାମ୍
କଳାଜୀରା	୧-୧/୨ ଚାମଚ
ସୋରିଷ ତେଲ	୨ ଟେବୁଲ୍ ଚାମଚ୍
କଞ୍ଚାଲଙ୍କା	୩/୪ଟା
ହଳଦୀଗୁଣ୍ଡ	୧ ଚା ଚାମଚ୍
ପାଣି	୨ କପ୍

ଲୁଣ ଆବଶ୍ୟକ ମତେ

ପ୍ରଣାଳୀ

୧. ମାଛକୁ ଧୋଇ ପାଣି ନିଗାଡ଼ି ଲୁଣ ଓ ହଳଦୀଗୁଣ୍ଡ ଗୋଳାଇ ରଖନ୍ତୁ।

୨. କଡ଼େଇରେ ତେଲ ଗରମକରି ମାଛଗୁଡ଼ିକୁ ଭାଜି ଗୋଟିଏ ପ୍ଲେଟ୍‌ରେ କାଢ଼ି ରଖନ୍ତୁ।

୩. ମାଛ ଭାଜିସାରିବାପରେ ବଳିଥିବା ତେଲରେ କଳାଜୀରା ଫୁଟାଇ ଏଥିରେ ଗୋଟା ଲଙ୍କାକୁ ସାମାନ୍ୟଚିରି ପକାଇ ଭାଜନ୍ତୁ।

୪. ଏଥିରେ ଭଜା ମାଛକୁ ପକାଇ ଲେଉଟ ପାଉଟକରି ପାଣି ଦିଅନ୍ତୁ।

୫. ଦେଖିବେ ପାଣିରେ ଯେପରି ମାଛଖଣ୍ଡଗୁଡ଼ିକ ବୁଡ଼ି ରହିବ। ନଚେତ୍ ଅଳ୍ପପାଣି ଯୋଗକରି ପାରିବେ।

୬. ଏଥିରେ ଲୁଣ ପକାଇ ମଧ୍ୟମ ଜାଳରେ ଫୁଟାନ୍ତୁ। ପାଣିମରି ଅଧା ହୋଇଗଲେ, ଚୁଲିରୁ ଓହ୍ଲାଇ ଗରମ ଗରମ ଭାତ ସହିତ ପରଷନ୍ତୁ।

ମାଛ କାଳିଆ

ସାମଗ୍ରୀ

କଟା ମାଛ	୫୦୦ ଗ୍ରାମ
ଆଳୁ	୨ଟା
ରିଫାଇନ୍ ତେଲ	୪ ଟେବୁଲ୍ ଚାମଚ୍
ତେଜପତ୍ର	୨ଟା
ଗୁଜୁରାତି	୩ଟା
ଜୀରା	୧/୨ ଚା ଚାମଚ୍
ପିଆଜ	୧୫ ଗ୍ରାମ୍ (୧ଟା)
ରସୁଣ	୭/୮ କୋଳା
ଅଦା	୧/୨" ଖଣ୍ଡେ
ଧନିଆ ଗୁଣ୍ଡ	୧ ଚା ଚାମଚ୍
ଜୀରାଗୁଣ୍ଡ	୧/୨ ଚା ଚାମଚ୍
ହଳଦୀଗୁଣ୍ଡ	୨ ଚା ଚାମଚ୍
ଲଙ୍କାଗୁଣ୍ଡ	ରୁଚି ଅନୁସାରେ
ଦହି	୨ ଟେବୁଲ ଚାମଚ୍
ଚୁନ୍‌ଚୁନ୍ କଟା ଟମାଟୋ	୧/୨ କପ୍
ଚୁନ୍‌ଚୁନ୍ କଟା ଧନିଆ ପତ୍ର	୨ ଟେବୁଲ୍ ଚାମଚ୍
ଗରମ ପାଣି	୧ କପ୍
ଲୁଣ ଆବଶ୍ୟକ ମତେ	

ପ୍ରଣାଳୀ

୧. ମାଛକୁ ପରିଷ୍କାରକରି ଧୋଇ ପାଣି ନିଗାଡ଼ି ଏଥିରେ ୧ ଚାମଚ୍ ହଳଦୀଗୁଣ୍ଡ ଓ ଲୁଣ ଗୋଳାଇ ରେଫ୍ରିଜେରେଟର୍‌ରେ ୩୦ ମିନିଟ୍ ପର୍ଯ୍ୟନ୍ତ ରଖନ୍ତୁ।

୨. ଆଳୁର ଚୋପା ଛଡ଼ାଇ ଲମ୍ବରେ ଖଣ୍ଡଖଣ୍ଡକରି କାଟନ୍ତୁ।

୩. ଫ୍ରାଇଙ୍ଗ୍ ପ୍ୟାନ୍‌ରେ ତେଲ ଗରମକରି ମାଛଗୁଡ଼ିକୁ ଭାଜି ରଖନ୍ତୁ।

୪. ପିଆଜ, ଅଦା ଓ ରସୁଣକୁ ବାଟି ରଖନ୍ତୁ।

୫. ଅବଶିଷ୍ଟ ତେଲରେ ଆଳୁକୁ ପକାଇ ଏଥିରେ ୧/୨ ଚାମଚ୍ ହଳଦୀ ଓ ଲୁଣ ପକାଇ ଭାଜନ୍ତୁ। କଷି ହୋଇଗଲେ ଫ୍ରାଇଙ୍ଗ୍ ପ୍ୟାନ୍‌ରୁ କାଢ଼ି ଗୋଟିଏ ଥାଳିଆରେ ରଖନ୍ତୁ।

୬. ଅବଶିଷ୍ଟ ତେଲରେ ଜୀରା ଫୁଟାଇ, ତେଜପତ୍ର ଓ ଗୁଜୁରାତି ପକାଇ ସାମାନ୍ୟ ଭାଜନ୍ତୁ।

୭. ଏଥିରେ ଟମାଟୋ ପକାଇ କଷନ୍ତୁ। ଟମଟୋରୁ ପାଣି ମରି ଆସିଲେ, ବଟା ମସଲା ପକାଇ କଷନ୍ତୁ ଓ ହଳଦୀଗୁଣ୍ଡ, ଜୀରାଗୁଣ୍ଡ, ଧନିଆଗୁଣ୍ଡ ଆଦି ପକାଇ କଷନ୍ତୁ।

୮. ଶେଷରେ ଦହି ପକାଇ କଷନ୍ତୁ। ତେଲ ମସଲାଠାରୁ ଅଲଗା ହୋଇ ବୁଦ୍‌ବୁଦ୍ ହୋଇ ଉପରକୁ ଉଠିଲେ; ଏଥିରେ ପାଣି, ଆଳୁ, ମାଛ ଓ ଲୁଣ ପକାଇ ଆସ୍ତେ ଆସ୍ତେ ଗୋଳାଇ ଢାଙ୍କୁଣି ଘୋଡ଼ାଇ ଦିଅନ୍ତୁ।

୯. ପାଣି ଫୁଟିଗଲେ ଜାଳ କମାଇ ୫ରୁ ୭ ମିନିଟ୍ ପର୍ଯ୍ୟନ୍ତ ରାନ୍ଧନ୍ତୁ।

୧୦. ଚୁଲିରୁ ଓହ୍ଲାଇ ଧନିଆପତ୍ର ଛିଞ୍ଚି ଗରମ ଗରମ ପରଷନ୍ତୁ।

ପ୍ରକାର ଭେଦ: କାଳିଆରେ ଫୁଲକୋବି ଓ ମଟର ମଞ୍ଜି ପକାଇ ପ୍ରସ୍ତୁତ କରାଯାଇ ପାରିବ। ଫୁଲକୋବିକୁ ଖଣ୍ଡଖଣ୍ଡକରି କାଟି ମଟର ସହିତ ଭାଜି ମସଲା କଷି ସାରିବାପରେ ମାଛ ସହିତ ପକାଇ ରନ୍ଧାଯାଇ ପାରିବ।

ହାଇଦ୍ରାବାଦୀ ଫିସ୍‌କରୀ

ସାମଗ୍ରୀ

କଟା ମାଛ	୫୦୦ ଗ୍ରାମ୍
ରିପାଇନ୍ ତେଲ	୪ ଟେବୁଲ ଚାମଚ୍
ଲାଲ୍ ଶୁଖିଲା ଲଙ୍କା	୩ଟା
ହେଙ୍ଗୁ	ଟିପେ
ଜୀରା	୧/୨ ଚା ଚାମଚ୍
ତେନ୍ତୁଳି ମଣ୍ଡ	୧୦ ଗ୍ରାମ୍
ଚୁନ୍‌ଚୁନ୍ କଟା ଧନିଆପତ୍ର	୨ ଗଛ
ପାଣି	୩ କପ୍
ଲୁଣ ଆବଶ୍ୟକ ମତେ	

ବାଟିବା ପାଇଁ ମସଲା

ଭଜା ରାଶି	୨ ଟେବୁଲ ଚାମଚ୍
ଭଜା ଜୀରା	୧ ଟେବୁଲ ଚାମଚ୍
ଭଜା ଧନିଆ	୨ ଟେବୁଲ୍ ଚାମଚ୍
କୋରା ନଡ଼ିଆ	୧/୨ କପ୍
ପିଆଜ	୨୦ ଗ୍ରାମ୍
ଭୃସଙ୍ଗ ପତ୍ର	୨ ଡେଙ୍ଫ

ପ୍ରଣାଳୀ

୧. ମାଛକୁ ଧୋଇ ପାଣି ନିଗାଡ଼ି ରଖନ୍ତୁ।

୨. ପିଆଜକୁ ଗୋଟା ଚୁଲିରେ ପୋଡ଼ି ଉପର ଚୋପା ଛଡ଼ାଇ ବାଟିବା ପାଇଁ ଥିବା ମସଲା ସହ ବାଟି ରଖନ୍ତୁ।

୩. କଡ଼େଇରେ ତେଲ ଗରମକରି ହେଙ୍ଗୁ, ଲଙ୍କା ଓ ଜୀରା ଫୁଟାଇ ବଟା ମସଲା ପକାଇ ମସଲା କଷନ୍ତୁ।

୪. ମସଲା କଷି ହୋଇଗଲେ ତେନ୍ତୁଳିମଣ୍ଡ ଦେଇ ପାଣି ଦିଅନ୍ତୁ।

୫. ପାଣି ଫୁଟିଗଲେ ମାଛ ପକାଇ ଘୋଡ଼ାଇ ମଧ୍ୟମ ଜାଳରେ ରାନ୍ଧନ୍ତୁ।

୬. ମାଛ ସିଝିଗଲେ ଚୁଲିରୁ ଓହ୍ଲାଇ ଧନିଆପତ୍ର ଛିଞ୍ଚି ପରିବେଷଣ କରନ୍ତୁ।

ଗୋଆନ ଫିସ୍‌କରୀ

ସାମଗ୍ରୀ

କଟା ମାଛ	୫୦୦ ଗ୍ରାମ୍
ତେଲ	୧ ଟେବୁଲ୍ ଚାମଚ୍
ଭୃସଙ୍ଗ ପତ୍ର	୨ ଡେଙ୍ଫ
କଞ୍ଚାଲଙ୍କା	୩ଟା
ଚୁନ୍‌ଚୁନ୍ କଟା ଟମାଟୋ	୧ଟା
ପାଣି	୩ କପ୍
ତେନ୍ତୁଳି	୧୦ ଗ୍ରାମ୍
ହଳଦୀଗୁଣ୍ଡ	୧ ଚା ଚାମଚ୍
ଲୁଣ ଆବଶ୍ୟକ ମତେ	

ବାଟିବା ପାଇଁ ମସଲା

ଜୀରା	୧ ଚା ଚାମଚ୍
ଧନିଆ	୨ ଚା ଚାମଚ୍
କୋରା ନଡ଼ିଆ	୧/୨ କପ୍
ନାଲି ଲଙ୍କା	୨ଟା

ପ୍ରଣାଳୀ

୧. ଜୀରା ଓ ଧନିଆକୁ ଭାଜି ବାଟିବା ପାଇଁ ଥିବା ଅନ୍ୟାନ ସାମଗ୍ରୀ ସହ ବାଟି ରଖନ୍ତୁ। ତେନ୍ତୁଳିରେ ପାଣି ଦେଇ ଚକଟି ମଣ୍ଡ ବାହାର କରନ୍ତୁ।

୨. ମାଛକୁ ପରିଷ୍କାରକରି ଧୋଇ ପାଣି ନିଗାଡ଼ି ଲୁଣ ଗୋଳାଇ ରଖନ୍ତୁ।

୩. ତେଲ ଗରମକରି ଭୃସଙ୍ଗ ପତ୍ରକୁ ପକାଇ ଭାଜି ଏଥିରେ ଟମାଟୋ ପକାଇ ଭାଜନ୍ତୁ। ଟମାଟୋ ପାଣିମରି ନରମ ହୋଇ ଆସିଲେ ହଳଦୀଗୁଣ୍ଡ ଓ ବଟା ମସଲା ପକାଇ କଷନ୍ତୁ।

୪. ମସଲା କଷି ହୋଇ ଆସିଲେ ଏଥିରେ ଗୋଟା ଲଙ୍କାର ଅଗଚିରି ପକାଇ ଅଳ୍ପ ସମୟ ଭାଜନ୍ତୁ।

୫. କଷା ମସଲାରେ ପାଣି ଦେଇ ଫୁଟାନ୍ତୁ। ପାଣି ଫୁଟିଗଲେ ଏଥିରେ ମାଛ ପକାନ୍ତୁ।

୬. ଅଳ୍ପ ସମୟପରେ ତେନ୍ତୁଳି ମଣ୍ଡ ଓ ଲୁଣ ପକାଇ ଘୋଡ଼ାଇ ମଧ୍ୟମ ଜାଳରେ ରାନ୍ଧନ୍ତୁ।

୭. ମାଛ ସିଝିଗଲେ ଚୁଲିରୁ ଓହ୍ଲାଇ ଗରମ ଭାତ ସାଙ୍ଗରେ ପରଷନ୍ତୁ।

ଦହିମାଛ

ସାମଗ୍ରୀ

କଟା ମାଛ	୫୦୦ ଗ୍ରାମ୍
ହଳଦୀ ଗୁଣ୍ଡ	୧ ଚା ଚାମଚ୍
ଗୁଜୁରାତି	୬ଟା
ଦହି	୧-୧/୨ କପ୍
ରିପାଇନ୍ ତେଲ	୨ ଟେବୁଲ୍ ଚାମଚ୍
ଲମ୍ବ ଲମ୍ବ କଟା ପିଆଜ	୧ଟା
ଗରମ ମସଲା ଗୁଣ୍ଡ	୧/୨ ଚା ଚାମଚ୍
ଲୁଣ ଆବଶ୍ୟକ ମତେ	
ବାଟିବା ପାଇଁ ମସଲା	
ପିଆଜ	୨୦୦ ଗ୍ରାମ୍
ରସୁଣ	୫ ପାଖୁଡ଼ା
ଅଦା	୧୦ ଗ୍ରାମ୍
ତେଜପତ୍ର	୧ଟା
ଶୁଖିଲା ଲଙ୍କା	୨ଟା
ଲୁଣ ଆବଶ୍ୟକ ମତେ	

ପ୍ରଣାଳୀ

୧. ମାଛକୁ ଧୋଇ ପାଣି ନିଗାଡ଼ି ହଳଦୀଗୁଣ୍ଡ ଓ ଲୁଣ ଗୋଳାଇ ରଖନ୍ତୁ।

୨. ବାଟିବା ପାଇଁ ଥିବା ସାମଗ୍ରୀକୁ ଚିକ୍କଣକରି ବାଟି ରଖନ୍ତୁ।

୩. କଡ଼େଇରେ ତେଲ ଗରମକରି ପିଆଜକୁ ବାଦାମୀ ରଙ୍ଗ ହେବା ପର୍ଯ୍ୟନ୍ତ ଭାଜି ତେଲରୁ ଛାଣି ଗୋଟିଏ ଥାଳିଆରେ ରଖନ୍ତୁ।

୪. ଅବଶିଷ୍ଟ ତେଲରେ ଗୁଜୁରାତିକୁ ସାମାନ୍ୟ ଛେଚି ଭାଜନ୍ତୁ ଓ ଏଥିରେ ବଟା ମସଲା ପକାଇ କଷନ୍ତୁ।

୫. ମସଲା କଷି ହୋଇଗଲେ ଏଥିରେ ଦହି ପକାଇ ଗୋଳାଇ ଦିଅନ୍ତୁ ଓ ମାଛ ପକାଇ ଲେଉଟ ପାଉଟ କରି ଅଳ୍ପ ଜାଳରେ ଢାଙ୍କୁଣି ଘୋଡ଼ାଇ ରାନ୍ଧନ୍ତୁ।

୬. ମାଛ ସିଝିଗଲେ ଚୁଲିରୁ ଓହ୍ଲାଇ ଗୋଟିଏ ବୋଲ୍‌ରେ କାଢ଼ି ଉପରେ ଗରମ ମସଲାଗୁଣ୍ଡ ଓ ଭାଜିଥିବା ପିଆଜ ଛିଞ୍ଚି ପରିବେଷଣ କରନ୍ତୁ।

ଦହି ଇଲିଶି

ସାମଗ୍ରୀ

କଟା ଇଲିଶି ମାଛ	୫୦୦ ଗ୍ରାମ
ବେସର	୧/୨ କପ୍
ଟମାଟୋ	୨ଟା
ଦହି	୧ କପ୍
ସୋରିଷ ତେଲ	୧ ଟେବୁଲ୍ ଚାମଚ୍
କଞ୍ଚା ଲଙ୍କା	୨ଟା
ଚୁନ୍‌ଚୁନ୍ କଟା ଧନିଆ ପତ୍ର	୨ ଗଛ
ଲୁଣ ଆବଶ୍ୟକ ମତେ	
ବଘାରିବା ପାଇଁ	
ସୋରିଷ ତେଲ	୧-୧/୨
ପଞ୍ଚ ଫୁଟଣ	୧/୨ ଚା ଚାମଚ୍

ପ୍ରଣାଳୀ

୧. ମାଛକୁ ଧୋଇ ପାଣି ନିଗାଡ଼ି ଗୋଟିଏ ବୋଲ୍‌ରେ ରଖନ୍ତୁ। ଏଥିରେ ଧନିଆପତ୍ର ଓ ବଘାରିବା ପାଇଁ ଥିବା ସାମଗ୍ରୀକୁ ଛାଡ଼ି ଅନ୍ୟାନ ସମସ୍ତ ସାମଗ୍ରୀ ଗୋଳାଇ ରଖନ୍ତୁ।

୨. ଗୋଟିଏ ଡଙ୍କିରେ ତେଲ ଗରମକରି ପଞ୍ଚଫୁଟଣ ଫୁଟାଇ ମାଛ ଉପରେ ଢାଳି ହାଲକାରେ ଗୋଳାଇ ଦିଅନ୍ତୁ।

୩. ଗୋଟିଏ ଡେକ୍‌ଚିରେ ଦୁଇଗ୍ଲାସ୍ ପାଣିଦେଇ ଚୁଲିରେ ବସାନ୍ତୁ।

୪. ବୋଲଟିକୁ ଡେକ୍‌ଚି ଭିତରେ ରଖି ଡେକ୍‌ଚିରେ ଢାଙ୍କୁଣି ଘୋଡ଼ାଇ ଦିଅନ୍ତୁ।

୫. ପାଣି ଡେକ୍‌ଚି ଭିତରେ ଫୁଟିବାକୁ ଆରମ୍ଭ କଲେ ଜାଳ କମାଇ ରାନ୍ଧନ୍ତୁ।

୬. ଅଧଘଣ୍ଟାପରେ ଚୁଲିର ଜାଳ ବନ୍ଦକରି ଦିଅନ୍ତୁ। ଡେକ୍‌ଚିର ଢାଙ୍କୁଣି କାଢ଼ି ସାବଧାନତା ସହକାରେ ବୋଲଟିକୁ କାଢ଼ି ରଖନ୍ତୁ।

୭. ଗୋଟିଏ ସର୍ଭିଙ୍ଗ୍ ବୋଲ୍‌ରେ ମାଛକୁ ଆସ୍ତେ ଆସ୍ତେ କାଢ଼ି ଉପରେ ଧନିଆପତ୍ର ଛିଞ୍ଚି ପରିବେଷଣ କରନ୍ତୁ।

ଫିସ୍ ରୋଲ୍

ସାମଗ୍ରୀ

ମାଛ	୫୦୦ ଗ୍ରାମ
ଲେମ୍ବୁରସ	୧ ଟେବଲ୍ ଚାମଚ୍
ଚୁନ୍‌ଚୁନ୍ କଟା ପିଆଜ	୨ଟି (ଅଧାକପ୍)
ଚୁନ୍‌ଚୁନ୍ କଟା ଅଦା	୧/୨ଚା ଚାମଚ୍
ଚୁନ୍‌ଚୁନ୍ କଟା କଞ୍ଚାଲଙ୍କା	୨ଟି
ଚୁନ୍‌ଚୁନ୍ କଟା ଧନିଆ ପତ୍ର	୨ ଗଛ
ବ୍ରେଡ୍	୫ଖଣ୍ଡ
ଛାଣିବା ପାଇଁ ତେଲ	
ଲୁଣ ଆବଶ୍ୟକ ମତେ	

ପ୍ରଣାଳୀ

୧. ମାଛକୁ ବମ୍ଫାଇ କଣ୍ଟା କାଢ଼ି ରଖନ୍ତୁ।

୨. ମାଛରେ ପିଆଜ, କଞ୍ଚାଲଙ୍କା, ଅଦା, ଧନିଆପତ୍ର, ଲେମ୍ବୁରସ ଓ ଲୁଣ ପକାଇ ଭଲ ଭାବରେ ଗୋଳାଇ ରଖନ୍ତୁ।

୩. ବ୍ରେଡ୍‌ଗୁଡ଼ିକର ଚାରିକଡ଼ରୁ ସାମାନ୍ୟ କାଟି ପାଣିରେ ବୁଡ଼ାଇ ଦୁଇ ହାତରେ ଚାପି ଅଧିକା ପାଣି ବାହାରକରି ଦିଅନ୍ତୁ।

୪. ମାଛ ମିଶ୍ରଣକୁ ୫ଭାଗକରି, ପ୍ରତ୍ୟେକ ବ୍ରେଡ୍ ଖଣ୍ଡ ଭିତରେ ଗୋଟିଏ ଲେଖାଏଁ ଭାଗ ମାଛ ମିଶ୍ରଣ ଦେଇ ଆସ୍ତେ ଆସ୍ତେ ହାତକୁ ମୁଠାକରି ଲମ୍ବାଳିଆ କରି ଗଢ଼ନ୍ତୁ।

୫. କଡ଼େଇରେ ତେଲ ଗରମ କରନ୍ତୁ।

୬. ଗରମ ତେଲରେ ଆସ୍ତେ ଆସ୍ତେ ଗଢ଼ିଥିବା ଫିସ୍‌ରୋଲ୍‌ଗୁଡ଼ିକୁ ମଧ୍ୟମ ଜାଳରେ ଛାଣନ୍ତୁ।

୭. ଫିସ୍‌ରୋଲ୍‌ଗୁଡ଼ିକ ବାଦାମୀରଙ୍ଗ ହୋଇଗଲେ ତେଲରୁ ଛାଣି ଟିସୁପେପର ବିଛାଇଥିବା ଏକ ପ୍ଲେଟରେ କାଢ଼ି ରଖନ୍ତୁ।

୮. ଟମାଟୋ ସସ୍, ପୋଦିନା ଚଟଣୀ, ଧନିଆ ଚଟଣୀ ଏ ମଧ୍ୟରୁ ଯେ କୌଣସି ଚଟଣୀ ବା ଟମାଟୋ ସସ୍ ଓ ଚିଲ୍ଲି ସସ୍ ସହ ପରିବେଷଣ କରନ୍ତୁ।

ଫିସ୍ ଲୋଫ୍

ସାମଗ୍ରୀ

କଟା ମାଛ	୫୦୦ ଗ୍ରାମ
ଚୁନ୍‌ଚୁନ୍ କଟା ପିଆଜ	୧/୨ କପ୍
ଚୁନ୍‌ଚୁନ୍ କଟା ଅଦା	୧/୨ ଚା ଚାମଚ୍
କ୍ଷୀର	୧/୪ କପ୍
ପାଣି	୨ କପ୍
ବ୍ରେଡ୍ କ୍ରମ୍ବ	୨୦୦ ଗ୍ରାମ୍

ଲେମ୍ବୁରସ	୧ ଟେବୁଲ୍ ଚାମଚ୍
ବଟର	୨୦ ଗ୍ରାମ୍
ରିଫାଇନ୍ ତେଲ	୨ ଚା ଚାମଚ୍
ଅଣ୍ଡା	୧ଟା
ଗୋଲମରିଚ ଗୁଣ୍ଡ	୧/୪ ଚା ଚାମଚ୍
ଲୁଣ ଆବଶ୍ୟକ ମତେ	
ଚୁନ୍‌ଚୁନ୍ କଟା ଧନିଆପତ୍ର	୨ ଗଛ
ଶୁଖିଲା ବେସିଲ୍	୧ ଚା ଚାମଚ୍
ସଜାଇବା ପାଇଁ ପିଆଜ ରିଙ୍ଗ୍	୮ଟି
ଧନିଆପତ୍ର ଅଗ	୨ଟି

ପ୍ରଣାଳୀ

୧. ଗୋଟିଏ ଡେକ୍‌ଚିରେ ପାଣିକୁ ଫୁଟାଇ ଏଥିରେ ଧୁଆ ହୋଇଥିବା ମାଛକୁ ପକାଇ ମଧ୍ୟମ ଜାଳରେ ସିଝାନ୍ତୁ।

୨. ମାଛ ସିଝିଗଲେ ଚୁଲିରୁ ଓହ୍ଲାଇ ମାଛଗୁଡ଼ିକୁ ଛାଣି ଗୋଟିଏ ଥାଳିରେ ରଖନ୍ତୁ ଓ ଷ୍ଟକ୍‌କୁ ଅଲଗା ରଖନ୍ତୁ।

୩. ମାଛର ଚମ ଓ କଣ୍ଟା ବାଛି କାଢ଼ି ଗୋଟିଏ ବୋଲ୍‌ରେ ରଖନ୍ତୁ। ଅଣ୍ଡାକୁ ଫେଣ୍ଟି ରଖନ୍ତୁ।

୪. କଡ଼େଇ ବା ଫ୍ରାଇଙ୍ଗ୍ ପ୍ୟାନରେ ତେଲ ଓ ବଟରକୁ ଏକାଠି ଗରମକରି ଏଥିରେ ଅଦାକୁ ଅଳ୍ପ ଭାଜି ଏଥିରେ ପିଆଜ ପକାଇ ଭାଜନ୍ତୁ।

୫. ପିଆଜ ନରମ ହୋଇଗଲେ ଏହାକୁ ମାଛରେ ପକାନ୍ତୁ ଓ ତା ସହିତ ବ୍ରେଡ୍ କ୍ରମ୍ବ, କ୍ଷୀର, ମାଛ ଷ୍ଟକ୍ ୧/୩ କପ୍, ଲୁଣ, ଗୋଲମରିଚ ଗୁଣ୍ଡ, ଧନିଆପତ୍ର, ବେସିଲ୍ ଫେଣ୍ଟା ଅଣ୍ଡା ଓ ଲୁଣ ଗୋଳାଇ ରଖନ୍ତୁ।

୬. ଗୋଟିଏ ଛୋଟ ଲୋଫ୍‌ଟିନ୍‌ରେ ବଟର ବା ରିଫାଇନ୍ ତେଲମାରି ଟିନ୍‌ର ତଳ ଅଂଶକୁ ଫିଟ୍ କଲାଭଳି ଗୋଟିଏ ପାର୍ସିମନ୍ ପେପର (ବଟର ପେପର) କାଟି ଟିନ୍ ତଳେ ଦେଇ ଲୋଫ୍‌ଟିନ୍‌କୁ ପ୍ରସ୍ତୁତ କରନ୍ତୁ।

୭. ପ୍ରସ୍ତୁତ ଲୋଫ୍‌ଟିନ୍‌ରେ ମାଛ ମିଶ୍ରଣକୁ ଦେଇ ହାତରେ ବା ଚାମଚ୍‌ରେ ସାମାନ୍ୟ ଦାବି ସମାନ୍‌କରି ଦିଅନ୍ତୁ।

୮. ଓଭେନ୍‌କୁ ପ୍ରିହିଟ୍ କରନ୍ତୁ।

୯. ଲୋଫ୍‌ଟିନ୍‌କୁ ଓଭେନ୍‌ରେ ୧୮୦° ସେଣ୍ଟିଗ୍ରେଡ୍‌ରେ ୧ ଘଣ୍ଟା ପର୍ଯ୍ୟନ୍ତ ବେକ୍ କରନ୍ତୁ।

୧୦. ବେକ୍ ହୋଇଗଲେ ଓଭେନ୍‌ରୁ କାଢ଼ି ସାମାନ୍ୟ ଥଣ୍ଡାକରି ଛୁରୀରେ ଆସ୍ତେ ଆସ୍ତେ ଲୋଫ୍‌ଟିନ୍‌ରୁ ଫିସ୍ ଲୋଫ୍‌କୁ ଢିଲାକରି ଗୋଟିଏ ବଡ଼ ପ୍ଲେଟ୍‌କୁ ଟିନ୍ ଉପରେ ଦେଇ ଓଲଟାଇ ଦିଅନ୍ତୁ। ଫିସ୍ ଲୋଫ୍‌ରୁ ଲୋଫ୍‌ଟିନ୍‌ଟିକୁ ବାହାର କରି ଦିଅନ୍ତୁ।

୧୧. ଲୋଫ୍‌ରେ ଥିବା ପାର୍ସିମନ୍ ପେପର (ବଟର ପେପର)କୁ ଗୋଟିଏ କଡ଼ରୁ ଧରି ଆସ୍ତେକରି ଟାଣି ବାହାର କରି ଦିଅନ୍ତୁ।

୧୨. ଲୋଫ୍ ଉପରେ ପିଆଜ ରିଙ୍ଗ୍‌କୁ ଗୋଟିଗୋଟିକରି ଲମ୍ବାରେ ସଜାଇ ଏହା ଉପରେ ଧନିଆ ପତ୍ର ସଜାଇ ପରିବେଷଣ କରନ୍ତୁ।

ଓଡ଼ିଶାର ପାରମ୍ପରିକ ମାଛ ରାନ୍ଧଣା

ଓଡ଼ିଶାର ପାରମ୍ପରିକ ମାଛ ରାନ୍ଧଣା କହିଲେ ମନକୁ ହଠାତ୍ ଚାଲିଆସେ ମାଛଭଜା, ମାଛ ଚୁଡ଼୍‌ଚୁଡ଼ା, ମାଛ ଚଟଣି, ମାଛ ବେସର, ପତ୍ରପୋଡ଼ା ଆଦି ଦେଶୀ ପ୍ରସ୍ତୁତି। ଏବେ ମଧ୍ୟ ଏହି ପାରମ୍ପରିକ ଖାଦ୍ୟଗୁଡ଼ିକ ଗାଁ ଗହଳିରେ ଉଦ୍‌ଜୀବିତ ହୋଇ ରହିଛି। କାଠଚୁଲିରେ ରନ୍ଧା ଯାଉଥିବା ଏହି ମାଛ ପ୍ରସ୍ତୁତିଗୁଡ଼ିକର ସ୍ୱାଦ ନିଆରା ଅଟେ। ମାଛ ଚଟଣି ଓ ପତ୍ର ପୋଡ଼ା ଗାଁ ଗହଳିରେ ଏକ ଜଣାଶୁଣା ଖାଦ୍ୟ। କଉ, ଗଡ଼ିଶା, ମାଗୁର, ରତା, ସିଙ୍ଗି ଆଦି ଯେ କୌଣସି ମଧ୍ୟମ ଧରଣର ମାଛକୁ ପୋଡ଼ି ଚଟଣି କରାଯାଏ। କାଠ ଚୁଲିରେ ରଡ଼ ନିଆଁରେ ମାଛକୁ ପୋଡ଼ି ଉପରେ କିଛି ରଡ଼ ନିଆଁ ଘୋଡ଼ାଇ ଏହା ପ୍ରସ୍ତୁତ କରାଯାଏ। ଛୋଟମାଛ ଯଥା- ଜହ୍ଲା, ମହୁରାଳି, ଗୁଆଚୋପି, କେରାଣ୍ଡି ଆଦି ମାଛଗୁଡ଼ିକୁ ମଧ୍ୟ ପୋଇପତ୍ର ଓ ମସଲା ମସଲି ଆଦି ଦେଇ କଦଳୀପତ୍ରରେ ଗୁଡ଼ାଇ ନିଆଁରେ ପୋଡି ମାଛ ଚଟଣି ଉପାୟରେ ପତ୍ରପୋଡ଼ା ପ୍ରସ୍ତୁତ କରାଯାଏ। ଆଜିକାଲି କାଠ ବା କୋଇଲା ଚୁଲିର ରୋଷେଇ କମିବାରେ ଲଗିଲାଣି। ତେଣୁ ଏହାର ବିକଳ୍ପରେ ଓଭେନ୍ ବା ମାଇକ୍ରୋଓଭେନ୍‌ରେ ଏହା କିପରି ପ୍ରସ୍ତୁତ କରାଯାଇପାରିବ ସେ ବିଷୟରେ ସୂଚନା ଦିଆଯାଇଛି।

ବେସର ଦିଆ ମାଛ ଭଜା

ସାମଗ୍ରୀ

ମଧ୍ୟମ ଆକାରର ମାଛ	୪୦୦ ଗ୍ରାମ
ହଳଦୀ ଗୁଣ୍ଡ	୧ ଚା ଚାମଚ୍
ବେସର (ଦେଖନ୍ତୁ ପ୍ରସ୍ତୁତି)	୩ ଟେବୁଲ୍ ଚାମଚ୍
ଲେମ୍ବୁରସ	୨ ଚା ଚାମଚ୍
ଲୁଣ ଆବଶ୍ୟକ ମତେ	
ଭାଜିବା ପାଇଁ ସୋରିଷ ତେଲ	
ସଜାଇବା ପାଇଁ	
ଗୋଲ ଗୋଲ କଟା ଲେମ୍ବୁ	୪ ଖଣ୍ଡ
ଗୋଲ ଗୋଲ କଟା ପିଆଜ	୫ ଖଣ୍ଡ
କଞ୍ଚା ଲଙ୍କା	୨ଟି

ପ୍ରଣାଳୀ

୧. ମାଛକୁ ସଫାକରି (ଦେଖନ୍ତୁ ପ୍ରସ୍ତୁତି) ଧୋଇ ପାଣି ନିଗାଡ଼ି ଏଥିରେ ଲୁଣ, ହଳଦୀ ଗୋଳାଇ ୧୫ ମିନିଟ୍ ରଖନ୍ତୁ।

୨. ଓଜନିଆ ତାୱା ବା ଫ୍ରାଇଙ୍ଗ୍ ପ୍ୟାନ୍‌ରେ ତେଲ ଗରମକରି ଗୋଟିଗୋଟିକରି ମାଛ ପକାଇ ନରମ ଭଜାକରି କାଢ଼ି ରଖନ୍ତୁ।

୩. ସାବଧାନତାର ସହ ମାଛରେ ବେସର ଓ ଲେମ୍ବୁରସ ଗୋଳାଇ ପୁଣି ଥରେ ଗରମ ତାୱା ବା ଫ୍ରାଇଙ୍ଗ୍ ପ୍ୟାନ୍‌ରେ ତେଲଦେଇ ମାଛଗୁଡ଼ିକୁ ଗୋଟିଗୋଟିକରି ମଧ୍ୟମ ଜାଳରେ ଭାଜନ୍ତୁ।

୪. ମାଛଗୁଡ଼ିକ ବାଦାମୀରଙ୍ଗ ଦେଖାଗଲେ ଓ ଭଲଭାବେ ଭାଜି ହୋଇଗଲେ ଗୋଟିଏ ପ୍ଲେଟ୍‌ରେ କାଢ଼ି ରଖନ୍ତୁ।

୫. ଭଜାମାଛର ଚାରିପଟେ ଓ ଉପରେ କଟା ପିଆଜ, ଲେମ୍ବୁ ଓ କଞ୍ଚାଲଙ୍କାକୁ ନିଜ ରୁଚି ଅନୁସାରେ ସଜାଇ ପରିବେଷଣ କରନ୍ତୁ।

ବି:ଦ୍ର: ଛୋଟ ବା ଚୁନା ମାଛକୁ ମଧ ଉପରୋକ୍ତ ପ୍ରଣାଳୀରେ ଭାଜି ପାରିବେ। ଛୋଟ ମାଛରେ ଲୁଣ, ହଳଦୀ ସାଙ୍ଗରେ ବେସର ଓ ଲେମ୍ବୁରସ ଗୋଳାଇ ଭାଜିବେ।

ମାଛ ବେସର

ସାମଗ୍ରୀ

କଟା ମାଛ	୫୦୦ ଗ୍ରାମ୍
ବେସର (ଦେଖନ୍ତୁ ପ୍ରସ୍ତୁତି)	୧/୨ କପ୍
ସଜନା ଛୁଇଁ	୨ଟି
ପାଣି କଖାରୁ ବଡ଼ି	୩ଟି ବଡ଼
ହଳଦୀ ଗୁଣ୍ଡ	୧-୧/୨ ଚାମଚ୍
ଆମ୍ବୁଲ	୨ ଖଣ୍ଡ
ସୋରିଷ ତେଲ	୩ଟେବୁଲ୍ ଚାମଚ୍
ପାଣି	୨ କପ୍
ଲୁଣ ଆବଶ୍ୟକ ମତେ	
ବଘାରିବା ପାଇଁ	
ଭୃସଙ୍ଗ ପତ୍ର	୨ ଡେଙ୍ଗ
ପଞ୍ଚ ଫୁଟଣ	୧/୨ ଚାମଚ୍
ଗୋଟା ଶୁଖିଲା ଲଙ୍କା	୨ଟି
ସରୁସରୁ କଟା ପିଆଜ	୧ ଫାଳ (୧୦ଗ୍ରାମ୍)
ଚୋପାଛଡ଼ା ରସୁଣ	୩ ପାଖୁଡ଼ା

ପ୍ରଣାଳୀ

୧. ମାଛକୁ ଧୋଇ ପାଣି ନିଗାଡ଼ି ୧ ଚା ଚାମଚ୍ ହଳଦୀଗୁଣ୍ଡ ଓ ଲୁଣ ଗୋଳାଇ ରଖନ୍ତୁ।

୨. ଆମ୍ବୁଲକୁ ପାଣିରେ ବତୁରାଇ ରଖନ୍ତୁ।

୩. ସଜନା ଛୁଇଁର ଚୋପା ଛଡ଼ାଇ (ବୁଢ଼ା ଆଙ୍ଗୁଠି)ଲମ୍ବର କାଟି ରଖନ୍ତୁ।

୪. କଡ଼େଇରେ ୧/୨ ଟେବୁଲ୍ ଚାମଚ୍ ତେଲ ଗରମକରି ବଡ଼ିକୁ ଭାଜି ରଖନ୍ତୁ।

୫. କଡ଼େଇ ବା ଫ୍ରାଇଙ୍ଗ ପ୍ୟାନ୍‌ରେ ୨ ଟେବୁଲ୍ ଚାମଚ୍ ତେଲ ଗରମକରି ଏଥିରେ ମାଛଗୁଡ଼ିକ ଭାଜି ଗୋଟିଏ ପ୍ଲେଟରେ ରଖନ୍ତୁ।

୬. ଅବଶିଷ୍ଟ ତେଲରେ ଲଙ୍କା, ଭୃସଙ୍ଗପତ୍ର, ପଞ୍ଚଫୁଟଣ କ୍ରମ ଅନୁସାରେ ଫୁଟାଇ ଏଥିରେ ପିଆଜ ଓ ରସୁଣ ପକାଇ ଭାଜନ୍ତୁ।

୭. ପିଆଜ ଜରିଗଲେ ଏଥିରେ ବେସର, ଟିପେ ଲୁଣ ଓ ୧/୨ ଚାମଚ ହଳଦୀ ପକାଇ ଅଳ୍ପ ସମୟ ଭାଜି ପାଣି ଦିଅନ୍ତୁ।

୮. ପାଣି ଫୁଟି ଆସିଲେ ସଜନା ଛୁଇଁ, ଭଜାମାଛ ଓ ଲୁଣ ପକାଇ ଘୋଡ଼ାଇ ଦିଅନ୍ତୁ।

୯. ମଧ୍ୟମ ଜାଳରେ ରାନ୍ଧନ୍ତୁ। ସଜନା ଛୁଇଁ ସିଝି ଆସିଲେ ଏଥିରେ ବଡ଼ି ପକାନ୍ତୁ ଓ ଆମ୍ବୁଲକୁ ସାମାନ୍ୟ ଚକଟି ପକାଇ ୨ ମିନିଟ୍ ଫୁଟାନ୍ତୁ।

୧୦. ଚୁଲିରୁ ଓହ୍ଲାଇ ଏହା ଉପରେ ୧/୨ ଟେବୁଲ୍ ଚାମଚ୍ ସୋରିଷ ତେଲ ବୁଲାଇ ସାବଧାନତାର ସହ ଗୋଳାଇ ଦିଅନ୍ତୁ।

୧୧. ଗରମ ଭାତ ସାଙ୍ଗରେ ପରିବେଷଣ କରନ୍ତୁ।

ମାଛ ଚୁଡ଼୍‌ଚୁଡ଼ା

ସାମଗ୍ରୀ

ଚୁନା ମାଛ	୩୦୦ ଗ୍ରାମ
ବେସର (ଦେଖନ୍ତୁ ପ୍ରସ୍ତୁତି)	୩ ଟେବୁଲ୍ ଚାମଚ୍
ହଳଦୀଗୁଣ୍ଡ	୧ ଚା ଚାମଚ୍
ସରୁସରୁ କଟା ପିଆଜ	୧ ଫାଳ (୧୫ଗ୍ରାମ୍)
ଟମାଟୋ	୧ଟା
ସୋରିଷ ତେଲ	୨ ଟେବୁଲ୍ ଚାମଚ୍
କଞ୍ଚାଲଙ୍କା	୨ଟା
ପଞ୍ଚଫୁଟଣ	୧/୨ ଚା ଚାମଚ୍
ଲୁଣ ଅବଶ୍ୟକ ମତେ	
ପାଣି	୧/୪ କପ୍
ଚୁନ୍‌ଚୁନ୍ କଟା ଧନିଆ ପତ୍ର	୨ ଗଛ
ଲେମ୍ବୁରସ	୧ଚା ଚାମଚ୍

ପ୍ରଣାଳୀ

୧. ମାଛକୁ ବାଛି ଧୋଇ ଲୁଣ ଓ ହଳଦୀଗୁଣ୍ଡ ଗୋଳାଇ ରଖନ୍ତୁ। ଟମାଟୋକୁ ଛୋଟ ଛୋଟ ଖଣ୍ଡ କାଟନ୍ତୁ ଓ ଲଙ୍କାର ଅଗ ଗୁଡ଼ିକ ସାମାନ୍ୟ ଚିରି ରଖନ୍ତୁ।

୨. କଡ଼େଇରେ ୧-୧/୨ ଟେବୁଲ୍ ଚାମଚ୍ ତେଲ ଗରମକରି ପଞ୍ଚଫୁଟଣ ଫୁଟାଇ ଲଙ୍କା ପକାଇ ଅଳ୍ପ ସମୟ ଭାଜି ପିଆଜ ପକାଇ ଭାଜନ୍ତୁ।

୩. ପିଆଜ ଜରିଗଲେ ଏଥିରେ ଟମାଟୋ, ମାଛ, ବେସର, ପାଣି ଓ ଲୁଣ ପକାଇ ଗୋଳାଇ ଘୋଡ଼ାଇ ଦିଅନ୍ତୁ। ଜାଳ କମାଇ ଦିଅନ୍ତୁ।

୪. ମଝିରେ ମଝିରେ ସାବଧାନତାର ସହ ଗୋଳାଇ ଦିଅନ୍ତୁ। ପାଣି ମରି ଆସିଲେ ଓ ମାଛ ସିଝିଗଲେ ଚୁଲିରୁ ଓହ୍ଲାଇ ଅବଶିଷ୍ଟ ତେଲ, ଲେମ୍ବୁରସ ଓ ଧନିଆ ପତ୍ର ଗୋଳାଇ ପରଷନ୍ତୁ।

ବି:ଦ୍ର: ମାଛ ଚୁଡ଼ଚୁଡ଼ାରେ ଝୋଳ ରହେନାହିଁ। ଜୁକ୍‌ଜୁକିଆ ଅବସ୍ଥାରେ ଚୁଲିରୁ ଓହ୍ଲାଇ ପରିବେଷଣ କରାଯାଏ।

ମାଛ ଚଟଣୀ

ସାମଗ୍ରୀ

ମଧ୍ୟମ ଆକାରର ଗୋଟାମାଛ	୨୫୦ ଗ୍ରାମ୍
ଚୁନ୍‌ଚୁନ୍ କଟା ପିଆଜ	୫୦ ଗ୍ରାମ୍
ଛେଚା ରସୁଣ	୨ ପାଖୁଡ଼ା
ଚୁନ୍‌ଚୁନ୍ କଟା କଞ୍ଚାଲଙ୍କା	୧/୨ ଟା
ଚୁନ୍‌ଚୁନ୍ କଟା ଧନିଆପତ୍ର	୧ ଗଛ
ସୋରିଷ ତେଲ	୨ ଚା ଚାମଚ୍
ଲୁଣ ଆବଶ୍ୟକ ମତେ	

ପ୍ରଣାଳୀ

୧. ଗୋଟା ମାଛକୁ କାତି ନ ଛଡ଼ାଇ ପେଟ ଚିରି ପିତ୍ତ ଓ ଅନ୍ତ କାଢ଼ି ପରିଷ୍କାର ଭାବେ ଧୋଇ ପାଣି ନିଗାଡ଼ି ରଖନ୍ତୁ।

୨. କାଠ ଚୁଲି ଭିତରେ ରଡ଼ ନିଆଁରେ ପୋତି ଉପରେ ରଡ଼ ନିଆଁ ଦେଇ ମାଛକୁ ୨୦ ରୁ ୩୦ ମିନିଟ୍ ପର୍ଯ୍ୟନ୍ତ ପୋଡ଼ନ୍ତୁ।

୩. ମାଛ ପୋଡ଼ି ହୋଇଗଲେ ଚୁଲିରୁ କାଢ଼ି ପାଉଁଶ ଝାଡ଼ି ନଚେତ୍ ପାଣିରେ ଧୋଇ ଏହାର କାତି, ମୁଣ୍ଡ, ଲାଞ୍ଜ ଓ କଣ୍ଟା ବାଛି ବାହାରକରି ଦିଅନ୍ତୁ।

୪. ଗୋଟିଏ ବୋଲ୍‌ରେ ମାଛର ମାଂସଳ ଅଂଶକୁ ରଖି ଏଥିରେ ତେଲ, ପିଆଜ, ରସୁଣ, ଲଙ୍କା ଓ ଧନିଆପତ୍ର ଭଲ ଭାବରେ ଗୋଳାଇ ମାଛ ଚଟଣୀ ପ୍ରସ୍ତୁତ କରନ୍ତୁ।

ବି:ଦ୍ର: କାଠଚୁଲି ବଦଳରେ ଓଭେନ୍‌ରେ ମଧ୍ୟ ମାଛ ପୋଡ଼ା ଯାଇ ପାରିବ।

ପ୍ରଣାଳୀ

୧. ସଫା ହୋଇଥିବା ମାଛରେ ତେଲ ଗୋଳାଇ ଗୋଟିଗୋଟିକରି ଆଲୁମିନିୟମ୍ ଫଏଲ୍‌ଗୁଡ଼ାଇ ଗୋଟିଏ ବେକିଙ୍ଗ୍ ଟ୍ରେରେ ରଖନ୍ତୁ।

୨. ଓଭେନ୍‌କୁ ପ୍ରିହିଟ୍‌କରି ଟ୍ରେ ଟିକୁ ଓଭେନ୍‌ରେ ରଖି ୧୮୦° ସେଣ୍ଟିଗ୍ରେଡ଼ରେ ୧୫ ରୁ ୨୦ ମିନିଟ୍ ପର୍ଯ୍ୟନ୍ତ ବେକ୍ କରନ୍ତୁ।

୩. ମଝିରେ ମଝିରେ ମାଛଗୁଡ଼ିକ ଲେଉଟାଇ ଦେବେ।

୪. ବେକ୍ ହୋଇସାରିବାପରେ ଟ୍ରେକୁ ଓଭେନ୍‌ରୁ ବାହାରକରି ସାମାନ୍ୟ ଥଣ୍ଡା ହେବାକୁ ଦିଅନ୍ତୁ। ଏଥର ମାଛରୁ ଆଲୁମିନିୟମ୍ ଫଏଲ୍ ବାହାର କରି ମାଛ ଚଟଣୀର (ଉପର ଲିଖିତ) ୩ ଓ ୪ ନମ୍ବର ପ୍ରଣାଳୀ ଅନୁସରଣକରି ମାଛ ଚଟଣୀ ପ୍ରସ୍ତୁତ କରନ୍ତୁ।

ମାଛ ପତ୍ରପୋଡ଼ା

ସାମଗ୍ରୀ

ଚୂନାମାଛ	୨୫୦ ଗ୍ରାମ୍
ବେସର (ଦେଖନ୍ତୁ ପ୍ରସ୍ତୁତି)	୩ ଟେବୁଲ୍ ଚାମଚ
ସୋରିଷ ତେଲ	୧ ଟେବୁଲ୍ ଚାମଚ୍
କଞ୍ଚାଲଙ୍କା	୨ଟା
ହଳଦୀଗୁଣ୍ଡ	୧/୨ ଚାମଚ୍
ଗୋଟା ରସୁଣ	୪ କୋଳା
ଲୁଣ ଆବଶ୍ୟକ ମତେ	

ବାନ୍ଧିବା ପାଇଁ

କଦଳୀ ପତ୍ର	୨ ଖଣ୍ଡ
କଅଁଳ କଖାରୁ ପତ୍ର	୨/୩ ଟା
ପୋଇ ପତ୍ର	୧୦/୧୨ଟା
କଦଳୀ ପାଟୁଙ୍ଗା ବା ମୋଟା ସୂତା	୧/୨ ମିଟର୍

ପ୍ରଣାଳୀ

୧. କଦଳୀ ପତ୍ର ଓ କଖାରୁ ପତ୍ରକୁ ପରିଷ୍କାର ଭାବେ ଧୋଇ ପାଣି ନିଗାଡ଼ି ରଖନ୍ତୁ।

୨. କଦଳୀ ପତ୍ରର ମଝି ଦଣ୍ଡଟିକୁ କାଟି ବାହାର କରିଦିଅନ୍ତୁ। ପତ୍ରକୁ ନିଆଁରେ ସେକି ନରମକରି ରଖନ୍ତୁ।

୩. ମାଛକୁ ବାଛି ପରିଷ୍କାର ଭାବେ ଧୋଇ ଗୋଟିଏ କୋଲାଣ୍ଡର ବା ମାଛ ପାଛିଆରେ ପାଣି ନିଗାଡ଼ିବା ପାଇଁ ରଖନ୍ତୁ।

୪. ଗୋଟିଏ ପାତ୍ରରେ ମାଛ, ବେସର, ହଳଦୀ, ରସୁଣ, କଞ୍ଚାଲଙ୍କା, ତେଲ ଓ ଲୁଣ ଗୋଳାଇ ରଖନ୍ତୁ।

୫. କଦଳୀ ପତ୍ର ଉପରେ କଖାରୁ ପତ୍ର ସଜାଡ଼ି ତା' ଉପରେ ପୋଇପତ୍ର ବିଛାଇ ଏହା ଉପରେ ମାଛ ମିଶ୍ରଣ ଦେଇ କଖାରୁ ପତ୍ରକୁ ଚାରିପଟୁ ଭାଙ୍ଗି ଘୋଡ଼ାଇ ଦିଅନ୍ତୁ। ବଳିଥିବା କଦଳୀ ପତ୍ରକୁ ଏହା ଉପରେ ଗୁଡ଼ାଇ ମୋଟା ସୂତାରେ ବାନ୍ଧି ପୁଟୁଳିଟିଏ ପ୍ରସ୍ତୁତ କରନ୍ତୁ।

୬. କାଠଚୁଲି ଥିଲେ ରଡ଼ ନିଆଁରେ ଖାଲକରି ପୁଟୁଳିଟିକୁ ପୋତି ତା' ଉପରେ ରଡ଼ନିଆଁ ଢାଙ୍କି ୩୦ ରୁ ୩୫ ମିନିଟ୍ ରଖି ସିଝିବାକୁ ଦିଅନ୍ତୁ।

ଓଭେନ୍ ପଦ୍ଧତି

କାଠ ଚୁଲି ନ ଥିଲେ ଓଭେନ୍‌ରେ ମଧ୍ୟ ପତ୍ରପୋଡ଼ାକରି ହେବ। ନିମ୍ନରେ ଏହାର ସୂଚନା ଦିଆଗଲା।

୧. ଓଭେନ୍‌କୁ ପ୍ରି ହିଟ୍ (preheat) କରନ୍ତୁ। ଗୋଟିଏ ଟ୍ରେରେ ଆଲୁମିନିୟମ୍ ଫଏଲ୍ ଗୁଡ଼ାଇ ଏହା ଉପରେ ପ୍ରସ୍ତୁତ ମାଛ ପୁଡ଼ାଟିକୁ ରଖି ୧୮୦° ସେଣ୍ଟିଗ୍ରେଡ୍‌ରେ ୩୦ ରୁ ୩୫ ମିନିଟ୍ ପର୍ଯ୍ୟନ୍ତ ବେକ୍ କରନ୍ତୁ।

୨. ମଝିରେ ମଝିରେ ପୁଡ଼ାଟିକୁ ଲେଉଟ ପାଉଟ୍ କରନ୍ତୁ। ପୁଡ଼ାଟି ପୋଡ଼ିଯାଇଥିଲେ ସାବଧାନତାର ସହ ଓଭେନ୍‌ରୁ ବା ଚୁଲିରୁ ବାହାରକରି ୨ ମିନିଟ୍ ରଖନ୍ତୁ।

୩. ପୁଡ଼ାକୁ ସାବଧାନତାର ସହ ଫିଟାଇ ପୋଡ଼ା ପତ୍ରଗୁଡ଼ିକ ବାହାରକରି ଗୋଟିଏ ବୋଲ୍‌ରେ ଓଜାଡ଼ି ଦିଅନ୍ତୁ। ଯଦି କଖାରୁ ପତ୍ରଗୁଡ଼ିକ ପୋଡ଼ିଯାଇ ନ ଥାଏ ତେବେ ଏହାକୁ ଚକଟି ମାଛରେ ଗୋଳାଇ ଗରମ ଅବସ୍ଥାରେ ପରିବେଷଣ କରନ୍ତୁ।

ମାଛ ଜୀରାପାଣି

ରୋଗୀମାନଙ୍କ ପାଇଁ ଗାଁ ଗହଳିରେ ମାଗୁର ମାଛରେ ଜୀରା ବଟାଦେଇ କମ୍ ତେଲରେ ଏହି ତରକାରୀଟି ପ୍ରସ୍ତୁତ କରାଯାଏ।

ସାମଗ୍ରୀ

କଟା ମାଗୁର ମାଛ	୩୦୦ ଗ୍ରାମ୍
ହଳଦୀ	୧-୧/୨ ଚା ଚାମଚ୍
ଜୀରା	୧-୧/୨ ଚା ଚାମଚ୍
ଅଦା	୧୯/୨ ଇଞ୍ଚ ଖଣ୍ଡେ
ଗୋଲମରିଚ	୧୦/୧୨ଟା
ତେଲ	୧ ଚାମଚ୍
ପାଣି	୨ କପ୍
ଲୁଣ ଆବଶ୍ୟକ ମତେ	

ପ୍ରଣାଳୀ

୧. ମାଗୁର ମାଛକୁ ପରିଷ୍କାରକରି ଧୋଇ ପାଣି ନିଗାଡ଼ି ଏଥିରେ ୧ ଚାମଚ୍ ହଳଦୀଗୁଣ୍ଡ ଓ ଲୁଣ ଗୋଳାଇ ରଖନ୍ତୁ।

୨. ଜୀରା, ଅଦା ଓ ଗୋଲମରିଚକୁ ଚିକ୍କଣକରି ବାଟି ରଖନ୍ତୁ।

୩. କେଡ଼େଇରେ ତେଲ ଗରମକରି ମାଛଗୁଡ଼ିକୁ ନରମ ଭଜା କରି ରଖନ୍ତୁ।

୪. ଏଥିରେ ବଟା ମସଲା, ୧/୨ ଚାମଚ ହଳଦୀଗୁଣ୍ଡ, ଲୁଣ ଓ ପାଣି ଦେଇ ଗୋଳାଇ ମଧ୍ୟମ ଜାଳରେ ଫୁଟାନ୍ତୁ।

୫. ଭଲ ଭାବରେ ଫୁଟିଗଲେ ଓ ପାଣିମରି ଅଧା ହୋଇଗଲେ ଚୁଲିରୁ ଓହ୍ଲାଇ ଗରମ ଗରମ ପରଷନ୍ତୁ।

୬. ଏହାକୁ ଚାହିଁଲେ ଜୀରା କଞ୍ଚାଲଙ୍କା ତେଲରେ ଫୁଟାଇ ଓ ପିଆଜ ରସୁଣ ବଘାରି ପ୍ରସ୍ତୁତ କରିବେ।

ଚୁନାମାଛ ତରକାରୀ

ସାମଗ୍ରୀ

ଚୁନା ମାଛ	୩୦୦ ଗ୍ରାମ୍
ହଳଦୀ ଗୁଣ୍ଡ	୧-୧/୨ ଚା ଚାମଚ୍
ସୋରିଷ ତେଲ	୩ ଟେବୁଲ ଚାମଚ୍
ଜୀରା	୧/୨ ଚାମଚ୍
ଲଙ୍କା	୨ଟା
ପିଆଜ	୨ଟା (୨୫ ଗ୍ରାମ୍)
ଅଦା	୧/୨ ଇଞ୍ଚ ଖଣ୍ଡେ
ରସୁଣ	୬/୭ ପାଖୁଡ଼ା
ଚୁନ୍‌ଚୁନ୍ କଟା ଟମାଟୋ	୨ଟା
ବେସର (ଦେଖନ୍ତୁ ପ୍ରସ୍ତୁତି)	୧-୧/୨ ଟେବୁଲ୍ ଚାମଚ୍
ଚୁନ୍‌ଚୁନ୍ କଟା ଧନିଆ ପତ୍ର	୨ ଗଛ
ପାଣି	୧ କପ୍
ଲୁଣ ଆବଶ୍ୟକ ମତେ	

ପ୍ରଣାଳୀ

୧. ଚୁନାମାଛକୁ ବାଛି ଧୋଇ ପାଣି ନିଗାଡ଼ି ଏଥିରେ ହଳଦୀ ୧ ଚା ଚାମଚ୍ ଓ ଲୁଣ ଗୋଳାଇ ରଖନ୍ତୁ।

୨. ପିଆଜକୁ ସରୁସରୁ ଓ ଲମ୍ବଲମ୍ବକରି କାଟନ୍ତୁ।

୩. ଅଦା ଓ ରସୁଣକୁ ଭଲ ଭାବରେ ଛେଚି ରଖନ୍ତୁ।

୪. କଡ଼େଇରେ ୨ ଟେବୁଲ୍ ଚାମଚ୍ ତେଲ ଗରମକରି ମାଛକୁ ଭଲ ଭାବରେ ଭାଜି ଗୋଟିଏ ପ୍ଲେଟ୍‌ରେ କାଢ଼ି ରଖନ୍ତୁ।

୫. ବଳିଥିବା ତେଲରେ ଲଙ୍କା ଓ ଜୀରା ଫୁଟାଇ, ପିଆଜ ପକାଇ ଜାରନ୍ତୁ। ପିଆଜ ସାମାନ୍ୟ ନରମ ହୋଇ ଆସିଲେ ଏଥିରେ ଛେଚା ହୋଇଥିବା ଅଦା ଓ ରସୁଣ ପକାଇ ଭଲ ଭାବରେ ଭାଜନ୍ତୁ।

୬. ରଙ୍ଗ ବଳଦିଗଲେ ଏଥିରେ ୧/୨ ଚାମଚ୍ ହଳଦୀଗୁଣ୍ଡ ଓ ଟମାଟୋ ପକାଇ ଭାଜନ୍ତୁ।

୭. ଟମାଟୋରୁ ପାଣି ମରିଗଲେ ଓ ନରମ ହୋଇଗଲେ ଏଥିରେ ଭଜାମାଛ, ପାଣି ଓ ଲୁଣ ପକାଇ ଆସ୍ତେ ଆସ୍ତେ ଗୋଳାଇ ମଧ୍ୟମ ଜାଳରେ ରାନ୍ଧନ୍ତୁ।

୭. ମାଛ ଭଲ ଭାବରେ ଫୁଟିଗଲେ ଏଥିରେ ବେସର ପକାଇ ଗୋଳାଇ ଦିଅନ୍ତୁ।

୮. ପାଣି ମରି ଅଧା ହୋଇ ଆସିଲେ ତରକାରୀରେ ୧ ଟେବୁଲ ଚାମଚ୍ ସୋରିଷ ତେଲ ଓ ଧନିଆ ପତ୍ର ପକାଇ ଗୋଳାଇ ଚୁଲିରୁ ଓହ୍ଲାଇ ଗରମ ଗରମ ପରଷନ୍ତୁ।

ବି:ଦ୍ର: ଏହି ପ୍ରଣାଳୀରେ ଚିଙ୍ଗୁଡ଼ି ଓ ଚିକେନ୍ ମଧ୍ୟ କରାଯାଇ ପାରିବ।

ଚିଙ୍ଗୁଡ଼ି ତରକାରୀ

ସାମଗ୍ରୀ

ଚିଙ୍ଗୁଡ଼ି	୭୫୦ ଗ୍ରାମ୍
ହଳଦୀଗୁଣ୍ଡ	୧-୧/୨ ଚା ଚାମଚ୍
ସୋରିଷ ତେଲ	୩ ଟେବୁଲ ଚାମଚ୍
ତେଜପତ୍ର	୨ଟା
ଚୁନ୍‌ଚୁନ୍ କଟା ପିଆଜ	୧ଟା (୧୫ ଗ୍ରାମ୍)
ଚୁନ୍‌ଚୁନ୍ କଟା ଟମାଟୋ	୧ଟା
କୋରା ନଡ଼ିଆ	୧ କପ୍
ଗରମ ମସଲାଗୁଣ୍ଡ	୧ ଚା ଚାମଚ୍
ପାଣି	୧-୧/୨
ଲୁଣ ଆବଶ୍ୟକ ମତେ	

ବାଟିବା ପାଇଁ ମସଲା

ଜୀରା	୧/୨ ଚା ଚାମଚ୍
ଧନିଆ	୧ ଚା ଚାମଚ୍
ଲଙ୍କା	୨ଟା
ପିଆଜ	୨୫ ଗ୍ରାମ୍
ରସୁଣ	୭/୮ ପାଖୁଡ଼ା
ଅଦା	୧ ଇଞ୍ଚ

ପ୍ରଣାଳୀ

୧. ଚିଙ୍ଗୁଡ଼ିକୁ ବାଛି ଧୋଇ (ଦେଖନ୍ତୁ ପ୍ରସ୍ତୁତି) ପାଣି ନିଗାଡ଼ି ଏଥିରେ ୧ ଚାମଚ୍ ହଳଦୀଗୁଣ୍ଡ ଓ ଲୁଣ ଗୋଳାଇ ରଖନ୍ତୁ।

୨. ନଡ଼ିଆକୁ ୧/୪ କପ୍ ପାଣିଦେଇ ବାଟି ନଡ଼ିଆ ରସ ଛାଣି ରଖନ୍ତୁ।

୩. ଜୀରା, ଧନିଆ, ଲଙ୍କା, ପିଆଜ, ରସୁଣ, ଅଦା ଆଦିକୁ ବାଟି ମସଲା ପ୍ରସ୍ତୁତ କରନ୍ତୁ।

୪. ଗୋଟିଏ କଡ଼େଇରେ ତେଲ ଗରମକରି ତେଜପତ୍ର ପକାଇ ଅଳ୍ପ ଭାଜି ଏଥିରେ ପିଆଜ ପକାନ୍ତୁ।

୫. ପିଆଜ ଜରିଗଲେ ଏଥିରେ ଟମାଟୋ ପକାଇ ଭାଜନ୍ତୁ।

୬. ଟମାଟୋରୁ ପାଣିମରି ନରମ ହୋଇଗଲେ ଏଥିରେ ବଟା ମସଲା ଓ ହଳଦୀଗୁଣ୍ଡ ପକାଇ କଷନ୍ତୁ।

୭. ମସଲା କଷି ହୋଇଗଲେ ଏଥିରେ ଚିଙ୍ଗୁଡ଼ି ପକାଇ ଭାଜନ୍ତୁ।

୮. ମସଲାରୁ ପାଣି ମରିଗଲେ ଏଥିରେ ଲୁଣ ଓ ପାଣିଦେଇ ଗୋଳାଇ ମଧ୍ୟମ ଜାଳରେ ରାନ୍ଧନ୍ତୁ।

୯. ପାଣି ଅଧା ମରିଗଲେ ଏଥିରେ ନଡ଼ିଆରସ ଦେଇ ଅଳ୍ପ ସମୟ ଫୁଟାଇ ଚୁଲିରୁ ଓହ୍ଲାଇ ଗରମ ମସଲା ଗୁଣ୍ଡ ଗୋଳାଇ ପରିବେଷଣ କରନ୍ତୁ।

ବି:ଦ୍ର: ଚିଙ୍ଗୁଡ଼ିକୁ ଅଧିକ ସମୟ ଭାଜିଲେ ବା ସିଝାଇଲେ ଏହା ଟାଣ ହୋଇଯାଏ। ଉପରୋକ୍ତ ତରକାରୀରେ ଇଚ୍ଛାହେଲେ ଆଳୁ ପକାଇ ପାରିବେ।

କୁକୁଡ଼ା ମାଂସ (Chicken)

କାଶ୍ମିରୀ ପୁତକ୍

ସାମଗ୍ରୀ

କୁକୁଡ଼ା ମାଂସ	୨୫୦ ଗ୍ରାମ୍
ଦହି	୧୫୦ ଗ୍ରାମ୍
ରିଫାଇନ୍ ତେଲ	୨୦ ମିଲି ଲିଟର
ବଟର	୫ ଗ୍ରାମ୍
ଲୁଣ ଆବଶ୍ୟକ ମତେ	
ଉଷୁମ ପାଣି	୧/୨ କପ୍
କେଶର (saffron)	୧/୨ ଚା' ଚାମଚ୍
କିସ୍ ମିସ୍	୫ ଗ୍ରାମ୍

ବାଟିବା ପାଇଁ ମସଲା

ଆଲମଣ୍ଡ	୫ଟା
ତେଜପତ୍ର	୨ଟା
ଲବଙ୍ଗ	୨ଟା
ଅଳେଇଚ	୨ଟା
ଡାଲ୍‌ଚିନି	୧/୨ ଇଞ୍ଚ

ପ୍ରଣାଳୀ

୧. ମାଂସରେ ଦହି ଓ ଲୁଣ ଭଲ ଭାବରେ ଗୋଳାଇ ୩୦ ମିନିଟ୍ ରେଫ୍ରିଜେରେଟର ଭିତରେ ରଖନ୍ତୁ।

୨. ବାଟିବା ପାଇଁ ଥିବା ମସଲାକୁ ଚିକ୍‌କଣ କରି ବାଟି ରଖନ୍ତୁ।

୩. ତେଲ ଓ ବଟରକୁ ଏକାଠି ଗରମ କରି ଏଥିରେ କିସ୍‌ମିସ୍ ପକାଇ ଭାଜି କାଢ଼ି ରଖନ୍ତୁ।

୪. ଅବଶିଷ୍ଟ ତେଲରେ ବଟା ମସଲାକୁ ପକାଇ ମଧ୍ୟମ ଜାଳରେ କଷନ୍ତୁ।

୫. ମସଲା କଷି ହୋଇଗଲେ ମାଂସ ପକାଇ ଘୋଡ଼ାଇ କଷନ୍ତୁ।

୬. ମାଂସରୁ ପାଣି ମରିଗଲେ କେଶର ଓ ଉଷୁମ ପାଣି ଦେଇ ୧୦ ମିନିଟ୍ ଘୋଡ଼ାଇ ସିଝାନ୍ତୁ।

୭. ମାଂସ ସିଝିଗଲେ ଭଜା କିସ୍‌ମିସ୍ ପକାଇ ଗୋଳାଇ ଚୁଲିରୁ ଓହ୍ଲାଇ ଗରମ ଗରମ ପରଷନ୍ତୁ।

ମୁର୍ଗ ଅଦ୍ରକି

ସାମଗ୍ରୀ	ପରିମାଣ
କୁକୁଡ଼ା ମାଂସ	୨୫୦ ଗ୍ରାମ୍
ଲେମ୍ବୁରସ	୨ ଚା ଚାମଚ୍
କୋରା ଲେମ୍ବୁ ଚୋପା	୧/୨ ଚା' ଚାମଚ୍
ରିଫାଇନ୍ ତେଲ	୨୦ ମିଲି ଲିଟର
ଚୁନ୍ ଚୁନ୍ କଟା ଅଦା	୨୦/୨୫ ଗ୍ରାମ୍
ଚୁନ୍ ଚୁନ୍ କଟା ପିଆଜ	୫୦ ଗ୍ରାମ୍
ବଟା ରସୁଣ	୨ ଚା ଚାମଚ୍
ଲାଲ୍ ଲଙ୍କାଗୁଣ୍ଡ	୧ ଚା ଚାମଚ୍
ଚୁନ୍ ଚୁନ୍ କଟା ପୋଦିନା ପତ୍ର	୧ ଟେବୁଲ୍ ଚାମଚ୍
ଚୁନ୍ ଚୁନ୍ କଟା ଧନିଆ ପତ୍ର	୨ ଚା' ଚାମଚ
ଡାଲ୍‌ଚିନି ଗୁଣ୍ଡ	୧ ଚା' ଚାମଚ୍
ଉଷୁମ ପାଣି	୧/୪ କପ୍
ଲୁଣ ଆବଶ୍ୟକ ମତେ	

ପ୍ରଣାଳୀ

୧. ମାଂସକୁ ୧ଚା ଚାମଚ୍ ଲେମ୍ବୁ ରସ, କୋରା ଲେମ୍ବୁ ଚୋପା ଓ ଲୁଣ ଗୋଳାଇ ରେଫ୍ରିଜେରେଟର୍‌ରେ ୧ ଘଣ୍ଟା ରଖନ୍ତୁ।

୨. ତେଲ ଗରମ କରି କଟା ଅଦାକୁ ଭାଜନ୍ତୁ। ପାଣି ମରିଗଲେ ତେଲରୁ ଛାଣି କାଢ଼ି ରଖନ୍ତୁ।

୩. ଅବଶିଷ୍ଟ ତେଲରେ ପିଆଜ ପକାଇ ବାଦାମୀ ରଙ୍ଗ ହେବା ପର୍ଯ୍ୟନ୍ତ ଭାଜନ୍ତୁ।

୪. ଏଥିରେ ବଟା ରସୁଣ ଯୋଗକରି ଅଳ୍ପ ଅଳ୍ପ ପାଣି ଛିଞ୍ଚି କଷନ୍ତୁ।

୫. କଷା ମସଲାରେ ଲଙ୍କାଗୁଣ୍ଡ ଡାଲିଚିନି ଗୁଣ୍ଡ ଓ ମାଂସ ପକାଇ ଗୋଳାଇ ଢାଙ୍କୁଣି ଘୋଡ଼ାଇ କଷନ୍ତୁ।

୬. ପାଣି ମରି ଆସିଲେ ଆଉ ୧ ଚା' ଚାମଚ୍ ଲେମ୍ବୁରସ ଦେଇ ପୋଦିନା ପକାଇ କଷନ୍ତୁ।

୭. ଏଥିରେ ଉଷୁମ ପାଣି ପକାଇ ୪/୫ ମିନିଟ୍ ଘୋଡ଼ାଇ ଫୁଟାନ୍ତୁ।

୮. ଚୁଲିରୁ ଓହ୍ଲାଇ ଧନିଆ ପତ୍ର ଓ ଭଜା ଅଦା ଗୋଳାଇ ଗରମ ଗରମ ପରଷନ୍ତୁ।

ଗ୍ରୀଲଡ଼ ଚିକେନ୍

ସାମଗ୍ରୀ

କଣ୍ଟା ବିହିନ କୁକୁଡ଼ା ମାଂସ (boneless breast meat)	୫୦୦ ଗ୍ରାମ୍
ଲେମ୍ବୁ ରସ	୪ ଟେବୁଲ୍ ଚାମଚ୍
ଅଲିଭ ଅଏଲ୍	୨ ଟେବୁଲ୍ ଚାମଚ୍
ଜୀରା ଗୁଣ୍ଡ	୧ ଚା ଚାମଚ୍
ବଟା ପୋଦିନା ପତ୍ର	୨ ଟେବୁଲ୍ ଚାମଚ୍
ଗୋଲ ମରିଚ ଗୁଣ୍ଡ	୨ ଟେବୁଲ୍ ଚାମଚ୍
ଲୁଣ ଆବଶ୍ୟକ ମତେ	

ସଜାଇବା ପାଇଁ ଲମ୍ବ ଲମ୍ବ କଟା ଗାଜର୍, ମୂଳା ଓ କାକୁଡ଼ି।

ପ୍ରଣାଳୀ

୧. ମାଂସକୁ ୩ ଇଞ୍ଚ ଲମ୍ବ ଓ ୨ ଇଞ୍ଚ ଚଉଡାରେ କାଟି, ଗୋଟି ଗୋଟି କରି କାଠ ହାମର୍‌ରେ ବା ଚଟକା ଗୋଲ ଡଙ୍କି ପଛପଟେ ଆସ୍ତେ ଆସ୍ତେ ବାଡ଼େଇ ସାମାନ୍ୟ ଚଟରାଇ ଦିଅନ୍ତୁ।

୨. ଏଥିରେ ତେଲ ବ୍ୟତୀତ ସମସ୍ତ ସାମଗ୍ରୀକୁ ଭଲ ଭାବେ ଗୋଳାଇ ଦିଅନ୍ତୁ।

୩. ଶେଷରେ ୧ ଟେବୁଲ୍ ଚାମଚ୍ ତେଲ ଗୋଳାଇ ୩୦ ମିନିଟ୍ ପର୍ଯ୍ୟନ୍ତ ରେଫ୍ରିଜେରେଟର୍‌ରେ ରଖନ୍ତୁ।

୪. ଓଭେନ୍ ର୍ୟାକ୍‌ରେ ତେଲ ବ୍ରସ୍ କରି ୧୮୦° ସେଣ୍ଟିଗ୍ରେଡ୍‌ରେ ପ୍ରିହିଟ୍ କରନ୍ତୁ।

୫. ର୍ୟାକ୍ ତଳେ ଆଲୁମିନିୟମ୍ ପେପର ଗୁଡ଼ାଇ ଏକ ଟ୍ରେ ରଖନ୍ତୁ।

୬. ମାଂସ ଗୁଡ଼ିକ ର୍ୟାକ୍ ଉପରେ ଗୋଟି ଗୋଟି କରି ବିଛାଇ ତା'ଉପରେ ଚାମଚ୍‌ରେ ଟିକେ ଟିକେ ତେଲ ଦେଇ ଓଭେନ୍‌ରେ ରଖନ୍ତୁ।

୭. ମାଂସକୁ ଲେଉଟ ପାଉଟ୍ କରି, ମାଂସରୁ ବଳିଥିବା ମସଲା ପାଣି ଓ ତେଲ ଟିକେ ଟିକେ ଦେଇ ୫ରୁ ୧୦ ମିନିଟ୍ ପର୍ଯ୍ୟନ୍ତ ଓଭେନ୍‌ରେ ରଖି ସିଝିଗଲେ ପ୍ଲେଟ୍‌ରେ କାଢ଼ି ରଖନ୍ତୁ।

୮. ଏହା ଚାରିପଟେ ସଜାଇବା ପାଇଁ ଥିବା ସାମଗ୍ରୀକୁ ରୁଚି ଅନୁସାରେ ସଜାଇ ଖାଇବାକୁ ଦିଅନ୍ତୁ।

ପ୍ରକାର ଭେଦ- ପୋଦିନା ବଦଳରେ କସ୍ତୁରୀମେଥି ଗୁଣ୍ଡ ୧ଚା ଚାମଚ୍ ବ୍ୟବହାର କରି ପାରିବେ।

ତନ୍ଦୁରୀ ଚିକେନ୍

ସାମଗ୍ରୀ

ବଡ଼ ବଡ଼ ଖଣ୍ଡ କୁକୁଡ଼ା ମାଂସ	୭୦୦ ଗ୍ରାମ୍
ଲେମ୍ବୁ ରସ	୪ ଟେବୁଲ୍ ଚାମଚ୍

ଧନିଆ ଗୁଣ୍ଡ	୩ ଚା ଚାମଚ୍
ଜୀରା ଗୁଣ୍ଡ	୨ ଚା ଚାମଚ୍
ଲଙ୍କା ଗୁଣ୍ଡ	ରୁଚି ଅନୁସାରେ
ରେଡ୍ ଫୁଡ୍ କଲର	୨ ରୁ ୩ ଟୋପା
ବଟା ଅଦା	୧ ଟେବୁଲ୍ ଚାମଚ୍
ବଟା ରସୁଣ	୧-୧/୨ ଟେବୁଲ୍ ଚାମଚ୍
ବଟା ପିଆଜ	୨ ଟେବୁଲ୍ ଚାମଚ୍
ଦହି	୧ କପ୍
ରିଫାଇନ୍ ତେଲ	
ଲୁଣ ଆବଶ୍ୟକ ମତେ	

ପ୍ରଣାଳୀ

୧. ମାଂସରେ ଲେମ୍ବୁରସ ଓ ଲୁଣ ଗୋଳାଇ ୧ ଘଣ୍ଟା ରେଫ୍ରିଜେରେଟର୍‌ରେ ରଖନ୍ତୁ।

୨. ତେଲକୁ ଛାଡ଼ି ଦହି ସହିତ ଅବଶିଷ୍ଟ ସାମଗ୍ରୀ ଓ ଲୁଣକୁ ଭଲ ଭାବେ ଫେଣ୍ଟି ରଖନ୍ତୁ।

୩. ମାଂସକୁ ଦହି ମିଶ୍ରଣରେ ଗୋଳାଇ ରେଫ୍ରିଜେରେଟର୍‌ରେ ୪ରୁ୫ ଘଣ୍ଟା ପର୍ଯ୍ୟନ୍ତ ରଖନ୍ତୁ।

୪. ଓଭେନ୍ ର୍‌ୟାକ୍‌ରେ ତେଲ ବ୍ରସ୍ କରି ପ୍ରି ହିଟ୍ କରନ୍ତୁ। ର୍‌ୟାକ୍ ତଳେ ଗୋଟିଏ ଟ୍ରେରେ ଆଲୁମିନିୟମ୍ ଫଏଲ ଗୁଡ଼ାଇ ରଖନ୍ତୁ। ଫଳରେ ମାଂସରୁ ଖସୁଥିବା ଜୁସ୍ ଓଭେନ୍‌କୁ ନଷ୍ଟ କରିବ ନାହିଁ।

୫. ଏଥର ଓଭେନ୍ ର୍‌ୟାକ୍‌ରେ ଦହି ମିଶ୍ରଣରୁ ଗୋଟି ଗୋଟି କରି ମାଂସ କାଢ଼ି ସଜାଡ଼ି ରଖି ୧୮୦° ସେଣ୍ଟିଗ୍ରେଡ୍‌ରେ ବେକ୍ କରନ୍ତୁ।

୬. ମାଂସକୁ ଲେଉଟ ପାଉଟ କରି ମଝିରେ ମଝିରେ ବଳି ପଡ଼ିଥିବା ଦହି ମିଶ୍ରଣ ବୋଳି ୪୫ ମିନିଟ୍ ବା ଭଲ ଭାବେ ସିଝିବା ପର୍ଯ୍ୟନ୍ତ ଓଭେନ୍‌ରେ ରଖନ୍ତୁ।

୭. ମାଂସ ସିଝିଗଲେ ଓଭେନ୍‌ରୁ କାଢ଼ି ପରିବେଷଣ କରନ୍ତୁ।

ମୋଗଲାଇ ଚିକେନ୍

ସାମଗ୍ରୀ

କୁକୁଡ଼ା ଗୋଡ଼	୭୦୦ ଗ୍ରାମ୍
ଦହି	୬୦୦ ଗ୍ରାମ୍
ବଟା ଅଦା	୧-୧/୨ ଟେବୁଲ୍ ଚାମଚ
ବଟା ରସୁଣ	୨ ଟେବୁଲ୍ ଚାମଚ୍
ସରୁ ସରୁ କଟା ପିଆଜ	୨ଟା (ବଡ଼)
ଗୁଆ ଘିଅ	୪ ଟେବୁଲ୍ ଚାମଚ୍
କେଶର	୧ଟିପେ
କ୍ଷୀର	୪ ଟେବୁଲ୍ ଚାମଚ୍
ବାଦାମ୍ (ଆଲମଣ୍ଡ)	୧୦୦ ଗ୍ରାମ୍
ଚାର୍ ମଗଜ	୧୫୦ ଗ୍ରାମ୍
ଲାଲ୍ ଲଙ୍କା ଗୁଣ୍ଡ	୧/୨ ଚା' ଚାମଚ୍ ବା ରୁଚି ଅନୁସାରେ
ଗୁଜୁରାତି	୨ଟା
ଲୁଣ ଆବଶ୍ୟକ ମତେ	
ଗରମ ପାଣି	୨-୧/୨ କପ୍
ଫ୍ରେସ୍ କ୍ରିମ୍	୨ ଟେବୁଲ୍ ଚାମଚ୍

ପ୍ରଣାଳୀ

୧. ମାଂସକୁ କଣ୍ଟା ଚାମଚ୍ ବା ଛୁରୀ ମୁନରେ ଫୋଡ଼ି ଫୋଡ଼ି ଦିଅନ୍ତୁ।

୨. ବଟା ଅଦା, ରସୁଣ ଓ ଲୁଣକୁ ମାଂସରେ ପକାଇ ଗୋଳାଇ ରଖନ୍ତୁ।

୩. କେଶରକୁ କ୍ଷୀରରେ ୧୦ ମିନିଟ୍ ବତୁରାଇ ଚକଟି ରଖନ୍ତୁ।

୪. ଦହିରେ କେଶର ଓ ଫ୍ରେସ୍ କ୍ରିମ୍ ମିଶାଇ, ଏଥିରେ ମାଂସ ପକାଇ ଗୋଳାଇ ରେଫ୍ରିଜେରେଟରରେ ୨ରୁ୩ ଘଣ୍ଟା ପର୍ଯ୍ୟନ୍ତ ଢାଙ୍କୁଣି ଘୋଡ଼ାଇ ରଖନ୍ତୁ।

୫. ବାଦାମ୍ ଓ ଚାରମଗଜକୁ ଅଲଗା ଅଲଗା ଭାଜି ରଖନ୍ତୁ। ବାଦାମ୍‌ର ଚୋପା ଛଡ଼ାଇ ଚାରମଗଜ ସହ ଚିକ୍‌ଣ କରି ବାଟି ରଖନ୍ତୁ।

୬. ଘିଅ ଗରମ କରି ଏଥିରେ ପିଆଜ ଜାରନ୍ତୁ। ପିଆଜ ବାଦାମୀ ରଙ୍ଗ ହେବା ପୂର୍ବରୁ ମାଂସ ଖଣ୍ଡ ଗୁଡ଼ିକ ଦହିରୁ ବାହାର କରି ଏଥିରେ ପକାଇ କଷନ୍ତୁ।

୭. ମାଂସ ବାଦାମୀ ରଙ୍ଗ ହୋଇଗଲେ ଏଥିରେ ବଳିଥିବା ଦହି, ଲଙ୍କାଗୁଣ୍ଡ ବଟା ବାଦାମ୍ ପକାଇ ସାମାନ୍ୟ କଷି ଗରମ ପାଣି ଓ ଲୁଣ ଦେଇ ମଧ୍ୟମ ଜାଳରେ ଢାଙ୍କୁଣି ଘୋଡ଼ାଇ ରାନ୍ଧନ୍ତୁ।

୮. ମଝିରେ ମଝିରେ ଘାଣ୍ଟି ଦେଖନ୍ତୁ ମାଂସ ସିଝିଗଲେ ଓ ଘିଅ ଉପରକୁ ଭାସି ଉଠିଲେ ଚୁଲିରୁ ଓହ୍ଲାଇ ରୁଟି ବା ନାନ୍ ସାଙ୍ଗରେ ପରଷନ୍ତୁ।

ମୁର୍ଗ ମସାଲା

ସାମଗ୍ରୀ

କଣ୍ଟା ବିହିନ କୁକୁଡ଼ା ମାଂସ	୫୦୦ ଗ୍ରାମ୍
ରିଫାଇନ୍ ତେଲ	୧ ଟେବୁଲ୍ ଚାମଚ୍
ଗୁଆ ଘିଅ	୧ ଟେବୁଲ୍ ଚାମଚ୍
ଲୁଣ ଆବଶ୍ୟକ ମତେ	
ହଳଦୀ ଗୁଣ୍ଡ	୧ ଚା ଚାମଚ୍
ଦହି	୭୦୦ ଗ୍ରାମ୍
ତେଜପତ୍ର	୨ଟା
ଡାଲ୍‌ଚିନି (୧ଇଞ୍ଚ ଲମ୍ବ)	୨ ଖଣ୍ଡ
ଲବଙ୍ଗ	୨ଟା
ଗୁଜୁରାତି	୨ଟା
ଟମାଟୋ ପିଉରୀ	୩ ଟେବୁଲ୍ ଚାମଚ୍
ଲଙ୍କା ଗୁଣ୍ଡ	୧ ଚା ଚାମଚ୍
ସରୁ ସରୁ କଟା ପିଆଜ	୩ଟା
ରସୁଣ	୫ ପାଖୁଡ଼ା
ବଟା ଅଦା	୨ ଚା ଚାମଚ୍
ଧନିଆ ଗୁଣ୍ଡ	୧ ଟେବୁଲ୍ ଚାମଚ୍
ଯାଇଫଳ ଗୁଣ୍ଡ	୧ ଚା ଚାମଚ୍
ଅଳେଇଚ ଗୁଣ୍ଡ	୧/୨ ଚା ଚାମଚ
ଚିକେନ୍ ଷ୍ଟକ୍ ବା ପାଣି	୧ କପ୍
କେଓ୍ୱରା ଏସେନ୍‌ସ୍	୧/୨ ଚା ଚାମଚ୍
ଲେମ୍ବୁ ରସ	୧ ଚା ଚାମଚ୍
ଚୁନ୍ ଚୁନ୍ କଟା ପୋଦିନା ପତ୍ର	୨ ଟେବୁଲ୍ ଚାମଚ
ଚୁନ୍ ଚୁନ୍ କଟା ଧନିଆ ପତ୍ର	୧ ଟେବୁଲ୍ ଚାମଚ୍
ଚକଟା ଅଟା ଗୁଳା	

ପ୍ରଣାଳୀ

୧. ମାଂସରେ ଲୁଣ, ହଳଦୀ ଗୁଣ୍ଡ ଓ ଦହି ଗୋଳାଇ ୩୦ ମିନିଟ୍ ରଖନ୍ତୁ।

୨. ଅଳ୍ପ ରିଫାଇନ୍ ତେଲରେ ୩/୪ ଭାଗ କଟା ପିଆଜ ଓ ରସୁଣକୁ ଭାଜନ୍ତୁ। ପିଆଜ ବାଦାମୀ ରଙ୍ଗ ହେବା ପୂର୍ବରୁ କାଢ଼ି ଥଣ୍ଡା କରନ୍ତୁ ଓ ଚିକ୍କଣ କରି ବାଟି ରଖନ୍ତୁ।

୩. ଘିଅ ଓ ତେଲକୁ ଏକାଠି ଗରମ କରି ତେଜପତ୍ର, ଡାଲ୍‌ଚିନ, ଗୁଜୁରାତି ଓ ଲବଙ୍ଗ ପକାଇ ଅଳ୍ପ ଭାଜି ଏଥିରେ ଅବଶିଷ୍ଟ ପିଆଜ ଦେଇ ଜାରନ୍ତୁ।

୪. ଏଥିରେ ବଟା ଅଦା, ଧନିଆ ଗୁଣ୍ଡ ଓ ଲଙ୍କା ଗୁଣ୍ଡ ପକାଇ କଷି ଦିଅନ୍ତୁ।

୫. କଷା ମସଲାରେ ମାଂସ ପକାନ୍ତୁ। ଏଥିରେ ପିଆଜ ଓ ରସୁଣ ବଟା ପକାଇ ଭଲ ଭାବେ କଷି ଦିଅନ୍ତୁ।

୬. ମାଂସରୁ ପାଣି ମରି ଆସିଲେ ପୋଦିନା ପତ୍ର ଦେଇ କଷନ୍ତୁ। ଧନିଆ ପତ୍ର ଓ ଲେମ୍ବୁ ରସକୁ ଛାଡ଼ି ଅବଶିଷ୍ଟ ସମସ୍ତ ସାମଗ୍ରୀ ପକାଇ ଘୋଡ଼ାଇ ଫୁଟାନ୍ତୁ।

୭. ମାଂସ ସିଝିଗଲେ ଗୋଟିଏ ସିରାମିକ୍ ପାତ୍ରରେ ମାଂସକୁ ଢାଳି ଲେମ୍ବୁ ରସ ଗୋଳାଇ ଉପରେ ଧନିଆ ପତ୍ର ଛିଞ୍ଚି ଦିଅନ୍ତୁ।

୮. ପାତ୍ରର ଢାଙ୍କୁଣି ଘୋଡ଼ାଇ ଢାଙ୍କୁଣି ଚାରି ପଟେ ଅଟା ଗୁଳାକୁ ଲମ୍ବକରି ବଳି ଚାପି ଦିଅନ୍ତୁ ଯେପିରି କି ବାମ୍ଫ ବାହାରି ନ ଆସେ।

୯. ୩୦ ମିନିଟ୍ ପରେ ଅଟାକୁ କାଢ଼ି ଗରମ ଗରମ ଖାଇବାକୁ ଦିଅନ୍ତୁ।

ଚିକେନ୍ ନଗେଟ୍ସ

ସାମଗ୍ରୀ

କଣ୍ଟା ବିହିନ ମାଂସ (boneless chicken breast)	୩୦୦ ଗ୍ରାମ୍
ମଇଦା	୨୦୦ ଗ୍ରାମ୍
ଚିକେନ୍ ମସଲା	୬୦ ଗ୍ରାମ୍
ଚାର୍ଟ ମସଲା	୧ ଟେବୁଲ୍ ଚାମଚ୍
ଲଙ୍କା ଗୁଣ୍ଡ	୧/୨ ଚା ଚାମଚ
ଅଣ୍ଡା	୨ଟା
ଶୁଖିଲା ବ୍ରେଡ୍ କ୍ରମ୍ବ	୧/୨ କପ୍
ଲୁଣ ଆବଶ୍ୟକ ମତେ	

ସପୁରୀ ସସ୍

ସପୁରୀ ରସ	୧୦୦ ମିଲି ଲିଟର
ଲେମ୍ବୁ ରସ	୪ ଚା ଚାମଚ୍
ଟମାଟୋ ସସ୍	୧ ଟେବୁଲ୍ ଚାମଚ୍
ଗୁଡ	୧୫ ଗ୍ରାମ୍
ସୟା ସସ୍	୧ ଚା ଚାମଚ୍
କର୍ଣ୍ଣ ଫ୍ଲାୱାର୍	୨ ଚା ଚାମଚ୍
ପାଣି	୧ ଟେବୁଲ୍ ଚାମଚ୍

ପ୍ରଣାଳୀ

୧. ମାଂସକୁ ଧୋଇ ୧ ଇଞ୍ଚ ଚଉଡ଼ା ଓ ୨-୧/୨ ଇଞ୍ଚ ଲମ୍ବରେ ଖଣ୍ଡ ଖଣ୍ଡ କରି କାଟି ପେପର୍ ନାପ୍‌କିନ୍‌ରେ ଛାପି ରଖନ୍ତୁ।

୨. ମଇଦା, ଚାର୍ଟ ମସଲା, ଚିକେନ୍ ମସଲା, ଲୁଣ ଓ ଲଙ୍କା ଗୁଣ୍ଡକୁ ଏକାଠି ଗୋଳାଇ ଗୋଟିଏ ପଲିଥିନ୍ ବ୍ୟାଗ୍‌ରେ ରଖନ୍ତୁ।

୩. ମସଲା ବ୍ୟାଗ୍‌ରେ ମାଂସ ପକାଇ ବ୍ୟାଗ୍‌ର ମୁହଁ ବନ୍ଦକରି ହଲାଇ ହଲାଇ ମିଶାନ୍ତୁ, ଯେପରିକି ପ୍ରତ୍ୟେକ ମାଂସରେ ମଇଦା ମିଶ୍ରଣ ଭଲ ଭାବରେ ଗୋଳାଇ ହୋଇ ଯିବ।

୪. ମାଂସ ଖଣ୍ଡ ଗୁଡ଼ିକରୁ ଅଧିକା ମଇଦା ଝାଡ଼ି ଗୋଟିଏ ଥାଳିରେ ସଜାଡ଼ି ରଖନ୍ତୁ।

୫. ଅଣ୍ଡାକୁ ସାମାନ୍ୟ ଲୁଣ ପକାଇ ଫେଣ୍ଟି ରଖନ୍ତୁ ଓ ଗୋଟିଏ ଚଟକା ଥାଳିରେ ବ୍ରେଡ୍ କ୍ରମ୍ବ ବିଛାଇ ରଖନ୍ତୁ।

୬. ଗୋଟି ଗୋଟି କରି ଚିକେନ୍‌କୁ ଅଣ୍ଡାରେ ବୁଡ଼ାଇ ବ୍ରେଡ୍ କ୍ରମ୍ବରେ ଗଡ଼ାଇ ଗୋଟିଏ ଥାଳିରେ ସଜାଡ଼ି ରଖନ୍ତୁ।

୭. ମାଂସ ଥିବା ଥାଳିକୁ କ୍ଲିନ୍ ର୍ୟାପ୍ ବା ଆଲୁମୁନିୟମ୍ ଫଏଲ୍ ଗୁଡ଼ାଇ ରେଫ୍ରିଜେରେଟର୍‌ରେ ୩୦ ମିନିଟ୍ ପର୍ଯ୍ୟନ୍ତ ରଖନ୍ତୁ।

୮. ତେଲ ଗରମ କରି ମଧ୍ୟମ ଜାଳରେ ଚିକେନ୍ ଖଣ୍ଡଗୁଡ଼ିକ ଗୋଟି ଗୋଟି କରି ୩ରୁ୪ ମିନିଟ୍ ବା ବାଦାମୀ ରଙ୍ଗ ହେବା ପର୍ଯ୍ୟନ୍ତ ଛାଣନ୍ତୁ।

୯. ନଗେଟ୍ସ ଗୁଡ଼ିକୁ ସପୁରୀ ସସ୍ ବା ଅନ୍ୟାନ ସସ୍ ନଚେତ୍ ଯେ କୌଣସି ଚଟଣୀ ସହ ଖାଇବାକୁ ଦିଅନ୍ତୁ।

ସପୁରୀ ସସ୍ ପ୍ରଣାଳୀ

୧. କର୍ଣ୍ଣଫ୍ଲାୱାର ଓ ପାଣିକୁ ଛାଡ଼ି ସମସ୍ତ ସାମଗ୍ରୀ ଏକାଠି ମିଶାଇ ଗୋଟିଏ ସସ୍‌ପ୍ୟାନ୍‌ରେ ଅଳ୍ପ ଜାଳରେ ବସାଇ ଘାଣ୍ଟନ୍ତୁ।

୨. ଗୁଡ଼ ମିଶିଗଲେ କର୍ଣ୍ଣଫ୍ଲାୱାରକୁ ପାଣିରେ ଗୋଳାଇ ସସ୍‌ରେ ଆସ୍ତେ ଆସ୍ତେ ଢାଳି ଘାଣ୍ଟନ୍ତୁ।

୩. ଏହା ଫୁଟି ବହଳ ହୋଇ ଆସିଲେ ଚୁଲିରୁ ଓହ୍ଲାଇ ଥଣ୍ଡା ହୋଇଗଲେ ନଗେଟ୍ସ ସହ ଖାଇବାକୁ ଦିଅନ୍ତୁ।

ଚିକେନ୍ ଉଇଥ୍ ମସ୍‌ରୁମ ସସ୍

ସାମଗ୍ରୀ

କୁକୁଡ଼ା ମାଂସ (ଗୋଡ଼)	୫୦୦ ଗ୍ରାମ୍
ଗୋଲମରିଚ ଗୁଣ୍ଡ	୨ ଚା ଚାମଚ୍
ମଇଦା	୨ ଚା ଚାମଚ୍
ବଟର	୩ ଟେବୁଲ୍ ଚାମଚ୍

ରିଫାଇନ୍ ତେଲ	୧-୧/୨ ଟେବୁଲ୍ ଚାମଚ୍
ସରୁ ସରୁ କଟା ପିଆଜ	୨ଟା
ବଟନ୍ ଛତୁ	୧୫୦ ଗ୍ରାମ୍
କ୍ଷୀର	୧୦୦ ମିଲି ଲିଟର
ଲେମ୍ବୁରସ	୧ ଚା ଚାମଚ୍
ଫ୍ରେସ୍ କ୍ରିମ୍	୪ ଚା ଚମଚ୍
ଲୁଣ ଆବଶ୍ୟକ ମତେ	

ପ୍ରଣାଳୀ

୧. ମାଂସକୁ ସଫା କରି ସାରିବା ପରେ ଛୁରୀ ମୁନ ବା କଣ୍ଟା ଚାମଚରେ ଫୋଡ଼ି ଫୋଡ଼ି କଣା କଣା କରି ଦିଅନ୍ତୁ।

୨. ଏଥିରେ ଲୁଣ ଓ ୧ଚା' ଚାମଚ୍ ଗୋଲମରିଚ ଗୁଣ୍ଡ ଗୋଳାଇ ୩ଘଣ୍ଟା ରେଫ୍ରିଜେରେଟର୍‌ରେ ଘୋଡ଼ାଇ ରଖନ୍ତୁ।

୩. ଛତୁର ଆକାର ଦେଖି ଏହାକୁ ୨ ବା ୪ଖଣ୍ଡ କରି ଧୋଇ ଛାଣି ରଖନ୍ତୁ।

୪. ସମସ୍ତ ରିଫାଇନ୍ ତେଲ ସାଙ୍ଗରେ ୨-୧/୨ ଟେବୁଲ୍ ଚାମଚ୍ ବଟର ମିଶାଇ କଡ଼େଇରେ ଗରମକର ଗୋଟି ଗୋଟି କରି ମାଂସକୁ ଭାଜି ଗୋଟିଏ ପ୍ଲେଟରେ କାଢ଼ି ଘୋଡ଼ାଇ ରଖନ୍ତୁ।

୫. ମାଂସ ଭାଜି ସାରିବା ପରେ ବଳିଥିବା ତେଲ ବଟର ମିଶ୍ରଣରେ ପିଆଜକୁ ବାଦାମୀ ରଙ୍ଗ ହେବା ପର୍ଯ୍ୟନ୍ତ ଭାଜନ୍ତୁ।

୬. ଏଥିରେ ଛତୁ ପକାଇ କିଛି ସମୟ ଭାଜନ୍ତୁ।

୭. ଅବଶିଷ୍ଟ ବଟରରେ ମଇଦା ପକାଇ ସାମାନ୍ୟ ଭାଜି କ୍ଷୀର ଦେଇ ହ୍ୱାଇଟ୍ ସସ୍ (ଦଖନ୍ତୁ ସୁପ୍) ପ୍ରସ୍ତୁତ କରନ୍ତୁ।

୮. ଛତୁରେ ହ୍ୱାଇଟ୍ ସସ୍, ଲୁଣ, ଅବଶିଷ୍ଟ ଗୋଲମରିଚ ଗୁଣ୍ଡ ଓ ଲେମ୍ବୁରସ ପକାଇ ଭଲ ଭାବେ ଘାଣ୍ଟି ଦିଅନ୍ତୁ।

୯. ଏହାକୁ ଅଳ୍ପ ଜାଳରେ ବସାଇ ଏଥିରେ ଭଜା ହୋଇଥିବା ମାଂସକୁ ପକାଇ ଗୋଳାଇ ଢାଙ୍କୁଣି ଘୋଡ଼ାଇ ୫ ମିନିଟ୍ ଫୁଟାନ୍ତୁ।

୧୦. ଚୁଲିରୁ ଓହ୍ଲାଇ ପରିବେଷଣ ପାଇଁ ଥିବା ପାତ୍ରରେ ଢାଳି ଉପରେ ଫ୍ରେସ୍ କ୍ରିମ ଦେଇ ପରଷନ୍ତୁ।

ଗ୍ରୀନ୍ ଚିକେନ୍

ସାମଗ୍ରୀ

କୁକୁଡ଼ାର ଗୋଡ଼ ଓ ଡେଣା ମାଂସ	୫୦୦ ଗ୍ରାମ୍
ପାଳଙ୍ଗ ଶାଗ	୨୫୦ ଗ୍ରାମ୍
ଧନିଆ ପତ୍ର	୧ କପ୍
ପୋଦିନା ପତ୍ର	୧ କପ୍
କଞ୍ଚା ଲଙ୍କା	୧ ରୁ ୨ ଟା
ଚୁନ୍ ଚୁନ୍ କଟା ପିଆଜ	୩ ଟେବୁଲ୍ ଚାମଚ୍
ବଟା ଅଦା	୨ଟେବୁଲ୍ ଚାମଚ୍
ବଟା ରସୁଣ	୨ଟେବୁଲ୍ ଚାମଚ୍
ବଟା ପେସ୍ତା	୧/୨ଟେବୁଲ୍ ଚାମଚ୍
ବଟା କାଜୁ	୧ଟେବୁଲ୍ ଚାମଚ୍
ଦହି	୧/୨ କପ୍
ଲବଙ୍ଗ	୨ଟା
ଡାଲଚିନି	୧/୨" ଖଣ୍ଡ
ଗୁଜୁରାତି	୨ଟା
ତେଜ ପତ୍ର	୨ଟା
ଜୀରା	୧ ଚା ଚାମଚ୍
ତେଲ	୩ଟେବୁଲ୍ ଚାମଚ୍
ଗରମ ପାଣି	୧ କପ୍
ଲୁଣ ଆବଶ୍ୟକ ମତେ	

ପ୍ରଣାଳୀ

୧. ଧନିଆ ପତ୍ର, ପୋଦିନା ପତ୍ର ଓ କଞ୍ଚା ଲଙ୍କାକୁ ଏକାଠି ବାଟି ରଖନ୍ତୁ।

୨. ମାଂସରେ ବଟା ପତ୍ର ସହ, ଦହି ଓ ଲୁଣ ପକାଇ ଭଲ ଭାବେ ଗୋଳାଇ ୧ ଘଣ୍ଟା ରଖନ୍ତୁ।

୩. ପାଳଙ୍ଗକୁ କଡ଼େଇରେ ଖରଡ଼ି, ସିଝାଇ ବାଟି ରଖନ୍ତୁ।

୪. ତେଲ ଗରମ କରି, ଜୀରା ଫୁଟାଇ ଏଥିରେ କ୍ରମ ଅନୁସାରେ ଡାଲ୍‌ଚିନି, ଲବଙ୍ଗ, ଗୁଜୁରାତି ଓ ତେଜ ପତ୍ର ପକାଇ ଅଳ୍ପ ସମୟ ଭାଜନ୍ତୁ।

୫. ମସଲା ଭାଜିଲା ବେଳେ ବାସ୍ନା ଆସିଲେ ଏଥିରେ ପିଆଜ ପକାଇ ବାଦାମୀ ରଙ୍ଗ ହେବା ପର୍ଯ୍ୟନ୍ତ ଭାଜନ୍ତୁ।

୬. ଏଥିରେ ବଟା ରସୁଣ ଓ ଅଦା ପକାଇ ଅଳ୍ପ ଅଳ୍ପ ପାଣି ଛିଟାଦେଇ ବାଦାମୀ ରଙ୍ଗ ହେବା ପର୍ଯ୍ୟନ୍ତ କଷନ୍ତୁ।

୭. ମସଲାରେ ପୋସ୍ତ ଓ କାଜୁ ବଟାଦେଇ ଅଳ୍ପ ସମୟ କଷନ୍ତୁ।

୮. ଏଥିରେ ମାଂସ ପକାଇ କଷନ୍ତୁ। ମାଂସରୁ ପାଣି ମରି ଆସିଲେ ଓ ତେଲ ବାହାରିଲେ ବଟା ପାଲଙ୍ଗ ପକାଇ ଅଳ୍ପ ସମୟ କଷି ପାଣି ଦେଇ ଅଳ୍ପ ଜାଳରେ ଫୁଟାନ୍ତୁ।

୯. ମାଂସ ସିଝିଗଲେ ଚୁଲିରୁ ଓହ୍ଲାଇ ଖାଇବାକୁ ଦିଅନ୍ତୁ।

ଷ୍ଟଫଡ଼୍ ଚିକେନ୍ ରୋଷ୍ଟ

ସାମଗ୍ରୀ

ଗୋଟା କୁକୁଡ଼ା ମାଂସ	୧ (୭୦୦ ରୁ ୮୦୦ ଗ୍ରାମ୍)
ଲୁଣ	୧-୧/୨ ଚା ଚାମଚ୍
ଗୋଲମରିଚ ଗୁଣ୍ଡ	୧ ଚା ଚାମଚ୍
ରିଫାଇନ୍ ତେଲ ବା ବଟର	୨ ଟେବୁଲ୍ ଚାମଚ୍
ଚିକେନ୍ ଷ୍ଟକ୍ ନଚେତ୍ ପାଣି	୧ କପ୍
ମଇଦା	୨ ଟେବୁଲ୍ ଚାମଚ୍
ବାନ୍ଧିବା ପାଇଁ ଧଳା ମୋଟା ସୂତା	
ଗାଡୁଆ ବେକିଙ୍ଗ୍ ଟ୍ରେ	୧ଟା

ଷ୍ଟଫିଙ୍ଗ୍

ଭାତ	୧ କପ୍
ଚୁନ୍ ଚୁନ୍ କଟା ପିଆଜ	୩ ଟେବୁଲ୍ ଚାମଚ୍
ଫାଳ କାଜୁ	୧/୨ କପ୍ (୯୦ ଗ୍ରାମ୍)
ଚୁନ୍ ଚୁନ୍ କଟା ଡ୍ରାଇ ଆପ୍ରିକଟ୍	୧ କପ୍ (୧୮୫ ଗ୍ରାମ୍)
ଲେମ୍ବୁ ରସ	୧ ଟେବୁଲ୍ ଚାମଚ୍
ଚୁନ୍ ଚୁନ୍ କଟା ସଜ ପାର୍ସଲେ ନଚେତ୍ ଶୁଖିଲା ପାର୍ସଲେ	୩ ଟେବୁଲ୍ ଚାମଚ୍ / ୧ ଟେବୁଲ୍ ଚାମଚ୍
ଚୁନ୍ ଚୁନ୍ କଟା ପୋଦିନା ପତ୍ର	୨ ଟେବୁଲ ଚାମଚ୍
ତେଲ/ବଟର	ଆବଶ୍ୟକ ମତେ
ଚୁନ୍ ଚୁନ୍ କଟା ପିଆଜ	୩ ଟେବୁଲ୍ ଚାମଚ୍
ଲୁଣ ଆବଶ୍ୟକ ମତେ	

ପ୍ରଣାଳୀ

୧. କୁକୁଡ଼ାର ଲମ୍ବ ବେକଟିକୁ କାଟି, ପେଟ ଭିତରେ ଥିବା ଗିଜାର୍ଡ଼ ଓ କଲିଜାକୁ ବାହାର କରି ଭଲ ଭାବରେ ଧୋଇ ରଖନ୍ତୁ।

୨. ଟିସୁ ପେପରରେ କୁକୁଡ଼ାରେ ଭିତର ଓ ବାହାର ପଟରୁ ପାଣି ଛାପି ଦିଅନ୍ତୁ। କଣ୍ଟା ଚାମଚ୍ ବା ଛୁରୀ ମୁନରେ ମାଂସର ସବୁଆଡ଼େ ଅଳ୍ପ ଗହିରରେ ଫୋଡ଼ି ଫୋଡ଼ି ଦିଅନ୍ତୁ।

୩. ଲୁଣ ଓ ଗୋଲମରିଚ ଗୁଣ୍ଡକୁ କୁକୁଡ଼ାର ବାହାର ଭିତର ପଟେ ଭଲ ଭାବରେ ଘସି ଘସି ଗୋଳାଇ ଦିଅନ୍ତୁ।

୪. ମାଂସକୁ ଗୋଟିଏ ବଡ଼ ଥାଳୀରେ ରଖି ଏହା ଉପରେ ଆଲମିନିୟମ୍ ଫଏଲ୍ ଗୁଡ଼ାଇ ୧ ଘଣ୍ଟା ପର୍ଯ୍ୟନ୍ତ ରେଫ୍ରିଜେରେଟରରେ ରଖନ୍ତୁ।

୫. ଗୋଟିଏ ଫ୍ରାଇଙ୍ଗ୍ ପ୍ୟାନ୍‌ରେ ୧ ଟେବୁଲ୍ ଚାମଚ୍ ବଟର ବା ତେଲ ଗରମ କରି ଏଥିରେ ପିଆଜ ଜାରନ୍ତୁ। ପିଆଜ ଅଳ୍ପ ଜରିଗଲେ ଏଥିରେ କାଜୁ ପକାଇ ଭାଜନ୍ତୁ।

୬. ଏଥର ପ୍ୟାନ୍‌ଟିକୁ ଚୁଲିରୁ ଓହ୍ଲାଇ ଏଥିରେ ଭାତ, ଆପ୍ରିକଟ୍, ପୋଦିନା, ପାରସଲେ, ଲେମ୍ବୁରସ ଓ ଲୁଣ ଗୋଳାଇ ଷ୍ଟଫିଙ୍ଗ୍ ପ୍ରସ୍ତୁତ କରନ୍ତୁ।

୭. ଓଭେନ୍‌କୁ ୧୦୮° ସେଣ୍ଟିଗ୍ରେଡ୍ ପର୍ଯ୍ୟନ୍ତ ଗରମ କରନ୍ତୁ।

୮. ଗୋଟା କୁକୁଡ଼ା ମାଂସକୁ ରେଫ୍ରିଜେରେଟରରୁ ବାହାର କରି ତା' ପେଟ ଭିତରେ ପ୍ରସ୍ତୁତ ଷ୍ଟଫିଙ୍ଗସକୁ ପୁରାଇ ଦୁଇ ଗୋଡ଼କୁ ଏକାଠି କରି ଏପରି ବାନ୍ଧି ଦିଅନ୍ତୁ, ଯେପରି ପେଟ କଣାଟି ବନ୍ଦ ହୋଇଯିବ।

୯. ର୍ୟାକ୍‌ରେ ତେଲ ବ୍ରସ୍ କରି କୁକୁଡ଼ାର ଗୋଡ଼ ପାଖଟି ଉପରକୁ ଦେଇ ର୍ୟାକ୍ ଉପରେ ରଖନ୍ତୁ। କୁକୁଡ଼ା ଉପରେ ତେଲ ବ୍ରସ କରନ୍ତୁ।

୧୦. ବେକିଙ୍ଗ୍ ଟ୍ରେରେ ସାମାନ୍ୟ ବଟର ବା ତେଲ ମାରି ଏଥିରେ ଷ୍ଟକ ବା ପାଣି ଢାଳି ର୍ୟାକ୍ ତଳକୁ ରଖନ୍ତୁ। ଲକ୍ଷ୍ୟ ରଖିବେ ଯେପରି ମାଂସରୁ ଝରୁଥିବା ଜୁସ୍ ଟ୍ରେରେ ପଡ଼ିବ।

୧୧. ଏଥର ଓଭେନ୍ ଡୋର ବନ୍ଦକରି କରନ୍ତୁ। ମଝିରେ ମଝିରେ ଏହି ଜୁସ୍ ପାଣିରୁ ଟିକେ ଟିକେ ମାଂସ ଉପରେ ଦେଇ ରୋଷ୍ଟ କରନ୍ତୁ। ନଚେତ୍ ମାଂସ ଶୁଖିଲା ଓ ଟାଣ ହୋଇଯିବ।

୧୨. ଉପର ଅଂଶ (ଗୋଡ଼ ଓ ପେଟ ପାଖ) ଲାଲ୍ ହୋଇ ଆସିଲେ ପ୍ରାୟ ୧ ଘଣ୍ଟା ପରେ ଏହାକୁ ସାବଧାନତାର ସହ ଓଲଟାଇ ଦିଅନ୍ତୁ।

୧୩. ଆଉ ୧ ଘଣ୍ଟା ପରେ ବା ମାଂସ ସିଝିଗଲେ ଓଭେନ୍‌ରୁ କାଢ଼ି ଗୋଟିଏ ପ୍ଲେଟ୍‌ରେ ରଖନ୍ତୁ।

୧୪. ବଳିଥିବା ବଟର ବା ତେଲ ଗରମକରି ମଇଦାକୁ ଏଥିରେ ଭାଜି (ମଇଦାର ରଙ୍ଗ ଧଳା ରହିବା ଦରକାର) ଆସ୍ତେ ଆସ୍ତେ ଟ୍ରେରେ ଥିବା ଜୁସ୍‌କୁ ଢାଳି ଭଲ ଭାବେ ଗୋଳାଇ ଦିଅନ୍ତୁ। ଦରକାର ହେଲେ ଅଳ୍ପ ପାଣି ମିଶାନ୍ତୁ।

୧୫. ସସ୍ ବହଳ ହୋଇ ଆସିଲେ ରୋଷ୍ଟ ସହ ଖାଇବାକୁ ଦିଅନ୍ତୁ।

ବି:ଦ୍ର: ଏହି ଭଳି ଭାବରେ ଡକ୍ ଓ ଟର୍କି ମଧ୍ୟ ଗୋଟାରୋଷ୍ଟ କରାଯାଇ ପାରିବ। ଚମଥିବା ମାଂସ ରୋଷ୍ଟ ପାଇଁ ଭଲ।

ଚିକେନ୍ ଦୋପିଆଜ୍

ସାମଗ୍ରୀ

ଚିକେନ୍	୫୦୦ ଗ୍ରାମ୍
ରିଫାଇନ୍ ତେଲ	୨-୧/୨ଟେବୁଲ୍ ଚାମଚ୍
ଗୋଟା ଧନିଆ	୧/୨ ଚାମଚ୍
ସରୁ ଓ ଲମ୍ବଲମ୍ବ କଟା ପିଆଜ	୩/୪ କପ୍
ଚୁନ୍‌ଚୁନ୍ କଟା ଟମାଟୋ	୧/୪ କପ୍
ଗରମ ମସଲାଗୁଣ୍ଡ	୧/୪ ଚାମଚ୍
କୋରା ଲେମ୍ବୁ ଚୋପା	୧/୨ ଚାମଚ୍
ହଳଦୀଗୁଣ୍ଡ	୧ ଟା ଚାମଚ୍
ଲୁଣ ଆବଶ୍ୟକ ମତେ	

ମସଲା ପାଇଁ

ବଟା ଅଦା	୨ ଟା ଚାମଚ୍
ବଟା ରସୁଣ	୨ ଟା ଚାମଚ୍
ଲଙ୍କାଗୁଣ୍ଡ	୧/୨ ଟା ଚାମଚ୍
ଜୀରାଗୁଣ୍ଡ	୧/୨ ଟା ଚାମଚ୍
ଧନିଆଗୁଣ୍ଡ	୧/୨ ଟା ଚାମଚ୍

ସଜାଇବା ପାଇଁ

ମଧ୍ୟମ ଆକାର ଟମାଟୋ	୨ଟା
ମଧ୍ୟମ ଆକାର ପିଆଜ	୨ଟା
କାପସିକମ୍	୧ଟା
କଞ୍ଚାଲଙ୍କା	୩ଟା
ରିଫାଇନ୍ ତେଲ	୨-୧/୨ଟେବୁଲ୍ ଚାମଚ୍

ପ୍ରଣାଳୀ

୧. ଚିକେନ୍‌ରୁ ଚର୍ବି କାଢ଼ି ପରିଷ୍କାରକରି ଏଥିରେ ଲୁଣ ଓ ହଳଦୀଗୁଣ୍ଡ ୧/୨ ଚାମଚ୍ ଗୋଳାଇ ରଖନ୍ତୁ।

୨. କଡ଼େଇରେ ୧/୨ ଟେବୁଲ ଚାମଚ୍ ତେଲ ଗରମକରି ମାଂସ ପକାଇ ଖରଡ଼ନ୍ତୁ। ସାମାନ୍ୟ ରଙ୍ଗ ବଦଳିଗଲେ ଓ ପାଣିମରି ଗଲେ ଏହାକୁ ଚୁଲିରୁ ଓହ୍ଲାଇ ପ୍ଲେଟ୍‌ରେ କାଢନ୍ତୁ।

୩. ମସଲା ପାଇଁ ଥିବା ସମସ୍ତ ସାମଗ୍ରୀକୁ ଏକାଠିକରି ଏଥିରେ ଅବଶିଷ୍ଟ ହଳଦୀଗୁଣ୍ଡ ଗୋଳାଇ ରଖନ୍ତୁ।

୪. କଡ଼େଇରେ ଅବଶିଷ୍ଟ ତେଲ ଗରମକରି ଗୋଟା ଧନିଆକୁ ଫୁଟାନ୍ତୁ। ଏଥିରେ ପିଆଜ ପକାଇ ଭାଜନ୍ତୁ। ପିଆଜ ବାଦାମୀ ରଙ୍ଗ ହୋଇଗଲେ ଏଥିରେ ଟମାଟୋ ପକାଇ ଭାଜନ୍ତୁ। ଟମାଟୋ ନରମ ହୋଇ ଆସିଲେ ଏଥିରେ ମସଲା ପକାଇ କଷନ୍ତୁ।

୫. ମସଲା କଷି ହୋଇ ତେଲ ଉପରକୁ ବୁଦ୍‌ବୁଦ୍ ହୋଇ ଦେଖାଗଲେ ଏଥିରେ ମାଂସ, କୋରା ଲେମ୍ବୁ ଚୋପା ପକାଇ ଗୋଳାଇ ଢାଙ୍କୁଣି ଦେଇ ଅଳ୍ପରୁ ମଧ୍ୟମ ଜାଳରେ ରାନ୍ଧନ୍ତୁ।

୬. ମଝିରେ ମଝିରେ ମାଂସକୁ ଖରଡ଼ନ୍ତୁ ଓ ଦରକାର ପଡ଼ିଲେ ଅଳ୍ପ ଅଳ୍ପ ପାଣି ଛିଞ୍ଚନ୍ତୁ।

୭. ମାଂସ ଭଲଭାବେ ସିଝିଗଲେ ଏଥିରେ ଗରମ ମସଲା ପକାଇ ଗୋଳାଇ ଚୁଲିରୁ ଓହ୍ଲାଇ ଦିଅନ୍ତୁ।

୮. ସଜାଇବା ପାଇଁ ଥିବା ଟମାଟୋ, କାପସିକମ୍ ଓ ପିଆଜକୁ ଖଣ୍ଡଖଣ୍ଡକରି କାଟନ୍ତୁ। ଲଙ୍କାକୁ ଲମ୍ବରେ ଅଳ୍ପଚିରି ରଖନ୍ତୁ।

୯. କଡ଼େଇରେ ତେଲ ଗରମକରି ଏଥିରେ ଲଙ୍କାକୁ ଭାଜି କାଢ଼ି ରଖନ୍ତୁ। ଅବଶିଷ୍ଟ ତେଲରେ ପିଆଜ ଭାଜନ୍ତୁ।

୧୦. ପିଆଜ ନରମ ହୋଇ ଆସିଲେ ଏଥିରେ ଟମାଟୋ ଓ କାପସିକମ୍ ପକାଇ ଖରଡ଼ି (ମନେରଖିବେ ଯେପରି ଏହା ପୋଡ଼ି ନ ଯାଏ) ରଖନ୍ତୁ।

୧୧. ମାଂସକୁ ଗୋଟିଏ ପ୍ଲେଟ୍‌ରେ ଓଜାଡ଼ି ଏହା ଉପରେ ସଜାଇବା ପାଇଁ ଭାଜିଥିବା ସାମଗ୍ରୀକୁ ଦେଇ ଉପରେ ଭଜା ଲଙ୍କା ସଜାଇ ପରଷନ୍ତୁ।

ଚିକେନ୍ ଚେଟିନ୍ନାଡ୍

ସାମଗ୍ରୀ

କୁକୁଡ଼ା ମାଂସ	୫୦୦ ଗ୍ରାମ୍
ଗୋଟା ଶୁଖିଲା ଲଙ୍କା	୪ଟା
ଭୃସଙ୍ଗ ପତ୍ର	୨ ଡେମ୍ଫ
ରିଫାଇନ୍ ତେଲ	୨ ଟେବୁଲ୍ ଚାମଚ୍
ହଳଦୀଗୁଣ୍ଡ	୧ ଚାମଚ୍
ଅଦା	୧/୨ (ଅଧା ଇଞ୍ଚ) ଖଣ୍ଡ
ରସୁଣ	୫ କୋଳା
ଜୀରା	୧ ଚା ଚାମଚ୍
ପାନ ମଧୁରୀ	୧ ଚା ଚାମଚ୍
ଗୋଟା ଗୋଲମରିଚ	୧୨ଟା
କୋରା ନଡ଼ିଆ	୧/୪ କପ୍
ଲବଙ୍ଗ	୪ଟା
ଡାଲଚିନି	୨ ଖଣ୍ଡ (୧ଇଞ୍ଚ ଲମ୍ବ)
ଯାଇତ୍ରି	୧ ଟା
ଚୁନ୍‌ଚୁନ୍ କଟା ପିଆଜ	୨ଟା (୪ ଟେବୁଲ୍ ଚାମଚ୍)
ଚୁନ୍‌ଚୁନ୍ କଟା ଟମାଟୋ	୨ଟା (୨ ଟେବୁଲ୍ ଚାମଚ୍)
ତେଲ	୨ ଟେବୁଲ୍ ଚାମଚ୍
ଗରମ ପାଣି	୧ କପ୍
ଲୁଣ ଆବଶ୍ୟକ ମତେ	

ସଜାଇବା ପାଇଁ

କୋରା ନଡ଼ିଆ	୧ଟେବୁଲ୍ ଚାମଚ୍
୨ ଫାଳ ହୋଇଥିବା କଞ୍ଚାଲଙ୍କା	୨ଟା

ପ୍ରଣାଳୀ

୧. ଅଦା, ରସୁଣ, ପାନମଧୁରୀ, ଜୀରା, ଗୋଲମରିଚ, ନଡ଼ିଆ ଓ ୨ଟି ଲଙ୍କାକୁ ଅଳ୍ପ ପାଣିଦେଇ ଚିକ୍କଣକରି ବାଟି ରଖନ୍ତୁ।

୨. କଡ଼େଇରେ ତେଲ ଗରମକରି ଏଥିରେ ଭୃସଙ୍ଗ ପତ୍ର ଓ ଗୋଟା ଲଙ୍କା ପକାଇ ଭାଜି ପିଆଜ ପକାଇ ଜାରନ୍ତୁ।

୩. ପିଆଜ ବାଦାମୀ ରଙ୍ଗ ହୋଇଗଲେ ଏଥିରେ ଲବଙ୍ଗ ଓ ଡାଲଚିନି ପକାଇ ଭାଜନ୍ତୁ। ଅଳ୍ପ ସମୟପରେ ଯାଇତ୍ରୀ, ବଟା ମସଲା, ହଳଦୀଗୁଣ୍ଡ ଓ ଟମାଟୋ ପକାଇ କଷନ୍ତୁ।

୪. ଟମାଟୋରୁ ପାଣି ମରି ମସଲା କଷିହୋଇ ଆସିଲେ ମାଂସ ଓ ଲୁଣ ପକାଇ ଗୋଳାଇ ଢାଙ୍କୁଣି ଘୋଡାଇ ମଧ୍ୟମ ଜାଳରେ ରାନ୍ଧନ୍ତୁ।

୫. ମଝିରେ ମଝିରେ ମାଂସକୁ ଖରଡନ୍ତୁ । ମାଂସରୁ ପାଣି ମରି ଆସିଲେ ପାଣିଦେଇ ଅଳ୍ପ ଜାଳରେ ଢାଙ୍କୁଣି ଘୋଡ଼ାଇ ସିଝାନ୍ତୁ ।

୬. ଝୋଳ ବହଳ ହୋଇ ମାଂସ ସିଝିଗଲେ ଚୁଲିରୁ ଓହ୍ଲାଇ ଦିଅନ୍ତୁ ।

୭. ଏହାକୁ ସର୍ଭିଙ୍ଗ୍ ବୋଲ୍‌ରେ ଢାଳି ସଜାଇବା ପାଇଁ ଥିବା ନଡ଼ିଆକୁ ମଝିରେ ଦେଇ ଏହା ଉପରେ ଫାଳ ଲଙ୍କାଗୁଡ଼ିକ ସଜାଇ ପରଷନ୍ତୁ ।

ଚିଲି ଚିକେନ୍
(Chilli Chicken)

ସାମଗ୍ରୀ	**ପରିମାଣ**
କୁକୁଡ଼ା ମାଂସ	୫୦୦ ଗ୍ରାମ୍
କର୍ଣ୍ଣଫ୍ଲାଓ୍ୱାର	୨୫ ଗ୍ରାମ୍
ଅଣ୍ଡା	୧ ଟା
ପିଆଜ	୫୦ ଗ୍ରାମ୍
ରସୁଣ	୨/୩ ଧାଖୁଡ଼ା
କଞ୍ଚାଲଙ୍କା	୧୫ ଗ୍ରାମ୍
ଆଦା	୧/୨ ଇଞ୍ଚ୍
ତେଲ	ରୁଚି ଅନୁଯାୟୀ
ଫୁଡ୍ କଲର (କମଳା ରଙ୍ଗ)	୨/୩ ଟୋପା

ମାରିନେଟ୍ ପାଇଁ:

ସୋୟାସସ୍	୨ ଟେବୁଲ୍ ଚାମଚ୍
ଓର୍‌ସେଷ୍ଟାରଶାୟାରସସ୍	୧ ଚା ଚାମଚ୍
ଆଜିନୋମୋଟୋ	ସାମାନ୍ୟ
ଲଙ୍କା ଗୁଣ୍ଡ	୫ ଗ୍ରାମ୍
ଗୋଲ ମରିଚ ଗୁଣ୍ଡ	୧/୨ ଚା ଚାମଚ୍
ଲୁଣ ଆବଶ୍ୟକ ମତେ	

ପ୍ରଣାଳୀ:

୧. କୁକୁଡ଼ାକୁ ୧-୧/୨ ଇଞ୍ଚ ଲମ୍ବରେ ଖଣ୍ଡ ଖଣ୍ଡକରି କାଟନ୍ତୁ ।

୨. ପିଆଜ, ରସୁଣ, ଅଦା ଓ କଞ୍ଚାଲଙ୍କାକୁ ସରୁସରୁକରି ଲମ୍ବରେ କାଟି ରଖନ୍ତୁ ।

୩. ମାରିନେଟ୍ ପାଇଁ ଥିବା ସାମଗ୍ରୀକୁ ଏକାଠି ମିଶାଇ ସାମାନ୍ୟ ଫେଣ୍ଟି ଏଥିରେ ମାଂସକୁ ଗୋଳାଇ ଏକ ଘଣ୍ଟା ରଖନ୍ତୁ ।

୪. ଅଣ୍ଡାକୁ ସାମାନ୍ୟ ଫେଣ୍ଟି ଏଥିରେ କର୍ଣ୍ଣଫ୍ଲାଓ୍ୱାର, ଲୁଣ ଓ ରଙ୍ଗ ଗୋଳାଇ ମିଶ୍ରଣ ପ୍ରସ୍ତୁତ କରନ୍ତୁ ।

୫. କଡ଼େଇରେ ତେଲ ଗରମ କରନ୍ତୁ ।

୬. ମାଂସଖଣ୍ଡ ଗୁଡ଼ିକୁ ମାରିନେଟ୍ ଭିତରୁ ବାହାରକରି ମିଶ୍ରଣରେ ବୁଡ଼ାଇ ତେଲରେ ବାଦାମୀ ରଙ୍ଗ ହେବା ପର୍ଯ୍ୟନ୍ତ ଛାଣନ୍ତୁ ।

୭. ସାମାନ୍ୟ ତେଲ ଗରମକରି କଟା ହୋଇଥିବା ପିଆଜ, ଅଦା, ରସୁଣ ଓ କଞ୍ଚା ଲଙ୍କାକୁ ଭାଜି ଏଥିରେ ଛଣା ହୋଇଥିବା ମାଂସ ଓ ମାରିନେଟ୍ ମିଶ୍ରଣକୁ ଏଥିରେ ଯୋଗ କରନ୍ତୁ ।

୮. ଅଳ୍ପରୁ ମଧ୍ୟମ ଜାଳରେ ମାଂସକୁ ଲେଉଟ ପାଉଟକରି ରାନ୍ଧନ୍ତୁ । ମାଂସ ସିଝିଗଲେ ଓ ପାଣିମରି ବହଳ ହୋଇଗଲେ ଚୁଲିରୁ ଓହ୍ଲାଇ ଗରମ ଅବସ୍ଥାରେ ଖାଇବାକୁ ଦିଅନ୍ତୁ ।

ମଟନ୍

ମଟନ୍ କହିଲେ ଛେଳି ବା ମେଣ୍ଢା ମାଂସକୁ ବୁଝାଏ। ଏ ଅଧ୍ୟାୟରେ ଛେଳି ମାଂସ ବ୍ୟବହାର କରାଯାଇଛି। ଛେଳି ମାଂସ ନ ମିଳିରେ ମେଣ୍ଢା ମାଂସ ବ୍ୟବହାର କରିପାରିବେ।

ମାଂସ ତରକାରୀ

ସାମଗ୍ରୀ

ମାଂସ	୫୦୦ ଗ୍ରାମ୍
ଆଳୁ	୨୦୦ ଗ୍ରାମ୍
ଅମୃତ ଭଣ୍ଡା	୨୦୦ ଗ୍ରାମ୍
ଟମାଟୋ	୧୦୦ ଗ୍ରାମ୍
ପିଆଜ	୨୫୦ ଗ୍ରାମ୍
ଅଦା	୧/୨ ଇଞ୍ଚ
ରସୁଣ	୫/୬ କୋଳା
ଜୀରା	୧ ଚା ଚାମଚ୍
ଶୁଖିଲା ଲଙ୍କା	୨/୩ ଟା
ରିଫାଇନ୍ ତେଲ	୧୦୦ ଗ୍ରାମ୍
ହଳଦୀଗୁଣ୍ଡ	୧-୧/୨ ଚା ଚାମଚ୍
ଗରମ ମସଲା ଗୁଣ୍ଡ	୧/୨ ଚା ଚାମଚ୍
ଗରମପାଣି	୧ ଲିଟର
ଚୁନ୍‌ଚୁନ୍ କଟା ଧନିଆପତ୍ର	୨ ଚା ଚାମଚ୍
ଲୁଣ ଆବଶ୍ୟକ ମତେ	

ପ୍ରଣାଳୀ

୧. ମାଂସରେ ହଳଦୀଗୁଣ୍ଡ ୧ ଚା ଚାମଚ୍ ଓ ଲୁଣ ୧ ଚା ଚାମଚ୍ ଗୋଳାଇ ରଖନ୍ତୁ।

୨. ଆଳୁ ଓ ଅମୃତଭଣ୍ଡାର ଚୋପା ଛଡ଼ାଇ ବଡ଼ବଡ଼ ଖଣ୍ଡକରି କାଟନ୍ତୁ।

୩. ଟମାଟୋକୁ ଛୋଟଛୋଟ ଖଣ୍ଡକାଟି ରଖନ୍ତୁ। ପିଆଜକୁ ଚୁନ୍‌ଚୁନ୍ କାଟି ସେଥିରୁ ୨ ଟେବୁଲ୍ ଚାମଚ୍ ଅଲଗା ରଖନ୍ତୁ।

୪. ଲଙ୍କାରୁ ମଞ୍ଜିକୁ ବାଦ୍‌ଦେଇ, ଜୀରା, ଅଦା, ରସୁଣ ଓ ପିଆଜକୁ ଚିକ୍‌କଣକରି ବାଟି ମସଲା ପ୍ରସ୍ତୁତ କରନ୍ତୁ।

୫. କଡ଼େଇ ବା ଡେକ୍‌ଚିରେ ତେଲ ଗରମକରି ଆଳୁକୁ ସାମାନ୍ୟ ହଳଦୀଗୁଣ୍ଡ ଛିଞ୍ଚି ବାଦାମୀରଙ୍ଗ ହେବା ପର୍ଯ୍ୟନ୍ତ ଭାଜି ଗୋଟିଏ ପ୍ଲେଟ୍‌ରେ କାଢ଼ି ରଖନ୍ତୁ।

୬. ଅବଶିଷ୍ଟ ତେଲରେ ତେଜପତ୍ର ପକାଇ ଭାଜି ଏଥିରେ କଟା ପିଆଜ ପକାଇ ଜାରନ୍ତୁ।

୭. ପିଆଜ ଜରିଗଲେ ଏଥିରେ ଟମାଟୋ ପକାଇ ଭାଜନ୍ତୁ।

୮. ଟମାଟୋରୁ ପାଣି ମରି ଆସିଲେ ଏଥିରେ ବଟା ମସଲା ଓ ହଳଦୀଗୁଣ୍ଡ ପକାଇ କଷନ୍ତୁ।

୯. ମସଲା କଷି ହୋଇଗଲେ ମାଂସ ପକାଇ ମଧ୍ୟମ ଜାଳରେ କଷନ୍ତୁ।

୧୦. ମାଂସରୁ ପାଣିମରି ରଙ୍ଗ ପରିବର୍ତ୍ତନ ହୋଇ ଆସିଲେ କଷା ଆଳୁ ଓ ଅମୃତଭଣ୍ଡା ପକାଇ ସାମାନ୍ୟ କଷି ଏଥିରେ ଲୁଣ ଓ ଗରମ ପାଣି ଯୋଗ କରନ୍ତୁ।

୧୧. ମାଂସ ଫୁଟିଗଲେ ଜାଳ କମାଇ ଢାଙ୍କୁଣି ଘୋଡ଼ାଇ ରାନ୍ଧନ୍ତୁ।

୧୨. ମାଂସ ସିଝିଗଲେ ଚୁଲିରୁ ଓହ୍ଲାଇ ଗରମ ମସଲା ପକାଇ ଗୋଳାଇ ଢାଙ୍କୁଣି ଘୋଡ଼ାଇ ୫ ମିନିଟ୍ ରଖନ୍ତୁ।

୧୩. ତରକାରୀକୁ ଗୋଟିଏ ସର୍ଭିଙ୍ଗ ବୋଲ୍‌ରେ ଓଜାଡ଼ି ଧନିଆପତ୍ର ଛିଞ୍ଚି ପରିବେଷଣ କରନ୍ତୁ।

ସଫେଦ୍ ମାଂସ

ସାମଗ୍ରୀ

ମାଂସ	୫୦୦ ଗ୍ରାମ୍
ଦହି	୧/୨ କପ୍
ଧଳା ଗୋଲମରିଚ ଗୁଣ୍ଡ	୧ ଚା ଚାମଚ୍
ଆଲ୍‌ମଣ୍ଡ	୧୫ଟା
କୋରା ନଡ଼ିଆ	୧ ଟେବୁଲ୍ ଚାମଚ୍
କଞ୍ଚା ଲଙ୍କା	୩/୪ ଟା
ଅଦା	୧୫ ଗ୍ରାମ୍
ଗୁଆଘିଅ	୨ ଟେବୁଲ୍ ଚାମଚ୍
ଗୁଜୁରାତି ଗୁଣ୍ଡ	୨/୩ ଚା ଚାମଚ୍
ଫ୍ରେସ୍ କ୍ରିମ୍	୨-୨/୩ ଟେବୁଲ୍ ଚାମଚ୍
ଲେମ୍ବୁ ରସ	୧ ଚା ଚାମଚ୍
ପାଣି	୧/୨ କପ୍
ଗୋଲାପ ଜଳ	୧/୨ କପ୍
ଲୁଣ ଆବଶ୍ୟକ ମତେ	

ପ୍ରଣାଳୀ

୧. ମାଂସରୁ ଚର୍ବି କାଢ଼ି ସଫାକରି ରଖନ୍ତୁ।

୨. ଗୋଟିଏ ପ୍ରେସରକୁକରରେ ମାଂସକୁ ପାଣି ଓ ଲୁଣଦେଇ ୫ ମିନିଟ୍ ସିଝାନ୍ତୁ।

୩. ଦହିରେ ଧଳା ଗୋଲମରିଚ ଗୁଣ୍ଡ ମିଶାଇ ଫେଣ୍ଟି ରଖନ୍ତୁ।

୪. ଆଲମଣ୍ଡକୁ ଗରମ ପାଣିରେ ସାମାନ୍ୟ ଫୁଟାଇ ଥଣ୍ଡାକରି ନଡ଼ିଆ ଓ କଞ୍ଚାଲଙ୍କା ସହ ଚିକ୍କଣକରି ବାଟି ରଖନ୍ତୁ।

୫. ଅଦାକୁ ଡିଆସିଲି କାଠି ଭଳି ସରୁସରୁ କାଟନ୍ତୁ।

୬. ଗୋଟିଏ ଡେକ୍‌ଚି ବା ଗହିରିଆ ପାତ୍ରରେ ଘିଅ ଗରମକରି ଅଦା ପକାଇ ଭାଜନ୍ତୁ।

୭. ଅଦାର ରଙ୍ଗ ପରିବର୍ତ୍ତନ ହୋଇ ଆସିଲେ ଏଥିରେ ମାଂସ (ପାଣିସହ), ଦହି ଓ ଲୁଣ ପକାଇ ଗୋଳାଇ ଢାଙ୍କୁଣି ଘୋଡ଼ାଇ ଅଳ୍ପ ଜାଳରେ ରାନ୍ଧନ୍ତୁ।

୮. ମଝିରେ ମଝିରେ ତଳୁ ଘାଣ୍ଟି ଦେଖନ୍ତୁ। ଯେପରି ତଳୁ ମାଂସ ଲାଗି ଯିବ ନାହିଁ। ମାଂସ ସିଝିଗଲେ ଏଥିରେ ବଟା ଆଲ୍‌ମଣ୍ଡ ପକାଇ ଗୋଳାଇ ଦିଅନ୍ତୁ।

୯. ଝୋଳ ବହଳ ହୋଇ ଆସିଲେ ଏଥିରେ ଗୁଜୁରାତି ଗୁଣ୍ଡ, ଲେମ୍ବୁରସ ଓ ଗୋଲାପଜଳ ପକାଇ ଭଲ ଭାବେ ଗୋଳାଇ ଚୁଲିରୁ ଓହ୍ଲାଇ ଦିଅନ୍ତୁ।

୧୦. ଗୋଟିଏ ସର୍ଭିଙ୍ଗ୍ ବୋଲ୍‌ରେ ମାଂସକୁ ଓଜାଡ଼ି ଏହା ଉପରେ ଫ୍ରେସ୍ କ୍ରିମ୍ ଦେଇ ଗୋଳେଇ ପରିବେଷଣ କରନ୍ତୁ।

ଶାଗ ମାଂସ

ସାମଗ୍ରୀ

ମାଂସ	୫୦୦ ଗ୍ରାମ୍
ପାଳଙ୍ଗ ଶାଗ	୯୦୦ ଗ୍ରାମ୍
ପିଆଜ	୨୫୦ ଗ୍ରାମ୍
ଅଦା	୧/୨ ଇଞ୍ଚ
ରସୁଣ	୫/୬ ପାଖୁଡ଼ା
ଲଙ୍କାଗୁଣ୍ଡ	୧ଚା ଚାମଚ୍
ଜୀରା	୧ ଚା ଚାମଚ୍
ଗୁଜୁରାତି	୧ଟା
ତେଜପତ୍ର	୨ଟା
ଲବଙ୍ଗ	୨ଟା
ଡାଲଚିନି	୧ ଇଞ୍ଚର ୨ଟା
ଘିଅ / ରିଫାଇନ୍ ତେଲ	୨ ଟେବୁଲ୍ ଚାମଚ୍
ଗରମ ପାଣି	୩ କପ୍
ଲୁଣ ଆବଶ୍ୟକ ମତେ	

ପ୍ରଣାଳୀ

୧. ମାଂସକୁ ଧୋଇ ପାଣି ନିଗାଡ଼ି ଏଥିରେ ଲୁଣ ୧ ଚା ଚାମଚ୍ ଗୋଳାଇ ରଖନ୍ତୁ।

୨. ପିଆଜ ୧୦୦ ଗ୍ରାମ୍ ନେଇ ଲମ୍ବରେ ସରୁସରୁ ଓ ଟମାଟୋକୁ ଛୋଟଛୋଟକରି କାଟନ୍ତୁ।

୩. ଗୋଟିଏ ପିଆଜରୁ ୨ଟି ଗୋଲଗୋଲ କାଟି ଅଲଗା ରଖନ୍ତୁ ଓ ଅବଶିଷ୍ଟ ପିଆଜ ସହିତ ଅଦା ଓ ରସୁଣକୁ ବାଟି ରଖନ୍ତୁ।

୪. ପାଳଙ୍ଗକୁ ଧୋଇ ବଡ଼ବଡ଼ ଖଣ୍ଡ କାଟି ଖୋଲା ପାତ୍ରରେ ବର୍ଣ୍ଣାଇ ରଖନ୍ତୁ। ଥଣ୍ଡା ହୋଇଗଲେ ବାଟି ଦିଅନ୍ତୁ।

୫. ଗୋଟିଏ ଓଜନିଆ କଡ଼େଇ ବା ଡେକ୍‌ଚିରେ ଘିଅ ଗରମକରି ଜୀରା, ତେଜପତ୍ର, ଗୁଜୁରାତି, ଡାଲ୍‌ଚିନି ଓ ଲବଙ୍ଗକୁ ପକାଇ ଭାଜନ୍ତୁ।

୬. ଅଳ୍ପ ସମୟ ଭାଜିଲାପରେ ଏଥିରେ କଟା ପିଆଜ ପକାଇ ଭାଜନ୍ତୁ।

୭. ପିଆଜ ଜରିଗଲେ ଏଥିରେ ଟମାଟୋ ପକାଇ ଭାଜନ୍ତୁ।

୮. ଟମାଟୋରୁ ପାଣିମରି ଆସିଲେ ବଟାମସଲା ଓ ଲଙ୍କାଗୁଣ୍ଡ ପକାଇ ମସଲା କଷନ୍ତୁ।

୯. ମସଲା କଷି ହୋଇଗଲେ ମାଂସ ପକାଇ ଗୋଳାଇ ଢାଙ୍କୁଣି ଘୋଡ଼ାଇ ମଧ୍ୟମ ଜାଳରେ କଷନ୍ତୁ।

୧୦. ମାଂସରୁ ପାଣି ମରିଗଲେ ଏଥିରେ ଗରମପାଣି ଦେଇ ଗୋଳାଇ ଘୋଡ଼ାଇ ଦିଅନ୍ତୁ।

୧୧. ମାଂସ ଫୁଟିଗଲେ ଜାଳ କମାଇ ଦିଅନ୍ତୁ।

୧୨. ମାଂସ ସିଝିଗଲେ ଗୋଳାଇ ଦିଅନ୍ତୁ ଓ ପାଣିମରି ଆସିଲେ ଏଥିରେ ପାଳଙ୍ଗ ବଟାକୁ ଦେଇ ଭଲ ଭାବେ ଗୋଳାଇ ଦିଅନ୍ତୁ।

୧୩. ମଝିରେ ମଝିରେ ମାଂସକୁ ଗୋଳାଇ ଅଳ୍ପ ଜାଳରେ ୫ ମିନିଟ୍ ପାଇଁ ରାନ୍ଧନ୍ତୁ। ପାଳଙ୍ଗ ବଟା ପକାଇଲାପରେ ପାତ୍ରରେ ଢାଙ୍କୁଣି ଦିଅନ୍ତୁ ନାହିଁ।

୧୪. ପ୍ରସ୍ତୁତ ଶାଗମାଂସକୁ ଗୋଟିଏ ସର୍ଭିଙ୍ଗ ବୋଲ୍‌ରେ ଓଜାଡ଼ି ଉପରେ ପିଆଜ ରିଙ୍ଗଗୁଡ଼ିକ ସଜାଇ ପରିବେଷଣ କରନ୍ତୁ।

ମଟନ୍ ଷ୍ଟିର

ସାମଗ୍ରୀ

ମାଂସ	୫୦୦ ଗ୍ରାମ୍
ରିଫାଇନ୍ ତେଲ	୧ ଟେବୁଲ୍ ଚାମଚ୍
ତେଜପତ୍ର	୨ଟା
ଡାଲ୍‌ଚିନି	୧ ଇଞ୍ଚ
ଗୁଜୁରାତି	୨ଟା
ଲବଙ୍ଗ	୨ଟା
କଞ୍ଚାଲଙ୍କା	୨/୩ ଟା
ପିଆଜ	୨ଟା (୧୫୦ ଗ୍ରାମ୍)
ଅଦା	୧/୨ ଇଞ୍ଚ
ରସୁଣ	୫/୬ ପାଖୁଡ଼ା
ଟମାଟୋ	୧୦୦ ଗ୍ରାମ୍
ଗରମ ପାଣି	
ଲୁଣ ଆବଶ୍ୟକ ମତେ	

ପ୍ରଣାଳୀ

୧. ମାଂସକୁ ଧୋଇ ପାଣି ନିଗାଡ଼ି ରଖନ୍ତୁ।

୨. ଅଦା ଓ ରସୁଣକୁ ଛେଚି ରଖନ୍ତୁ। ପିଆଜକୁ ଲମ୍ବରେ ସରୁସରୁ କରି କାଟନ୍ତୁ। ଲଙ୍କାକୁ ଲମ୍ବରେ ସାମାନ୍ୟ ଚିରି ରଖନ୍ତୁ।

୩. ଡେକିଚିରେ ତେଲ ଗରମକରି ତେଜପତ୍ର, ଡାଲ୍‌ଚିନି, ଲବଙ୍ଗ ଓ ଗୁଜୁରାତିକୁ ସାମାନ୍ୟ ଭାଜି ସାରିବାପରେ କଞ୍ଚା ଲଙ୍କା, ପିଆଜ, ଅଦା ଓ ରସୁଣକୁ କ୍ରମ ଅନୁସାରେ ପକାଇ ଭାଜନ୍ତୁ।

୪. ପିଆଜ ନରମ ହୋଇଗଲେ ମାଂସ ଓ ଲୁଣ ପକାଇ କଷନ୍ତୁ।

୫. ମାଂସରୁ ପାଣିମରି ଆସିଲେ ଟମାଟୋକୁ ୪ ଫାଳ ଲେଖାଏଁକରି ଏଥିରେ ଯୋଗ କରନ୍ତୁ।

୬. ଅଳ୍ପ ସମୟ ଭାଜିସାରିବା ପରେ ମାଂସ ବୁଡ଼ିବା ପର୍ଯ୍ୟନ୍ତ ଗରମ ପାଣିଦେଇ ଅଳ୍ପ ଜାଳରେ ଢାଙ୍କୁଣି ଘୋଡ଼ାଇ ୧ ଘଣ୍ଟା ବା ମାଂସ ସିଝିବା ପର୍ଯ୍ୟନ୍ତ ରାନ୍ଧନ୍ତୁ।

୭. ମାଂସ ସିଝି ନରମ ହୋଇଗଲେ ଚୁଲିରୁ ଓହ୍ଲାଇ ଗରମ ଗରମ ପରଷନ୍ତୁ।

ବି:ଦ୍ର: ଏଥିରେ ବଡ଼ବଡ଼ ଖଣ୍ଡ ଆଳୁ, ଅମୃତଭଣ୍ଡା ଓ ଗାଜର ଆଦି ପକାଇ ପାରିବେ।

ରୋଗନ୍-ଯସ୍

ରୋଗନ୍ ଯସ୍ ଜାମ୍ମୁ କାଶ୍ମୀରର ଏକ ଲୋକପ୍ରିୟ ଖାଦ୍ୟ। ପର୍‌ସିଆରୁ ଏହାର ଉତ୍ପତ୍ତି ହୋଇଥିଲେ ମଧ୍ୟ ମୋଗଲ ଶାସକମାନଙ୍କ ଦ୍ୱାରା ଏହା କାଶ୍ମୀରରେ ବେଶ୍ ଖ୍ୟାତି ଲାଭ କରିଥିଲା। ପର୍‌ସିଆ ଓ ଉର୍ଦ୍ଦୁ ଭାଷାରେ ଏହାର ଅର୍ଥ ହେଉଛି, ଘିଅରେ ରନ୍ଧା ହୋଇଥିବା ଲାଲ୍‌ରଙ୍ଗର ଏକ 'ମଟନ୍ ଷ୍ଟିଭ'। କାଶ୍ମୀର ଅଞ୍ଚଳରେ ମିଳୁଥିବା 'ରତନ୍ ଯୋଟ୍' ନାମକ ଏକ ଶୁଖିଲାଫୁଲ ଓ ଚେରକୁ ଏହି ରନ୍ଧାରେ ବ୍ୟବହାର କରାଯାଏ। ଯାହାକି ରୋଗନ୍-ଯସ୍‌ରେ ଲାଲ୍‌ରଙ୍ଗ ଆଣିବାରେ ସାହାଯ୍ୟକରେ। ଏହା ବ୍ୟତୀତ ରୋଗନ୍-ଯସ୍‌ରେ ବ୍ୟବହାର କରୁଥିବା କାଶ୍ମୀରି ଲଙ୍କା ମଧ୍ୟ ଲାଲ୍ ରଙ୍ଗ ଦେଇଥାଏ। କେତେକ ବଡ଼ବଡ଼ ତେଜରାତି ଦୋକାନ୍ ବା ମଲ୍‌ଗୁଡ଼ିକରେ ଶୁଖିଲା ରତନ୍ ଯୋଟ୍ ପ୍ୟାକେଟ୍ ମିଳିଲାଣି। ଯଦି ପାଇବେ ତେବେ ୩/୪ ଇଞ୍ଚ ଲମ୍ବର ଖଣ୍ଡିଏ ରତନ୍ ଯୋଟ୍‌କୁ ଭାଙ୍ଗି ଉଷୁମ ଘିଅରେ ୩୦ ମିନିଟ୍ ଭିଜାଇ ରଖିବେ। ଏଥିରୁ ଲାଲ୍ ରଙ୍ଗ ବାହାରି ଘିଅରେ ମିଶିଯିବ। ଏହି ଘିଅକୁ ରୋଗନ୍-ଯସ୍ ପ୍ରସ୍ତୁତ କରିବା ସମୟରେ ବ୍ୟବହାର କରିପାରିବେ। କେତେକ ରୋଗନ୍-ଯସ୍‌ରେ କାଶ୍ମୀରରେ ମିଳୁଥିବା 'ପ୍ରାନ୍' ବ୍ୟବହାର କରାଯାଏ, ଯାହାକି ସାଲଟ୍ ବା ପିଆଜ ଜାତୀୟ କିନ୍ତୁ ରସୁଣର ସ୍ୱାଦ ଦେଇଥାଏ। ସ୍ଥାନ ବିଶେଷରେ ରୋଗନ୍-ଯସ୍‌ର ସାମଗ୍ରୀ ଓ ରନ୍ଧନ ପ୍ରଣାଳୀରେ ସାମାନ୍ୟ ଫରକ୍ ଦେଖିବାକୁ ମିଳେ। କିନ୍ତୁ ଏଠାରେ ପାରମ୍ପରିକ ରୋଗନ୍-ଯସ୍‌ର ଏକ ନମୁନା ଦିଆଗଲା।

ସାମଗ୍ରୀ

ମାଂସ	୫୦୦ ଗ୍ରାମ୍
ହେଙ୍ଗୁ	୧/୨ ଟା ଚାମଚ୍
କାଶ୍ମୀରି ଲଙ୍କାଗୁଣ୍ଡ	୨ ଟା ଚାମଚ୍
ପାନ ମଧୁରୀଗୁଣ୍ଡ	୧ ଟେବୁଲ୍ ଚାମଚ୍
କେଶର	ଟିପେ
ଶୁଣ୍ଠିଗୁଣ୍ଡ	୩/୪ ଟେବୁଲ୍ ଚାମଚ୍
ରତନ୍ ଯୋଟ୍	୨/୩ ଇଞ୍ଚ
ଘିଅ	୪ ଟେବୁଲ୍ ଚାମଚ୍
ଯାଇତ୍ରୀ	୨ଟା
ଗୁଜୁରାତି	୪/୫ ଟା
ଡାଲ୍‌ଚିନି	୧ ଇଞ୍ଚର ୨ ଖଣ୍ଡ
ଜୀରା	୧/୨ ଟା ଚାମଚ୍
ଅଳେଇଚ	୪ଟା
ଲବଙ୍ଗ	୨ଟା
ଗୋଟା ଗୋଲମରିଚ	୬/୭ ଟା
ତେଜପତ୍ର	୨ଟା
ଧନିଆ ପତ୍ର	୨-୩ ଡେମ୍ଫ
ଲୁଣ ଆବଶ୍ୟକ ମତେ	
ଗରମ ପାଣି	

ପ୍ରଣାଳୀ

୧. ମାଂସକୁ ସଫାକରି ରଖନ୍ତୁ।

୨. ଯାଇତ୍ରୀ, ଜୀରା, ଗୁଜୁରାତି ଓ ଡାଲ୍‌ଚିନିକୁ ଗୁଣ୍ଡକରି ରଖନ୍ତୁ।

୩. ପାନ ମଧୁରୀ, ହେଙ୍ଗୁ, ଶୁଣ୍ଠି ଓ ଲଙ୍କାଗୁଣ୍ଡକୁ ୧ କପ୍ ପାଣିରେ ଏକାଠି ଗୋଳାଇ ଗୋଟିଏ ତାଟିଆରେ ରଖନ୍ତୁ।

୪. ରତନ୍ ଯୋଟ୍‌କୁ ଛୋଟଛୋଟ ଖଣ୍ଡ ଭାଙ୍ଗି ୨ ଟେବୁଲ୍ ଚାମଚ୍ ଉଷୁମ ଘିଅରେ ବତୁରାଇ ୩୦ ମିନିଟ୍ ରଖନ୍ତୁ।

୫. ଗୋଟିଏ ଓଜନିଆ ପାତ୍ରରେ ଘିଅ ଗରମକରି ଏଥିରେ ତେଜପତ୍ର, ଅଳେଇଚ, ଲବଙ୍ଗ ଓ ଗୋଲମରିଚ ପକାଇ ଭାଜନ୍ତୁ।

୬. ସେଥିରେ ମାଂସ ପକାଇ ଗୋଟିଗୋଟିକରି ଲେଉଟାଇ ଅଳ୍ପ ଜାଳରେ ଭାଜନ୍ତୁ।

୭. ମାଂସଗୁଡ଼ିକର ରଙ୍ଗ ସାମାନ୍ୟ ପରିବର୍ତ୍ତନ ହୋଇଗଲେ ପାଣିରେ ଗୋଳାଇଥିବା ମସଲାଗୁଣ୍ଡ, ଲୁଣ ଓ କେଶର

ପକାଇ ଭଲ ଭାବେ ଗୋଳାଇ ଦିଅନ୍ତୁ ଓ ରତନ୍ ଯୋଟ ଭିଜା ହୋଇଥିବା ଘିଅକୁ ଏଥିରେ ପକାଇ ମଧ୍ୟମ ଜାଳରେ କଷନ୍ତୁ ।

୮. ମାଂସରୁ ପାଣି ମରି ଆସିଲେ ଏଥିରେ ମାଂସ ବୁଡ଼ିବା ପର୍ଯ୍ୟନ୍ତ ଗରମ ପାଣି ଢାଳି ଗୋଳାଇ ଅଳ୍ପ ଜାଳରେ ଢାଙ୍କୁଣି ଘୋଡ଼ାଇ ରାନ୍ଧନ୍ତୁ ।

୯. ଢାଙ୍କୁଣି ଖୋଲି ମାଂସରେ ଜୀରା ଓ ଗରମ ମସଲାଗୁଣ୍ଡ ପକାଇ ଗୋଳାଇ ଦିଅନ୍ତୁ ।

୧୦. ମଝିରେ ମଝିରେ ଗୋଳାଇ ପୁଣି ଥରେ ଢାଙ୍କୁଣି ଘୋଡ଼ାଇ ଅଳ୍ପ ଜାଳରେ ରାନ୍ଧନ୍ତୁ ।

୧୧. ମାଂସ ସିଝିଗଲେ ସର୍ଭିଙ୍ଗ୍ ବୋଲ୍‌ରେ ଓଜାଡ଼ି ଉପରେ ରୁଚି ଅନୁସାରେ ଧନିଆପତ୍ର ସଜାଇ ରୋଗନ୍ ଯସ୍ ପରିବେଷଣ କରନ୍ତୁ ।

ବି:ଦ୍ର: କାଶ୍ମୀରର କେତେକ ଅଞ୍ଚଳରେ ସୋରିଷ ତେଲରେ ମଧ୍ୟ ଏହା ପ୍ରସ୍ତୁତ କରାଯାଏ । ଆପଣମାନେ ପରୀକ୍ଷାକରି ପାରିବେ ।

ସିଖ୍ କବାବ୍

ସାମଗ୍ରୀ

କିମା ମାଂସ	୫୦୦ ଗ୍ରାମ୍
ଗୁଜୁରାତି ଗୁଣ୍ଡ	୧/୨ ଟା ଚାମଚ୍
ଅଳେଇଚ ଗୁଣ୍ଡ	୧/୨ ଟା ଚାମଚ୍
ଲବଙ୍ଗ ଗୁଣ୍ଡ	୧/୪ ଟା ଚାମଚ୍
ଧନିଆ ଗୁଣ୍ଡ	୧/୨ ଟା ଚାମଚ୍
ଗୋଲମରିଚ ଗୁଣ୍ଡ	୧/୨ ଟା ଚାମଚ୍
ରସୁଣ	୫-୬ କୋଲା
ଅଦା	୧ ଇଞ୍ଚ
କଞ୍ଚା ଲଙ୍କା	୨ଟା
ଅଣ୍ଡା	୧ଟା
ଲୁଣ ଆବଶ୍ୟକ ମତେ	
ଲୁହା ଖାଡ଼ି (skewer)	୨/୩ ଟା

ଲୁହା ଖାଡ଼ିରେ ମାରିବା ପାଇଁ ତେଲ

ସଜାଇବା ପାଇଁ

ଗୋଲ ଗୋଲ କଟା ପିଆଜ

ଫାଳ ହୋଇଥିବା କଞ୍ଚାଲଙ୍କା

ଗୋଲ ଗୋଲ କଟା ଲେମ୍ବୁ

ପ୍ରଣାଳୀ

୧. କିମା ମାଂସକୁ ହାତରେ ଭଲ ଭାବରେ ନରମ ହେବା ପର୍ଯ୍ୟନ୍ତ ଦଳନ୍ତୁ ।

୨. ରସୁଣ, ଅଦା ଓ କଞ୍ଚା ଲଙ୍କାକୁ କାଟି ଭଲ ଭାବରେ ଛେଚି ଦିଅନ୍ତୁ ।

୩. ଅଣ୍ଡାକୁ ଫେଣ୍ଟି ଦିଅନ୍ତୁ ।

୪. ଗୋଟିଏ ଥାଳିରେ ତେଲ ବ୍ୟତୀତ ଅନ୍ୟାନ ସମସ୍ତ ସାମଗ୍ରୀ ମିଶାଇ ଭଲ ଭାବେ ଗୋଳାଇ ଚକଟି ରଖନ୍ତୁ ।

୫. କିମା ମିଶ୍ରଣକୁ ୨୦ ମିନିଟ୍ ଘୋଡ଼ାଇ ରଖନ୍ତୁ ।

୬. ଲୁହା ଖାଡ଼ିଗୁଡ଼ିକୁ ସାମାନ୍ୟ ଗରମକରି ଏଥିରେ ତେଲ ବ୍ରସ୍‌କରି ରଖନ୍ତୁ ।

୭. ଅଳ୍ପ ପାଣି ହାତ ହୋଇ କିମା ମାଂସ ମିଶ୍ରଣରୁ କିଛି କିଛି ଆଣି ଖାଡ଼ି ଚାରିପଟେ ମୁଠାକରି ଭରି ଦିଅନ୍ତୁ । ଖାଡ଼ିକୁ ଧରିବା ପାଇଁ ୨ ପଟୁ କିଛି ଅଂଶ ଛାଡ଼ି ଭରିବେ ।

୮. ଏହା ସାଧାରଣତଃ ତନ୍ଦୁରୀ ଚୁଲିରେ ସେକାଯାଏ । ଏହା ପରିବର୍ତ୍ତେ ଓଭେନ୍ ବା କୋଇଲା ଆଞ୍ଚ ଚୁଲିରେ ଖାଡ଼ିଗୁଡ଼ିକୁ ବୁଲାଇ ବୁଲାଇ ମାଂସକୁ ସେକି ପାରିବେ ।

୯. ମାଂସତକ ସବୁଆଡୁ ବାଦାମି ରଙ୍ଗ ହେବା ପର୍ଯ୍ୟନ୍ତ ସେକନ୍ତୁ ।

୧୦. କିଛି ସମୟ ଛାଡ଼ି ସମ୍ପୂର୍ଣ୍ଣ ଥଣ୍ଡା ହେବା ପୂର୍ବରୁ ଗୋଟିଏ ସଫା କନା ବା ଟିସୁ ପେପର୍ ସାହାଯ୍ୟରେ ଖାଡ଼ିରୁ ସେକା ହୋଇଥିବା କବାବ୍‌କୁ ଗୋଟିଏ ପ୍ଲେଟ୍‌ରେ କାଢ଼ି ରଖନ୍ତୁ ।

୧୧. ସଜାଇବା ପାଇଁ ଥିବା ସାମଗ୍ରୀକୁ ଦେଇ ରୁଚି ଅନୁସାରେ ସଜାଇ ପରିବେଷଣ କରନ୍ତୁ ।

ମଟନ ଟିକା କବାବ୍

ସାମଗ୍ରୀ

ମାଂସ	୫୦୦ ଗ୍ରାମ୍
ଲେମ୍ବୁରସ	୧ ଟେବୁଲ୍ ଚାମଚ୍
ଦହି	୨ ଟେବୁଲ୍ ଚାମଚ୍
ହଳଦୀଗୁଣ୍ଡ	୧/୨ ଚା ଚାମଚ୍
ଗୋଲମରିଚ ଗୁଣ୍ଡ	୧/୨ ଚା ଚାମଚ୍
ଲଙ୍କାଗୁଣ୍ଡ	୧ ଚା ଚାମଚ୍
ଟିକା ମସଲା	୨ ଚା ଚାମଚ୍
ଜୀରାଗୁଣ୍ଡ	୧ ଚା ଚାମଚ୍
କସ୍ତୁରୀ ମେଥି	୧ ଚା ଚାମଚ୍
ଗରମ ମସଲାଗୁଣ୍ଡ	୧ ଚା ଚାମଚ୍
ଲୁଣ ଆବଶ୍ୟକ ମତେ	
ଲୁହା ଖାଡ଼ି (skewer)	୩/୪ ଟା
ବ୍ରସ୍ କରିବା ପାଇଁ ତେଲ	

ସଜାଇବା ପାଇଁ

ଗୋଲ ଗୋଲ କଟା ପିଆଜ

ଗୋଲ ଗୋଲ କଟା କାକୁଡ଼ି

ଗୋଲ ଗୋଲ କଟା ଲେମ୍ବୁ

ମଞ୍ଜି କଢ଼ା ହୋଇଥିବା ଗୋଲ ଗୋଲ କଟା ଟମାଟୋ

ପ୍ରଣାଳୀ

୧. ମାଂସକୁ ସଫାକରି ଏଥିରେ ଥିବା ଚର୍ବିକୁ କାଟି ବାହାରକରି ଦିଅନ୍ତୁ।

୨. ଏହାକୁ ୧ ଇଞ୍ଚ ମୋଟୋଇରେ ଟିକା ଆକାରର ଖଣ୍ଡ ଖଣ୍ଡ କାଟି ରଖନ୍ତୁ।

୩. ଗୋଟିଏ ବଡ଼ ବୋଲ୍‌ରେ ଖାଡ଼ି, ତେଲ ଓ ମାଂସ ବ୍ୟତୀତ ଅନ୍ୟ ସମସ୍ତ ସାମଗ୍ରୀକୁ ଭଲ ଭାବରେ ଗୋଳାଇ ରଖନ୍ତୁ।

୪. ବୋଲ୍‌ରେ ମାଂସକୁ ଗୋଳାଇ ଘୋଡ଼ାଇ ୩ ରୁ ୪ ଘଣ୍ଟା ପର୍ଯ୍ୟନ୍ତ ରଖନ୍ତୁ।

୫. ଲୁହା ଖାଡ଼ିଗୁଡ଼ିକରେ ତେଲମାରି ୨ ପାଖରୁ କିଛି ଅଂଶ ଛାଡ଼ି ଗୋଟିଗୋଟିକରି ମାଂସକୁ ଗୁନ୍ଥି ରଖନ୍ତୁ।

୬. ମାଂସକୁ ତନ୍ଦୁରି ଚୁଲି ବା କୋଇଲା ଆଞ୍ଚ ଚୁଲି ବା ଓଭେନ୍‌ରେ ସେକନ୍ତୁ।

୭. କିଛି ସମୟପରେ ମାଂସରେ ତେଲ ବ୍ରସ୍ କରନ୍ତୁ ଓ ମାରିନେସନ୍‌ରୁ ବଳିଥିବା ମସଲା ପାଣିକୁ ଛିଞ୍ଚି ବୁଲାଇ ବୁଲାଇ ସେକନ୍ତୁ।

୮. ମାଂସ ଭଲ ଭାବରେ ସିଝି ପୋଡ଼ପୋଡ଼ ହୋଇ ଆସିଲେ ଚୁଲିରୁ କାଢ଼ି ଗୋଟିଏ ପ୍ଲେଟ୍ ବା କାଠ ବୋର୍ଡ଼ ଉପରେ ରଖନ୍ତୁ।

୯. ସାମାନ୍ୟ ଥଣ୍ଡା ହୋଇଗଲେ ଅନ୍ୟ ଗୋଟିଏ ପ୍ଲେଟ୍‌ରେ କବାବ୍‌ଗୁଡ଼ିକ କାଢ଼ି ସଜାଇବା ପାଇଁ ଥିବା ସାମଗ୍ରୀକୁ ନେଇ ରୁଚି ଅନୁସାରେ ସଜାଇ ପରିବେଷଣ କରନ୍ତୁ।

କଟଲେଟ୍

ସାମଗ୍ରୀ

କିମା ମାଂସ	୫୦୦ ଗ୍ରାମ୍
ଛୋଟ ଦେଶୀ ପିଆଜ	୧୦୦ ଗ୍ରାମ୍
ରସୁଣ	୪ ପାଖୁଡ଼ା
ଅଦା	୧/୨ ଇଞ୍ଚ
ଗୋଲମରିଚ ଗୁଣ୍ଡ	୧/୨ ଚା ଚାମଚ୍
ଡାଲ୍‌ଚିନି ଗୁଣ୍ଡ	୧/୨ ଚା ଚାମଚ୍
ଲବଙ୍ଗ ଗୁଣ୍ଡ	୧/୨ ଚା ଚାମଚ୍
ମଇଦା	୨ ଟେବୁଲ ଚାମଚ୍
ଲେମ୍ବୁରସ	୨ ଟେବୁଲ୍ ଚାମଚ୍
ଅଣ୍ଡା	୨ଟି
ବ୍ରେଡ୍ କ୍ରମ୍ବ	୧୦୦ ଗ୍ରାମ୍
ଲୁଣ ଆବଶ୍ୟକ ମତେ	
ଛାଣିବା ପାଇଁ ତେଲ	

ସଜାଇବା ପାଇଁ

ଗୋଲ ଗୋଲ କଟା କାକୁଡ଼ି

ଗୋଲ ଗୋଲ କଟା ବଡ଼ ପିଆଜ

କଞ୍ଚା ଲଙ୍କା

ଧନିଆ ବା ପୋଦିନା ଚଟଣି

ପ୍ରଣାଳୀ

୧. କିମା ମାଂସକୁ ଅଳ୍ପପାଣି ଦେଇ ମଧ୍ୟମ ଜାଳରେ ସିଝାଇ ପାଣିମାରି ରଖନ୍ତୁ (ବେଶୀ ଶୁଖିଲା କରିବେ ନାହିଁ)।

୨. ପିଆଜ ଓ ରସୁଣକୁ ଚୁନ୍‌ଚୁନ୍‌କରି କାଟନ୍ତୁ।

୩. ଅଦା ଚୋପା ଛଡ଼ାଇ ଗ୍ରେଟର୍‌ରେ କୋରି ରଖନ୍ତୁ।

୪. ସିଝା ହୋଇଥିବା ମାଂସରେ ଅଣ୍ଡା, ବ୍ରେଡ୍‌କ୍ରମ୍ବ ଓ ତେଲ ବ୍ୟତୀତ ଅନ୍ୟାନ୍ୟ ସମସ୍ତ ସାମଗ୍ରୀ ପକାଇ ଭଲଭାବେ ଗୋଳାଇ ଚକଟି ରଖନ୍ତୁ।

୫. ଅଣ୍ଡାକୁ ଫେଣ୍ଟି ରଖନ୍ତୁ।

୬. ଗୋଟିଏ ପ୍ଲେଟ୍‌ରେ ବ୍ରେଡକ୍ରମ୍ବକୁ ଖେଳାଇ ରଖନ୍ତୁ।

୭. କଡ଼େଇରେ ତେଲ ଗରମ କରନ୍ତୁ।

୮. କିମା ମାଂସ ମିଶ୍ରଣକୁ ସାମାନ୍ୟ ପାଣି ହାତକରି ଗୁଳାକରି ଟିପରେ ଦାବି ଲମ୍ବାଳିଆ ବା ହାର୍ଟ ଆକରରେ ସାମାନ୍ୟ ଚେପେଟାକରି ଗଢ଼ି ଫେଣ୍ଟା ଅଣ୍ଡାରେ ବୁଡାଇ ବ୍ରେଡ୍ କ୍ରମ୍ବରେ ଗଡ଼ାଇ ରଖନ୍ତୁ।

୯. କଡ଼େଇରେ ତେଲ ଗରମକରି କଟ୍‌ଲେଟ୍‌ଗୁଡ଼ିକ ଗୋଟି ଗୋଟିକରି ମଧ୍ୟମ ଜାଳରେ ଛାଣନ୍ତୁ।

୧୦. ମଝିରେ ମଝିରେ ଓଲଟାଇ ଦୁଇପଟ ବାଦାମୀ ରଙ୍ଗ ହୋଇଗଲେ ଟିସୁ ପେପର୍ ବିଛା ହୋଇଥିବା ଗୋଟିଏ ପ୍ଲେଟ୍‌ରେ ଛାଣି ରଖନ୍ତୁ।

୧୧. ସର୍ଭିଙ୍ଗ୍ ପ୍ଲେଟ୍‌ରେ କଟ୍‌ଲେଟ୍ ଗୁଡ଼ିକ ରଖି ସଜାଇବା ପାଇଁ ଥିବା ସାମଗ୍ରୀଗୁଡ଼ିକୁ ରୁଚି ଅନୁସାରେ ସଜାଇ ଖାଇବାକୁ ଦିଅନ୍ତୁ।

କଲିଜା କଷା

ସାମଗ୍ରୀ

ଛେଳି କଲିଜା	୨୫୦ ଗ୍ରାମ
ଦହି	୨ ଟେବୁଲ୍ ଚାମଚ୍
ରିଫାଇନ୍ ତେଲ	୨ ଟେବୁଲ୍ ଚାମଚ୍
ଜୀରା	୧/୨ ଚା ଚାମଚ୍
ତେଜପତ୍ର	୨ଟା
କଞ୍ଚାଲଙ୍କା	୨ଟା
ପିଆଜ	୧୫୦ ଗ୍ରାମ୍
ଟମାଟୋ	୧୦୦ ଗ୍ରାମ୍
ରସୁଣ ବଟା	୧ ଚା ଚାମଚ୍
ଅଦା ବଟା	୧/୨ ଚା ଚାମଚ୍
ହଳଦୀ ଗୁଣ୍ଡ	୧/୨ ଚା ଚାମଚ୍
ଗରମ ମସଲାଗୁଣ୍ଡ	୧/୨ ଚା ଚାମଚ୍
ଧନିଆ ପତ୍ର	୨ ଗଛ
ଲୁଣ ଆବଶ୍ୟକ ମତେ	

ପ୍ରଣାଳୀ

୧. କଲିଜାକୁ ଖଣ୍ଡ ଖଣ୍ଡକରି କାଟନ୍ତୁ।

୨. ପିଆଜ କଞ୍ଚାଲଙ୍କା ଓ ଟମାଟୋକୁ ଅଲଗା ଅଲଗା ଚୁନ୍‌ଚୁନ୍‌କରି କାଟି ରଖନ୍ତୁ।

୩. କଡ଼େଇ ବା ଫ୍ରାଇଙ୍ଗ୍ ପ୍ୟାନ୍‌ରେ ତେଲ ଗରମକରି ଏଥିରେ ଜୀରା ଫୁଟାଇ ତେଜପତ୍ରକୁ ଅଳ୍ପ ସମୟ ଭାଜି କଞ୍ଚାଲଙ୍କା ପକାଇ ଭାଜନ୍ତୁ।

୪. ଏଥିରେ ପିଆଜ ପକାଇ ଜାରନ୍ତୁ। ପିଆଜ ଜରିଗଲେ ରସୁଣ ଓ ଅଦା ବଟା ଦେଇ କଷନ୍ତୁ।

୫. ଅଦା ଓ ରସୁଣ ବଟା କଷି ହୋଇଗଲେ ଏଥିରେ ହଳଦୀଗୁଣ୍ଡ ଓ ଟମାଟୋ ପକାଇ କଷନ୍ତୁ।

୬. ଟମାଟୋ କଷି ହୋଇ ପାଣିମରି ଆସିଲେ କଲିଜା ପକାଇ କଷନ୍ତୁ।

୭. କଲିଜାରେ ଲୁଣ ପକାଇ ଘୋଡ଼ାଇ ମଝିରେ ମଝିରେ ଗୋଳାଇ ଦିଅନ୍ତୁ।

୮. କଲିଜା କଷାରୁ ପାଣି ମରିଆସିଲେ ଏଥିରେ ଦହି ପକାଇ ଗୋଳାଇ ଦିଅନ୍ତୁ।

୯. କଲିଜା ସିଝିଗଲେ ଗରମ ମସଲାଗୁଣ୍ଡ ଗୋଳାଇ ଚୁନ୍‌ଚୁନ୍ କଟା ଧନିଆପତ୍ର ଉପରେ ଛିଞ୍ଚି ପରିବେଷଣ କରନ୍ତୁ।

ମିଷ୍ଟାନ୍ନ

ବନ୍ଧୁଚର୍ଚ୍ଚା ହେଉ ବା ଭୋଜିଭାତ ହେଉ ସବୁଠାରେ ମୁଖ୍ୟ ଖାଦ୍ୟ ପରିବେଷଣ ପରେ ମିଷ୍ଟାନ୍ନ ପରଷାଯାଏ। ଏହା ଖାଦ୍ୟର ସମ୍ପୂର୍ଣ୍ଣତା ଆଣିଥାଏ। ପର୍ବପର୍ବାଣୀ ଗୁଡିକରେ ମଧ୍ୟ ପିଠାପଣା ସାଙ୍ଗକୁ ନାନାଦି ପ୍ରକାରର ମିଷ୍ଟାନ୍ନ ପ୍ରସ୍ତୁତ କରାଯାଏ । ଏ ମଧ୍ୟରୁ ପ୍ରଥମେ କ୍ଷୀରି ବିଷୟରେ ଆଲୋଚନା କରିବା। କ୍ଷିରୀ କହିଲେ ସଂସ୍କୃତ ଶବ୍ଦ ପାୟସ ଶବ୍ଦ ମନକୁ ଆସେ। ଏହାର ଅନ୍ୟ ଏକ ନାମ ଚଷମେଇ। କେବଳ କ୍ଷୀରରେ ଅଳ୍ପ ଚାଉଳ ପକାଇ ଚଷମେଇ ପ୍ରସ୍ତୁତ କରାଯାଏ। ଏହା ବ୍ୟତୀତ କ୍ଷୀରରେ ସୁଜି, ସିମେୟା, ବୁନ୍ଦି, ଛେନା ଓ କେତେକ ପରିବା ପକାଇ ମଧ୍ୟ କ୍ଷୀରି ପ୍ରସ୍ତୁତ କରାଯାଏ। କେବଳ ପ୍ରଣାଳୀରେ ସାମାନ୍ୟ ପାର୍ଥକ ଥାଏ। ଛେନା, ସୁଜି, ଅଟା, ବେସନ, ମୁଗ ଚୁନା ବା ବଟା ଆଦିରେ ଚିନି ବା ଗୁଡ ଆଦି ମିଠା ଦ୍ରବ୍ୟ ମିଶାଇ ଅନେକ ପ୍ରକାରର ମିଷ୍ଟାନ୍ନ ପ୍ରସ୍ତୁତ କରାଯାଏ। ନିମ୍ନରେ କେତେକ ମିଷ୍ଟାନ୍ନ ବିଷୟରେ ଆଲୋଚନା କରାଯାଇଛି।

ଚାଉଳ କ୍ଷୀରି

ସାମଗ୍ରୀ

ଚାଉଳ	୫୦ ଗ୍ରାମ୍
କ୍ଷୀର	୧ ଲିଟର
ପାଣି	୩୦୦ ମିଲି
ତେଜପତ୍ର	୨ ଟା
କାଜୁ	୧୦ ଗ୍ରାମ୍
କିସମିସ	୨୦ ଗ୍ରାମ୍
ଗୁଆଘିଅ	୧ ଟେବୁଲ୍ ଚାମଚ୍
ଚିନି	୨୦୦ ଗ୍ରାମ
ଲୁଣ	୧/୪ ଚା ଚାମଚ୍
ଖୁଆ	୨୦୦ ଗ୍ରାମ୍
ଗୁଜୁରାତି ଗୁଣ୍ଡ	୪/୫ ଟା

ପ୍ରଣାଳି

୧. ପ୍ରଥମେ ଚାଉଳକୁ ଧୋଇ ରଖନ୍ତୁ । କ୍ଷୀରକୁ ଫୁଟାଇ ରଖନ୍ତୁ।

୨. ଗୋଟିଏ ଗହରିଆ ମୋଟା ଡେକଚିରେ ପାଣିକୁ ଫୁଟାଇ ଚାଉଳ ପକାଇ ରାନ୍ଧନ୍ତୁ।

୩. ଚାଉଳ ସିଝି ଭଲ ଭାବେ ନରମ ହୋଇଗଲେ ଡଙ୍କିରେ ସାମାନ୍ୟ ଘୋରି ଏଥିରେ କ୍ଷୀର ଓ ତେଜପତ୍ର ପକାଇ ଅଳ୍ପ ଜାଳରେ ରାନ୍ଧନ୍ତୁ।

୪. କଡେଇରେ ଘିଅ ଗରମ କରି କାଜୁ ଓ କିସ୍ ମିସ୍ କୁ ଅଲଗା ଅଲଗା ଭାଜି ରଖନ୍ତୁ।

୫. ମଝିରେ ମଝିରେ ଅଳ୍ପ ସମୟ ବ୍ୟବଧାରନରେ କ୍ଷୀରିର ତଳୁ ଘାଂଟନ୍ତୁ। ନଚେତ ପାତ୍ରର ତଳ ଅଂଶରେ ଏହା ଲାଗି ପୋଡିଯିବ।

୬. ଗୋଟିଏ ତାଟିଆରେ ଅଳ୍ପ କ୍ଷୀରି ଆଣି ଏଥିରେ ଖୁଆକୁ ଛୋଟ ଛୋଟ ଖଣ୍ଡ କରି ଭଲ ଭାବେ ମିଶାଇ ଦିଅନ୍ତୁ।

୭. କ୍ଷୀରି ସମ୍ପୂର୍ଣ୍ଣ ରୁପେ ସିଝି ମିଶିଗଲେ ଏଥିରେ ଖୁଆ ମିଶ୍ରଣ, ଚିନି ଓ ଲୁଣ ପକାଇ ଗୋଳାଇ ଦିଅନ୍ତୁ।

୮. କ୍ଷୀରି ଫୁଟିଗଲେ ଓ ଚିନି ମିଶିଗଲେ ଏହାକୁ ଆଉ ୨/୩ ମିନିଟ ରାନ୍ଧନ୍ତୁ।

୯. ଏଥର ଚୁଲିରୁ ଓହ୍ଲାଇ କାଜୁ, କିସମିସ ଓ ଗୁଜୁରାତି ଗୁଣ୍ଡ ପକାଇ ଆସ୍ତେ ଆସ୍ତେ ଗୋଳାଇ ଦିଅନ୍ତୁ ।

୧୦. କ୍ଷୀରିକୁ ଥଣ୍ଡା କରି ପରିବେଷଣ କରନ୍ତୁ ।

ବି.ଦ୍ର- କ୍ଷୀରିରେ ରଙ୍ଗ ଆଣିବା ପାଇଁ ୧ ଟା ଚାମଚ୍ ଗୁଆଘିଅ ଗରମ କରି ଏଥିରେ ଚିନି ୨ ଟା ଚାମ୍‌ଚ୍ ପକାଇ ପିଠା ପାତିଆରେ ଅନବରତ ଘାଣ୍ଟନ୍ତୁ । ଏହା ବାଦାମୀ ରଙ୍ଗ ହୋଇଗଲେ କ୍ଷୀରିରେ ଢାଳି ଗୋଳାଇ ଦିଅନ୍ତୁ।

ପ୍ରକାର ଭେଦ-

ସୁଜି ବା ସିମେୟା କ୍ଷୀରି – ଚାଉଳ ବଦଳରେ ସୁଜି ବା ସିମେୟାକୁ ନେଇ କ୍ଷୀରି ପ୍ରସ୍ତୁତ କରାଯାଇ ପାରିବ। ସୁଜି ବା ସିମେୟା (୧୦୦ ଗ୍ରାମ) କୁ ଘିଅରେ ଭାଜି ଏଥିରେ କ୍ଷୀର ଦେଇ ଚାଉଳ କ୍ଷୀରିର ସାମଗ୍ରୀ ନେଇ ଅନୁରୂପ ପ୍ରଣାଳୀରେ କ୍ଷୀରି ପ୍ରସ୍ତୁତ କରାଯାଇ ପାରିବ। ଏହା ପ୍ରସ୍ତୁତ କରିବା ପାଇଁ ଚାଉଳ କ୍ଷୀରି ଅପେକ୍ଷା କମ୍ ସମୟ ଲାଗେ। ସୁଜି ବା ସିମେୟା କ୍ଷୀରିରୁ ପାଣି ମରି ବହଳ ହୋଇଗଲେ ହାଲୁଆ ଭଳି ହୋଇଯାଏ। ତେଣୁ ଏଥିପ୍ରତି ସାବଧାନ ହେବେ।

ବୁନ୍ଦି କ୍ଷୀରି- ଚାଉଳ ବଦଳରେ ଛଣା ବୁନ୍ଦି (୧୫୦ ଗ୍ରାମ) ସହ ଅନ୍ୟାନ୍ୟ ସାମଗ୍ରୀକୁ ନେଇ ବୁନ୍ଦି-କ୍ଷୀରି ପ୍ରସ୍ତୁତ କରାଯାଇପାରିବ। କ୍ଷୀରକୁ ଅଧା ମାରି ଏଥିରେ ଚିନି, ଲୁଣ ଓ ବୁନ୍ଦି ପକାଇ ଘାଣ୍ଟି ଘାଣ୍ଟି ୨/୩ ମିନିଟ ଅଳ୍ପ ଜାଳରେ ରାନ୍ଧି ଚାଉଳ କ୍ଷୀରି ପ୍ରଣାଳୀରେ ପ୍ରସ୍ତୁତ କରିପାରିବେ।

କନ୍ଦମୂଳ ପାୟସ

ସାମଗ୍ରୀ

କନ୍ଦମୂଳ	୨୫୦ ଗ୍ରାମ
ଘିଅ	୧-୧/୨ଟେବୁଲ୍ ଚାମଚ୍
କ୍ଷୀର	୭୫୦ ମିଲି ଲିଟର
ଚିନି	୧୦୦ ଗ୍ରାମ
କାଜୁ	୨୫ ଗ୍ରାମ
କିସମିସ	୩୦ ଗ୍ରାମ
ଲୁଣ	୧/୪ ଟା ଚାମଚ୍
ଗୁଜୁରାତି ଗୁଣ୍ଡ	୪ ଟା

ପ୍ରଣାଳୀ

୧. କନ୍ଦମୂଳକୁ ଧୋଇ ଚୋପା ଛଡାଇ ଗ୍ରେଟରରେ କୋରି ରଖନ୍ତୁ।

୨. କଡେଇରେ ଘିଅ ଗରମ କରି କାଜୁ ଓ କିସମିସକୁ ଅଲଗା ଅଲଗା ଭାଜି ରଖନ୍ତୁ।

୩. ଅବଶିଷ୍ଟ ଘିଅରେ କୋରା ହୋଇଥିବା କନ୍ଦମୂଳ ଓ ଲୁଣ ପକାଇ ଭାଜି ଦିଅନ୍ତୁ।

୪. କନ୍ଦମୂଳ ନରମ ହୋଇଆସିଲେ ଏଥିରେ ଗରମ କ୍ଷୀର ଢାଳି ଗୋଳାଇ ଦିଅନ୍ତୁ।

୫. ମଧ୍ୟମରୁ ଅଳ୍ପ ଜାଳରେ ଏହାକୁ ଫୁଟାନ୍ତୁ । କନ୍ଦମୂଳ ସିଝି କ୍ଷୀର ସହିତ ମିଶିଗଲେ ଚିନି ଓ ଲୁଣ ପକାଇ ୩ ରୁ ୪ ମିନିଟ ଗୋଳାଇ ଗୋଳାଇ ରାନ୍ଧନ୍ତୁ।

୬. ଏଥର ଚୁଲିରୁ କ୍ଷୀରିକୁ ଓହ୍ଲାଇ ଭଜା କାଜୁ କିସମିସ ଓ ଗୁଜୁରାତି ଗୁଣ୍ଡ ପକାଇ ଆସ୍ତେ ଆସ୍ତେ ଗୋଳାଇ ଥଣ୍ଡା କରି ବ୍ୟବହାର କରନ୍ତୁ।

ଲାଉ କ୍ଷୀରି

ସାମଗ୍ରୀ

ଲାଉ	୫୦୦ ଗ୍ରାମ୍
କ୍ଷୀର	୧ ଲିଟର
ଖୁଆ	୨୦ ଗ୍ରାମ୍
ଘିଅ	୨ ଟେବୁଲ୍ ଚାମଚ
ଚିନି	୫୦ ଗ୍ରାମ୍
କାଜୁ	୧୦ ଗ୍ରାମ୍
କିସମିସ	୨୦ ଗ୍ରାମ୍
ଗୁଜୁରାତି ଗୁଣ୍ଡ	୪ ଟା

ଲୁଣ ଆବଶ୍ୟକ ମତେ

ପ୍ରଣାଳୀ

୧. ଲାଉର ଚୋପା ଛଡାଇ ଗ୍ରେଟରେ କୋରି ରସ ଚିପୁଡି ଅଲଗା ରଖନ୍ତୁ।

୨. କଡେଇରେ ଘିଅ ଗରମ କରି କାଜୁ ଓ କିସମିସ କୁ ଅଲଗା ଅଲଗା ଭାଜି ରଖନ୍ତୁ।

୩. ଅବଶିଷ୍ଟ ଘିଅରେ ଲାଉକୁ ଭାଜନ୍ତୁ।

୪. ପାଣି ମରିଗଲେ ଗରମ କ୍ଷୀର ଢାଳି ଗୋଳାଇ ମଧ୍ୟମରୁ ଅଳ୍ପ ଜାଳରେ ରାନ୍ଧନ୍ତୁ।

୫. କ୍ଷୀରି ଫୁଟି ଅଧା କ୍ଷୀର ମରି ଆସିଲେ ଏଥିରେ ଚିନି ଓ ଲୁଣ ପକାଇ ଗୋଳାଇ ଦିଅନ୍ତୁ।

୬. ଖୁଆକୁ ଛୋଟ ଛୋଟ ଖଣ୍ଡ କରି ଅଳ୍ପ କ୍ଷୀରରେ ମିଶାଇ କ୍ଷୀରିରେ ଢାଳି ଘାଣ୍ଟି ଦିଅନ୍ତୁ।

୭. କ୍ଷୀରି ଭଲ ଭାବେ ଫୁଟି ବହଳ ହୋଇ ଆସିଲେ ଚୁଲିରୁ ଓହ୍ଲାଇ କାଜୁ, କିସମିସ ଓ ଗୁଜୁରାତି ଗୁଣ୍ଡ ପକାଇ ମିଶାଇ ଦିଅନ୍ତୁ।

୮. ଗୋଟିଏ ସର୍ଭିଙ୍ଗ ବୋଲରେ କ୍ଷୀରିକୁ ଓଜାଡି ଥଣ୍ଡା କରି ପରିବେଷଣ କରନ୍ତୁ।

ପ୍ରକାରଭେଦ

ପତ୍ରକୋବି କ୍ଷୀରି- ପତ୍ରକୋବିର ଉପର ପତ୍ର ୩/୪ ପରସ୍ତ କାଢି ଯଥା ସମ୍ଭବ ସରୁ ସରୁ କାଟି ଉପରୋକ୍ତ ପ୍ରଣାଳୀରେ କ୍ଷୀରି ପ୍ରସ୍ତୁତ କରିପାରିବେ। କଟା କୋବିକୁ ଅଧା ସିଝା କରି ପାଣି ନିଗାଡି ଭଲ ଭାବରେ ଭାଜି ନରମ କରି କ୍ଷୀରି ପ୍ରସ୍ତୁତ କରିବାକୁ ପଡିଥାଏ।

ଗାଜର ହାଲୁଆ

ସାମଗ୍ରୀ

ଗାଜର	୧ କିଲୋ
କ୍ଷୀର	୨-୧/୨ ଲିଟର
ଚିନି	୪୦୦ ଗ୍ରାମ୍
ଖୁଆ	୪୦ ଗ୍ରାମ୍
କାଜୁ	୨୦ଗ୍ରାମ୍
କିସମିସ	୨୫ ଗ୍ରାମ୍
ଆଲମଣ୍ଡ ଫ୍ଲେକ୍ସ	୧୦ ଗ୍ରାମ୍
ଗୁଜୁରାତି ଗୁଣ୍ଡ	୭-୮ ଟା
ଗୁଆଘିଅ	୩ ଟେବୁଲ ଚାମଚ୍

ପ୍ରଣାଳୀ

୧. ଗାଜରକୁ ଧୋଇ ସାମାନ୍ୟ ଚୋପା ଚାଂଛି ଗ୍ରେଟରରେ କୋରି ରଖନ୍ତୁ।

୨. ଗୋଟିଏ ମୋଟା ଡେକଚିରେ କୋରା ଗାଜର ସହ ୧ ଲିଟର କ୍ଷୀର ମିଶାଇ ମଧ୍ୟମ ଜାଳରେ ରାନ୍ଧନ୍ତୁ।

୩. କ୍ଷୀର ଫୁଟିବାକୁ ଆରମ୍ଭ କଲେ ଜାଳ କମାଇ ରାନ୍ଧନ୍ତୁ।

୪. ଅବଶିଷ୍ଟ ୧.୧/୨ ଲିଟର କ୍ଷୀରକୁ ଅନ୍ୟ ଏକ ପାତ୍ରରେ ଫୁଟାଇ ଅଧା ମାରି ଦିଅନ୍ତୁ। ଖୁଆକୁ ଛୋଟ ଛୋଟ ଖଣ୍ଡକରି ଅଳ୍ପ କ୍ଷୀରରେ ଗୋଳାଇ ରଖନ୍ତୁ।

୫. କଡ଼େଇରେ ୧ ଟେବୁଲ ଚାମଚ ଘିଅ ଗରମ କରି କାଜୁ ଓ କିସମିସକୁ ଅଲଗା ଅଲଗା ଭାଜି ରଖନ୍ତୁ।

୬. ଗାଜର ସିଝି ଆସିଲେ ଅଧା ମାରିଥିବା କ୍ଷୀର ଓ ଖୁଆ ମିଶ୍ରଣକୁ ଏଥିରେ ଢାଳି ଗୋଳାଇ ଅଳ୍ପ ଜାଳରେ ଫୁଟାନ୍ତୁ।

୭. ଏଥିରୁ ପାଣି ଅଂଶ ବା କ୍ଷୀର ମରି ଆସିଲେ ଚାରିକଡରେ ଅଳ୍ପ ଅଳ୍ପ ଘିଅ ବୁଲାଇ ଲେଉଟ ପାଉଟ କରନ୍ତୁ।

୮. ଏହିପରି ଭାବରେ ସମସ୍ତ ଘିଅ ଗାଜରରେ ମିଶି ଜଳୀୟ ଅଂଶ ମରି ଆସିଲେ ଚୁଲିରୁ ଓହ୍ଲାଇ କାଜୁ, କିସମିସ ଓ ଗୁଜୁରାତି ଗୁଣ୍ଡ ପକାଇ ଆସ୍ତେଆସ୍ତେ ଗୋଳାଇ ଦିଅନ୍ତୁ।

୯. ସର୍ଭିଙ୍ଗ ପ୍ଲେଟରେ ଗାଜର ହାଲୁଆକୁ ଓଜାଡି ଉପରେ ଆଲମଣ୍ଡ ଫ୍ଲେକ୍ସ ଛିଞ୍ଚି ପରିବେଷଣ କରନ୍ତୁ।

ଶିରିଣି

ଶିରିଣି ଶବ୍ଦ ସହିତ ଧର୍ମ ବିଶ୍ୱାସ ଜଡିତ। ସତ୍ୟନାରାୟଣ ପାଲା ବା ପୂଜା କହିଲେ ଶିରିଣୀ କଥା ମନକୁ ଆପେ

ଆପେ ଚାଲି ଆସେ। ଶିଶୁଟିଏ ଜନ୍ମ ହେଲେ ଏକୋଇଶ ଦିନରେ ସତ୍ୟପୀର ବା ସତ୍ୟନାରାୟଣଙ୍କୁ ପୂଜାର୍ଚ୍ଚନା କରି ଶିଶୁର ନାମକରଣ କରାଯାଏ। ପ୍ରତ୍ୟେକ ଓଡିଆ ଘରେ ଏହି ପୂଜାରେ ମାଟି ହାଣ୍ଡିରେ ଶିରିଣୀ ସହ ଲଡୁ ଓ ଚୂଡାଘଷା ଆଦି ଭୋଗ ଲାଗିବାର ପ୍ରଥା ବହୁକାଳରୁ ପ୍ରଚଳିତ ହୋଇଆସୁଛି। ନିମ୍ନରେ ଶିରିଣୀ ପ୍ରସ୍ତୁତି ଦିଆଗଲା।

ସାମଗ୍ରୀ

ଦେଶୀ ପାଚିଲା କଦଳୀ ବା	
ପାଟକପୁରା କଦଳା	୧୨ ଟା
କ୍ଷୀର	୨୫୦ ମି.ଲି.
ନବାତ ବା କନ୍ଦ	୫୦ ଗ୍ରାମ
ଗୁଡ	୨୫ ଗ୍ରାମ
ମହୁ	୧ ଚା ଚାମଚ
ଚାଉଳଗୁଣ୍ଡ ବା ଗହମ ଅଟା	୨ ଟେବୁଲ ଚାମଚ
ଘିଅ	୧ ଚା ଚାମ୍ଚ
ଶ୍ରୀ କର୍ପୁର ଗୁଣ୍ଡ	ଟିପେ
ଗୋଲମରିଚ ଗୁଣ୍ଡ	୧ ଚା ଚାମଚ

ପ୍ରଣାଳୀ

୧. ଗୋଟିଏ ମାଟି ହାଣ୍ଡିକୁ ପରିଷ୍କାର ଭାବେ ଧୋଇ ଏଥିରେ ସମସ୍ତ କଦଳୀର ଚୋପା ଛଡାଇ ପକାଇ ଚକଟନ୍ତୁ।

୨. ହାଣ୍ଡିରେ ଅବଶିଷ୍ଟ ସାମଗ୍ରୀ ପକାଇ ଭଲ ଭାବେ ଗୋଳାଇ ଶିରିଣୀ ପ୍ରସ୍ତୁତ କରନ୍ତୁ।

ବି:ଦ୍ର: ଶିରିଣୀରେ ଚାଉଳ ଚୁନା ବା ଅଟା ବଦଳରେ କେହି କେହି ଛତୁଆ ଗୁଣ୍ଡ ଗୋଳାଇ ଥା'ନ୍ତି। ଏହା ଏକ ଭିନ୍ନ ସ୍ୱାଦ ଦିଇଥାଏ।

ମୁଗ ରସାବଳୀ

ସାମଗ୍ରୀ

କଞ୍ଚା ମୁଗ ଡାଲି	୨୫୦ ଗ୍ରାମ୍
ମଇଦା	୧୦୦ ଗ୍ରାମ୍
କ୍ଷୀର	୧ ଲିଟର
ଚିନି	୨୦୦ ଗ୍ରାମ୍
ଗୁଜୁରାତି ଗୁଣ୍ଡ	୪ ଟା
ଅଳେଇଚ ଗୁଣ୍ଡ	୧ ଟା
ଛାଣିବା ପାଇଁ ଘିଅ	

ପ୍ରଣାଳୀ

୧. ମୁଗକୁ ପରିଷ୍କାର ଭାବେ ୫/୬ ଥର ଧୋଇ ୨ ଘଣ୍ଟା ବତୁରାଇ ରଖନ୍ତୁ।

୨. ପାଣିରୁ ଛାଣି ଆଉ ଥରେ ଧୋଇ ମୁଗକୁ କାଠୁଆ କରି ବାଟନ୍ତୁ।

୩. ବଟା ମୁଗରେ ମଇଦା ଓ ଅଳେଇଚ ଗୁଣ୍ଡ ପକାଇ ଭଲ ଭାବେ ଦଳନ୍ତୁ।

୪. କ୍ଷୀର ଓ ଚିନିକୁ ଏକାଠି ଅଳ୍ପ ଜାଳରେ ଅଧା ହେବା ପର୍ଯ୍ୟନ୍ତ ଆଉଟି ରଖନ୍ତୁ। ଚୁଲିରୁ ଓହ୍ଲାଇ ଏଥିରେ ଗୁଜୁରାତି ଗୁଣ୍ଡ ଗୋଳାଇ ଦିଅନ୍ତୁ।

୫. ଗୋଟିଏ କଡେଇରେ ଘିଅ ଗରମ କରନ୍ତୁ।

୬. ଦଳା ହୋଇଥିବା ମୁଗକୁ ଛୋଟ ଛୋଟ ଗୁଳା କରି ପ୍ରତ୍ୟେକ ଗୁଳାକୁ ଚଟକା ରସାବଳିପରି ଆକାର କରି ମଧ୍ୟମରୁ ଅଳ୍ପଜାଳରେ ଛାଣନ୍ତୁ।

୭. ଦୁଇ ପାଖ ବାଦାମୀ ରଙ୍ଗ ହେବା ପର୍ଯ୍ୟନ୍ତ ସମସ୍ତ ଗୁଳାକୁ ଛାଣି ରଖନ୍ତୁ।

୮. କ୍ଷୀର ଉଷୁମ ଥିବା ଅବସ୍ଥାରେ ରସାବଳୀ ଗୁଡିକ ପକାଇ କ୍ଷୀରରେ ବୁଡାଇ ଭିଜାନ୍ତୁ।

୯. ରସାବଳୀ ଗୁଡିକ ଥଣ୍ଡା ହୋଇଗଲେ ପରିବେଷଣ କରନ୍ତୁ।

ଛେନା ଜାତୀୟ ମିଠା

ରସଗୋଲା, ଛେନାଗଜା, ରସାବଳୀ, ସନ୍ଦେଶ ଆଦି ଛେନା ଜାତୀୟ ମିଠା ପ୍ରସ୍ତୁତ କରିବା ପୂର୍ବରୁ ଛେନାକୁ କନାରେ ବାନ୍ଧି ଟାଙ୍ଗି ସମସ୍ତ ପାଣି ନିଗାଡି ବ୍ୟବହାର କରାଯାଏ। ଏଥିପାଇଁ ଛେନାକୁ ଦଳି ମିଠା ତିଆରି କରିବା ପାଇଁ ପ୍ରସ୍ତୁତ କରାଯାଏ। ଛେନା ଦଳିବା ଗୋଟିଏ ଗୁରୁତ୍ୱପୂର୍ଣ୍ଣ କାମ। ଗୋଟିଏ ବଡ ଥାଳିରେ ଛେନା ସହିତ ମଇଦା କିମ୍ବା ସୁଜି ମିଶାଇ ଆସ୍ତେ ଆସ୍ତେ ବୁଢା ଆଙ୍ଗୁଠିକୁ ଛାଡି ଅନ୍ୟ ଚାରି ଆଙ୍ଗୁଠିରେ ଛେନାର ମୁଣ୍ଡାକୁ ଭାଙ୍ଗି ଘସି ଘସି ମିଶାଇବାକୁ ପଡିଥାଏ । ଛେନାର ମୁଣ୍ଡାଗୁଡିକ ଭାଙ୍ଗିଗଲେ ନେଡ଼ିରେ ଦଳି ଏହାକୁ ଗୋଟିଏ ନରମ ଗୁଳା କରି ଯେ କୌଣସି ମିଠା ପାଇଁ ଛେନାକୁ ପ୍ରସ୍ତୁତ କରାଯାଏ।

ରସଗୋଲା

ସାମଗ୍ରୀ

ଛେନା	୨୫୦ ଗ୍ରାମ୍
ସୁଜି	୧ ଚା ଚାମଚ୍
ଚିନି	୨୫୦ ଗ୍ରାମ୍
ପାଣି	୭୫୦ ମି.ଲି
କ୍ଷୀର	୧ ଟେବୁଲ ଚାମଚ୍

ପ୍ରଣାଳୀ

୧. ଛେନାକୁ ସୁଜି ସହିତ ମିଶାଇ ଭଲ ଭାବରେ ଦଳି ଗୋଟିଏ ନରମ ଗୁଳା କରନ୍ତୁ।

୨. ଗୋଟିଏ ଡେକଚି ବା କଡେଇରେ ପାଣି ଓ ଚିନିକୁ ଏକାଠି ବସାଇ ଫୁଟାନ୍ତୁ। ପାଣି ଫୁଟିଗଲେ ଜାଳ କମାଇ ଏଥିରେ କ୍ଷୀର ମିଶାନ୍ତୁ।

୩. କିଛି ସମୟ ପରେ ସୀରା ଉପରେ ଭାସୁଥିବା ମଇଳା ଗୁଡିକୁ ଜାଲିଚଟୁରେ ଆସ୍ତେଆସ୍ତେ କାଢି ବାହାର କରି ଦିଅନ୍ତୁ।

୪. ଛେନା ଗୁଳାକୁ ଭାଙ୍ଗି ଛୋଟଛୋଟ ଗୋଲ ଗୋଲ ଗୁଳା କରି ସୀରାରେ ଗୋଟି ଗୋଟି କରି ଆସ୍ତେ ଆସ୍ତେ ପକାଇ ମଧ୍ୟମରୁ ଅଳ୍ପ ଜାଳରେ ଫୁଟାନ୍ତୁ।

୫. ରସଗୋଲା ଗୁଡିକ ଫୁଟି ହାଲକା ହୋଇ ଉପରକୁ ଭାସି ଉଠିଲେ ଜାଣିବେ ଯେ ରସଗୋଲା ଠିକ୍ ଭାବରେ ହୋଇଯାଇଛି।

୬. ଚୁଲି ବନ୍ଦ କରି ପାତ୍ରଟିକୁ ଚୁଲିରୁ ଓହ୍ଲାଇ ଦିଅନ୍ତୁ।

୭. ଭଲ ରସଗୋଲା ହାତକୁ ସ୍ପଞ୍ଜ ଭଳି ନରମ ଲାଗେ। ଏହାକୁ ରୁଚି ଅନୁସାରେ ଗରମ ବା ଥଣ୍ଡା କରି ପରିବେଷଣ କରନ୍ତୁ।

ରସାବଳୀ

ସାମଗ୍ରୀ

ଛେନା	୨୫୦ ଗ୍ରାମ୍
ସୁଜି ବା ମଇଦା	୧ ଟେବୁଲ୍ ଚାମଚ୍
କ୍ଷୀର	୧ ଲିଟର
ଚିନି	୧୫୦ ଗ୍ରାମ୍
ଗୁଜୁରାତି ଗୁଣ୍ଡ	୫ ଟା
ଛାଣିବା ପାଇଁ ଘିଅ	

ପ୍ରଣାଳୀ

୧. ଛେନାକୁ ମଇଦା ସହ ଭଲ ଭାବରେ ଦଳି ଗୋଟିଏ ନରମ ଗୁଳା କରନ୍ତୁ।

୨. କ୍ଷୀରକୁ ମଧ୍ୟମ ଜାଳରେ ଫୁଟାଇ ଏଥିରେ ଚିନି ପକାଇ ଗୋଳାଇ ଦିଅନ୍ତୁ । କ୍ଷୀର ଫୁଟି ଅଧା ହୋଇଗଲେ ଚୁଲିରୁ ଓହ୍ଲାଇ ଗୁଜୁରାତି ଗୁଣ୍ଡ ଗୋଳାଇ ଗୋଟିଏ ଚଟକା ଜାଗାରେ ଢାଳି ରଖନ୍ତୁ।

୩. ଛେନା ଗୁଳାକୁ ଛୋଟ ଛୋଟ ଗୁଳା କରି ରଖନ୍ତୁ।

୪. କଡେଇରେ ଘିଅ ଗରମ କରି ପ୍ରତି ଗୁଳାକୁ ଆଙ୍ଗୁଠି ବା ନେଡି ସାହାଯ୍ୟରେ ଚତରାଇ ଗରମ ଘିଅରେ ମଧ୍ୟମରୁ ଅଳ୍ପ ଜାଳରେ ଦୁଇ ପାଖ ବାଦାମି ରଙ୍ଗ ହେବା ପର୍ଯ୍ୟନ୍ତ ଛାଣନ୍ତୁ।

୫. ସମସ୍ତ ରସାବଳୀ ଛାଣି ଗୋଟି ଗୋଟି କରି ଉଷୁମ କ୍ଷୀରରେ ପକାନ୍ତୁ ଓ କ୍ଷୀରରେ ଭିଜିଗଲେ ପରିବେଷଣ କରନ୍ତୁ।

ଛେନା ପୋଡ

ସାମଗ୍ରୀ

ସଜ ଛେନା	୨୫୦ ଗ୍ରାମ୍
ସୁଜି	୨ ଟେବୁଲ୍ ଚାମଚ୍
ଶୁଖିଲା ଗୁଣ୍ଡ ଗୁଡ	୧୭୫ ଗ୍ରାମ୍
ଗୁଜୁରାତି ଗୁଣ୍ଡ	୪ ଟା
କିସମିସ	୨୦ ଗ୍ରାମ୍
କାଜୁ	୧୫ ଗ୍ରାମ୍
ଆଲମଣ୍ଡ ଫ୍ଲେକ୍ସ	୫ ଗ୍ରାମ୍
ଘିଅ	୨.୧/୨ ଟେବୁଲ୍ ଚାମଚ୍

ପ୍ରଣାଳୀ

୧. ଛେନାକୁ stainerରେ ଛାଣି ପାଣିକୁ ଅଲଗା ରଖନ୍ତୁ।

୨. ଛେନାରେ ସୁଜିକୁ ମିଶାଇ ଭଲ ଭାବେ ଚକଟି ରଖନ୍ତୁ।

୩. ମୁଣ୍ଡା ଭାଙ୍ଗିଗଲେ ଏଥିରେ ଗୁଡ ଓ ଗୁଜୁରାତି ପକାଇ ଭଲ ଭାବେ ମିଶାଇ ଦିଅନ୍ତୁ।

୪. ଛେନାକୁ ବେଶୀ ଶୁଖିଲା କରିବେ ନାହିଁ। ଏଥିରେ କ୍ଷୀର ବା ଛେନାପାଣି ମିଶାଇ ଦେଖନ୍ତୁ ଏହା ଯେପରି କାଠୁଆ ବା ପାଣିଆ ନ ହୁଏ।

୫. ଏଥିରେ କାଜୁ, କିସମିସ ଓ ୨ ଟେବୁଲ୍ ଚାମଚ୍ ଘିଅ ପକାଇ ଭଲ ଭାବେ ଗୋଳାଇ ରଖନ୍ତୁ।

୬. ଗୋଟିଏ ଚଟକା ପାତ୍ର ବା ଗୋଲ କେକ ପାତ୍ରରେ ୧/୨ ଟେବୁଲ୍ ଚାମଚ୍ ଘିଅ ମାରି ରଖନ୍ତୁ।

୭. କେକ ପାତ୍ରର ତଳ ଭାଗକୁ ମାପି ଗୋଟିଏ ବଟର ପେପର କାଟି ପାତ୍ରରେ ପକାଇ ଏହା ଉପରେ ଛେନା ମିଶ୍ରଣ ଦେଇ ପାତ୍ରଟିକୁ ଟେବୁଲ୍ ଉପରେ ସାମାନ୍ୟ ବାଡେଇ ବାଡେଇ ସମାନ କରି ଦିଅନ୍ତୁ, ନଚେତ ଚଟୁ ସାହାଯ୍ୟରେ ଉପରିଭାଗକୁ ସମାନ କରି ଦିଅନ୍ତୁ।

୮. ସାଧାରଣତଃ ମୋଟା ଲୁହା ଚଟକା ପାତ୍ରରେ କଦଳୀପତ୍ର ପାରି ଏହା ଉପରେ ଛେନା ମିଶ୍ରଣ ଦେଇ କାଠ ଚୁଲିରେ ଏହା ପୋଡାଯାଏ । ପାତ୍ର ଉପରେ ଥିବା ଢାଙ୍କୁଣି ଉପରେ ମଧ୍ୟ ରଡ ନିଆଁ ଦିଆଯାଏ ।

୯. କାଠଚୁଲି ପରିବର୍ତ୍ତେ ଗୋଟିଏ ଚଟକାଡେକଚି ଭିତରେ ଗୋଟିଏ ପରସ୍ତ ବାଲି ବା ଲୁଣ ପକାଇ ତା' ଉପରେ ପ୍ରସ୍ତୁତ ପାତ୍ରଟିକୁ ରଖି ଡେକଚିର ଢାଙ୍କୁଣି ଘୋଡାଇ ମଧ୍ୟମରୁ ଅଳ୍ପ ଜାଳରେ ଏହାକୁ ବସାନ୍ତୁ; ନଚେତ ୨୫୦° ଫାରେନ୍‌ହିଟ୍ ବା ୧୨୧° ସେଂଟିଗ୍ରେଡ୍‌ରେ ଓ୍ୱେଭେନ୍‌ରେ ବେକ କରନ୍ତୁ ।

୧୦. ଛେନାପୋଡ ସିଝିବା ପାଇଁ ୩୦ ରୁ ୪୦ ମିନିଟ୍ ସମୟ ଲାଗିଥାଏ।

୧୧. ଗୋଟିଏ ଛୁରୀ ଛେନାପୋଡ ଭିତରେ ପୁରାଇ ଦେଖନ୍ତୁ। ଯଦି ଛୁରୀ ପରିଷ୍କାର ହୋଇ ବାହାରି ଆସିବ ତେବେ ଛେନାପୋଡ ହୋଇଯାଇଛି ବୋଲି ଜାଣିବେ।

୧୨. କିଛି ସମୟ ଥଣ୍ଡା କରି ଛୁରୀରେ ଚାରିକଡରୁ ଛଡାଇ ଗୋଟିଏ ପ୍ଲେଟ ବା ଥାଳିରେ ପାତ୍ରକୁ ଓଲଟାଇ ଛେନା ପୋଡକୁ ବାହାର କରନ୍ତୁ।

୧୩. ଉପର ପେପରଟିକୁ ଆସ୍ତେ ଆସ୍ତେ କାଢି ବାହାର କରି ଛୁରୀରେ କାଟି ଖଣ୍ଡ ଖଣ୍ଡ କରି ବ୍ୟବହାର କରନ୍ତୁ।

କାରାମେଲ କଷ୍ଟାର୍ଡ

ସାମଗ୍ରୀ

ଅଣ୍ଡା	୩ ଟା
ଚିନି	୬୦ ଗ୍ରାମ୍
କ୍ଷୀର	୩୫୦ ମି.ଲି
ଯାଇଫଳ ଗୁଣ୍ଡ	୩ ଗ୍ରାମ୍
ଭାନିଲା ଏସେନ୍ସ	୨ ଟୋପା
କାରାମେଲ୍ ପାଇଁ ଚିନି	୧ ଟା ଚାମଚ୍

ପ୍ରଣାଳୀ

୧. ଗୋଟିଏ କଡେଇରେ ୧ ଟା ଚାମ୍‌ଚ ପାଣି ଓ ୧ ଟା ଚାମ୍‌ଚ ଚିନି ଦେଇ ଅଳ୍ପ ଆଂଚରେ ଗରମ କରି ଘାଂଟି ଘାଂଟି ବାଦାମି ରଙ୍ଗ ହୋଇ କାରାମେଲ ହୋଇଗଲେ ଚୁଲିରୁ ଓହ୍ଲାଇ ସଙ୍ଗେ ସଙ୍ଗେ ଗୋଟିଏ ପୁଡିଙ୍ଗ ମୋଲଡରେ ଢାଳି ଚାରିଆଡକୁ ବୁଲାଇ ଥଣ୍ଡା କରନ୍ତୁ।

୨. ଅଣ୍ଡାକୁ ଫଟାଇ ଗୋଟିଏ ବୋଲରେ ଚିନି ସହିତ ଭଲ ଭାବରେ ଫେଣ୍ଟି ରଖନ୍ତୁ।

୩. ଅଣ୍ଡା ସହିତ ଚିନି ମିଶିଗଲେ କ୍ଷୀରକୁ ନଖ ଉଷୁମ କରି ଏଥିରେ ମିଶାଇ ଭଲ ଭାବେ ଗୋଳାଇ ଦିଅନ୍ତୁ।

୪. ମିଶ୍ରଣରେ ଜାଇଫଳ ଗୁଣ୍ଡ ଓ ଭାନିଲା ଏସେନ୍ସ ମିଶାଇ ପୁଡିଙ୍ଗ ମୋଲଡକୁ ଢାଳି ଦିଅନ୍ତୁ ।

୫. ଗୋଟିଏ ବେକିଙ୍ଗ ଟ୍ରେରେ ପାଣି ଦେଇ ଏହା ଉପରେ ପୁଡିଙ୍ଗ ମୋଲଡକୁ ରଖି ଓ୍ୱେଭେନ୍‌ରେ ରଖନ୍ତୁ ।

୬. ଏହାକୁ ୧୮୦° ସେଂଟିଗ୍ରେଡ୍‌ରେ ୩୦ ରୁ ୩୫ ମିନିଟ ପର୍ଯ୍ୟନ୍ତ ବେକ କରନ୍ତୁ ।

୭. ଓଭେନରୁ ପୁଡିଙ୍ଗ ମୋଲଡକୁ ଆଣି ଥଣ୍ଡା କରନ୍ତୁ ।

୮. ସମ୍ପୂର୍ଣ୍ଣ ଭାବେ ଥଣ୍ଡା ହୋଇଗଲେ ଗୋଟିଏ ପ୍ଲେଟ୍‌କୁ ଓଲଟାଇ ପୁଡିଙ୍ଗ ମୋଲଡ ଉପରେ ରଖି ଓଲଟାଇ ପୁଡିଙ୍ଗ ବାହାର କରି ପରିବେଷଣ କରନ୍ତୁ।

ଚକୋଲେଟ ମୁସ୍

ସାମଗ୍ରୀ

ଅଣ୍ଡା	୩ ଟା
କ୍ଷୀର	୨୦୦ ମି.ଲି.
ଜେଲେଟିନ୍	୧୦ ଗ୍ରାମ୍
ଚିନି	୮୦ ଗ୍ରାମ୍
ଫ୍ରେସ୍ କ୍ରିମ୍	୫୦ ଗ୍ରାମ୍
କୋକୋ ପାଉଡର୍	୧୦ ଗ୍ରାମ୍
ବଟର୍	୧ ଟା ଚାମଚ୍

ପ୍ରଣାଳୀ

୧. ଅଣ୍ଡାକୁ ଫଟାଇ କେଶର ଓ ଧଳାଅଂଶକୁ ଅଲଗା ଅଲଗା ରଖନ୍ତୁ।

୨. କ୍ଷୀରକୁ ଫୁଟାଇ ଥଣ୍ଡା କରନ୍ତୁ।

୩. ଗୋଟିଏ ଗହିରିଆ ପାତ୍ରରେ ଅଣ୍ଡା କେଶରକୁ ଚିନି ସହିତ ଭଲ ଭାବେ କାଠଚଟୁରେ ଫେଣ୍ଟି ରଖନ୍ତୁ ।

୪. ଚିନି କେଶର ସହିତ ଭଲ ଭାବରେ ମିଶିଗଲେ ଏଥିରେ କ୍ଷୀର ଢାଳି ଗୋଳାଇ ଦିଅନ୍ତୁ।

୫. ଗୋଟିଏ ଚଟକା ଡେକ୍‌ଚିର ୨ ଇଂଚ ପର୍ଯ୍ୟନ୍ତ ପାଣି ଦେଇ ଚୁଲିରେ ବସାନ୍ତୁ। କେଶର ମିଶ୍ରଣ ଥିବା ପାତ୍ରଟିକୁ ଡେକଚି ମଝିରେ ରଖି କମ୍ ଜାଳରେ ଘାଣ୍ଟିଘାଣ୍ଟି ମିଶ୍ରଣଟିକୁ ବହଳ କରନ୍ତୁ।

୬. ଏହା କଷ୍ଟାର୍ଡ୍ ଭଳି ହୋଇଗଲେ ଚୁଲି ବନ୍ଦ କରି ଡେକଚି ଭିତରୁ ପାତ୍ରଟିକୁ ବାହାରକୁ କାଢି ଆଣନ୍ତୁ।

୭. ଜିଲେଟିନ୍‌କୁ ଅଳ୍ପ ପାଣିରେ ମିଶାଇ କଷ୍ଟାର୍ଡ୍‌ରେ ଢାଳି ଗୋଳାଇ ଦିଅନ୍ତୁ ଓ କୋକୋପାଉଡର୍‌କୁ ଏହା ଉପରେ ଛିଞ୍ଚି ଛିଞ୍ଚି ଭଲ ଭାବେ ମିଶାଇ ଦିଅନ୍ତୁ।

୮. କଷ୍ଟାର୍ଡକୁ ଷ୍ଟେନରରେ ଛାଣି ଆଉ ଗୋଟିଏ ପାତ୍ରରେ ରଖନ୍ତୁ।

୯. ଗୋଟିଏ ଚଟକା ବୋଲରେ କିଛି ବରଫ ଖଣ୍ଡ ରଖି ଏହା ଉପରେ କଷ୍ଟାର୍ଡ ପାତ୍ରଟିକୁ ରଖନ୍ତୁ।

୧୦. ଗୋଟିଏ ପୁଡିଙ୍ଗ୍ ପାତ୍ରର ଭିତରପଟେ ଚାରି ଆଡକୁ ସମାନ ଭାବେ ବଟର ମାରି ରଖନ୍ତୁ।

୧୧. ଅଣ୍ଡାର ଧଳା ଅଂଶକୁ ଭଲ ଭାବରେ ଫେଣ୍ଟି ଦିଅନ୍ତୁ ଯେପରି କି ଭଲଭାବେ ଫେଣ ହୋଇଯିବ।

୧୨. କଷ୍ଟାର୍ଡ ବସି ଆସିବା ସମୟରେ ଫ୍ରେସ୍ କ୍ରିମ୍ ଓ ଫେଣ୍ଟା ଅଣ୍ଡାକୁ ଏଥିରେ ପକାଇ ଭଲ ଭାବେ ମିଶାଇ ଦିଅନ୍ତୁ।

୧୩. ପ୍ରସ୍ତୁତ ପୁଡିଙ୍ଗ୍ ମୋଲଡରେ କଷ୍ଟାର୍ଡ୍ ମିଶ୍ରଣକୁ ଓଜାଡି ରେଫ୍ରିଜେରେଟର୍‌ରେ ରଖନ୍ତୁ ।

୧୪. ପୁଡିଙ୍ଗ୍ ସମ୍ପୂର୍ଣ୍ଣ ରୂପେ ବସିଗଲେ ବା ସେଟ୍ ହୋଇଗଲେ ପ୍ଲେଟ୍‌ରେ କାଢି ପରିବେଷଣ କରନ୍ତୁ।

ଆପଣ ଜାଣନ୍ତି କି ?

- ଟାଣ ଲେମ୍ବୁକୁ ଗରମ ପାଣିରେ କିଛି ସମୟ ବୁଡ଼ାଇ ଚିପୁଡ଼ିଲେ ଭଲ ରସ ବାହାରେ।
- ଅରୁଆ ଚାଉଳରେ ୧/୨ ଚା ଚାମଚ୍ ରିଫାଇନ୍ ତେଲ, ଅଳ୍ପ ଲୁଣ ଓ ଶେଷରେ ଲେମ୍ବୁରସ ଦେଇ ରାନ୍ଧିଲେ ଭାତ ଧଳା ଓ ଗୋଟା ଗୋଟା ହୁଏ।
- ବେକିଙ୍ଗ ପାଉଡ଼ର ଓ ଚିନିକୁ ଗୋଟିଏ ବର୍ଷରୁ ଅଧିକ ଦିନ ରଖି ବ୍ୟବହାର କରିବା ଉଚିତ୍ ନୁହେଁ।
- ଖୋଲା ହୋଇଥିବା କେଚପ୍, ସସ୍ ଓ ବଟା ମସଲା (ଅଦା, ରସୁଣ ପେଷ୍ଟ) କୁ ୬ ମାସରୁ ଅଧିକ ଦିନ ରେଫ୍ରିଜେରେଟର୍‌ରେ ରଖି ବ୍ୟବହାର କରନ୍ତୁ ନାହିଁ।
- ନୂଆ ଜାମ୍ ବା ଆଚାର ବୋତଲ ଆଦି ନ ଖୋଲିଲେ ସସ୍‌ପ୍ୟାନ୍‌ରେ ଅଳ୍ପ ପାଣି ଗରମ କରି ବୋତଲଟିକୁ ଓଲଟାଇ ଠିପିକୁ ବୁଡ଼ାଇ ରଖନ୍ତୁ। କିଛି ସମୟପରେ ଗୋଟିଏ ଶୁଖିଲା କନାରେ ଭଲଭାବେ ଠିପିକୁ ପୋଛି ଫିଟାଇଲେ ଶୀଘ୍ର ଫିଟିଯିବ।
- ଧନିଆ ପତ୍ର ବା କଞ୍ଚା ଲଙ୍କା ଆଦିକୁ ରେଫ୍ରିଜେରେଟରରେ ଅଧିକ ଦିନ ରଖିବାକୁ ଇଚ୍ଛାକଲେ ଗୋଟିଏ ଡ଼ବାର ତଳେ ୨/୩ଟି ଟିସୁ ପେପର ବିଛାଇ ଧନିଆ ପତ୍ର ଚେର ଛିଡ଼ାଇ ଏହା ଉପରେ କିଛି ଟିସୁ ପେପର ଦେଇ ଡବା ବନ୍ଦକରି ରଖନ୍ତୁ। ଲଙ୍କାକୁ ମଧ୍ୟ ଡେମ୍ଫ ଛିଡ଼ାଇ ସେହିଭଳି ଭାବରେ ରଖନ୍ତୁ। ଟିସୁ ପେପର ବଦଳରେ ଖବର କାଗଜ ମଧ୍ୟ ବ୍ୟବହାର କରି ପାରିବେ।
- ଶାଗ ବା ପରିବା ରାନ୍ଧିବା ସମୟରେ ଅଧିକା ପାଣି ବାହାରିଲେ ଏହା ନ ଫୋପାଡ଼ି ଡାଲି ବା ସୁପ୍ ଆଦିରେ ବ୍ୟବହାର କରିପାରିବେ।
- ସେହିପରି ସଜ ଛେନା ପାଣିକୁ ମଧ୍ୟ ଡାଲି ବା ପରିବା ତରକାରୀରେ ବ୍ୟବହାର କରିପାରିବେ।
- ଗ୍ରେଟର୍‌ରେ କିଛି ରିଫାଇନ୍ ତେଲ ମାରି ପ୍ରୋସେସ୍‌ଡ଼ ଚିଜ୍‌କୁ କୋରିଲେ ଗ୍ରେଟରରେ ନ ଲାଗି ଏହା ଭଲ ଭାବେ ଖସିଯିବ।
- ଘରେ ଯଦି ଘିଅ ମାରୁଥା'ନ୍ତି ତେବେ କୋରୁଓକୁ ନ ଫୋପାଡ଼ି ଘିଅ ମାରିଥିବା ଯାଗାରେ କୋରୁଅ ରଖି ଅଳ୍ପ ପାଣି ଦେଇ ଏହାକୁ ଫୁଟାଇ ଛାଣି ଏହି ପାଣିକୁ ଅଟା ଦଳିବା ପାଇଁ ବ୍ୟବହାର କରି ପାରିବେ।
- ତରକାରୀ ବା ଡାଲିରେ ଅଧିକ ଲୁଣ ପଡ଼ିଗଲେ ଲୁଣଭାଗ କାଟିବା ପାଇଁ ଛୋଟ ଛୋଟ ଅଟା ଗୁଳାକୁ ଏଥିରେ ପକାଇ ଘୋଡ଼ାଇ କିଛି ସମୟ ପରେ କାଢ଼ି ଦେଲେ ଲୁଣ ଅଂଶ କମିଯିବ।
- କଲରାକୁ ଚାଞ୍ଛି ଖଣ୍ଡ ଖଣ୍ଡ କରି କିଛି ଲୁଣ ଓ ୨ ଟେବୁଲ୍ ଚାମଚ୍ ଅଟା ପକାଇ ଗୋଳାଇ ୨/୩ ଘଣ୍ଟା ରଖି ଭଲ ଭାବେ ଧୋଇ ରାନ୍ଧିଲେ ତା'ର ପିତା ଅଂଶ କମିଯିବ। କିନ୍ତୁ ଏହି ପଦ୍ଧତିରେ କଲରାର କିଛି ଅଂଶ ଖାଦ୍ୟଗୁଣ ନଷ୍ଟ ହୋଇଯିବ। କଲରା ଖଟା ଏହି ପଦ୍ଧତିରେ କରାଯାଇ ପାରିବ।
- ନାଲି ଶୁଖିଲା ଲଙ୍କାକୁ ଖରାରେ ମସ୍ ମସ୍ ହେବା ପର୍ଯ୍ୟନ୍ତ ଶୁଖାଇ ଏଥିରେ ଅଳ୍ପ ସୋରିଷ ତେଲ ମିଶାଇ ଗୁଣ୍ଡ କଲେ ଲଙ୍କା ଗୁଣ୍ଡର ରଙ୍ଗ ଗାଢ଼ ଲାଲ୍ ଦେଖାଯିବ।
- ଖାଦ୍ୟ ଖାଇବା ପରେ ସଙ୍ଗେ ସଙ୍ଗେ ଫଳ ଖାଇଲେ ପେଟରେ ଗ୍ୟାସ୍ ହୁଏ। ଖାଦ୍ୟ ଖାଇବାର ୧ ଘଣ୍ଟା ପୂର୍ବରୁ ବା ପରେ ଫଳ ଖାଇବା ଭଲ।

- ଖାଦ୍ୟ ଖାଇବା ସଙ୍ଗେ ସଙ୍ଗେ ଚା ପିଇବା ଉଚିତ୍ ନୁହେଁ। କାରଣ ଚା'ରେ ଥିବା ଏସିଡ୍ ଖାଦ୍ୟରେ ଥିବା ପ୍ରୋଟିନ୍‌କୁ ଟାଣ କରିଦିଏ। ଯାହାକି ହଜମ ହେବାକୁ କଷ୍ଟ ହୁଏ।
- ଖାଦ୍ୟ ଖାଇ ସାରିବାର ଠିକ୍ ପରେ ଗାଧୋଇବା ଉଚିତ୍ ନୁହେଁ। କାରଣ? ଖାଦ୍ୟ ଖାଇବା ପରେ ଅଧିକ ରକ୍ତ ସଂଚାଳନ ପାକସ୍ଥଳୀକୁ ହୋଇଥାଏ କିନ୍ତୁ ଗାଧୋଇବା ପରେ ଶରୀରର ହାତ, ଗୋଡ଼ ଓ ଅନ୍ୟାନ ଅଂଶ ଆଡ଼କୁ ଅଧିକ ରକ୍ତ ସଂଚାଳନ ହେବା ଦ୍ୱାରା ପାକସ୍ଥଳୀକୁ ରକ୍ତ ସଂଚାଳନ କମିଯାଏ ଫଳରେ ହଜମ ପ୍ରକ୍ରିୟାରେ ବାଧା ସୃଷ୍ଟି ହୁଏ।
- ଖାଦ୍ୟ ଖାଇବା ପରେ ପରେ ପାଣି ନ ପିଇ ୧୦/୧୫ ମିନିଟ୍‌ପରେ ପିଇଲେ ଏସିଡ଼ିଟି ଓ ଗ୍ୟାସ୍ ହେବାର ସମ୍ଭାବନା କମିଯାଏ।
- ରୋଷେଇ କରିବା ସମୟରେ ବେଳେ ବେଳେ ଡେକଚି, କରେଇ ବା ରାନ୍ଧୁଥିବା ଯେ କୌଣସି ପାତ୍ରର ତଳ ପୋଡ଼ିଥାଏ। ଯେତେ କୋରିଲେ ମଧ୍ୟ କଳା ଦାଗ ଛାଡ଼େ ନାହିଁ। ଏଭଳି ଅବସ୍ଥାରେ ପାତ୍ରରେ କିଛି ବେକିଙ୍ଗ୍ ସୋଡ଼ା ପକାଇ କଳାଦାଗ ବୁଡ଼ିବା ପର୍ଯ୍ୟନ୍ତ ଭିନେଗାର ପକାଇ ୧ରୁ ୨ ଘଣ୍ଟା ରଖି ଲୁହା ଖଡ଼ିକାରେ ଆସ୍ତେ ଆସ୍ତେ କୋରି ଦେଲେ କଳାଦାଗ ବା ପୋଡ଼ା ଅଂଶ ବାହାରିଯାଏ।
- ମାଛ, ଚିଙ୍ଗୁଡ଼ି, କଙ୍କଡ଼ା, ଶୁଖୁଆ ଆଦି ଆମିଷ ରାନ୍ଧିବା ସମୟରେ ଘରେ ଆଇଁଷିଣିଆ ଗନ୍ଧ ହୁଏ। ଖାଦ୍ୟ ପୋଡ଼ିଗଲେ ମଧ୍ୟ ଅନେକ ସମୟ ପର୍ଯ୍ୟନ୍ତ ଘରେ ଏହି ଗନ୍ଧ ରୁହେ। ଏପରି ଗନ୍ଧ ଦୂର କରିବା ପାଇଁ ଆମେ ଝରକା କବାଟ ଖୋଲି ଫ୍ୟାନ୍ ଦେଇ ଗନ୍ଧ ଦୂର କରିବା ପାଇଁ ଚେଷ୍ଟା କରିଥାଉ। ଅଳ୍ପ ସମୟରେ ଏପରି ଗନ୍ଧ ଦୂର କରିବାକୁ ହେଲେ କ'ଣ କରିବେ?

୧. ଗୋଟିଏ ବଡ଼ ତଙ୍କିରେ ଆଲୁମୁନିୟମ୍ ଫଏଲ ଗୁଡ଼ାଇ ଉପରେ ୧ ଚା' ଚାମଚ୍ କଫି ଦେଇ ଗ୍ୟାସ୍ ଷ୍ଟୋଭ୍ ଉପରେ ଅଳ୍ପ ଜାଳ ଦେଇ ପୋଡ଼ି ଦେବେ।

୨. ଗୋଟିଏ ବେକିଙ୍ଗ୍ ଟ୍ରେରେ ଖଣ୍ଡିଏ ଆଲୁମିନିୟମ ଫଏଲ୍ ଗୁଡ଼ାଇ ତା' ଉପରେ କିଛି କମଳା ଚୋପା ରଖି ୧୦୦ ସେଣ୍ଟିଗ୍ରେଡ୍‌ରେ ଅଳ୍ପ ସମୟ ବେକ୍ କରିବେ। ବେକ୍ କରିବା ପରେ ଓ.ଟି.ଜିର ଡୋରକୁ ଅଧା ଖୋଲା ରଖିବେ।

୩. ଗୋଟିଏ ଗାଡୁଆ ସସ୍‌ପ୍ୟାନ୍‌ରେ ୧/୪ ଅଂଶ ପାଣି ଦେଇ ଏଥିରେ ୪/୫ଟି ଲବଙ୍ଗ ଓ ଭିନେଗାର ୧ କପ୍ ଦେଇ ଅଳ୍ପ ଜାଳରେ ୨ରୁ ୩ ମିନିଟ୍ ପର୍ଯ୍ୟନ୍ତ ଫୁଟାଇବେ।

୪. ଗୋଟିଏ ସସ୍‌ପ୍ୟାନ୍‌ରେ ୧ କପ୍ ପାଣି, ୪ ଟେବୁଲ୍ ଚାମଚ୍ ଭିନେଗାର, ୧/୨ କପ୍ ପତଳା ପତଳା କଟା ସେଓ ଓ ୨ ଖଣ୍ଡ ଡାଲଚିନି ଦେଇ ୫ ମିନିଟ୍ ଅଳ୍ପ ଜାଳରେ ଫୁଟାଇବେ।

- ଅଣ୍ଡାରେ କ୍ଷୀର ବା ଦହି ମିଶାଇ ଫେଣ୍ଟି ଓମ୍‌ଲେଟ୍ କଲେ ଏହା ନରମ ହୋଇ ଭଲ ଫୁଲେ।
- ପାଚିଲା କଦଳୀରେ ଖବର କାଗଜ ବା ଟିସୁ ପେପର୍ ଗୁଡ଼ାଇ ପଲିଥିନ୍ ବ୍ୟାଗ୍ ବା ଏଆର ଟାଇଟ୍ ଡବାରେ ପୁରାଇ ରେଫ୍ରିଜେରେଟ୍‌ରେ ରଖିଲେ ଏହା ୭ ଦିନ ପର୍ଯ୍ୟନ୍ତ ଭଲ ରହିବ।
- ମଟନ୍ ରାନ୍ଧିବା ସମୟରେ ୨/୩ଟି ନରମ ଆମ୍ବ ପତ୍ର ପକାଇ ରାନ୍ଧିଲେ, ତରକାରୀର ଏକ ଭିନ୍ନ ସ୍ୱାଦ ମହକ ଦେବା ସଙ୍ଗେ ସଙ୍ଗେ ମାଂସ ଶିଘ୍ର ସିଝିଯିବ।
- ପାଉଁରୁଟିକୁ ଅଧିକ ସମୟ ସେକିଲେ ଏଥିରୁ କିଛି ପରିମାଣର ଥିଆମିନ୍ ନଷ୍ଟ ହୋଇଯାଏ।
- ରନ୍ଧା ଖାଦ୍ୟରେ ପରିବାର ଅନୁରୂପ ରଙ୍ଗ ଆଣିବା ପାଇଁ ବେଳେବେଳେ ରାନ୍ଧିବା ସମୟରେ ଖାଇବା ସୋଡ଼ା ବ୍ୟବହାର କରାଯାଏ। ଏହିପରି ରାନ୍ଧିବା ଦ୍ୱାରା ଖାଦ୍ୟରୁ କିଛି ପରିମାଣର ଥିଆମିନ୍, ରିବୋଫ୍ଲାଭିନ୍ ଆଦି 'ବି' ଜାତୀୟ ଭିଟାମିନ୍ ସହ ଭିଟାମିନ୍-ସି ନଷ୍ଟ ହୋଇଯାଏ।
- ଭାତ ରାନ୍ଧିବା ପୂର୍ବରୁ ଚାଉଳକୁ ଅଧିକା ସମୟ ଧୋଇବେ ନାହିଁ। ଏହା ଦ୍ୱାରା ଅରୁଆ ଚାଉଳରୁ ୨୫% ଓ ଉଷୁନା ଚାଉଳରୁ ୧୦% ଭାଗ ଥିଆମିନ୍ ନଷ୍ଟ ହୋଇଯାଏ। ଭାତରୁ ପେଜ ନ ଗାଳି ଆବଶ୍ୟକ ପରିମାଣର ପାଣି ଦେଇ ରାନ୍ଧିଲେ ଏଥିରୁ ଅଧିକ ପରିମାଣର ଖାଦ୍ୟଗୁଣ ମିଳିଥାଏ।

କିଛି ନିଆରା ଖବର

କିଛି ଆଖି ଦୃଷ୍ଟିଆ ଅସାଧାରଣ କାମକୁ ଆମେ ରେକର୍ଡ଼ ବୋଲି କହିଥାଉ । ଏହିଭଳି ବିଶ୍ୱ ରେକର୍ଡ଼ ସୃଷ୍ଟି କରିବା ପାଇଁ କିଏ କେତେ ପ୍ରକାର ଅଭିନବ ଓ ଅଦ୍‌ଭୁତ କାର୍ଯ୍ୟକୁ ଆପଣାଇ ନେଇଥାନ୍ତି । ସେହିଭଳି 'ସାଧାରଣରୁ କିଛି ଅସାଧାରଣ' ଭିନ୍ନ ଖାଦ୍ୟ ବିଷୟରେ କେତେକ ସଂଗୃହିତ ତଥ୍ୟ ଏଠାରେ ଉପସ୍ଥାପନା କରାଗଲା ।

ଫଲାଫଲ (Falafel)

ଏହା ଏକ ପାରମ୍ପରିକ ଆରବୀୟ ଖାଦ୍ୟ । ଗିନିଜ୍ ବୁକ୍ ଅଫ୍ ୱାର୍ଲଡ଼ ରେକର୍ଡ଼ରେ ସ୍ଥାନ ପାଇଥିବା ବିଶ୍ୱର ଏକ ସର୍ବ ବୃହତ ଫଲାଫଲ୍ ଜୋର୍ଡ଼ାନ୍‌ର ଆମାନ୍ ସହରରେ ଥିବା ଲ୍ୟାଣ୍ଡମାର୍କ ହୋଟେଲ୍‌ରେ ପ୍ରସ୍ତୁତ କରାଯାଇଥିଲା । ଏହାକୁ ସମୁଦାୟ ୧୦ ଜଣ ପାଚକ ୨୫ ମିନିଟ୍ ସମୟରେ ପ୍ରସ୍ତୁତ କରିଥିଲେ । ଏଥିରେ ୮୦ କିଲୋ ମାଂସ, ୫ କିଲୋ ପିଆଜ ଓ ଅନ୍ୟାନ ସାମଗ୍ରୀମାନ ସାମିଲ୍ ହୋଇଥିଲା । ଏହାକୁ ଛାଣିବା ପାଇଁ ୩୨୫ ଲିଟର ତେଲ ଖର୍ଚ୍ଚ ହୋଇଥିଲା । ହୋଟେଲ୍‌ର ୬୦୦ ଜଣ ଅତିଥିଙ୍କୁ ଏହା ପରଷା ଯାଇଥିଲା ।

ସାଣ୍ଡ୍‌ଉଇଚ୍ (Sandwich)

ବିଶ୍ୱର ସର୍ବାଧିକ ମାଂସପୁର ଥିବା ମିଟିଏଷ୍ଟ୍ ସାଣ୍ଡଉଇଚ୍ ଇଂଲଣ୍ଡର ଗୋଟିଏ ରିୟଲିଟି ସୋରେ ପ୍ରସ୍ତୁତ କରାଯାଇଥିଲା । ଟ୍ରି ଷ୍ଟାନ୍ ୱେଲ୍‌ଚ ନାମକ ଜଣେ ପାଚକ (chef) ଏହାକୁ ୪ ଘଣ୍ଟାରେ ପ୍ରସ୍ତୁତ କରି ବିଶ୍ୱ ରେକର୍ଡ଼ ସୃଷ୍ଟି କରିଥିଲେ । ଏହାର ଉଚ୍ଚତା ୧.୨ ଫୁଟ ଓ ଚଉଡ଼ା ୨ ଫୁଟ ଥିଲା । ଏଥିରେ ୫ କିଲୋ ଓଜନର ୪୦ଖଣ୍ଡ ବିଭିନ୍ନ ଆକୃତିର ମାଂସ ଖଣ୍ଡ ବ୍ୟବହାର କରାଯାଇଥିଲା ।

କେକ୍ (Cake)

ଗିନିଜ୍ ବୁକ୍ ଅଫ୍ ୱାର୍ଲଡ଼ ରେକର୍ଡ଼ରେ ସ୍ଥାନ ପାଇଥିବା ୭.୮ ମିଟର ଉଚ୍ଚତା ବିଶିଷ୍ଟ ପୃଥିବୀର ସବୁଠାରୁ ଉଚ୍ଚତମ କେକ୍ ଚୀନ୍ ଦେଶର ହେନାନ୍ ପ୍ରଦେଶର ଏକ ସପିଙ୍ଗ୍ ମଲ୍‌ରେ ପ୍ରଦର୍ଶିତ ହୋଇଥିଲା । ଏହାକୁ ୭୦ ଜଣ ପାଚକ ୨୪ ଘଣ୍ଟା ସମୟରେ ପ୍ରସ୍ତୁତ କରିଥିଲେ । ଏଥିରେ ୨୬୦ କିଲୋ ମଇଦା, ୫୦୦ କିଲୋ ଅଣ୍ଡା, ୭୦୦ କିଲୋ କ୍ରିମ୍ ଓ ୮୦ କିଲୋ ଚକୋଲେଟ୍ ବ୍ୟବହାର କରାଯାଇଥିଲା ।

୧୯୮୧ ମସିହାରେ ୟୁ.ଏସ୍.ଏର ବଲ୍‌ଟିମୋର୍ ସହରରେ ତିଆରି ହୋଇଥିବା 'ବାଇସେଣ୍ଟିନିଆଲ୍ କେକ୍'ର ଉଚ୍ଚତା ୩୩ ଫୁଟ ୯ ଇଞ୍ଚ ଥିଲା । ଏଥିରେ ୬୯.୮୬୦ ପାଉଣ୍ଡ ଓଜନର ସାମଗ୍ରୀ ଖର୍ଚ୍ଚ ହୋଇଥିଲା । ବଟର ୱର୍ଥ ଓ ଫ୍ରାଙ୍କ୍ ବ୍ରେନ୍ନାନ୍ ନାମକ ଦୁଇଜଣ ପାଚକ ଏହାକୁ ତିଆରି କରିଥିଲେ । ଏହା ଏକ ଉଚ୍ଚତମ ଫ୍ରି ଷ୍ଟାଣ୍ଡିଙ୍ଗ ୱେଡ଼ିଙ୍ଗ୍ କେକ୍ ଥିଲା ।

ପୃଥିବୀର ସବୁଠାରୁ ଦାମୀ ତରକାରୀ

ଲଣ୍ଡନର ଗୋଟିଏ ଭାରତୀୟ ହୋଟେଲ୍‌ରେ ଗୋଟିଏ ତରକାରୀ ବିକ୍ରି କରାଯାଇଥିଲା ଯାହାକି ପୃଥିବୀର ସବୁଠାରୁ ଦାମୀ ତରକାରୀ ଥିଲା । ତରକାରୀର ଗୋଟିଏ ସର୍ଭିଙ୍ଗ୍‌ର ଦାମ୍ ଥିଲା ୨୦୦ ପାଉଣ୍ଡ୍ ।

ତରକାରୀରେ ଖଣିଜ ପଦାର୍ଥ

ଓସ୍କାର ପୁରସ୍କାର ବିଜେତା 'ସ୍ଲମ୍‌ଡ଼ଗ୍ ମିଲେନିୟମ୍' ସିନେମାର ପ୍ରିମିୟର୍ ସୋ ଦିନ ତାଜ୍ ହୋଟେଲର 'ବମ୍ବେ ବ୍ରେସରୀ'ରେ ଏକ ଅନନ୍ୟ ଦାମୀ ତରକାରୀ ପରିବେଷଣ କରାଯାଇଥିଲା । ପହଲ୍ଲାଦ ହେଗ୍‌ଡ଼େ ନାମକ ଜଣେ ଯୁବ ପାଚକ ଏହା ପ୍ରସ୍ତୁତ କରିଥିଲେ ଯାହାର ନାମ ଦେଇ ଥିଲେ 'ସମୁଦ୍ରି ଖଜାନା' । ଏଥିରେ ସେ କାଭିଅର୍, ଗେଣ୍ଡା, ବଡ଼ ଗୋଟା ଲବ୍‌ଷ୍ଟର ସହ ଖାଦ୍ୟପୋଯୋଗୀ ସୁନାର ପତଳା ପତଳା ଖଣ୍ଡ ବ୍ୟବହାର କରିଥିଲେ ।

ମିଟ୍‌ପାଇ

୧୯୬୪ ମସିହାରେ ଇଂଲଣ୍ଡରେ ତିଆରି ହୋଇଥିବା ଏକ ବୃହତ୍ତମ ମିଟ୍ ପାଇର ଲମ୍ବ ୧୮ ଫୁଟ, ଚଉଡ଼ା ୬ ଫୁଟ ଓ ଗଭୀରତା ୧୮ ଇଞ୍ଚ ଥିଲା। ପୂର୍ବରୁ ମଧ୍ୟ ଏପରି ପାଇ୍ ରାଜପରିବାରର ସଫଳତାର ଉତ୍ସବ ଗୁଡ଼ିକରେ ତିଆରି କରାଯାଉଥିଲା।

ସିଙ୍ଗଡ଼ା

୨୦୧୧ ମସିହାରେ ହୋଇଥିବା "କେନ୍‌ସ ଫିଲ୍ମ ଫେଷ୍ଟିଭାଲ" (cannes film festival)ରେ ଭାରତୀୟ ଖାଦ୍ୟ ଯଥା- "ଟାଇଗର ସ୍ରିମ୍ପ୍ ସାମୋସା ଓ 'ତନ୍ଦୁରୀ ଚିକେନ୍' ଅତିଥିମାନଙ୍କ ଦ୍ୱାରା ବିଶେଷ ଭାବରେ ଆଦୃତ ହୋଇଥିଲା।

ଦୋସା

ଭାରତୀୟ ଦୋସା ମଧ୍ୟ ଏଭଳି ପ୍ରତିଯୋଗୀତାରୁ ଓହରି ଯାଇନାହିଁ। ବହୁଦିନ ତଳେ ଟାଇମସ୍ ଅଫ୍ ଇଣ୍ଡିଆ (Times of India)ର saturday timesରେ ବାହାରିଥିବା ଏକ ସମ୍ବାଦରୁ ଜଣା ଯାଇଥିଲା ଯେ ଦକ୍ଷିଣ ଭାରତର ଅନ୍ନପୂର୍ଣ୍ଣା ନାମକ ଏକ ରେଷ୍ଟୁରାଣ୍ଟରେ ଏକଦା ଛଅ ଫୁଟ୍ ଲମ୍ବର ଏକ ଦୋସା ପ୍ରସ୍ତୁତ ହୋଇଥିଲା। ଏହାକୁ ଚାରିଜଣ ପରିଚାରକ ଧରି ଟେବୁଲ ଉପରକୁ ଆଣିବା ପାଇଁ ସକ୍ଷମ ହୋଇଥିଲେ।

ଜିଲାପି / ଜଲେବି

ବହୁ ଚର୍ଚ୍ଚିତ ସେଫ୍ ସଞ୍ଜିବ କାପୁରଙ୍କ ଉପସ୍ଥିତିରେ ମୁମ୍ବାଇରେ ଆଠ ଫୁଟ୍ ଚଉଡାର ଏକ ସର୍ବ ବୃହତ୍ ଜିଲାପି ପ୍ରସ୍ତୁତ କରାଯାଇଥିଲା। ଏହାର ଓଜନ ଅଠରକିଲୋ ଥିଲା ଓ ଏହାକୁ ତେପନ ଜଣ ରୋଷେୟା ମିଶି ପ୍ରସ୍ତୁତ କରିଥିଲେ।

ରସଗୋଲା

ଭୁବନେଶ୍ୱର ରସଗୋଲା ମହୋତ୍ସବରେ ଏକଦା ଦଶକିଲୋ ଓଜନର ଏକ ରସଗୋଲା ପ୍ରଦର୍ଶନ କରାଯାଇଥିଲା।

କାଲୋରୀ

କାଲୋରୀ ଶବ୍ଦଟି ଗ୍ରୀକ୍ ଭାଷାର କାଲୋର୍ (calor) ଶବ୍ଦରୁ ଆସିଅଛି। 'କାଲୋର୍'ର ଅର୍ଥ ହେଉଛି ଉର୍ଜା ବା ଉତ୍ତାପ। ଖାଦ୍ୟରୁ ମଣିଷ ଶରୀର ପାଇଁ ମିଳୁଥିବା ଉତ୍ତାପ ବା ଶକ୍ତିକୁ ମାପିବା ପାଇଁ ଯେଉଁ ଏକକ ଧରାଯାଏ ତାହାକୁ କାଲୋରୀ (calorie) କୁହାଯାଏ। କେଉଁ ଖାଦ୍ୟରେ କେତେ କାଲୋରୀ ମିଳିବ ତାହା ଖାଦ୍ୟରେ ଥିବା ଶ୍ୱେତସାର, ସ୍ନେହସାର ଓ ପୁଷ୍ଟିସାରର ପରିମାଣ ଉପରେ ନିର୍ଭର କରେ। ୧୦୦ ଗ୍ରାମ୍ ଶ୍ୱେତସାରରୁ ୪୦୦ କାଲୋରୀ, ୧୦୦ ଗ୍ରାମ୍ ସ୍ନେହସାରରୁ ୯୦୦ କାଲୋରୀ ଓ ୧୦୦ ଗ୍ରାମ୍ ପୁଷ୍ଟିସାରରୁ ୪୦୦ କାଲୋରୀ ମିଳିଥାଏ। କାହା ପାଇଁ କେତେ କାଲୋରୀର ଖାଦ୍ୟ ଦିନକୁ ଦରକାର ତାହା ମଣିଷର ବୟସ, ଉଚ୍ଚତା, ଓଜନ, ଲିଙ୍ଗ (Sex) ଓ ତାହାର କାର୍ଯ୍ୟ ଉପରେ ନିର୍ଭର କରେ। ପ୍ରତ୍ୟେକ ମଣିଷଙ୍କ ପାଇଁ ସମାନ କାଲୋରୀ ଖାଦ୍ୟ ଦରକାର ପଡ଼େ ନାହିଁ। ଜଣେ ଶାରୀରିକ ପରିଶ୍ରମ କରୁଥିବା ଲୋକ ଅପେକ୍ଷା, ଜଣେ ବସି ରହୁଥିବା ଲୋକର କମ୍ କାଲୋରୀ-ଯୁକ୍ତ ଖାଦ୍ୟ ଦରକାର ପଡ଼େ।

ସାଧାରଣ ଶରୀର ରକ୍ଷା ପାଇଁ ୧୬୦୦ ରୁ ୧୭୦୦ କାଲୋରୀ ଦିନକୁ ଦରକାର। କାହାପାଇଁ କେତେ କାଲୋରୀ ଦିନକୁ ଦରକାର ତାହା ନିମ୍ନରେ ଦିଆଗଲା।

ବ୍ୟକ୍ତି	ବୟସ	କିଛି କାମ ନକରି ବସି ରହିଲେ	ଅଳ୍ପ କାମ କଲେ	କଠିନ ପରିଶ୍ରମ କରୁଥିବା ବ୍ୟକ୍ତି
ମହିଳା	୧୯-୩୦	୧୮୦୦-୨୦୦୦	୨୦୦୦-୨୨୦୦	୨୪୦୦
	୩୧-୫୦	୧୮୦୦	୨୦୦୦	୨୨୦୦
	୫୧+	୧୬୦୦	୧୮୦୦	୨୦୦୦-୨୨୦୦
ପୁରୁଷ	୧୯-୩୦	୨୪୦୦-୨୬୦୦	୨୬-୨୮୦୦	୩୦୦୦
	୩୧-୫୦	୨୨୦୦-୨୪୦୦	୨୪୦୦-୨୬୦୦	୨୮୦୦-୩୦୦୦
	୫୧+	୨୦୦-୨୨୦୦	୨୨୦୦-୨୪୦୦	୨୪୦୦-୨୮୦୦

- ଦିନକୁ ୨୦୦୦ କ୍ୟାଲୋରି ଦରକାର କରୁଥିବା ବ୍ୟକ୍ତିଙ୍କ ପାଇଁ ୨୨୫ ରୁ ୩୨୫ ଗ୍ରାମ୍ ଶ୍ୱେତସାର, ୪୬ ରୁ ୫୬ ଗ୍ରାମ୍ ପୁଷ୍ଟିସାର ଓ ୪୪ ଗ୍ରାମ୍ ରୁ ୬୫ ଗ୍ରାମ ପର୍ଯ୍ୟନ୍ତ ସ୍ନେହସାର ଆବଶ୍ୟକ।
- ଗର୍ଭବତୀ ନାରୀ ପ୍ରଥମ ପାଞ୍ଚ ମାସରୁ ଅଧିକ ୩୦୦ କ୍ୟାଲୋରୀ ଖାଦ୍ୟ ଦରକାର କରୁଥିବା ବେଳେ ସ୍ତନ୍ୟଦାତ୍ରୀ ମା' ଆଉ ୪୦୦ ରୁ ୫୦୦ କ୍ୟାଲୋରୀ ଅଧିକ ଖାଦ୍ୟ ଦରକାର କରିଥାନ୍ତି।

ପ୍ରତି ୧୦୦ ଗ୍ରାମ୍ ଖାଦ୍ୟ ସାମଗ୍ରୀରୁ ମିଳୁଥିବା ଖାଦ୍ୟଗୁଣ

ସାମଗ୍ରୀ	ପୁଷ୍ଟିସାର-ଗ୍ରାମ୍	ସ୍ନେହସାର-ଗ୍ରାମ୍	ଶ୍ୱେତସାର-ଗ୍ରାମ୍	କାଲୋରୀ
ଆରୁଆ ଚାଉଳ	୬.୮	୦.୫	୭୮.୨	୩୫୪
ଉଷୁନା ଚାଉଳ	୬.୪	୦.୪	୭୯.୦	୩୪୬
ଅଟା (ଗହମ)	୧୧.୮	୧.୫	୭୧.୨	୩୪୮
ମଇଦା	୧୧	୦.୫	୭୩.୯	୩୪୮
ସୁଜି	୧୦.୪	୦.୮	୭୪.୮	୩୪୮
ବାର୍ଜା	୧୧.୬	୫	୬୭.୧	୩୬୦
ହରଡ଼ ଡାଲି	୨୨.୫	୫.୨	୫୮.୯	୩୭୨
ବିରି ଡାଲି	୨୪	୧.୪	୬୦.୩	୩୫୦
ଶୁଖିଲା ଝୁଡ଼ଙ୍ଗ ମଞ୍ଜି	୨୪.୬	୦.୭	୬୦.୧	୩୪୭
ମୁଗ ଡ଼ାଲି	୨୪	୧.୩	୬୦.୭	୩୫୦

ପ୍ରତି ୧୦୦ ଗ୍ରାମ୍ ଖାଦ୍ୟ ସାମଗ୍ରୀରୁ ମିଳୁଥିବା ଖାଦ୍ୟଗୁଣ

ସାମଗ୍ରୀ	ପୁଷ୍ଟିସାର-ଗ୍ରାମ୍	ସ୍ନେହସାର-ଗ୍ରାମ୍	ଶ୍ୱେତସାର-ଗ୍ରାମ୍	କାଲୋରୀ
ମସୁର ଡାଲି	୨୨.୩	୧.୭	୫୭.୭	୩୩୫
ସୟାବିନ୍	୪୩.୨	୧୯.୫	୨୦.୯	୪୩୨
ଆଳୁ	୧.୬	୦.୨	୨୨.୯	୮୭
ମୂଳା	୦.୬	୦.୩	୬.୮	୩୨
କନ୍ଦମୂଳ	୧.୨	୦.୩	୨୮.୨	୧୨୦
ଗାଜର	୦.	୦.୨	୧.୧	୪୮
ଛୋଟ ପିଆଜ	୧.୮	୦.୧	୧୨.୬	୫୯
ବଡ଼ ପିଆଜ	୧.୨	୦.୧	୧୧୧	୪୦
ପିଆଜ ଶଣ୍ଢା	୦.୯	୦.୨	୮.୯	୪୧
ବାଇଗଣ	୧.୩	୦.୩	--	୨୪
କଞ୍ଚା କଦଳୀ	୮.୪	୦.୨	୧୪	୬୪
କଖାରୁ	୧.୪	୦.୧	୪.୬	୧୧୧
ପାଣି କଖାରୁ	୦.୪	୦.୧	--	୧୫
ଲାଉ	୦.୫	୦.୧	୩.୪	୧୭
ଛଚିନ୍ଦ୍ରା	୦.୫	୦.୩	୮.୩	୧୮
ଭେଣ୍ଡି	୨.୨	୦.୨	୧.୨	୪୧
କାକୁଡ଼ି	୦.୪	୦.୧	--	୧୪
ମଟର	୭.୨	୦୧	--	୧୦୯
କଞ୍ଚା ପପେୟା	୦.୭	୦.୨	୫.୭	୨୭
ଫୁଲ କୋବି	୩.୫	୦.୪	--	୩୦
ପତ୍ର କୋବି	୧.୮	୦.୧	୬.୩	୨୫
ପାଳଙ୍ଗ ଶାଗ	୨	୦.୭	୨.୯	୨୬
ସଜନା ଶାଗ	୬.୭	୧.୭	୦.୯	୭
ଧନିଆ ପତ୍ର	୩.୩	୦.୬	--	୧୦

ପ୍ରତି ୧୦୦ ଗ୍ରାମ୍ ଖାଦ୍ୟ ସାମଗ୍ରୀରୁ ମିଳୁଥିବା ଖାଦ୍ୟଗୁଣ

ସାମଗ୍ରୀ	ପୁଷ୍ଟିସାର-ଗ୍ରାମ୍	ସ୍ନେହସାର-ଗ୍ରାମ୍	ଶ୍ୱେତସାର-ଗ୍ରାମ୍	କାଲୋରୀ
ପୋଦିନା ପତ୍ର	୪.୮	୦.୬	୫୮	୪୮
ମୂଳା ପତ୍ର	୨.୨	୦.୫	୨.୨	୪.୮
ଛତୁ	୪.୬	୦.୮	୪.୩	୨୭
ସେଓ	୦.୯	୦.୧	୧୫.୨୫	୫୬
ନାସପାତି	୦.୬	୦.୨	୧୧.୯	୫୨
ପାଚିଲା ପପେୟା	୦.୬	୬.୧	୭.୨	୩୨
ସପୁରୀ	୦.୪	୦.୧	୦.୩	୫୦
ଟମାଟୋ	୦.୯	୦.୨	୩.୬	୨୦
ଅଁଏଳା	୦.୫	୦.୧	୩.୪	୫୯
ପାଚିଲା କଦଳୀ	୧.୩	୦.୨	--	୧୫୩
ପିଜୁଳି	୧.୫	୦.୨	୬.୯	୬୬
କମଳା	୦.୭	୦.୨	୧୦.୯	୪୮
କମଳା ରସ	୦.୨	୦.୧	୨୨.୬	୯୭
କଞ୍ଚା ଆମ୍ବ	୦.୭	୦.୧	୧୦.୧	୪୪
ପାଚିଲା ଆମ୍ବ	୦.୬	୦.୪	୧୬.୯	୭୪
ତରଭୁଜ	୦.୨	୦.୨	୩.୩	୧୬
କିସ୍‌ମିସ୍	୧.୩	୦.୩	୨୭.୬	୩୦୮
ପେସ୍ତା	୧୯.୮	୫୩.୫	୧୬.୨	୬୨୬
କାଜୁ	୨୧.୨	୪୬.୯	୨୨.୩	୫୯୬
ନଡ଼ିଆ	୪.୫	୪୧.୬	୧୩.୩	୪୪୪
ଚିନାବାଦାମ୍	୨୬.୭	୪୦.୧	୨୦.୩	୫୪୯
ସୋରିଷ	୨୦	୩୯.୭	୩୨.୮	୫୪୧
ପୋସ୍ତକ	୨୧.୭	୧୮.୩	୩୬.୮	୪୦୮
ତେନ୍ତୁଳି	୩.୧	୦.୧	୬୭.୪	୨୮୩

ପ୍ରତି ୧୦୦ ଗ୍ରାମ୍ ଖାଦ୍ୟ ସାମଗ୍ରୀରୁ ମିଳୁଥିବା ଖାଦ୍ୟଗୁଣ

ସାମଗ୍ରୀ	ପୁଷ୍ଟିସାର-ଗ୍ରାମ୍	ସ୍ନେହସାର-ଗ୍ରାମ୍	ଶ୍ୱେତସାର-ଗ୍ରାମ୍	କାଲୋରୀ
ହଳଦି	୬.୩	୫.୧	୬୯.୪	୩୪୯
ସାଗୁ	୦.୩	୦.୧	୮୭.୨	୩୫୧
ଚିନି	୦.୧	- -	୯୯.୪	୩୯୮
ଗୁଡ଼	୦.୪	୦.୧	୯୫	୩୮୩
ପାନ	୩.୧	୦.୮	୨.୩	୪୪
ଗାଈ କ୍ଷୀର	୩.୨	୪.୧	୪.୪	୬୭
ମଇଁଷି କ୍ଷୀର	୪.୩	୮.୮	୫.୦	୧୧୭
ଛେଳି କ୍ଷୀର	୩.୭	୫.୬	୪.୭	୮୫
ଗାଈ ଛେନା	୧୮.୩	୨୦.୮	- -	୨୬୫
ମଇଁଷି ଛେନା	୧୪.୩	୨୩.୦	- -	୨୯୨
ଘୋଳ ଦହି (ଗାଈ)	୨.୯	୨.୯	୩.୩	୫୯
ଅଣ୍ଡା	୨୪.୨	୨୧.୦	୧.୮	୧୬୦
ଛେଳି ମାଂସ	୧୮.୫	୧୩.୩	- -	୧୯୪
ଛେଳି କଲିଜା	୨୦.୦	୩.୦	- -	୧୦୭
କୁକୁଡ଼ା ମାସଂ	୨୫.୯	୦.୬	- -	୧୦୯
ପ୍ରନ୍ (ଚିଙ୍ଗୁଡ଼ି)	୧୯.୧	୧.୦	୦.୮	୮୯
ମାଛ	୧୬.୬	୧.୪	୪.୪	୧୦୦

ଲେମନ ରାଇସ୍

ଡାଲି

ମିକ୍ସଡ୍ ସାଲାଡ୍

ପଞ୍ଚରତ୍ନ ଡାଲି

ପଖାଳ

ଗାଜର ହାଲୁଆ

ମାଛ ପତ୍ରପୋଡ଼ା

ମଟନ କଟ୍‌ଲେଟ୍‌

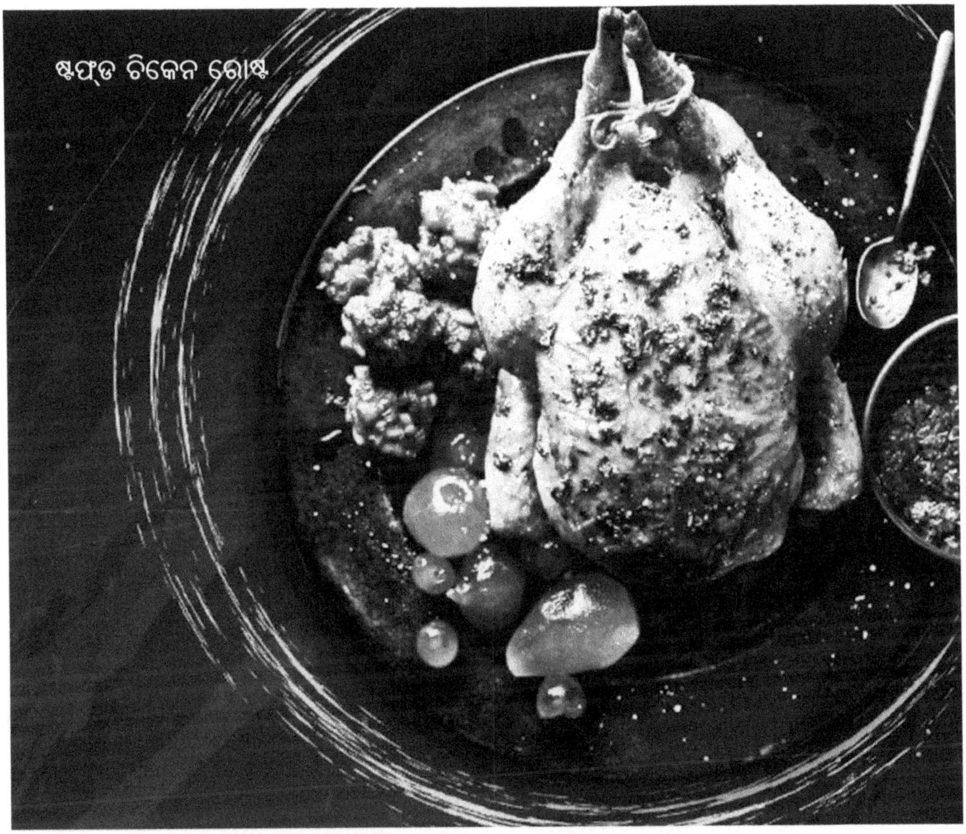

ଷ୍ଟଫ୍‌ଡ ଚିକେନ ରୋଷ୍ଟ

ମୃଗା ଅଦ୍ରକୀ

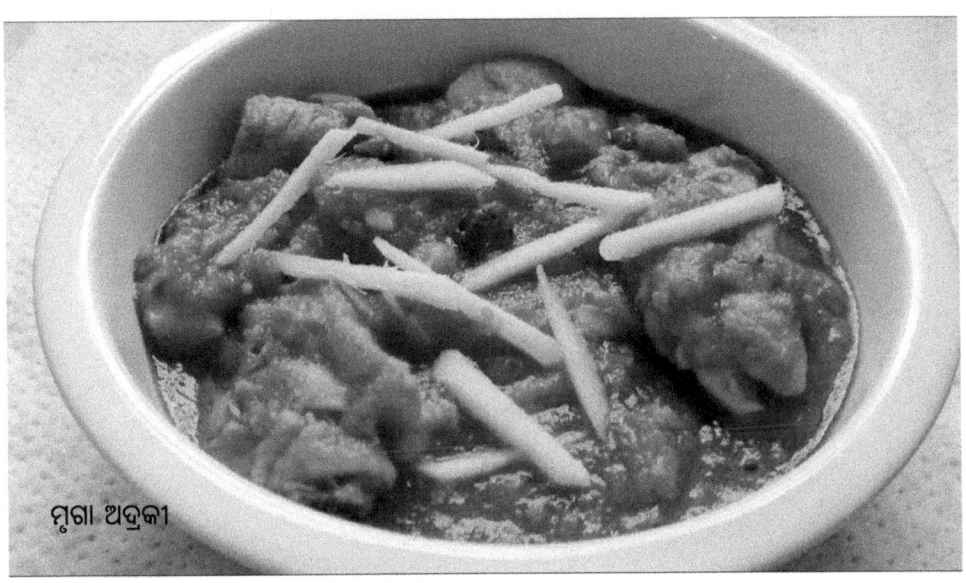

Black Eagle Books

www.blackeaglebooks.org
info@blackeaglebooks.org

Black Eagle Books, an independent publisher, was founded as a nonprofit organization in April, 2019. It is our mission to connect and engage the Indian diaspora and the world at large with the best of works of world literature published on a collaborative platform, with special emphasis on foregrounding Contemporary Classics and New Writing.

www.ingramcontent.com/pod-product-compliance
Lightning Source LLC
Chambersburg PA
CBHW061118070526
44583CB00028B/3332
* 9 7 8 1 6 4 5 6 0 3 1 8 4 *